A cultura como sistema aberto, como ato e drama que se expressa na palavra e na imagem para análise e interpretação do quotidiano.

Lições de Sociologia Clássica

Título original:
Lições de Sociologia Clássica

Revisão: Cátia Loureiro

Capa: FBA

Depósito Legal n.º 456967/19

Biblioteca Nacional de Portugal – Catalogação na Publicação

LIÇÕES DE SOCIOLOGIA CLÁSSICA

Lições de sociologia clássica / org. José Luís Garcia,
Hermínio Martins. – (Biblioteca 70; 33)
ISBN 978-972-44-1950-3

I – GARCIA, José Luís
II – MARTINS, Hermínio, 1934-2015

CDU 316

Paginação:
MA

Impressão e acabamento:
ACD Print, S.A.

para
EDIÇÕES 70

1.ª edição: junho de 2019

EDIÇÕES 70, uma chancela de Edições Almedina, S.A.
Avenida Engenheiro Arantes e Oliveira, 11 – 3.º C – 1900-221 Lisboa / Portugal
e-mail: geral@edicoes70.pt

www.edicoes70.pt

José Luís Garcia
Hermínio Martins
(orgs.)

Lições de Sociologia Clássica

70

Introdução

JOSÉ LUÍS GARCIA
Instituto de Ciências Sociais da Universidade de Lisboa

Infelizmente faleceu, antes de ver concluído este livro, quem me convenceu a abraçar, há alguns anos, a sua organização, razão pela qual me coube a tarefa de o finalizar, bem como de assinar a solo esta breve introdução. Mas se Hermínio Martins já não viu o presente volume publicado, pôde oferecer-lhe o seu último escrito, uma lição sobre Célestin Bouglé, tendo sido a propósito das indicações que me deu para o editar que ocorreram as nossas derradeiras conversas. Bouglé é um autor que pode ser inscrito no círculo dos «durkheimianos», para designar deste modo os que seguiram um itinerário de pensamento social em colaboração com ou sob a influência de Émile Durkheim, que tanto interessou a Martins e com o qual — como se percebe no texto aqui publicado — nutria muitas afinidades, inclusivamente no plano moral e político. Não foi, pois, por acaso que quis escrever sobre uma das figuras desse movimento intelectual, hoje quiçá bastante ignorado, certamente movido pelo apreço que tinha pelo legado dos pioneiros franceses da sociologia, ele que já tinha organizado, em 1994, com W. S. F. Pickering, *Debating Durkheim*. Permita-se-me acrescentar acerca do ensaio de Martins sobre Bouglé que se trata do seu último texto antes dos últimos. Não terá destinado com antecipação que esse ensaio fosse o seu último estudo, mas assim ocorreu pelo destino a que todas as pessoas estão sujeitas neste mundo. Desligado que era da «correria de produção incessante de artigos, cada vez mais curtos, específicos e limitados», que apelidou de «frenesim do articulismo» (lembrando palavras suas de entrevista dada a Helena Jerónimo, 2011, p. 466), mantinha em latência os seus textos sem os publicar, dando-os a ler apenas a um pequeno grupo de amigos e interessados. Deste modo, o seu capítulo nesta obra, sendo o último que escreveu, não será afinal o último dos seus textos a ser objeto de edição. Restam muitos trabalhos seus por editar, envolvendo a necessidade de dedicar bastante trabalho para a fixação escrita e a publicação em livro, tal como se fez na sua lição aqui publicada. Neste sentido, uma parcela substancial da obra do antigo professor de Oxford será póstuma.

A sedução de nos envolvermos na edição de um livro composto por um conjunto de lições de autores da universidade portuguesa sobre o legado da sociologia clássica proveio do nosso entendimento comum quanto à importância fundamental da teoria para as ciências sociais, não significando isto evidentemente nenhum desapreço pela observação empírica e pelos «dados». Pelo meu lado, desde o início da minha condição como professor universitário, tenho lecionado cadeiras de teorias sociológicas, fazendo-o a par do empenhamento na investigação e de escrita de ensaios sobre alguns autores. Quanto a Martins, o seu compromisso com o trabalho teórico e a teorização foi concretizado pelo próprio de modo tanto «discursivo» como «prático», pois, além das palavras em defesa dessa posição, deixou uma herança teórica muito significativa que ainda espera ser verdadeiramente valorizada. Recorde-se que se ocupou da relação entre ciências sociais e epistemologia a propósito do que escreveu sobre sociologia do conhecimento científico no seu ensaio sobre Thomas Kuhn e as revoluções científicas (Martins, 2015b), assim como no seu longo texto sobre o tempo e a teoria na sociologia (*idem*, 1996); dedicou-se à questão das temporalidades sociais e históricas, da qual era um reconhecido expoente, deixando conceitos como «cesurismo», «pluritemporalismo» e reavivando outros como «pseudomorfismo» (*idem*, 2015a); interessou-se pelas interpelações entre ação e conhecimento, patentes no estudo sobre o risco e a incerteza (*idem*, 2011). E defendeu sempre que não poderia haver crítica racional às investigações baseadas em análises se não se tivessem em conta as visões subjacentes a estas, o que implicava ter presente os seus pressupostos teóricos (Martins *apud* Jerónimo, 2011). Na primeira lição, voltar-se-á a esta última questão a propósito da importância do trabalho teórico e da teorização para as ciências sociais.

Uma vez justificada a pertinência que a teoria sociológica assumia para quem, como era o nosso caso, pretendia organizar um volume desta natureza, é conveniente expor as duas principais considerações que presidiram à intenção de acolher o projeto. Em primeiro lugar, partimos da constatação de que em Portugal não havia autores que tivessem participado de modo destacado na formação da sociologia clássica e mesmo da sua pré-história mais próxima. A própria receção feita a Auguste Comte e a Herbert Spencer por parte daqueles que, no final do século XIX e início do século XX, sofreram essas influências, ou que anos mais tarde leram Émile Durkheim ou Gabriel Tarde, não colocou no primeiro plano a contribuição sociológica destes autores, uma situação extensível a Karl Marx, Adam Smith e Vilfredo Pareto, sendo provavelmente Frédéric Le Play a exceção. Só a partir da década de 1970, período em que a sociologia em Portugal se tornou admitida na universidade, é que o património teórico da sociologia clássica passou a ser matéria sistemática de estudo e produção de trabalhos de envergadura. Por este efeito, não havia em Portugal nem uma só obra escrita por autores portugueses que abrangesse um tratamento e uma reflexão do conjunto dos teóricos considerados integrantes do cânone da sociologia. Entretanto, não desconhecíamos evidentemente trabalhos como os de João Bernardo sobre Karl Marx (1977), Augusto Santos Silva sobre Durkheim, Max Weber e a teoria das ciências sociais (1988), a antologia organizada por Manuel Braga da Cruz de textos de fundadores e clássicos da sociologia (1989), o compêndio coordenado por José Maria Carvalho Ferreira [*et al.*] (1995), Filipe Carreira da Silva sobre Georg Herbert Mead (2007a, 2007b, 2007c e 2008), os ensaios de António Teixeira Fernandes sobre Max Weber (2008a), Durkheim (2008b) e Simmel (2012), de Carlos Fortuna sobre este último autor (2013a e 2013b), tal como os de Teresa Sousa Fernandes (1993) e de quem escreve estas linhas (Garcia, 2005 e 2013). Mais recentemente, importa mencionar o de António Casimiro Ferreira (2018) sobre o social, o político e o jurídico em Durkheim.

Em segundo lugar, além de necessário, afigurava-se finalmente possível preencher a carência de uma obra como a que agora finalmente se edita, pois já existiam as condições para o fazer. Era fácil reconhecer que, nas últimas décadas, se revelara um profundo conhecimento da tradição sociológica por parte de colegas que tinham dedicado estudos rigorosos sobre os clássicos antes citados e também sobre Werner Sombart, Robert Michels, os autores da Escola de Chicago do Pensamento Social e outros vultos presentes nesta obra. Esperávamos que este plano de lições sobre sociologia clássica impulsionasse o debate e o interesse pelos teóricos referidos e por alguns mais, o que veio realmente a acontecer com Auguste Comte, Harriet Martineau, Alexis de Tocqueville, Jane Hume Clapperton, Gabriel Tarde, Vilfredo Pareto, Marcel Mauss, todos representados nesta publicação. Assim se foi constituindo este volume com 18 capítulos escritos por vários autores de escolas diferentes do país, embora não possam ser ignorados outros que poderiam ser devotados a figuras da fase clássica das ciências sociais que não são aqui estudados. De todas as maneiras, chama-se a atenção para o facto de esta coleção de lições expor pensadores de grande mérito que não figuram na maior parte de obras deste género, como são notoriamente os casos das feministas Jane Hume Clapperton e Harriet Martineau, bem como de Robert Michels.

Este livro apresenta e discute teorias, em geral teorias que se debruçam sobre a sociedade enquanto tal, logo dotadas de grande grau de abrangência, mas também outras que focam certos aspetos de capital relevância para o mundo social, teorias mais específicas. Na verdade, à tradição da sociologia têm interessado tanto as dinâmicas e a natureza da sociedade no seu conjunto, como cada um dos diversos sectores da vida social (a estratificação social ou as classes sociais, a religião, a economia, a política, a cultura, o trabalho, a família, a cidade, etc.), e ainda as inter-relações entre esses sectores (os encadeamentos entre a comunicação e a sociedade, a religião e a economia, a religião e a ciência, o processo de racionalização e a burocratização, etc.).

As teorias do legado clássico da sociologia foram geradas no contexto do século XIX, a maior parte no período compreendido entre as suas derradeiras décadas e as primeiras do século XX, profundamente marcado pelo ideal do progresso que se projetou na crença otimista de que se podiam encontrar soluções razoáveis para os problemas da sociedade industrial secular, e pelo ceticismo que sucedeu a esse ideal, primeiro sinal do que passou a ser cunhado de «crise da modernidade». Ainda que a sociologia e a crença no progresso não se confundam necessariamente, sendo possível discernir uma sociologia desligada dessa convicção, não é destituído de sentido apontar uma larga coincidência entre a génese da sociologia e uma confiança na sua potencialidade de promover os aspetos morais, sociais e materiais da vida humana e, por essa via, de fomentar o progresso. A instituição da sociologia como ciência social esteve largamente articulada com essa confiança na ideia de progresso — a qual abrange uma conceção do tempo como trajetória, como se o curso da história impulsionasse cada época a superar a anterior — e na crença do avanço do conhecimento e da humanidade. No entanto, uma tal confiança na existência de um progresso moral e material suscitou — prosseguindo intencionalmente as ideias de um sociólogo que se dedicou à herança intelectual dos clássicos da sociologia, Raymond Aron (1991 [1967]) — resistências e importantes debates na Europa, que viriam a esboroar a fé no progresso em amplos sectores das comunidades intelectuais europeias.

Os clássicos da sociologia não pretenderam corroborar a validade de tudo o que era já conhecido, antes intentaram imaginar um novo tipo de conhecimento para responder aos problemas que eram colocados às suas sociedades, no fundo, estavam embrenhados na mudança do mundo em que viviam. Foi porque enfrentaram as questões maiúsculas que a sociologia que ergueram é maiúscula. O livro que agora se edita, envolvendo todas as dificuldades de um projeto desta natureza, procura ser um sinal do rasgo e da vitalidade dessa herança e da sua relevância para os debates e o trabalho teórico do nosso tempo.

*

* *

A edição deste livro não teria sido possível sem os autores que contribuíram com os seus textos. Palavras de agradecimento são também devidas a quem acompanhou este projeto desde a primeira hora, Helena Jerónimo, colega da Universidade de Lisboa. José Marmeleira, Filipa Subtil, Frederico Ágoas, Tânia Alves e Diogo Cunha discutiram e fizeram propostas de edição a várias das lições que agora se publicam. Catarina Bernardino Costa encarregou-se de parte substancial da revisão dos textos segundo as normas da editora. Finalmente, expresso a minha gratidão à Dra. Suzana Ramos pelo seu cuidadoso labor e o acolhimento da presente obra no valioso catálogo das Edições 70.

Bibliografia

Aron, Raymond, *As Etapas do Pensamento Sociológico*, tradução de Miguel Serras Pereira, Lisboa, Publicações Dom Quixote, 1991 [1967].

Bernardo, João, *Marx Crítico de Marx III: Epistemologia, Classes Sociais e Tecnologia em «O Capital»*, 3 vols., Porto, Afrontamento, 1977.

Braga da Cruz, Manuel, *Teorias Sociológicas: Os Fundadores e os Clássicos (antologia de textos)*, Lisboa, Fundação Calouste Gulbenkian, 1989.

Fernandes, António Teixeira, *Max Weber, 1864–1920: O Homem e a Obra*, Porto, Estratégias Criativas, 2008a.

Fernandes, António Teixeira, *Émile Durkheim, 1858–1917: O Homem e a Obra*, Porto, Estratégias Criativas, 2008b.

Fernandes, António Teixeira, *Georg Simmel, 1858–1918: Sociólogo da Contemporaneidade*, Porto, Estratégias Criativas, 2012.

Fernandes, Teresa Sousa, Dos sexos e construção do mundo social na teoria de Georg Simmel, *Sociologia: Problemas e Práticas* 13, 1993: pp. 19–38.

Ferreira, A. Casimiro, *Émile Durkheim: o Social, o Político e o Jurídico*, Porto, Vida Económica, 2018.

Ferreira, J. M. Carvalho [*et al.*] (coord.), *Sociologia*, Alfragide, McGraw-Hill, 1995.

Fortuna, Carlos, Simmel e as cidades históricas italianas: uma introdução, *Revista Crítica de Ciências Sociais* 67, 2013a: pp. 101–127.

Fortuna, Carlos, Georg Simmel: As cidades, a ruína e as novíssimas metrópoles, *Philosophica* 42, 2013b: pp. 107–123.

Garcia, José Luís, Simmel on culture and technology, *Simmel Studies*, Jg 15, 2005: pp. 123–178.

Garcia, José Luís, Afinidades electivas entre Georg Simmel e Natália Correia: Para o estudo da recepção de Simmel em Portugal, *Philosophica* 42, 2013: pp. 125–139.

Jerónimo, Helena Mateus, Entrevista com Hermínio Martins, *Análise Social* XLVI, 3.º trimestre de 2011: pp. 460–483.

Martins, Hermínio, Tempo e teoria na Sociologia, *in idem*, *Hegel, Texas e Outros Ensaios de Teoria Social*, Lisboa, Edições Século XXI, 1996, pp. 87–164.

Martins, Hermínio, Risco, incerteza e escatologia, *in idem*, *Experimentum Humanum: Civilização Tecnológica e Condição Humana*, Lisboa, Relógio D'Água, 2011, pp. 173–231.

Martins, Hermínio, Tempo e explicação: Pré-formação, epigénese e pseudomorfose nos estudos comparativos nas ciências sociais, *in* Príncipe, João (org.), *Évora Studies in the Philosophy and History of Science*, Casal de Cambra, Caleidoscópio, 2015a, pp. 247–318.

Martins, Hermínio, The Kuhnian «Revolution» and its implications for Sociology, *in* Príncipe, João (org.), *Évora Studies in the Philosophy and History of Science*, Casal de Cambra, Caleidoscópio, 2015b, pp. 1–43.

Martins, Hermínio e Pickering, W. S. F., *Debating Durkheim*, Londres, Routledge, 1994.

Silva, Augusto Santos, *Entre a Razão e o Sentido: Durkheim, Weber e a Teoria das Ciências Sociais*, Porto, Afrontamento, 1988.

Silva, Filipe Carreira, Re-examining Mead: G. H. Mead on the «material reproduction of society», *Journal of Classical Sociology* 7, 2007a: pp. 291–313.

Silva, Filipe Carreira, G. H. Mead: A System in a State of Flux, *History of the Human Sciences* 20, 2007b: pp. 45–65.

Silva, Filipe Carreira, *G. H. Mead: A Critical Introduction*, Cambridge, Polity Press, 2007c.

Silva, Filipe Carreira, *Mead and Modernity: Science, the Self, and Democratic Politics*, Lanham, Lexington Books, 2008.

LIÇÃO 1

Em louvor da teoria

JOSÉ LUÍS GARCIA
Instituto de Ciências Sociais da Universidade de Lisboa

A teoria é o «coração» das ciências sociais, escreve Jeffrey C. Alexander, porventura o mais significativo representante atual do trabalho teórico da sociologia norte-americana, na primeira das suas *Twenty Lectures* (1987a), obra dedicada ao pensamento da fase pós-clássica da sociologia. Alexander expõe esta apreciação da teoria num livro que apresenta e discute as ideias de autores situados sensivelmente entre os anos que vão do termo da Segunda Guerra Mundial até finais da década de 70, um período em que, ao contrário da etapa de formação das ciências sociais — eminentemente teórica, com exceção dos legados de Frédéric Le Play e Adolphe Quételet —, os métodos e técnicas para a observação empírica, a recolha de dados e seu tratamento começaram a avançar com rapidez na investigação social, acompanhando a decisão de muitos cientistas sociais de promover o plano analítico. Numerosos sociólogos começaram então a advogar que todas as teorias deveriam ser submetidas a teste utilizando os métodos das ciências, entendidos em geral como integrando uma estrutura lógica comum de seleção de hipóteses a partir de uma teoria e, através do confronto com a observação, procurar os seus pontos fracos ou falseá-la. Richard Swedberg, outro sociólogo que também concede grande importância à teoria e à teorização, mas que se opõe aos sentidos que sobre elas se tornaram vigentes, observa numa obra dedicada à elaboração teórica, *The Art of Social Theory* (2014), que gerar novas ideias passou a atrair uma menor atenção e foi compreendido como a parte não científica da pesquisa social. Neste livro, argumenta que a teoria e a teorização em ciências sociais têm sido com frequência associadas, e de forma errónea, ao meramente abstrato e desligado da ação. Estas questões estão ainda a tornar-se mais agudas com as possibilidades e alterações incentivadas, em vários domínios, pelo surgimento dos métodos computacionais aplicados à recolha e análise de dados maciços textuais, imagéticos e sonoros, os chamados *big data*.

O objetivo desta lição é precisamente fundamentar a relevância da teoria e da teorização para a investigação social e, do mesmo passo, contrariar a tendência para descurar o elemento teórico. A reflexão é iniciada pelo esclarecimento do conceito de teoria no contexto da procura de um conhecimento que não iluda a sua justificação, de modo que depois se discuta a sua relação com a observação empírica, os valores ou o plano «moral». A partir de uma ideia de teoria como atividade guia do empreendimento analítico, confrontam-se duas perspetivas epistemológicas das ciências sociais que, por ora, se sintetizam de modo necessariamente esquemático: a que advoga a unidade do método científico e defende a observação empírica como a condição *sine qua non* para a pesquisa social rejeitar teorias falsas e solucionar as divergências teóricas; e a que propugna que os dilemas teóricos não podem ser resolvidos apenas pela observação empírica, por motivo da natureza valorativa intrínseca entre descrição e valores na análise social. Duas denominações são frequentemente utilizadas para as designar: a primeira é conhecida pela expressão «unitarismo metodológico» (e também tida por «positivista»); e a segunda, por «dualismo metodológico». Nesta matéria, toma-se partido pela segunda perspetiva, dada a sua valorização da teoria sob o argumento de que o conhecimento científico-social não é alheio às condições históricas e às relações sociais ocorridas na sua produção, que tem tradução na ideia de que todos os objetos da ciência social são, consequentemente, construções teoréticas de natureza distinta dos objetos das ciências naturais. De seguida, debatem-se algumas das principais abordagens que rejeitam a primeira perspetiva, reveladoras que são de impasses mais vastos da disposição epistemológica predominante da ciência moderna, precisamente o unitarismo/positivismo, e que tem tido como efeito gerar várias alternativas nas ciências sociais.

Neste âmbito, mostra-se como algumas das orientações que desafiam o unitarismo/positivismo, em especial as de índole fortemente relativista nos planos epistemológico e moral, acabam por propender para descuidar a procura da verdade e a ponderação moral racional na investigação social. A lição conclui-se com a alegação de que só a conjugação entre, por um lado, a teoria, devido à sua potencialidade de refletir sobre os objetos por natureza abstratos/teoréticos da ciência social e consequentemente as ideologias, e, por outro, os procedimentos de observação e verificação pode levar ao desenvolvimento adequado e fecundo do conhecimento científico-social.

Os diferentes estatutos da teoria segundo o unitarismo metodológico e o dualismo metodológico

Importa ter claro, de entrada, que não é exclusivo do mundo científico e intelectual conceber e partilhar teorias. Todos os indivíduos e grupos sociais o fazem, pelo menos no seu significado de noções e opiniões abrangentes através das quais as situações sociais são passíveis de ser interpretadas. A teoria é todo o enunciado generalizador, tão necessário quanto inevitável, porque, apesar de na vida corrente ser impercetível, sem ela não seria possível a ninguém compreender nada nem agir de forma relativamente coerente; sem generalizações e abstrações, o mundo apareceria como uma manta de retalhos de experiências e impressões sensoriais desordenadas, subscrevendo desta maneira um raciocínio de Hans Joas, também presente na primeira lição, dedicada a responder à pergunta sobre o que é a teoria e que consta da obra que lavrou com Wolfgang Knöbl, *Social Theory: Twenty Introductory Lectures* (2009).

Afirmar, sem mais, a importância da teoria não é, por isso, suficiente para aqueles que, como os que se dedicam justamente ao conhecimento e à ciência, têm o dever de questionar, com rigor, o que é o «conhecer» e o resultado de tal atividade. É no cerne deste problema que é possível remontar ao legado, hoje muito em causa como se verá, que estabelece a destrinça entre procurar conhecer com pretensão à verdade *versus* associar-se a ou adotar uma simples crença. A procura do conhecimento que aspira a ser estimado como verdadeiro, ainda que apenas provisória ou relativamente verdadeiro, ou, dito de outro modo, a procura de teorias tão perfeitas quanto possível, é a finalidade da investigação e do conhecimento científico moderno, pressupondo a justificação da atividade cognitiva e assim se distinguindo do processo do conhecer que se alheia da sua fundamentação. Servem estas considerações para explanar que, para as ciências sociais, a saliência da teoria se apoia na tendência que tem colocado a procura do conhecimento verdadeiro em conexão com a exigência da sua justificação e confluído na noção do sujeito como ser dotado das capacidades de razão, consciência e ação e de, através delas, ter uma certa apreensão, explicação e compreensão do mundo. No contexto desta conceção epistemológica do conhecimento, não isenta de uma longa disputa entre expoentes do racionalismo dogmático e os que põem em causa a representação do mundo sem a sua contingência, debate inviável de aqui se dar conta mas que atravessa muitas das questões tratadas mais adiante, é então exequível apreender-se a importância da teoria, ainda que tenha discernimentos bastante diversos e apenas se possa reter parte da sua controvérsia.

Que as teorias (e a teorização) nas ciências sociais — e nas demais ciências, acrescente-se — tenham uma componente forçosamente abstrata não leva a suster que sejam tão-somente abstratas e muito menos desligadas da ação. Nos pensadores gregos do século IV a. C., o significado de *theoria* (donde deriva «teoria» na língua portuguesa) era «contemplação», uma situação que não era propriamente, como se diz hoje, nem «ativa» nem «passiva», porque permitia o acesso ao real no seu todo e era acolhedora do que acontecia nessa experiência de acesso. A *theoria* era nesse caso ver, observar e refletir, de modo que se obtivesse um discernimento tão penetrante da realidade, que todo o mundo empírico ficava sujeito ao questionamento radical das coisas tal como são. Como se percebe pela procedência da palavra «teorizar», esta era uma atividade prática da razão, se é que assim se pode ter acesso ao sentido dado pelos gregos clássicos; era um raciocinar ativo. Este entendimento da *theoria* da Grécia Clássica é também exposto por Swedberg na primeira parte da obra já mencionada. Deslinda este autor que teorizar era visto originalmente como algo prático e ao mesmo tempo abstrato por natureza e isso tinha reflexo na palavra *theorein*, combinação de *thea*, a visão ou aparição de algo, *horan*, ver uma coisa atentamente, e o substantivo *theoros*, o observador atento ou o emissário enviado a observar costumes forasteiros e «teorizar» sobre eles, isto é, construir explicações racionais sobre o desconhecido e o inesperado. Fazendo uso de uma imagem, da mesma maneira que não se pode aprender a nadar ou a andar de bicicleta lendo como se faz, também não se pode teorizar sem praticar (Swedberg, 2014).

No entanto, se teorizar é algo que não se afasta do domínio prático, se é uma atividade, não se chega às teorias ou às hipóteses a partir da empiria. Os dados empíricos podem ser importantes para a formulação das teorias, mas não é possível construir teorias apenas com base neles. As teorias não podem ser deduzidas dos dados empíricos, nunca se fazem generalizações indutivas no sentido de partir de observações e delas derivar teorias. Em fase alguma do desenvolvimento científico se deixa de contar com algo da natureza de uma teoria que orienta a construção de problemas e a observação, para lembrar a este respeito a própria argumentação de um defensor acérrimo da observação empírica e do teste das teorias — Karl Popper. Em *Conjectures and Refutations* (1963), clarifica que o conhecimento científico não é simplesmente um procedimento cuja racionalidade consiste no facto de que se aprende com os erros testados através da observação, já que tal sugeria uma conceção de ciência como um sistema dedutivo axiomatizado. As teorias são para Popper cruciais, porque só com elas se formulam os problemas do conhecimento científico, seja porque os precedem, seja porque todas as teorias trazem dificuldades e contradições surgidas dentro de uma teoria, entre duas teorias diferentes ou como resultado de um conflito entre as teorias e as observações. Quando as observações entram em conflito com as hipóteses e teorias, retomando Popper, cabe ao cientista procurar conscientemente resolver os problemas mediante a elaboração de uma teoria que os resolva; tentando explicar, por exemplo, as observações inesperadas e cujas causas não se conheçam([1]).

([1]) Para Popper, a ciência não tem origem em observações, mas em problemas. As observações, quando muito, se forem inesperadas, se entrarem em conflito com as expectativas e teorias, podem suscitar realmente um problema.

A conceção de Popper do método científico, acabada de apresentar sumariamente, serve apenas para ilustrar como são colocadas em primeiro plano a teoria e a teorização mesmo para quem defende o papel da «crítica factual», baseada portanto no elemento empírico, como meio de colocar à prova ou tentativa de refutação de soluções teóricas de problemas. Não se ignora como este entendimento pode ser e tem sido posto em causa, e disso dar-se-á conta. Importa para já afirmar que, para as ciências sociais, a teoria tem sido considerada fundamental, embora sob o parecer de não estar desconectada da formulação de problemas e da observação, caso contrário corre o risco de se tornar excessivamente abstrata, requerendo, pois, que a relação entre teoria, problematização e análise empírica seja bem delineada, e retroalimentada de forma contínua. Adicione-se que permitir que o mundo social surpreenda o investigador e que da observação e dos dados possam ser esboçados problemas (e não propriamente teorias científicas) significa uma riqueza para o conhecimento científico-social e um sinal de que o trabalho empírico pode e deve participar da teorização. Posto isto, nem toda a teoria é igualmente válida, mas a sua refutação ou rejeição é um processo assaz complicado nas ciências sociais.

No que concerne às posições defensoras do relevo da teoria, vale a pena insistir que é efetivamente muito admitida a ideia segundo a qual, na ciência moderna, tanto nas ciências naturais como nas ciências sociais, são as próprias teorias que concebem as hipóteses, metodologias e técnicas de observação e tratamento de elementos empíricos que irão orientar o exame da realidade através dos «dados» ou «factos» que os cientistas analisam. Estatísticas ou séries de informações podem decerto ser, e são-no com frequência, mentoras de problemas, mas estas só se convertem em verdadeiras hipóteses

---

Na sua visão, a ciência consiste no desenvolvimento de um problema para outro — problemas cada vez mais profundos. Neste sentido, a maior contribuição de uma teoria para o crescimento do conhecimento científico está nos problemas que suscita. Segundo Popper (1963), a ciência e a expansão do conhecimento originam-se sempre em problemas de crescente profundidade e fertilidade, pelo facto de sugerirem novos problemas.

científicas se estiverem escoradas num quadro teórico coerente, mesmo que aberto ou em elaboração. As teorias despontam como roteiros de análise da realidade, orientadoras da observação, entre inúmeros objetos possíveis de serem observados, e sobretudo cabe--lhes resolver os problemas científicos. A teoria é reputada como orientadora da investigação, porque só ela tem a faculdade de gizar com coerência uma problemática, de delimitar o campo empírico e, finalmente, tentar encontrar explicação ou compreensão para os problemas. O que ajuda o empreendimento empírico a cumprir a sua função é precisamente a teoria, uma postura que é, portanto, racionalista. Desvanecer o método de substância teórica seria reduzir o próprio método a uma mera técnica. Nesta ordem de ideias, não perceber que as teorias jogam um papel de destaque na investigação social significa desabar no empiricismo([2]). Mas este discernimento do

([2]) Numa obra portuguesa dedicada ao património da sociologia clássica, vale a pena notar que, desde a institucionalização da sociologia na universidade portuguesa nas décadas de 1970 e 1980, a noção do relevo da teoria tem sido patrocinada nos debates sobre os problemas epistemológicos fundamentais relativos à pesquisa em ciências sociais. Vários dos responsáveis pelo estabelecimento do ensino e da investigação nesta área científica apoiaram categoricamente esse discernimento. João Ferreira de Almeida e José Madureira Pinto, na introdução a um conjunto de textos escritos entre 1972 e 1974, *A Investigação nas Ciências Sociais* (1990), fizeram suas as palavras de François Jacob: «Para que um objecto se torne acessível à análise não basta percebê-lo. É necessário que uma teoria esteja apta para o acolher. Na permuta entre a teoria e a experiência é sempre a primeira que inicia o diálogo. É ela que determina a forma da pergunta, e portanto os limites da resposta» (Jacob *apud* Almeida e Pinto, 1990, p. 10). E, a propósito do carácter ativo e processual do conhecimento, Augusto Santos Silva e José Madureira Pinto, igualmente na introdução de um conhecido compêndio dedicado à metodologia das ciências sociais (Silva e Pinto, 1986) e a respeito da pluralidade das suas disciplinas, escreveram que essa diversidade é estabelecida não no estudo de realidades distintas ou campos distintos da realidade, mas em «diferenças *teóricas*», em «*perspectivas teóricas* distintas» que «constroem distintos objectos científicos» (p. 17; itálicos no original). No processo de institucionalização universitária da sociologia em Portugal, foi realmente uma tendência firme da epistemologia então formulada não se comprazer com abordagens desvalorizadoras do papel da teoria na qualidade de guia da investigação social.

significado da teoria, muito partilhado na epistemologia das ciências, observa, nos termos que aqui se propõem, uma divisão crítica no caso do conhecimento científico-social. Ora, não sendo idêntico, o problema também se coloca nas outras ciências, apesar de a pluralidade epistemológica, teórica e metodológica aparecer deveras mais suscetível de ser desvelada nas ciências sociais.

Por um lado, encontram-se as abordagens já referidas que defendem a unidade dos métodos das ciências (unitaristas), cuja principal asserção consiste na noção de que os procedimentos que vigoram nas ciências naturais e fundamentam o seu conhecimento são aplicáveis à realidade social, com o fim de estabelecer generalizações similares a leis aos fenómenos sociais ou até para testar as teorias. Como se indicou, estas abordagens também são conhecidas, muitas vezes sem grande rigor, pelo termo «positivista», em parte pelo vestígio da «filosofia positiva» de Comte, de acordo com o qual as ciências formam uma hierarquia inter-relacionada e passam, cada uma, dos estados teológico e metafísico para o do conhecimento positivo, em parte pela ressonância do «positivismo» desenvolvido pela filosofia da ciência do Círculo de Viena, denominada «empirismo lógico», defensora de uma noção estrutural da ciência assente num conhecimento baseado em dados de observação e em proposições irrevisíveis. Por outro lado, estão as correntes das ciências sociais, igualmente já aludidas, em geral arrumadas sob a designação de dualistas metodológicas, de acordo com as quais a natureza valorativa intrínseca das ciências sociais implica uma relação simbiótica entre descrição e valores que, se não impede a existência de referentes empíricos ou factos, impossibilita o consenso sobre esses referentes que devem ser construídos para as categorias e conceitos. Jeffrey C. ALEXANDER (1987b), num ensaio dedicado à centralidade dos clássicos, oferece uma boa síntese das posições das duas perspetivas, ficando o presente texto em dívida com este autor na clarificação de muitas questões aqui tratadas. Veja-se, de seguida, os seus principais enunciados.

No âmago da posição unitarista/positivista podem ser evidenciados quatro postulados principais. O primeiro estabelece uma rutura epistemológica radical entre as observações empíricas, que se consideram específicas e concretas, e as proposições não empíricas, que se supõem gerais e abstratas. O segundo propugna que as questões mais gerais e abstratas — filosóficas, morais ou metafísicas — não têm uma importância decisiva para a prática de uma disciplina de orientação empírica. O terceiro afirma que os problemas de índole geral, abstrata e teorética só podem ser avaliados em relação com observações empíricas, significando isto que os conflitos teóricos se decidem através de constatações empíricas ou experimentos cruciais. E o último afirma que o desenvolvimento científico é «progressivo», ou seja, linear e acumulativo, presumindo-se, por conseguinte, que a diferenciação de um campo científico é o produto da especialização em diferentes domínios científicos, e não o resultado de um debate não empírico generalizado acerca de como explicar o mesmo domínio empírico. Deste modo, para quem aceita a unidade dos métodos das ciências, a evidência empírica é fulcral para resolver as questões teóricas e as ciências sociais avançam tanto quanto avançam a metodologia, as técnicas que permitem mais e mais observação empírica e as operações de verificação dos resultados e de teste.

Para a posição dualista, os debates sobre a procura da verdade científica não se referem unicamente ao nível empírico por diversas razões. Desde logo, a distinção entre teoria e factos é estimada como sendo apenas analítica e não ontológica, porquanto o conhecimento científico-social é obrigado a usar conceitos muito particulares a fim de compreender o seu objeto, conceitos que não são apenas descritivos e têm uma faceta valorativa ou moral. Depois, porque a elaboração teórica e conceptual é, em consequência da asserção anterior, mais do género «horizontal» e «dogmático» (talvez se pudesse também utilizar termos como «conjetural» ou mesmo «especulativa»), e não cética e progressiva. Em terceiro lugar, ainda em linha com o exposto, alega-se que não é possível os compromissos científicos assentarem simplesmente na evidência empírica. Finalmente, argumenta-se que só se dão renovações cardeais nas asserções científicas quando as mudanças empíricas são acompanhadas pela disponibilidade de alternativas teóricas convincentes. Para o dualismo metodológico, os valores desempenham um papel central nas ciências sociais, e tê-lo plenamente em atenção é a condição inescapável de um conhecimento científico-social que rejeite compreender as ações humanas como meras respostas a causas externas ou determinísticas fora dos processos de interpretação dos indivíduos e grupos.

A interpretação, o sentido e a valorização realizada pelos sujeitos são, portanto, questões-chave para o dualismo metodológico. Toda a generalização sobre a estrutura ou as causas de um fenómeno social depende de alguma conceção dos motivos implicados, obrigando o investigador à interpretação de estados mentais, a intuir o significado cultural e a importância psicossocial de determinados comportamentos. Esta circunstância leva Alexander a alegar, na obra já citada, que a possibilidade de confundir os estados mentais do observador científico com os estados mentais dos sujeitos observados é endémica, considerando uma marca de notabilidade a capacidade que, por exemplo, Émile Durkheim mostrou em aceder ao significado do comportamento ritual entre os aborígenes australianos ou ainda a sensibilidade de Erving Goffman para perceber a natureza das motivações das interações sociais. Não tem de resultar, desta linha de pensamento, o abandono da procura da verdade ou a sua relatividade extrema, mas sim a constatação de que existem diversas metanarrativas para os sujeitos, que toda a teoria não está desvinculada do seu contexto cultural e que, por conseguinte, nenhuma verdade pode ser considerada absoluta, como se fosse mais elevada ou a única, a ponto de ser estabelecida sem admitir outras formas de conhecimento ou até de ser imposta com violência. Por isso, para os que partilham desta posição, as questões teóricas não são redutíveis ao empírico, elas têm uma importância decisiva e, por consequência, as divergências e as controvérsias não se decidem apenas por constatações empíricas. O avanço das ciências sociais não se correlaciona, por isso, unicamente com novos resultados empíricos, mas quando estes são possíveis de ser enquadrados pela renovação das opções teóricas.

Tendo em mente o que se acabou de aclarar, verifica-se que para ambas as posições a teoria tem um papel primordial, embora elas divirjam profundamente — reconheça-se em modo de redundância — na importância a dar à importância da própria teoria.

Quanto à relação entre a teoria e a observação empírica, sobressai no unitarismo/positivismo o axioma de que os dados são uma componente crucial da verificação das teorias, defendendo-se mesmo a plausibilidade de as submeter a uma verificação vista como definitiva e concludente por meio da chamada evidência empírica. Exibe esta abordagem uma aversão a uma certa cegueira analítica suscetível de ser provocada pelas abstrações teóricas. Em abono desta ideia, não é nada infundado ter presente que as lentes apertadas da ideologia — sempre tão próximas, como o próprio dualismo metodológico assevera, de condicionar o observador das ciências sociais — nunca permitem que se vá longe na investigação sociológica. Assim, para o unitarismo, havendo o perigo da distorção causada pelos valores ou pelas ideologias, torna-se então decisivo intensificar e robustecer o plano da observação empírica, tal como os procedimentos de confirmação ou refutação dos resultados. Todavia, é forçoso contestar que, mesmo que os dados possam pôr em causa algumas asserções de uma teoria, um questionamento exclusivamente baseado neles conta sempre com muitas reservas. Compreende-se, desta maneira, que para o dualismo metodológico as teorias não possam submeter-se a um teste definitivo por meio de dados. Seja porque os dados que são usados para colocar em xeque uma teoria têm valores (ou elementos ideológicos e morais) incorporados que não se estão a verificar ou não podem inclusivamente ser sujeitos à verificação, seja porque, quando a falsidade de uma proposição específica é admitida, a tendência não é para renunciar à teoria geral de que forma parte, antes realizar uma revisão da teoria geral para perfilar as suas proposições com estes novos dados «fácticos». Assim, se para o dualismo metodológico as facetas teóricas nas ciências sociais têm de ser revalorizadas porque são capitais, para o unitarismo/positivismo a teoria social como que acaba reduzida aos factos. Neste aspeto, o quadro geral da sociologia, após a ascensão dos métodos e técnicas de investigação, é de uma muito considerável ambiguidade, pois apesar de não haver uma identificação cabal dos sociólogos com o rótulo do unitarismo/positivismo eles tendem a seguir os seus postulados no plano metodológico.

No debate entre as duas posições, é necessário reconhecer que o dualismo metodológico tem a seu favor a própria razão sociológica, já que não coloca a teoria do conhecimento fora da sociologia, ao deixar claro que todas as atividades intelectuais, nelas incluindo obviamente as científicas, são constituídas sob enquadramentos históricos, sociais e culturais. Estes cobrem o próprio condicionamento do conhecer por certos tipos de pensamento e valores pelo contexto social, pelo processo cooperativo da vida de um determinado grupo e enquanto atividade coletiva, para lembrar ensinamentos convincentes de sociologia do conhecimento de Karl MANNHEIM em *Ideologia e Utopia* (1936). Sublinhe-se que esta argumentação não implica sustentar ou ser confundida com nenhuma tese de determinação estrita do pensamento pela realidade social, nem, muito menos, desabar na dogmatização das condições sociais do pensamento, da produção social do conhecimento e das ideias. Isto porque um tal condicionamento não tem de ser do tipo causa-efeito e, além disso, as relações entre conhecimento e realidade social admitem uma pluralidade de formas de condicionamento, podendo estas ser mais ou menos conscientes ou relativamente autónomas das circunstâncias sociais. Como é bem sabido, a sociologia do conhecimento de Mannheim procurou colocar em evidência a maneira pela qual os sistemas de pensamento estão vinculados a estruturas sociais e em serem estabelecidas as correlações entre os diferentes grupos em competição, o que o levou a desenvolver um conceito não avaliativo de ideologia. Mas estudar uma ideologia, colocá-la no mapa das ideologias, observar a estreiteza de cada uma delas, sem juízos de valor, como propugnava Mannheim, acarreta sempre um juízo de valor, na medida em que julgar implica um sistema de normas e todo o sistema de normas integra elementos ideológicos. Como bem assinalou RICOEUR (1997) a este respeito, o sociólogo húngaro tropeçou no paradoxo de supor uma posição de plena exterioridade para o observador das ideologias, como se este pudesse estar numa espécie de ponto zero e reclamar para si uma visão não avaliativa. No entanto, não há um espectador totalmente descomprometido, embora esta condição não acarrete necessariamente nem ignorar-se a presença das ideologias na observação social, nem deixar-se capturar de forma absoluta por elas.

O modelo positivista e a falsa alternativa do relativismo epistemológico

As duas perspetivas focadas são, com constância, ponderadas no âmbito já apontado da discussão sobre a natureza do objeto das ciências sociais no que diz respeito às questões da interpretação, do sentido e dos valores. Sem desconsiderar a relação intrínseca entre os fenómenos sociais e esses âmbitos, muito subjacente ao argumento da singularidade da realidade social enquanto domínio de investigação, a divergência entre o unitarismo metodológico e o dualismo metodológico pode ser enquadrada, como se aludiu antes, numa moldura mais larga: a das dificuldades inerentes ao «positivismo», convertido na corrente dominante da tradição epistemológica da ciência moderna, encontrando-se disseminado por todas as ciências e envolvendo conceções do conhecimento articuladas a variantes que podem ser tidas como naturalistas, realistas e empiricistas. São elas herdeiras de teorias crentes da organização puramente lógico-dedutiva da realidade, uma realidade em que só há lugar para tudo o que no mundo é plenamente identificável, sem contingência, racional, logo explicável, previsível e controlável. Numa obra filosófica portuguesa sobre o conhecimento, de grande proveito para todos os que se interrogam sobre a sua fundamentação, encontra-se uma síntese de Maria Luísa Couto Soares (2004, pp. 17–20) que permite uma entrada aos principais traços da mencionada tradição: caracteriza-se a mesma por uma visão da natureza passiva à disposição do homem para ser observada, conhecida e dominada; uma confiança epistemológica apoiada na regularidade objetiva das leis da natureza na sua tradução em linguagem matemática; a noção de que tudo pode ser controlado pelo cálculo e precisão; uma atração pelos dualismos e bifurcações que condiciona um modo de pensar disjuntivo (natureza/cultura, natural/artificial, observador/observado, subjetivo/objetivo...); a primazia do visual sobre o oral; do quantitativo sobre o qualitativo; e a possibilidade de descobrir leis científicas que procuram um conhecimento certo e preditivo que, mais do que compreender em profundidade a natureza das coisas, permite a possibilidade de as dominar e transformar. Assim, o padrão dominante da razão científica moderna procura objetivar o mundo através da aplicação de um método que produza resultados ditos objetivos. Pretende-se afastar todo e qualquer elemento subjetivo suscetível de enviesar a presumida neutralidade da análise ou minar a chamada objetividade dos resultados: os propósitos científicos não devem considerar a relação afetiva e valorativa que os seres humanos mantêm com o mundo envolvente.

Este modelo epistemológico acabado de delinear é muito problemático e foi sendo posto em causa no século XX por várias abordagens que contrariam conceções de ciência assentes no corte absoluto entre a subjetividade e a objetividade, e defendem que o conhecimento científico é uma forma de compreensão ativa e são favoráveis a algum tipo de recondução da ciência ao mundo da cultura integral. Neste sentido, o perfil racionalista dogmático da corrente predominante (ou «modelo positivista») aparece como inadequado não só para as ciências sociais, como também para as ciências naturais. Mais do que afirmar uma posição dualista na teoria do conhecimento relativa aos fenómenos históricos, sociais e culturais, o que surge, portanto, como necessário é uma abordagem não positivista — saliente-se esta ideia — aos fenómenos naturais. Nesta linha de pensamento, não há razão alguma para qualquer complexo de inferioridade ou atitude seguidista do conhecimento científico-social relativamente às ciências naturais.

Foi precisamente sob este quadro de fundo que têm despontado perspetivas nas ciências sociais que rejeitam aquela corrente dominante. Nesta fileira, podem ser mencionadas, seguindo um mapeamento de William OUTHWAITE (2000), as aproximações neokantianas de vários tipos, que estimularam a «sociologia compreensiva» de Max Weber, a fenomenologia de Edmund Husserl, estendida à sociologia por Alfred Schütz, abordagens como as dos teóricos críticos do Instituto de Frankfurt para a Investigação Social e a sociologia do conhecimento de Max Scheler e a do já referido Karl Mannheim. De um modo ou de outro, todas estas correntes, às quais se pode adicionar o trabalho de Charles Taylor sobre interpretação, partilham a ideia de que é inexequível observar e analisar os fenómenos sociais — incluindo o conhecimento científico como fenómeno social — prescindindo do valor conferido pelos indivíduos aos objetos, e que tem uma especial manifestação na atribuição de significado, na subjetividade e na linguagem. Ainda no âmbito das alternativas epistemológicas, desenvolvidas mais recentemente entre as últimas décadas do século XX e os inícios do século XXI, é necessário somar-se a arqueologia do saber de Michel FOUCAULT (1966 e 1969). Sobre este último autor, não pode ser negligenciado que a sua proposta sobre as relações de inteiro condicionamento entre poder, saber e verdade (nos termos de um regime «político» de produção da verdade) teve e continua a ter uma repercussão considerável nas ciências sociais e em novos campos como os estudos culturais, feministas e pós-coloniais. Para Foucault, as «epistemes» ou «formações discursivas» — noções através das quais designa os sistemas de pensamento e conhecimento — são guiadas por regras, regras estas não circunscritas às gramaticais e às da lógica, que agem sob a consciência de sujeitos individuais e confinam um plano de possibilidades conceptuais delimitadoras dos marcos do pensamento e do uso da linguagem num determinado foro e período. A esta perspetiva interessa a constituição de formações discursivas, e não a teoria e a problemática da validade de proposições científicas. Nesta linha de propostas alternativas, importa também referenciar o trabalho de Boaventura de Sousa SANTOS (2009) em torno das «epistemologias do Sul», muito comprometido com os estudos pós-coloniais e também com a defesa de uma perspetiva em que o conhecimento surge vinculado a sistemas de poder que o geram.

Por oferecer uma ilustração impressiva das dificuldades enfrentadas por muitas das abordagens que articulam saber e poder, das armadilhas em que tombam, e por ser uma tentativa de compreensão histórico-epistemológica do aparecimento das ainda agora citadas alternativas dos estudos culturais, feministas e pós-coloniais, interessa considerar mais demoradamente, no contexto científico contemporâneo, a crítica de Immanuel WALLERSTEIN em todo o terceiro capítulo de *European Universalism: The Rhetoric of Power* (2006). Para este muito distinguido professor de Yale, comprometido com uma visão de cunho marxista, as estruturas de saber não estão divorciadas do funcionamento básico do sistema-mundo capitalista, de tal modo que a economia deste sistema, cujo princípio é apontado como sendo a acumulação incessante de capital, pressupõe uma estrutura cultural-intelectual para funcionar. Três elementos principais integram, segundo o cientista social norte-americano, essa estrutura e são avaliados como verdadeiramente essenciais ao funcionamento e à legitimação das estruturas políticas, económicas e sociais do sistema: uma combinação paradoxal de normas universalistas e práticas racistas-sexistas; uma geocultura dominada pelo liberalismo centralista; e as estruturas de saber, estruturas fundamentais, baseadas numa divisão epistemológica entre ciências naturais e humanidades. Wallerstein vai a ponto de afirmar que as estruturas do saber se desenvolveram historicamente em formas úteis à manutenção do sistema-mundo capitalista vigente. Partindo destas premissas, o autor examina três aspetos da estrutura do saber no sistema-mundo: o sistema universitário moderno, a linha divisória epistemológica entre as ciências naturais e as humanidades, e a situação especial das ciências sociais. Segundo Wallerstein, todos estes domínios das estruturas do saber foram construídos no século XIX e estão hoje em desordem. Esboçando uma compreensão do percurso das ciências, assinala que foi apenas nos séculos XIX–XX que os cientistas conseguiram impor a sua hegemonia face à hegemonia anterior do saber teológico na universidade moderna. Para isso concorreu terem sido capazes de apresentar um tipo de saber que foi traduzido em aperfeiçoamento da tecnologia, algo que o poder soube apreciar, sendo do interesse material e social dos cientistas divorciarem-se das humanidades. Os cientistas sustentavam que só com o uso dos seus métodos preferidos — a pesquisa empírica baseada em hipóteses passíveis de comprovação ou que a ela conduzissem — seria possível chegar à verdade, uma verdade que seria universal. Os praticantes das humanidades contestaram essa asserção e afirmavam que o tipo de verdade que defendiam era mais profundo e tão universal quanto aquele que estava subjacente às generalizações dos cientistas e, mais importante ainda, insistiam na centralidade dos valores, do bem e do belo na busca do conhecimento. Os cientistas, por sua vez, afirmavam que a ciência não tinha valores, que eles eram externos aos interesses da ciência.

Para Wallerstein, o resultado do debate entre os cientistas e as humanidades foi a vitória dos primeiros, tendo conseguido que cada vez mais pessoas em posição de poder os classificassem como muito superiores em relação aos praticantes do saber humanístico. Coincidindo sensivelmente com o pós-Segunda Guerra Mundial, com o peso cada vez maior do desenvolvimento tecnológico, dispendioso e complexo, no funcionamento do sistema-mundo moderno, os cientistas colocaram-se muito à frente dos humanistas, e a divisão entre a busca da verdade e a busca do bom e do belo acentuou-se extraordinariamente. Frente a essa batalha entre ciências naturais e humanidades, as ciências sociais, particularmente a economia, a ciência política e a sociologia, tenderam então a rumar para o campo científico. De acordo com Wallerstein, os três pilares da estrutura do saber do sistema-mundo começaram a perder solidez a partir de finais dos anos de 1960 e a divisão epistemológica entre as ciências naturais e as humanidades foi alvo de questionamento interno, questionamento este que foi acompanhado de um idêntico processo nas ciências sociais. Este quadro originou quer crises epistemológicas no modelo clássico da ciência, quer o surgimento nas humanidades de disciplinas como os estudos culturais (e o autor poderia aditar feministas, coloniais e de ciência), que passaram a insistir que os ensinamentos tradicionais das humanidades bem como das ciências naturais incorporavam valores da dominação ocidental, arrogando-se considerá-los universalistas. Estas tendências insistiam no contexto social das formas de conhecimento e dos juízos de valor e na importância de estudar e valorizar as contribuições de todos os grupos humanos historicamente ignorados e denegridos. Wallerstein conclui que as universidades se têm encaminhado para se tornarem atores do mercado e que se assiste hoje à crise do mais poderoso dos universalismos europeus (ou euro-norte-americanos), o universalismo científico, vivendo-se um período de anarquia e divisão nas estruturas do saber que pode até conduzir a que a universidade moderna deixe de ser o *locus* principal de produção e reprodução de conhecimento.

A posição de Wallerstein assoma límpida e categórica no mencionado capítulo 3 de *European Universalism: The Rhetoric of Power*: desde o século XIX, a ciência natural consubstancia a política cognitiva do capitalismo. Por via da argumentação de que a ciência tem estado imbricada com os interesses e valores orientados pelo capitalismo enquanto modo de produção e de dominação cultural, Wallerstein rejeita cabalmente a tese epistemológica da neutralidade da ciência. Constate-se que na sua perspetiva não há lugar, no tempo histórico, nem para uma separação, de pendor liberal, entre uma ciência que teria gozado de autonomia face aos poderes e o estado da ciência contemporânea (ou tecnociência) articulada com as tendências da economia neoliberal e sua orientação para a inovação com valor de mercado; nem para a tese convencional daquele marxismo que separava a ciência, enquanto entidade neutral, da sua aplicação como tecnologia que seria posta ao serviço do capital.

Muitas características da ciência contemporânea apontadas por Wallerstein são, sem dúvida, merecedoras de consideração, apesar de estribarem em pressupostos teóricos e epistemológicos bastante discutíveis. A favor de Wallerstein, não é rigoroso falar da ciência enquanto atividade de investigação plenamente neutral, já porque, como se viu, existe toda uma relação entre as teorias e os valores morais e políticos, já porque, mesmo tendo em conta apenas os valores cognitivo-epistémicos, estes se desenrolam em vários momentos, tais como a construção do objeto de conhecimento, a escolha da metodologia, o confronto entre os dados empíricos e a teoria, sendo que em alguns deles pode ser grande a incidência dos propósitos de quem encomenda e financia a pesquisa. Com efeito, parte muito substancial da investigação, no presente mas certamente desde pelo menos o século XIX, é financiada por entidades (políticas, económicas e outras) que não se guiam, como é fácil de perceber, por propósitos apenas científicos e, por isso, nem a construção do objeto é verdadeiramente autónoma (em termos de qual o problema subjacente ao objeto que se constrói), nem sequer as opções metodológicas (realce-se que muitas entidades têm vindo a ter preferência só por dados quantitativos). Quanto ao objeto de conhecimento desprovido de autonomia, o mesmo não é construído enquanto objeto do «mundo como ele realmente é», e sim como objeto constituído por necessidades e interesses sociais que se tornam codificados nas estratégias que estruturam a investigação. Também nem todo o resultado científico que é aplicável se concretiza indiferentemente aos valores políticos, morais e sociais que são defendidos. Alguns resultados podem servir bem alguns projetos e interesses; outros podem servir similarmente bem outros projetos e interesses. Deste modo, apenas na investigação científica mais afastada de intenções práticas terão existido ou poderão existir condições relativamente cabais para a autonomia dos cientistas (incluindo os das ciências sociais). No entanto, não se negando tudo isto, é possível ainda assim falar de uma certa neutralidade da investigação científica, pelo menos no plano estritamente dos valores cognitivo-epistémicos da pesquisa, na fase da aceitação de uma teoria apenas com base na evidência empírica, poder explicativo e coerência com outras teorias aceites. O filósofo da ciência Hugh Lacey, cuja argumentação seguimos neste assunto, enfatiza que é indispensável reconhecer que os valores morais e os interesses de fora do meio científico podem não desempenhar papel algum na avaliação na fase de cotejar as teorias com a empiria (Lacey, 2005, 2008 e 2010). Dito por outras palavras, que não são as de Lacey: a atenção aos dados e o estabelecimento de relações entre estes e a teoria têm uma potência cognitiva que permite ir mais além no conhecimento do que as ideologias e dogmas vigentes. Isto é assim porque, em grande medida, nem tudo nos dados está sob o controlo da teoria, embora seja esta que ajuda a empiria a cumprir a sua função. E é igualmente necessário não exagerar na assunção de que toda a investigação científica que é realizada tem, ou teve sempre, uma total falta de autonomia — destaque-se — em todas as suas fases.

A análise de Wallerstein apresenta, pois, aspetos pertinentes que têm correspondência com muitos desenvolvimentos do condicionamento social ou acomodação das ciências às pretensões do poder político e económico, em especial desde que existem, no período subsequente à Segunda Guerra Mundial, as políticas de ciência, tecnologia e inovação, bem como a intensificação da pressão do poder económico. Contudo, a epistemologia em Wallerstein surge totalmente subordinada às estruturas de poder (no caso, económico e político). É neste ponto que a sua perspetiva é ilustrativa de impasses de outros autores não marxistas. Note-se que o seu marco analítico marxista significa uma deslocação da conceção marxista tradicional da ciência fora da superestrutura ideológica para uma determinada por ela. Mas Wallerstein resvala para a tese da determinação da ciência pelas orientações e valores das estruturas económico-políticas; já para outros autores, o condicionamento social da ciência aparece sob a forma da colocação da epistemologia como subordinada das estruturas de poder, mormente de tipo discursivo, colonial e patriarcal.

Parece indubitável que as teses da neutralidade e da determinação são ambas assaz contestáveis, quer para as ciências naturais quer para as ciências sociais. No âmago da discussão retorna-se à questão epistemológica dos valores, ponderando agora nestes tanto os valores cognitivos ou epistémicos relativos ao próprio conhecimento científico, como os valores morais ligados à existência social e à relação com o mundo natural. Se a abordagem unitarista/positivista procura excluir os segundos da investigação científica em prol da pretensa objetividade dos primeiros, concebendo a pesquisa como tendo um carácter diametralmente neutral (o mesmo é dizer, socialmente incondicionado), já muitas das alternativas a esse modelo hesitam em colocar os valores, quer os cognitivos quer os morais, sob o escrutínio de uma fundamentada racionalidade epistemológica, ética e política.

Como se mostrou, o unitarismo/positivismo tende a negligenciar o condicionamento mútuo entre o conhecimento científico e a realidade social (no fundo, a sociologia poderia analisar tudo menos o conhecimento científico, incluindo o seu próprio conhecimento, ou seja, o sociológico), e postula que o conhecimento assim alcançado é a forma superior dos saberes humanos, o que impele à tendência para a subestimação de todo o conhecimento não científico (de tipo verificável ou falsificável) e ainda à desvalorização de todos os fatores não diretamente humanos. Percebe-se, assim, nesta abordagem uma autêntica sobreposição abusiva do valor da ciência e do valor da verdade, isto porque a busca da verdade ou do conhecimento fundamentado não significa a identidade entre ciência e verdade, a menos que se negue a distância e a mediação entre o sujeito e o objeto. Em termos epistemológicos, este deslizamento representaria um movimento de afirmação da ilusão transcendental. Por sua vez, muitas das orientações críticas do unitarismo/positivismo, defendendo justificadamente que às análises empíricas subjazem conceções epistémicas e teóricas e que a estas são inescapáveis os valores, inclinam-se para negar a possibilidade de uma fundamentação ponderada dos valores. São estas orientações herdeiras extremistas das tradições céticas defensoras de que a razão humana é incapaz de resolver os conflitos entre valores distintos. Para elas, é humanamente impossível pôr de lado os valores na análise social, mas também é humanamente impossível uma valoração racional dos valores. Neste sentido, tanto o positivismo como vários dos seus críticos mais radicais perfilham afinal a ideia de que não pode haver um conhecimento fundamentado, ou distinto de uma mera crença, dos valores. Se, em nome da defesa da razão frente ao relativismo epistemológico, o unitarismo/positivismo procura afastar os valores morais, deixando o caminho livre para o relativismo moral na investigação social, em nome da luta contra o positivismo muitas das abordagens alternativas estão a prosseguir o relativismo moral e a cair no relativismo epistemológico, sendo que as versões mais radicais têm estado a abandonar inclusivamente qualquer pretensão à verdade da investigação social, rejeitando como um todo as epistemologias clássica e moderna, chegando a postular uma certa indiferenciação de todos os saberes e descurando a construção, tratamento e verificação de dados.

Neste sentido, admitir que o conhecimento das ciências sociais não pode ser praticado segundo as categorias do racionalismo dogmático inerente à corrente dominante da tradição epistemológica moderna, por via da alegação certeira de que as ciências sociais têm uma dimensão discursiva e da rejeição da absolutização do conhecimento científico como única garantia de sentido, tal não tem de implicar a sua inversão, de que tudo não passa de mera interpretação, de que tudo é condicionado por significações incomensuráveis, impedindo a formulação de qualquer juízo de validade universalizante. O unitarismo/positivismo não tem capacidade para cotejar, explicitar e retificar apropriadamente as visões ou as ideologias que impregnam todo o conhecimento científico-social e por consequência também as suas ao não as conseguir reconhecer, mas muitas abordagens alternativas, especialmente as de pendor fortemente relativista do conhecimento científico, não têm nem meios de submeter à validação cognitiva a adequação entre o discurso do conhecimento e o seu objeto, nem a capacidade para a avaliação racional dos valores.

Crítica do analiticismo e defesa da teoria

Tendo em mente as duas perspetivas já esboçadas quanto à importância da teoria, a do unitarismo metodológico e a do dualismo metodológico, e relacionando-as com alguns indicadores, parece ser possível reconhecer na prática sociológica corrente um pendor, talvez mais implícito do que explícito, para a primeira variante. Sinais dessa disposição percebem-se no viés da produção de artigos científicos que privilegiam no fundamental o âmbito analítico, algo como uma disposição para o «analiticismo», assim nomeado por Hermínio Martins (ver entrevista dada a Jerónimo, 2011) numa crítica à tendência para que o trabalho científico esteja centrado de forma quase exclusiva ou privilegiada em «análises» e no clima intelectual, académico e profissional de não valorização da elaboração teórica independente, quer dizer, que não seja a repetição de autores reconhecidos([3]). A estes traços desfavoráveis do trabalho teórico, é possível ainda agregar o desencorajamento, a dificuldade ou mesmo o impedimento forte, em inúmeros departamentos de sociologia, de realização de teses de doutoramento centradas no âmbito teórico, não só de elaboração teórica própria, mas inclusivamente sobre autores consagrados. E ressalta a inexistência muito habitual de disciplinas de sociologia do conhecimento e de filosofia das ciências sociais, de debates de epistemologia do conhecimento científico-social, mesmo nos cursos de pós-graduação. A propensão dos sociólogos para uma investigação adstrita ao unitarismo metodológico, apesar de múltiplos sinais da sua crise nas últimas décadas, pode decerto compreender-se — mas não aceitar-se — pelas possibilidades metodológicas abertas às ciências sociais na segunda metade do século XX ou ainda pelo afã de pretender que o estatuto do seu conhecimento seja alcandorado ao prestígio das demais ciências segundo o cânone do racionalismo dogmático.

O analiticismo negligencia as visões subjacentes ao plano analítico, visões essas que acabam por não ser articuladas, elaboradas, confrontadas e discutidas de forma adequada e que por isso escapam

([3]) Martins referia-se nesta entrevista à realidade sociológica portuguesa, mas na verdade trata-se de um diagnóstico que pode ser estendido como tendência à realidade da sociologia internacional.

à crítica racional. Alegava Martins, numa orientação consentânea com a argumentação aqui proposta da teoria como o «coração» das ciências sociais, que a melhor forma de clarificar, confrontar, retificar e melhorar as visões implícitas aos empreendimentos analíticos é a explicitação das teorias. «Só pela formulação consequente de teorias é que podemos defender ou desacreditar visões globais que informam o trabalho científico explicitado em artigos e "análises"» (Martins *apud* Jerónimo, 2011, p. 467). Ao não se perceber que o plano teórico e o plano descritivo em ciências sociais não comportam um corte ontológico e ao acalentar-se um trabalho científico circunscrito a análises, o cenário da sociologia desponta como sendo marcado pelo sincretismo ao declarar a importância da teoria mas abraçando o unitarismo metodológico, descambando assim — pelas razões já expostas — no empiricismo e, dada a desconsideração nutrida correntemente pela elaboração teórica, fixando-se até nele. A ausência de noção das escolhas teóricas e dos valores que elas sempre carregam não permite que os cientistas sociais possam empreender a crítica e a avaliação do aparelho conceptual que têm à partida. Parecendo o contrário, as posições positivistas e empiricistas são tão dogmáticas e subjetivas como as do relativismo epistemológico extremo a que se opõem, pois intentam escapar da crítica, impedir a retificação e não querem tornar conscientes os valores em que se apoiam. E falta ainda atender que tem vindo a despontar atrativamente um novo empiricismo, um empiricismo em versão primária mas com cobertura sofisticada, devido às capacidades técnicas vindas da *data science*, através da acessibilidade do crescente manancial de dados gerados pelas tecnologias digitais. A defesa enérgica da acuidade da teoria e da teorização neste terreno irá fazer-se doravante nas condições de um novo modo de produção *data-driven* do conhecimento, propenso aos procedimentos indutivos, quantificações, correlações de dados, enfim, a limitar a ação humana a comportamentos e práticas, negligenciando a interpretação, as dinâmicas contextuais e os processos de simbolização([4]). Neste sentido, a tendência para engrandecer os

([4]) A este respeito, ver o muito elucidativo artigo de Teresa Martinho (2018) que, embora orientado para o estudo sociológico da cultura, se abre a reflexões de maior escopo sobre os chamados *big data*.

dados e reduzir a relevância da teoria pode tornar a sociologia e os sociólogos irrelevantes em muitas atividades em que se tinham tornado presença imprescindível.

As propostas alternativas construídas sob a ideia de que o conhecimento clássico das ciências sociais é basicamente um conjunto de discursos produzidos por pretensões hegemónicas do Ocidente ou do Norte que deve ser interpretado e desconstruído, que todo o conhecimento é uma atividade agregada por inteiro a sistemas de dominação, que a razão científica moderna é na sua essência uma zelosa serviçal do poder em propagação, resvalam de maneira clara para o reino das meta-assunções e para a caução de abordagens metodológicas pouco cuidadas. Pendem tais alternativas para enfatizar a importância de ter acesso e desconstruir os sistemas de sentido enquanto elementos fundamentais de poder, o que é um mérito que lhes cabe, no entanto, não é apenas necessário dar conta de tais sistemas, mas também de outros elementos relacionados com as estruturas de poder político, da economia, da mediação tecnológica e demais domínios não confinados ao elemento ideológico. Quando *a priori* se estabelece que um determinado fator é sempre determinante, as ciências sociais revelam-se supérfluas. E considerar indefensável uma dogmática metodológica nas ciências sociais, assim como compreender o âmbito discursivo do seu conhecimento, não tem de incluir erroneamente a defesa de que haja só um discurso (ou uma só episteme, nos termos de Foucault), não tem de levar, antes pelo contrário, a que se prescinda dos protocolos controlados de observação, verificação e adequação.

Para o cientista, não se almeja a neutralidade absoluta, pois tal é fantasioso, mas também não a absoluta subjetividade, porque é um escolho para o esforço analítico. O que é necessário é uma subjetividade que seja precisamente adequada à não secundarização da aproximação à verdade, ainda que seja uma verdade provisória ou refutável. As ciências sociais só têm razão de ser quando se baseiam numa atitude deste género, o que não significa restabelecer nem uma ortodoxia positivista, nem repelir a intervenção subjetiva do cientista através da formulação de opções de valores na seleção dos acontecimentos e nas opções teóricas (de teorias científicas que beneficiam já de debate teórico e que tiveram em conta observações e resultados empíricos). Muitas tendências culturalistas, feministas e pós-coloniais estão a abdicar desta atitude de procura da verdade e deixam-se, afinal, contagiar, sem precauções com ideologias vigentes, por novas formas de senso comum. No fundo, as propostas relativistas que têm vindo a irromper como alternativas estão a dar lugar a uma disputa entre duas abordagens sem saída. Face ao analiticismo e ao relativismo extremo, impõe-se a valorização da teoria e da teorização articuladas com processos escrupulosos de observação, pois os avanços científicos nas ciências sociais só ocorrem por via da elucidação das visões ideológicas subjacentes à investigação empírica e teórica e no contexto da renovação convincente das opções no campo da teoria. É imperioso, no fundo, compreender o alcance de a ciência social ser uma ciência *do* social, *no* social e, dada a reflexividade dos atores sociais, *para* o social. Do vigor da teoria social depende amplamente a própria força da sociologia.

Uma derradeira interrogação é possível agora ser também objeto de resposta no quadro da digressão realizada sobre a importância da teoria: poderão as teorias forjadas há um ou dois séculos ter outro estatuto que não o de serem meras crenças refutadas, sem nenhuma pertinência para a procura de um conhecimento fundamentado, guiado pela atitude de busca da verdade, quanto à realidade social do presente? Partindo da ideia de que nenhuma teoria constitui um mero reflexo da situação em que foi elaborada, a resposta ao problema colocado é que só podem ser grandes muitos dos esclarecimentos contidos em teorias que constituem construções intelectuais poderosas, tais como as dos autores canónicos das ciências sociais. Expressando ambições sistemáticas de reflexão e análise social e admitindo grande margem interpretativa, as teorias clássicas transcendem a sua especificidade em relação às suas circunstâncias e continuam a ser um contributo importante para o conhecimento científico-social.

Bibliografia

ALEXANDER, Jeffrey C., *Twenty Lectures: Sociological Theory since World War II*, Nova Iorque, Columbia University Press, 1987a.

Alexander, Jeffrey C., The centrality of the classics, *in* Giddens, Anthony e Turner, Jonathan, *Social Theory Today*, Stanford, Polity Press, 1987b, pp. 11–57.

Almeida, João Ferreira de, e Pinto, José Madureira, *A Investigação nas Ciências Sociais*, Lisboa, Editorial Presença, 1990.

Foucault, Michel, *Les mots et les choses: Une archéologie des sciences humaines*, Paris, Gallimard, 1966.

Foucault, Michel, *L'archéologie du savoir*, Paris, Gallimard, 1969.

Jerónimo, Helena Mateus, Entrevista a Hermínio Martins, *Análise Social* XLVI, 3.º trimestre de 2011: pp. 460–483.

Joas, Hans e Knöbl, Wolfgang, *Social Theory: Twenty Introductory Lectures*, Cambridge, Cambridge University Press, 2009.

Lacey, Hugh, *Values and Objectivity in Science*, Lanham, Lexington Books, 2005.

Lacey, Hugh, *Valores e Atividade Científica 1*, São Paulo, Associação Filosófica Scientiae Studia/Editora 34, 2008.

Lacey, Hugh, *Valores e Atividade Científica 2*, São Paulo, Associação Filosófica Scientiae Studia/Editora 34, 2010.

Martinho, Teresa, Researching Culture through Big Data: Computational Engineering and the Human and Social Sciences, *Social Sciences* 7, 2018.

Mannheim, Karl, *Ideology and Utopia*, Londres, Routledge, 1936.

Outhwaite, William, The philosophy of social science, *in* Turner, Bryan S. (org.), *The Blackwell Companion to Social Theory*, Oxford, Blackwell, 2000, pp. 47–70.

Popper, Karl, *Conjectures and Refutations: The Growth of Scientific Knowledge*, Londres, Routledge, 1963.

Ricoeur, Paul, *L'idéologie et l'utopie*, Paris, Seuil, 1997.

Santos, Boaventura de Sousa e Meneses, Maria Paula (org.), *Epistemologias do Sul*, Coimbra, Almedina, 2009.

Silva, Augusto Santos e Pinto, José Madureira, Uma visão global das ciências sociais, *in idem* (org.), *Metodologia das Ciências Sociais*, Porto, Afrontamento, 1986, pp. 9–27.

Soares, Maria Luísa Couto, *O Que É o Conhecimento? Introdução à Epistemologia*, Porto, Campo das Letras, 2004.

Swedberg, Richard, *The Art of Social Theory*, Nova Jérsia, Princeton University Press, 2014.

Wallerstein, Immanuel, *European Universalism: The Rhetoric of Power*, Nova Iorque, New Press, 2006.

LIÇÃO 2

Auguste Comte: filosofia positiva, sociologia e teoria social

FREDERICO ÁGOAS([1])
Centro Interdisciplinar de Ciências Sociais
Faculdade de Ciências Sociais e Humanas da Universidade Nova de Lisboa

Introdução

Procurar circunscrever o pensamento de um autor ao que pode ser dito numa aula ou num capítulo é muitas vezes ingrato e carece de um método qualquer, ainda que implícito. É possível dizer, todavia, que existe algo de particularmente problemático e, por isso, desafiante em falar sobre Auguste Comte, nestes termos. Pode mesmo dizer-se que existe algo de paradoxal em tal desafio: se a sua obra é demasiado extensa e eclética para autorizar um resumo que lhe faça a devida justiça, o seu pensamento desenvolve-se quase sempre de forma demasiado sistemática e sintética para que se possa simplesmente isolar qualquer um dos seus aspetos.

Escritor particularmente prolixo, Comte publicou muitos milhares de páginas num número relativamente reduzido de publicações. Nas suas edições originais, os seus dois principais trabalhos — o *Curso de Filosofia Positiva* e o *Sistema de Política Positiva* — contam em conjunto com dez volumes e mais de sete mil páginas. E se o filósofo francês acabaria por ficar primordialmente associado à sociologia, a sua obra cobre ainda temáticas tão diversas quanto a teoria do conhecimento e a metodologia científica, a história e a filosofia da ciência,

([1]) A investigação que serviu de base à redação deste texto beneficiou de uma bolsa de pós-doutoramento da Fundação para a Ciência e a Tecnologia (SFRH/BPD/73985/2010).

a história da matemática, da astronomia, da física, da química e da biologia, a história social e política, a história das religiões, a filosofia da história e a epistemologia das ciências sociais, além do comentário político e social a que começou por se dedicar. Em contrapartida, o desenvolvimento da sua obra e o tratamento de cada um destes temas correspondem ao desdobramento sucessivo (não sem desvios e adendas) de um plano desenhado numa fase precoce da sua vida e formulado aos 24 anos em «Plano dos trabalhos científicos necessários para reorganizar a sociedade» (1822), no qual esboçaria desde logo os principais caracteres da sua filosofia positiva e designadamente a sua teoria do conhecimento, a famosa lei dos três estados, a hierarquia das ciências, os objetivos e a natureza da sua ciência social e as condições por si consideradas necessárias para a reorganização da sociedade. O efeito sinóptico que resulta da sua trajetória intelectual é deliberado, e é justamente a esse objetivo que corresponde a edição deste e de outros trabalhos de juventude — conhecidos por opúsculos — como anexos ao pináculo da sua filosofia — o já referido *Sistema de Política Positiva*.

À margem da dupla vertigem que decorre da leitura direta de uma obra particularmente extensa, densa e sistemática, e que a cada momento se apresenta como um todo, sucede ainda que Comte é demasiado erudito para que se possa realmente aceder, sem um esforço excessivo, ao contexto intelectual em que se moveu e demasiado influente e comentado, por seu turno, para que se possa fazer um balanço exaustivo dos seus contributos. Com efeito, não é exagero sugerir que nele confluem dois milénios de filosofia natural, nas suas diferentes vertentes, e que a sua obra representa um eixo ou ponto de convergência de tradições filosóficas tão distintas quanto o iluminismo francês e escocês, o tradicionalismo francês e o idealismo alemão, em domínios de estudo como a filosofia do conhecimento, a filosofia política ou a filosofia moral (Heilbron, 1995). De forma simétrica, se um dos seus mais conceituados comentadores pôde chegar a afirmar que mesmo em França a sua influência política se restringiu ao integralista Charles Maurras (Aron, 1994 [1967], p. 93), ninguém negará que Comte está implicado na fundação não só da sociologia mas também da história e da filosofia da ciência, ou que a bibliografia secundária a seu respeito é pelo menos proporcional a estas diversas valências — efeito sem tradução visível em Portugal, onde os estudos sobre Comte se concentram em torno da sua já remota receção no país, a partir de meados de Oitocentos, de que não se falará aqui (ver Catroga, 1977a e 1977b)(2).

Não se pretende, portanto, por não ser esta a ocasião adequada, apresentar um resumo detalhado da sua obra, examinar uma das múltiplas vertentes do seu trabalho, proceder a uma genealogia intelectual do seu discurso ou avaliar a preponderância dos seus contributos sobre a história das ideias. E se este último desígnio se encontra por cumprir de forma cabal, atendendo por exemplo às manifestas afinidades — até hoje por explorar — entre a história do conhecimento científico de Auguste Comte e a história do pensamento de um autor como Michel Foucault no que toca à contiguidade entre saber e ciência (ver Heilbron, 1990), talvez sirva de consolo lembrar que estão disponíveis em francês ou inglês excelentes sínteses da sua obra, como a que é assinada por Raymond Aron (1994 [1967], pp. 81–138), no caso em português, também; várias monografias sobre temas tão diversos quanto a história da matemática que propôs (Fraser, 1990) ou a relação entre ciência e política por si aventada (Grange, 2000); e uma extraordinária biografia intelectual publicada em três volumes e inscrita no quadro da situação social e política pertinente, além de projetada sobre a reconstituição da sua vida sentimental e profissional (Pickering, 1993, 2009a e 2009b), cujos principais marcos se deixarão fixados no início da próxima secção, tal como vêm registados numa das edições portuguesas dos seus escritos (Cruz, 1989, p. 137)(3).

---

(2) Ver também Cruz (1983), Homem (1989), Catroga (1991) e Luz (2004a e 2004b).

(3) As edições portuguesas dos trabalhos de Auguste Comte contemplam extensos excertos do *Curso de Filosofia Positiva* (Bastos, 1883), a primeira lição do mesmo curso (Comte, 1939 [1830]), *Discurso Sobre o Espírito Positivo* (Comte, 1947 [1844]), «Plano dos trabalhos científicos necessários para reorganizar a sociedade» (Comte, 1977 [1822]), trechos avulsos de várias das suas obras publicados como anexo a um breve estudo biográfico-intelectual (Bastide, 1984 [1968]), a reedição da segunda referência e de parte da terceira referência supracitadas, impressas numa antologia de textos sociológicos (Cruz, 1989), a

Sem deixar de se evocar a extensão e a complexidade da obra em apreço, opta-se assim por subordinar o texto ao pretexto — um livro sobre sociologia clássica — e circunscrever as páginas que se seguem à sociologia de Comte. Diga-se desde já, todavia, que semelhante estratégia não é de si mesma menos problemática, considerando que o tópico é ele próprio paradigmático de tudo o que acima se disse. De facto, a sociologia de Comte não só está presente do início ao fim da sua obra, ainda que sob designações diferentes, como constitui condição e corolário da sua filosofia positiva, em particular da sua filosofia da história, tal como ficou condensada na lei dos três estados, e da sua filosofia da ciência, tal como ficaria sintetizada na sua hierarquia das ciências. Adicionalmente, a fundação da sociologia de Comte assenta de forma direta em fontes familiares àqueles que se interessam pela história da teoria social, como as obras de Montesquieu, de Turgot e de Condorcet, como noutras que há muito deixaram, por efeito retrospetivo, de constar daquela história, como o biólogo Pierre Cabanis, o frenólogo Franz Gall ou o zoólogo Henri de Blainville — todos eles fora do alcance imediato da erudição contemporânea. Por fim, e tal como sugere o sociólogo alemão Norbert Elias (2008 [1970], p. 35), o nome de Comte paira como um espectro sobre os manuais de uma disciplina que há muito abandonou o projeto que formulou para a sociologia.

A bem do rigor, tomam-se então os constrangimentos referidos como justificação suplementar e, neste caso, substantiva para uma empreitada mais modesta: situar a sociologia de Comte no conjunto da sua obra e situar a sua «física social» nos primórdios da disciplina. Para o efeito, começa por se posicionar a ciência social de Comte no quadro do positivismo, tal como ficou fixado no *Curso de Filosofia Positiva*, para especificar depois a oportunidade, a natureza e o objeto da sua sociologia, tal como foi formulada naquele trabalho e aplicada no *Sistema de Política Positiva*. Para terminar, deixam-se registadas as

---

publicação dos mesmos títulos e de *Apelo aos Conservadores* numa compilação (Comte, [*s.d.*] [1822, 1842 e 1855]) e *Catecismo Positivista ou Exposição Sumária da Religião Universal em Onze Colóquios Sistemáticos entre Uma Mulher e Um Sacerdote da Humanidade* (Comte, [*s.d.*] [1852]).

condições necessárias e as fontes diretas da sua ciência social, tal como foram descritas pelo próprio, e procura inscrever-se o filósofo francês numa narrativa que tem a jusante figuras como os sociólogos Herbert Spencer e Émile Durkheim e a montante filósofos políticos e morais como Montesquieu, Adam Ferguson e Adam Smith, entre outros.

Filosofia positiva e sociologia

Auguste Comte nasce em Montpellier em 19 de janeiro de 1798, no seio de uma família católica e monárquica. Frequenta a universidade na sua terra natal antes de ser admitido, em 1814, na Escola Politécnica, em Paris, estabelecimento de ensino superior reputado pela sua linhagem republicana e progressista e temporariamente encerrado, dois anos depois, por insubordinação do corpo discente. Prossegue os estudos de medicina e fisiologia em Montpellier e regressa no mesmo ano à capital francesa, numa altura em que passa a dar aulas particulares de matemática e onde, em 1817, conhece o filósofo Henri de Saint-Simon, de quem se torna secretário e com quem passa a colaborar até 1824. Ao longo desse período, dá à estampa os seus primeiros ensaios em publicações dirigidas por aquele. Entre esses textos destacam-se títulos como «Sumária apreciação sobre o conjunto do passado moderno», de 1820, ou «Considerações sobre o poder espiritual», de 1826, além do já referido «Plano dos trabalhos científicos necessários para reorganizar a sociedade», de 1822. Em 1825 casa-se com Caroline Massin, de quem se separa em 1842. Inicia, entretanto, um curso doméstico de filosofia positiva que se vê forçado a interromper por conta da crise mental que o assola em 1826 e que em 1827 redunda numa tentativa de pôr termo à vida. Recuperado, retoma o curso em 1829 e começa a publicá-lo no ano seguinte. Sem nunca chegar a obter o lugar de docente que deseja, é nomeado explicador e depois examinador na Escola Politécnica. Em 1842 lança o derradeiro volume do *Curso de Filosofia Positiva*. É afastado da Escola Politécnica em 1844, ano em que publica o *Discurso sobre o Espírito Positivo* e em que se apaixona por Clotilde de Vaux, com quem nunca se chega a casar e que morre dois anos mais tarde. Daí por diante, desenvolve e adota uma conceção religiosa da humanidade e funda em 1848 a Sociedade Positivista, em cujo nome edita o *Catecismo Positivista* (1852). Em 1849, inicia novo curso filosófico que virá a publicar como *Sistema de Política Positiva*, entre 1851 e 1854. Morre em 1857, após trazer a lume *Apelo aos Conservadores* e *Síntese Subjetiva*.

Sem atender a estes detalhes biográficos e aos nexos sugeridos, desde logo, pelas notas acima articuladas ou aos que são normalmente extraídos do cotejo entre os episódios da vida de Comte e a publicação dos seus trabalhos, é possível distinguir três etapas no desenvolvimento do seu pensamento, retomando aqui a periodização proposta por Raymond Aron (1994 [1967], pp. 81–86): uma primeira fase consagrada à análise da sociedade e da política do seu tempo, que corresponde à redação dos chamados opúsculos e de outros textos que começa por publicar em periódicos como *L'Industrie*, *Le Censeur Européen* ou *L'Organisateur*; uma segunda fase marcada pela explicitação das duas leis que melhor traduzem a sua filosofia (lei dos três estados e hierarquia das ciências) e associada ao período da redação e publicação do *Curso de Filosofia Positiva*; e uma derradeira fase marcada pela deriva religiosa da sua obra e pela redação do *Sistema de Política Positiva*, consagrado à demonstração da unidade da natureza humana e da ordem social. Com este esquema em mente, considere-se antes de mais o *Curso de Filosofia Positiva*, deixando por ora de parte os opúsculos da juventude e as suas primeiras propostas de ciência social. É ali que Comte condensa e justifica a sua doutrina filosófica, que constitui à vez e simultaneamente uma teoria do conhecimento e uma metodologia científica, uma teoria do desenvolvimento do espírito e da posição dos estados sociais que lhe correspondem, uma teoria do desenvolvimento da ciência e da posição relativa dos seus diferentes ramos e, por fim, condição e produto da ciência social. Nessa medida, a sua doutrina filosófica constitui ainda base da futura reorganização da sociedade e instrumento teórico e prático da reunião dos espíritos, que a complementa.

Tal como surge articulada no curso, a filosofia positiva postula a supremacia epistémica e a aplicação geral do conhecimento científico, o abandono da procura por causas últimas e a pesquisa de relações reiteradas de sucessão ou semelhança (leis naturais) entre diferentes fenómenos. Na sua formulação mais geral, a metodologia proposta estabelece a complementaridade entre observação e teoria. Auguste Comte está longe, portanto, de poder ser associado ao empirismo estrito depois proclamado pelo positivismo lógico da Escola de Viena, por exemplo([4]). Segundo Comte, a pesquisa científica deve assentar em factos observados, mas não há conhecimento científico sem orientação da teoria. A ciência procede por hipóteses que não podem ser consideradas válidas senão depois de confirmadas por indução (análise direta do fenómeno) ou dedução (análise da relação de um fenómeno com uma lei estabelecida). A este respeito, a sua proposta assenta numa síntese do desenvolvimento histórico do intelecto que determina a substituição progressiva da imaginação pela observação enquanto princípios preponderantes da filosofia. O ímpeto sistemático que Comte considera intrínseco à marcha do espírito encontra primeiro em entidades sobrenaturais, depois em noções abstratas e, finalmente, num método (científico) o princípio convergente, a cada momento, das diferentes doutrinas. Confrontado com a necessidade de controlar o que o rodeia, o ser humano começa por criar mitos destinados a explicar o Universo, para se ater, entretanto, diante dos limites manifestos do entendimento, à possibilidade de compreender as ligações necessárias entre fenómenos. Demasiado remotos entre si, os extremos desta teleologia — que Comte designa «estado teológico» e «estado positivo» — são mediados por uma etapa intermédia — o estado metafísico — que assegura a evolução progressiva (assente no estado anterior) e gradual (consoante os domínios de aplicação) da mente humana. Os mitos constituem, portanto, a matriz da capacidade de agregar observações díspares, e as diferentes especialidades do saber entram apenas à vez na sua fase positiva.

Assim formulada, a lei dos três estados começa por se aplicar à marcha do espírito e encontra correspondência direta no sistema

---

([4]) O mesmo sucede em relação à chamada Escola Metódica, comummente designada «positivista», baseada nos princípios estabelecidos pelo historiador alemão Leopold von Ranke e associada em França às figuras de Gabriel Monod, Charles-Victor Langlois e Charles Seignobos.

(ou hierarquia) das ciências. De facto, os vários ramos considerados — astronomia, física, química, biologia e sociologia — encontram-se distribuídos não só em função da complexidade dos assuntos que tratam e da sua subordinação sucessiva, mas igualmente (e de forma derivada) do seu despontar gradual. A astronomia instala-se na base da pirâmide das ciências por se ocupar de fenómenos mais elementares e ao mesmo tempo mais gerais, independentes como são dos fenómenos tratados pelas outras ciências. Por esta razão, foi este o ramo do conhecimento que mais cedo acedeu ao estado positivo, que Comte faz remontar aos contributos da Escola de Alexandria, no Egito helenístico. É, portanto, a astronomia que inaugura a aplicação sistemática e consequente do método empírico (ou do princípio da observação) aos fenómenos da natureza. No extremo oposto da escala encontra-se a ciência social, que trata os fenómenos mais complexos, assim definidos não só por suscitarem as mais acesas paixões, mas sobretudo por serem subdeterminados pelos fenómenos orgânicos — biológicos — e inorgânicos — químicos, físicos e siderais. A ciência social encontra-se, por isso, aquém do espírito positivo e em torno dos fenómenos que aborda convergem ainda obstáculos teológicos e metafísicos. Nessa medida, a sociologia é ao mesmo tempo um duplo produto e uma dupla exigência do positivismo: um duplo produto porque representa a aplicação dos métodos estabelecidos com base no estudo da mente e ainda extensão dos resultados extraídos das outras ciências aos factos que lhe cabem; uma dupla exigência porque a sociologia concretiza a marcha positiva do intelecto e remata a aplicação do espírito positivo à globalidade dos fenómenos naturais. É caso para dizer que a sociologia está por toda a parte. Como se verá, todavia, a sociologia constitui ainda a base da formulação da filosofia positiva.

Embora Comte nunca chegue a definir o positivismo nestes termos, é a este esquema que correspondem os dois «objetivos» e as «propriedades fundamentais» do seu *Curso de Filosofia Positiva*, tal como o próprio os evoca([5]). De acordo com o texto da primeira lição, a principal finalidade do trabalho (o seu «objetivo especial») consiste

---

([5]) Numa outra obra, Comte destaca cinco aceções do termo «positivo»: real, útil, certo, preciso e contrário a negativo (Comte, 1844, pp. 41–43).

em criar a sociologia, de forma a imprimir à derradeira classe de saberes o carácter positivo entretanto assumido pelas restantes. Tal como afirma, «Agora que o espírito humano fundou a física celeste, a física terrestre, quer mecânica, quer química, e a física orgânica, quer vegetal, quer animal, resta-lhe terminar o sistema das ciências de observação fundando a *física social*» (COMTE, 1892 [1830], p. 18)(6). Ficava assim estabelecido «o sistema filosófico dos modernos», tornando-se por fim homogéneas «todas as nossas conceções fundamentais» (*idem*, *ibidem*, pp. 18–19). Quanto ao segundo objetivo do curso (o seu «objetivo geral»), trata-se de apresentar um resumo dos diversos conhecimentos adquiridos, de maneira a coordená-los entre si e, no limite, a fazê-los reverter de um tronco comum. Noutros termos, trata-se de considerar «cada ciência fundamental nas suas relações com o sistema positivo completo, e quanto ao espírito que a caracteriza, isto é, sob o duplo aspeto dos seus métodos essenciais e dos seus principais resultados», de forma a combater o que Comte considera tratar-se da especialização excessiva de cada um dos saberes e ainda determinar as bases próprias da ciência social (*idem*, *ibidem*, p. 20).

De forma suplementar, por via do estudo da atividade da mente, a filosofia positiva deve ainda proporcionar «o único meio racional de pôr em evidência as leis lógicas do espírito humano» (*idem*, *ibidem*, p. 26) e, por conseguinte, «o conhecimento preciso das regras gerais convenientes para proceder seguramente na investigação da verdade» (*idem*, *ibidem*, p. 33) ou, por outras palavras, proporcionar a metodologia adequada ao estabelecimento de um método. A filosofia positiva deve também presidir à reforma geral do sistema de educação «conforme ao espírito da época e adaptado às necessidades da civilização moderna» (*idem*, *ibidem*, p. 34). Mais especificamente, o estudo das generalidades científicas que Comte propõe deve passar a constituir a base do «espírito geral dos nossos descendentes» (*idem*, *ibidem*, p. 35) ou o princípio da reunião dos espíritos. Em contrapartida, e

(6) A tradução das passagens citadas da primeira lição (tomo I) do *Curso de Filosofia Positiva* é de Freitas e Silva, tal como foi reproduzida em CRUZ (1989, pp. 139–176). As restantes traduções são da responsabilidade do autor do texto.

considerando que as divisões entre as especialidades científicas não são senão arbitrárias, é ainda no estudo dos seus aspetos gerais que devem começar por assentar «os progressos particulares das diferentes ciências positivas» (*idem*, *ibidem*, p. 36) ou, em alternativa, o desenvolvimento geral do intelecto. Por último, a filosofia positiva deve poder pôr termo à crise que assola as nações civilizadas, determinada pelo emprego simultâneo de filosofias diferentes (teológicas, metafísicas e positivas) e pela anarquia intelectual que lhe corresponde, para ser enfim tida como o único fundamento da reorganização social que dela germinará de forma espontânea e necessária. Segundo Comte,

> Enquanto as inteligências individuais não tiverem aderido, por um assentimento unânime, a um certo número de ideias gerais capazes de formar uma doutrina social comum, não podemos dissimular que o estado das nações ficará necessariamente revolucionário, apesar de todos os paliativos políticos que poderão ser adotados, e não comportará realmente senão instituições provisórias. É igualmente certo que, se esta reunião dos espíritos numa mesma comunhão de princípios pode ser obtida, resultarão daí, necessariamente, as instituições convenientes, sem dar lugar a nenhum abalo grave, ficando já dissipada por este único facto a maior desordem. (*Idem*, *ibidem*, p. 40)

De forma simétrica, tais objetivos têm tradução imediata na estrutura dual e na composição dos sucessivos volumes do curso, a que importa aludir, aqui, para especificar a posição da sociologia no seio do positivismo. A extração de um plano de educação científica e das metodologias consignadas é cumprida ao longo dos três primeiros volumes da obra, nos quais Comte procede à revisão sucessiva daquilo a que chama ciências «teóricas e abstratas», por oposição a práticas (aplicadas) e concretas (subespecializadas). Após dois capítulos introdutórios e uma síntese prévia da matemática, tomada como base e não como parte constitutiva da filosofia natural, Comte apresenta uma síntese hierárquica da astronomia e da física, primeiro, e da química e da biologia, depois, organizada em função da coordenação que estas mantêm entre si, da ordem efetiva do respetivo desenvolvimento histórico e da sua perfeição relativa (no que diz respeito aos desígnios positivistas). O extenso breviário destina-se, por um lado, a servir de suporte ao ensino progressivo e articulado dos diferentes ramos e, por outro, ao conhecimento perfeito do método positivo, que engloba a observação pura, característica da física celeste, o método experimental, característico da física terrestre (mecânica e química), e o método comparativo, característico da física orgânica. Por seu turno, o progresso da mente e os fundamentos necessários à reorganização da sociedade são concretizados ao longo dos três derradeiros volumes do curso, em que Comte apresenta de forma sistemática a sua ciência social. Com base no caminho percorrido, Comte procede à explanação sucessiva da componente dogmática, da componente histórica e da conclusão empírica e geral da sua filosofia social, destinada a fixar, antes de mais, os caracteres da sociologia emergente e, por seu intermédio, a determinar os estádios sociais análogos à evolução do espírito e a tendência final das sociedades modernas — o estado plenamente positivo.

À margem das suas características próprias, que serão abordadas adiante, e tal como se sugeriu mais acima, a sociologia representa assim a sequência lógica e substantiva da hierarquia das ciências e o ponto culminante do espírito positivo. A este respeito, todavia, a sociologia constitui a uma só vez condição e produto da marcha do pensamento, visto que a caracterização e o encadeamento das etapas por que o espírito passa e dos estados intelectuais e sociais que lhes correspondem — teológico, metafísico e positivo — constituem, desde logo, um dos seus mais importantes resultados, se não mesmo o principal. Tal como sugere o etnólogo francês Lucien LÉVY-BRUHL (1913 [1900], p. 44), a lei dos três estados prova ao mesmo tempo o advento e a existência da sociologia. É precisamente por aí, aliás, que Comte dá início ao *Curso de Filosofia Positiva*, começando por deduzir da apresentação resumida da lei em apreço a necessidade lógica e histórica da física social, para regressar depois ao tópico, por extenso, no âmbito da componente empírica da sociologia. Na verdade, pode também dizer-se que o sistema hierárquico das ciências, a que a sociologia se soma, constitui igualmente um produto da ciência social, não apenas porque esta o remata, mas também porque carece dela para ser formulado — é em função da complexidade relativa dos fenómenos que ela própria estuda que se coordenam os restantes fenómenos e as respetivas ciências. É nesta dupla medida que se pode dizer que a sociologia é condição e produto do positivismo.

Uma ciência *sui generis*

Mais do que apontar a circularidade lógica em que Comte se enreda, importa aproveitar o esquema esboçado para distinguir e deixar anotadas de passagem as diferentes valências da sua física social. Além da manifesta vocação política e ética, que a seu tempo se destacará numa sétima ciência (a moral), trata-se de sublinhar aqui a sua dimensão epistemológica, em função da qual se organizam os restantes conhecimentos, como se disse, e a sua dimensão científica, assente no estudo diacrónico da civilização. A este respeito, parece legítimo apontar paralelos entre as diferentes valências da sociologia de Comte e as sucessivas designações que este lhe empresta. De facto, o desígnio prático que se encontra na base e que anima o processo que o conduz do comentário político à sociologia é manifesto nas primeiras alusões ao conhecimento científico dos factos sociais, originalmente evocado como «ciência política» (Comte, 1883, p. 2) — no texto que ficará conhecido como primeiro opúsculo, «Separação geral entre as opiniões e os desejos», de 1816 — e que será também declinado como «política científica» e «política positiva», em particular no já referido «Plano dos trabalhos científicos necessários para reorganizar a sociedade», de 1822 (Comte, 1883, pp. 104 e 106). Nesse mesmo trabalho, ocorrem duas designações adicionais para o mesmo saber — «física social» (*idem*, *ibidem*, p. 161) e «fisiologia da espécie» (*idem*, *ibidem*, p. 168) — que não indicam propriamente a dimensão epistemológica da ciência social, mas que correspondem, à vez, à posição lógica e científica que a sobredita ocupa na classificação geral das ciências, aposta às físicas celeste, terrestre e orgânica, e na dependência direta dos saberes que a precedem, em particular da biologia, de que começa por ser uma extensão. À «sociologia» corresponderá enfim um saber *sui generis*, assim designado, pela primeira vez, já no decorrer do *Curso de Filosofia Positiva* (Comte, 1893 [1839], pp. 200–201), justamente no quadro da discussão a que

Comte procede das tentativas precedentes de a formular enquanto tal, de que adiante se dará conta.

Dito de outra forma, é possível afirmar que as designações em causa e as valências complementares a que parecem corresponder traduzem também a evolução do seu pensamento, que se passará aqui em claro mas que, a respeito da sociologia, em específico, o curso condensa e, no que toca a desenvolvimentos futuros, se pode dizer que antecipa. Não obstante o estatuto epistémico autónomo que aí adquire e o seu carácter estritamente científico, é antes de mais por motivos políticos que Comte justifica a oportunidade e a necessidade do seu advento. Com efeito, só a ciência social pode pôr termo à anarquia política que assola a Europa, derivada de uma desordem moral que, por seu turno, resulta daquilo que diz ser a anarquia intelectual prevalecente.

O diagnóstico de que parte assenta na «análise fundamental do estado social atual» (*idem, ibidem*, p. 1), caracterizado pela indefinição política e, em concreto, pelas divergências entre o partido reacionário e o partido revolucionário, cujas respetivas doutrinas considera anacrónicas e, por isso, inconsistentes com os objetivos que proclamam. As cedências que os partidários da reação fazem a «elementos essenciais da civilização moderna», como as ciências, a indústria e as belas-artes, são contraditórias com a prevalência do sistema teológico e militar, cujas perdas consideram passíveis de serem recuperadas (*idem, ibidem*, pp. 18–19). Em contrapartida, a doutrina dos revolucionários tende a entravar a instituição de uma «ordem política» (*idem, ibidem*, pp. 34–35). Embora necessário no combate à teologia, o dogma da liberdade de consciência — o principal desígnio deste partido — e as suas consequências — as ideias de igualdade, de soberania popular e de independência nacional — impedem o estabelecimento de uma nova classificação social, estorvam a autonomia do poder político e frustram a coordenação entre Estados. Por fim, os partidários do centro alimentam os vícios de ambas as doutrinas, que correspondem na prática à aplicação respetiva da filosofia teológica e metafísica aos fenómenos sociais, cujo estudo permanece por agora num estádio infantil, equivalente ao que outrora representou a astrologia para a astronomia ou a alquimia para a química. Como se imagina, só a aplicação da filosofia positiva aos mesmos fenómenos (só a ciência social, portanto) permite conciliar os princípios da ordem e do progresso, revelando de uma só vez as ligações necessárias entre os diversos aspetos da sociedade e o carácter definitivo da evolução atual. Só ela pode servir de base à regeneração política, arregimentando em torno de um método e de uma doutrina todos os partidos e permitindo desde logo antecipar o desenlace das tendências correntes.

Note-se, todavia, que a vocação política da sociologia não invalida o carácter fundamental que Comte lhe atribui. Se as questões sociais devem permanecer, como sugere, «pela sua natureza» e «ainda mais escrupulosamente do que todas as outras», reservadas «a um pequeno número de inteligências de elite» (*idem*, *ibidem*, p. 94), o «poder espiritual» que Comte consigna a este coletivo de iluminados não se chega a confundir com o que designa «poder temporal», que entrega aos industriais. Com efeito, por mais elitista que seja a sua proposta e ao contrário do que por vezes se sugere, não se trata de aventar o estabelecimento de uma tecnocracia, em sentido estrito, na senda das propostas de Saint-Simon. E se é de facto possível entrever aqui o limiar da deriva religiosa do seu pensamento, também não se trata de adiantar os contornos específicos de um sistema de governo, que Comte chega a esboçar, mas que deve corresponder no fundamental ao estado da civilização. Em contrapartida, também não se trata de subordinar a pesquisa a desígnios práticos ou políticos, por mais normativas que sejam as formulações que, de maneira recíproca, Comte empresta à noção de sociedade e à sua conceção de ciência social. À imagem das outras ciências, a sociologia deve submeter a imaginação aos factos observados e procurar estabelecer as relações necessárias de coexistência e de sucessão entre os fenómenos que lhe cabem. A esta demarcação Comte faz corresponder duas especialidades distintas, a «estática social», consagrada ao estudo do que designa «condições de existência da sociedade», e a «dinâmica social», consignada ao estudo das «leis do seu desenvolvimento contínuo», de onde efetivamente retira uma teoria conjunta da ordem e do progresso (*idem*, *ibidem*, p. 254).

Na verdade, o alcance político da ciência social — a articulação desejada entre progresso e ordem — decorre dos fundamentos estritamente científicos que Comte lhe empresta. Com efeito, o objetivo primordial da sociologia consiste em estabelecer as ligações necessárias entre os sucessivos estados sociais, tal como se evidenciam no desenvolvimento do espírito e, em particular, na imposição da positividade científica, com base no estudo dos componentes elementares da sociedade — indivíduos e famílias — e das relações que os agregam à vez num todo social, de que a atividade intelectual não constitui senão o produto mais característico. É nesta medida que aquilo a que chama «dinâmica social» permite atualizar as condições de existência da própria sociedade, tal como se encontram fixadas pela estática social, por intermédio do estudo das transformações consecutivas dos seus aspetos fundamentais que, no domínio da atividade da mente, a sociologia completa e que, de uma forma geral, permite elucidar. Em duas palavras, e recorrendo ao enunciado de Raymond Aron (1994 [1967], p. 83), a sociologia tem por função «compreender o devir necessário, quer dizer, ao mesmo tempo indispensável e inevitável, de maneira a auxiliar a realização da ordem fundamental». É essa a sua derradeira missão, por seu turno vertida da relação que mantém com as outras ciências e muito em particular com a biologia, que começa por assumir a solidariedade intrínseca entre os diversos aspetos da sociedade e a marcha gradual da civilização. Manifestamente, não se trata de sugerir que ordem e progresso ressaltam e resultam do estudo científico da natureza (humana, no caso), ou não haveria lugar para a sociologia, mas de afirmar que o naturalismo cientificista proclamado por Comte tem ele próprio implicações normativas, plenamente vertidas na sua conceção de sociedade, em particular no que toca ao carácter integrado e cumulativo do desenvolvimento histórico.

Nos termos por si definidos, a sociologia começa de facto por assentar na relação que mantém com as outras ciências. Semelhante princípio é de tal forma importante, diz Comte, que «compreende, de um modo implícito e indireto mas necessário, todas as várias prescrições filosóficas relativas ao modo próprio de instituição geral desta nova ciência [...]» (Comte, 1893 [1839], p. 377). Sem prejuízo disto, a sociologia depende de forma mais imediata da biologia, a que se encontra subordinada em termos metodológicos e científicos. A este último respeito, Comte afirma que

> a física social deve ser certamente concebida como uma ciência perfeitamente distinta, diretamente fundada sobre bases que lhe são próprias, mas intimamente ligada, no que se refere ao seu ponto de partida ou ao seu desenvolvimento contínuo, a todo o sistema da filosofia biológica. (*Idem*, *ibidem*, p. 391)

Os fenómenos coletivos que a ciência social trata (humanos) derivam e nunca se afastam da «natureza do homem», tal como é concebida pela teoria biológica, na qual Comte afirma encontrar desde logo o princípio da reunião entre homens e mulheres, nos termos da teoria das localizações cerebrais das faculdades da mente, proposta pelo frenólogo alemão Franz Gall. Nas suas palavras, «a biologia deve começar por fornecer o ponto de partida necessário ao conjunto das especulações sociais, de acordo com a análise fundamental da sociabilidade humana e das diversas condições orgânicas que a determinam» (*idem*, *ibidem*, p. 383). Desta forma, é também a «teoria biológica do homem» que permite deduzir «o primeiro esboço da série social, considerada nos seus termos originários» (*idem*, *ibidem*, p. 387), e é ainda ela que estabelece o padrão da evolução ulterior, que deixa de poder ser diretamente determinada pela biologia, mas não pode contradizer a natureza humana, nos termos perfectíveis mas definitivos que a concebem. Segundo Comte, a influência gradual e contínua das gerações anteriores — o traço distintivo dos coletivos humanos — expande e desenvolve faculdades mentais, mas não as transforma.

Em termos metodológicos, é ainda a biologia que começa por emprestar o método à sociologia e que, no seu âmbito, introduz a possibilidade de distinguir e articular numa só teoria organização e movimento. Com efeito, a estratégia que permite começar por ordenar e interligar os diferentes estados da evolução social — o método histórico — e determinar, portanto, o seu objeto principal e o correspondente domínio de estudo (as leis de desenvolvimento da sociedade e a dinâmica social, respetivamente) constitui, segundo

Comte, uma extensão do método comparativo em biologia, que permite ele próprio, enquanto tal, mediante o estudo da disposição hierárquica das espécies,

> melhor caracterizar as leis mais elementares da solidariedade fundamental, manifestando diretamente, com uma evidência irresistível, a sua verificação espontânea no estado da sociedade mais imperfeito, de maneira a poder mesmo por vezes inspirar, além disso, deduções úteis acerca da sociedade humana. (*Idem*, *ibidem*, p. 350)

O método comparativo permite sobretudo «evidenciar quanto são plenamente naturais as principais relações sociais» e recusar o carácter factício e arbitrário «das ligações fundamentais da família humana, reencontrando-as, com o mesmo carácter essencial, entre os animais [...]» (*idem*, *ibidem*, p. 350); e permite ainda caracterizar as diferentes fases essenciais da civilização e fixar os seus «atributos preponderantes», através do estudo dos «diversos estados coexistentes da sociedade sobre as diferentes porções da superfície terrestre» (*idem*, *ibidem*, p. 353). Finalmente, o princípio que permite apurar a correlação necessária entre as partes do todo social é, também ele, uma conquista da biologia que, com base na distinção entre anatomia e fisiologia, se subtrai à busca por «causas finais» (*idem*, *ibidem*, p. 392) e, no respetivo domínio de aplicação, procede à distinção entre as condições de existência e as funções vitais de um todo orgânico.

Quanto às ciências inorgânicas, além da ascendência indireta que detêm sobre a sociologia através da própria biologia e que Comte articula em termos raciais, analisam os fenómenos que, a par da ação governativa, determinam a velocidade do desenvolvimento histórico, considerando que é justamente a ação (e a reação) humana sobre eles — sobre a natureza envolvente — que desencadeia e determina a evolução social. O estudo das mesmas ciências tem ainda uma função propedêutica, familiarizando o espírito com os principais atributos do pensamento científico e introduzindo de forma gradual o método da observação direta e o método experimental, de âmbito complementar ao método comparativo, tal como é praticado pela biologia e desenvolvido pela sociologia.

Em contrapartida, e uma vez estabelecida, a ciência social empresta o seu método próprio às restantes ciências, que passam a dispor de um instrumento para determinar e até antecipar a filiação sucessiva das respetivas descobertas, e promove a sua articulação mútua, manifestando de forma evidente o «espírito geral» que as caracteriza (*idem*, *ibidem*, p. 418). Na verdade, é à sociologia que cabe mostrar que as ligações objetivas que as diversas ciências mantêm entre si, previamente delimitadas pela complexidade crescente e pela subordinação gradual dos fenómenos que estudam, não são senão o reverso lógico do seu desenvolvimento comum, como ramos de um único tronco radicado no aperfeiçoamento progressivo das faculdades mentais do ser humano e no conjunto das circunstâncias históricas que o possibilitam, intelectuais e materiais. É, portanto, a sociologia que estabelece o princípio subjetivo que define a síntese hierárquica das ciências, de que passa a constituir o fundamento, e é ela que deve passar a coordenar a atividade dos diferentes domínios científicos.

A ciência social vem assim confirmar a lei dos três estados e, através dela, a hierarquia das ciências, que começam por determiná-la. É esse o desígnio mais imediato da sociologia dinâmica, tal como se encontra plasmada nos dois derradeiros volumes do *Curso de Filosofia Positiva*, em que Comte faz corresponder os sucessivos estados do intelecto — teológico, metafísico e positivo — a desenvolvimentos análogos no domínio material e, em concreto, ao predomínio alternado das atividades de conquista, de defesa e produtivas. Todavia, e ao contrário do que se possa supor, não se trata de reportar ou imputar os diferentes estados do espírito (e os respetivos produtos intelectuais) aos estados sociais correspondentes (militar, jurídico e industrial), que de resto se encontram subordinados aos primeiros. E também não se trata de relatar de que maneira a realidade material se conforma ao progresso das ideias. Nos termos previamente estabelecidos pela estática social, trata-se de demonstrar a uniformidade histórica do desenvolvimento intelectual *e* material, e a forma como o encadeamento paralelo dos respetivos estádios — teológico-militar, metafísico-jurídico e científico-industrial — concorre (ou não), a cada momento e por sua conta, para a estabilidade definitiva do todo social, dando curso à sociabilidade intrínseca do ser humano, tal como se encontra definida pela biologia. De forma complementar, trata-se de mostrar como a autoridade moral e política dos respetivos protagonistas — clérigos, filósofos e cientistas, por um lado, e militares, juristas e industriais, por outro — contribui (ou não) para a coesão entre as partes que, nestes termos, não é redutível à soberania conjunta de uns e de outros ou, por maioria de razão, aos caracteres biológicos da humanidade. A este respeito, o governo espiritual e o governo temporal limitam-se a suprir as vicissitudes do desenvolvimento histórico, designadamente a especialização excessiva das dinâmicas materiais e intelectuais, que começa por garantir por si mesma as condições de existência da sociedade, enquanto tal, pela solidariedade que assim se gera entre núcleos familiares originalmente reunidos de forma apenas precária, por força de afetos primordiais, ímpetos bélicos e um sistema preliminar de opiniões comuns (religião).

É este duplo passo que permite falar em sociologia, delimitando um domínio de estudo simultaneamente aquém da política — que procura fundamentar — e além da biologia, em que começa por assentar. E, tal como se pretende sublinhar, para concluir, é este duplo passo que, à época, distingue o pensamento social de Comte de empreendimentos análogos no mesmo domínio.

Sociologia e teoria social

Como se começou por dizer, não é esta a ocasião para ensaiar uma genealogia do pensamento de Comte ou para proceder a uma avaliação da sua influência sobre o desenvolvimento ulterior das humanidades, mas importa deixar aqui registada, em jeito de remate, a posição relativa da sua teoria social quanto às alternativas que a enquadram e o lugar da sua ciência social nos primórdios da sociologia. O próprio dá passos nesse sentido, como se disse. Em boa verdade, e tal como ficou assinalado de maneira implícita no que acima se afirmou, o *Curso de Filosofia Positiva* pode ser visto como uma sociologia da sociologia e é nos termos da filosofia da história aí condensada que Comte procede à revisão dos seus predecessores. Tal como sugere em capítulo próprio (Comte, 1893 [1839], pp. 179–228), o advento deste saber não poderia ter ocorrido sem que estivessem reunidas as condições necessárias. Para ser formulada, a sociologia carece das outras ciências, nos termos explicitados, mas carece também do desenvolvimento da humanidade, cujo progresso torna aparente a perfectibilidade que a move — de forma apenas tácita, primeiro, e depois consciente. Em termos históricos, a sociologia está subordinada à biologia, que permaneceu submetida à metafísica até ao século XVIII, e à manifestação material do progresso político, que a Revolução Francesa veio consagrar. Antes disso, qualquer tentativa de instituir o conhecimento científico dos factos sociais estava condenada ao fracasso. Em *Do Espírito das Leis*, Montesquieu procurou sujeitar a variedade de regimes políticos a regras científicas, mas, sem poder determinar a respetiva sucessão, limitou-se a classificá-los por tipos, como Aristóteles, e a associá-los a causas locais, designadamente geográficas. Por sua vez, em *Esboço de Um Quadro Histórico dos Progressos do Espírito Humano*, Condorcet introduziu a noção de progresso e propôs-se estudar o encadeamento sucessivo dos diversos estados sociais, mas, sem poder recorrer a uma teoria completa da natureza humana, não conseguiu reportar o progresso intelectual a outros progressos parcelares registados desde o início da civilização.

À margem daquelas que considera ser as duas principais tentativas de constituir a ciência social, Comte regista ainda o mérito da economia política em representar «os diversos interesses humanos como necessariamente solidários e, portanto, suscetíveis de uma conciliação estável» (*idem*, *ibidem*, p. 219). É ali que Comte encontra o princípio de organização da sociedade e é nesse passo que reside um dos traços distintivos da sua teoria social. Como o próprio Durkheim sublinha, recorrendo às palavras daquele, Comte vê na divisão do trabalho «a condição essencial da vida social», uma vez que a tomemos «em toda a sua condição racional, isto é, que a apliquemos ao conjunto de todas as nossas diversas operações, quaisquer que sejam, em vez de a circunscrever, como é muito vulgar, a simples usos materiais» (Comte *apud* Durkheim, 1984 [1893], p. 78). Nestes termos, diz Comte,

> ela leva directamente a olhar os indivíduos e as classes, mas também, sob muitos aspectos, os diferentes povos, como simultaneamente participantes, segundo um modo próprio e num grau particular, precisamente determinado, numa obra imensa e comum cujo inevitável desenvolvimento gradual articula, aliás, também os cooperadores actuais à série dos seus predecessores, quaisquer que sejam, e mesmo à série dos seus diversos sucessores. É portanto a repartição dos diferentes trabalhos humanos que constitui principalmente a solidariedade social e que se torna a causa elementar da extensão da complexidade crescente do organismo social. (*Idem*, *ibidem*, pp. 78–79[7])

Anos volvidos, já no decurso do *Sistema de Política Positiva*, Comte acrescenta à divisão do trabalho — como princípio fundamental da vida coletiva — as funções agregadoras de outras instituições, como a linguagem e a religião (Comte, 1852, tomo ii), elas próprias entendidas como produtos da história, mas é justamente a noção de determinantes estruturais da vida social que importa aqui destacar.

Em termos um pouco esquemáticos é possível afirmar que, por esta via, Comte se distancia a uma só vez daqueles que não veem na sociedade senão o resíduo de um contrato tácito entre indivíduos — para nada dizer aqui daqueles que a concebem como produto da submissão espiritual ao divino — e daqueles que a reportam de forma imediata à sociabilidade intrínseca do ser humano. Na senda de Thomas Hobbes, os primeiros subordinam os laços sociais a uma relação jurídico-política entre súbditos e soberano ou entre indivíduos livres. É o caso de Jean-Jacques Rousseau, por exemplo, que, ao contrário daquele, efetivamente distingue um domínio da vida civil não redutível à soberania, mas que faz depender a organização material da sociedade de um pacto político. Na senda de David Hume e de outros iluministas britânicos, os segundos defendem a ideia de uma ordem social espontânea, diretamente fundada na natureza. É o caso do filósofo moral escocês Adam Ferguson, por exemplo, que, no seu *Ensaio sobre a História da Sociedade Civil*, faz das propensões gregárias dos indivíduos o elemento primordial da civilização. Tal

---

(7) Tradução de Eduardo Freitas e de Maria Inês Mansinho a partir das citações que Durkheim faz do original de Comte (1893 [1839], pp. 478–479).

como afirma, «A espécie humana sempre vagueou ou se fixou, concertou-se ou lutou, em bandos e companhias. A causa da sua reunião, qualquer que seja, é o princípio da sua aliança ou união» (Ferguson, 1966 [1767], p. 16). Comte não é, pois, o primeiro a propor a sociabilidade inata do ser humano ou sequer a ideia dos efeitos benignos da cooperação social que, como o próprio concede, encontra em Adam Smith (mais tarde atribui-a a Aristóteles), que retira da divisão do trabalho consequências essencialmente económicas. E nem por isso dispensará o contributo integrador da coerção política, mostrando-se adepto de um governo forte, se não mesmo autoritário, mas devidamente legitimado — a seu ver, pelo menos — pela leitura que faz do desenvolvimento histórico e pelo organicismo que proclama, distanciando-se assim, também, dos economistas políticos do seu tempo, que critica pelo liberalismo político que professam, retomado entretanto pelo sociólogo inglês Herbert Spencer.

Em contrapartida, Comte está longe do essencialismo sociológico de Émile Durkheim, que, no seguimento das propostas daquele, reportará a própria divisão do trabalho e os interesses individuais que a movem (ou os seus efeitos benignos) à densidade crescente do meio social e à competição que assim se gera entre os seus componentes, bem como à quebra da tradição e à emergência de tendências sociais antagónicas — dispensando já qualquer teoria fundamental acerca do ser humano. Seja como for, é caso para dizer que Comte é pioneiro na forma sistemática como veicula o holismo que perfilha e em que faz assentar a sociologia, à margem da filosofia política e da filosofia moral, por um lado, e da biologia e da economia política, por outro. Se o realismo sociológico tem de facto precedentes no «espírito geral» de Montesquieu ou na «vontade geral» de Rousseau (Levine, 1995, pp. 152–172), é Comte quem estabelece e fundamenta o princípio analítico e substantivo da organicidade do todo social e é essa abordagem que, sem o essencialismo naturalista que ali lhe subjaz mas muitas vezes de forma implícita apenas, ainda hoje dirige a sociologia, pelo menos sempre que se começa por presumir a sociedade.

Bibliografia

Aron, Raymond, *As Etapas do Pensamento Sociológico*, Lisboa, Publicações Dom Quixote, 1994 [1967].

Bastide, Paul Arbousse, *Auguste Comte*, Lisboa, Edições 70, 1984 [1968].

Bastos, Teixeira, *Principios de Philosophia Positiva Extrahidos do Curso de Philosophia Positiva de Augusto Comte*, 2 volumes, Porto, Magalhães & Moniz Editores, 1883.

Catroga, Fernando, Os inícios do positivismo em Portugal: o seu significado político-social, *Revista de História das Ideias* I, 1977a: pp. 287–394.

Catroga, Fernando, A importância do positivismo na consolidação da ideologia republicana em Portugal, *Biblos* LIII, 1977b: pp. 285–327.

Catroga, Fernando, O Sociologismo Jurídico em Portugal e as suas incidências curriculares (1837–1911), *in Universidade(s): História, Memória, Perspectivas*, Actas do Congresso «História da Universidade», Coimbra, Comissão Organizadora do Congresso, 1991, pp. 399–414.

Comte, Auguste, *Discours sur l'esprit positif*, Paris, Carilian-Goery et Victor Dalmont, 1844.

Comte, Auguste, *Système de politique positive ou traité de sociologie instituant la religion de l'Humanité*, tomo II, Paris, Carilian-Goery et Victor Dalmont, 1852.

Comte, Auguste, *Opuscules de philosophie sociale*, Paris, Ernest Leroux, 1883.

Comte, Auguste, *Cours de philosophie positive*, tomo I, 5.ª edição, Paris, Sociedade Positivista, 1892 [1830].

Comte, Auguste, *Cours de philosophie positive*, tomo IV, 5.ª edição, Paris, Sociedade Positivista, 1893 [1839].

Comte, Auguste, *Importância da Filosofia Positiva*, Lisboa, Editorial Inquérito, 1939 [1830].

Comte, Auguste, *Discurso sobre o Espírito Positivo*, Lisboa, Seara Nova, 1947 [1844].

Comte, Auguste, *Reorganizar a Sociedade*, Lisboa, Guimarães, 1977 [1822].

Comte, Auguste, *O Espírito Positivo*, Porto, Rés, [*s.d.*] [1822, 1842 e 1855].

Comte, Auguste, *Catecismo Positivista ou Exposição Sumária da Religião Universal em Onze Colóquios Sistemáticos entre Uma Mulher e Um Sacerdote da Humanidade*, Mem Martins, Publicações Europa-América, [*s.d.*] [1852].

Cruz, Manuel Braga da, *Para a História da Sociologia Académica em Portugal*, Coimbra, Faculdade de Direito da Universidade de Coimbra, 1983.

CRUZ, Manuel Braga da, *Teorias Sociológicas: Os Fundadores e os Clássicos (Antologia de Textos)*, Lisboa, Fundação Calouste Gulbenkian, 1989.

DURKHEIM, Émile, *A Divisão do Trabalho Social*, vol. 2, Lisboa, Editorial Presença, 1984 [1893].

ELIAS, Norbert, *Introdução à Sociologia*, Lisboa, Edições 70, 2008 [1970].

FERGUSON, Adam, *An Essay on the History of Civil Society*, Edimburgo, Edinburgh University Press, 1966 [1767].

FRASER, Craig, Lagrange's analytical mathematics, its Cartesian origins and reception in Comte's Positive Philosophy, *Studies in History and Philosophy of Science* 21, junho de 1990: pp. 243–256.

GRANGE, Juliette, *Auguste Comte: La politique et la science*, Paris, Odile Jacob, 2000.

HEILBRON, Johan, Auguste Comte and Modern Epistemology, *Sociological Theory* 8, outono de 1990: pp. 153–162.

HEILBRON, Johan, *The Rise of Social Theory*, Oxford, Polity Press, 1995.

HOMEM, Amadeu Carvalho, *A Ideia Republicana em Portugal: O Contributo de Teófilo Braga*, Coimbra, Livraria Minerva, 1989.

LEVINE, Donald, *Visions of the Sociological Tradition*, Chicago, University of Chicago Press, 1995.

LÉVY-BRUHL, Lucien, *La philosophie d'Auguste Comte*, Paris, Librairie Félix Alcan, 1913 [1900].

LUZ, José Luís Brandão da, A propagação do positivismo em Portugal, *in* CALAFATE, Pedro (dir.), *História do Pensamento Filosófico Português*, vol. IV, tomo I, Lisboa, Círculo de Leitores, 2004a, pp. 239–261.

LUZ, José Luís Brandão da, Orientação sociológica do positivismo, *in* CALAFATE, Pedro (dir.), *História do Pensamento Filosófico Português*, vol. IV, tomo I, Lisboa, Círculo de Leitores, 2004b, pp. 289–296.

PICKERING, Mary, *Auguste Comte: An Intellectual Biography*, vol. 1, Cambridge, Cambridge University Press, 1993.

PICKERING, Mary, *Auguste Comte: An Intellectual Biography*, vol. 2, Cambridge, Cambridge University Press, 2009a.

PICKERING, Mary, *Auguste Comte: An Intellectual Biography*, vol. 3, Cambridge, Cambridge University Press, 2009b.

LIÇÃO 3

Harriet Martineau: socióloga radical e feminista *avant la lettre*

MARIA JOÃO SILVEIRINHA
Faculdade de Letras da Universidade de Coimbra
e Instituto de Comunicação da NOVA

VIRGÍNIA FERREIRA
Centro de Estudos Sociais
Faculdade de Economia da Universidade de Coimbra

1. Introdução

Num texto publicado há cerca de 35 anos numa revista de sociologia americana, *Teaching Sociology*, James L. Terry refletiu sobre a ausência de mulheres na lista dos principais textos estudados e ensinados nas ciências sociais, perguntando-se:

> Existirá uma «mãe» da sociologia, ou talvez mesmo algumas suas «antepassadas»? Poderemos simplesmente descartar a questão com um curto «não». Se houvesse mulheres sociólogas importantes, os seus nomes estariam entre aqueles que encontramos nos textos essenciais. Mas essa é, na verdade, a questão. Pode mesmo compreender-se a razão de não haver mulheres sociólogas importantes por causa da natureza da exclusão das mulheres da esfera pública da academia. Mas esta resposta, apesar de simpática, é simplesmente uma aceitação da exclusão seletiva das mulheres. Na verdade, existiram mulheres que fizeram contribuições significativas em termos de teoria, métodos e práticas na disciplina da sociologia. (Terry, 1983, pp. 252–253)

Esta ausência de reconhecimento do trabalho de pensadoras de teoria social estendeu-se além da segunda metade do século XX. O esboço de uma ciência social que Martineau traçou em meados do século XIX, por exemplo, não teve nenhuma referência no livro *Imaginação Sociológica* de Charles Wright Mills, publicado em 1959. Mas Mills, na verdade, foi apenas um dos autores que, durante muitos anos, ignoraram a teoria e a metodologia de uma «ciência da sociedade» (MARTINEAU, 1989 [1838], p. 15) desenvolvida por esta prolífera e importante autora britânica, mesmo antes de ser criada e institucionalizada a designação de «sociologia» como ciência.

Nas últimas décadas, porém, tem sido feito um valioso esforço de recuperação de autoras da teoria social clássica, nomeadamente em língua inglesa (ver, por exemplo, ROSSI, 1973; ROSENBERG, 1982; LENGERMANN e NIEBRUGGE-BRANTLEY, 1998 e 2003; FITZPATRICK, 1990; RITZER e SMART, 2003 [2001]). É na sequência desse empreendimento que aqui apresentamos uma dessas autoras, movendo-nos a consciência de que a divulgação do trabalho das sociólogas clássicas não é apenas um imperativo que decorre de elas serem mulheres (e por isso invisíveis num cânone de monopólio masculino), mas uma resposta à necessidade de aprendermos mais com os seus contributos, as suas observações e os seus métodos. São, com efeito, muitos os benefícios que podemos obter alargando as narrativas de autoridade que têm constituído as interpretações do nosso passado geralmente aceites e que se encontram nos textos clássicos das ciências sociais([1]).

Nas páginas que se seguem, ocupar-nos-emos de Harriet Martineau (1802–1876). Em grandes traços, ela foi uma fundadora das ciências sociais que analisou temas tão variados como a economia política do seu tempo, questões de emprego, as relações históricas entre nações, a educação das mulheres, a opressão racial e de género, a prisão e a reforma da saúde, a escravatura na América. Traduziu Auguste Comte e foi uma feminista que viveu do seu trabalho e se opôs a algumas

([1]) Em termos institucionais, só em 1994 foi criada a Martineau Society, dedicada a Harriet e ao seu irmão, James (disponível em: http://martineausociety.co.uk/); existe também, desde 1996, a Harriet Martineau Sociological Society (disponível em: http://www.sociological-origins.com/HMSSWelcome.html). Hoje, são já inúmeros os websites que lhe são dedicados. Ver, por exemplo, «Harriet Martineau and Their Friends», de Katharine Bassett Patterson, disponível em: http://edocs.lib.sfu.ca/projects/VWWLP/index.htm.

leis que visavam as mulheres, tendo sido ainda uma ativa jornalista e analista política na imprensa do seu tempo.

Os seus contributos para todos estes campos não foram apenas pioneiros e originais, constituíram também um impulso fundamental para o desenvolvimento dos mesmos. Estabelecendo as pontes entre a teoria social e a vida, alargando os âmbitos da observação científica a múltiplas instituições, mostrando a necessidade de estudar as mulheres para um melhor conhecimento das sociedades que construímos, viajando com uma atitude de observação e análise, e vencendo tetos de vidro na ciência e no jornalismo, Martineau merece um lugar de destaque na história do pensamento social que só recentemente lhe vai sendo atribuído.

Podemos situar a recuperação do seu trabalho após a reedição, em 1989, do livro *How to Observe Morals and Manners* (publicado pela primeira vez em 1838), com uma introdução de Michael Hill, embora nos últimos 35 anos Martineau tenha saído das margens da escrita vitoriana para se tornar tema fértil de discussão e leitura em congressos, antologias e biografia crítica([2]). Os seus livros sobre economia política, a América, a vida e a política das mulheres, a saúde e muitos outros temas encontraram, por fim, abrigo nos cânones da academia. É agora tempo de, com ela, refletirmos também em língua portuguesa, juntando, nesse sentido, os nossos contributos aos de Duarte e Feijão (2012).

2. Martineau, «a mulher solteira mais feliz de Inglaterra»

> Quando Luís XIV de França revogou o Édito de Nantes, em 1688, um grande número dos protestantes expulsos de França pelas iminentes perseguições procurou refúgio nesta nossa terra favorecida pela

([2]) Não deixa, no entanto, de ser curioso que a «novidade» que Martineau possa representar nos dias de hoje contraste com a sua popularidade passada e fama entre as pessoas cultas, tanto inglesas como americanas, do seu tempo e do início do século seguinte. Helena Znaniecka Lopata (2001), por exemplo, indica que a sua pesquisa sobre anteriores discussões relativas a Martineau recua ao livro *Three Great Women: Being Little Journeys* de Elbert Hubbard, de 1908.

> liberdade. Entre muitos dos que aqui se estabeleceram, estavam os trabalhadores mais hábeis e industriosos, de vários tipos, que se poderiam encontrar nos domínios do rei que os perseguiu. Deveriam ser, também, por natureza, fortes de coração, claros na compreensão dos seus princípios, verdadeiros e conscientes em questões de opinião; pois os covardes, os fracos e os falsos poderiam ficar na sua própria terra. Do bom sortido desses exilados saiu Harriet Martineau. (MILLER, 1885, p. 1)

Nascida em junho de 1802, na cidade de Norwich, em Inglaterra, Martineau era a sexta filha de uma família de descendentes huguenotes. Teve uma vida notável que, profissionalmente, se iniciou em 1825, após o colapso do negócio de produção de têxteis do seu pai, que morreria pouco tempo depois. Na sua autobiografia, refere que a falência paterna foi, na verdade, muito positiva para si, bem como para a mãe e irmãs:

> com essa perda de dinheiro, poderíamos ter vivido da forma comum provincial das senhoras de poucos meios, costurando, economizando e ficando com menos a cada ano, ao passo que ao ser lançadas, enquanto ainda era tempo, para os nossos próprios recursos [...], vivemos em vez de vegetarmos. (MARTINEAU, 1877, p. 108[3])

Outro acontecimento trágico, mas que também contribuiu para o seu esforço de autorrealização e autossuficiência, foi a morte prematura do noivo, John Worthington, que faleceu de «febre cerebral» em 1827. Martineau nunca se casou e, olhando para trás, escreveu([4]): «Se eu não tivesse um marido dependente de mim para sua felicidade, tal teria sido motivo de ciúmes. O mesmo se passaria com crianças. O cuidado ter-se-ia sobreposto à alegria [...]. Há muito tempo concluí

([3]) No original: «for that loss of money, we might have lived on in the ordinary provincial method of ladies with small means, sewing, and economizing, and growing narrower every year: Whereas, by being thrown, while it was yet time, on our own resources, we [...] have truly lived instead of vegetated».

([4]) No original: «If my husband had not depended on me for his happiness, I should have been jealous. So also with children. The care would have so overpowered the joy [...]. I long ago came to the conclusion that [...] I am probably the happiest single woman in England.»

que [...] sou provavelmente a mulher solteira mais feliz em Inglaterra» (*idem*, *ibidem*, pp. 101–102)([5]).

Assim, toda a sua necessidade económica, vontade de prosperar e sentido de independência enquanto pessoa foram canalisados, a partir dos 24 anos, para uma intensa atividade de reflexão e divulgação de temas sociais como os já referidos, e igualmente para a produção de livros de contos e uma infatigável correspondência com familiares e amigos.

Martineau triunfou sobre diversas enfermidades físicas — como a surdez, uma doença cardíaca, um tumor uterino —, bem como sobre as restrições familiares e sociais habituais que as mulheres vitorianas enfrentavam, fazendo ouvir a sua opinião no espaço público. Rejeitando os códigos sociais atribuídos às mulheres, escolheu ser uma escritora e intelectual pública, e tornou-se numa «vitoriana radical» (Webb, 1960), na «primeira mulher socióloga» (Rossi, 1973) e numa mulher de muitas «faces» (Duarte e Feijão, 2012), cuja «tarefa na vida foi pensar e aprender e falar com toda a liberdade» (Martineau, 1877, p. 101). A determinação em ser uma mulher economicamente independente e em fazer do intelecto a base de toda a sua vida constituiu um desafio aos ideais das «esferas separadas» que a sociedade do seu tempo reservava a cada sexo. Esteve, por isso, na vanguarda dos muitos debates da sua época, contrariando a ideia de que as mulheres existiam apenas nos bastidores da vida pública, ou que, quando muito, eram vistas como ativistas em questões particulares como os direitos das mulheres e a abolição da escravatura. Na verdade, se foi uma importante ativista dessas mesmas questões, o seu envolvimento intelectual estendeu-se também aos vários domínios que analisou, e abraçou não só o feminismo como defendeu o unitarianismo, o agnosticismo, o abolicionismo e o malthusianismo.

([5]) Martineau via mesmo a sua condição de solteira como um ponto forte na sua defesa da causa feminista. Nas suas palavras, «as melhores amigas da causa são as esposas felizes e as mulheres solteiras ocupadas, alegres e satisfeitas, que não têm mágoas a vingar nem vacuidade ou exasperação a aliviar» (1877, p. 401). [No original: «The best friends of the cause are the happy wives and the busy, cheerful, satisfied single women, who have no injuries of their own to avenge, and no painful vacuity or mortification to relieve.»]

Na sua longa e fecunda trajetória como escritora feminista, jornalista e ativista política, muniu-se da única arma que as mulheres do seu tempo possuíam: «Eu quero fazer alguma coisa com a caneta, uma vez que uma mulher não tem outro poder para a ação na política» (Martineau, 1832, *apud* Logan, 2010, p. 30). Contrariamente à maioria das suas contemporâneas, não se ficou pela ficção, antes adotou um estilo híbrido que fundia o ficcional com a não ficção. Integrou os círculos da elite intelectual do seu tempo, dialogando com John Stuart Mill, Thomas Malthus, George Eliot, Elizabeth Barrett Browning, Thomas Carlyle, Florence Nightingale, Charlotte Brontë e Charles Darwin.

O foco da sua escrita foi mudando ao longo do seu percurso. A partir da segunda década de 1800, Martineau começou por se interessar sobretudo por questões de religião e pela natureza da fé. Na década seguinte, estes temas foram substituídos por questões sociais e económicas. Em 1832, com 30 anos, publicou uma introdução à nova ciência da economia política do século XIX, texto esse que se tornaria muitíssimo popular e que depressa fez dela uma celebridade, proporcionando-lhe a segurança financeira de que necessitava e que considerava essencial uma mulher ter. O sucesso deste seu empreendimento deveu-se sobretudo a ter recorrido a narrativas para discutir conceitos de economia política. Deste modo, aproximou conceitos abstratos das realidades concretas da vida das pessoas.

Foi também na década de 30 que visitou os Estados Unidos da América (EUA), tendo-se debruçado sobre a sociedade e a política americanas e britânicas, ao mesmo tempo que desenvolveu o seu interesse histórico sobre a Irlanda.

Em meados do século XIX, Martineau tornou-se adepta do mesmerismo — uma das primeiras formas do que mais tarde se desenvolveria como hipnose —, que defendeu, de forma controversa, em *Letters on Mesmerism* (1845). Em 1853, traduziu e condensou uma versão do expoente da filosofia positivista em *The Positive Philosophy of Auguste Comte*. No final do seu trajeto, nos anos 60, dedicou-se a questões sobre a educação, alguns aspetos da vida dos(as) operários(as) e da vida doméstica. Mas esta década ficou também marcada pela sua colaboração com Florence Nightingale, como adiante veremos.

A sua luta contra as suas limitações de saúde foi uma constante: em 1839, a sua condição física deteriorou-se fortemente, para recuperar em 1844 (Martineau alegou que o mesmerismo a tinha curado), embora voltasse a piorar em 1855. Nesta altura, acreditando estar perto da morte, começou a trabalhar na sua autobiografia, que seria postumamente publicada, tendo sido completada por Maria Weston Chapman, uma amiga abolicionista norte-americana. Viveu, no entanto, mais 20 anos, mantendo um constante fluxo de artigos, investigações e romances — no total, mais de 100 títulos de livros e artigos periódicos e 1642 editoriais (Yates, 1985, p. 4). Morreu em Ambleside, em 1876.

Entre estes intervalos de tempo, residiu toda uma vida de envolvimento e influência pública que contrariou, em muitos aspetos, a natureza patriarcal da Inglaterra do século XIX — uma vida tanto mais notável quanto a sua projeção social, política e profissional significou ter de ultrapassar a sua tripla desvantagem: ser mulher, ser inconformista e ser deficiente.

3. Trilhos da juventude

Um ponto de introdução à visão do mundo com que Martineau começou por se expressar publicamente é a sua educação religiosa, fundada no unitarismo ou unitarianismo, corrente de pensamento teológico que afirma a unidade absoluta de Deus. O culto era parte de uma grande e divergente tradição religiosa em Inglaterra, que incluía batistas, quacres, metodistas e presbiterianos, todos recusando aceitar a religião de Estado anglicana. A estas denominações eram negadas várias liberdades civis, como o direito de voto e a participação em universidades. O unitarianismo era socialmente progressista e uma das poucas denominações religiosas a salientar a importância da educação para as mulheres (ainda que Martineau, por razões de saúde, tenha sido sobretudo educada em casa). Goodwin e Scimecca (2005) esclarecem que, ao contrário de muitas outras religiões, o unitarianismo oferecia uma visão do mundo que não pressupunha um conflito com a ciência. Por isso, era a religião de muitos pensadores orientados cientificamente e que viam a ciência como evoluindo em conjunto com a religião. Interpretando os seus princípios essenciais, Martineau focou em especial o sentido de escolha que existia no reino moral como parte dos aspetos práticos da vida diária. Cada opção abria a possibilidade de mais opções e, portanto, razão e consciência tornavam a pessoa responsável pelas suas próprias ações.

É precisamente num pequeno jornal editado pelo clérigo unitário W. J. Fox, o *Monthly Repository*, que Martineau dá início ao seu rumo como escritora e jornalista, assumindo «tarefas teológicas que excedem largamente as fronteiras convencionais da atividade espiritual feminina» (Styler, 2010, p. 98)(6). Neste periódico, em 1822, publicou um ensaio anónimo, submetido na forma de «carta ao editor», intitulado «Female Writers of Practical Divinity», que, para sua surpresa, apareceu na edição seguinte do jornal. Constituindo um dos episódios mais citados da sua autobiografia, Martineau descreve a sua imensa satisfação no momento em que revelou a sua identidade literária ao irmão, que, sem saber ser ela a autora, lhe mostrou a última edição do jornal e lhe leu o artigo em causa, dizendo, na forma de grande elogio, que este havia sido escrito por «uma nova mão». Recorda Martineau (1877, p. 92):

> «Então», disse ele, «não estavas a ouvir. Vou lê-lo novamente. Aí está!» Como ele ainda não tinha conseguido nenhuma reação minha, virou-se para mim [...] dizendo: «Harriet, o que se passa contigo? Nunca antes te vi tão lenta para elogiar qualquer coisa.» Eu respondi, em total confusão: «Nunca poderia frustrar ninguém. A verdade é que esse texto é meu.»(7)

(6) Rebecca Styler (2010, p. 100) apresenta uma explicação detalhada e cuidada da contribuição de Martineau para o unitarianismo como «uma teologia ideal para a cidadania moderna» e mostra como na sua autobiografia, escrita pouco tempo depois da sua conversão entusiasta ao agnosticismo em 1855, critica severamente as suas crenças anteriores, recusando-as como uma «monstruosa superstição».

(7) No original: «"Then", said he, "you were not listening. I will read it again. There now!" As he still got nothing out of me, he turned round upon me, as we sat side by side on the sofa, with "Harriet, what is the matter with you?

Tendo o irmão descoberto que ela era a autora, «colocou a mão no meu ombro e disse com gravidade (chamando-me "querida" pela primeira vez): "Então, querida, deixa para outras mulheres fazer camisas e remendar meias; e... dedica-te a isto." Fui para casa numa espécie de sonho... Essa noite fez de mim uma autora» (*idem*, *ibidem*)([8]).

O artigo em causa defende, de modo bastante convencional, a capacidade de escrita das mulheres, ainda que acrescente que a religião deve apelar à razão e à compreensão, unindo assim as dimensões experienciais e intelectuais:

> Não sei se foi observado por outros, como por mim, que alguns dos melhores e mais úteis trabalhos em inglês sobre o tema da Divindade Prática são de autoras do sexo feminino. Suponho que seja por causa da suscetibilidade peculiar da mente feminina, e do seu consequente calor do sentimento, que as suas produções, quando realmente valiosas, encontram um caminho mais direto ao coração do que as do outro sexo; e dá-me grande prazer ver mulheres dotadas de talentos superiores e a aplicar esses talentos para promover a causa da religião e da virtude. (1822, p. 593[[9]])

O seu segundo artigo publicado foi dedicado à educação das mulheres. Retoma alguns dos argumentos de Mary Wollstonecraft, não sendo esta, todavia, citada, porventura pela má reputação que tinha. Ao contrário de Martineau, Wollstonecraft não teve na sua vida

---

I never knew you so slow to praise anything before." I replied, in utter confusion, – "I never could baffle anybody. The truth is, that paper is mine".»

([8]) No original: «laid his hand on my shoulder, and said gravely (calling her "dear" for the first time) "Now, dear, leave it to other women to make shirts and darn stockings; and...you devote yourself to this." I went home in sort of dream... That evening made me an authoress.»

([9]) No original: «I do not know whether it has been remarked by others as well as myself, that some of the finest and most useful English works on the subject of Practical Divinity are by female authors. I suppose it is owing to the peculiar susceptibility of the female mind, and its consequent warmth of feeling, that its productions, when they are really valuable, find a more ready way to the heart than those of the other sex; and it gives me great pleasure to see women gifted with superior talents, applying those talents to promote the cause of religion and virtue.»

a preocupação de seguir «os bons costumes»([10]). Argumenta a nossa autora ser a falta de formação e de oportunidade que limita o êxito das mulheres e que só a educação e a disciplina poderão realçar o carácter feminino: «Quando uma mulher puder reclamar os seus privilégios como ser intelectual [...], os vícios do seu género desaparecerão [...]. Ela gravará as qualidades vigorosas da mente do homem nas suas virtudes florescentes [...]» (MARTINEAU, 1823, p. 81)([11]).

Associado ao anonimato da escrita, este ideal igualitário empresta-lhe uma «lógica masculina» que terá ajudado a que fosse socialmente considerada e admirada, embora Martineau exprima, pela primeira vez, o ponto de vista feminista de que as desigualdades sexuais começam na educação. Comparando aquela que é dada a rapazes e a raparigas, faz notar que, ao contrário dos rapazes,

> a rapariga fica provavelmente confinada a objetivos menores, as suas aspirações após o conhecimento são subjugadas, é ensinada a acreditar que informação sólida é imprópria para o seu sexo, quase todo o seu tempo é gasto em realizações menores e, portanto, antes de ela ser sensível aos seus poderes, eles são eliminados do seu crescimento, acorrentados ao significado de objetos e nada mais; e quando surgem as consequências naturais deste modo de tratamento, toda a humanidade concorda que as capacidades das mulheres são inferiores às dos homens. (*Ibidem*, p. 77[[12]])

([10]) Martineau desconsiderava o contributo de Wollstonecraft, tendo mesmo afirmado na sua autobiografia que ela «tinha prestado um não serviço à causa das mulheres, proclamando-a uma pobre vítima da paixão...», não a considerando um bom exemplo nem uma defensora bem-sucedida dos direitos das mulheres. Adiante veremos melhor este aspeto.

([11]) No original: «When woman is allowed to claim her privileges as an intellectual being [...], vices of her gender will disappear [...]. She will engraft the vigorous qualities of the mind of man on her own blooming virtues, and insinuate into his mind those softer graces and milder beauties, which will smooth the rugdness of his character.»

([12]) No original: «the girl is probably confined to low pursuits, her aspirings after knowledge are subdued, she is taught to believe that solid information is unbecoming her sex, almost her whole time is expended on light accomplishments, and thus before she is sensible of her powers, they are checked in their growth; chained down to mean objects to rise no more; and when the natural

A sua crença de que o Universo se rege por leis que a ciência pode captar levou-a a afastar-se da fé cristã, aderindo a ideias que a conduziram ao agnosticismo. Estão neste caso, em especial, a filosofia positiva de Comte e as teorias da evolução de Darwin([13]). O evolucionismo e o seu desejo de liberdade de pensamento levam-na a afastar-se do unitarismo herdado da sua tradição familiar.

4. Economia política em versão popular

Dez anos após estas primeiras publicações, Martineau alcançará uma maior visibilidade pública através do que se tornou num novo foco de atenção: a economia política. Influenciada pela popular introdução à economia escrita por outra mulher, Jane Marcet, intitulada *Conversations on Political Economy*, Martineau planeou um ambicioso conjunto de trabalhos sobre o mesmo tema.

Este interesse obedecia ao impulso de comunicar com o seu público não apenas sobre interesses universais como também quotidianos, numa linguagem acessível e de fácil compreensão. No ensaio «On the Duty of Studying Political Economy», publicado pela primeira vez em 1832, no *Monthly Repository*, Martineau anunciava a convicção de que para se atingir o progresso democrático era necessário haver um conhecimento universal da ciência da economia política:

---

consequences of this mode of treatment arise, all mankind agree that the abilities of women are far inferior to those of men».

([13]) Martineau registou as suas impressões de Darwin, que conheceu por intermédio de Erasmus, irmão do cientista. Na altura achou-o «simples, infantil, meticuloso, eficaz». Ele também registou a impressão que ela lhe causou, tendo-a descrito como feia (*ugly*), embora com bons dotes de escrita (disponível em: http://historysheroes.e2bn.org/hero/achievements/4286; consultado em 1 de julho de 2017). Nestas apreciações, encontramos o duplo critério a que as mulheres não escapam — avaliadas pela sua apresentação física e feminilidade, antes de serem julgadas pelas suas competências. Por Martineau, não ficaríamos a saber nada da aparência física de Darwin… e, em boa verdade, por este também não ficaríamos a conhecer a de Harriet, uma vez que apenas ficou para a história que ele não tinha gostado do que tinha visto.

> É evidente que elas [as pessoas] não podem, sequer, ter a certeza de escolher bem os seus representantes até estarem mais esclarecidas sobre os requisitos dessa pertença e poderem julgar se eles têm esses requisitos. As pessoas têm, pois, de se familiarizar em termos práticos com os princípios da economia política, antes de poderem contar que os seus interesses sejam devidamente cuidados pelo governo. (1832, p. 275[[14]])

Convencida da necessidade urgente de um manual compreensível da economia política para todas as classes sociais, publicou, entre 1832 e 1834, *Illustrations of Political Economy* (1897 [1832]), uma série que se tornou num enorme sucesso literário. O objetivo era uma apresentação popular dos princípios da economia, já que era precisamente como divulgação (mais do que como autoria de qualquer aspeto da economia política) que Martineau via este trabalho: não se tratava de um exercício de ideias científicas, mas de dar às pessoas ferramentas para poderem desenvolver um quotidiano melhor e mais esclarecido. As classes operárias precisavam de melhorar a sua vida e, para tal, deveriam compreender os princípios básicos da economia. Isso mesmo fica evidente no prefácio da obra, em que realçava a ligação entre conhecimento e vida boa, concluindo com uma sequência de perguntas dirigidas aos(as) leitores(as) que revelavam a enorme influência que a economia tinha nas suas vidas:

> Existe alguém que respire a quem não interesse se a produção de alimentos e roupas e os milhões de artigos de consumo humano continue ou pare? Se essa produção é proporcional aos que vivem? Se todos têm uma proporção justa? Se os crimes de opressão e excesso, por um lado, e de violência e roubo, por outro, são encorajados ou verificados pelo modo de distribuição? Há alguém que viva a quem não importe se […] os suportes de vida, o conforto da casa e os prazeres da sociedade se tornarão mais escassos ou mais abundantes? […] Se importa aos

([14]) No original: «It is evident that they [people] cannot even be sure of choosing their representatives better till they are clear as to what is requisite in their member, and can judge whether he possesses the requisites. The people, then, must become practically acquainted with the principles of political economy, before they can expect their interests properly taken care of by the government.»

governantes [...], aos ricos [...], aos pobres [...], diz também respeito a todas as pessoas que a Economia Política seja entendida por toda a gente. (*Ibidem*, pp. xv–xvi[[15]])

E mais adiante defendia: «A Economia Política tem sido menos estudada do que talvez qualquer outra ciência, e não de todo por aqueles para quem ela é mais importante — a massa do povo» (*ibidem*, p. 4)([16]). Uma educação em economia política iria ajudar as pessoas, pensava Martineau, não apenas como consumidoras e como trabalhadoras, mas também enquanto cidadãs. Neste sentido, *Illustrations of Political Economy* buscava traduzir e transformar conceitos difíceis em narrativas facilmente compreensíveis por todos([17]).

Com uma estrutura que seguia a abordagem geral dos *Elementos de Economia Política* de James Mill (os quatro conjuntos de operações económicas como a produção, a troca, a distribuição e o consumo), as *Illustrations* consistiam em 25 narrativas que ilustravam as ideias de Thomas Malthus, James Mill, David Ricardo e Adam Smith, sendo a sua forma e intenções a principal força da obra. Ilustram os principais aspetos da teoria económica através de personagens e cenas ficcionais, sendo resumidas no final de cada capítulo.

As ficções giravam em torno de personagens facilmente identificáveis, comuns, que lidavam com o quotidiano e as inevitáveis

---

([15]) No original: «Is there any one breathing to whom it is of no concern whether the production of food and clothing and the million articles of human consumption goes on or ceases? whether that production is proportioned to those who live? whether all obtain a fair proportion? whether the crimes of oppression and excess on the one hand, and violence and theft on the other, are encouraged or checked by the mode of distribution? Is there anyone living to whom it matters [...] whether the supports of life, the comforts of home, and the pleasures of society, shall become more scanty or more abundant? [...] If it concerns rulers [...] the wealthy [...] the poor [...] it concerns them likewise that Political Economy should be understood by all.»

([16]) No original: «Political Economy has been less studied than perhaps any other science whatever, and not at all by those whom it most concerns, the mass of the people.»

([17]) A enorme popularidade da série levou à encomenda de uma sequela, *Poor Laws and Paupers Illustrated* (1833–1834).

dificuldades na Inglaterra de início do século XIX. Cada texto era uma explicação de um grande princípio económico e de diversos outros, menores. São exploradas questões como o trabalho, o capital e a tecnologia, a divisão do trabalho e a diversificação económica, os méritos e desvantagens dos sindicatos, os preços e os salários, ou o livre comércio (Hoecker-Drysdale, 2017). A discussão adicional destes temas era muitas vezes em torno dos erros do processo legislativo, que ignorava simples leis económicas e as inaceitáveis dificuldades das pessoas.

Na maioria das narrativas, a principal ênfase era a necessidade de os trabalhadores assumirem a responsabilidade das suas próprias vidas e bem-estar. Este didatismo era especialmente importante, por exemplo, para as mulheres e para as classes operárias, que haviam sido tradicionalmente excluídas do debate científico, mas para quem a ficção era uma forma crescentemente acessível de conhecimento.

Para compreender também o seu posicionamento político nesta obra, recordem-se as origens religiosas unitaristas que a faziam acreditar implicitamente nos direitos do indivíduo e na lei natural. Assim, no seu individualismo político, na sua defesa liberal da política do *laissez-faire*, rejeitava a possibilidade de intervenção do Estado na economia. Por isso se opunha, por exemplo, à maioria da legislação sobre as fábricas.

Na ficção mais controversa das *Illustrations*, intitulada «Weal and Woe in Garveloch» (Felicidade e Angústia em Garveloch), abordava-se a questão da pobreza numa perspetiva malthusiana da população, argumentando Martineau que era necessário limitar a população através do casamento tardio e da abstinência sexual.

Outro dos textos especialmente notáveis desta série é «Demerara», no qual está em causa a escravatura, tratada pela sua facetada ineficácia económica. Na verdade, Martineau debruçou-se extensivamente sobre a escravatura, mas «Demerara» é escrito antes da observação empírica da sua prática na América e é a primeira tentativa de a pensar em termos económicos.

O texto apresentava uma narrativa sobre a exploração britânica dos negros na Guiana Britânica, focando a relação entre os «donos» e os escravos. Discutia os problemas económicos causados por esta situação

e tentava responder à questão que muitos queriam ver respondida: qual era a melhor opção económica — o trabalho de trabalhadores livres ou de escravos? A resposta de Martineau foi que o trabalho de pessoas livres era mais económico do que o trabalho de pessoas escravizadas. A escravatura era uma instituição económica inadequada por várias razões, como a falta de produtividade causada pelas condições de vida, o próprio custo da escravatura e a falta de investimento da parte dos escravos no seu trabalho. No fundo, considerava que o investimento mental e a volição no trabalho são importantes:

> O trabalho humano é mais valioso do que o trabalho dos animais, apenas por ser acionado pela razão; pois a força humana é inferior à força das bestas. A origem do trabalho, humano e dos animais, é a Vontade. A Razão dos escravos não é exercitada. Como o não é a sua vontade, a não ser por alguns fracos motivos. O trabalho dos escravos é portanto menos valioso do que o dos animais, na medida em que a sua força é inferior; e é menos valioso do que o de trabalhadores livres, na medida em que a sua Razão e Vontade são fracas e alienadas. (1897 [1832], p. 142[[18]])

E Martineau concluía:

> O sistema escravista causa uma incalculável quantidade de sofrimento humano, apenas para criar um enorme desperdício de trabalho e capital. Uma vez que o sistema escravista é somente apoiado pela proteção legislativa, o legislador é responsável pela miséria causada pela imposição direta e pela lesão indiretamente causada pelo desperdício de trabalho e capital. (*Ibidem*, p. 143[[19]])

([18]) No original: «Human labour is more valuable than brute labour, only because actuated by reason; for human strength is inferior to brute strength. The origin of labour, human and brute, is the Will. The Reason of slaves is not subjected to exercise. Nor their will to more than a few weak motives. The labour of slaves is therefore less valuable than that of brutes, inasmuch as their strength is inferior; and less valuable than that of free labourers, inasmuch as their Reason and Will are feeble and alienated.»

([19]) No original: «The slave system inflicts an incalculable amount of human suffering, for the sake of making a wholesale waste of labour and capital. Since

Quando visitou os EUA, a sua observação empírica da escravatura fez que juntasse à perspetiva económica uma perspetiva moral. Nessa altura, Martineau deu conta de muitos casos em que alguns escravos se comportavam de formas tão indesejáveis, que podiam impedir a sua emancipação, mas também acreditava que eles poderiam desabrochar quando libertos das suas circunstâncias opressivas. Oferecendo provas claras de que a natureza dos escravos era sistematicamente distorcida pelas condições repressivas em que viviam, argumentou que se lhes fossem dadas oportunidades, incluindo a educação, seria possível que desenvolvessem uma verdadeira humanidade (atestada, por exemplo, pelo seu amor inato à liberdade). Tal permitiria, então, que os escravos se tornassem cidadãos produtivos na sociedade norte-americana([20]).

Regressando ao conjunto da obra *Illustrations of Political Economy*, refira-se ainda que, em termos económicos, o livro foi criticado em particular por John Stuart Mill, que apontou o seu convencionalismo. Com efeito, a substância do livro é bastante convencional, baseando-se totalmente na sua leitura de trabalhos como *A Riqueza das Nações*, de Adam Smith, e os *Princípios de Economia Política e de Tributação*, de David Ricardo. Dito isto, é também verdade que, por exemplo, a sua visão das mulheres como agentes económicos não se encontrava nos economistas políticos que a precederam e influenciaram o seu trabalho, sendo esse um aspeto inovador do escrito. Mas, como adiante veremos, foi também enquanto feminista que Martineau desenvolveu alguns dos seus principais contributos para as ciências sociais.

---

the slave system is only supported by legislative protection, the legislature is responsible for the misery caused by direct infliction, and for the injury indirectly occasioned by the waste of labour and capital.»

([20]) Para se compreender melhor o posicionamento de Martineau relativamente à escravatura, aquando da sua viagem aos EUA e nos muitos textos em que desenvolveu o tema, é preciso ter em conta múltiplos aspetos que não poderemos desenvolver em detalhe aqui — por exemplo, a sua odisseia e as pressões que sofreu de ambos os lados para as respetivas causas. Mas caberá notar que ela entrevistou «donos» de escravos, escravos, escravos libertados, intelectuais abolicionistas, etc., o que constitui mais uma demonstração dos seus métodos de trabalho.

De qualquer modo, é nas *Illustrations of Political Economy* e nas *Poor Laws and Paupers Illustrated* que detetamos marcas importantes da sua filosofia política, totalmente consonante com o seu *laissez-faire* e o entendimento de quais são os papéis do mercado e do Estado. Tanto no que ao emprego das mulheres como à pobreza diz respeito, Martineau recusou-lhes a dimensão moral, politizando-os totalmente enquanto questões sociais (Breton, 2016). Os problemas decorriam de políticas e não dos comportamentos ou personalidades. Politizar significava retirar culpa a quem era desfavorecido, mas também retirar mérito a quem era privilegiado, e daí que nem sempre resistisse a algum juízo moral, acabando Martineau por fazer alguma distinção entre os pobres não merecedores devido ao seu modo de vida individual e os restantes (mais próximos dos valores das classes médias emergentes)([21]).

A sua atitude malthusiana ditava-lhe a crítica quanto à ajuda à pobreza, defendendo em alternativa a autoajuda e a aquisição de meios de autossuficiência e independência. Quanto ao emprego das mulheres, o entendimento de Martineau era também de natureza essencialmente política, recusando-se a vê-lo como algo que destruiria a família e as comunidades, ideia que se encontrava em intelectuais do seu tempo na denúncia que faziam da exploração capitalista do trabalho das mulheres e das crianças nas fábricas.

5. Viajar e ver paisagens sociais — fazer sociologia

Com o sucesso e reconhecimento que as *Illustrations of Political Economy* e escritos associados lhe proporcionaram, vieram grandes viagens que deram origem a vários estudos que, na verdade, eram muito mais do que os habituais guias de viagem (Goodwin e Scimecca, 2005). Além das descrições de paisagens e locais de interesse, nas obras que daí decorreram descreveu e analisou as estruturas sociais, políticas, de classe e religiosas dos países visitados.

([21]) Ver «Weal and Woe in Garveloch» (*in* Martineau, 1897 [1832], vol. 2).

Iain Crawford (2017) expõe bem a importância constante na obra de Martineau daquelas deslocações realizadas entre as décadas de 30 e 50 (apenas interrompidas durante o início de 1840 por motivos de saúde), dividindo-as em três grandes períodos. O primeiro corresponde à viagem e estada durante dois anos nos EUA (1834–1836), que deu origem a três livros: *Society in America* (1837), *Retrospect of Western Travel* (1838) e *How to Observe Morals and Manners* (1838); em segundo, as viagens ao Egito, Palestina e Síria em 1846–1847, documentadas e refletidas em *Eastern Life, Present and Past* (1848); e o último, em 1852, integra o seu trabalho como jornalista no *Daily News* tendo tido por destino a Irlanda, a partir da qual publicou dois conjuntos muito diferentes de artigos: uma série de 27 cartas — *Letters from Ireland* — (que foram o mote para mais de 1500 peças jornalísticas ao longo dos 12 anos seguintes) e oito peças sobre temas irlandeses para a popular revista semanal de Dickens, *Household Words*, culminando nas suas 48 contribuições para a revista([22]).

Mais adiante retomaremos a importância do jornalismo na afirmação de Martineau. Por ora, concentrar-nos-emos nos escritos que derivam da primeira e mais famosa das suas viagens — a realizada aos EUA.

Em *Retrospect of Western Travel* (1838), explica que foi para a América com uma tarefa a cumprir e após dois anos regressou a Inglaterra com material para três livros: *Society in America* (1837), *Retrospect of Western Travel* (1838) e *How to Observe Morals and Manners* (1838). O primeiro e, especialmente, o último são importantes fundamentos das ciências sociais. *Society in America* é talvez o seu texto mais conhecido, resultando da sua estada de dois anos nos EUA, iniciada em 1834([23]).

([22]) A relação de Martineau com Dickens não decorreu sem atritos. Uma vez que este recusava publicar na sua revista os escritos de recorte mais feminista da autora, esta deixou de colaborar com a publicação, tendo antes dado início à sua colaboração com o *Daily News*, a partir da década de 1850 (Labovitz, 2011, p. 25).

([23]) Recorde-se que este foi o ano em que Tocqueville regressou a França depois da viagem ao mesmo país, mas onde esteve apenas nove meses. Para uma

Foi, no entanto, antecedido, em termos de conceção, por *How to Observe Morals and Manners*, um texto a que Hill e Hoecker-Drysdale (2003 [2001], p. 9) chamam «o primeiro tratado metodológico sistemático conhecido na sociologia» e que S. M. Lipset considera ter Martineau proposto «uma disciplina científica independente a que chamava a ciência da moral e dos costumes» (*apud* Sinha, 2017, p. 89). Segundo Lengermann e Niebrugge-Brantley (1998, p. 31), «costumes» (*manners*) são padrões de interação profundamente ligados à «moral» (*morals*), que, por sua vez, são as ideias coletivas de uma sociedade. A sociologia deveria descrever a relação entre estes dois elementos sociais. Na obra, Martineau concebeu e delineou o seu método analítico, defendendo que observar e relatar sobre terras estrangeiras, a partir de viagens, era uma ciência que exigia formação e disciplina rigorosas, nomeadamente para conseguir fazê-lo sem preconceitos quanto às culturas visitadas, diferentes, e que pudessem parecer estranhas.

Na verdade, é no campo da metodologia que é possível sinalizar outro importante contributo de Martineau para as ciências sociais. Na introdução a *Society in America*, deu conta das vantagens metodológicas que a sua condição de mulher lhe conferia, já que esta lhe permite aceder à vida doméstica, uma excelente escola para «aprender a moral e os costumes das pessoas [...] enquanto qualquer pessoa pode aprender acerca dos assuntos profissionais e públicos... se tiver

---

comparação entre a leitura da América de Martineau e Tocqueville, ver, por exemplo, Hill e Hoecker-Drysdale (2003 [2001]) e Vetter (2008). Hill defende que *Society in America* apresenta dados que são metodologicamente superiores aos recolhidos por Tocqueville na obra mais famosa, *Da Democracia na América*. Os métodos de Martineau, na opinião de Hill, «eram cuidadosamente planeados, reflexivos e surpreendentemente modernos», contrastando com os de Tocqueville, que não tinha um «plano lógico de questionamento» e que «falou sobretudo com informantes brancos, de elite, do sexo masculino; gravou apenas o que ele queria ouvir; e não conseguiu fazer observações sistemáticas de padrões sociais concretos segundo divisões cruciais de raça, classe e género» (Hill e Hoecker-Drysdale, 2003 [2001], p. 73). Apesar da clara superioridade científica do texto de Martineau, em termos de abrangência e profundidade das temáticas abordadas, continua, contudo, o de Tocqueville a ser considerado o grande marco clássico da ciência política sobre a democracia na América.

um real interesse neles — seja homem ou mulher» (MARTINEAU, 1837, p. XIII). No final da frase, a autora afirmou mesmo, de modo claro, que não acreditava que qualquer informação lhe tenha sido sonegada por ser mulher. A condição feminina, enquanto posição de sujeito cognoscente, surgia assim em vantagem epistemológica, dadas as temáticas que a autora abordou — o que é manifesto no seu artigo «Modern Domestic Service» (publicado na *Edinburgh Review*, em 1862), sobre as relações entre patroas(ões) e serviçais e a comparação que fazia entre o serviço doméstico remunerado e o emprego nas fábricas. Este é apenas um dos textos em que podemos verificar a sua estratégia metodológica: um vaivém constante entre a realidade de sujeitos situados, frequentemente mulheres, porque o que estas viviam e pensavam era importante, e a generalização das conclusões, formulando então os seus enunciados teóricos. Estes mantinham, contudo, a riqueza da evidência empírica registada (transposta para as análises com que fecha as suas narrativas). Por fim, há que assinalar a reflexividade presente no seu posicionamento epistemológico — Martineau não se colocava de fora, expunha a sua posição, dava a conhecer o lugar epistemológico de onde falava — como mulher com uma série de outros significantes: classe social, raça, idade, capacidade, etc. De notar que esta é uma marca que Martineau partilhou com outras intelectuais do século XIX e mesmo com sociólogas, que não têm o reconhecimento devido ao seu trabalho. É o caso de Dorothy Smith, canadiana que viveu e ensinou neste país e nos EUA, que é apontada como fundadora da teoria do ponto de vista e da etnografia institucional. Também ela trouxe para a sociologia temáticas ausentes do cânone disciplinar, nomeadamente as questões relativas à reprodução e à domesticidade.

Foi com estes métodos que Martineau entendeu ser possível compreender, em especial, que as pessoas eram historicamente condicionadas e que se comportavam de formas particulares em função dos sistemas sociais, políticos e económicos em que viviam.

How to Observe Morals and Manners (1838) começava, precisamente, com a questão económica que tinha por base os princípios de Adam Smith, para logo passar à questão da moral também abordada por este autor (elaborada em *Teoria dos Sentimentos Morais*, de

1759)([24]). Como Smith, Martineau rejeitava a teoria do sentido moral (um sentido inato do bem e do mal), introduzindo a universalidade de certas influências gerais que afetam as pessoas, mas reconhecendo que a base da moral é precisamente a forma como as pessoas reagem às circunstâncias e influências que as atingem. Também o desejo de felicidade é um princípio unificador da natureza humana, mas um observador «não deve ficar perplexo ou indignado se vir os grandes fins da associação humana procurados por meios que ele nunca poderia ter imaginado e por práticas com que se não poderia reconciliar» (1989 [1838], p. 13)([25]). E aqui verificamos, desde logo, a introdução da questão metodológica. A objetividade era crucial, pois «cada preconceito, cada perversão moral escurece ou distorce tudo aquilo em que o olho pousa» (*ibidem*, p. 40)([26]).

É com dois pressupostos metodológicos em mente — a abordagem teria de ser sistemática e a investigação seria de grande relevância — que Martineau partiu para a análise da sociedade norte-americana. Nas suas palavras (*ibidem*, p. 16):

> Muitos podem objetar que eu estou a tornar demasiado séria a questão de viajar [...]. Eles não pretendem ser filósofos morais — não querem ser oráculos —; tentam simplesmente fazer um relato simples do que notaram. Mas que trabalho é mais sério do que fazer um relato das coisas mais graves e importantes transacionadas neste globo?([27])

([24]) Martineau, seguindo Smith, refere aqui o caso de Portugal, como o de outros países, para explicar como os sistemas económicos afetam as estruturas das sociedades.

([25]) No original: «He must not allow himself to be perplexed or disgusted by seeing the great ends of human association pursued by means which he could never have devised, and to the practice of which he could not reconcile himself.»

([26]) No original: «Every prejudice, every moral perversion, dims or distorts whatever the eye looks upon.»

([27]) No original: «Many may object that I am making much too serious a matter of the department of the business of travelling under present notice. They do not pretend to be. They do not pretend to be moral philosophers; — they do

Na verdade, não era como turista nem como exploradora que Martineau viajava para o Novo Mundo, mas como investigadora social profissional. Não eram as paisagens que lhe interessavam, mas os seus factos sociais a escrutinar e a avaliar. A missão era testar o quotidiano das instituições do país e a condição dos seus povos, comparando-a com os seus ideais, nomeadamente os assumidos pelos pais fundadores — um teste que permitiria avaliar objetivamente o «progresso moral» da nação. Ora, as questões centrais da jovem democracia americana eram, para Martineau, a igualdade e a justiça e, como muitos têm dito sobre a sua visão da América, estes dois aspetos encontravam-se, segundo a sua perspetiva, numa permanente tensão: devidamente inscritos nos documentos fundadores e nos princípios americanos, igualdade e justiça não se encontravam nas práticas sociais, políticas e económicas, que, na prática, continuavam a ser permeadas pelo prisma da desigualdade e da escravatura.

Das suas observações, concluiu que quer a instituição da escravidão e todas as suas práticas, quer o estatuto subordinado das mulheres contradiziam o compromisso do país para com os direitos do indivíduo e a governação democrática. Por isso, apesar de reconhecer os bons progressos feitos nestas áreas — «[Os Americanos] realizaram muitas coisas com que o resto do mundo ainda luta» (Martineau, 1837, p. 367) —, nem tudo ia bem, para Martineau, no reino do republicanismo: «a civilização e moral dos Americanos está longe de cumprir os seus próprios princípios» (*idem*, *ibidem*, p. 369)([28]).

not desire to be oracles; — they attempt nothing more than to give a simple report of what has come under their notice. But what work on earth is more serious than this of giving an account of the most grave and important things which are transacted on this globe?»

([28]) No original: «[Americans] have realized many things for which the rest of the world is still struggling [...] [Yet] the civilization and the morals of the Americans fall far below their own principles.»

6. Um «cavalheiro da imprensa»... do sexo feminino

«Faz agora um ano que me tornei num "cavalheiro da imprensa" ou numa criada-para-todo-o-serviço do *Daily News*»([29]) — são estas palavras irónicas de Martineau que Valerie SANDERS (2017, p. 187) escolhe para refletir sobre o trabalho da nossa autora como jornalista. São palavras bem escolhidas, já que com elas Martineau traduziu o «nó cego» que desde cedo as mulheres sentiram na sua relação com o jornalismo.

Martineau falava, em 1857, numa altura em que o jornalismo profissional e a imprensa como a conhecemos hoje ainda estavam por formar, mas em que o público leitor se alargava e as mulheres começavam também a ser leitoras de periódicos. Já o jornalismo em si era entendido como vocação ou como «arte» não tanto por quem o lia, mas por quem fazia ouvir a sua voz numa conversação pública nas páginas destas publicações. Constituído por um grupo diverso que incluía pessoas que escreviam colunas sobre tópicos específicos, «repórteres» do parlamento, correspondentes «especiais», ensaístas, ilustradores ou proprietários, estes(as) participantes na conversação pública eram, de facto, um grupo heterogéneo, com posições políticas que variavam entre o conservadorismo e o radicalismo.

As ideias sobre o que é o jornalismo ou sobre quem faz dele uma profissão remunerada irão mudar drasticamente a partir da segunda metade do século e muito especialmente no início do século XX, mas desde o início do século XIX, e com a fundação de revistas como a *Edinburgh Review* em 1802, a *New Monthly Magazine* em 1821 ou a *Fraser's Magazine* em 1830, a escrita nos jornais e revistas já começava a ser relativamente bem paga (PETERSON, 2016).

Esse incentivo financeiro era importante também para as mulheres, a quem, no entanto, era muito difícil participar na crítica política de uma sociedade que mantinha firmemente a ideia da sua domesticidade «natural». Apesar dessas dificuldades, se a escrita surgia como uma escolha intelectual para muitas mulheres com posses, para outras

([29]) Com estas palavras, Martineau dirigia-se, em 1853, a Frederick Knight Hunt, seu editor no *Daily News*.

a colaboração com os periódicos e a participação no domínio público das letras podia também satisfazer uma necessidade financeira. Tinha, além disso, uma dupla vantagem: podia ser exercida a partir da respeitabilidade do lar e sob a proteção do anonimato. Era precisamente essa proteção que permitia às mulheres começarem a romper o ideal das «esferas separadas». Como explica Alexis EASLEY([30]):

> Um fator que tornava o jornalismo periódico atraente para as autoras era a política de publicação anónima associada à maioria dos jornais, revistas e comentários até à década de 1860. A publicação anónima dava às mulheres uma cobertura eficaz para explorar uma série de questões sociais convencionalmente «masculinas». Também lhes permitia fugir a noções essencializadas de voz e identidade «feminina». (2004, p. 6)

No entanto, para as mais de 1500 mulheres que contribuíram para a imprensa periódica durante a era vitoriana (EASLEY, 2004), o anonimato não lhes permitia escapar totalmente a definições de género:

> Embora as vozes narrativas codificadas na maioria dos periódicos vitorianos fossem anónimas, elas não deixaram de ter género [...]. Assim, muitas vezes, as mulheres jornalistas escreviam em *drag*, referindo-se a si mesmas e ao seu público através de marcadores de género masculino. (*Idem*, 1997, p. 39)

Martineau esteve, desde muito cedo, ciente desta conjuntura e não perdeu as oportunidades materiais, intelectuais e políticas que ela lhe ofereceu, trilhando os caminhos de intervenção pública que as mulheres que a precederam haviam inaugurado com a sua escrita de panfletos, periódicos e livros sobre a ampla questão da emancipação feminina([31]).

([30]) Os(as) autores(as) tendem a concordar com esta posição. Ver, por exemplo, também FRASER, GREEN e JOHNSTON (2003).

([31]) Muitas feministas e ativistas anteriores a Martineau escreveram também sobre outros assuntos de interesse público, como foi o caso de Mary Wollstonecraft (1759–1797), cujo *Uma Vindicação dos Direitos da Mulher* tinha sido precedido por um número imenso de comentários e ensaios sobre literatura contemporânea e sobre educação publicados em diversos formatos. Outras

De notar que, além dos periódicos feministas, estabelecidos e geridos por mulheres, como a *Englishwoman's Review* e, mais tarde, a *Victoria Magazine*, a *Englishwoman's Review of Social and Industrial Questions* e o *Women's Suffrage Journal*, nos quais se debatia a questão das mulheres e se estabeleciam campanhas, era em revistas de interesse geral como a *Westminster Review* ou a *Fraser's Magazine* que ocorriam também muitos dos debates feministas, não abdicando as mulheres de entrar nessa e em outras discussões sobre assuntos sociais e políticos da sua atualidade (Caine, 2001).

A carreira de Martineau como jornalista iniciou-se, como vimos, no *Monthly Repository*, mas a sua colaboração com a imprensa estender-se-ia a outras publicações periódicas, como *The Spectator*, *The Weekly Chronicle*, *The Quarterly Review*, *Tatler*, *New York Tribune*, *Once a Week*, *Tait's Edinburgh Magazine*, *The Edinburgh Review*, *Household Words*, *The Penny Magazine*, *Chambers's Edinburgh Journal*, *The People's Journal*, *The Leader*, *Macmillan's*, *The Cornhill* ou *The Westminster Review*, esta última uma publicação da esquerda radical.

Ainda que os assuntos comentados fossem sobretudo de natureza política e social, tão-pouco andavam longe da sua preocupação com a questão da ciência. Como recorda Sinha (2017), em 1858, nas suas cartas ao *The Spectator* e ao *Daily News*, Martineau punha a questão «o que é a ciência» e criticava a National Association for the Promotion of Social Science (NAPSS), que, na sua opinião, não tinha uma definição rigorosa nem se baseava, como ela acreditava que deveria ser, no modelo das ciências sociais, com uma agenda prática que servisse o progresso, as reformas e a melhoria da sociedade.

Em termos mais estritamente jornalísticos, foi com o *Daily News* de Londres que Martineau manteve uma ligação mais sistemática([32]).

---

escritoras da geração de Martineau também recorreram aos periódicos para lançar as suas carreiras, como foi o caso de Mary Howitt (1799–1888). Da geração seguinte, Marian Evans (1819–1880), cujo pseudónimo era George Eliot, é talvez a autora mais conhecida.

([32]) Simultaneamente, publicava em outros periódicos como, por exemplo, no semanário *Leader* e na *Westminster Review*.

Convidada aos 50 anos para escrever com regularidade, e em posições de autoridade, para este jornal, pelo seu editor de então, Frederick Knight Hunt, Martineau foi aí encarregada da autoria dos *leaders*, espaços semelhantes aos modernos editoriais que consistiam em artigos anónimos que representavam a linha oficial da publicação sobre importantes questões da atualidade. Mas Hunt não só lhe ofereceu essa possibilidade, como estendeu o convite a outra tarefa jornalística fundamental: a de correspondente no estrangeiro.

Ambas as posições eram extraordinariamente atraentes para Martineau. Por um lado, significavam a oportunidade de escrever sobre questões políticas e, por outro, a oferta representava simbolicamente a oportunidade de quebrar um teto de vidro do jornalismo: ainda que algumas mulheres pudessem escrever sobre questões ditas «femininas», sobre moda e eventos sociais, o campo da política estava sempre vedado às mulheres. Por isso, a possibilidade de falar a partir de um lugar de autoridade no jornalismo ou de fazer reportagem de uma Irlanda que havia sofrido uma penosa crise de fome constituíam oportunidades políticas que Martineau não podia deixar passar.

Da Irlanda, por onde viajou acompanhada da sobrinha, escreveu 27 cartas — a um ritmo de três ou quatro por semana — que foram publicadas anonimamente no *Daily News*, em 1852. Os «despachos» de Martineau deste país mantinham todo o seu cunho nos temas de economia política que, uma vez mais, foram apresentados de forma didática, isentos do jargão próprio da disciplina. Assim, baseando-se em economistas políticos irlandeses, Martineau apontou repetidamente para a necessidade de aplicar os princípios da economia política na reforma agrária e numa melhor divisão do trabalho, capaz de atrair mais investimento de capital (Pusapati, 2017). Mas, se os seus escritos anteriores sobre economia política lhe tinham valido algumas críticas, agora o anonimato destes textos era não apenas uma parte das regras do jogo, como algo que Martineau aceitava de boa vontade.

Como já vimos, foi este anonimato da escrita que contribuiu para que as mulheres pudessem exprimir-se publicamente e, como diz Pusapati (2017, p. 209):

O anonimato convencional de correspondência do estrangeiro desempenhou um importante papel em permitir que mulheres como Martineau entrassem nesta linha do jornalismo político de dominação masculina. Ao reportar da Irlanda, Martineau implicitamente assumiu a *persona* do jornalista masculino do *Daily News*; em algumas cartas, apresentou-se explicitamente como viajante masculino. Tendo anteriormente enfrentado severas críticas por escrever sobre temas supostamente não femininos, como a economia política, Martineau valorizava o anonimato presente no jornalismo.

O uso do masculino e do anonimato pode ser entendido como «estratégico», defende Miriam Wallraven (2007), já que Martineau parece preferir distanciar-se das questões do debate filosófico *da querelle des femmes* para projetar exigências mais concretas e pragmáticas, baseadas, uma vez mais, no seu entendimento da situação objetiva das mulheres (ver também Easley, 1997 e 2004). No entanto, não deixa de ser significativo que, apenas dois meses depois da sua última carta para o *Daily News*, voltasse a publicar o conjunto da sua correspondência com o jornal num volume intitulado *Letters from Ireland* (1852) com a sua autoria.

7. Da doença sofrida à saúde pensada e politizada

Outro dos temas que se destacam da intervenção pública e do pensamento social de Martineau é a doença. Martineau, como já referimos, lutou, ao longo da sua vida, com problemas de saúde de vários tipos. A surdez com que vivia desde os 12 anos, por exemplo, agravou-se ao longo da sua vida adulta, obrigando-a a usar uma trombeta auditiva. Aos 37 anos, queixou-se de um mal-estar ginecológico quando viajava por Veneza, que é hoje interpretado como sendo causado por um problema uterino derivado de um quisto ovárico benigno. Entre 1840 e 1844, viveu como inválida na costa norte de Inglaterra, em Tynemouth, onde, a partir do seu quarto, descreveu e refletiu sobre as suas experiências em *Life in the Sick-Room* (1844).

Nestes anos, a sua dor era constante, o que a obrigava a tomar opiáceos que a incapacitavam da leitura e da concentração nos jornais

(Miller, 1885, p. 157). Todavia, como refere Florence Fenwick Miller, a quantidade de trabalho que produziu no seu quarto de doente não nos deixa adivinhar o sofrimento que, efetivamente, a mortificava.

Para Mary Jo Deegan, Martineau foi uma das primeiras sociólogas a estudar a incapacidade em relação à experiência da mesma, o que a coloca «na vanguarda do estudo das mulheres e da incapacidade» (Deegan, 2003 [2001], p. 56). Enraizando a experiência da saúde e do corpo no contexto quotidiano, ela prefigurou aquilo a que chamamos hoje o «corpo vivo», mesmo que nem sempre fosse clara a sua junção das peças do *puzzle* constituído pela saúde e pelo género (Annandale, 2007).

Life in the Sick-Room (1844) é mais uma obra em que podemos encontrar a sua visão da ciência social, agora no contexto da doença. O quarto de doente, muito mais do que um espaço de inatividade e de incapacidade, surgia como um lugar onde a pessoa inválida se podia tornar mais percetiva e mais conhecedora de si e do mundo. Martineau respondia, assim, aos avanços médicos do seu tempo sobre a fragilidade das mulheres e dos seus efeitos sobre os processos mentais (sendo aqui fundamental o surgimento do mesmerismo a que se havia rendido) e argumentava que a pessoa doente devia ter um maior papel no seu próprio tratamento médico. É verdade que a pessoa pode ser

> excluída de muita observação da vida exterior dos homens; mas sobre a vida interior, que origina e interpreta a exterior, é raramente possível, em quaisquer outras circunstâncias, que pudéssemos ter sabido tanto [...]. Quanto há de alegria e tristeza, de mistério e de maravilha na experiência humana que não nos é comunicado! (Martineau, 1844, p. 196[33])

(33) No original: «excluded from much observation of the outer life of men; but of the inner life, which originates and interprets the outer, it is scarcely possible that in any other circumstances we could have known so much [...]. What is there of joy or sorrow, of mystery and marvel, in human experience that is not communicated to us!»

A posição marginalizada da pessoa inválida tem o seu próprio poder, parte do qual inclui o controlo sobre o ambiente do seu quarto de doente (como as visitas ou a localização da cama).

Durante a década de 1860, Martineau começou um período de intensa colaboração com Florence Nightingale, que se tornou célebre como enfermeira na Guerra da Crimeia e que será mais conhecida por ter feito da enfermagem uma profissão legítima para as mulheres. Maria Frawley (2002) descreve e analisa a colaboração entre as duas mulheres que se iniciou com uma troca de correspondência em que Martineau explicava no *Daily News* como poderia expandir a sua visão da sociedade ao campo da saúde com o apoio de Nightingale, desafio a que esta respondeu entusiasticamente. A partir desse momento, criaram juntas estratégias para educar o público sobre os temas da preocupação que partilhavam: «Martineau usaria as suas ligações com a imprensa para promover as ideias de Nightingale; Nightingale usaria as suas ligações com funcionários do governo para colocar informações essenciais nas mãos de Martineau» (Frawley, 2002, p. 437). O campo da saúde foi, pois, mais um dos temas fortes do jornalismo de Martineau.

Ambas partilhavam de um interesse pela saúde ambiental e ocupacional e pela necessidade de enfermeiras qualificadas (McDonald, 2004 [2001]). Na opinião de Martineau, a escassez de enfermeiras qualificadas era uma oportunidade ideal para as mulheres melhorarem a sua condição material (ganhando um salário razoável), bem como a sua própria saúde e bem-estar (refeições regulares, horários decentes e tempo livre).

Especialmente frutífera e intensa foi a colaboração das nossas autoras na luta contra uma lei que visava o controlo das doenças venéreas através do exame físico forçado a mulheres suspeitas de prostituição (Contagious Diseases Act), ainda que a polícia não fosse obrigada a apresentar as provas em que as suspeitas se fundavam. A contestação centrou-se na denúncia da humilhação a que eram sujeitas as mulheres honestas nesses exames pela polícia. Mesmo tendo a lei perdurado por mais dez anos, o seu «Appeal to the Women of England» (1869) provou ser imensamente influente.

8. Um feminismo *avant la lettre*

Miriam Wallraven (2007) sustenta que a abordagem de Martineau ao feminismo e à escrita feminista se distingue da de outras autoras da sua época porque exige que as feministas tenham uma perspetiva moral e uma objetividade intelectual para pensarem a posição das mulheres. Nesse sentido, distancia-se, por exemplo, de Mary Wollstonecraft, que descreve como sendo «uma pobre vítima da paixão, sem controlo da sua paz e sem calma ou conteúdo, exceto quando as necessidades da sua natureza individual eram satisfeitas» (1877, p. 301). O seu declarado distanciamento de Wollstonecraft (ainda que continuando o seu trabalho), defende Wallraven, tem o objetivo de a afastar de alguma conotação escandalosa que envolvia as feministas da época e ainda de reclamar a sua própria voz e lugar na imagem pública, que, no seu entender, deveria ser «objetiva». Por isso, afirma:

> Ninguém mais do que eu pode estar mais insatisfeita com as condições do meu próprio sexo, sob as leis e costumes do meu próprio país; mas eu recuso toda a irmandade e cooperação com as mulheres de génio ou em posições favoritas, que prejudicam a causa pelas suas tendências pessoais. [...] As melhores amigas dessa causa são as mulheres que são tanto moral como intelectualmente competentes nas questões sérias da vida e que devem ser vistas como falando a partir da convicção da verdade, e não da sua infelicidade pessoal. (*Ibidem*, p. 301[[34]])

Mas, mais do que estar em causa uma perspetiva moral e uma objetividade intelectual, como defende Wallraven (2007), parece-nos que, neste excerto, perpassa claramente a adoção do ponto de vista

([34]) No original: «Nobody can be further than I am from being satisfied with the condition of my own sex, under the law and custom of my own country; but I decline all fellowship and co-operation with women of genius or otherwise favourable position, who injure the cause by their personal tendencies. [...] The best friends of that cause are women who are morally as well as intellectually competent to the most serious business of life, and who must be clearly seen to speak from conviction of the truth, and not from personal unhappiness.»

das mulheres da classe média emergente, aquelas que conseguiam autossustentar-se usando as suas competências e que respeitavam os costumes.

É clara a rejeição de Martineau do ativismo pelo ativismo. A sua confiança nas leis do mercado levava-a a crer que as mulheres seriam compensadas se os seus contributos o justificassem (como se pode ver na citação que se segue). A sua adesão a princípios de facticidade e de racionalidade pode ser entendida como uma inclusão nos discursos masculinos vigentes. Daí que nem os estudos feministas da ciência reclamem o seu legado, pois a primazia que dava à informação factual e às estatísticas sobre a «história lúgubre de governantas de ânimo quebrado e costureiras famintas»([35]) é identificada com o viés empiricista da ciência *mainstream* (McDonald, 2004 [2001], p. ix).

Em última instância, porém, todo o seu trabalho e posições feministas acabam por seguir as exigências de autoras como Wollstonecraft de superação da ideologia das esferas separadas. Martineau, com efeito, através do estudo e análise da situação das mulheres, contribuiu para diversas causas, tendo muitas das suas ideias sido cooptadas por algumas organizações (como seja a Society for Promoting the Employment of Women, para promoção do emprego e da formação profissional das mulheres) ou influenciado as políticas públicas (como a «Married Women's Property Act», com a qual o parlamento inglês instituiu a igualdade de acesso à propriedade das mulheres casadas). O que ela entendia ser o seu contributo fica explícito no seguinte excerto:

> Não tenho voto nas eleições, ainda que seja uma dona de casa que paga impostos e uma cidadã responsável; e considero a incapacidade um absurdo, visto que ao longo de muitos anos influenciei as questões públicas como poucos outros homens o fizeram ou tentaram fazer. Mas não vejo que pudesse fazer muitas coisas boas com queixas pessoais, que sempre têm alguma suspeita ou realidade de paixão nelas. Acho

([35]) No original: «dreary story of spirit-broken governesses and starving needlewomen» (Martineau, 1859, p. 294).

que a melhor forma é todas nós aprendermos e tentar o máximo que podemos fazer, e, assim, ganharmos a consideração que, só por si, nos pode garantir um tratamento racional. (1877, p. 303[36])

O feminismo *avant la lettre* de Martineau não é, com efeito, fácil de classificar([37]). Liberal convicta, a autora não deixa de admitir alguma responsabilidade social e intervenção governamental, por isso intervém publicamente defendendo e criticando as políticas públicas. Não podemos, por isso, atribuir-lhe um individualismo possessivo. Para ela, o indivíduo é portador de um complexo de qualidades e capacidades que são mobilizadas sempre em função das situações definidas pelos arranjos institucionais e da estratificação social. Assim, apesar do seu *laissez-faire*, Martineau identificou a injusta distribuição de recursos materiais, resultante do modo como está organizada a produção social, como fundamento do sofrimento, privação e frustração que atingiram certos grupos sociais, em especial, as mulheres da classe trabalhadora. A sua voz informada serviu perfeitamente a reivindicação das mulheres do seu tempo — «Queremos trabalhar!»([38]).

([36]) No original: «I have no vote at elections, though I am a tax-paying housekeeper and responsible citizen; and I regard the disability as an absurdity, seeing that I have for a long course of years influenced public affairs to an extent not professed or attempted by many men. But I do not see that I could do much good by personal complaints, which always have some suspicion or reality of passion in them. I think the better way is for us all to learn and to try to the utmost what we can do, and thus to win for ourselves the consideration which alone can secure us rational treatment.»

([37]) Embora seja atribuída a Fourier a invenção da palavra «feminismo», em 1837, o seu uso e dos adjetivos derivados só se difunde em Inglaterra meio século depois e nos EUA ainda mais tarde (Offen, 1987). Donde se compreende que feminismo não faça de todo parte do vocabulário de Martineau.

([38]) Será mais rigoroso dizer «de algumas das mulheres do seu tempo», visto que outra corrente se insurgia, como já referimos, contra o trabalho das mulheres fora de casa, identificando-o como a causa da desestruturação da família e da comunidade. Tal era o caso de Charlotte Tonna, que reivindicava para as mulheres o direito a não trabalharem fora de casa, condição que, em seu entendimento, atentaria contra a dignidade das mulheres nos seus papéis de

A *querelle des femmes* resolvia-se com educação, oportunidades de emprego adequado e igualdade salarial: é neste enquadramento que compreendemos que, sendo Martineau uma forte defensora do comércio livre e das leis do mercado livre, tenha aberto exceções no caso do emprego das mulheres, admitindo a intervenção do Estado, na regulamentação do emprego das mulheres e das crianças, na provisão de medidas de proteção no caso de governantas envelhecidas, de mulheres desempregadas (muitas perderam o emprego em meados do século XIX devido à expansão da máquina de coser), mas não das mulheres em geral. Mesmo assim, preferia que o Estado providenciasse formação alternativa para novos empregos, de algum modo antecipando as políticas ativas de emprego prosseguidas atualmente nos países mais desenvolvidos.

Martineau foi uma analista social. Tendo começado por denunciar a injustiça e o desperdício resultante da exclusão das mulheres da educação, ao longo da sua vida, em múltiplas ocasiões e a propósito de várias questões, analisou a questão do emprego das mulheres. Vale a pena destacar os seus primeiros escritos de maior relevância nesta matéria. Trata-se da série de dez artigos publicados na *Household Words*, no início da década de 1850, sobre o trabalho das mulheres em várias atividades em Birmingham e sobre a escola noturna criada especificamente para as mulheres casadas empregadas (Birmingham Evening School for Wives). No texto que lhe dedicou, em 1852, Martineau analisou a relação entre o emprego feminino e a

---

esposas e mães. Para Tonna, o trabalho doméstico era um trabalho especializado que a ausência de casa e a falta de tempo não permitiam às mulheres realizar de acordo com as melhores práticas. Tonna destaca-se neste debate, uma vez que argumenta com base na grande valorização que faz das responsabilidades domésticas das mulheres. Veja-se em TERRY-CHANDLER (2005) uma análise dos posicionamentos de Martineau (político) e de Tonna (moral).

Em contrapartida, as autoras agregadas no que ficou conhecido como o grupo da Langham Place, que editava o *English Woman's Journal*, irão retomar os posicionamentos de Martineau e constituir a Society for Promoting the Employment of Women, depois de terem lido «Female Industry» da autora. Este grupo de mulheres, algumas de origem nobre, impôs-se como missão tornar o emprego das mulheres algo digno e adequado à feminilidade.

casa, partindo da noção de que, de facto, às mulheres trabalhadoras faltavam competências domésticas, daí a necessidade de lhes dar formação. Martineau participou no debate em torno da «Condition of England», numa posição de neutralidade entre quem defendia que o emprego nas fábricas prejudicava a vida familiar das classes trabalhadoras e quem sustentava que a mão de obra feminina devia ser mobilizada em certas tarefas, para as quais tinha mais aptidões. No seu pragmatismo, Martineau defendeu o direito ao trabalho das mulheres, tanto das classes trabalhadoras como das classes médias, propondo que os efeitos nefastos fossem mitigados com o aumento da proficiência doméstica das mulheres trabalhadoras.

O texto em que o trabalho das mulheres é mais sistematicamente tratado, contudo, foi publicado na *Edinburgh Review*, em 1859, com o título «Female Industry», mais uma vez sob anonimato. Trata-se de um documento notável que nos dá a conhecer o elevado grau de envolvimento das mulheres na atividade económica e a diversidade de ocupações que tinham. A autora demonstra, recorrendo a várias fontes, mas tendo como ponto de partida os dados do recenseamento da população de 1851(39), que deixou de ser pertinente a afirmação de que as mulheres eram sustentadas «pelos seus pais, irmãos ou maridos». O seu objetivo é conferir visibilidade a este envolvimento

(39) Para termos uma melhor noção do seu método de trabalho rigoroso e exaustivo, e já agora da abundante informação e literatura disponível à época sobre a temática, nada melhor do que darmos uma vista de olhos às fontes que a autora refere neste seu escrito, entre as quais se destaca a indicada em primeiro lugar — O Censo da População da Grã-Bretanha, de 1851: Art. I. — 1. The Results of the Census of Great Britain in 1851, Edward Cheshire, Londres, 1853; 2. Re-port of Assistant Poor-law Commissioners on the Employment of Women and Children in Agriculture, 1843; 3. Minutes of the Committee of Council of Education, 1855–6; 4. Reports of the Governesses' Benevolent Institution; 5. The Industrial and Social Position of Women in the Middle and Lower Ranks, Londres, 1857; 6. Women and Work, B. L. Smith (Mrs. Bodichon), Londres, 1857; 7. Two Letters on Girls' Schools, and on the Training of Working Women, Mrs. Austin, 1857; 8. Experience of Factory Life, M. M., 1857; 9. The Lowell Offering, Lowell: Massachusetts, EUA; 10. The Laws of Life, with Special Reference to the Physical Education of Girls, Elisabeth Blackwell, Maryland: Nova Iorque, 1858.

e chamar a atenção para a necessidade de reequacionar a «Questão da Mulher».

Depois de uma visão geral das tarefas dos homens e das mulheres ao longo dos tempos, Martineau chega à sua época, afirmando a necessidade de rever os termos em que se falava do trabalho das mulheres, de modo a abandonar ideias ultrapassadas de que as mulheres não trabalhavam fora de casa: «A indústria feminina aumentou e, ultimamente, a uma taxa sem paralelo, enquanto as nossas ideias, a nossa linguagem e os nossos arranjos não se alteraram no mesmo grau»([40]). Com base nos dados do recenseamento e em outras fontes, Martineau chegou no final do seu artigo a uma conclusão verdadeiramente surpreendente: «De seis milhões de mulheres acima de 20 anos de idade, na Grã-Bretanha, excluindo a Irlanda e, claro, as colónias, nada menos do que metade são trabalhadoras. Mais de um terço, mais de dois milhões, são independentes no seu trabalho, são autossuficientes, como os homens» (Martineau, 1859, p. 335)([41]). Apesar destes progressos, denuncia o facto de as mulheres receberem salários miseráveis, em comparação com os dos homens, acabando assim por não serem tão autossuficientes, muito menos quando se reformam, como a sua condição de trabalhadoras lhes deveria assegurar:

> estamos apenas a começar a pensar na reivindicação de todos os trabalhadores — que o seu trabalho deveria ser pago pela sua qualidade e o seu lugar no mercado, independentemente do estatuto do trabalhador —, estamos apenas a começar a ver que chegará o tempo em que tal depreciação artificial cessará, sob as grandes leis naturais da sociedade. (*Idem*, *ibidem*, p. 298[[42]])

([40]) No original: «female industry have gone on increasing, and latterly at an unparalleled rate, while our ideas, our language, and our arrangements have not altered in any corresponding degree» (Martineau, 1859, p. 298).

([41]) No original: «Out of six millions of women above twenty years of age, in Great Britian, exclusive of Ireland, and of course of the Colonies, no less than half are industrial in their mode of life. More than a third, more than two millions, are independent in their industry, are self-supporting, like men.»

([42]) No original: «we are only beginning to think of the claim of all workers, — that their work should be paid for by its quality, and its place in the market, irrespective of the status of the worker: — we are only beginning to see that the

Na análise das várias ocupações, a autora vai, sempre que tem informação para tal, comparando os salários das mulheres com os dos homens ao mesmo tempo que evidenciando a equiparação da dificuldade das tarefas executadas na agricultura, na criação de gado, na venda no mercado, por viveiristas, na produção de linho, nas minas, nas pescas, nos serviços domésticos, no artesanato e, claro, na indústria, nomeadamente, a têxtil e a metalomecânica. Diríamos que a autora aborda a questão nos termos em que hoje se formula a reivindicação da igualdade salarial para mulheres e homens — salário igual para trabalho de igual valor —, e não de «salário igual para trabalho igual», que é a expressão que usa. Encontramos aqui, em nosso entender, mais uma manifestação da originalidade do pensamento de Martineau — aproxima-se das questões sempre a partir de uma perspetiva inovadora, antecipando desenvolvimentos futuros.

Martineau verificou que havia muitas mulheres que sucediam aos homens à frente dos negócios na condição de viúvas, e afirmou que seriam ainda mais se não deixassem falir os negócios por não saberem contabilidade, apontando de novo a negação do acesso à educação das mulheres como causa maior da sua posição subordinada no mercado de trabalho, já que não se admitia a dúvida sobre a sua capacidade para a aritmética. Se dominassem os números, poderiam também ocupar-se das contas, contribuindo para rendibilizar os negócios familiares.

A sua análise levou-a, porém, a mencionar outras formas de resistência ao emprego das mulheres, nomeadamente «ciúmes dos homens em relação à independência das mulheres» (*idem*, *ibidem*, p. 329), mas também das corporações profissionais que lhes negavam o acesso ao «ofício» e de clientes, tanto homens como mulheres, que se recusavam a ser atendidos(as) por mulheres, por desconfiarem da sua competência. Martineau deu vários exemplos — como o caso da venda de tecidos, em que as clientes preferiam ser atendidas por homens, e da relojoaria, em que a corporação não admitia as mulheres como praticantes do respetivo ofício (assim, a ajuda que os

---

time must come when such artificial depreciation must cease, under the great natural laws of society».

relojoeiros recebiam dos finos dedos das suas esposas tinha de ser feita longe dos olhares do público) (*idem*, *ibidem*, pp. 312–313). Estas resistências contribuíam também para, por um lado, a limitação e, por outro, a invisibilização da atividade económica das mulheres. A sociologia do trabalho e do emprego, bem como os estudos sobre as mulheres/de género/feministas continuam a encontrar nestes dois tipos de resistência (eventualmente agora praticados de forma tácita) os fundamentos dos elevados níveis de segregação horizontal ainda hoje registados em todos os mercados de trabalho.

> Quando a sociedade se consciencializar da quantidade de trabalho realizado pelas mulheres, serão removidos os principais obstáculos a uma equalização dos salários para trabalho igual e as empregadas domésticas exigirão, então, salários mais altos, ou deixarão o serviço. Na verdade, essa mudança já começou. (*Idem*, *ibidem*, p. 310[43])

9. Notas finais

Das várias sistematizações disponíveis do trabalho de Martineau, salientamos as curtas linhas de Goodwin e Scimecca (2005, p. 42), que assim o resumem:

> Com a redescoberta do substancial corpo de trabalho de Martineau, vemos que ela ofereceu a primeira metodologia sistemática qualitativa para a sociologia, representou uma das primeiras tentativas de analisar a estrutura de classes e lançou as bases para o que se viria a tornar na sociologia feminista, a sociologia da religião, a sociologia da desigualdade, a sociologia das profissões e a sociologia da deficiência, para citar os mais óbvios dos seus empreendimentos.

---

(43) No original: «When society becomes aware of the amount of industrial achievement performed by women, the chief impediment to an equalisation of wages for equal work will be removed, and domestic servants will then require higher wages, or leave service. In fact, this change has already begun.»

Não será de mais, portanto, voltar a adjetivá-la, como muitas outras pessoas antes de nós o fizeram: Harriet Martineau foi uma socióloga radical — radical de mais para uma sociologia que se procurava afirmar criando um cânone positivista — e foi uma feminista *avant la lettre*, isto é, pertenceu a uma geração anterior às feministas que em meados do século criaram as primeiras organizações em defesa do emprego das mulheres e que fizeram as primeiras reivindicações do direito ao voto das mulheres.

Parece-nos também pertinente referir a tese de Lengermann e Niebrugge-Brantley (2003), segundo a qual o trabalho de Martineau, assim como o de outras importantes autoras da segunda metade do século XIX, como Jane Addams (Silveirinha, 2016), dificilmente conquistaria o estatuto de fundador de algumas ciências sociais, como a sociologia, a economia e a ciência política, por as suas abordagens e perspetivas se posicionarem em divergência com o cânone disciplinar em processo de afirmação, pela via da ciência positivista, como era o caso da sociologia. Não podemos, contudo, deixar de pensar que a secundarização do seu trabalho e pensamento foi fortemente determinada pelo facto de serem mulheres, numa época em que a academia começou a admiti-las como estudantes, mas lhes recusava o estatuto de académicas e lhes negava o reconhecimento da sua capacidade intelectual. Uma ciência que procurava prestar um serviço intelectual objetivo via-se a sucumbir a uma ciência mais ativista, que procurava soluções para os problemas sociais.

O refúgio de Martineau na neutralidade e na argumentação baseada na racionalidade económica valeu-lhe ser deserdada do feminismo, e a sua vertente de intelectual que intervinha nos debates das políticas públicas acarretou-lhe o apagamento enquanto precursora de várias das ciências sociais, incluindo a sociologia, que tão brilhantemente praticou e ajudou a sedimentar.

Antevendo o esquecimento a que a sua obra seria votada, terminamos com as palavras que nos deixou, num obituário de justificação da sua vida:

> O seu poder original era nada mais do que era devido à seriedade e clareza intelectual em determinada medida. Com pequenos poderes

imaginativos e sugestivos e, portanto, nada que se aproxime do génio, ela podia ver claramente o que viu e dar uma expressão clara ao que tinha a dizer. Em suma, ela pôde popularizar, ainda que não descobrir nem inventar. (Martineau, 1877, p. 572[44])

Bibliografia

Annandale, Ellen, Assembling Harriet Martineau's gender and health jigsaw, *Women's Studies International Forum* 30, 2007: pp. 355–366.

Breton, Rob, Portraits of the Poor in Early Nineteenth-Century Radical Journalism, *Journal of Victorian Culture* 21, 2016: pp. 168–183.

Burawoy, Michael, Por uma Sociologia Pública, *Política & Trabalho — Revista de Ciências Sociais* 25, 2006: pp. 9–50.

Caine, Barbara, Feminism, journalism and public debate, *in* Shattock, Joanne (org.), *Women and Literature in Britain 1800–1900*, Cambridge, Cambridge University Press, 2001, pp. 99–118.

Crawford, Iain, Harriet Martineau: Travel and the Writer, *in* Sanders, Valerie e Weiner, Gaby (org.), *Harriet Martineau and the Birth of Disciplines: Nineteenth-Century Intellectual Powerhouse*, Londres, Routledge, 2017, pp. 171–186.

Deegan, Mary Jo, Making lemonade: Harriet Martineau on being deaf, *in* Hill, Michael R. e Hoecker-Drysdale, Susan (org.), *Harriet Martineau: Theoretical and Methodological Perspectives*, Nova Iorque, Routledge, 2003 [2001], pp. 41–58.

Duarte, Cristina e Feijão, João, As faces de Harriet Martineau, *Faces de Eva* 28, Lisboa, Colibri, 2012: pp. 27–42.

Easley, Marie Alexis, Victorian Women Writers and the Periodical Press: The case of Harriet Martineau, *Nineteenth-Century Prose* 24, 1997: pp. 39–50.

(44) No original: «Her original power was nothing more than was due to earnestness and intellectual clearness within a certain range. With small imaginative and suggestive powers, and therefore nothing approaching to genius, she could see clearly what she did see, and give a clear expression to what she had to say. In short, she could popularize while she could neither discover nor invent.»

EASLEY, Marie Alexis, *First-Person Anonymous: Women Writers and Victorian Print Media, 1830–70*, Burlington: Vermonte, Ashgate, 2004.

FITZPATRICK, Ellen, *Endless Crusade: Women Social Scientists and Progressive Reform*, Nova Iorque, Oxford University Press, 1990.

FRASER, Hilary; GREEN, Stephanie e JOHNSTON, Judith, *Gender and the Victorian Periodical*, Nova Iorque, Cambridge University Press, 2003.

FRAWLEY, Maria, Harriet Martineau: Health and Journalism, *Women's Writing* 9, 2002: pp. 433–444.

GOODWIN, Glenn e SCIMECCA, Joseph, Harriet Martineau, *in idem*, *Classical Sociological Theory: Rediscovering the Promise of Sociology*, Belmont, Thomson/Wadsworth, 2005, pp. 41–68.

HILL, Michael e HOECKER-DRYSDALE, Susan, Taking Harriet Martineau Seriously in the Classroom and Beyond, *in idem* (org.), *Harriet Martineau: Theoretical and Methodological Perspectives*, Nova Iorque, Routledge, 2003 [2001], pp. 3–22.

HOECKER-DRYSDALE, Susan, *Harriet Martineau: First Woman Sociologist*, Nova Iorque, Berg, 1992.

HOECKER-DRYSDALE, Susan, Harriet Martineau: Sociologist at work, *in* SANDERS, Valerie e WEINER, Gaby (org.), *Harriet Martineau and the Birth of Disciplines: Nineteenth-Century Intellectual Powerhouse*, Londres, Routledge, 2017, pp. 84–100.

LABOVITZ, Laura, *For the Benefit of Others. Harriet Martineau: Feminist, Abolitionist and Travel Writer*, Tese de Doutoramento, Las Vegas, University of Nevada, 2011.

LENGERMANN, Patricia Madoo e NIEBRUGGE-BRANTLEY, Jill, *The Women Founders: Sociology and Social Theory, 1830–1930*, Nova Iorque, McGraw-Hill, 1998.

LENGERMANN, Patricia Madoo e NIEBRUGGE-BRANTLEY, Jill, Classical Feminist Social Theory, *in* RITZER, George e SMART, Barry (org.), *Handbook of Social Theory*, Londres, Sage, 2003, pp. 125–137.

LOGAN, Deborah, Harriet Martineau's «only political plot»: Assassins, Duels, and Corn-Law Repeal, *in* PIONKE, Albert e MILLSTEIN, Denise Tischler (org.), *Victorian Secrecy: Economies of Knowledge and Concealment*, Londres, Ashgate, 2010, pp. 29–45.

LOPATA, Helena Znaniecka, A Brief History of the Harriet Martineau Sociological Society, *in* HILL, Michael e HOECKER-DRYSDALE, Susan (org.), *Harriet Martineau: Theoretical and Methodological Perspectives*, 2001. Disponível em: http://www.sociological-origins.com/files/HMSS_History_Lopata.pdf [consultado em maio de 2017].

Martineau, Harriet, Female Writers of Practical Divinity, *Monthly Repository* 17, 1822: pp. 593–596.

Martineau, Harriet, On Female Education, *Monthly Repository* 18, 1823: pp. 77–81.

Martineau, Harriet, On the Duty of Studying Political Economy, *Monthly Repository* 6, 1832: pp. 24–34.

Martineau, Harriet, *Society in America*, vols. 1 e 2, Nova Iorque, Saunders and Otley, 1837 (publicado online por Project Gutenberg). Disponível em: http://www.gutenberg.org/ebooks/52621 [consultado em abril de 2017].

Martineau, Harriet, *Life in The Sick-Room*, Boston, Leonard C. Bowles and William Crosby, 1844 (publicado online por Internet Archive). Disponível em: https://archive.org/details/lifeinsickroomes00mart [consultado em junho de 2017].

Martineau, Harriet, *Letters from Ireland*, Londres, John Chapman, 1852. Disponível em: https://archive.org/stream/lettersfromirela00martrich?ref=ol#page/n5/mode/2up [consultado em maio de 2017].

Martineau, Harriet, Female Industry, *The Edinburgh Review*, vol. cix, 1859: pp. 293–336.

Martineau, Harriet, *Health, Husbandry, and Handicraft*, Londres, Bradbury and Evans, 1861. Disponível em: https://archive.org/details/healthhusbandry00martgoog [consultado em março de 2017].

Martineau, Harriet, *Harriet Martineau's Autobiography*, vols. 1 e 2, organizado por Chapman, Maria Weston, Boston, James R. Osgood & Co., 1877. Disponível em: http://oll.libertyfund.org/titles/2011 [consultado em maio de 2017].

Martineau, Harriet, *Illustrations of Political Economy*, Londres, Charles Fox, 1897 [1832]. Disponível em: http://oll.libertyfund.org/titles/1873 [consultado em abril de 2017].

Martineau, Harriet, *How to Observe Morals and Manners*, 3.ª edição, Nova Brunsvique, Transaction Books, 1989 [1838].

McDonald, Lynn, *Women Founders of The Social Sciences*, Otava, McGill-Queen's University Press, 2004 [2001].

Miller, Florence Fenwick, *Harriet Martineau 1854–1936*, Boston, Roberts Brothers, 1885. Disponível em: https://archive.org/details/harrietmartineau00mill_0 [consultado em maio de 2017].

Offen, Karen, Sur l'origine des mots «feminisme» et «feministe», *Revue d'Histoire Moderne et Contemporaine* 34, 1987: pp. 492–496.

Peterson, Linda H., Writing for Periodicals, *in* King, Andrew; Easley, Alexis e Morton, John (org.), *The Routledge Handbook to Nineteenth-*

-*Century British Periodicals and Newspapers*, Londres, Routledge, 2016, pp. 77–88.

Pichanick, Valerie Kossew, An Abominable Submission: Harriet Martineau's Views on the Role and Place of Woman, *Women's Studies* 5, 1977: pp. 13–32.

Pusapati, Teja Varma, Going Places: Harriet Martineau's *Letters from Ireland* and the Rise of the Female Foreign Correspondent, *Women's Writing* 24, 2017: pp. 207–226.

Ritzer, George e Smart, Barry, *Handbook of Social Theory*, Londres, Sage, 2003 [2001].

Rosenberg, Rosalind, *Beyond Separate Spheres: Intellectual Roots of Modern Feminism*, New Haven: Connecticut, Yale University Press, 1982.

Rossi, Alice, The first woman sociologist: Harriet Martineau (1802–1876), *in idem* (org.), *The Feminist Papers: From Adams to de Beauvoir*, Nova Iorque, Columbia University Press, 1973.

Schroeder, Janice Elaine, *The Public Voice in Victorian Feminist Speech and Writing*, Tese de Doutoramento, Canadá, Universidade de Alberta, 2002.

Sanders, Valerie e Weiner, Gaby (org.), *Harriet Martineau and the Birth of Disciplines: Nineteenth-Century Intellectual Powerhouse*, Londres, Routledge, 2017.

Sanders, Valerie, «I have an all important review to write»: Harriet Martineau's journalism, *in* Sanders, Valerie e Weiner, Gaby (org.), *Harriet Martineau and the Birth of Disciplines: Nineteenth-Century Intellectual Powerhouse*, Londres, Routledge, 2017, pp. 187–200.

Silveirinha, Maria João, No encalço das mulheres de Chicago: conexões orgânicas e radicais do pragmatismo clássico americano, *Revista Famecos* 23, 2016. Disponível em: http://revistaseletronicas.pucrs.br/ojs/index.php/revistafamecos/article/view/22744 [consultado em abril de 2017].

Sinha, Vineeta, Reading Harriet Martineau in the Context of Social Thought and Social Theory, *Akademika* 59, 2001: pp. 75–94.

Sinha, Vineeta, Harriet Martineau (1802–1876), *in* Alatas, Syed Farid e Sinha, Vineeta (org.), *Sociological Theory beyond the Canon Sociological*, Londres, Palgrave MacMillan, 2017, pp. 77–112.

Styler, Rebecca, *Literary Theology by Women Writers of the Nineteenth Century*, Farnham, Ashgate, 2010.

Terry, James, Bringing Women… In: A Modest Proposal, *Teaching Sociology* 10, 1983: pp. 251–261.

TERRY-CHANDLER, Fiona, Gender and «The Condition of England» Debate in the Birmingham Writings of Charlotte Tonna and Harriet Martineau, *Midland History* 30, 2005: pp. 53–66.

WALLRAVEN, Miriam, *A Writing Halfway Between Theory and Fiction: Mediating Feminism from the Seventeenth to the Twentieth Century*, Wurtzburgo, Königshausen & Neumann, 2007.

VETTER, Lisa Pace, Harriet Martineau on the Theory and Practice of Democracy in America, *Political Theory* 36, 2008: pp. 424–455.

WEBB, Robert Kiefer, *Harriet Martineau: A Radical Victorian*, Nova Iorque, Columbia University Press, 1960.

WEINER, Gaby, Harriet Martineau and feminism, *in* SANDERS, Valerie e WEINER, Gaby (org.), *Harriet Martineau and the Birth of Disciplines: Nineteenth-Century Intellectual Powerhouse*, Londres, Routledge, 2017, pp. 155–170.

YATES, Gayle Graham, *Harriet Martineau on Women*, Nova Jérsia, Rutgers University Press, 1985.

LIÇÃO 4

Alexis de Tocqueville: sociedade e democracia

MÓNICA BRITO VIEIRA
Universidade de Iorque, Reino Unido

Tocqueville(s)

«O meu trabalho apela a pessoas de opiniões opostas, não porque me entendam, mas porque, ao considerarem apenas um dos seus lados, nele encontram argumentos favoráveis aos seus caprichos correntes» (TOCQUEVILLE, 2003, p. 315), escreveu Alexis de Tocqueville a um amigo, em 1835, o ano da publicação do primeiro volume daquela que viria a ser a sua obra mais emblemática, *Da Democracia na América*(1). E, de facto, quem se detenha a fazer a história da receção da obra de Tocqueville verificará que foi mais usada do que estudada, sendo vários, por vezes contraditórios, os «Tocquevilles» cerzidos ao longo dos tempos, quer pelo discurso académico, quer pelo discurso político. E isto num espectro ideológico que vai da esquerda comunitária à direita neoconservadora. Com efeito, entre os autores tidos como «pais fundadores» das modernas ciências sociais, Tocqueville tem sido especialmente suscetível à ideologização por aqueles — e são muitos — que nos seus escritos continuam a buscar instrumentos para examinar problemáticas de relevância contemporânea.

Quando hoje ouvimos falar de Tocqueville como um «clássico», cooptado por várias disciplinas académicas, da história à filosofia, passando pela sociologia política comparada e pela ciência política, é fácil perder de vista quão recente é a sua redescoberta. Na verdade,

(1) Tocqueville a Eugène Stoffels, 21 de fevereiro de 1835.

porém, mesmo na América, onde a projeção de Tocqueville foi sempre incomparavelmente maior do que em França, os seus escritos pouco disseram à sociedade industrializada e imigrante de finais do século XIX e inícios do século XX. A obra de Tocqueville começaria, assim, a ser revisitada, em território americano, apenas próximo do final da Segunda Guerra Mundial, muito embora a monografia *Tocqueville in America* (1938), de George W. Pierson, assinale precocemente o início de um novo e crescente interesse no pensamento deste aristocrata francês que fez da América democrática seu objeto de estudo. Depois da guerra, esse interesse no legado tocquevilliano alastrar-se-ia muito rapidamente, desde logo no domínio da sociologia, com a abertura de um novo campo de investigação, os chamados «estudos americanos», e a sua inclusão nos currículos universitários. Tocqueville figuraria, então, sobretudo, como um autor central da sociologia política, oferecendo uma perspetiva sobre a transição para a modernidade democrática contrastante com a de Marx, porque mais assente na cultura do que na infraestrutura económica. Mas a influência de Tocqueville cedo se estenderia à ciência política, com os teóricos do pluralismo, do excecionalismo americano e do capital social voltando-se, em sucessivas vagas, para o pensador francês, em busca do argumento da autoridade.

Com efeito, David Truman e Robert Dahl veriam nas associações voluntárias discutidas por Tocqueville antepassados próximos dos modernos grupos de interesse, entidades fundamentais para a nova teoria democrática pluralista que ambos advogariam, e que Dahl denominaria de «poliarquia»([2]). Outros autores, porém, como Louis Hartz, enraizaram em Tocqueville a sua defesa de um controverso «excecionalismo» americano, para tal recuperando, sob novas roupagens, a tese de que a ausência de um passado feudal explicaria a

([2]) Segundo Dahl, as sociedades industrializadas modernas, enquanto sociedades caracteristicamente poliárquicas, distinguem-se pela descentralização dos recursos de poder, sendo as decisões políticas produto de inúmeros grupos, representando diferentes interesses, que se entrecruzam num processo de negociação contínuo, visando o avanço de posições em face da oposição de outros grupos. Ver DAHL (1971).

ausência de conflito ideológico e classista em solo americano, onde o triunfo de um consenso liberal de inspiração lockiana se teria tornado hegemónico e irreversível. Esta tese neotocquevilliana de que a América é excecional nas suas instituições e princípios organizadores encontrou um outro acérrimo defensor no sociólogo e cientista político Seymour Martin Lipset, que, em *American Exceptionalism: A Double-Edged Sword* (1996), chama a atenção para o perigo do progressivo enfraquecimento das normas e laços sociais, em resultado do próprio espírito de igualdade e liberdade que Tocqueville apontara como definidor da singularidade americana. Mais recentemente, uma semelhante preocupação de raiz tocquevilliana com o crescendo do individualismo, privatização e atomização da vida social serviu de motivação para as rebatidas investigações empíricas de cientistas políticos americanos como Robert Putnam, segundo o qual é nas associações voluntárias que compõem a sociedade civil que se nutre o «capital social» indispensável ao bom funcionamento e à estabilidade da democracia liberal.

O anunciado declínio das «velhas» democracias liberais, por um lado, e a proliferação, a Leste, de novos regimes democráticos, por outro, motivaram o recrudescimento da reflexão sobre os fatores determinantes do sucesso das democracias a longo prazo e fizeram de Tocqueville o autor por excelência da década de 1990. A ênfase colocada nos benefícios morais, políticos, sociais e económicos de uma sociedade civil vibrante, permeada de múltiplas associações civis e políticas, encontra, entre os anos de 1980 e 1990, eco no trabalho de autores ideologicamente tão opostos quanto Francis FUKUYAMA (1995) e Benjamin BARBER (1985). O primeiro exploraria as externalidades positivas do «capital social» — por si identificado com a capacidade dos indivíduos para trabalhar em conjunto com base em normas e valores partilhados — ou a forma como o capital social, na vertente da «confiança», diminuiria os custos de transação e o papel do Estado central, ao mesmo tempo que aumentaria o bem-estar e a competitividade global das sociedades e suas economias (FUKUYAMA, 1995). Por seu lado, Barber fundaria a sua defesa de uma política participatória e de autogovernação cívica na centralidade concedida por Tocqueville ao espírito de liberdade local, cuja expressão maior se encontraria, na sua perspetiva, «[n]uma atividade contínua e barulhenta *na* e *em nome da* comunidade local» (Barber, 1985, p. xxv). O legado de Tocqueville tem sido, pois, apropriado e reinventado pela academia americana, que nele busca legitimação disciplinar e encontra intimações premonitórias de preocupações presentes. Deste modo, o Tocqueville «pluralista» dos anos de 50 e 60 foi dando lugar ao Tocqueville «comunitarista» dos anos 70, e este, ao Tocqueville arauto do «capital social» da década de 90, num devir camaleónico de que (apesar da recente viragem contextualista dos estudos tocquevillianos) não se vê fim à vista([3]).

Já em França, Tocqueville permaneceu na obscuridade até mais tarde — concretamente, até meados da década de 60. Apenas com o declínio da hegemonia académica do marxismo e o movimento de recuperação da tradição liberal francesa, deixou de ser *persona non grata* entre a intelectualidade francesa([4]). A partir dos anos 60, porém, começou a representar uma importante alternativa teórica às críticas marxianas do liberalismo. Graças à inspiração colhida nas suas análises, era de novo possível analisar o social e o político através de categorias que não apenas a económica, a luta de classes ou o modo de produção capitalista, bem como explorar, no presente democrático, o lastro de culturas políticas herdadas, em particular a absolutista e a revolucionária. Assim, logo em 1963, Michel Crozier faria uso de Tocqueville na sua, hoje clássica, análise comparativa das burocracias francesa e americana. Mas o principal responsável pela reintrodução do historiador no seu país natal foi, sem dúvida, Raymond Aron. Na influente obra *As Etapas do Pensamento Sociológico*, publicada em 1967, e traduzida para a língua inglesa logo no ano seguinte, Aron elevaria Tocqueville ao cânone das teorias sociológicas, apresentando-o como um destacado herdeiro

---

([3]) Para um exemplo recente desta «viragem contextualista», ver, entre outros, De Dijn (2008).

([4]) São múltiplos os estudos que tentam contextualizar o liberalismo tocquevilliano e definir a sua singularidade. Entre os de leitura mais gratificante, destacam-se Boesche (1987), Kahan (1992), Jaume (1999), Jardin (1985), Mélonio (1998) e Lamberti (1983).

de Montesquieu, ou, o mesmo será dizer, como um dos principais representantes de uma tradição de análise sociológica centrada na cultura política e no método comparativo. Para Aron (1967), restituir Tocqueville ao seu lugar entre os teóricos da sociologia fazia parte de um programa político mais alargado de recuperação de uma tradição francesa de pensamento liberal, votada ao ostracismo. Nos anos de 1970, seria o historiador François Furet a mobilizar o apoio de Tocqueville no seu confronto com a historiografia francesa sobre a Revolução de 1789, de matriz distintamente marxista. Em 1977, era formada, em França, a «Sociedade Tocqueville» e, apenas dois anos mais tarde, a revista bilingue *Tocqueville Review* era lançada no mercado, num sinal claro do recrudescimento da influência em França do autor de *Da Democracia na América*. Já na década de 1980, seria publicada uma excelente biografia, da autoria de André Jardin; as *Oeuvres Complètes* de Tocqueville fariam progressos notórios; e Tocqueville daria entrada na prestigiosa Bibliothèque de la Pléiade, sendo várias as monografias francesas sobre o autor que chegam às livrarias. Terminado um longo período em que a academia francesa fora dominada pelo neomarxismo, existencialismo e pós-modernismo, Toqueville, o filho mal-amado, via as suas portas serem-lhe reabertas.

Das sucessivas recuperações em França e na América, resultou um Tocqueville plural, que, com maior ou menor plausibilidade, foi sendo moldado às diferentes correntes de pensamento dominantes em cada época. A uma tal plasticidade externamente infligida não são, decerto, alheias as fortes tensões intrínsecas ao pensamento deste aristocrata francês que refletiu sobre uma certa «América», mais construída do que vista, para melhor compreender e influenciar o futuro da democracia na sua França natal. Algo fragmentários, conceptualmente polissémicos e marcados por antagonismos roçando o paradoxal, os seus escritos exibem uma indisciplina teórica manifesta, que é também aquela que melhor jus faz à energia centrífuga, à vitalidade contagiante, ao movimento irrequieto do objeto sob análise: a moderna condição social democrática. Condição que, nos seus vários escritos políticos (dos históricos aos político-sociológicos), é estudada por Tocqueville nas suas causas e, sobretudo, na plena extensão dos seus efeitos.

Como argutamente sintetizou Seymour Drescher, «Tocqueville foi, a um tempo, analiticamente lúcido e sistematicamente ambíguo» (1968, p. 252). Longe, pois, de nos oferecer um sistema teórico unificado sobre a modernidade democrática, todo ele construído na base de conceitos objetivamente delimitados e logicamente relacionados entre si, Tocqueville deixou-nos observações parcelares, prenhes de fecundidade analítica, que são fruto de uma visão compenetrada, visando discernir, além da coisa sensível, ou da América visitada, o arquétipo do novo mundo democrático que através dela se nos abriu. A América — esse lugar «Outro» que deu a Tocqueville, moderno viajante, uma distância analítica crítica sobre a «casa» — é aqui apenas a via que Tocqueville encontra para chegar à construção da democracia, isto é, da democracia «em si», enquanto objeto «puro» de teorização. Daí que, logo na introdução ao I Volume de *Da Democracia na América*, Tocqueville confesse que «na América vi mais do que a América; procurei nela uma imagem da democracia mesma, das suas inclinações, do seu carácter, dos seus preconceitos, das suas paixões; quis conhecê-la, que mais não fosse para saber o que dela devíamos nós esperar ou recear» (2008 [1835–1840], pp. 39–40). E tal como Tocqueville foi à América, a pretexto de uma reforma prisional em França, para «ver» quais as possibilidades e perigos abertos pela progressão do princípio democrático no mundo, ele interpela-nos, enquanto leitores, a sermos seus companheiros de viagem, para que possamos apreender, nas imagens ou quadros oferecidos, a diversidade de expressões que a democracia adquire, quando penetra os mais esconsos interstícios do tecido social e da mente humana. Nas palavras inimitáveis de Sheldon Wolin, a teoria de Tocqueville é, por conseguinte, uma teoria «panorâmica em vez de arquitetónica», isto é, «no lugar de argumentar ou explicar as suas ideias, [Tocqueville] tendeu para as exibir como imagens numa grande tela, como se de efeitos visual e esteticamente, em vez de logicamente, persuasivos se tratasse» (Wolin, 2003, p. 96). Nessa mesma visualidade, Tocqueville confere uma tangibilidade terrena à abstração dos conceitos, assim nos interpelando, também sensorialmente, a, com ele, imaginarmos vários futuros democráticos possíveis, saibamos nós escolher entre eles.

Método

> Eu nunca tenho precisamente a certeza de para onde vou e de se alguma vez lá chegarei. Escrevo a partir do meio das coisas e não consigo ainda ver a sua ordem... Quero correr, mas apenas consigo arrastar-me, vagarosamente. Você sabe que não pego na caneta com a intenção de seguir um sistema e de marchar arbitrariamente em direção a um fim; dou-me antes ao fluxo natural das ideias, permitindo-me ser transportado, em boa-fé, de uma consequência para a seguinte.([5])

Em 1836, numa carta dirigida a John Stuart Mill, Tocqueville descreveu, nestes termos, o processo de composição dos seus livros. Neles, as ideias determinam livremente a ordem do discurso, não a ordem do discurso o encadeamento necessário das ideias. Classificar, pois, como alguns fizeram, o «método» de Tocqueville de «cartesiano» é, no mínimo, ingénuo, para não dizer um sério erro de juízo([6]). Aliás, é possível ir-se mais longe, e dizer que falar de «metodologia», quando se fala de Tocqueville, requer advertência prévia, para nos protegermos dos perigos do anacronismo e da «metodocracia». É que, como Dana Villa sublinha, «[Tocqueville] viveu num tempo e cultura em que, *pace* Descartes, o método ainda havia de se tornar num fetiche nas ciências humanas» (Villa, 2008, p. 472).

Apesar do seu projeto autoconfessado de produzir uma nova ciência política para um novo tempo, Tocqueville nunca diz expressamente em que consiste essa nova ciência e por que razão é necessária. Mas o seu silêncio a respeito da sua «metodologia» não o impede de anotar e combinar as suas observações, por vezes, mesmo as suas primeiríssimas impressões, com uma agudeza de espírito e clarividência únicas. E de tudo isto fazer ao aparente arrepio de exigências «científicas» de apuramento terminológico e rigor conceptual; de consistência no encadeamento lógico dos argumentos; de formulação

---

([5]) Tocqueville a John Stuart Mill, 19 de outubro de 1836, *in* Tocqueville (1951, tomo vi(i), p. 314).

([6]) Ou de uma leitura estereotipada de Tocqueville, que o associa, erroneamente, ao racionalismo francês (em contraste com o empirismo britânico), tal como a que decorre da leitura de Brogan (2007, p. 347).

metódica de hipóteses, que sejam depois testadas, verificadas ou enjeitadas, por contraposição aos factos apurados. É que se os factos são inegavelmente importantes para Tocqueville, eles parecem sê-lo na exata medida em que «*exibem* significado teórico, em vez de servirem, primariamente, como a prova, em que se apoiam as asserções teóricas [feitas]» (WOLIN, 2003, p. 143). À teoria compete, pois, para Tocqueville, modular, iluminar, transcender os factos, dizer muito mais do que eles alguma vez poderiam dizer, se votados a si mesmos. E dizê-lo sobretudo com vista ao futuro — isto é, com vista à extração das consequências lógicas últimas da extensão do «facto» democrático, e à antecipação das escolhas morais perante as quais essa expansão nos coloca.

Mas se o interesse direto de Tocqueville em questões metodológicas é, de facto, diminuto, seria errado concluir que nada pode ser aprendido da observação do seu método. Um método que é visível sobretudo em prática, pois é apenas aí que ele realmente existe, e não enquanto programa de ação explicitamente articulado. Além de uma visão da sociedade assumidamente holista, em que cada parte é afetada por toda a outra, e toda a parte reflete, em si mesma, o todo, é de salientar a utilização que Tocqueville faz de tipos ideais, enquanto poderosos instrumentos teóricos de análise. Tão poderosos que, por vezes, tende a reificá-los, correndo o risco de tomar o tipo ideal, e as deduções a partir dele elaboradas, pela realidade em busca de explicação. A utilização que faz de tipos ideais é perfeitamente consciente, visto que descreve a sua atividade como sendo a de «moldar» ou «modular» os fenómenos e sociedades observados, para assim «pintar» os traços gerais das sociedades democráticas, de que ainda não existe modelo completo. Tais abstrações ou construções analíticas, acentuando certas características da realidade, e tornando-as internamente mais lógicas e coerentes do que alguma vez as veremos realizadas nos múltiplos fenómenos individuais que o tipo ideal comprime, são, em Tocqueville, instrumentos heurísticos essenciais. Entre os tipos ideais construídos, lugar de destaque é reservado ao par «democracia/aristocracia», existindo para cada um destes tipos uma estrutura, com uma natureza e princípio, e um conjunto de disposições, atitudes e paixões que o têm de caracterizar, para que possa funcionar. Ambos são utilizados como ferramentas de mensuração que identificam continuidades e descontinuidades, semelhanças e diferenças, similaridades e desvios, entre as diversas sociedades e culturas políticas estudadas, até porque Tocqueville, na esteira de Montesquieu, vai além dos tradicionais regimes políticos, para basear os seus tipos ideais em qualidades da sociedade, nas quais esses regimes se enraízam e encontram o seu substrato.

O estabelecimento de relações entre conceitos típico-ideais serve, assim, de mediador essencial à construção de hipóteses e ao exercício de imputações causais, a fim de explicitar, além da singularidade dos eventos, as determinações gerais que os regem. Os tipos ideais fornecem também, e como vimos, a matéria-prima necessária à comparação, sem a qual, nas palavras de Tocqueville, a «mente não saberia como proceder»([7]). Isto porque é impossível compreender fenómenos sociais e políticos sem estipular alternativas. Na análise comparativa, com a sua capacidade intrínseca para nos descentrar, ao colocar-nos diante de uma «pluralidade — de outros passados e presentes», Tocqueville procura, bem além da clarificação empírica, o esclarecimento das diversas possibilidades de ação e das escolhas morais perante as quais elas nos colocam (DRESCHER, 2006, p. 41). É que para conseguir atingir o seu objetivo — isto é, pôr a experiência americana ao serviço da capacidade que a França possa vir a ter para intervir na sua própria história, reconduzindo o processo de igualitarização à liberdade ou ao despotismo —, Tocqueville tem, primeiro, de lidar com uma das questões fundamentais que se colocam à explicação histórica, social e política. Como estabelecer uma análise comparativa que seja, a um tempo, significativa e útil? Como construir um ponto externo de observação, do qual seja possível compreender mais profundamente, e por dentro, o nosso objeto de estudo? Como desfamiliarizar esse mesmo objeto, tornando as instituições, hábitos e costumes com que nascemos estranhos e objetivamente analisáveis novamente? De forma mais precisa, Tocqueville questionou-se sobre como utilizar a comparação, entre a

([7]) Tocqueville a Ernest Chabrol, 7 de outubro de 1831, *in* TOCQUEVILLE (1981, p. 59).

nossa primeira impressão de uma sociedade e o nosso juízo refletido sobre ela, produzido pelo conhecimento; e entre o nosso objeto imediato de investigação e outra sociedade, a nossa própria, nas suas diferenças e semelhanças, para melhor dissecar a democracia enquanto «forma» das sociedades modernas. Se a França permaneceu sempre o seu real objeto de estudo, Tocqueville soube, em *O Antigo Regime e a Revolução*, produtivamente usar a Alemanha para explicar quando e porquê as revoluções ocorrem, bem como socorrer-se de Inglaterra, com a sua aristocracia resistindo à ossificação em casta e efetuando uma transição bem-sucedida para a modernidade, como a contra-história de França (Tocqueville, 1951, tomo ii). Já em *Da Democracia na América*, Tocqueville utiliza a América, onde o impacto generalizado da igualdade de condições sobre os hábitos, as ideias e os costumes se faz sentir mais rápida e claramente, para antecipar e, sempre que possível, reorientar o futuro da democratização francesa (*ibidem*, p. 31). Neste constante exercício de projeção para fora, a fim de encontrar, no exterior, aquele ângulo de análise que nos permita compreendermo-nos melhor, reside, porventura, o núcleo do projeto tocquevilliano. Um projeto teórico que, por via da abstração e da inferência, da comparação e do contraste, bem como do poder imagístico, a um tempo, clarificador e persuasivo, da palavra, investe a sociologia política, histórica e comparativa de uma função — de uma «missão» — não apenas científica, mas antes, e sobretudo, «cívica», única.

Abstração teórica e análise comparativa são, como vimos, instrumentos centrais na abordagem de Tocqueville à modernidade democrática. Mas se é possível aprender metodologicamente com a prática tocquevilliana, seria já errado conceder à sua «metodologia» um valor maior do que as ideias substantivas que ela sustenta. Apesar da parca plausibilidade da tese de que Tocqueville nos terá deixado como principal legado uma série de diretrizes e protocolos metodológicos de fácil e profícua reprodutibilidade, ela não deixa de ter os seus defensores. O caso mais recente é Jon Elster, para quem, na obra do pensador francês, a explicação da mudança social assenta num entendimento da psicologia política e da natureza da causalidade social de um tal refinamento, que se encontra justificada na elevação de Tocqueville à condição de «primeiro cientista social». Segundo Elster, aqueles que, como ele, conseguem ver além da «extravagante» retórica tocquevilliana encontram toda uma série de estruturas formais de raciocínio, de padrões de pensamento e de mecanismos causais reutilizáveis, e tão analiticamente profícuos hoje quanto o provaram ser em meados do século XIX (isto apesar do ceticismo de Elster quanto à validade das conclusões tiradas por Tocqueville, por via desse «método», sobre a natureza e efeitos da democracia)([8]). É pois um Tocqueville perfeitamente descarnado, privado do poder da palavra, menos filósofo e ator político do que cientista social positivista quem encontramos na reconstituição de Elster.

Segundo este autor, em Tocqueville a explicação social assenta, em última análise, na psicologia individual, que funciona, simultaneamente, como causa e efeito de todos os fenómenos sociais coletivos (ELSTER, 1990, pp. 3–4). No entanto, da leitura atenta da obra de Tocqueville sobressai pouco do individualismo metodológico que Elster privilegia. Apesar de Tocqueville querer deixar espaço à escolha e responsabilidade individuais, a sua análise da modernidade democrática assenta em fatores agregados que determinam outros fatores agregados, e movem os indivíduos de forma inconsciente, como se de instrumentos, mais do que de agentes, se tratasse. Agentes que são, portanto, movidos por forças históricas e fenómenos coletivos maiores do que eles. Entre estes fenómenos, a igualdade de condições, por Tocqueville retratada como um elemento explicativo preponderante, e para a qual «todos foram impelidos conjuntamente pela mesma via, e todos trabalharam em comum, uns contra sua vontade, outros sem o saberem, cegos instrumentos na mão de Deus» (TOCQUEVILLE, 2008 [1835–1840], p. 33).

Assim, e por exemplo, na leitura «método-cêntrica» favorecida por Elster, o enquadramento geral de *Da Democracia na América* é o da análise de equilíbrio, o pressuposto maior da teoria da escolha racional que domina a ciência política empírica desde o pós-guerra.

([8]) Ver ELSTER (1993a, p. 101). O argumento surge primeiro em ELSTER (1991, pp. 277–297 e 1993b, pp. 81-99). E está na origem do mais recente: ELSTER (2009).

Isto é, Tocqueville teria sobretudo procurado oferecer-nos um contraste entre, por um lado, os efeitos disruptores da igualitarização (ou da revolução que introduz a igualdade numa determinada sociedade e suas leis) e, por outro lado, os efeitos bem menos perigosos ou até positivos da igualdade. A tónica iria assim para as instituições democráticas e a psicologia dos cidadãos democráticos — seus desejos, crenças e ações —, tal como observáveis quando a sociedade democrática se encontra já perfeitamente estabelecida e em equilíbrio. Noutras palavras, quando as instituições legais e os costumes democráticos se encontram num estádio em que se causam e suportam mutuamente. Porém, o que Elster não menciona é que este estado de equilíbrio é caracterizado por Tocqueville como «final» e «natural», e toda a sua característica parcelar como sendo algo que se encaixa, e é perfeitamente funcional, no todo, que toda a parte ajuda a reproduzir — o que, desde logo, trai o carácter profundamente eclético da explicação sócio-histórica tocquevilliana. Uma explicação que mistura, entre outros elementos, o essencialismo, o holismo, o historicismo e o funcionalismo, todos eles «ismos» que o purismo metodológico individualista de Elster deixa escapar(9). Isto para já não falar da importantíssima relação de Tocqueville com a tradição francesa de direito comparado, encabeçada por Bodin; a literatura de viagens e de exploração, de que as *Cartas Persas* de Montesquieu, pai intelectual de Tocqueville, são o mais perfeito exemplo ficcional; ou a história filosófica de Guizot, para dar apenas alguns exemplos (Richter, 1969, pp. 129–160). O «método» de Tocqueville, a existir «um» método em Tocqueville, é, por conseguinte, de um profundo ecletismo e, em última instância, inimitável na sua singularidade. Tentar ler os seus argumentos políticos e sociológicos à luz das preocupações típicas da agenda teórico-metodológica da ciência empírica contemporânea é ler Tocqueville *malgré* Tocqueville.

---

(9) Para uma crítica ao Tocqueville metodologicamente descarnado de Elster, ver Pels (1991, pp. 298–307).

A revolução democrática

> Entre os objectos novos que, durante a minha estada nos Estados Unidos, atraíram a minha atenção, nenhum feriu mais vivamente os meus olhos do que a igualdade de condições. Descobri sem dificuldade a influência prodigiosa que este primeiro facto exerce sobre a marcha da sociedade; dá ao espírito público uma certa direcção, uma certa feição às leis; aos governantes máximas novas, e hábitos particulares aos governados. (Tocqueville, 2008 [1835–1840], p. 31)

Quem leia a introdução ao primeiro volume de *Da Democracia na América* (1835), na qual se encontra a passagem citada, ou o prefácio a *O Antigo Regime e a Revolução* (1856) não pode passar indiferente à filosofia da história que serve de fio condutor à sua obra. Para Tocqueville, descendente da velha nobreza normanda, a sua condição social é um anacronismo. Isto porque, escreve ele, a humanidade se move num eixo temporal que a conduz, inelutavelmente, da desigualdade à «igualdade», da aristocracia à «democracia». No mundo moderno, o desenvolvimento progressivo da igualdade é, aos seus olhos, uma necessidade, não uma escolha. Por isso mesmo, a igualitarização é um fenómeno a que Tocqueville atribui todas as características do providencial: «é universal, é duradouro, escapa dia após dia ao poder humano, todos os acontecimentos e do mesmo modo todos os homens serviram o seu desenvolvimento», ainda que, amiúde, sem o querer (*ibidem*, p. 33). Mas, identificada a necessidade, não há que cair no fatalismo, ou na substituição da política pela mera administração: são apenas os limites externos da deliberação política que se redefinem. É que perante a progressão imparável da revolução social democrática, carregando no ventre a ameaça da tirania da maioria e do despotismo benevolente, há que construir diques que lhe moderem as paixões e canalizem os movimentos. Dos chefes de Estado aos cidadãos comuns, Tocqueville exige que não deixem a democracia «abandonada aos seus instintos selvagens», mas procurem «instruí-la e corrigi-la», temperando «os seus vícios» e pondo «em realce as suas vantagens naturais» (*ibidem*, pp. 34–35). À medida que o velho mundo, de castas e privilégios, cede lugar a um novo mundo regido pelo princípio igualitário, é de todos a responsabilidade de usufruir dessa igualdade em liberdade ou no mais completo e abjeto despotismo. Não antecipar, não preparar, não agir é sucumbir à voragem igualitária: é dela deixar fazer-se escravo, e fazê-lo voluntariamente.

Ao contrário de alguns dos seus predecessores na tradição liberal francesa, Tocqueville situa o aspeto mais determinante da condição moderna não no princípio representativo, mas antes na «sociedade», mais precisamente num «facto» ou «estado» social — a «igualdade de condições». Para Tocqueville, este é o «facto» gerador, de que tudo o resto é dedutível. Isto é, aquele «facto» que anima a identidade particular de todos os demais factos sociais e políticos que dele descendem e os obriga a refletir o seu profundo significado([10]). Este privilegiar do «social», enquanto «causa» ou «princípio explicativo», parece conquistar para Tocqueville um lugar entre os autores clássicos da sociologia. E de facto a sua abordagem (como, antes dela, a de Montesquieu) tem um carácter muito mais sociológico do que a dos seus predecessores ou contemporâneos liberais. No entanto, estamos perante um teorizador do social *sui generis*, sobretudo pela centralidade que concede ao político. Para Tocqueville, tal como o governo não pode ser entendido à parte da sociedade, também a política não pode ser tida por uma mera excrescência, ou função derivativa, de processos sociais e económicos. A democracia, que por natureza

([10]) Apesar de a sua análise se concentrar nos efeitos da igualdade social, Tocqueville não pretende apresentá-la como uma explicação causal única, mas antes privilegiar um ângulo de análise que entende ser particularmente profícuo. Essa clarificação metodológica, contra o monismo causal, surge na advertência do segundo volume de *Da Democracia na América* (2008 [1835–1840]), em que Tocqueville explica que, porque atribui «tantos efeitos diversos à igualdade», o leitor poderia concluir que considera «a igualdade a causa única de tudo o que acontece nos nossos dias», o que «seria supor-me uma visão muito estreita». Pois outros fatores além da igualdade exerceram «uma imensa influência sobre a maneira de pensar e de sentir» dos Americanos; mas o projeto de Tocqueville não é «mostrar a razão de todas as nossas inclinações e de todas as nossas ideias», antes «quis somente fazer ver em que parte a igualdade modificaria umas e outras» (*ibidem*, p. 401).

pressupõe o facto da igualdade, é, no entender de Tocqueville, o traço distintivo de todas as sociedades modernas, mas sobre esta mesma base social igualitária podem produzir-se regimes políticos antitéticos. Concretamente, uma república, ou democracia moderada, à americana, com soberania popular, representação, descentralização administrativa, liberdades e eleições regulares, ou uma forma «suave» de despotismo, nunca antes humanamente experimentada, exercida por todos sobre todos, dependendo de como saibamos, ou não, fazer uso da liberdade, imaginação e profilaxia política contra vários excessos inerentes ao «facto» democrático. Resumindo, se, de facto, para Tocqueville, a sociedade é a «causa», e o principal princípio explicativo, certo é também que a sociedade em causa é definida como uma sociedade «democrática», numa descrição do social que, desde logo na terminologia adotada, adquire contornos políticos. E não por acaso: é que, no entender de Tocqueville, a democracia tal como, aliás, a aristocracia só podem ser explicadas pela estreita combinação do que é social e do que é político.

Que «democracia» é esta que, segundo Tocqueville, marca contundentemente a modernidade? Em contraste com as visões clássicas, não é uma forma institucional ou legal específica. Isto é, não é um regime político que faça parte de um conjunto imutável de formas de organização política ciclicamente disponíveis ao homem enquanto tal. Apesar das suas importantes consequências políticas, designadamente a liberdade ou o despotismo, e de o seu impacto se estender dos hábitos mentais, usos e costumes às próprias instituições políticas, a democracia tocquevilliana é, antes de tudo, um «estado social», caracterizado pela «igualdade de condições», e serve de nódulo central, ou de princípio organizador, às sociedades modernas. «Igualdade de condições» não significa, em Tocqueville, igualdade em sentido estrito, económica ou de intelecto, embora remeta para uma situação em que os homens, confrontando-se como iguais, em abstrato, e gozando de igualdade perante a lei, começam a ver essa igualdade realizar-se numa maior paridade de oportunidades, conducente a uma maior mobilidade social; num mais alargado acesso à educação; num crescente desenvolvimento da burguesia e das classes médias; e numa tendencialmente mais uniforme concessão de direitos políticos.

Em democracia, tudo na sociedade — a riqueza, as capacidades mentais, a instrução, os conhecimentos, as opiniões — tende para o ponto médio. Esta nova «igualdade de condições» adquire, em Tocqueville, a sua identidade em contraste com a «desigualdade de condições», o regime social prevalecente no Antigo Regime, quer em França quer um pouco por toda a Europa feudal. Uma desigualdade fundada no nascimento, no título e no privilégio, que concedia a poucas famílias uma influência desproporcional sobre o resto da sociedade, e um distanciamento tal, que as remetia para uma humanidade diferente. A igualdade democrática pode ser, por vezes, mais «imaginada» do que «real», mas o imaginário democrático, que faz de todo o homem par de todos os demais, é uma força política, social e moral avassaladora, prenhe de consequências. Mormente, a hierarquia de patronagem que assegurava a coesão das sociedades sob a égide dos grandes nomes e das grandes riquezas torna-se intolerável — o poder deixa de ter rosto, para se tornar ubíquo, vasto, coletivo, impessoal.

Dadas estas implicações tentaculares, Tocqueville recusa-se a confinar a «democracia» a um único significado. A palavra é utilizada numa larga variedade de aceções, que vão de uma irresistível tendência para a igualdade, ao antónimo de aristocracia, à regra da maioria, à mobilidade social, à maior igualdade e grande elasticidade de oportunidades, incluindo as económicas e as de participação política. Tocqueville está visivelmente menos interessado no que a democracia seja do que naquilo que ela produz ou, se não produz, definitivamente modifica. É, pois, da influência prodigiosa da democracia sobre todos os aspetos da vida humana, dos mais públicos aos mais infinitamente privados, da vida da pólis às relações entre pais e filhos, marido e mulher, que nos falam os dois volumes de *Da Democracia na América*.

Para Tocqueville, o estado social que funciona como princípio motriz da democracia é a condição de igualdade. Na sua definição, esse estado social é, em simultâneo, produto e causa: «produto de um facto, algumas vezes das leis», mas também «a causa primeira da maior parte das leis, dos costumes e das ideias que regulam a conduta das nações» (*ibidem*, p. 64). Porque o estado social é produto, é necessário comparar a mesma sociedade em diferentes tempos, e ir em busca do seu ponto de partida. No caso americano, esse ponto de partida é favorável à marcha da igualdade — aqui se compreendendo, entre outros fatores, a ausência de um passado feudal, as tradições religiosas e legais puritanas, os hábitos de governo local, o isolamento geográfico. Novas circunstâncias e leis auxiliaram estas precondições na demolição dos últimos obstáculos à progressão do estado social democrático na América. Concretamente, graças à Revolução de 1776, as colónias libertaram-se finalmente do jugo da metrópole e ganharam um gosto arreigado pela independência e pela liberdade, conducente à expansão da influência do princípio da soberania popular, que «saiu da comuna e apoderou-se do governo» (*ibidem*, p. 72). A isto acresce uma alteração legislativa que Tocqueville considera de enorme impacto: a completa democratização das leis sucessórias, designadamente pela abolição da primogenitura. Atuando primariamente sobre as coisas, esta medida acabaria por afetar primeiramente as pessoas e, mais do que estas, as estruturas e as expectativas sociais, bem como as instituições políticas. É que do fim do monopólio do filho varão resultaria a distribuição da riqueza, a dissolução da família e das influências locais, ficando concomitantemente impossibilitada a manutenção de uma elite proprietária rural. Favorecidas a comercialização da propriedade fundiária, a circulação da riqueza e a igualdade, a porta abria-se à progressão prática e irresistível do dogma da soberania popular.

A par da igualdade de condições, também a soberania popular que nela se radica é tida por Tocqueville como um «facto gerador» — isto é, como um desses poucos factos que operam como forças vitais, arrastando outros factos na sua cavalgada. A democracia em Tocqueville é, a um tempo, social e política, já que na base da igualdade social se constrói o dogma de que cada indivíduo é «tão esclarecido, tão virtuoso, tão forte como qualquer outro dos seus semelhantes», e portanto «forma uma porção igual do soberano, e participa igualmente no governo do Estado» (*ibidem*, p. 78). Na América, este dogma da soberania popular irrompe do poder local, da comuna, para tomar conta de todo o governo, para se tornar «na lei das leis» (*ibidem*, p. 72). A difusão universal do dogma, e sua tradução prática, é, entre Americanos, facilmente explicável: se a premissa igualitária obriga ao reconhecimento de que todo o homem tem capacidade suficiente para se governar a si mesmo, então a vontade soberana tem necessariamente de emanar não do exterior, mas da união da vontade de todos. Curiosamente, a própria ideia de liberdade democrática, o princípio do autogoverno, separa os indivíduos em milhentos senhores de si mesmos, antes de os reconstituir, politicamente, como um povo soberano, através do qual todos obedecem apenas a si mesmos (ou à versão de si mesmos que lhes apresenta a maioria). Na América temos, desta forma, uma sociedade que «age por si mesma e sobre si mesma», porque nela o povo «é a causa e o fim de todas as coisas; tudo dele sai e tudo nele se absorve», não podendo existir poder que não derive dele (*ibidem*, p. 73).

Assim sendo, não é de estranhar que Tocqueville, fervoroso admirador da democracia local e da vitalidade cívica da comuna americana, visse como contraditória a estratégia republicana dos federalistas de reservarem, por via do princípio representativo, a ação política para uma elite nacional de poucos homens, independentes e virtuosos. Para Tocqueville, onde predomine o facto democrático, os homens de capacidades superiores e juízo independente tenderão a diminuir e, quando subsistam, optarão por transitar do mundo da política para o mundo dos negócios, do público para o privado. Até porque, se politicamente expostos ao juízo público, serão mal tolerados pelos seus concidadãos, aos olhos dos quais «a mais pequena dissemelhança parece chocante no seio da uniformidade geral» (*ibidem*, p. 639). Quer isto dizer que, em democracia, a tensão e a desconfiança serão constantes entre, por um lado, o povo, fonte de todo o poder e autoridade políticos, e, por outro, qualquer sistema que se proponha representá-lo ou atuar em seu nome. Assim, para assegurar um controlo férreo sobre esse sistema, e tirar aos representantes qualquer espaço de livre manobra, o povo americano «nomeia directamente os seus representantes e escolhe-os em geral todos os anos, a fim de os manter mais completamente na sua dependência» (*ibidem*, p. 163). Com efeito, em contraste com os federalistas, Tocqueville estabelece que o princípio representativo, enquanto princípio destinado a eliminar a perigosidade da democracia para o Estado, ao nele introduzir um elemento elitista, se tornou, na América, insignificante, já que é «realmente o povo quem dirige, e, embora a forma de governo seja representativa, é evidente que as opiniões, os preconceitos, os interesses, e até mesmo as paixões do povo não podem deparar com obstáculos duradouros que os impeçam de se produzirem na direcção quotidiana da sociedade» (*ibidem, loc. cit.*). Noutras palavras, em solo americano, a distinção entre democracia direta ou representativa é um anacronismo. Na América o poder dominante é um poder invisível, mas tentacular, e que ocupa o maior e mais volátil dos espaços: a opinião pública. Com a força irresistível dessa opinião, que se impõe a todos, exibindo o rosto de ninguém, damos por completa a trindade de princípios geradores que Tocqueville identifica: a igualdade, a soberania popular e a opinião pública.

Individualismo e materialismo

Para Tocqueville, o «individualismo» é o traço distintivo da sociedade democrática, e a dissolução do tecido social, uma tendência inelutável numa sociedade de iguais. Também nisto a democracia constitui o perfeito oposto da aristocracia. A sociedade feudal liga «estreitamente cada homem a vários dos seus concidadãos» (*ibidem*, p. 483), visto que assenta num conjunto de cadeias infinitamente ramificadas, cada um dos seus elos unindo cada homem ao seu senhor mais próximo. Embora vivam em mundos perfeitamente à parte, senhores e servos estão unidos nos deveres de servir e de cuidar, e portanto sempre ligados «a alguma coisa que está colocada fora deles» (*ibidem*, p. 484). Em contraste, numa democracia todos os laços sociais e políticos, excetuando os íntimos, se encontram dissolvidos. Nela, com o nascimento, não vem ao homem nenhum privilégio, nenhum relacionamento intergeracional ou obrigações herdadas, apenas a mais perfeita igualdade e, com ela, a mais perfeita indiferença perante os demais. O individualismo desenvolve-se, assim, nas democracias, como «um sentimento reflectido e tranquilo», que impele cada cidadão a isolar-se, a criar uma pequena sociedade para consumo próprio, feita do pequeno círculo da «família e dos amigos» (*ibidem*, p. 483). A democracia desata os laços sociais, ao mesmo tempo que aperta os laços naturais. Recolhidas as barreiras de «casta» social, que dividiam a sociedade em diferentes humanidades, cada homem passa a identificar-se com todo o outro homem em geral, na base da sua humanidade comum. Ao mesmo tempo que isto acontece, porém, torna-se rara a dedicação a qualquer homem particular ou mesmo ao seu concidadão, pelo envolvimento ativo na vida pública. Nas sociedades democráticas, o laço dos afetos humanos naturaliza-se, «alarga-se e afrouxa» (*ibidem*, p. 484). Uma das tarefas maiores da democracia moderna é, portanto, cerzir, por via do artifício, o tecido social rompido, nesse regresso perigoso a um certo «estado de natureza» que a condição democrática inevitavelmente traz consigo([11]).

Com o individualismo, cresce a disposição para questionar e rejeitar todas as obrigações e verdades recebidas — numa espécie de dúvida metódica que impede o homem democrático de aceitar o que quer que não comece no «eu» e não passe pelo crivo do seu juízo. Uma exigência que deixa o homem democrático suspenso entre, por um lado, a dúvida constante, e potencialmente demencial, e, por outro, a aceitação tendencialmente acrítica de formas populares de autoridade, designadamente a opinião partilhada pela maioria. E onde todos os homens são colocados indistintamente sob a mesma regra — a da uniformidade —, a individualidade perece, sob a galopada do individualismo. A sociedade democrática é, assim, para Tocqueville, uma sociedade de espírito cartesiano, sem nunca ter lido Descartes. Uma sociedade reduzida à *tabula rasa*, e recolhendo-se ao subjetivismo do eu, que se encontra agora desobrigado de todos os constrangimentos que lhe impunha a sociedade tradicional e, portanto, liberto para avançar o interesse próprio. Esse eu que rompe ligações com os demais, para regressar, radicalmente, a si próprio, e aí encontrar um clone do outro. O único laço que sobrevive à pulverização social típica da democracia é o interesse([12]). À parte

([11]) Sobre este estado de natureza democrático, ver o excelente estudo de Pierre Manent (1993, pp. 46–48).

([12]) Como Tocqueville explica, na sociedade democrática, o homem obedece «não por ser inferior aos que a dirigem, ou menos capaz que outro homem de se governar a si mesmo», mas antes «porque a união com os seus semelhantes lhe parece útil» (2008 [1835–1840], pp. 78–79).

dele, tudo é dissociação: um agregado de homens, colocados lado a lado, mas entre os quais a sociedade, em bom rigor, não existe([13]).

Da associação entre individualismo, interesse próprio e igualdade, bem assim como da orientação democrática para o momento presente, nasce, segundo Tocqueville, «uma paixão tenaz, exclusiva, universal» pelo bem-estar material (*ibidem*, p. 509). Uma paixão que o homem democrático persegue ferverosamente, como se estivesse seguro de não morrer, para incorrer na frustração de ser, para tamanha paixão, demasiado curta a vida. Na impossibilidade de garantir a satisfação completa dos seus desejos materiais, porque por cada bem que se possui mil outros ficam por alcançar, a paixão materialista deixa o homem inquieto, numa trepidação constante, embora tal inquietação de espírito não tenha de ser contrária à ordem pública, visto que a ordem e a tranquilidade «favorecem a indústria» (*ibidem*, p. 510). A distinção que, nas sociedades aristocráticas, era produto do nascimento, do privilégio e da riqueza herdada dá lugar, nas democracias, à marca bem mais volátil do dinheiro. Entre as classes médias, dominantes nas democracias, o dinheiro serve de teste do valor do homem e de medida para a sua comparação com os demais. Com base na igualdade abstrata de partida, que logo é interiorizada como igual direito às coisas deste mundo, o homem democrático desenvolve uma igual esperança na melhoria das suas condições de vida, e na ascensão social, que naturalmente cobiça, mas que lhe é negada repetidamente. A irrealização desse desejo de igualdade, que «se torna cada vez mais insaciável à medida que a igualdade é maior», constitui-se assim na frustração democrática típica (*ibidem*, p. 515). Na radical absorção da sua imagem tal como refletida pelos olhos dos demais, o homem democrático perde de vista as virtudes públicas, assim como a relação direta entre o aumento dos seus

([13]) Daqui que seja «no Oeste que podemos observar a democracia chegada ao seu limite último. Nestes estados, de certo modo improvisados pela fortuna, os habitantes só ontem chegaram ao solo que ocupam. Mal se conhecem uns aos outros, e cada um deles ignora a história do seu vizinho mais próximo. [...] Os novos estados do Oeste têm já habitantes; a sociedade ainda lá não existe» (*ibidem*, p. 68).

desejos e o aumento da sua impotência. E ainda que possível fosse que desta deriva resultasse «uma espécie de materialismo honesto que não corromperia as almas», certo é que «as amoleceria», produzindo «rebanho de animais tímidos e industriosos, cujo pastor é o governo» (*ibidem*, pp. 510 e 657). O perigo de uma servidão democrática mascarada sob a aparência exterior da liberdade espreita sempre que a paixão pela igualdade se sobrepõe a qualquer outra, designadamente à própria liberdade.

O novo «despotismo»

Do individualismo e materialismo resultam, no entender de Tocqueville, a privatização do social, a corrosão do sentido de solidariedade e interdependência, a minimização do contacto e da capacidade de ação coletiva, a dissolução de todos os grupos ou poderes intermédios entre indivíduo e Estado. Em particular, a retirada para o privado, e abandono da participação pública, cria um vazio político tal, que o espaço se vê rapidamente preenchido por um imenso poder tutelar, sem poderes intermédios que o contraponham. Neste poder tutelar, o cidadão-consumidor, independente e fraco, encontra uma espécie de tutor «benévolo», acenando-lhe com a promessa de segurança e bem-estar, em troca da rendição de liberdades e transferência de prerrogativas. Um poder central único e todo-poderoso, voluntariamente construído, e livremente eleito, que atua paternalisticamente, com o intuito de minar qualquer capacidade autónoma de pensamento e ação por parte dos cidadãos, para assim os fixar «irrevogavelmente na infância» (*ibidem*, p. 657). Um poder que o homem democrático aceita, porque menos preocupado com a perda de liberdade (cujos benefícios, quando comparados aos da igualdade, se lhe assemelham intangíveis) do que com a natureza do senhor que o amarra, o povo, ele mesmo, segurando «o extremo da corrente» (*ibidem*, *loc. cit.*). Neste poder centralizador, assente na soberania popular, encontramos um poder especialmente engenhoso, que troca o controlo do corpo pelo controlo da mente, a ameaça pela gratificação, que «raramente força a agir, mas opõe-se sem cessar a que se aja; não destrói, impede de nascer; não tiraniza, tolhe, comprime, debilita, extingue, atordoa» (*ibidem*, *loc. cit.*). Como MONTESQUIEU (1964, p. 160) observara, não há poder mais absoluto do que o que nos acaricia([14]).

Para TOCQUEVILLE, esta massa de homens iguais, girando sobre si mesmos e afastando-se dos concidadãos, propicia uma nova forma de opressão, omnipresente, mas sem face: sem déspota conhecido. Uma opressão que elude velhos termos, como «despotismo» ou «tirania», exigindo uma descrição, na impossibilidade da nomeação (2008 [1835–1840], p. 656). É que a estirpe democrática do «despotismo» — ou, o mesmo será dizer, da sociedade que se tiraniza a si mesma — não se contenta apenas em regular comportamentos exteriores. O novo «despotismo» penetra mais fundo, invadindo os próprios pensamentos. O seu principal agente não é a administração centralizadora, que produz uma sociedade administrada, incapaz de se valer a si mesma e de desenvolver uma política cidadã. O despotismo democrático confunde-se antes com o poder anónimo e ubíquo da opinião pública: com a ditadura moral do que pensa e diz a maioria, cuja penetração a imprensa exponencia: «um jornal pode vir a depositar no mesmo momento em mil espíritos o mesmo pensamento» (*ibidem*, p. 495). Assim sendo, o «despotismo» democrático é tão mais virulento quanto «une continuamente num mesmo pensamento cada indivíduo e o soberano»; quanto «deixa o corpo e vai direito à alma» dos homens, formatando-a, nivelando-a, uniformizando-a (*ibidem*, pp. 639 e 232). A diversidade de pensamento morre numa sociedade privada da multiplicidade de grupos e comunidades que a alimentam. Logo, o advento de um novo «despotismo» não se previne apenas com a proteção da esfera privada: ele exige antes a reconstituição de um espaço público plural, exibindo uma multiplicidade de associações, combinando as forças de indivíduos partilhando diferentes opiniões.

([14]) A descrição do modo de funcionamento do *seraglio*, elaborada por Montesquieu nas suas *Cartas Persas*, tem claros paralelos na descrição que Tocqueville faz do novo «despotismo». Para um possível paralelo entre o sistema prisional da Pensilvânia, estudado por Tocqueville, e a imagem por ele esboçada do novo despotismo, ver BOESCHE (1980, pp. 550–563).

Quando a paisagem social é terraplanada, também o são as formas de pensamento, e isto sem necessidade de imposição legal: basta a necessidade de validação externa das nossas opiniões e a ameaça iminente do ostracismo. Tocqueville observa que os Americanos são livres de pensar diferentemente da opinião dominante, mas raramente o fazem, porque a sociedade envolvente lhes sopra ao ouvido: «desse dia em diante sereis estrangeiros entre nós», e, nesse isolamento forçado, «perdereis os vossos direitos à humanidade» (*ibidem*, p. 232). O espectro da morte social faz da dissensão uma não escolha.

Profilaxias democráticas

Como moderar esse «gosto depravado pela igualdade», que tende a criar uma massa apolítica e apática e indivíduos aceitando a «igualdade na servidão»? (*ibidem*, p. 70). Como promover um gosto pela liberdade capaz de conter os efeitos patológicos da paixão democrática pela igualdade — uma paixão que, sendo legítima, e instaurando em cada homem uma louvável inclinação para a independência política, acaba por arrastar a própria dignidade humana na sua torrente? Segundo Tocqueville, a paixão natural do homem democrático pela liberdade, porque menos forte do que a paixão igualitária, tem de ser reforçada pela arte política. Quer isto dizer que a democracia apenas conseguirá ganhar controlo sobre si mesma se recorrer a expedientes democráticos — isto é, a artefactos vários cujos efeitos serão, no entanto, diminuídos, na ausência de uma cultura política (ou seja, hábitos, costumes, atitudes) que os suporte e garanta a transição de uma condição em que impera a independência natural para outra em que floresça a liberdade cívica.

Entre estes costumes, Tocqueville reserva um lugar de destaque à religião. Na crença religiosa, encontra um poderoso antídoto contra as tendências de privatização, anomia, individualismo e materialismo que caracterizam as modernas sociedades democráticas. Por natureza, a religião instila no homem a crença na existência de aspirações e bens além dos redutíveis à matéria, e perecíveis com o corpo. Neste sentido, a sensibilidade religiosa ajuda a desmaterializar — pelo menos, parcialmente — e a elevar as preocupações do homem democrático, ao mesmo tempo que expande o horizonte temporal em que ele vive e se projeta. Em vez da fixação obsessiva com a gratificação presente, a religião apela ao investimento no futuro. Quer isto dizer que, através da religião, o interesse próprio é expandido, por forma a acomodar o bem dos demais, mas sem que se exija o seu sacrifício. Longe de incompatível com o princípio do interesse próprio, que estrutura toda a política democrática, a religião faz apelo ao interesse de cada um numa outra vida, mas também ao seu interesse mais tangível nesta, na mira de se tornar popular. Como Tocqueville sublinha, os pregadores americanos «falam sem descanso da terra», fazem ver aos fiéis quanto «a liberdade e a ordem pública» dependem das crenças religiosas, sendo «difícil saber, ouvindo-os, se o objecto principal da religião é proporcionar a eterna felicidade no outro mundo ou o bem-estar neste» (*ibidem*, p. 506). Num contexto democrático movido pelo princípio igualitário, para que a religião consiga realmente proteger a democracia dos seus excessos, o espírito de cálculo e o desejo de bem-estar não podem ser demonizados, mas antes usados e reconfigurados pela crença religiosa.

Além de moderar excessos materialistas, a religião tende a puxar o homem para fora de si mesmo, ao relembrá-lo das suas obrigações para com os demais. Nas sociedades democráticas, como vimos, o princípio dominante é o de que cada homem é soberano e senhor absoluto de si mesmo, gozando de uma liberdade absoluta para decidir o seu destino. Segundo Tocqueville, este princípio tem consequências nefastas potenciais que apenas o dogma religioso pode temperar. Por um lado, o desmoronamento de toda a autoridade externa deixa a sociedade democrática perigosamente convicta da sua invencibilidade — isto é, de ter o direito de tudo fazer, sem limites. Por outro lado, vota o homem democrático a uma angústia e inquietude permanentes sobre praticamente tudo, porque tudo lhe compete decidir a partir do nada, sem outro guia que não a sua razão. Frequentemente, a convicção de invencibilidade leva a sociedade a uma audácia insensata, tudo sendo permitido no interesse da sociedade, e tudo sendo também sacrificado à execução dos seus desígnios. E o peso da independência absoluta leva o indivíduo a ceder à demagogia, ou à conformação acrítica com a opinião maioritária, pela força irresistível do número, mais do que da razão. Segundo Tocqueville, o dogma religioso refreia ambas as tendências, já que os seus preceitos fundamentais e indiscutíveis formam um mecanismo de autocontrolo interiorizado que baliza firmemente a existência humana, impedindo o homem democrático de «conceber tudo» e «de tudo ousar» (*ibidem*, p. 262). Por isso mesmo, para Tocqueville, a religião, embora tão mais forte e politicamente útil à moderação da democracia quanto menos se misture diretamente no governo da sociedade, é a primeira das instituições políticas. Isto porque, se aos homens não dá necessariamente «o gosto da liberdade, facilita-lhes singularmente o seu uso» (*ibidem*, *loc. cit.*). Como tal, a uma sociedade democrática, o que importa «não é tanto que todos os cidadãos professem a verdadeira religião, mas que professem *uma* religião» (*ibidem*, p. 261, itálico nosso). Disso estão convictos os Americanos, que quase sem exceção professam a religião e observam os seus preceitos, fazendo-o, no entanto, menos por convicção da sua verdade do que por a considerarem «necessária à manutenção das instituições republicanas» ou à sustentação da liberdade política em democracia (*ibidem*, pp. 262–263).

Desta harmonização entre cidade divina e sociedade política dá perfeito exemplo a fundação da América. Os puritanos trouxeram para a América um cristianismo que Tocqueville descreve como «democrático e republicano» na sua natureza (*ibidem*, p. 258). Pondo a tónica na autossuficiência, no hábito de livre associação e na prática de debate e decisão coletiva, ajudou a criar cidadãos independentes e cimentou o espírito de um povo livre, favorecendo singularmente «o estabelecimento da república e da democracia nos assuntos públicos» (*ibidem*, *loc. cit.*). Na América, política e religião, espírito de liberdade e espírito religioso acharam-se assim, desde o início, de acordo por um singular «acidente histórico», cujos efeitos se perpetuaram no tempo, com vantagens para a solidez da sua democracia. Mas onde o sentimento religioso se veja acossado (como na França revolucionária) ou a religião dominante não promova a autonomia individual e o autogoverno coletivo, o contributo da religião para a criação de cidadãos autónomos, capazes de fazer vingar uma democracia moderada, encontrar-se-á comprometido, não saibamos nós encontrar equivalentes funcionais, fazendo por nós o que já não pode fazer a religião([15]).

Ao contrário dos costumes, que definem o estado moral e intelectual de um povo, por via de um longo processo de sedimentação histórica, os expedientes constitucionais e legais encontram-se sob controlo humano, e são inegavelmente importantes na proteção contra os excessos democráticos. Do federalismo, com a administração descentralizada que ele possibilita, ao autogoverno local, e destes à separação Estado-Igreja, às liberdades de imprensa e associação, às eleições indiretas, ao princípio da separação e controlo mútuo dos poderes, a um poder judiciário independente e ao sistema de jurados, tudo são, na opinião de Tocqueville, expedientes bem-sucedidos na contenção dos excessos igualitários e na proteção da liberdade em solo americano. O que não quer dizer, porém, que Tocqueville os tenha por suficientes, na contenção dos impulsos autodestrutivos das democracias, ou que entenda que toda e qualquer prática institucional americana seja transmissível ou imediatamente exportável para outras latitudes e culturas políticas. É que as leis nada fazem onde os costumes não as acolham e sedimentem. O que, desde logo, coloca um problema a Tocqueville. Pois se o objetivo é possibilitar que as democracias intervenham na sua própria história, a proficuidade prática do exercício comparativo entre França e América, subjacente aos dois volumes de *Da Democracia na América*, depende, antes do mais, da distinção entre, por um lado, costumes historicamente recebidos, e portanto particulares de um povo, e, por outro, costumes democraticamente induzidos, e portanto produto de uma tendência universal — uma distinção no mínimo complexa, em que o êxito de Tocqueville não é, de todo, claro.

([15]) A influência da irreligião sobre o carácter da Revolução Francesa e o carácter distintamente religioso da revolução são discutidos por Tocqueville em *L'Ancien Régime et la Révolution* (1951, tomo II, especialmente pp. 202–208 e 87–90). Tocqueville rejeita a ideia de que o catolicismo é necessariamente contrário à democracia, em *Da Democracia na América*, embora também aí o compare a uma «monarquia absoluta». Ver Tocqueville (2008 [1835–1840], pp. 258–259).

Muitos dos expedientes institucionais americanos analisados por Tocqueville no primeiro volume de *Da Democracia na América* se destinam à proteção de liberdades e direitos individuais. Trata-se, pois, de salvaguardas destinadas a definir um núcleo de inviolabilidade pessoal, ou uma esfera de ação desimpedida, em que o indivíduo pode livremente assumir responsabilidade pelo seu destino, sem recear a intervenção arbitrária de outrem — indivíduo ou Estado. Mas se muitos intérpretes continuam a atribuir a Tocqueville uma conceção de liberdade essencialmente negativa, certo é que para o aristocrata francês não pode haver liberdade onde o direito de ser deixado em paz não se veja acompanhado do direito de exercer juízo sobre matérias de interesse comum e de participar ativamente no autogoverno coletivo. Um direito que Tocqueville não concebe como subordinado, ou mero instrumento de defesa das liberdades individuais, mas antes como primacial, porque natural, e essencial à própria dignidade humana. Mais do que qualquer outra forma de governo, a democracia tem de estender as suas raízes a toda a sociedade, tem de se encontrar tanto nas ruas quanto nas instituições políticas formais, tem de se transformar numa espécie de segunda natureza: isto é, numa forma de vida. A liberdade democrática exige, por conseguinte, não apenas a iniciativa do legislador ou do homem de Estado, mas também o envolvimento de todos na coisa pública, um envolvimento que seja tão natural, que se deixa de prestar à simples quantificação estatística, para se entranhar, mais profundamente, no espírito de um povo.

Se a democracia é antes de mais condição social, cultura política ou forma de vida, os excessos democráticos têm de ser confrontados não apenas do centro político, mas a partir da própria sociedade, designadamente através de práticas locais que reatem o laço social e afirmem a vitalidade do tecido cívico. Sendo que o princípio igualitário leva à implosão social e deixa cada indivíduo indefeso perante o poder anónimo da maioria, nas sociedades democráticas urge artificialmente reinventar a diversidade aristocrática de grupos e poderes intermédios. Mas fazê-lo, desta feita, por meios democráticos: isto é, na base de uma capacidade descentralizada de agir em conjunto, que se apoia não já em grilhões históricos, mas na liberdade das vontades. Noutras palavras, numa nova era democrática, a sociedade (do latim *societas*, derivado de *socius*, «companheiro») tem de ser reconstituída enquanto tal através da arte da associação.

A análise tocquevilliana à vitalidade da sociedade civil americana constitui, como sublinhámos na abertura do capítulo, um dos seus legados mais duradouros, mas também um legado que tem sido grosseiramente desfigurado. Tal como recentemente trabalhada, sobretudo em solo americano, por autores que fizeram de Tocqueville «santo padroeiro» das teorias do «capital social», a noção de sociedade civil tem saído progressivamente empobrecida e esvaziada da dimensão marcadamente política que assume em Tocqueville. Neste, aparece como o espaço privilegiado para a expansão e diversificação da vida político-pública fora do aparelho de Estado — ou, o mesmo será dizer, para a criação de uma esfera pública vibrante, plural e descentrada, na qual cada um aplica a sua vontade e juízo, em vista do sucesso de um espectro virtualmente ilimitado de iniciativas comuns. Inclui associações permanentes ou instituições governamentais, criadas por lei, e operando a nível local, como as comunas, as cidades ou os condados, bem assim como associações criadas voluntariamente, por conjugação de uma série de vontades individuais, com ou sem objetivos políticos explícitos, mas nunca destituídas de consequências políticas, já que alimentam hábitos de autonomia, associação e ação conjunta, essenciais à vitalidade da vida pública.

Numa sociedade como a democrática, em que os cidadãos são colocados lado a lado e gozam de uma igualdade na impotência, nada podendo fazer por si mesmos contra o poder social que os oprime, a recriação da capacidade de fazer coisas em conjunto é essencial ao evitamento de uma regressão ao estado de natureza — mais, diria Tocqueville, ao evitamento da barbárie, que advém da radical dissociação, que nos faz estranhos entre iguais. A arte da associação é assim, em Tocqueville, um instrumento civilizacional de primeira importância, pelo seu papel na resistência à centralização estatal; pelo seu papel no encorajamento da participação pública; pelo seu papel na sustentação da diversidade de opinião, da discussão, da controvérsia, da competição entre princípios políticos alternativos; pelo seu papel na constituição de um verdadeiro público cidadão, exercendo as suas liberdades democráticas. Este associativismo, que tem por objeto questões tão diversas quanto o governo local, a segurança pública, o comércio, a indústria, a moral, a educação ou a religião, constitui um instrumento tão mais eficaz na extinção do individualismo e da anomia característicos das sociedades modernas quanto tem os pés bem assentes na terra — isto é, no princípio do interesse próprio, que preside a toda a política democrática.

Para Tocqueville, as associações políticas locais, muito em particular as comunas, são o local por excelência da realização do «interesse próprio bem compreendido», a doutrina moral a que o pensador francês confia a crítica tarefa de criar uma multidão de cidadãos democráticos, não necessariamente virtuosos, mas «regrados, temperantes, moderados, previdentes, senhores de si mesmos» (*ibidem*, p. 503). Na gestão coparticipada da comuna torna-se claro ser no interesse de todos, e no interesse próprio de cada um, trabalhar com os demais na prossecução de interesses comuns, que doutra forma ficariam entregues ao distante arbítrio do Estado administrativo centralizado. A política local, além de ser sustentada por uma comunidade afetiva, tem, segundo Tocqueville, um impacto imediato na esfera de interesse pessoal de cada indivíduo, o que é suficiente para suscitar preocupação, estimular o envolvimento e nutrir o zelo pela independência da comuna. Isto ao mesmo tempo que a menor complexidade das questões políticas locais, quando comparadas às nacionais, se coaduna com as capacidades modestas do cidadão comum para determinar qual o curso de ação coletivo mais vantajoso e assumir as suas responsabilidades perante ele. Dentro do horizonte político circunscrito da comuna, os cidadãos podem vislumbrar nitidamente o impacto da sua ação ou inação, o benefício ou o custo do seu envolvimento político, a utilidade e força da coletividade. As instituições comunais renunciam deliberadamente ao princípio representativo, multiplicam as funções públicas e dispersam poder pelos cidadãos, no intuito de interessar a maioria deles pela coisa pública. Pela sua capacidade de atração, funcionam também como verdadeiros centros de educação política, em que pela discussão, pela deliberação, pela ação legislativa e governamental participada todo o cidadão se educa a si mesmo e a todos os demais no exercício da liberdade democrática. Nas palavras lapidares de Tocqueville, as instituições comunais «são para a liberdade o que as escolas primárias são para a ciência; põem-na ao alcance do povo» (*ibidem*, p. 75), inscrevem-na na sua medula óssea.

Além de associações políticas permanentes, como as comunas, outras há cujas existência e base social são mais voláteis, já que assentam nas vontades individuais de partidários de uma mesma opinião ou doutrina política, ou de indivíduos aspirando à prossecução de um fim político concreto, mais ou menos limitado. Tal é o caso, por exemplo, dos partidos políticos, quer os que assumem a governação, quer os que desafiam a maioria governativa. Tocqueville insiste na existência de uma relação natural, talvez mesmo necessária, entre associações civis e associações políticas, sendo entre elas múltiplas as sinergias. As associações civis, através das quais os homens tratam de «pequenos assuntos comuns», são politicamente importantes, porque desenvolvem as faculdades necessárias ao tratamento dos «grandes assuntos comuns», que ocupam as associações políticas (*ibidem*, p. 498). Não são, todavia, substitutos para as associações políticas. Porque é apenas nestas que o valor do princípio associativo inequivocamente se manifesta, já que na esfera política — ao contrário do que acontece na civil — nenhum homem pode imaginar poder bastar-se a si mesmo ou desmentir a conexão entre interesse privado e interesse geral. Enquanto «grandes escolas gratuitas» da «teoria geral das associações», as associações políticas não apenas facilitam o surgimento, como também «desenvolve[m] e aperfeiçoa[m] singularmente a associação civil», ao difundirem as competências associativas que a alimentam, e nela são postas «ao serviço de mil usos» (*ibidem*, pp. 499, 498 e 501). E se é possível que as associações civis continuem a existir onde as políticas estejam interditas, a ausência destas terá impacto direto no carácter daquelas, que serão «sempre em pequeno número, fracamente concebidas, inabilmente guiadas, e que ou nunca compreenderão vastos desígnios, ou falharão ao querer executá-los» (*ibidem*, p. 501). Quer isso dizer que, se as dimensões políticas da cidadania forem votadas ao abandono e a liberdade da sociedade civil for entendida como uma liberdade em relação ao político (*freedom from*), as associações civis inevitavelmente perecerão: não há mundo civil sem o político.

Com uma perspicácia ausente em muitos estudos neotocquevillianos, Tocqueville não apenas adverte para o perigo inerente à despolitização da sociedade civil, como também chama a nossa atenção para o facto de os efeitos políticos do associativismo serem variáveis, e altamente dependentes da dimensão, composição, estrutura organizativa e democraticidade interna das associações([16]). Quanto mais pequena a associação e homogénea na sua composição, quanto mais os seus membros pensem de igual forma e estejam predispostos para o consenso, quanto mais o seu objetivo seja combater e não convencer, mais falharão como veículos de educação na arte do compromisso político. Ainda assim, tais associações podem contribuir, positivamente, para a relativização da hegemonia moral da maioria, para o fortalecimento da autoconfiança dos seus membros, para a criação de um público plural e capaz de falar a muitas vozes sobre interesses e valores, o que não são vantagens de somenos. Mas estas convivem com perigos que Tocqueville faz questão de enfatizar. Muitas associações livres tendem, com o tempo, a trair a sua fundação

---

([16]) Para uma preocupante trivialização da noção de «crise cívica nacional», veja-se o relatório do conhecido painel «Saguaro Seminar», reunido por Robert Putnam, que acaba por colocar lado a lado iniciativas como a reunião de amigos, num contexto puramente privado, para um churrasco no quintal, e um candidato a um cargo político que, à semelhança de Obama, dirige cartas aos eleitores solicitando voluntários para a condução da campanha, da mesma forma que apela à sua contribuição financeira. O relatório está disponível em: http://www.bettertogether.org/pdfs/bt_1_29.pdf e plasma muitas das teses avançadas em Putnam (2000). Além de Putnam, vários outros autores, como Theda Skocpol e Mark Warren, atribuem (erroneamente) a Tocqueville uma visão que segmenta o mundo civil do mundo político, sociedade de governo; recusam-se a reconhecer a dimensão manifestamente política da vida cívica em Tocqueville; obliteram a forma complexa como ele concebe as relações entre Estado e associativismo civil, associações permanentes e voluntárias, políticas e civis, públicas e privadas; bem assim como as suas advertências para potenciais efeitos políticos nefastos de algumas associações privadas. Veja-se, a este título, Skocpol (1997) e Warren (2001). Leituras mais subtis do alcance da discussão tocquevilliana do associativismo civil podem ser encontradas, entre outros, em Galston (2000, pp. 64–70), Rosenblum (1998) e Villa (2006).

democrática, introduzindo no seu seio uma lógica centralizadora, quase militar, que vota os membros à obediência passiva, enquanto concentra o poder decisório nas mãos do pequeno número. Ciente dos perigos inerentes à «angelização» do associativismo, por contraposição ao Estado, Tocqueville condena todas aquelas associações que, dos seus membros, exigem o «sacrifício inteiro do seu juízo e do seu livre-arbítrio», como se de «soldados em campanha» se tratasse, e acabam por produzir internamente uma «tirania mais insuportável» do que a tirania da maioria, que seria seu mister político combater (*ibidem*, p. 182). Além da falta de democraticidade interna de algumas associações, designadamente de natureza política, Tocqueville chama a atenção para um potencial conluio de interesses entre Estado administrativo centralizador e associações civis de que sai ferida a liberdade. Se as associações políticas formam, por natureza, um contrapoder, aspirando a «reger o Estado», e são por este normalmente combatidas, já as associações civis não raramente gozam de uma proteção estatal ativa. E isto acontece, segundo Tocqueville, por uma simples razão: porque «em vez de dirigirem o espírito dos cidadãos para os assuntos públicos, servem para o distrair deles» (*ibidem*, p. 500). Aqui, como em muitos outros casos, são os efeitos políticos das associações privadas que mais interessam a Tocqueville. E o seu poder de distração — que desarma o descontentamento social, mesmo onde tenha razões de existir, e paralisa o corpo cívico — serve de sério corretivo à ideia hoje generalizada de que qualquer rede de associações voluntárias, independentemente da sua natureza, organização interna ou grau de dependência em relação aos favores do Estado, alicerça, necessariamente, aquele tipo de cultura pública de que a liberdade democrática, ontem, como agora, tão vitalmente depende.

Há quase dois séculos, Tocqueville apoiou-se não na mera recitação factual, mas na interpretação de significados e valores culturais, na articulação de medos e aspirações coletivas e na investigação da causalidade histórica e política, para nos alertar, copiosamente, para múltiplas vulnerabilidades intrínsecas à modernidade democrática, que então se abria. Dois séculos depois, importa perguntar que fizemos — ou não fizemos — nós para as precavermos inteligentemente e a tempo.

Bibliografia

ANTOINE, Agnès, *L'impensé de la démocratie: Tocqueville, la citoyenneté et la religion*, Paris, Fayard, 2003.

ARON, Raymond, *Les étapes de la pensée sociologique*, Paris, Gallimard, 1967.

AUDIER, Serge, *Tocqueville retrouvé: genèse et enjeux du renouveau tocquevillien français*, Paris, EHESS/Vrin, 2004.

BARBER, Benjamin, *Strong Democracy: Participatory Politics for a New Age*, Berkeley, University of California Press, 1985.

BENOÎT, Jean-Louis, *Tocqueville moraliste*, Paris, Honoré Champion, 2004.

BOESCHE, Roger, The Prison: Tocqueville's Model for Despotism, *The Western Political Quarterly* 33, 1980: pp. 550–563.

BOESCHE, Roger, *The Strange Liberalism of Alexis de Tocqueville*, Ithaca, Cornell University Press, 1987.

BROGAN, Hugh, *Alexis de Tocqueville: A Life*, New Haven: Connecticut, Yale University Press, 2007.

CRAIUTU, Aurelian, *A Virtue of Courageous Minds: Moderation in French Political Thought, 1748–1830*, Princeton, Princeton University Press, 2012.

CROZIER, Michel, *Le phénomène bureaucratique: Essai sur les tendances bureaucratiques des systèmes d'organisation modernes et sur leurs relations en France avec le système social et culturel*, Paris, Éditions du Seuil, 1963.

DAHL, Robert, *Poliarchy: Participation and Opposition*, New Haven, Yale University Press, 1971.

DE DIJN, Annelien, *French Political Thought from Montesquieu to Tocqueville: Liberty in a Levelled Society?*, Cambridge, Cambridge University Press, 2008.

DRESCHER, Seymour, *Dilemmas of Democracy: Tocqueville and Modernization*, Pittsburgh, University of Pittsburgh Press, 1968.

DRESCHER, Seymour, Tocqueville's Comparative Perspectives, *in* WELCH, Cheryl B. (org.), *The Cambridge Companion to Tocqueville*, Cambridge, Cambridge University Press, 2006, pp. 21–49.

DROLET, Michael, *Tocqueville, Democracy and Social Reform*, Hampshire e Nova Iorque, Palgrave, 2003.

ELSTER, Jon, *Desire and Opportunities: Alexis de Tocqueville's Political Psychology*, Deventer, Van Loghum Slaterus, 1990.

Elster, Jon, Patterns of Causal Analysis in Tocqueville's Democracy in America, *Rationality and Society* 3, 1991: pp. 277–297.

Elster, Jon, *Political Psychology*, Cambridge, Cambridge University Press, 1993a.

Elster, Jon, Consequences of constitutional choice: reflections on Tocqueville, *in* Elster, Jon e Slagstad, Rune (org.), *Constitutionalism and Democracy*, Cambridge, Cambridge University Press, 1993b, pp. 81–99.

Elster, Jon, *Alexis de Tocqueville: The First Social Scientist*, Cambridge, Cambridge University Press, 2009.

Fukuyama, Francis, *Trust: The Social Virtues and the Creation of Prosperity*, Nova Iorque, Free Press, 1995.

Galston, William, Civil Society and the «Art of Association», *Journal of Democracy* 11, 2000: pp. 64–70.

Gannett, Robert, *Tocqueville Unveiled: The Historian and His Sources for the Old Regime and the Revolution*, Chicago, Chicago University Press, 2003.

Guellec, Laurence, *Tocqueville et les langages de la démocratie*, Paris, Honoré Champion, 2004.

Jardin, André, *Histoire du libéralisme politique: de la crise de l'absolutisme à la constitution de 1875*, Paris, Hachette, 1985.

Jaume, Lucien, *L'individu effacé, ou le paradoxe du libéralisme français*, Paris, Fayard, 1999.

Jaume, Lucien, *Tocqueville: les sources aristocratiques de la liberté*, Paris, Fayard, 2008.

Kahan, Alan S., *Aristocratic Liberalism: The Social and Political Thought of Jacob Burckhardt, John Stuart Mill, and Alexis de Tocqueville*, Oxford, Oxford University Press, 1992.

Lamberti, Jean-Claude, *Tocqueville et les deux démocraties*, Paris, Presses Universitaires de France, 1983.

Lipset, Seymour Martin, *American Exceptionalism: A Double-Edged Sword*, Nova Iorque, W. W. Norton & Company, 1996.

Manent, Pierre, *Tocqueville et la nature de la démocratie*, Paris, Fayard, 1993.

Mélonio, Françoise, *Tocqueville and the French*, Charlottesville, University Press of Virginia, 1998.

Montesquieu, *Persian Letters*, tradução de George R. Healy, Indianápolis e Cambridge, Hackett, 1964.

Pels, Dick, Elster's Tocqueville: some critical remarks, *Rationality and Society* 3, 1991: pp. 298–307.

PUTNAM, Robert, *Bowling Alone: The Collapse and Revival of American Community*, Nova Iorque, Simon & Schuster, 2000.

RICHTER, Melvin, Comparative Political Analysis in Montesquieu and Tocqueville, *Comparative Politics* 1, 1969: pp. 129–160.

ROSENBLUM, Nancy, *Membership and Morals: The Personal Uses of Pluralism in America*, Princeton: Nova Jérsia, Princeton University Press, 1998.

SKOCPOL, Theda, The Tocqueville Problem: Civic Engagement in American Democracy, *Social Science History* 21, 1997: pp. 455–479.

TOCQUEVILLE, Alexis de, *Oeuvres Complètes*, organização de Jacob Peter Mayer [*et al.*], Paris, Gallimard, 1951.

TOCQUEVILLE, Alexis de, *Selected Letters on Politics and Society*, organização de Roger Boesche, tradução de J. Toupin e R. Boesche, Berkeley, University of California Press, 1981.

TOCQUEVILLE, Alexis de, *Tocqueville: Lettres choisies, Souvenirs*, direção de Françoise Mélonio e Laurence Guellec, Paris, Gallimard, 2003.

TOCQUEVILLE, Alexis de, *Da Democracia na América*, tradução de Miguel Serras Pereira, Lisboa, Relógio D'Água, 2008 [1835–1840].

VILLA, Dana, Tocqueville and Civil Society, *in* WELCH, Cheryl B. (org.), *The Cambridge Companion to Tocqueville*, Cambridge, Cambridge University Press, 2006, pp. 216–245.

VILLA, Dana, Tocqueville: Life and Legacy, *Political Theory* 36, 2008: pp. 466–472.

WARREN, Mark, *Dry Bones Rattling: Community Building to Revitalize American Democracy*, Princeton: Nova Jérsia, Princeton University Press, 2001.

WELCH, Cheryl, *De Tocqueville*, Oxford, Oxford University Press, 2001.

WOLIN, Sheldon, *Tocqueville between Two Worlds: The Making of a Political and Theoretical Life*, Princeton: Nova Jérsia, Princeton University Press, 2003.

LIÇÃO 5

Karl Marx: materialismo, luta de classes e fetichismo da mercadoria

PEDRO XAVIER MENDONÇA
Escola Superior de Comunicação Social do Instituto Politécnico de Lisboa

Introdução

Entrar no pensamento de Karl Marx é muito mais do que procurar compreender as suas ideias ou o seu contributo para a sociologia como campo de conhecimento. É enfrentar um dos poucos pensadores cujas ideias vieram a ter, rapidamente, em termos históricos, uma grande repercussão no mundo social. Ele assim o terá pretendido, por uma questão filosófica (nas suas palavras, «os filósofos têm apenas *interpretado* o mundo de maneiras diferentes; a questão, porém, é *transformá-lo*», a conhecida 11.ª tese sobre Feuerbach) e por razões políticas, as quais nunca foram apenas uma consequência das suas considerações, mas parte do seu âmago. Dificilmente o seu nome não estará inscrito na história do século XX, ainda que a sua vida tenha terminado antes. Com ironia, tornou-se mercadoria, fetiche, palavra mágica. Preenche as trocas discursivas de quem o demoniza e de quem o endeusa, presente amiúde nos *media*, na cultura popular e na erudita, sintoma da sua importância como pensador do que é designado modernidade.

Não é fácil aceder a quem foi Marx em termos disciplinares. Um sociólogo? Um filósofo? Um economista? Um historiador? De tudo um pouco. O mais adequado será dizer que foi um pensador que fez da não indiferença, da implicação do Homem no mundo, um conteúdo do dizer. Interessa-nos neste contexto quanto de sociólogo houve nele, prática não isolável de outras disciplinas. Com formação filosófica, é daí que nasce o seu impulso para refletir, sob a influência de autores como Georg W. F. Hegel e Ludwig Feuerbach. Por ser consequente com as suas investigações, é conduzido para fora da filosofia, para a economia, a história e a sociologia. Marx era um homem das então emergentes ciências sociais por dedução filosófica e escolha política. Indivíduo do seu tempo, deixou que o século XIX se expressasse na sua obra em tantas facetas quantas a contradição tolerável permite. Sendo de raiz um filósofo, cedo percebeu que a sua filosofia exigia sociedade.

Prussiano, nascido em Trèves, em 1818, Marx é filho de judeus, sendo que o pai, advogado, se converteu ao protestantismo. Estuda direito em Bona, mas é em Berlim que se dedica à filosofia e à história, sob a influência da então figura dominante Hegel. Aí junta-se aos chamados hegelianos de esquerda, encabeçados por Bruno Bauer, articulando-se com leituras revolucionárias e ateias do pensamento hegeliano. Conclui um doutoramento na Universidade de Iena, com o título *Diferença entre a Filosofia da Natureza de Demócrito e a de Epicuro* (1841), tema que sinaliza a sua inclinação para o materialismo. Um governo pouco tolerante a hegelianismos de esquerda impede Marx de ingressar na carreira universitária, da qual são rejeitados, pelas mesmas razões, Feuerbach e Bauer. Em alternativa, torna-se redator da *Gazeta Renana*, em 1842, jornal revolucionário em que colabora Bauer e que, sob pressões políticas, é fechado. Em 1843, já casado com a aristocrata Jenny von Westphalen, muda-se para Paris, onde é um dos fundadores dos *Anais Franco-Prussianos*, de curta duração. É na capital francesa que Marx faz o mais importante amigo da sua vida, Friedrich Engels, filho de industriais ingleses, em quem encontra um parceiro de escrita e de luta, bem como um apoio económico prolongado. Também em Paris contacta com a Liga dos Banidos, constituída por refugiados políticos alemães, posteriormente convertida na Liga dos Comunistas, experiência de que resulta o célebre *Manifesto do Partido Comunista*, em 1848. Expulso de França a pedido do governo prussiano, terá de continuar em viagem, desta feita para Bruxelas, de onde será também obrigado a sair, numa contínua ostracização. Um dos efeitos da Revolução de 1848 é ser acusado criminalmente e expulso de forma definitiva da Alemanha.

Radica-se em Londres, em 1849, cidade onde permanecerá, desenvolvendo aí uma parte importante da sua obra, como o colossal *O Capital*, com grandes dificuldades económicas, só colmatadas pela amizade de Engels. Faz investigação na área da economia no Museu Britânico e é correspondente do *New York Daily Tribune*. Em 1864, é autor dos estatutos e do discurso inaugural da Primeira Internacional, em Londres. Enviúva em 1881 e morre em 1883.

A partir da sua biografia, percebe-se como há um compromisso político no seu percurso, com efeitos pessoais evidentes, embora, como salienta Isaiah Berlin (1996), não possa ser visto como um líder de massas ou um verdadeiro agitador político. A sua 11.ª tese sobre Feuerbach foi cumprida no sentido em que não se limitou a pensar o mundo, mas apelou a uma transformação, estímulo que muitos verdadeiros líderes e agitadores levaram consigo, concretizando a mensagem do ideólogo e apelando a que outros também o fizessem. Ainda que relativizando, não podemos ignorar esta ligação entre um apelo e uma ação, mesmo que de outrem.

Nas páginas que se seguem, procura expor-se as ideias-chave do pensamento de Marx à luz da sua importância para a sociologia. Esta relevância é medida em função de dois aspetos coevos: por um lado, as perspetivas de Marx presentes na história da sociologia e, como tal, consideradas sociológicas; por outro, aquilo que intrinsecamente é sociológico segundo a fundação e história da disciplina. O mote é o da compreensão das dinâmicas espaciais e temporais da realidade humana que têm por base as relações sociais, as configurações coletivas, quer se tomem como factos sociais totais, quer se tenha uma visão individualista metodológica. Percorre-se nesta análise o seu rasto intelectual, que começa por dialogar com a filosofia, em textos como *A Ideologia Alemã* (1845), em coautoria com Engels, sob publicação póstuma, em que faz uma crítica à negligência do idealismo alemão em relação às condições materiais determinantes da consciência, obra prenunciada pelos *Manuscritos Económico-Filosóficos* (1844), também póstumos, em que Marx indicia um certo humanismo, preocupando-se com os processos de alienação do trabalhador; passa pela suma das suas ideias em forma de panfleto, por isso simplificador, mas clarividente, que nos traz o *Manifesto do Partido Comunista* (1848), também escrito com Engels — o seu texto com um carácter político mais forte; até às obras de maturidade *Contribuição à Crítica da Economia Política* (1859) e *O Capital* (1867), nas quais os seus estudos sobre economia se revelam de forma que muitos consideram brilhante. Vários autores, entre eles Raymond Aron (2000), dividem o seu contributo em dois períodos, o da juventude e o da maturidade, divisão que em parte se reflete aqui. O texto *A Ideologia Alemã* corresponde ao primeiro; *O Capital*, ao segundo — ambos divididos pelo *Manifesto do Partido Comunista*. A exposição que se segue recorre a estas e outras obras, mas circulando pelos textos ao sabor das temáticas.

Origens filosóficas do pensamento de Marx

Como em qualquer pensador, é possível encontrar na abordagem de Marx vários tipos de influência que resultam de diversas correntes e movimentos que definem o século XIX europeu. Uma época marcada pelos efeitos da Revolução Francesa, quer militares quer políticos; pelas Revoluções de 1848; pelos movimentos sociais e políticos que galgam o fim do Antigo Regime; ou por uma Revolução Industrial a instalar-se como dinâmica histórica e, ao mesmo tempo que exibe um crescimento exponencial da produção, a criar condições de trabalho deploráveis em cidades apinhadas de gente em fuga do campo. A expansão da ciência e da tecnologia, húmus de ideias e projetos que farão o século seguinte, combina-se com revoltas das classes trabalhadoras reivindicando direitos sobre os recursos disponíveis e a autonomia política. As utopias que florescem são tendência própria de uma secularização crescente que desafia as religiões estabelecidas e em que a consciência social é fundamental, ideais que se confrontam com abordagens antagónicas, como o nacionalismo romântico e os hegelianismos de direita.

Em Marx, combinam-se este contexto histórico e diferentes linhas de pensamento que com ele vão ter ou que ele procura. Hegel é decerto uma das primeiras figuras. Autêntico expoente da cultura alemã, este filósofo ousa querer dar a última palavra na sua disciplina. Constrói uma filosofia da história que explica, a um tempo, as histórias da humanidade e da filosofia como concretizações dialéticas da ideia, do pensamento, da razão. Abraçando a filosofia de Platão até Kant, o seu propósito é monumental: descrever o Homem, a sua relação com o mundo e a natureza, bem como a sua história, de forma definitiva, constituindo uma interpretação filosófica final da humanidade e da sua historicidade. Recorre à noção de dialética, explicando o seu objeto como um processo de contraposição de teses, antíteses e sínteses que mostram o carácter evolutivo do pensamento, mas também dos acontecimentos. O real é racional e o racional é real. As obras dos homens são a manifestação da sua consciência no mundo. A História reproduz este estado e os seus conflitos são conflitos próprios das ideias. O espírito revela-se ao longo do tempo de forma progressiva, tendendo para um absoluto, uma concretização total. De Platão a Hegel tudo parece fazer sentido, o dealbar do pensamento conduz-se a uma maturidade. O Estado constitucionalista moderno é a materialização suprema do movimento do espírito até ao presente. As contradições internas da História são dinâmicas de um fenómeno de reconhecimento-construção de si. Este idealismo procura na realidade uma expressão da razão, concebendo o ser como aquilo que pode ser pensado, e acrescenta-lhe a historicidade, por isso atribuindo sentido simultâneo às histórias da filosofia e da humanidade (HEGEL, 1995 e 1999; CHÂTELET, 1987).

A influência de Hegel em Marx é profunda. A visão dialética da História; a interpretação dessa dialética como formando um sentido identificável, compreensível e necessário; a conceção teleológica aí inscrita; a expressão do sujeito em obras; e o racionalismo com que se inclui todo o real no racional são elementos que Marx deve a Hegel como hegeliano de esquerda. Simplifica-se a visão de Marx afirmando-o como um Hegel ao contrário, que reverte o idealismo em materialismo. Por um lado, essa perspetiva tem sentido, já que as dinâmicas internas da filosofia de Hegel se mantêm, não obstante o elemento materialista aparentar uma oposição total ao idealismo([1]).

([1]) Embora, segundo Eric VOEGELIN (1996), Marx não discuta o problema da realidade a partir das verdadeiras intenções de Hegel, mais subtis e não reduzindo o real ao material. O «material» de Marx não era o «real» de Hegel. A dita inversão não se dá sobre o mesmo objeto que o de Hegel.

Por outro, Marx é obrigado a tirar consequências deste materialismo que o conduzem a uma interpretação do capitalismo e da economia política afastada de qualquer influência direta de um mestre longínquo. Marx dialoga com esta tradição principalmente em *A Ideologia Alemã*.

O conteúdo inicial para o seu materialismo deve-o a Feuerbach. Estudante de Hegel, Feuerbach perfilha a controvérsia materialista a que Marx irá dar continuidade. Faz uma crítica do cristianismo e da religião como projeções ilusórias de ideais humanos. Nega a imortalidade da alma como uma dessas ilusões e afirma Deus como a projeção virtual do Homem na sua mais alta perfeição. Apela a uma reconcentração dos interesses dos pensadores na materialidade do mundo, na sua fisicalidade, única «realidade» ou «verdade». Marx, assumindo esta tese, faz uma composição com a dialética histórica hegeliana, menos visível em Feuerbach. Afirma muito mais o materialismo como uma práxis do que como um objeto onde nos devamos fixar, erro próprio de uma metafísica, em que vê Feuerbach ainda enredado (Feuerbach, 1988; Marx e Engels, 1976 [1888]).

Destacamos influências filosóficas porque se trata das que correspondem ao domínio de conhecimento que começa por ser hegemónico no jovem Marx. Mas todo o seu pensamento encontra origens em noções mais ou menos antigas: a ideia da abolição da propriedade privada é recorrente em vários momentos ao longo da História; Holbach, 100 anos antes de Marx, publicou um tratado sobre uma espécie de materialismo histórico; em Linguet e Saint-Simon já é possível encontrar a noção de que a História se faz da luta de classes; a teoria da inevitabilidade de as crises económicas serem recorrentes é introduzida por Sismondi; Babeuf, no século XVIII, desenvolve a noção de ditadura do proletariado; Louis Blanc aponta a relevância da classe trabalhadora no estádio industrial; a teoria do valor tem origem em Locke, Adam Smith e Ricardo; Fourier aborda a exploração do trabalho e a mais-valia; e Max Stirner, pelo menos um ano antes de Marx, enuncia a teoria da alienação do proletariado (Berlin, 1996).

Os seus traços teóricos não ignoram o pensamento político socialista francês, a que Marx e Engels virão a chamar utópico, distinguindo-o do seu próprio socialismo, que consideram científico.

Figuras como Saint-Simon, Charles Fourier, Robert Owen ou Pierre-Joseph Proudhon elaboram uma crítica da sociedade que visa uma transformação que elimine as injustiças e construa um futuro politicamente mais justo. Identificam desigualdades, lutas sociais, dominações inaceitáveis, mas de modos sempre considerados insuficientes ou pouco científicos por um Marx que julga ter um método definitivo de analisar a sociedade. A partir daqui, torna-se porventura menos filósofo e mais sociólogo e economista.

Uma socioeconomia

O materialismo de Marx leva-o a sair do terreno da filosofia e a entrar na sociologia e na economia. Se o idealismo alemão podia suportar o seu campo argumentativo na relação lógica entre conceitos, procurando confirmação nos fenómenos históricos, o materialismo de inspiração hegeliana é obrigado a fazer o inverso, a explicar o quadro intelectual vigente e os processos de pensamento a partir das condições socioeconómicas que os constroem. Marx avança com esta intenção para o estudo da economia política e das relações sociais que a definem. Talvez o próprio se considerasse mais economista do que sociólogo, ainda que nenhum dos casos na verdade, conceitos ambíguos à época para uma classificação inequívoca. À luz atual, as duas práticas entrelaçam-se numa sociologia económica e numa economia histórico-social.

É em Inglaterra que Marx desenvolve estes estudos com o fim de compreender as condições que vão constituir o Homem e no interior das quais ele se vai libertar. Será em *O Capital* que estes estudos se expressam de forma mais madura. Aí Marx, como afirma Aron (2000), é um cientista social debruçado sobre o capitalismo enquanto processo histórico que deve ser criticado. Esta crítica não parte de um imperativo ético, embora ele atravesse a sua obra, mas de uma disposição científica. Marx quer uma ciência do Homem. E porque este Homem é antes de mais um ser inscrito num contexto socioeconómico, é a partir daí que é possível reconhecer a realidade humana. O capitalismo torna-se objeto de estudo primordial porque é o fenómeno histórico primordial do presente de Marx, hegelianamente atento ao espírito do tempo, para nele ler as suas leis e, por isso, o seu futuro. Marx projeta, intuindo um devir, profetizando, não como adivinhador ou profeta, mas como alguém que está convencido de ter encontrado um método de leitura da sociedade que descobre nela padrões e que por isso consegue prever relações de causalidade. Este socialismo científico, episteme da história da civilização, vê no capitalismo um problema necessário, não um problema que se coloca. Identificar um espírito revolucionário, e até participar nele, não é desejá-lo ou provocá-lo, é seguir uma tendência histórica, um fluxo, a encarnação do logos no mundo, como nos diz Eric VOEGELIN (1996).

Isto não quer dizer que Marx fosse um positivista, quer na aceção de Auguste Comte, quer muito menos na dos positivistas lógicos posteriores. O positivismo não encerra a única possibilidade de cientificidade, nas ciências sociais ou nas ditas exatas. A alegada cientificidade de Marx concebe que é possível ter a interpretação verídica do mundo mediante o reconhecimento da sua objetividade, que eventualmente apela à transformação, mas sobretudo sem discutir as premissas cognitivas. A forma de se lhe chegar implica um distanciamento que descobre no tempo longo uma dialética feita de contraposições dinâmicas. Descoberta a chave de leitura, é uma questão de aceitar as evidências.

Em termos de economia política, Marx tanto recebe de Adam Smith e David Ricardo a descoberta da relação entre valor e trabalho e a noção de classes sociais, como os critica depois por naturalizarem certos conceitos. A sua visão desta disciplina é alimentada pela importância do social, como Joseph SCHUMPETER (1996) sublinha, e pela desnaturalização das estruturas económicas. As condições de produção, de realização da riqueza e de objetivação do Homem no mundo desenvolvem-se sob a força das relações sociais. O diferente acesso aos meios de produção e à acumulação do valor do trabalho é normatizado pelos coletivos humanos, acomodando classes assimétricas no controlo de recursos, definindo as relações de produção, a luta dinâmica que faz a História e o indício da emergência de uma classe, a proletária, que é vista como ator central na dramatização de um sentido que se afirma derradeiro. Por isso, as relações de produção partem de relações sociais que se naturalizam, mas que resultam de tensões desnaturalizantes, definindo diferentes tipos de sociedade e abrindo sistemas futuros que se tornam de novo «naturais».

Esta visão tem implicações filosóficas, mas é um princípio socioeconómico que marca a raiz da sociologia como disciplina e uma linha no seu interior que dura até hoje. A inscrição de Marx nas ciências sociais é heterodoxa, talvez pouco identitária; não obstante, circunscreve uma forma de pensar a sociedade e de a ter como condição. Perspetiva que vai fazer o seu curso, pondo no centro da análise uma opção crítica, que toma posição, desconstruindo imediatamente a pretensa universalidade e neutralidade do cientista, indivíduo também ele situado na estrutura da sociedade e reprodutor da ideologia do *statu quo*. Uma virtude que será um limite ao próprio que critica e talvez uma suspeita demasiado abrangente para respirar.

Capitalismo e materialismo histórico

O capitalismo é um objeto central na obra de Marx, fiel às condições socioeconómicas históricas, num sentido mais profundo do que aquele que explica meramente variáveis no presente. Este tipo de organização económica corresponde à etapa na qual se encontra o desenvolvimento histórico da humanidade — e não o idealismo alemão, que como «ideia» não formula as determinantes concretas. O capitalismo não é só um conceito, é um conjunto de relações de produção que define um dado momento numa cronologia. Diferentes modos de produção correspondem a regimes diversificados de organização social que se encadeiam ao longo do tempo([2]). O capitalismo é uma dessas cristalizações.

É com este olhar que Marx desenvolve o chamado materialismo histórico, ou dialético, ainda que estas nomenclaturas sejam menos marxianas e mais próprias do movimento marxista. É raro Marx

([2]) Marx (2008 [1859]) refere-se aos modos asiático, em que o Estado explora todos os trabalhadores; ao antigo, o da escravidão; ao feudal, constituído por servos e senhores; e ao burguês, capitalista, assente no trabalho assalariado.

usar estes termos na construção da sua episteme, não havendo propriamente uma teoria marxista do materialismo histórico. Todavia, encontra-se no seu pensamento uma sistematização classificável por estes conceitos. Sendo o mundo constituído por condições objetivas identificáveis, nas quais se revelam forças que criam os acontecimentos históricos, descobre-se uma dialética na temporalidade, um processo de construção feito de contraposições dialógicas de diversas possibilidades de poder, que definem uma figura social em cada presente. Esta relação sequencial é evolutiva, dialógica e nomológica. É possível interpretá-la e antecipá-la, resultando numa metodologia filosófica que remonta aos diálogos de Platão e que Hegel atualiza no contexto do pensamento alemão e da sua filosofia da história. Marx procura fugir ao intelectualismo de raiz platónica, e por isso a sua dialética desenvolve-se com elementos materiais em lugar de «ideais», recolhendo da sociedade o seu conteúdo. Esta perspetiva lê os acontecimentos históricos como atos de posicionamento, contraposicionamento ou supraposicionamento (teses, antíteses e sínteses) de forças sociais que de confrontos emergem condições materiais. Por exemplo, ao Antigo Regime, como tipo de relação de produção, contrapôs-se a Revolução Francesa e o estado de terror, uma tese e uma antítese, a que se seguiu o período bonapartista como síntese dos anteriores — uma racionalidade imanente à historicidade e chave para a sua compreensão.

Isto não significa que o direito, a discursividade, a ideologia, o imaginário, o pensamento, digamos a esfera simbólica, não tenham pertinência ou efeitos vinculativos. Não é indiferente saber que ideologia domina determinada época só porque se considera que as condições materiais precedem a formação do pensamento. Não é indiferente porque não se trata apenas de uma precedência, mas sim de uma reprodução da materialidade na consciência. O campo ideológico não cria o estatuto das relações sociais, mas é resultado delas enquanto dispositivo de manutenção do *statu quo*. Por isso, para Marx, a sociedade é feita de uma infraestrutura e de uma superestrutura. A primeira refere-se às condições socioeconómicas que configuram a História; a segunda, aos quadros ideológicos que são consequência e justificação *a posteriori* da infraestrutura. Esta distinção servirá de mosto aos pensadores que vão refletir sobre a estrutura cultural de controlo de uma classe sobre outra, como Antonio GRAMSCI (1988), argumentando que a reprodução cultural fomenta a criação de consciências conformistas.

Luta de classes

Esta dialética histórica recebe do conflito o seu sopro de movimento. A sociedade, como âmbito principal deste entendimento, é conflitual. E aqui é introduzido um outro aspeto fundamental deste pensador: a existência de classes e o facto de elas lutarem entre si. Em obras como *Manifesto do Partido Comunista*, Marx defende que a sociedade é formada essencialmente por duas classes: a dos que dominam e a dos que são dominados. A luta entre ambas constitui uma parte importante da História. O que não impede que encontremos variações no interior destas categorias: a aristocracia, a burguesia, a pequena burguesia, os trabalhadores rurais, o proletariado, etc. Não obstante, o antagonismo referido atravessa as relações de classe. A dominante é aquela que detém a propriedade dos meios de produção ou pelo menos o seu controlo; a dominada é a que os utiliza para produzir através da sua força laboral, sem que por isso tenha acesso ao produto completo do seu trabalho. No capitalismo, a burguesia representa a primeira e o proletariado a segunda. Esta diferença resulta de uma relação assimétrica com os meios de produção. O seu controlo condiciona a apropriação do valor criado pelo trabalho, e a acumulação desigual desse valor vai contribuir para as divergências de classe.

As classes sociais definem-se em função dos quadros de ação e de interesses, favoráveis e desfavoráveis, partilhados por um conjunto de indivíduos em dado contexto. São sobretudo as condições económicas comuns que vão determinar esta aproximação entre os indivíduos. Estas determinantes reproduzem-se em superestruturas de classe que definem ideologia, valores, hábitos, culturas partilhadas([3]).

([3]) Em *O 18 de Brumário de Luís Bonaparte*, MARX (2011 [1852]) torna visíveis as dificuldades inerentes à definição de uma classe como grupo consciente e determinado, referindo como as condições económicas nem sempre

A consciência desta posição por parte de cada indivíduo ou conjunto de indivíduos marca a consciência de classe. É historicamente mais fácil a sua presença na classe dominante do que na dominada, porque esta pode ser sujeita a uma alienação no que toca a essa visão de conjunto, logo, ao produto do seu trabalho, enquanto isso favorecer o *statu quo*. O controlo dos meios de produção permite um acesso privilegiado aos meios de produção de consciência.

O capitalismo caracteriza-se pela emergência da classe burguesa, em detrimento da aristocracia, e pela sobrevalorização da já condicionante dimensão económica. A burguesia representa um espírito de capitalização do mundo: a aquisição de capital mediante a propriedade das tecnologias de fabricação e a exploração do trabalho, sob o princípio mais alto da acumulação de mais-valias e do comércio. Se o senhor feudal era de uma classe dominante em função de um valor ideológico, que servia de condicionamento sobre o económico, no caso do capitalismo e da sua classe burguesa a economia como que assume o seu papel total, combinando a ideologia e a condição material.

A Revolução Industrial é uma variável muito importante neste quadro de análise, em particular quando permite a concertação das forças tecnológica e humana no aumento exponencial da produção. Por um lado, maximiza trajetórias técnicas inventivas; por outro, mobiliza grandes quantidades de recursos laborais, transferidos de uma produção rural, artesanal e muitas vezes doméstica para uma urbana, industrial e fabril, em que se alinha a força humana com a automatização. A exploração mostra-se mais evidente e performativa. As migrações de populações em grande escala, a sua aglomeração em espaços urbanos miseráveis, o seu confinamento a fábricas desumanizadas, a par de uma acumulação visível de capital por parte da classe burguesa «empreendedora», tornam a exploração conspícua. Marx é sensível a isto. Perceciona uma mecanização da vida em função do enriquecimento de uns poucos. Não obstante este diagnóstico, reconhece à burguesia um serviço essencial: o de ter tido um papel na dialética histórica de transformação das forças e das

---

conduzem à coesão da classe e que, por vezes, são as visões do mundo ou a ideologia que definem uma ação conjunta. Há, assim, uma relação por vezes indireta entre condições económicas e ação ideológica.

relações de produção ao destronar a aristocracia e ao colocar no seu lugar princípios para uma democracia liberal. Um passo, portanto, ainda que não o derradeiro. Esse está reservado para o proletariado.

Sociedade sem classes e utopia

A tensão que deveria obrigar a que o passo mais importante fosse dado, e de algum modo é o que inscreve a necessidade de ação na epistemologia de Marx, resulta de uma contradição fundamental entre as forças e as relações de produção capitalistas que deve conduzir à revolução e à mudança histórica. As transformações nas forças produtivas (dinâmica na qual a burguesia, ironicamente, é mais especialista do que qualquer outro grupo no passado) podem resultar numa alteração no *statu quo*. O crescimento de uma classe industriosa, a massificação da mão de obra proletária e a hegemonia que a acumulação de capital oferece à burguesia criam a possibilidade violenta de uma mutação. O proletariado, criador de valor, dispõe-se como poder cuja importância não se expressa nas relações de produção. As revoluções burguesas não eliminaram este antagonismo, que deve ser sanado, como todas as contradições dinâmicas. Constituída por forças em confronto, a tensão tem de resultar em movimento, em reconfiguração a favor da classe que surge com mais poder e capaz de se contrapor às forças anteriores, dialeticamente. Se a burguesia foi fundamental na emergência do capitalismo e na contraposição ao feudalismo e à aristocracia, formando a sociedade moderna, cabe ao proletariado construir uma nova etapa neste processo.

Marx prevê que este *télos* pressionará a assimetria entre grupos dominantes e dominados a favor de uma sociedade sem classes. O proletariado não é uma classe como as outras, tem nele inscrita a potência para um desenlace sublime. É o criador de valor, a possibilidade da produção e das realizações materiais, uma autêntica condição ontológica, que, tomado o poder, desfaz a lógica de classes e inscreve a justiça nas relações sociais — na posse dos recursos produzidos, a diluição da concentração excessiva é uma consequência lógica e necessária. A ditadura do proletariado que assim se almeja é apenas um nome paradoxal para uma democracia na sua máxima expressão.

Marx recusaria o epíteto de utópico, reservado para o socialismo não científico, mas muitos lhe dão esse título por ter imaginado uma sociedade futura, nem sempre do modo mais claro. Não totalmente imaginada — ao contrário de utopias de conteúdo definido —, julgou prever essa sociedade na forma de objetivos como o da sociedade sem classes. Há um profetismo no seu pensamento, porque ele implica um programa e um lançamento ao futuro. A filosofia da história de Hegel acompanha-o nessa projeção, mas também a herança judaico-cristã, entre as raízes da cultura ocidental, com a sua visão do tempo orientada para a construção de um futuro e de uma promessa, aspeto tão bem demonstrado pelos estudos de Fernando CATROGA (2003).

Esta orientação ao porvir serviu para fazer leituras deterministas do presente, no sentido em que a uma sociedade capitalista avançada (condição para um procedente) teria de suceder uma revolução do proletariado. O capitalismo é uma etapa necessária porque, antes da criação de uma organização social que coloque os meios de produção nas mãos dos trabalhadores, é essencial que estes instrumentos se desenvolvam. Para isso, o capitalismo é o melhor sistema e tem um lugar inevitável nesta dialética, devido ao seu dinamismo e pujança, essenciais ao industrialismo. Só depois será possível a abolição da propriedade privada, o comunismo, o modelo político e social que torna os meios de produção propriedade comum, através do Estado, aquele que pode congregar uma representação direta dos produtores, o tal que Hegel via como o culminar da sociedade moderna (e que Marx considera reproduzir os interesses da burguesia enquanto a revolução proletária for adiada). Se a História deve ser lida a partir das suas condições materiais, como processo dialético, deve evitar-se a ilusão de que o comunismo se pode concretizar com base apenas em intenções ideológicas — ele exige as realizações socioeconómicas incontornáveis, por exemplo, as da Inglaterra do século XIX.

Trabalho, valor e mercadoria

A importância atribuída às condições socioeconómicas desvela um aspeto inelutável: os seres humanos lutam pela sobrevivência e, nesse esforço, são obrigados a criar o seu meio de subsistência.

Essa criação lida com recursos limitados, aspeto que costuma ser identificado como o objeto de estudo da economia. A chave de leitura neste caso é que o proveito da atividade económica — valor essencial à vida — resulta em exclusivo do trabalho. Não é consequência de um estatuto especial, de uma metafísica ou de um idealismo autopoiético. É efeito da força laboral. Razão pela qual o trabalho é tão importante neste tipo de pensamento. Não se trata tão-só de uma comiseração por quem sofre ao trabalhar em más condições, mas sim do reconhecimento de que, no regime capitalista, uma parte do valor criado pelo trabalho não remete para a sua força, mas para o burguês. Esse desequilíbrio gera a tensão entre classes, desde que o proletariado tenha consciência desta contradição. A alienação da consciência é conivente com a alienação a que o trabalhador é sujeito em relação ao produto do seu trabalho. A não alienação implica uma revolução — descoberta a contradição, emergindo essa pressão, o conflito é inevitável. Concentrar o poder político no proletariado é fazer retornar à sua origem o valor gerado pelo trabalho. Há aqui uma questão ética, é certo, mas em Marx é uma dedução lógica a partir das condições concretas sob análise. O pensador vê-se como um cientista, não como um moralista.

O desencontro entre a força de trabalho e o seu produto expressa-se na mais-valia, objeto de desejo do capitalista, que investe enquanto puder apropriar-se de parte do proveito do trabalho, aquela que não devolve ao trabalhador. Uma questão aprofundada em obras como a *Contribuição à Crítica da Economia Política* e *O Capital*. O tempo de trabalho que excede o necessário ao fabrico do valor primário quantifica a exploração. É uma mais-valia porque acresce ao rendimento devolvido ao proletariado como garantia de sobrevivência das forças produtivas, transformando-se o capital num valor abstrato desvinculado de uma justeza às realizações humanas(4). Além desta apropriação, o alinhamento do trabalhador numa cadeia de fabricação, obrigado a gestos repetitivos, agindo apenas sobre uma parte da

(4) As tecnologias, aumentando a produção, tornam ainda maior a disparidade entre o tempo de produção e o salário do trabalhador, uma mais-valia relativa que tem consequências no fomento do desenvolvimento tecnológico.

realização material, também rasga uma distância entre o trabalho e o seu produto. O proletário é apenas um participante, atomizado pela divisão do trabalho, sem uma interação autêntica com a sua «obra» no mundo.

A distinção entre valor de uso e valor de troca será aprofundada por Marx. Encontra-se em Adam Smith (1999) uma análise importante deste aspeto, quando afirma que o valor de uso se atribui à utilização de um determinado produto e que o valor de troca diz respeito ao poder que um bem tem de ser trocado por outro. Os dois nem sempre coincidem. Um diamante possui um elevado valor de troca mas pouco de uso, enquanto a água tem um grande valor de uso mas pouco de troca. Marx socorre-se desta diferença, em *O Capital*, para mostrar um efeito significativo da apropriação capitalista. A emergência da burguesia e a exploração do proletariado sobrevalorizam o valor de troca em comparação com o de uso, precisamente porque a acumulação de capital passa a ser vista como o propósito social essencial. Quando o trabalhador é alienado do produto do seu trabalho e de uma relação total com o mesmo, ainda presente no modo de produção pré-industrial, e emergem a industrialização e comercialização intensas, a sociedade é conduzida à sobreposição do princípio de troca a todos os outros, entre os quais o de uso.

Esta hegemonia corresponde a uma abstratização dos bens em relação à sua utilização. Marx atribui a quantificação do valor de uso sobretudo ao tempo de produção que o trabalhador empreende na criação de um bem. Não é correto, porém, abdicar de estabelecer um vínculo entre esta disposição e a aplicação desse bem enquanto algo útil. Com o capitalismo, os produtos passam a ser relevados pelas trocas que permitem, e não pelas necessidades de uso a que respondem. Tornam-se equivalentes em função de valores de troca (dois produtos muito diferentes valerem o mesmo devido ao mercado), e não específicos em função das práticas que permitem. Esta mercadorização resulta num fetichismo da mercadoria. A fixação no valor de troca modifica a ontologia dos bens, já que esta se faz numa relação com os sujeitos. Se estes se desligam do valor de uso, aquele que se inscreve na sua vitalidade, transformam cada produto num dispositivo para todas as possibilidades — principalmente as de troca, que se mostram mais numerosas, abstratas e flexíveis, em última análise, mágicas e fetichistas.

O tipo de relação com os bens assim criado, além de alimentar o enriquecimento, é um sulcar mais fundo da distância entre os proletários e o produto do seu trabalho. Longe da sua causa final autêntica, os bens vestem-se de puras interações de troca estrategicamente dinamizadas pela classe dominante — detentora dos meios de produção, logo, definidora das suas lógicas — e são descaracterizados da sua verdade enquanto coisas de uso. A contradição entre as forças e as relações de produção mantém-se neste hiato: a estrutura social aliena a classe trabalhadora da vivência autêntica da sua obra, uma vez que isso sustenta a dominação de classe por via de uma inconsciência dominante.

O fomento de um campo ideológico conformista e a valorização social da mercadoria têm resultados culturais que serão pressupostos dos que desenvolvem o pensamento marxista posterior. Aprofunda-se a relação entre este manto conservador do sistema e o facto de as contradições do capitalismo não terem libertado as suas tensões em toda a linha, uma das previsões de Marx e um dos enigmas que os marxistas enfrentam. Muitas das respostas conduzem esta tradição para o estudo deste nível imaterial de controlo social, enquanto outras tendem a um reposicionamento crítico que recupera a atitude marxista, mesmo não partilhando do essencial dos seus conteúdos.

Temas e consequências do pensamento de Marx

A abordagem de Marx tem efeitos teóricos, epistemológicos, sociais e políticos penetrantes. A sua expressão no real é, digamo-lo assim, rizomática. E nisso é política na aceção transversal do termo. Na teoria social acompanha as perspetivas críticas, assim designadas em parte porque denunciam a conexão entre o discurso do sujeito e a sua posição na estrutura da sociedade. Permite estabelecer-se muito cedo uma relação entre os factos e os valores de quem os observa. Marx é um dos pensadores da suspeita, para usar uma expressão de Paul Ricoeur (1977). Ensina a desconfiar da naturalização da hierarquia e da ideologia vigentes. Um legado que qualquer cientista, mesmo um antimarxista, transporta consigo. Segundo Leszek KOLAKOWSKI (1978), na contemporaneidade, o materialismo histórico de Marx é mais reconhecido como teoria científica do que como ideologia.

Ao longo do século XX, o marxismo ocidental servirá de crítica à modernidade, não para a sua rejeição, mas para propor uma outra modernidade. Representa mais um estado de espírito do que um movimento, funcionando como bolsa de resistência, quadro teórico disponível contra a dominação. Vladimir LENINE (1977) defende a autodeterminação dos povos, cara ao anticolonialismo, expressa no facto de muitos dos movimentos anticoloniais serem marxistas. A Guerra Fria alimenta de Marx todos aqueles que procuram resistir à aculturação americana, colocando-se, a um tempo, do lado dos oprimidos (culturas locais) e dos opositores dos EUA (URSS).

A receção à Revolução de Outubro, em 1917, é um aspeto importante. A perceção de que se tinha dado um salto do feudalismo para o comunismo, sem passar pela industrialização e o capitalismo avançado, faz rever perspetivas. A componente profética de Marx é fragilizada, obrigando a que se justifique a possibilidade de uma revolução na Rússia.

Alguns intelectuais serão explicitamente engajados em termos políticos, como GRAMSCI (1988). Membro do Partido Comunista Italiano, perseguido e preso, desenvolve o conceito de «hegemonia cultural», visto que faz uma leitura do modo como a esfera cultural interfere na manutenção do *statu quo*, tampão da revolução. Louis ALTHUSSER (1969), do Partido Comunista Francês, procura preservar a tradição, em parte articulada com o estruturalismo emergente e defendendo a originalidade de Marx, que considera ter sido treslido.

Até à Segunda Guerra Mundial, os fautores do marxismo veem-se sobretudo como filósofos. A obra de Georg Lukács *History and Class Consciousness*, de 1923, marca este período, fazendo um enquadramento das propostas de Marx que influenciará o futuro. O movimento constitui-se, depois, por uma crítica da economia política mediada pela historiografia, dando-se finalmente uma viragem sociológica, fruto de uma maior sustentabilidade desta disciplina nos meios académicos e de uma crescente definição dos seus perfis científicos (THERBORN, 2008).

O materialismo dialético é por fim abandonado para dar lugar à «Teoria Crítica». A chamada Escola de Frankfurt, em que se destacam autores como Max Horkheimer e Theodor Adorno (2002 [1944]) e Herbert Marcuse (1968), por exemplo, combina Marx e Max Weber, analisando os efeitos culturais do capitalismo numa sociedade cada vez mais massificada, à qual os *media* trazem potenciais de homogeneização que Marx não poderia prever. Jürgen Habermas (2009 [1968]) é o mais reconhecido representante contemporâneo desta tradição. Mais do que fazer uma desconstrução radical do modelo social do capitalismo, o autor alemão procura combinar a crítica da modernidade com um reconhecimento das suas virtudes (na linha marxista, portanto), distinguindo tipos de ação, a estratégica e a comunicacional, e criticando o modo como a primeira, tipicamente capitalista, tem absorvido a segunda.

A vertente comunicacional irá estar sob enfoque em autores franceses de raiz semiótica que fazem uma crítica cerrada ao sistema de *media* enquanto tecido de dominação simbólica. É o caso de Roland Barthes (1978) e Jean Baudrillard (1981). Pierre Bourdieu (1979) fará uma atualização mais alargada da reflexão marxista a esta abordagem, desenvolvendo a noção de «poder simbólico» e assimilando a tradição sociológica, através de noções como as de «campo», «distinção» ou *habitus*.

Na esfera americana, valoriza-se sobretudo a necessidade de distanciamento em relação à sociedade e a capacidade de interpelar a sua teleologia (Therborn, 2008). Por exemplo, Robert Lynd (2015 [1939]) interroga-se sobre o caminho que seguem as ciências sociais e põe a dimensão crítica em perspetiva — defende que o socialismo se apresenta como a hipótese de que o capitalismo não responde em termos de distribuição de riqueza às capacidades técnicas disponíveis. O vulto americano Charles Wright Mills (1975) questiona-se sobre o sentido coletivo, considerando a sua estrutura e as suas lógicas de poder, mostrando como o espírito crítico e analítico deve colocar as interrogações certas e corajosas em relação ao todo social.

Hoje, nomes como Antonio Negri (Hardt e Negri, 2001) ou Immanuel Wallerstein (2004) mantêm viva a tradição crítica com intervenções nos *media*, o lançamento de obras que reconhecem os últimos desenvolvimentos do pensamento social, bem como reflexões que atualizam esta já longa história teórica. A atualidade tem feito mais para recuperar Marx do que para o destruir, deixando o pensamento da pós-história, surgido com a queda do Muro de Berlim, para trás sob o peso do diagnóstico, não verificado, quanto ao fim da conflitualidade.

O espectro de Marx, como lhe chamou Jacques Derrida (1994), obriga-nos a fazer a hermenêutica do seu pensamento à luz de temas atuais. Um dos aspetos mais recorrentes é a discussão dos determinismos. É a História determinada pela economia ou pela tecnologia? Qual o papel que Marx atribui à ciência? Poderia ser um ecologista? Para a sociologia, é um nome importante na sociologia económica, no estudo das classes sociais, na sociologia histórica ou na sociologia do consumo. O seu pensamento introduz-se em temáticas como a da ciência e tecnologia, a desigualdade social, as elites ou a cultura material.

Marx não resiste a muitas das críticas. Como qualquer clássico, as suas ideias perdem-se no tempo. A sua resistência é menor porque o seu pensamento teve uma relação direta com a práxis, foi muitas vezes posto à prova. Como refere Aron (2000), não podemos perguntar a Marx o que ele pensa deste tempo ou como as suas teorias se deveriam adaptar à atualidade. Também não sabemos se ele concordaria com tudo o que foi feito em seu nome, talvez fruto de interpretações enviesadas dos seus textos, pela mão de ditadores como Estaline ou Mao Tsé-Tung. Uma coisa é certa, ele exigiria uma análise das condições socioeconómicas. Por essa razão, reconhecer a herança de Marx não será insistir em ideias erradas. Será porventura analisar de novo e criticamente cada situação. A «Teoria Crítica», abdicando do materialismo dialético, mas mantendo a visão atenta, suspeitosa, tem sido fiel a Marx com razoabilidade, mais do que muitos marxistas ditos ortodoxos. As classes sociais são mais fragmentadas e porosas do que Marx previu; a História não se faz apenas pela luta de classes; o capitalismo é muito resistente; a acumulação de capital pela burguesia não reduz sempre as condições de vida do proletariado conduzindo à revolução; os cidadãos acomodam-se a uma sociedade de consumo; uma economia planificada traz problemas de produção e diversificação de bens; a ciência e a tecnologia tiveram consequências que o marxismo não soube considerar; e o seu materialismo cai num determinismo ao negligenciar a complexidade da relação dialógica entre o sujeito e o objeto. Não obstante, a atitude crítica é uma herança de Marx que nenhum sociólogo deve rejeitar.

Além desta atitude crítica, a importância da materialidade do mundo que Marx também nos deixa, para lá das condições socioeconómicas, pode conduzir-nos ao mundo dos objetos. Nas ciências sociais, encontramos nos estudos de cultura material uma abordagem que se debruça sobre esta esfera (Dant, 2005). Esta consciência não pode deixar de ter no marxismo uma referência. A partir dela, e respeitando a dificuldade de Marx antever o desenvolvimento técnico de hoje, é possível fazer leituras da sociedade tecnológica em que vivemos. As condições socioeconómicas que engendra, bem como a materialidade infraestrutural que disponibiliza, são aspetos a relevar quando quisermos definir o humano e a sua autoconsciência. As consequências no trabalho são evidentes, podendo vir a transformar de forma derradeira a relação do ser humano com a produção de bens (Ferrarotti, 2000). O fetichismo da mercadoria é um conceito que nos interpela quando pensamos o consumo contemporâneo e o modo como a mercadoria persiste o valor central (Jappe, 2013) — com frequência acompanhada de outras faces, como a tecnológica (Borgmann, 1984).

Acresce que por vezes a leitura marxista da luta de classes se revela verosímil, embora uma correção de geometria variável, sem a universalidade pretendida por Marx. Os antagonismos de classe mostram-se em dados momentos e contextos como radicais e geradores de mudança histórica. A ideologia e mesmo a religião têm condicionamentos económicos que não podemos ignorar. A forma como as elites assumem como fundamentais ideologias e religiões que coincidem com a manutenção do seu *statu quo* deve ser olhada com atenção e espírito crítico. Depois de Marx, esta vigilância é condição de liberdade. Bastaria isto para o colocar na história da sociologia.

Bibliografia

ALTHUSSER, Louis, *For Marx*, Harmondsworth, Penguin Books, 1969.

ARON, Raymond, *Temas de Sociologia Contemporânea*, Lisboa, Editorial Presença, 1963.

ARON, Raymond, *Novos Temas de Sociologia Contemporânea*, Lisboa, Editorial Presença, 1964.

ARON, Raymond, *As Etapas do Pensamento Sociológico*, São Paulo, Martins Fontes, 2000.

BARTHES, Roland, *Mitologias*, Lisboa, Edições 70, 1978.

BAUDRILLARD, Jean, *Para Uma Crítica da Economia Política do Signo*, Lisboa, Edições 70, 1981.

BERLIN, Isaiah, *Karl Marx*, Oxford, Oxford University Press, 1996.

BORGMANN, Albert, *Technology and the Character of Contemporary Life: A Philosophical Inquiry*, Chicago, University of Chicago Press, 1984.

BOURDIEU, Pierre, *La distinction: critique sociale du jugement*, Paris, Les Éditions de Minuit, 1979.

BOURDIEU, Pierre, *A Dominação Masculina*, Rio de Janeiro, Bertrand, 2003.

CATROGA, Fernando, *Caminhos do Fim da História*, Coimbra, Quarteto, 2003.

CHÂTELET, François, G. W. F. Hegel, *in idem* (org.), *História da Filosofia: De Kant a Husserl*, Lisboa, Círculo de Leitores, 1987, pp. 55–87.

CRUZ, Manuel Braga da, *Teorias Sociológicas: Os Fundadores e os Clássicos (antologia de textos)*, vol. I, Lisboa, Fundação Calouste Gulbenkian, 2008.

DANT, Tim, *Materiality and Society*, Nova Iorque, Open University Press, 2005.

DERRIDA, Jacques, *Specters of Marx: The State of the Debt, the Work of Mourning, and the New International*, Nova Iorque, Routledge, 1994.

FERRAROTTI, Franco, Time, technology, and the transformations of social life, *International Journal of Politics, Culture and Society* 13, 2000: pp. 539–549.

FEUERBACH, Ludwig, *Princípios da Filosofia do Futuro*, Lisboa, Edições 70, 1988.

GRAMSCI, Antonio, *Prison Letters*, Londres, Pluto Press, 1988.

GRANOVETTER, Mark e SWEDBERG, Richard (org.), *The Sociology of Economic Life*, Oxford, Westview Press, 1992.

HABERMAS, Jürgen, *Técnica e Ciência como «Ideologia»*, Lisboa, Edições 70, 2009 [1968].

HARDT, Michael e NEGRI, Antonio, *Império*, Lisboa, Livros do Brasil, 2001.

HEGEL, Georg Friedrich, *A Razão na História: Introdução à Filosofia da História Universal*, Lisboa, Edições 70, 1995.

HEGEL, Georg Friedrich, *Fenomenologia do Espírito*, Petrópolis, Vozes, 1999.

HEILBRONER, Robert, Do machines make history?, *Technology and Culture* 8, 1967: pp. 335–345.

HORKHEIMER, Max e ADORNO, Theodor, *Dialectic of Enlightenment: Philosophical Fragments*, Stanford, Stanford University Press, 2002 [1944].

JAPPE, Anselm, *As Aventuras da Mercadoria: Para Uma Nova Crítica do Valor*, Lisboa, Antígona, 2013.

KOLAKOWSKI, Leszek, *Main Currents of Marxism: Its Origin, Growth, and Dissolution*, vol. III, Oxford, Clarendon Press, 1978.

LENINE, Vladimir, *Obras Escolhidas em Três Tomos*, Lisboa, Edições «Avante!», 1977.

LUKÁCS, Georg, *History and Class Consciousness: Studies in Marxist Dialetics*, Cambridge, MIT Press, 1971.

LYND, Robert, *Knowledge for What: The Place of Social Science in American Culture*, Princeton, Princeton Legacy Library, 2015 [1939].

MARCUSE, Herbert, *One-Dimensional Man: Studies in the Ideology of Advanced Industrial Society*, Boston, Beacon Press, 1968.

MARX, Karl, *Capital*, Londres, J. M. Dent, 1942 [1867].

MARX, Karl, *Revolução e Contra-Revolução*, Amadora, Colecção 70, 1971 [1851].

MARX, Karl, *Manuscritos Económico-Filosóficos*, São Paulo, Boitempo, 2004 [1844].

MARX, Karl, *Contribuição à Crítica da Economia Política*, São Paulo, Editora Expressão Popular, 2008 [1859].

MARX, Karl, *O 18 de Brumário de Luís Bonaparte*, São Paulo, Boitempo, 2011 [1852].

MARX, Karl e ENGELS, Friedrich, *Theses on Feuerbach*, Londres, Lawrence & Wishart, 1976 [1888].

MARX, Karl e ENGELS, Friedrich, *A Ideologia Alemã*, Lisboa, Edições «Avante!», 1981 [1845].

MARX, Karl e ENGELS, Friedrich, *Marx-Engels, Obras Escolhidas (em Três Tomos)*, Lisboa, Edições «Avante!», 1982–1985.

MARX, Karl e ENGELS, Friedrich, *Manifesto do Partido Comunista e Manuscritos Económico-Filosóficos de 1844*, Lisboa, Edições «Avante!», 2010 [1848].

MILLS, Charles Wright, *The Sociological Imagination*, Harmondsworth, Penguin, 1975.

POULANTZAS, Nicos, Marx e Engels, *in* CHÂTELET, François (org.), *História da Filosofia: De Kant a Husserl*, Lisboa, Círculo de Leitores, 1987, pp. 151–175

RICOEUR, Paul, *Da Interpretação: Ensaio sobre Freud*, Rio de Janeiro, Imago Editora, 1977.

ROCHA, Acílio, Socialismo, *in* AA.VV., *Logos, Enciclopédia Luso-Brasileira de Filosofia*, Lisboa e São Paulo, Verbo, 2000, pp. 1199–1208.

SCHUMPETER, Joseph, *Ensaios: Empresários, Inovação, Ciclo de Negócio e Evolução do Capitalismo*, Oeiras, Celta, 1996.

SMITH, Adam, *Inquérito sobre a Natureza e as Causas da Riqueza das Nações*, Lisboa, Serviço de Educação — Fundação Calouste Gulbenkian, 1999.

THERBORN, Göran, *From Marxism to Post-Marxism?*, Londres e Nova Iorque, Verso, 2008.

WALLERSTEIN, Immanuel, *World-Systems Analysis: An Introduction*, Durham e Londres, Duke University Press, 2004.

VOEGELIN, Eric, *Estudos de Ideias Políticas: De Erasmo a Nietzsche*, Lisboa, Edições Ática, 1996.

LIÇÃO 6

Jane Hume Clapperton: reforma social, sexualidade, emancipação

TERESA DUARTE MARTINHO
Instituto de Ciências Sociais da Universidade de Lisboa

Introdução

Jane Hume Clapperton (Edimburgo, 1832–1914) deixou contributos significativos para a teoria social e foi uma das primeiras autoras com preocupações sociológicas. Nos seus escritos, decompõe a Inglaterra vitoriana em diversos quadros, em que identifica os problemas gerados pela Revolução Industrial, elaborando uma reflexão inspirada pela teoria da evolução e pelo positivismo de Auguste Comte (1798–1857). Os tópicos fundamentais da sua reflexão relacionam-se com o controlo da natalidade, eugenia, sistema económico, distribuição da riqueza, relações entre homens e mulheres, sexualidade, casamento, divórcio, educação, organização do espaço doméstico, direitos individuais e comunitários, sistema político. Legou uma valiosa contribuição para o saber social, razão pela qual pode ser considerada um nome inicial do cânone sociológico e do desenvolvimento das ciências sociais. A finalidade maior do retrato reflexivo e crítico a que Clapperton procede consiste em delinear um programa que batizou de «meliorismo científico», que antevê poder ser realizado no futuro e no qual a emancipação individual e o melhoramento das condições da sociedade são indissociáveis. Alicerça-o em conhecimentos científicos e também em incentivos que descortina em algumas tentativas de criação de novas formas de organização social, na procura de mais prósperos modos de vida dos indivíduos e da comunidade em geral, com vista à felicidade.

Jane Hume Clapperton escreve de um tempo que apresenta pleno de contrastes, como se a sociedade vitoriana fosse um rosto de faces antagónicas. De um lado, espelham-se a exaustão, a infelicidade e a desintegração social em múltiplas áreas; do outro, evidenciam-se, numa coloração animada, a teoria da evolução e as descobertas da ciência como instrumentos e possibilidades de vencer o esgotamento resultante de diversos problemas sociais. Inconformada com a predominância e o perpetuar da primeira feição, Clapperton deposita na segunda a sua confiança para o alcance, pela humanidade, de uma união sólida entre felicidade e bondade, apoiada pela inteligência e pela simpatia (Clapperton, 1885). «O God, make no more giants, / / Elevate the race», dois versos de Robert Browning (1812–1889), que ela cita num testemunho dado a uma revista, em 1905, adequam-se como eventual epígrafe para o seu legado teórico (Montefiore, 1905).

Os seus textos principais são *Scientific Meliorism and the Evolution of Happiness*, de 1885, publicado quando tinha 50 anos, e *A Vision of the Future: Based on the Application of Ethical Principles*, de 1904. Foi também autora de artigos integrados em revistas, como *The Westminster Review* e *The Nineteenth Century*, e de uma novela dedicada ao modelo comunitário de organização da vida familiar, publicada em 1888. Produziu uma constelação de textos comummente orientados pelo empenho em refletir sobre a sua época, com sentido histórico, e apontar um projeto de forte reforma social, processada em ritmo gradual e em constante ligação entre as partes e o todo, à maneira de um positivismo conjugado com as influências do evolucionismo. Os pilares centrais do programa reformador de Clapperton consistem no controlo da natalidade e na educação, sendo a casa o *locus* que impulsiona a transformação social. O tom da análise é simultaneamente reflexivo, incisivo, sistemático e crítico, percebendo-se ter uma ligação próxima e autónoma com os movimentos de defesa dos direitos das mulheres e outros dedicados a causas reformistas que apoiou. Nessa distância crítica, Clapperton não oculta os seus motivos. Um tom com estas características vai ao encontro da observação de Kirsten C. Leng(1), segundo a qual Jane Hume Clapperton, das mais

(1) De uma vaga de autores que tem examinado a emergência da sexologia no começo do século XX.

antigas feministas britânicas da vaga de feminismo liberal sufragista (Valcárcel, 2008), foi alguém que se distinguiu por ser independente dentro do seu grupo geracional e, em vários aspetos, também uma das mais radicais (Leng, 2011, pp. 221–231).

O fio principal que liga as diferentes peças e ensaios de Clapperton corresponde à sua crença na humanidade como uma eutopia (do grego *eu*, «bom», e *tópos*, «lugar»)(2), inscrevendo-se, assim, na matriz de opinião do meliorismo. O seu pensamento tem por pano de fundo uma atmosfera intelectual, na Inglaterra vitoriana, que enfrentava e participava da revisão de doutrinas e de uma viragem ideológica no sentido da integração da autoridade do conhecimento científico e da «naturalização» do mundo, da secularização baseada em conceções biológicas. Tal viragem, fortemente avessa à ideia de revolução, advogava a remodelação social num ritmo progressivo, sendo também a religião pressionada a adaptar-se, isto é, a naturalizar-se, movendo a posição do sagrado do «eterno» para o «temporal», do «outro mundo» para «este mundo», do «númeno» para o «fenómeno».

Este ensaio dedicado a Jane Hume Clapperton continua com elementos da sua biografia. Segue-se um enquadramento do programa reformista por ela defendido, conjugando meliorismo, positivismo e evolucionismo. Numa secção mais nuclear deste texto, abordam-se tópicos que assumem maior saliência na fundação do seu meliorismo científico. De seguida, e no que representa um aprofundamento da biografia e do ambiente intelectual da sua época, faz-se uma incursão

(2) Os estudiosos de *Utopia* (1516), de Thomas More (1478–1535), bem como o sociólogo Lewis Mumford, notaram que o autor apreciava trocadilhos e, por isso, jogou com o sentido e o som das palavras, desde logo com derivações à volta de «lugar» (do grego *tópos*) (Mumford, 2007 [1922], p. 9). No seguinte poema, inserido em várias edições em latim de *Utopia*, o sentido de «eutopia» torna-se manifesto. Nele, Anemólio, o poeta da ilha de Utopia, defende para ela um outro nome: «Utopia [não lugar], em razão do isolamento, pelos antigos assim chamada, / Agora émula da cidade de Platão, / Talvez a ela superior, pois aquilo que ele em letras / Delineou, eu, de uma só vez, o apresentei / Com homens, bens e leis maravilhosas. / Eutopia [bom lugar], a bom título, há que chamar-me», poema intitulado «Sextilha de Anemólio, Poeta Laureado, Sobrinho de Hitlodeu, por sua Irmã, sobre a Ilha da Utopia» (Morus, 2016 [1518], p. 363).

no círculo de instituições de que Clapperton teve proximidade, contribuindo esta extensão aos grupos nos quais se movimentou para matizar a atmosfera de então. É ilustrativa de como o debate em torno da eugenia e do socialismo se desdobrava, ressoando nos livros e nas ideias de Jane Hume Clapperton.

Elementos biográficos

Jane Hume Clapperton nasceu em Edimburgo, em 22 de setembro de 1832, na paróquia de St. Cuthbert's. A família de Clapperton era abastada, sendo o pai um comerciante de sucesso, gerindo negócios na capital escocesa e em Glasgow; a figura paterna mantinha também simpatias liberais e participava na esfera política (Otter, 2004). Eram 12 irmãos e ela foi dos últimos a nascer. De saúde delicada, aos 12 anos Jane foi enviada para um colégio interno em Inglaterra, desconhecendo-se em que circunstâncias decorreu a sua adolescência e que círculos de socialização teve. Parca em pormenor, a biografia de Clapperton não permite descortinar, designadamente, a regularidade e demais coordenadas do trânsito entre a Escócia e a Inglaterra, entre outras eventuais viagens dentro e fora da Grã-Bretanha.

Depois do falecimento do pai e casados os irmãos e as irmãs, coube-lhe acompanhar e viver com a mãe. Ao mesmo tempo, dedicava-se a algumas atividades filantrópicas e também trabalhou para a Society for Promoting the Employment of Women(3). A sua perceção da pouca utilidade deste tipo de ocupação (Otter, 2004), que transparece largamente em *Scientific Meliorism and the Evolution of Happiness*, no qual a filantropia e a caridade são abordadas em registo muito crítico, conjugada com a circunstância da morte da mãe, em 1872, conferiram a Clapperton mais horizonte para aprofundar e expressar a convicção da necessidade de uma forte mudança

(3) Fundada em 1859 por Jessie Boucherett (1825–1905), Barbara Bodichon (1827–1891) e Adelaide Anne Procter (1825–1864), ativistas dos direitos das mulheres e que, com a criação daquela entidade, pretendiam encorajar a independência económica das mesmas.

social. Inspirada pelos escritos de Mary Wollstonecraft (1759–1797), Harriet Martineau (1802–1876) e George Eliot (1819–1880), defendeu constantemente que a remodelação de que a humanidade precisava deveria decorrer num ritmo gradativo e nunca ao sabor de ruturas bruscas, em consonância com o que Eliot e Martineau partilhavam, influenciadas por autores positivistas. Destaca-se Auguste Comte e o seu *Curso de Filosofia Positiva*, publicado entre 1930 e 1942 e traduzido para inglês, pela primeira vez, por Harriet Martineau, em 1953([4]). Em linha com as ideias comtianas e com os círculos intelectuais que frequentava, Clapperton equiparou a revolução a um caminho «retrógrado e fútil» (1904, p. 60).

A partir de 1872, a movimentação dela entre Londres e Edimburgo ter-se-á, porventura, intensificado, pois a primeira cidade foi sede de organizações e ligações a cujas causas aderiu, sendo membro ou apoiante: Liga Malthusiana, Men's and Women's Club, Sociedade Fabiana, The Legitimation League. Tinham em comum serem coletivos socialistas e apoiantes em menor ou maior grau da eugenia, quase todos sediados em Londres, agregando a elite reformista vitoriana, incluindo nomes pioneiros no estudo da sexualidade. Em 1880, e tomando ainda por fonte S. M. den Otter (2004), Jane Hume Clapperton ter-se-á declarado agnóstica; com efeito, é neste ano que publica, na revista *Nineteenth Century*, um artigo intitulado «Agnosticism and Women: A Reply». Clapperton não se casou nem teve filhos e não se descobre um retrato ou fotografia. Faleceu em 1914, em Edimburgo. Aparecem, por raras vezes, leves referências autobiográficas no livro de 1885, que correspondem a traços do esboço de uma pessoa cujo perfil, desde jovem, se distingue por não ficar passiva perante a falta de direitos dos outros, numa atitude que conjuga coragem, compaixão, lucidez, independência e uma visão do mundo conscientemente questionadora.

([4]) Esta obra marca a segunda etapa de desenvolvimento do pensamento comtiano, demonstrando como a sociologia constituía a sequência lógica da hierarquia das ciências. Ao traduzi-la para inglês, Martineau tornou-se na primeira divulgadora do pensamento e da obra de Comte para os falantes dessa língua (Hill, 2017; Moore, 1986).

Catherine Helen Spence (1825–1910) foi uma jornalista, política e sufragista australiano-escocesa que tomou *Scientific Meliorism and the Evolution of Happiness* como o mote para escrever *A Week in the Future* (Magarey, 2010). Conta que, aquando da sua passagem por Londres, em 1894, esteve uns dias na companhia de Jane Hume Clapperton, que identifica como a «autora de *Scientific Meliorism*», e refere terem visitado as sobrinhas e amigas de George Eliot, dando passeios, nas terras de Warwickshire, por alguns cenários retratados no romance *Adam Bede*, o livro com que Mary Ann Evans se estreara, em 1859, como a escritora George Eliot (Spence, 2005, p. 159). Das obras de Eliot, Clapperton reconhece, logo na abertura de *Scientific Meliorism*, ter retirado muita inspiração para a vitalidade do seu trabalho. E aqueles passeios das feministas pelos ambientes eliotianos deveriam ter algo de memória comemorativa de uma figura que reunia consenso enquanto mentora da libertação das mulheres e da humanidade. George Eliot e o reverendo James Cranbrook([5]) estão entre aqueles a quem Clapperton dedica o seu primeiro livro, reconhecendo-os como seus «professores». Clapperton afirmou não ter chegado a conhecer a escritora, mas diz ter convivido com figuras do seu círculo, como Charles Bray (1811–1884), homem de negócios e reformista social, cuja casa, Rosehill, acolhia, entre outros intelectuais, Herbert Spencer (1820–1903), Harriet Martineau e Ralph Waldo Emerson (1803–1882).

Talvez uma mistura de espírito compassivo, atitude prática e um olhar ético, agudo, fosse a marca de Jane Hume Clapperton. Em *Scientific Meliorism*, quando aborda a situação, para ela especialmente preocupante, das classes pobres, declara ter o seguinte «problema prático»: «como dar a cada indivíduo, por imperfeito que seja, toda a felicidade possível, havendo embora que contrariar nele as más tendências que podiam gerar infelicidade à volta?» (1885, p. 54). São reflexões como estas que permitem, com muita

([5]) Viveu entre 1817 e 1869 e foi autor de *Credibilia: An Inquiry into the Grounds of Christian Faith* (1866) e *On the Hindrances to Progress in Theology* (1871). Destacou-se pelos seus sermões de tom heterodoxo; em 1865, fixou-se em Edimburgo, depois de um período de ministério em Liverpool.

probabilidade, antever Jane Hume Clapperton entre as duas jovens protagonistas de um quadro relatado por ela (*ibidem*, pp. 50–54), em que logo sobressaem dois tópicos muito do seu interesse: a pobreza e a população excedentária. «Há uns anos», escreve, sem precisar qual o tempo exato — mas aponte-se o meio do século XIX, quando ela completou 18 anos —, duas raparigas da classe média passavam os últimos dias de verão num pequeno lugar onde corria o «nobre rio Clyde», na Escócia. A atmosfera andava chuvosa e elas não compreendiam o porquê de, nessas circunstâncias, continuarem a realizar-se excursões de massas de operários e suas famílias, conduzidos de Glasgow em passeios anuais patrocinados pelos donos das fábricas onde trabalhavam. Elas interpelavam os promotores destas iniciativas de várias maneiras, questionando, por exemplo, por que motivo não eram os grupos de excursionistas mais pequenos e qual a razão que ditava o não planeamento daquelas visitas para outros dias, mais agradáveis. Mas apenas recebiam explicações «miseravelmente inadequadas» (*ibidem*, p. 51).

Conta Clapperton que em terras como Rothesay, Innellan, Dunoon e outras áreas onde passava o Clyde, eram sucessivamente desembarcadas, em massa, centenas de trabalhadores fabris, por um dia de recreio que, na maior parte das vezes, resultava em comportamentos antissociais, uma vez que os passeantes desconheciam o que era o tempo livre e o que fazer com ele. Num desses dias, a chuva numerosa, as terras em lama e as massas de excursionistas sem um teto de abrigo compunham um quadro «miserável», o qual levou as raparigas a lembrarem-se de pedir a abertura de igrejas, onde poderiam albergar, por algumas horas, os excursionistas. Contra elas, somavam-se argumentos: era sábado e não haveria tempo suficiente para limpar o lugar para as próximas cerimónias religiosas; as Bíblias podiam ser roubadas; um procedimento tão invulgar precisava da aprovação das mais altas autoridades. Apenas no caso de uma igreja o esforço resultou. A experiência daquele dia muito cinzento impressionou-as, narra Clapperton, e as duas jovens gravaram na memória aquela primeira vez em que tinham tido um contacto próximo com os pobres e sentido de muito perto o amargo desapontamento a que aquele grupo social tão frequentemente era exposto. Ao final da tarde, na despedida e no embarque dos excursionistas para Glasgow, elas contemplavam a multidão de maridos entorpecidos, crianças chorosas, mães irritadas e raparigas excitadas, cujos vestidos aspirando a elegância a chuva tornava ainda menos conseguidos. Perante o quadro carregado, o desgosto das espectadoras ia dando lugar a uma «profunda compaixão» (*ibidem*, p. 52).

Reencontra-se a mesma compaixão prática num quadro do verão de 1884, em que Clapperton já se autoidentifica, novamente tendo por cenário uma terra com rio, talvez a mesma da cena anterior. Propõe-se esta expressão, «compaixão prática», para definir a sua atitude por se considerar que condensa com exatidão os seus modos e pontos de vista. Relata ela que, naquele verão, uma excursão de crianças, misturando rapazes e raparigas, viera de um orfanato, de comboio, e marchava pela localidade, seguindo à sua frente os professores e os padres, ao som de uma banda infantil no meio da procissão. Nos momentos de paragem, algumas crianças infiltravam-se, com caixinhas de esmolas, entre a multidão que assistia ao cortejo. Um dos padres apelou ao apoio dos que observavam a cena, mas a concentração de espectadores aumentava de um modo tal, que se corria o risco de as crianças não poderem ser vistas. O padre agarrou numa miúda, ergueu-a bem ao alto e, enquanto a exibia e ela chorava sem parar, ocorreu uma imediata chuva de moedas na sua direção. Quando a multidão se desfez, Clapperton, então uma mulher de «meia-idade», interpelou o padre, perguntando-lhe se achava correto ensinar às crianças aqueles comportamentos e tal forma de estar em público. Obteve a resposta de que aquele era o método eficaz e de que de nenhuma outra maneira iria obter o dinheiro. Um argumento sem resposta, concluía Clapperton, reforçando o seu desacordo quanto à ação das instituições de caridade, que recorriam ao «sensacionalismo», como na situação descrita, com ecos de um número de circo pobre (*ibidem*, pp. 78–79).

Vozes contemporâneas de Jane Hume Clapperton consideraram-na «uma mulher veterana a trabalhar pela causa da humanidade», comparando os seus livros a uma «Bíblia do Altruísmo» (Montefiore, 1905). James Mayor (1854–1925), que com ela conviveu, observou que Clapperton tinha um quadro mental muito próximo do de Auguste

Comte. Mayor ensinou Economia Política na Universidade de Toronto entre 1892 e 1923 e também patrocinou as iniciativas académicas do geógrafo e sociólogo Patrick Geddes (1854–1932), contemporâneo da autora em foco (Peel, Ingles e Distad, 2003, p. 810). Geddes e Clapperton denotam afinidades, não apenas por ambos terem nascido em Edimburgo como também por produzirem reflexões projetadas no futuro e convergindo também nos temas de interesse([6]). Na sua autobiografia, James Mayor fixou ainda outras impressões de Clapperton:

> Uma das minhas amigas mais queridas de Edimburgo era *Miss* Jane Hume Clapperton, autora de *Scientific Meliorism.* Costumávamos ter encontros no verão, na casa de campo dos Manns, em Loch Lomond [Escócia]. *Miss* Clapperton tinha uma mente notável. Não sei se tinha um génio inovador ou original, mas ela possuía o génio do pensamento ordenado. Não fora criada na Escola de Comte, e ainda assim a sua mentalidade era comtista. Estava muito impressionada com as ideias da unidade do conhecimento e com a necessidade de aplicar a ciência à vida humana de modo a haver progresso. A questão do sexo era tocada por ela com delicadeza e ousadia. Livre de agressividade, teve menos influência nos homens e mulheres do seu tempo do que podia ter tido, mas durante o século XIX não mais de duas mulheres — George Eliot [escritora] e Sónia Kovalevski [matemática] — deram provas de mais poder intelectual e nenhuma destas teve uma perspetiva sobre a vida tão sã e saudável como Jane Hume Clapperton. (Mayor, 1923, pp. 225–226[[7]])

A ficção reflete a vida e ao mesmo tempo esculpe-a. Se Clapperton fosse uma figura das que atravessam as 250 obras de ficção ocidental que a socióloga Nathalie Heinich (1955–) estudou com a finalidade de decifrar os diversos «estados da mulher», ela seria uma personagem na categoria «mulher livre» (Heinich, 1998 [1996], pp. 335–336). Heinich afirma mesmo preferir o termo «mulher não ligada», por considerar que «não ligada» respeita mais «a ambivalência de um estatuto [ser livre] dividido entre a inegável felicidade que é a ausência de entraves

---

([6]) Embora seja mais conhecido pelo seu trabalho na área do planeamento urbano e regional, Patrick Geddes publicou *The Evolution of Sex*, em 1889.

([7]) Tradução nossa.

e a infelicidade pouco confessável que é a falta de amarras» (*ibidem*, p. 336). Acerca deste dilema, é citado ainda um dito esclarecedor do filósofo e teólogo Søren Kierkegaard (1813–1855): «O ser tem uma igual apetência de possível e necessidade. Desespera tanto por falta de possível como por falta de necessidade»([8]). Na biografia de Clapperton, e porventura na de todos os humanos, permanece o segredo quanto ao modo como foi orquestrando as possibilidades e as faltas.

Influências: meliorismo, positivismo, evolucionismo

A obra de Jane Hume Clapperton inscreve-se na abordagem da sociologia positivista delineada por Auguste Comte, sustentando a pertinência de um conhecimento emancipado da teologia e da metafísica, destacando o facto de o mundo social, por si, ter uma inteligibilidade e, assim, os organismos sociais terem problemas que requeriam a necessidade de uma ciência voltada para o seu conhecimento, resolução e controlo. Em conformidade, o pensamento de Clapperton absorve uma matriz de pensamento animada pelo conhecimento racional e pela crença e confiança absoluta num progresso linear, desejável e inevitável, dotado de uma dinâmica interna conhecida. Atitude de que outras figuras de clássicos da sociologia, como Max Weber (1864–1920) e Georg Simmel (1858–1918), se demarcaram ao discutir e abandonar tal perspetiva, em diversas obras publicadas entre, aproximadamente, 1890 e 1920.

A credibilidade no progresso aliava-se ao acreditar na possibilidade de um mundo melhor e do alcance de maior felicidade para a humanidade. Neste sentido, a apologia do progresso e do meliorismo converge frequentemente num conjunto amplo de pensadores do final

([8]) Kierkegaard (1973 [1849]). Simone de Beauvoir citou Kierkegaard na abertura de *O Segundo Sexo* (1949), escolhendo para uma das epígrafes um dito implacável: «Que desgraça ser mulher! Entretanto, a pior desgraça quando se é mulher é, no fundo, não compreender que sê-lo é uma desgraça» (Beauvoir, 2008 [1949], p. 7).

do período vitoriano que, imbuídos de princípios humanitários, adotaram o termo «meliorismo» para combater o pessimismo e superar o «*gospel* da inação» (WARD, 1893, p. 70) encarnado pelo otimismo. Na obra que marca a terceira fase do pensamento de Comte, *Sistema de Política Positiva*, publicada entre 1851 e 1854, o autor advogava que o homem era feito para agir, não para divagar à volta de especulações e dúvidas ilimitadas. Os partidários da palavra «meliorismo» tinham em comum acreditarem na capacidade humana de tornar o mundo melhor de forma gradual, banir as condições sociais desfavoráveis e gerar, pela reforma social, uma vida melhor.

De acordo com Charles Gardner, autor de *The Inner Life of George Eliot* (1912), foi Eliot quem cunhou o conceito([9]), tornando-se, assim, como que uma patrocinadora oficial desta corrente, que agrega uma diversidade de pensadores, entre os quais Jane Hume Clapperton; como se referiu, ela elegeu George Eliot, logo no primeiro livro que publicou, como mentora do seu trabalho e pensamento. Desafiando as convenções familiares, Eliot trabalhava desde 1844 como tradutora — da obra de Ludwig Feuerbach (1804–1872) e de Espinosa (1632–1677)([10]), entre outros — e de 1959 até 1976 publicou os nove romances que a tornaram reconhecida e aclamada na comunidade literária e nos círculos feministas([11]). Dorothea Brooke, a heroína de *Middlemarch*, romance largamente citado em *Scientific Meliorism*, ousara mudar de figuras do seu afeto e da sua dedicação

([9]) Contudo, outros apontam uma origem anterior, no artigo «The Reciprocal Influence of the Physical Sciences and of Free Political Institutions», publicado em janeiro de 1846 na revista *United States Democratic Review* (WADDELL, 2012, pp. 33–34).

([10]) De Feuerbach traduziu *Das Wesen des Christentums* (*The Essence of Christianity*, publicado em 1854 pelo editor John Chapman); em 1956, Eliot completou a tradução de *Ethica* (*Ethics*), de Espinosa, publicado pela primeira vez em 1677, no ano da morte do seu autor.

([11]) A autora era independente e, ao decidir ter uma ligação de companheirismo amoroso e intelectual com George Henry Lewes (1817–1878), casado, merecera a condenação geral, incluindo a desaprovação da sua família. Lewes era um pensador inglês que se contava entre os adeptos do positivismo (MOORE, 1986); a relação dos dois perdurou até à morte dele.

e enfrentar o incómodo que alguém pode representar para si mesmo, sem se refugiar no «agasalho da estupidez» (Eliot, 2011 [1871–1872], p. 186)([12]).

Segundo Herbert Spencer, outro autor entre os que mais operam como referência e guia para Clapperton, a atitude meliorista apontava para que «a vida está no caminho de se tornar algo que proporcionará mais prazer do que dor» (Spencer, 1884, p. 195). Mas é a visão de meliorismo de Lester F. Ward (1841–1913), que o equipara a «humanitarismo *minus* todo o sentimento» e a «utilitarismo científico, inspirado pela fé na lei da causalidade e na eficácia da ação bem direcionada» (Ward, 1883, p. 468; 1893, p. 70), que, segundo Nathan Waddell, Jane Hume Clapperton mais repercute (Waddell, 2012, pp. 26–39)([13]).

([12]) Para Simone de Beauvoir, George Eliot extraiu, na sua revolta, «uma visão ao mesmo tempo minuciosa e dramática da Inglaterra vitoriana» (Beauvoir, 2008 [1949], p. 533). Retomando observações da escritora Virginia Woolf sobre as mulheres e a ficção (Woolf, 1929), Beauvoir nota que Eliot como Jane Austen e as irmãs Brontë se esforçaram tanto para se libertarem das pressões exteriores que «chegam algo arquejantes a esse estádio de onde partem os escritores masculinos de grande envergadura; não lhes sobram forças suficientes para aproveitarem a vitória e romperem com todas as amarras; nelas não se encontra, por exemplo, a desenvoltura de um Stendhal, nem a sua tranquila sinceridade» (*ibidem*).

De Eliot, Beauvoir leu, aos 11 anos, *O Moinho à Beira do Floss*, que permaneceu uma leitura constante ao longo da vida. Reconfortava-a, como afirmou à sua biógrafa Deirdre Bair, ver que mesmo uma mulher «desempenada» como Maggie Tulliver, a personagem principal do livro (Eliot, 2011 [1860], p. 16), não teve controlo nas circunstâncias da sua vida e da sua dura morte. «A novela ajudou esta leitora [Simone de Beauvoir] a suportar o medo de ler fins trágicos que pareciam estar escritos desde o princípio [...] [e a] aprender a aguentar a responsabilidade por si mesma e pelos outros, mas também a admitir os duros limites dessa responsabilidade» (Anderson e Shaw, 2016, p. 127).

([13]) A partir deste entendimento, é possível observar que, enquanto George Eliot empregou o termo meliorismo no sentido de uma atitude que perscruta modos de melhoramento reais e alcançáveis, Lester F. Ward viu-o mais como uma questão de não tanto aliviar os males da época, mas antes de eliminar os fatores que desencadeavam a materialização desses problemas sociais (Waddell, 2012).

O termo «meliorismo» envolvia uma ampla discussão filosófica que *Scientific Meliorism* não contempla, o que é percetível por o foco ter uma natureza muito distinta. A noção de meliorismo podia, com efeito, gerar uma discussão complexa de conceitos como «bem», «mal», «otimismo», «pessimismo», «ideal», entre outros. Waddell mostra como no livro *Monism and Meliorism: A Philosophical Essay on Causality and Ethics*, publicado no mesmo ano que *Scientific Meliorism or the Evolution of Happiness*, o seu autor, o filósofo Paul Carus (1852–1919), vinha perturbar o horizonte ordenado por pensadores como Spencer e Ward. Carus empregava a palavra meliorismo mais para nomear a estrutura de alguns tipos de pensamento do que para designar uma versão sua acerca de como o mundo havia de ser remodelado para melhor. Para Carus, as perspetivas de Spencer e Ward, pelas quais o homem existe no mundo para que um dia seja ou se torne feliz, surgiam distorcidas, pois supunham, na sua leitura, que a felicidade consistia em algo indefinível «em si» e dependia das naturezas humanas, que, importava não esquecer, não germinam nem cultivam inevitavelmente o prazer. Radicava o seu olhar no pessimismo de Schopenhauer e discípulos, e ridiculizava os «milhares e milhões de miseráveis seres humanos que se cansam a si mesmos a caçar estrelas» (Carus, 1892, p. 148). Se também ele escrevia, em 1885, que o dever dos homens era trabalhar com persistente esforço para o melhoramento do mundo (1885, p. 71), não concebia a felicidade como um objetivo da vida, perseguia antes uma finalidade alternativa num mundo não habitado pelo sentimento de otimismo.

Pensadores como James Sully (1842–1923), influenciado por Charles Darwin (1809–1882) e Herbert Spencer, entenderam meliorismo como um nome para ideologias que insistiam na capacidade dos seres humanos para mudar o mundo de forma progressiva, ainda que reconhecessem que termos como «melhor» e «progressivo» não possuíam significado intrínseco mas apenas adquiriam sentido perante situações e pontos de vista específicos (Sully, 1877). Num ensaio reflexivo sobre a crise ideológica que a Inglaterra atravessou no período vitoriano, James R. Moore evidencia que a «naturalização» se tornou na expressão atualizada de meliorismo, o termo que no seu entendimento melhor capta a dimensão real da crise vitoriana.

Tal crise implicara um processo de negociação e afirmação de novas doutrinas, que uma *intelligentsia* dissidente, formada por agnósticos, positivistas e teístas liberais([14]), acreditava poderem preencher as melhores aspirações dos antigos credos; uma negociação pela qual a autoridade era transferida para valores naturalísticos e para instituições conduzidas pelos intérpretes profissionais da natureza (Moore, 1986, p. 68).

As perspetivas abrangidas pelo meliorismo suscitaram a discórdia e contestação de autores como Herbert George Wells (1866–1946); em *A Modern Utopia*, Wells acusa os partidários sociais e políticos de Darwin de confundirem a raça e a nacionalidade. Waddell nota que autores da vaga meliorista do final do século XIX, como Paul Carus ou Jane Hume Clapperton, com abordagens e focos de interesse distintos, raramente foram evocados nos primeiros textos da vaga de modernistas que se demarcaram dos projetos de reforma e regeneração social de finais do século XIX. Reside aqui um fator de interesse da redescoberta do pensamento de Jane Hume Clapperton, conjugado com a circunstância de ser uma das primeiras mulheres, na linha de Mary Wollstonecraft e Harriet Martineau, que produziram ensaios e contributos para a teoria social, a segunda sendo considerada a primeira socióloga (Edles e Appelrouth, 2005, p. 195; Hill, 2017)([15]) e constituindo uma referência permanente para a autora de *Scientific Meliorism*.

([14]) Entre os agnósticos, Moore coloca: Herbert Spencer; Thomas Henry Huxley (1825–1895), alcunhado de «o buldogue de Darwin» e avô do escritor Aldous Huxley; Leslie Stephen (1832–1904), autor de uma biografia sobre George Eliot (Stephen, 1902), pai da escritora Virginia Woolf e da pintora Vanessa Bell. Entre os positivistas, Moore situa: Frederic Harrison (1831–1923), presidente do Comité Positivista Inglês; George Henry Lewes (1817–1878); John Morley (1838–1923), jornalista e político. Entre os teístas liberais, nomeia: Francis Newman (1805–1897), ensaísta; James Anthony Froude (1818–1894), historiador.

([15]) É autora de uma extensa obra, tendo escrito — e antes de ter surgido, da sua autoria, a primeira tradução de Auguste Comte para inglês, em 1853 —, entre outras: *Illustrations of Political Economy* (1832), cujos nove volumes terão vendido mais do que os livros de Charles Dickens, quando foram publicados pela primeira vez (Mann e Rogers, 2011); *Poor Laws and Paupers Illustrated*

O programa do *Scientific Meliorism* de Clapperton pode ser visto enquanto resposta e repto direto a Francis Galton (1822–1911), primo de Charles Darwin, que então fundava a chamada ciência eugénica. A preocupação e a tentativa de melhorar as qualidades e o denominado *stock* genético de uma raça eram antigas, mas é com Galton que se dá a transição dessas elaborações anteriores para uma forma de cientismo moderno([16]). Em 1883, Galton apelava ao que estaria ainda por fazer em termos de evolução: alcançá-la de um modo não inconsciente, mas sim de maneira deliberada e sistemática. Na sua proposta de resposta ao apelo de Galton, Clapperton juntava a confiança numa mistura de eugenia, teoria da evolução, advogando mudança gradual e modelo socialista de governo da sociedade. Fazia-o no ambiente intelectual da Inglaterra vitoriana, onde o entendimento darwinista de evolução impulsionara uma transformação ideológica que enfatizava a secularização e a naturalização. Esta atmosfera tinha ainda muito presentes as teses de Thomas Malthus (1766–1834) sobre os efeitos considerados perniciosos da relação desproporcional entre o crescimento da população e o ritmo de reposição dos meios de subsistência. Tais teses tiveram um prolongamento direto nas ideias de Francis Galton, cuja eugenia não se encontrava distante do que Clapperton irá apelidar de uma «seleção inteligente», ou seja, um controlo dos nascimentos aplicado ao mundo dos humanos e suas particularidades sociais.

(1833–1834), *Society in America* (1837), *How to Observe Morals and Manners* (1838), *Life in the Sick-Room* (1844), *Letters on Mesmerism* (1845), *Household Education* (1848), *Letters on the Laws of Men's Nature and Development* (1851) e *Letters from Ireland* (1852) (Hill, 2017, p. 70).

([16]) Ver, acerca do culto da ciência, Garcia (2004), sendo de notar que o autor foi quem atribuiu, no cenário português, uma primeira atenção ao pensamento de Clapperton. Numa análise sociopolítica da biotecnologia, na qual se abordam as origens da ciência eugénica e das utopias literárias e ficcionais que nela se radicaram, são focadas as obras de Herbert George Wells e Jane Hume Clapperton, com o propósito de evidenciar a influência da eugenia no visionarismo social destes autores, numa tendência que se verificava desde 1875 e se acentuou na década de 1890 entre os escritores de ficção utópica (Garcia, 2004, pp. 373–380).

No contexto inglês, a sociologia positivista ganhou recetividade muito por via da condenação, por Comte, da ideia de revolução e do propósito de a sua teoria fornecer o sistema de ideias científicas para presidir à reorganização social([17]). E embora prescrevesse a proteção do fraco pelo mais forte e a cooperação, a sua perspetiva temporal evolutiva e a ideia de que os fenómenos se processam com leis gerais que regem o mundo estabeleciam fios de ligação com o evolucionismo spenceriano. Herbert Spencer tomara, em *The Principles of Biology* (1864–1867), a iniciativa de equiparar o seu princípio da «sobrevivência dos mais aptos»([18]) à seleção natural darwiniana, sublinhando a ideia de adaptação ao meio como condição de sobrevivência; o meio atuava como um estímulo à evolução das características dos seres vivos, preservadas de geração em geração. Para CLAPPERTON, a doutrina da evolução afigurava-se «explicativa das coisas como elas são, e profética das coisas como elas serão e devem ser» (1885, p. 27). Spencer, Ward, Malthus, Galton e uma galeria de nomes menos célebres, num conjunto que conciliava os matizes do agnosticismo, positivismo e teísmo liberal, estruturam a matriz de leitura e interpretação da sociedade de Clapperton. O resultado traduzia-se, como ela mesma definiu, «num arranjo sintético de ideias que não são originais, mas sim propriedade comum da época em que vivemos» (*ibidem*, p. VII).

([17]) Escreve CLAPPERTON: «o despotismo da ciência — o verdadeiro positivismo — é um despotismo a saudar com alegria, a unir com os nossos mais estimados e queridos ideais, e a ser trabalhado, com os nossos mais sérios esforços [...] o gradual esclarecimento da espécie humana deve resultar na filosofia positiva — a filosofia da ação, o verdadeiro regulador da sociedade em toda a sua extensão» (1885, p. 408). Ver, a propósito do pensamento de Auguste Comte, a obra de ARON (2000).

([18]) Contribui, assim, de acordo com Ana Leonor Pereira, também ele para o compromisso histórico entre o darwinismo e o evolucionismo spenceriano (PEREIRA, 2001, pp. 48–49). Mas foi Darwin quem fez, de acordo com aquela autora, a parte mais importante para selar a associação, quando introduziu, a partir da 5.ª edição da *Origem das Espécies* (1859), a expressão spenceriana *the survival of the fittest*, não só no texto como no título do capítulo IV do livro: «Natural Selection; or the Survival of the Fittest».

Tópicos principais do programa meliorista de Jane Hume Clapperton

Scientific Meliorism e *A Vision of the Future* têm fortes correspondências, surgindo o segundo como uma continuação do primeiro em modo de revisão e reatualização de referências e de perspetivas, com destaque, nesta segunda etapa, para os seguintes aspetos. Em primeiro lugar, aparece a defesa explícita e sem ceticismo do socialismo, fruto, porventura, da adesão de Clapperton a organizações fabianas. Em segundo lugar, desenvolve-se uma abordagem ainda mais enfática das possibilidades da eugenia no melhoramento do mundo, por ela considerado necessitado de refinamento do seu «capital» genético, visando o alcance de uma sociedade mais feliz. Em terceiro lugar, verifica-se a apropriação de estudos entretanto produzidos em matéria de sexualidade e de desigualdade social.

Os tópicos são abordados num modelo sequencial, que se inicia com um questionamento e diagnóstico e depois prossegue com respostas para os problemas identificados. O método conjuga a referência a autores que a inspiraram a partir de livros publicados e de artigos em revistas e jornais, comentário de dados estatísticos e de situações que observou e que partilha com o leitor. O tom varia entre o da ensaísta, observadora social, jornalista, oradora talvez em bancada parlamentar, demógrafa, educadora, filósofa, leitora de poesia e romances, que cita abundantemente.

O controlo racional da reprodução sexual como primeiro alicerce da mudança

Em 1869, Francis Galton tinha publicado *Hereditary Genius* e vincou nesta obra a ideia de que atributos como a inteligência eram adquiridos por via da hereditariedade, sendo mais inatos do que devedores da influência do ambiente e da educação. Anos depois, em 1883, Galton reafirmava a defesa do controlo racional da reprodução sexual como medida-chave de melhoria das qualidades rácicas, físicas e mentais das gerações futuras. Inspirou o movimento eugenista, que se expandiu entre as últimas duas décadas do século XIX e 1940, e era animado por um sentimento de urgência na contenção racional da reprodução, na crença de que os *stocks* genéticos em termos étnicos, nacionais, civilizacionais e até da própria espécie estavam num processo de contínua deterioração([19]).

É neste enquadramento que Jane Hume Clapperton lê, filtra teorias, escreve e produz o seu pensamento. Ao abordar o crescimento veloz da população nos centros industriais da Inglaterra vitoriana e os problemas que esta tendência gerava, mostra-se perplexa por a «poderosa alavanca» que era a «influência das mentes inteligentes» não ter sido ainda aplicada à «questão da população» (CLAPPERTON, 1885, p. 88). Por outras palavras, advogava a necessidade de o conhecimento racional contribuir para prevenir as multidões de crianças pobres e miseráveis de que também falava Matthew Arnold (1822–1888), em *Culture and Anarchy* (1869), e para preservar os melhores *stocks* genéticos da raça. A eugenia era adotada pelos que se preocupavam com a degeneração das condições sociais e raciais e procuravam um projeto de recuperação social coadjuvado pelos instrumentos da ciência; um programa conduzido, como era timbre dos apoiantes da teoria da evolução, entre os quais se situava Jane Hume Clapperton, segundo os princípios de um progresso construído em etapas. A propósito, observe-se que, tal como Comte, Jane Hume Clapperton não parece perseguir um progresso imparável e ilimitado, e acreditar mais num estado de bem-estar alcançável e satisfatório; não seria, pois, uma positivista tecnocrática (*ibidem*).

Thomas Malthus destacara, com preocupações de demógrafo apreensivo, no final do século XVIII, o problema da relação desproporcional entre o crescimento da população e dos meios de subsistência. Já em 1729, a voz satírica e denunciadora de Jonathan Swift (1667–1745) ousara enunciar a sua «singela proposta» para reduzir o número de habitantes. Numa Irlanda onde a fome era persistente, Swift pedia aos opositores do seu projeto, que já se verá qual era, «o obséquio de ponderarem os seguintes dois aspectos». Na argumentação surgem também preocupações que se diriam ser de um eugenista:

([19]) Ver, a este respeito, a leitura tecida por MARTINS (2011).

> Antes de mais nada, nas actuais condições, como é que tencionam angariar comida e vestuário para cem mil bocas e corpos inúteis? E, em segundo lugar, faço notar que há cerca de um milhão de criaturas da raça humana espalhadas por este reino, cuja subsistência acarreta custos que atingem a soma astronómica de dois milhões de libras esterlinas [...]; pois bem, cabe-me pedir aos políticos [...] que comecem por perguntar aos progenitores destes mortais se, neste momento, não encarariam como uma circunstância muito feliz terem sido vendidos como alimento com um ano de idade [...] tendo assim evitado esta perpétua sucessão de desditas a que têm sido submetidos desde então, oprimidos pelos proprietários das terras, incapazes de prover às suas necessidades pela falta de dinheiro e de trabalho, sem alimento para matarem a fome, sem casa nem roupas para os protegerem das inclemências do mau tempo, já para não falar da inevitável perspectiva de legarem padecimentos iguais ou ainda maiores aos seus descendentes, para toda a eternidade. (Swift, 2016 [1729], p. 131)

Para Clapperton, a regulação da reprodução sexual, em lugar da gestação deixada ao acaso, constituía o alicerce principal do melhoramento social, e daí a importância primordial que o tema adquire nas suas obras e o lugar prioritário no caminho que ela projeta para a humanidade alcançar um estado de felicidade individual e comunitária. Após a revisitação das teses de Malthus, acerca do compasso desequilibrado entre o aumento de população e a reposição de meios de subsistência, merecem-lhe especial atenção as ideias e a «luz fresca» de Darwin sobre o lugar do homem na natureza, que não a impediam de considerar que a sua transposição direta para o mundo social carecia de fundamento (Clapperton, 1885, p. 89). Escreve Clapperton que a teoria darwinista não se refere «ao estado de coisas que agora prevalece», o qual estava longe de se reger simplesmente pelas forças do Cosmo, e daí a distorção que acredita poder gerar-se na compreensão da organização social à luz das ideias de «seleção natural» e de «luta pela sobrevivência» (*ibidem*, pp. 90–91). Por um lado, naquela época a benevolência e a proteção dos mais fracos representavam o motor da ação de uma espécie institucional também ela em considerável ritmo reprodutivo: as entidades dedicadas à filantropia e caridade. Por outro lado, o poder do capital conseguia ultrapassar a limitação dos meios de subsistência disponíveis, e quanto mais riqueza económica uma pessoa tivesse, menos tinha de lutar pela sua existência e enfrentar obstáculos. A aliança da benevolência filantrópica com a força económica, desigualmente distribuída, vinha contradizer a seleção natural de que falava Darwin, originando, antes, nada mais do que uma «seleção artificial» de seres humanos, zeladora da sobrevivência dos mais fracos.

É ao discutir estes conceitos que Clapperton elege a noção de «seleção inteligente», que corresponde, em seu entender, a uma medida de justiça social, promotora do nascimento dos aptos([20]) e conduzindo à eliminação de problemas como o crime e as doenças morais, entre muitos outros traços que a autora e outros do seu tempo acreditavam ser hereditários. Como Galton, Clapperton partilha da crença na eugenia como inspiradora da seleção inteligente e da regeneração da raça. A divergência perante o primo de Darwin surge em matéria de métodos. Em *Scientific Meliorism*, Clapperton já defende explicitamente o uso cuidadoso de controlos artificiais da reprodução([21]); vinte anos depois, em *A Vision of the Future*, a terminologia converte-se, falando agora em «autocontrolo natural» da reprodução e «ajudas artificiais ao autocontrolo»([22]) (CLAPPERTON, 1904, p. 129). Clapperton não nomeia os métodos de controlo nem os compara. Mesmo no que se refere à esterilização, a medida eugenista considerada «mais atraente para aplicar em massa» e tornada na «assinatura universal das políticas de eugenia negativa nas democracias», como escreve MARTINS (2011, pp. 395–396). Em *Scientific Meliorism*, a palavra «esterilização» aparece duas vezes: primeiro, quando refere a possibilidade de os criminosos, desde que tendo aceitado voluntariamente a operação, continuarem a lidar com o mundo feminino sem «perigo para a posteridade» (CLAPPERTON, 1885, p. 373); segundo, no capítulo final de *Scientific Meliorism*, ao afirmar que o sistema doméstico do tempo era «totalmente incapaz de lidar

([20]) No texto original: «the birth of the fit».

([21]) No texto original: «artificial checks to reproduction».

([22]) No texto original: «natural self-control»; «artificial aids to self-control».

com as relações sexuais e ajustá-las à *stirpiculture* [no original] e à esterilização de organismos doentes» (*ibidem*, p. 430).

Referiu-se antes o papel de Lester F. Ward e retoma-se este autor a propósito do entrelaçamento que fez, em 1913, dos conceitos de *stirpiculture* e *eugenics*([23]). Segundo Ward, Galton chegara a usar o termo *stirpiculture* para mostrar como o processo de criação de espécies com características específicas, aplicadas à botânica e à zoologia, podia beneficiar também a humanidade. Mas, procurando assegurar a melhor recetividade à sua causa, e tentando evitar conotações menos positivas de *stirpiculture*, assentou, em *Inquiries into Human Faculty and Its Development* (1883), na noção de «eugenia» para designar a ideia da criação da melhor geração (do grego *eu* [«bom»] e do latim *genia* [«geração»]). O poder contido na ciência eugénica desdobrava-a num ramo de tom «negativo» e noutro de pendor «positivo», ainda que Clapperton não os destrince na sua obra, talvez porque ambos fossem do seu interesse: a eugenia «negativa» fixava-se na prevenção da propagação dos efeitos de deficiências físicas e mentais, buscava a eliminação do defeito; a eugenia «positiva» direcionava-se para o melhoramento da humanidade pela seleção dos superiores no processo de reprodução, pretendia o aumento do número de génios (Ward, 1913[[24]]).

John Humphrey Noyes (1811–1886), educado e dado ao estudo da religião e da filosofia, crente de que «o homem não é naturalmente monogâmico» (McGee, 1891, p. 320), era um dos que seguiam com atenção as obras de Darwin e de Galton. Para designar um projeto seu de eugenia positiva, e uma vez que o termo não existia, criou, desde finais de 1860, o termo *stirpiculture*, junção do latim *stir* (significando «lote», «raíz») e *culture* (Carden, 1998, p. 61). O objetivo foi perseguido na Comunidade Oneida, sob a sua liderança desde 1848, em Nova Iorque. Em *Scientific Meliorism*, Clapperton foca esta iniciativa enquanto caso exemplar da vida coletiva ordenada segundo o princípio da autocrítica, em vez do vulgar despotismo (1885, pp. 208–210). Já em *A Vision of the Future*, a Oneida, que durou

([23]) Num artigo intitulado «Eugenics, Euthenics, and Eudemics», publicado na revista *American Journal of Sociology*.

([24]) A distinção serve a Ward de preâmbulo para uma reflexão focada na eugenia positiva.

até 1879, é prioritariamente louvada por CLAPPERTON como «experiência bem-sucedida da prática do controlo voluntário da reprodução sexual durante 30 anos» (1904, p. 108)([25]). Noyes, que acreditava na superioridade da sua linhagem, programou e geriu ao mais mínimo pormenor um sistema inaugural de relações entre homens, mulheres e crianças, decretando a não exclusividade das relações sexuais([26]) e o extremo cuidado e orientação com que os nascidos na Oneida deviam ser educados. Coabitavam num espaço físico com variadas zonas comuns, de atmosfera desejada saudável, com alimentação regrada e muito exercício. Noyes aspirava ao cultivo do despojamento da propriedade privada e da erradicação da mentalidade egoísta, num apuramento de qualidades em que o funcionamento filtrado da reprodução tinha de ser assegurado (MCGEE, 1891, p. 320).

Clapperton discordava de Galton no modo de ver o celibato, que então era sinónimo de abstinência sexual([27]). Tomar o celibato como

---

([25]) Outras tentativas de novas formas de organização social e industrial, segundo os princípios da liberdade e união fraterna, são referidas por CLAPPERTON, desde logo os «experimentos» de Robert Owen (1771–1858) — com New Lanark, na Escócia, e New Harmony, nos Estados Unidos da América, ambas contra a degradação social e moral —, que ela salda como positivos para a «elevação das massas» (1885, pp. 235–239). Menciona também a Ralahine Co-operative Association and Farm, fundada por Thomas Craig, em 1831, instituída com base nos princípios, inspirados em Owen, de autodisciplina, tratamento fraterno, educação de crianças sem castigos ou com recurso ao estímulo, considerado artificial, da recompensa (*ibidem*). Cabe também nesta galeria o caso, que Clapperton foca, do colégio criado pelo filantropista E. V. Fellenberg, em Hofwyl (Suíça), uma escola em sistema de autogoverno que se tornou, de acordo com a autora, numa referência em três aspetos: felicidade dos estudantes; ordem e disciplina da escola; desenvolvimento do autocontrolo individual (*ibidem*, pp. 203–204).

([26]) Os casais eram selecionados tendo principalmente em conta o que os comités consideravam ser as melhores compatibilidades; os homens tinham a principal responsabilidade no controlo da natalidade, já que o método anticoncecional preconizado por Noyes consistia em ter relações sexuais sem ejaculação masculina (CARDEN, 1998).

([27]) Ao mesmo tempo, CLAPPERTON aprova as raparigas de Esparta, que, por se saberem doentes, se autoexcluíam do casamento, em nome do vigor e do estado saudável da sua comunidade (1885, pp. 314–315).

técnica preventiva e contentora da propagação de distúrbios físicos ou mentais, que Galton subscreveu, era uma situação imoral e ofensiva ao direito de homens e mulheres lidarem com o «apetite sexual», tendo simultaneamente, defende ela, de o saber regular devidamente (Clapperton, 1904, p. 105). Até porque, acrescenta ainda Clapperton, a relação entre o casamento e ter filhos não é «integral» nem «essencial», ao contrário do que estipularam, em tantos séculos, os hábitos e as convenções sociais (*ibidem*, pp. 149–150). O casamento, segundo ela, era um assunto privado, que respeitava unicamente aos cônjuges, cujos princípios éticos explicariam a possível escolha de não ter filhos([28]). Já a reprodução sexual constituía, de acordo com Clapperton, uma matéria pública, do interesse de todos, por afetar a comunidade e existir a forte necessidade e interesse do Estado, esse «cuidadoso guardião do sangue congénito das gerações futuras», de regular esta questão (*ibidem*, p. 130). Em *A Vision of the Future*, Clapperton admite a eventualidade de os «controlos científicos da conceção»([29]), cuja disseminação referia ter crescido no Reino Unido nos últimos 20 anos, serem adotados por via de algum enquadramento legal (*ibidem*, p. 109), de modo que as «massas» limitassem também o número de filhos. Independentemente das medidas específicas definidas pelo Estado, este precisava de ponderar e intervir em áreas que continham tanto um dilema quanto um gasto «inconcebível» de esforço por parte de seres racionais: por exemplo, a procura da diminuição da taxa de mortalidade daqueles cuja vida se perpetuou apenas por via da filantropia e da benevolência das organizações dadas à caridade (*ibidem*, p. 91).

A receção da ciência eugénica em Portugal data, segundo Ana Leonor Pereira, de finais do século XIX, formando-se então um pensamento português sobre a eugenia que toma como modelo preferencial a França, refletindo a mesma tendência para a subordinação da eugenia à higiene científica (Pereira, 2001, p. 551). A preocupação maior daqueles que em Portugal começaram por debater a eugenia,

---

([28]) «Love is left free from coercive control in the sphere of individual life» (Clapperton, 1904, p. 113).

([29]) No texto original: «scientific checks to conception».

de escritores a cientistas, foi o modo de lidar com a reprodução de indivíduos portadores de patologias adquiridas e transmissíveis. Dada a predominância deste tópico, foram advogadas medidas como a inspeção médica antes do casamento e o impedimento de matrimónio perante risco de transmissão de patologias.

Médicos como António Maria de Sena (1845–1890), considerado o primeiro grande psiquiatra português, admitiam uma eugenia negativa, de efeitos considerados imediatos. Deste modo, para «criminosos natos» ou sem correção, propunha-se a aplicação de pena de prisão perpétua; para pessoas portadoras de variadas doenças contagiosas ou hereditárias, incluindo distúrbios mentais, apontava-se o confinamento no hospital, com a proibição de ter relações sexuais. A esterilização foi objeto da reflexão e condenação do médico Miguel Bombarda (1851–1910), que se manifestou contra a proibição da união matrimonial baseada em motivos patológicos, tendo elaborado um «livrete de casamento». Apenas o neurologista Egas Moniz (1874–1955) defendeu a esterilização como medida de erradicação da hereditariedade mórbida, se bem que circunscrita a casos acompanhados em clínica; Moniz introduziu também o argumento eugénico como fundamento da instituição do divórcio (*idem*, *ibidem*, p. 552). É de frisar ainda que o tema esteve ausente das primeiras intervenções de feministas em Portugal, contribuindo a separação entre republicanismo, legalismo e sufragismo para dificultar as aproximações entre umas e outros (Freire e Lousada, 1982, p. 1390)([30]).

([30]) Neste sintético relance sobre a receção da ciência eugénica em Portugal, é de notar ainda a falta de interesse do regime salazarista, segundo Irene Pimentel, em acolher medidas de eugenia positiva, delegando as tarefas assistenciais na Igreja, caucionando a não intervenção do Estado nestas áreas (Pimentel, 1998). No que diz respeito aos colóquios integrados no Congresso do Mundo Português, em 1940, verificou-se na maioria das participações a defesa de posições eugenistas, as quais denotavam preocupações com o melhoramento dos atributos da «raça» portuguesa (Matos, 2010, p. 97). Para a história do movimento do neomalthusianismo a partir da experiência dos anarquistas que viveram em Portugal na primeira metade do século xx, ver compilação de textos organizada por Freire e Lousada (2012).

Retomando o panorama inglês, importa notar que *Scientific Meliorism* é publicado oito anos depois da criação da Liga Malthusiana, uma entidade empenhada na educação do público em geral para o planeamento da natalidade, promovendo a disseminação de informação sobre métodos anticoncecionais e o combate à pobreza. Também Clapperton, com o seu primeiro livro, vem corroborar a perceção da hereditariedade como um processo racionalmente controlável e já não como um fenómeno isento de gestão, por assim ser considerado potencialmente disseminador de *evil stock* e fonte permanente de deterioração social e pobreza. De novo, reafirma-se a finalidade do bem-estar coletivo, perseguido à luz da ética e da educação que mulheres e homens precisavam de receber desde os primeiros anos de vida. Trata-se da segunda mais sólida fundação da reviravolta racional que urgia, em nome da humanidade como um lugar bom e feliz: a educação. Uma força civilizacional capaz de moldar as pessoas, desde muito cedo, a perseguirem tanto os seus direitos como os dos outros.

A educação e a casa como oficinas de boas qualidades

Clapperton considerou a educação «o segundo grande fator humano na evolução do homem», colocando-a na dependência dos «mais altos termos do conhecimento sólido e da aplicação desse conhecimento pelos homens e pelas mulheres» (1904, p. 237). Asseguradas as bases genéticas sem sombra de *evil*, como resultado da reprodução bem orientada e planeada, seguia-se, para os nascidos «aptos», o tempo de adaptação racional aos vários contextos e ambientes, um processo de crescimento cuja finalidade maior era ajudar à «elevação da humanidade». A educação torna-se, assim, sinónimo de um cuidadoso e paciente trabalho de moldagem da natureza social do indivíduo; este trabalho, que resultará tanto melhor havendo matéria-prima de qualidade, ou seja, existindo boas fundações genéticas, reveste-se do maior mérito quando culmina em homens e mulheres de carácter nobre. A educação extravasa amplamente os domínios do ensino e da escolaridade, demarca-se até deles, para passar a abranger as variadas esferas do que Clapperton apelida de a «órbita» juvenil, composta pela casa de família, creche, espaços da natureza e, só mais tarde, nos anos da adolescência, a escola secundária e a universidade. Vista do presente, a projeção que daqui resulta poderá eventualmente soar idílica, por isso de novo importa reafirmar as conceções em que assenta. Por um lado, baseia-se no inconformismo de Clapperton perante o mal-estar social e mesmo a falta de «comunhão genuína de sentimentos» que via atravessar muitas casas e famílias de distintas classes sociais (1885, pp. 219–244); por outro, apoia-se na crença da autora na construção de uma humanidade feliz com os instrumentos facultados pela ciência, a começar pela «seleção inteligente».

No princípio e no fim será a casa, Clapperton podia ter escrito. A casa é, para ela, o universo eleito de aprendizagem das humanidades, com a sua potencial «atmosfera de afeto e vibrando em variadas atividades» (Clapperton, 1904, p. 250). Uma autêntica oficina de qualidades, impermeável às influências maléficas, é assim que mais se apresenta o desejado cenário da casa familiar. O acento na relevância dos ambientes domésticos deriva de propiciarem o hábito e o treino dos mais jovens no desempenho de tarefas úteis aos outros, que os preparam para uma vida autónoma e mesmo para papéis de futuros cuidadores. Clapperton pretendia, com esta visão da casa desejável, contrariar a tendência que verificava na educação em geral para menosprezar o trabalho útil, bem como a ideia, segundo ela acentuada pelas discrepâncias entre ricos e pobres, de que a maior dignidade consistia em ser servido por outros e ter meios para os contratar e explorar (*ibidem*, pp. 241–242). Em casa, escreve Clapperton, havia todo o benefício e vantagem em ajudar e colaborar em tarefas de arrumação e limpeza e, desse modo, treinar simultaneamente a vista, a destreza manual e as faculdades mentais.

Sem negar o sistema escolar, acreditava que o «futuro da nação» se decidia largamente na «vida de casa da nossa gente» (*ibidem*, p. 244). Assim, entendia que as mulheres educadas podiam desempenhar um papel especial, por serem capazes de influenciar o seu círculo. Por seu lado, as mulheres pobres precisavam, desde logo, de ter casas com as devidas condições, de onde não fosse preciso fugir logo que chegava o sol e o calor, como faziam as crianças e os jovens mais pobres, em debanda para a rua, sequiosos de espaço e expondo-se lá fora a variados perigos e distúrbios (Clapperton, 1885, pp. 57–58); se também estas mulheres não pudessem envolver as suas crianças na vida doméstica, o Estado social não seria integralmente melhorado. Mas antes da casa familiar, o funcionamento da creche tinha muito em que ser mudado, desde logo no referente à formação das cuidadoras, porque eram mulheres sem competência para o papel, principalmente por terem sido educadas por uma autoridade «arcaica», o que as tornava inaptas na tão difícil e tão imprescindível tarefa de distribuir direitos e cultivar o sentimento de justiça entre crianças (*idem*, *ibidem*, pp. 198–200; *idem*, 1904, pp. 190–192).

Depois de formados rapazes e raparigas com personalidades nobres, em casa, sob a luz ampla e afetuosa do exemplo, os jovens poderiam, por volta dos 16 anos, entrar na escola secundária e na universidade. Clapperton encara os métodos formais de ensino como objeto de um debate em aberto, valorizando o relevo que os *nature-studies* estavam a adquirir, como refere, nos currículos de escolas públicas na América. Ante o foco predominante no ensino da gramática, história, geografia ou aritmética, mais salientava o interesse dos movimentos defensores de tempo consagrado à vivência e ao estudo da natureza, no campo ou à beira-mar, com as crianças e os jovens livres para observar essa natureza ao sabor do impulso e da curiosidade, na companhia de instrutores atentos. Para Clapperton, tratava-se de momentos de aprendizagem mais valiosos do que semanas de aprendizagem livresca limitada por quatro paredes. Além do mais, tal convivência próxima com a natureza estava em consonância com as descobertas científicas do século em que Clapperton escreve; estudar a natureza era, como ela escreve, a estrada mais direta para o progresso material (1904, p. 238). Discorda da tendência maciça, que observava, de enviar rapazes e raparigas para escolas secundárias e colégios, em vez de se aperfeiçoarem nas possibilidades educativas dos ambientes domésticos e dos cenários naturais, familiarizando-se com o seu funcionamento. Embora afirme acreditar que o movimento em favor da educação secundária e superior da mulher representava um avanço civilizacional, Clapperton critica que também as raparigas fossem enviadas para escolas secundárias e colégios, num mecanismo ditado pela moda. Reconhece que nesses contextos elas podiam ganhar em refinamento e conhecimento do grego, do latim e da alta-cultura; mas o que parecia continuar a motivá-las mais era a busca de futilidades e pequenos prazeres (*ibidem*, p. 248).

São críticas que se entendem melhor tendo em conta que Clapperton confere importância primordial à convivência entre os dois sexos desde muito cedo, por beneficiar as mulheres e também os homens e, ao mesmo tempo, melhorar a sociedade. Em jogo estava, novamente, o princípio de o bem de uma parte concorrer para a felicidade do todo. O progresso, notava ela, depende da união mental, emocional e espiritual dos sexos, mas simultaneamente observa que várias fações do movimento de emancipação das mulheres se revelavam desatentas a tão fundamental necessidade. Alguns reformadores, considera Clapperton, encaravam o acesso das mulheres à escola secundária e universitária como poderoso fator de união dos dois sexos, isto por o ambiente escolar proporcionar a partilha de interesses em matéria de cultura (*ibidem*, p. 262). Mas tal teria pouco proveito se antes rapazes e raparigas não tivessem sido educados em conjunto; e aí, adianta Clapperton, revelava-se muito frutuoso o desporto ao ar livre, incentivando gostos comuns e dando mais liberdade social às raparigas do que estavam acostumadas. Em *Scientific Meliorism*, Clapperton tinha apontado os efeitos desfavoráveis da grande diferença de liberdade e autonomia na juventude de rapazes e raparigas, com os primeiros a dominar as segundas logo no ritual da dança; já a patinagem, livre de tantas etiquetas e praticada a céu aberto, descontraía as regras e deixava os dois sexos mais par a par (1885, pp. 152–153). E novamente a sua atenção se voltava para os constrangimentos vividos pela maioria das mulheres trabalhadoras, sem tempo de recreio, no qual o desporto e a «vibração do sentimento social» nunca eram treinados (Clapperton, 1904, p. 263).

Em casa, insiste sempre Jane Clapperton, germina-se o carácter, a atitude humanitária e até o instinto maternal. Este era possível de ser experimentado por todos os seres humanos, como pode concluir-se das reflexões sobre o modo como Harriet Martineau acolheu, aos nove anos, o nascimento de uma irmã, numa família de oito irmãos. Clapperton recupera as lembranças de Martineau, relatadas em *Household Education* (1848), para começar por realçar a importância que considera ser dada por aquela autora a uma casa «plena e satisfatória» (1885, p. 357) no desenvolvimento de sentimentos e, através destes, do carácter. Uma mulher de «reflexão calma», como Clapperton descreve Martineau, era capaz, na sua opinião, de recordar e pesar as impressões da sua própria infância, conseguindo distinguir naquele episódio uma forte influência educacional.

Pelas palavras de Martineau citadas por Clapperton, percebe-se que o acompanhamento dos primeiros anos de vida daquela irmã foi vivido num estado de contentamento alvoroçado e curiosidade cheia de interrogações interiores; um estado mais compreensível sendo Harriet uma criança muito tímida e com dificuldades auditivas e, logo, com redobrado espírito de observação([31]). Várias vezes por dia, dava por si a agradecer a entidades divinas tê-la permitido ver o crescimento de um ser humano desde o seu começo (Clapperton, *ibidem*, *loc. cit.*). Ao mirar a irmã no berçário, chegara a recear que ela não fosse capaz de falar:

> Quando pensava em todas as árvores e plantas e todas as estrelas e todas as faces humanas que ela teria de fixar, já para não falar das lições, eu ficava terrivelmente oprimida e quase chegava a desejar que ela não tivesse nascido. Veio depois o alívio de descobrir que o caminhar chegou por si, por passos; e depois o falar veio por si, palavra a palavra. (*Idem*, *ibidem*)

Reteve, então, a «lição» de que existia sempre um caminho a abrir-se defronte dos humanos, por mais medos que rodeassem

([31]) A família, da classe média, descendia de huguenotes franceses. Na adolescência, Harriet deixou de poder ouvir e esta perda conta-se entre outros problemas que a vida cedo lhe trouxe, como, aos 27 anos, a derrocada de empresas familiares e o consequente declínio de rendimento e estatuto social (Deegan, 2003). A dupla inferioridade que representava, no século xix, ser mulher e ser deficiente foi revertida numa especial capacidade para observar desapaixonadamente o mundo, com a ajuda de uma trombeta acústica de que dependia e de um telescópio. Neste dimensionamento dos instrumentos à sua medida, alguns autores detetam a criação de uma figura «ciborgue» (Mann e Rogers, 2011).

o futuro vislumbrado; os poderes dos homens e das mulheres superavam o desespero, sempre de acordo com «as leis da natureza».

O «instinto maternal» que Clapperton observava em Harriet Martineau significava, principalmente, o «sentimento altruísta da ansiedade com o bem-estar e a felicidade de uma outra pessoa» (*ibidem*, p. 358). As capacidades de observação e reflexão de Harriet tinham sido despertadas, ganhara uma valiosa experiência e todo esse movimento fora desencadeado pelo amor por uma criança recém-nascida. No olhar de Clapperton, fora assim que Harriet Martineau aprendera as suas «humanidades». E não eram as humanidades em sentido «académico», mas sim no «verdadeiro sentido», ou seja, correspondiam ao «carácter», cujo crescimento era um dos grandes objetivos da educação. A formação em humanidades não tinha lugar exclusivo nos colégios e universidades, do mesmo modo que o denominado instinto maternal não habitava obrigatória e exclusivamente as mulheres e as meninas.

Podia haver, pois, grupos familiares não convencionais e também neste tópico George Eliot compunha quadros inspiradores. Fixe-se, entre outros exemplos possíveis, em *Silas Marner*([32]), a invulgar família constituída pelo tecelão Silas Marner e a filha adotada. Aos dois anos, a criança — filha de mãe encontrada morta e de pai revelado apenas aos leitores, por muitas páginas — é subitamente conduzida à casa onde o tecelão vivia, até aí sempre sozinho, às voltas com o seu tear, o seu trabalho e a sua dor. Silas, celibatário e homem algo rude e distante da comunidade, decide responsabilizar-se por ela e, com a ajuda e conselhos de uma vizinha, alimenta-a, lava-a, veste-a e acompanha-a, além de vigiar os seus passos enquanto trabalha no tear. Tudo num cenário cujo funcionamento questiona a tradicional distribuição de papéis entre homens e mulheres, dando a ver uma masculinidade desconcertante, capaz de cuidar de si e de educar uma

([32]) Terceiro romance de George Eliot, publicado em 1861, ano em que celebrou 42 anos e tinha já, entre outros autores, traduzido Feuerbach e Espinosa. O segundo acentuou, tal como as figuras mais fortes dos livros de Eliot se dão conta em momentos-chave, que um ser se expande pela força da alegria e não pelas emoções tristes, as quais travam a potência do agir (Espinosa, 1992 [1677]).

criança. Na atenção protetora do crescimento daquele inesperado ser, e sem haver um laço sanguíneo ditando alguma predestinada (re)união, o «instinto maternal» do homem manifesta-se num processo de reverberação, visível na seguinte passagem, entre outras:

> À medida que o espírito da criança [Eppie] ganhava em saber, o dele [Silas Marner] ganhava em recordações; à medida que a vida de Eppie se desenvolvia, a alma do tecelão, tanto tempo entorpecida numa prisão fria e estreita, desenvolvia-se também e, ainda trémula, regressava lentamente a uma plena consciência de si própria. Era uma influência que devia ganhar força a cada novo ano. (Eliot, 1941 [1861], p. 225)

No discurso de Clapperton, que tanto discute e questiona o sistema de educação e os *loca* fundamentais da formação das humanidades, ressoa como que um pulsar «contracultural», isto por também nas obras da autora ser percetível algo do movimento da contracultura, produzido na segunda metade da década de 60 do século XX, nos Estados Unidos da América (EUA). Reivindicava novos entendimentos da capacidade humana de experiência e do seu poder de transformação e rejeitava, de maneira radical, as bases da economia capitalista, por ver nela a fonte de sistemas repressores de liberdades individuais. A contracultura defendia a urgência de transformações na economia, ciência, política, cultura, educação, família e sexualidade, em nome de uma salvação individual e coletiva. A «sociedade da abundância» e a «sociedade de consumo»([33]) eram, para esta corrente divergente, as molduras hegemónicas que constrangiam a vida dos indivíduos, por os treinar num heroísmo de *self-made man* e *self-made woman*. Tais heróis distinguiam-se pelos capitais que davam mostras de conseguir possuir, acumulando mais uniformização e vazio espiritual do que poder de emancipação([34]).

([33]) Ver Galbraith (1984 [1958]), Marcuse (1964), Debord (2010 [1967]) e Baudrillard (2010 [1970]).

([34]) Se bem que, enquanto a contracultura, na sua diversidade de aspirações e causas, surge ligada pela contestação da validade da mundividência científica convencional (Roszak, 1971 [1969]), no pensamento de Clapperton a ciência constitui a alavanca da emancipação.

Em *Scientific Meliorism*, este tema também já espreita, designadamente com a crítica de Clapperton à dominação exercida pela moda e à tendência dos indivíduos para a imitação (1885, p. 231), processo a que também alude a obra *A Teoria da Classe do Lazer* (1899), de Thorstein Veblen (1857–1929), ao focar a sociedade norte-americana no final do século XIX para nela analisar a relação entre o consumo, o ócio e o estatuto social. Clapperton reparava igualmente, entre os mais pobres, na existência de uma mistura de descontentamento e frustração por não poderem possuir objetos de luxo, cuja crescente produção resultava da consolidação das artes industriais e da riqueza nacional e eram destinados à felicidade de poucos, afirmando ela não acreditar nesse modo de felicidade (*ibidem*, pp. 267–268). Como notava, raros eram os que se contentavam apenas com contemplar os objetos que gostariam de poder adquirir. Era o caso de Tommy Traddles, personagem do romance *David Copperfield* (1850), de Charles Dickens (1812–1870). Trabalhador árduo desde a infância, Tommy costumava, às vezes, assistir ao espetáculo noturno das montras, na companhia da esposa, indicando os dois um diamante ou um relógio de ouro que gostariam de poder oferecer-se, regressando a casa satisfeitos e confortados por os ter contemplado (*ibidem*, p. 268). Era uma contenção fortemente oposta a um viver constantemente estimulado e conduzido pela posse de múltiplos e novos objetos com miríades de novas funcionalidades, que o progresso proclamado como vida melhor, mais igualitária e de maior conforto consagrou após a Segunda Guerra Mundial, inicialmente na já referida «sociedade de consumo» e, mais tarde, com outras *nuances*, na «sociedade dos consumidores» (Rochefort, 1995).

Retoma-se o tópico da educação e do papel que homens e mulheres tendiam a desempenhar, por motivos que se relacionavam também com o seu lugar em fases ancestrais das sociedades. Ao analisar amplamente as transformações nas relações de poder entre os sexos a partir do caso da Roma Antiga, Norbert Elias (1897–1990) argumentou que em sociedades guerreiras as diferenças de força física conseguiram ser determinantes, mas a subordinação das mulheres nas sociedades modernas resultava de formas de domínio praticadas em graus mais complexos e subtis (Elias, 1987)([35]). Clapperton também salienta como o carácter bélico, e a afirmação do mais forte pela capacidade física, tinha cavado uma divisória emocional entre os sexos([36]). Assim, o egoísmo, nos homens, surgia menos ofensivo, porventura por ser forjado na maior entrega deles à competição e luta pela existência; por sua vez, as mulheres voltaram-se para o «altruísmo especializado» (Clapperton, 1904, pp. 264–265)([37]). Diz Clapperton que se o movimento para o socialismo industrial constituía o resultado da energia masculina, a mulher e dona de casa tinha de ser a energia do movimento para o socialismo doméstico (*ibidem*, p. 265), embora acrescentasse que no sucesso deste movimento era indispensável a cooperação do homem. Importava era que os dois não chegassem ao casamento como dois estrangeiros que nunca trocaram vocabulário. Urgia que eles e elas convivessem desde a primeira idade nas casas familiares e em outros ambientes, para que na adolescência as personalidades afins se pudessem sintonizar numa «união manifesta em simpatia dual que se tornará na força libertadora do mundo na qual e pela qual a emancipação da mulher será completa» (*ibidem*, p. 266). Para que também o casamento abrisse um espaço de libertação pessoal em vez de repetir a sua marca tradicional: uma relação de sujeição para as mulheres, a maior parte delas saldando-a em infelicidade, mais ou menos encoberta conforme a classe social.

([35]) Tão subtis que continuam a repetir-se, isto sob a aparentemente atingida igualdade de direitos e oportunidades. Segundo Stephen Mennell, o estudo de Elias, intitulado «The Changing Balance of Power between the Sexes — A Process-Sociological Study: The Example of the Ancient Roman State», corresponde a uma pequena parte sobrevivente de um manuscrito, de mais vasta dimensão, sobre as relações entre os sexos, destruído, de modo inoportuno, em 1971, por uma empregada doméstica de Elias (Mennell, 1989).

([36]) Cita Henry Finck (1854–1926) e o seu livro *Primitive Love and Love Stories* (1899).

([37]) Tal «altruísmo especializado» está entre as mais fortes fundações da ética do cuidado e da responsabilidade, que as mulheres tendem mais a cultivar, segundo a filósofa Carol Gilligan (1936–); por seu lado, os homens desenvolveram mais uma ética da justiça. Uma não é superior à outra, e, por isso, deve haver entre elas complementaridade (Gilligan, 1982).

Da sujeição para a libertação: sexualidade, casamento, divórcio

A reconstrução e a remodelação da vida doméstica propostas pelo meliorismo científico apontavam para que em casa os jovens fossem instruídos também em matéria de comportamento sexual, uma missão que Clapperton antevia ser «relativamente fácil» (*ibidem*, p. 145). No seu olhar, a omissão e repressão da sexualidade semeavam só infelicidade. Como se viu anteriormente, mesmo como técnica contracecional, e em nome do controlo da população e da qualidade genética da raça, a abstinência sexual era injusta; por outro lado, a sexualidade não era redutível à reprodução, à experiência de ter filhos. O programa clappertoniano contém, pois, um louvor aberto da sexualidade em si e do conhecimento do corpo, bem como o apelo à mudança de comportamentos e valores relacionados com a instituição do casamento, problematizando as bases da relação monogâmica: a permanência e a exclusividade (Clapperton, 1885, p. 321; *idem*, 1904, pp. 111–143). Nas várias peças que compõem a teoria de Clapperton, observa-se a persistente convicção de que a condição primordial de felicidade habitava no poder de homens e mulheres, intelectual e moralmente iguais e livres, formarem relações íntimas e duradouras uns com os outros, do mais variado carácter (Leng, 2011, p. 223[38]).

Desde o seu primeiro livro alertava para os benefícios de as raparigas, chegada a puberdade, descobrirem o corpo e estimularem os órgãos sexuais (Clapperton, 1885, p. 321), quase um prolongamento dos *nature-studies*, mas com um ganho muito concreto para a sua vida sensorial e relacional: o de lhes proporcionar a preparação para a vivência da relação sexual no casamento, sendo nesta modalidade que as relações íntimas surgem predominantemente emolduradas no pensamento de Clapperton. O adiamento da ligação matrimonial, como método preventivo do aumento populacional, era portador de infelicidade; melhor era casar-se cedo, desenhando um quadro harmonioso dos esposos jovens, que se educam conjuntamente para

---

([38]) Cita «Miss Jane Hume Clapperton, Authoress», *Women's Penny Paper* 35, 1989: p. 1.

melhor saberem lidar com as eventuais responsabilidades familiares que vão assumir (*idem*, *ibidem*, p. 307).

O casamento, não se restringindo a uma modalidade obrigatória para a vivência da intimidade, é bem-visto por Clapperton desde que fosse profundamente remodelado na sua arquitetura. Em primeiro lugar, precisava de se fundar não na transação comercial, a alavanca mais recorrente a mover a união matrimonial, mas sim no amor, a única fundação verdadeira que ela encontra para esta parceria (Clapperton, 1904, p. 305). O predominante «casamento mercenário» tinha colocado a mulher perante o marido como mera propriedade, e a evidência desse vínculo estava nas condições em que o divórcio legal era permitido: não por causa de falta de afeto ou por incompatibilidade, mas antes quando havia prova de adultério, em que a terceira parte podia ser compelida a compensar financeiramente o marido; já se o adultério era praticado pelo marido, a indemnização da mulher não estava prevista. O casamento, afirmava Clapperton, era uma daquelas instituições que tinham sempre servido mais a vida do que a felicidade (*ibidem*, p. 131), colocando as mulheres numa relação de sujeição na qual iam pairando como que numa hipnose. Mas no tempo em que escreve Clapperton, em que se reivindicava a igualdade de direitos, incluindo o acesso ao divórcio e ao voto, ela dizia ser altura de as mulheres despertarem do torpor e da hipnose impostos por muitas eras de completa sujeição ao homem (Montefiore, 1905). Denunciava a máscara que a sociedade britânica tão diligentemente usava, ao ensinar aos mais novos a doutrina puritana, enquanto, por outro lado, consentia nos casamentos movidos somente pelo dinheiro e os fomentava (Clapperton, 1904, p. 147). E congratulava-se por sentir à sua volta uma irradiação de revolta quanto ao que apelidava de «atitude mental não científica», encobrindo o instinto sexual com um «desdém hipócrita» (*ibidem*, pp. 102–103). O «apetite sexual»([39]) deveria ser, segundo ela, cultivado responsavelmente em vez de retraído ou abafado, com os seres humanos a conseguirem expressar-se sexualmente de forma desassombrada, sem temor. Tome-se aqui

([39]) Expressão que Clapperton emprega e haveria, cada vez mais, de dar lugar a «desejo sexual».

a alegoria sobre «apetite» contida no romance *Silas Marner*, atrás citado. Fala a narradora Eliot:

> [...] o campo da sua imaginação [a dos «homens estreitamente dominados pelas primeiras necessidades»] está quase vazio de imagens que alimentem os desejos e as esperanças, ao passo que se encontra inteiramente dominado por recordações que são um perpétuo pasto para o temor. «Apetece-lhe comer alguma coisa que lhe agrade ao paladar?» perguntei um dia a um velho camponês, na sua derradeira doença, e que recusava todos os alimentos que a mulher lhe apresentava. «Não», respondeu ele, «nunca me habituei senão à alimentação ordinária, e já não a posso tomar». O seu género de vida não fizera nascer nele desejo algum capaz de evocar o fantasma do apetite. (Eliot, 1941 [1861], p. 16)

Comparativamente com o que expusera em 1885, em *Scientific Meliorism*, a reflexão de Clapperton em *A Vision of the Future* sobre as bases da monogamia mostra-se mais aprofundada. Entre as perguntas com que envolve os leitores, lança a seguinte: «Deveríamos considerar a permanência e a exclusividade elementos essenciais na união sexual e mais adequados à humanidade na época presente?» (1904, pp. 138–139). Sobre a primeira, ela entendia que se afigurava valiosa para fortalecer o laço amoroso; contudo, se este se desfazia, a permanência do vínculo matrimonial tornava-se irracional, tal como os efeitos colaterais do costume: miséria privada e desordem pública. Além do mais, Clapperton repara que as condições financeiras e sociais da época, conjugadas com aquilo a que hoje se chamaria «estilos de vida», tornavam muito raras as hipóteses de uma pessoa conhecer e se unir ao seu «true life companion». Daí a importância, para todas as classes sociais, do recurso ao divórcio, quer para dissolver matrimónios artificiais quer para possibilitar outros casamentos. Numa perspetiva da lei do divórcio em diversos países, destaca o estado mais avançado, ao tempo, da Alemanha, Suíça e EUA (Clapperton, 1885, p. 319), a contrastar com a situação limitada da Inglaterra. Se havia uma justa definição de «ideal de casamento civilizado», Clapperton descobrira-a no livro que John Stuart Mill (1806–1873) publicara em 1869, *A Sujeição das Mulheres* (*idem*, *ibidem*, p. 305). O casamento, afirmava Mill, devia ser como uma sociedade na qual ambos os associados detêm igual poder de decisão, sendo acordados entre eles os direitos, os deveres e as funções de cada um.

Quanto à exclusividade, o outro pilar tradicional da relação monogâmica, Clapperton encara-a mais como um fator de estreitamento e de restrição de sentimentos pessoais do que como uma extensão do amor. A sua posição é simultaneamente de abertura e reserva, levantando uma questão significativa cuja resposta conscientemente limitada faz depender do estado ainda prematuro da libertação sexual das mulheres:

> Quando a mulher ganhar a sua liberdade e não for mais, em quaisquer circunstâncias, dependente e escrava do homem, mas sim a sua amiga e camarada na batalha da vida, será que ela refreará a expressão física do sexo-amor, respondendo já sem medo a todos os ternos laços que a unem com o sexo oposto? Uma resposta dogmática, no presente, é impossível. Pessoalmente, os meus instintos — tanto quanto os conheço — concordam com o dito de Herbert Spencer: a forma última de relação sexual será monogâmica; mas reconheço as minhas próprias limitações. Uma vez que as mulheres da minha geração são filhas de escravas, dificultadas por dentro e por fora por sobreviventes de uma época de sujeição sexual em que a dominação do homem impôs à mulher uma castidade que ele repudiava para si, o ponto de vista a partir do qual o ser libertado do futuro decidirá a sua moralidade sexual não está no centro da minha apreensão. (Clapperton, 1904, p. 141; tradução nossa)

Mary Wollstonecraft, considerada a principal autora da primeira vaga de feminismos([40]), tinha já discutido, no final do século XVIII, a

---

([40]) Corresponde a uma fase designada feminismo iluminista, caracterizando-se pela defesa do reconhecimento da igualdade de inteligência das mulheres e do seu direito à educação (Valcárcel, 2008).

Um anterior conjunto de vozes femininas tinha já pensado a difícil existência da mulher na sociedade. Foi o caso da francesa Cristina de Pisano (1364–1430), a primeira mulher a viver do trabalho da sua escrita, prosa e poesia, por encomenda. Neste núcleo embrionário que abordou o estatuto inferior das mulheres, inscrevem-se também a italiana Modesta di Pozzo (1555–1592) e a inglesa Mary Astell (1666–1731) (King, 1994 [1991], pp. 226–228). E mesmo que Pisano revelasse nas suas obras perspetivas ambivalentes sobre o lugar das mulheres, distinguiu-se, e ao contrário da esmagadora maioria de comentadores

moral sexual convencional e o significado da relação de exclusividade em que assentava o casamento. A autora de *Uma Vindicação dos Direitos da Mulher* (1792), texto que constitui a primeira «declaração feminista de independência» (Brody, 1975, p. 7)([41]), chamou a atenção para a inoportunidade de chamar «virtuosa» a uma mulher que é fiel ao marido, pelo facto de a sua liberdade de escolha estar inibida pela tirania do casamento. Por outro lado, questionava Wollstonecraft, como condenar uma mulher dita «infiel» ao marido quando a sua educação, desde criança, a encorajava e treinava para ser a primeira das *coquettes*? (*idem, ibidem*, pp. 7–65).

Em *Scientific Meliorism*, ao abordar o ambiente tendencialmente sufocante dos lares britânicos, ricos e pobres, Clapperton refere o exemplo da «nobre Mary Wollstonecraft e o seu marido filósofo William Godwin [1756–1836]», pela originalidade que a vida deles em comum representou. Para combinar os feitios opostos, a «extrema sensibilidade e temperamento repentino» (Mary) e uma natureza mais fria (William), os dois estabeleceram ter casas separadas e ter vida social não exclusivamente na companhia um do outro. Também estes dois percecionavam já o carácter «funesto» do desejo de fusão dos seres humanos, em nome do amor([42]).

A autonomia na relação amorosa não impedia Wollstonecraft de dizer a Godwin, com uma ironia que disfarçava saudade, que «um

---

renascentistas, por classificar as mulheres de acordo com critérios sociais e não sexuais, ou seja, considerou-as aristocratas, camponesas ou burguesas, em vez de as chamar «virgens», «matronas», «velhas» (*idem, ibidem*, pp. 235–236).

([41]) Isto quando o tema dos direitos do homem estava a levar a revolução aos EUA, à França e até a agitar o parlamento inglês.

([42]) Quando o que importava era, nas palavras da ensaísta Lou Andreas-Salomé (1861–1937), que cada um, em vez de se confundir com o outro, se enraizasse «robustamente num solo particular, a fim de se tornar todo um mundo para o outro» (Ferreira, 1988, p. 370). Continuando nesta linha, Simone de Beauvoir escreveu, em *O Segundo Sexo*: «reconhecendo-se mutuamente como sujeito, cada um [homem e mulher] permanecerá, entretanto, um *outro* para o outro; a reciprocidade das suas relações não suprimirá os milagres que gera a divisão dos seres humanos em duas categorias separadas: o desejo, a posse, o amor, o sonho, a aventura» (Beauvoir, 2008 [1949], pp. 556–557 [itálico no original]).

marido é uma parte conveniente da mobília da casa, a menos que seja uma peça desajeitada» (Clapperton, 1885, p. 240)([43]). Mas a regra dos casamentos era fazer saber às esposas, mais tarde ou mais cedo, como um marido podia ser o móvel mais pesado da casa. Não que o contrário fosse impossível, mas as normas do matrimónio colocavam a mulher como a figura dependente e subjugada. Uma das que o souberam foi Helen Alving, personagem da peça *Espectros* (*Ghosts*), que Henrik Ibsen (1828–1906) publicou em 1881. Não se sabe se Clapperton terá assistido, em 13 de março de 1891, à estreia da peça em Londres. Mas leu uma crítica teatral e citou-a entusiasticamente, porque o crítico descortinou na peça o «sonho da revolta — a revolta da "alegria da vida" contra a obscuridade da rigidez, a moralidade convencional [...] a revolta do indivíduo contra a opressão e o preconceito social» (Clapperton, 1904, p. 104). Helen Alving, uma mulher que apenas conseguira terminar um casamento opressor quando o marido morrera, continuando a carregar as dores desse matrimónio, mantido em nome do filho, portador de sífilis herdada do pai e que chega a pedir ajuda à mãe para morrer. Helen inverte os papéis estipulados para as mulheres, levanta a voz. Passado tanto tempo, ela fala como juíza do marido, desobedecendo ao mandamento religioso e, assim, descobrindo a mentira de 19 anos de conjugalidade. É uma catarse que não a livra de continuar a observar, por todo o lado, fantasmas. Helen vê-os a «povoar este país todo, espectros por toda a parte... como grãos de areia numa praia, acho eu. E depois nós, todos nós a viver com um lastimável medo da luz» (Ibsen, 2008 [1881], p. 171).

Das peças de Ibsen, o também dramaturgo Arthur Miller (1915–2005) disse que transportam, como as tragédias gregas, o tema das «transgressões do passado que se transformam nas sementes da catástrofe presente» e que na estrutura dos textos ibsenianos se trata «de tudo encaixar, como num organismo natural, num ser humano,

([43]) Casaram-se em 1797, cinco meses antes do nascimento da filha Mary (Mary Shelley, escritora), gerando o protesto geral dos mais próximos, pois «a vida privada daqueles dois era demasiado pública para que esta história fosse considerada um assunto privado [...] era a União livre que desposava o Pensamento radical» (Bernheim, 2014, p. 18).

por exemplo, ou numa rosa» (Ibsen, 2008). Associando sexo, pureza e flor, esta visão de Henry David Thoreau é exaltada por Clapperton: «para quem o sexo for impuro, não existem flores na natureza» (1904, p. 104). Na ligação antevista e desejada por Clapperton entre sexualidade, relações de intimidade e casamento, esvaziava-se, pois, a prostituição. O aluguer momentâneo de um corpo era já uma peça morta, sem encaixe no elemento puro que é o sexo, poderia dizer Clapperton(44).

Socialismo e comunitarismo, ou o governo do Estado e da casa

Várias iniciativas de Robert Dale Owen (1801–1877), um industrial que lutou permanentemente pela garantia de boas condições de trabalho e pela proteção das crianças nesse universo, e um socialista utópico que influenciou Karl Marx (1818–1883), são abordadas em *Scientific Meliorism*, sendo sempre louvada a sua intervenção como reformador. Mas quanto ao «socialismo como remédio», Clapperton afirma nada ter que ver com tal ideia; importava-lhe, sim, «mostrar tão vastas e reais são as queixas, os males e as misérias nos quais o *argumento* do socialismo está baseado» (1885, p. 36 [itálico no original]). Em 1885, escrevia que o «socialismo do Estado pode ser tentado [...] mas nunca vingará» (*ibidem*, p. 249).

Quase 20 anos depois da publicação do primeiro livro, a receção descrente do «socialismo do Estado» transforma-se em adesão explícita, quando atribui ao Estado e ao governo não só as capacidades de gestão e organização social mas também a defesa do socialismo. Tal é particularmente saliente no segundo capítulo de *A Vision of the Future*, em que cita diversas fontes da Sociedade Fabiana sobre, entre outras matérias, a desigual distribuição da riqueza e a concentração da propriedade. A Sociedade Fabiana fora criada em 1884, e o trabalho desde então desenvolvido pela instituição, de que Clapperton foi

(44) Sobre o tema da prostituição, encarada como aluguer do corpo, e ainda sobre a sua relação com a noção de «intimidade», veja-se Carmo e Fráguas (2003) e MacLaine (1970).

próxima, como se verá adiante, pode ter influenciado também o seu pensamento, refletindo *A Vision of the Future* o que tudo indica ser a maior socialização política de Clapperton no período subsequente ao lançamento de *Scientific Meliorism.*

A autora discorre agora num registo próximo do de oradora parlamentar([45]), convocando frequentemente os dados de relatórios e diagnósticos para melhor sustentar as suas opiniões. O Estado é equiparado a um «salvador», devendo ser incumbido da nacionalização das terras, da gestão de vários tipos de propriedade e de diversos serviços, como os transportes, para que a competição e o monopólio no sector industrial não acentuassem mais o desfasamento entre ricos e pobres. A existir filantropia, Clapperton considera que é o Estado que a deve praticar, aperfeiçoando as reformas legislativas de maneira gradual e evitando a transformação social pela revolução. Tratando-se de uma matéria pública e do interesse de todos, também o controlo da reprodução sexual poderia vir a ser regulado pelo Estado, «cuidadoso guardião do sangue congénito das gerações futuras» (Clapperton, 1904, p. 130)([46]).

O socialismo estava para o Estado como o comunitarismo para a organização e o governo da casa, também ela tão necessitada de reforma, no entender de Clapperton, para mais tratando-se de um contexto tão vital para a educação. O maior cuidado que se verificava com o controlo dos nascimentos e a entrada das mulheres no mundo do trabalho tinha mudado a família na sua antiga estrutura, observava Clapperton. Notava também que a sociedade se mostrava

---

([45]) Clapperton defende que a extensão da representação parlamentar às mulheres de todas as classes teria resultados positivos (1904, p. 63).

([46]) Em *A Vision of the Future*, Clapperton continua a revelar-se, de modo geral, uma seguidora do pensamento spenceriano, que moldou a sua análise social, segundo o qual o Estado não tem de proteger os mais fracos, por a natureza os ter condenado a perecer. Porém, nesta obra observa-se, sobretudo quando é abordado o governo estatal, uma sondagem, talvez inconsciente, da perspetiva dos que se demarcam do entendimento de Spencer, como Achille Loria (1857–1943), sociólogo positivista, para quem a fraqueza dos malsucedidos na luta social é o resultado do meio económico e social, e não fruto de alguma inferioridade natural (Loria, 1896, p. 450).

«demasiado materialista» para reconhecer que os seres humanos em fase de envelhecimento físico podem estar bem psicologicamente e ser capazes de «inspirar e promover o progresso»; não eram valorizados nem acarinhados, nem espaço lhes era reservado na conceção das casas (*ibidem*, p. 270). Longe iam também os tempos em que velhos e novos se reuniam na rua e nos jardins nas noites de verão. Algumas mulheres de idade avançada, com atividade intelectual e possuindo recursos económicos, como a cientista Mary Somerville (1780–1872), conseguiam escolher as melhores moradas nos últimos anos e prosseguir vivamente ocupadas e produtivas, mas somavam uma minoria.

A casa, novamente, destacava-se para Clapperton como oficina de boas qualidades, e tanto melhor o seria se fosse remodelada segundo princípios coletivistas. A humanidade, afirmou ela em *A Vision of the Future*, tinha de deixar para trás o «egoísmo individual ou de família aliado a paixões animais que eram puramente antissociais» e «treinar todas as virtudes sociais que distinguem o homem da besta» (*ibidem*, pp. 277–278). Clapperton chega a projetar o cenário em que um grupo de 15 ou 20 elementos, de famílias ou conjuntos de amigos, combina passar do modelo de casas separadas para a coabitação em espaços adaptados à vida partilhada. Descreve o arranjo da habitação ideal e as suas funcionalidades com detalhe, dos quartos às zonas para refeições, os lugares para o estudo, a biblioteca, a sala de fumo, o espaço para a interpretação musical, a sala de jogo para os mais novos, entre outras áreas.

De novo, surge a evocação da Comunidade Oneida e o enaltecimento do seu funcionamento assente na crítica mútua, bem como o louvor de outras boas qualidades do projeto de Noyes, com óbvias ressonâncias no arranjo dos cenários sugeridos por Clapperton(47). Ela indicava as pioneiras do «movimento *new woman*» como líderes deste sistema de coabitação (*ibidem*, p. 277). A *new woman* do *fin*

(47) Em 1888, Clapperton publicara *Margaret Dunmore: Or, A Socialist Home*, definindo um modelo comunitário de organização da vida familiar e as regras do seu funcionamento, sob a liderança de duas mulheres, as personagens Margaret Dunmore e Therese Jose.

de siècle, segundo Sally Ledger, tinha emergido em 1894, quando a expressão aparecera em artigos da feminista Sarah Grand (1854–1943) e da novelista Ouida([48]) (1839–1908), e apresentava uma múltipla identidade: a feminista ativista, a reformadora social, a sufragista que compunha peças de teatro, a autora popular de novelas, a poetisa; mas podia igualmente corresponder a uma construção ficcionada (LEDGER, 1997, pp. 1–6). Mais tarde ou mais cedo, a casa do futuro, também ela socialista, retomaria, diz Clapperton, o espírito da casa de família do passado, retratada por Isaac Taylor em *Home Education* (1838): «[…] Não há então [na casa] necessidade daquela cautela, reserva ou desconfiança, as quais no mundo lá fora são salvaguardadas contra a fraude, a ilegalidade e a ferocidade de uns poucos» (CLAPPERTON, 1904, p. 282)([49]).

Ligações institucionais

Jane Hume Clapperton frequentou, apoiou ou foi membro de organizações surgidas no período em que produziu e consolidou a sua teoria e programa melioristas, notando-se nos seus livros o eco dessas ligações e simpatias institucionais (CRAWFORD, 1999; OTTER, 2004). Tal torna-se especialmente percetível na transição entre *Scientific Meliorism* (1885) e *A Vision of the Future* (1904), observando-se no segundo livro o aprofundar da abordagem, entre outros tópicos, da sexualidade, do casamento e da relação entre homens e mulheres,

---

([48]) Pseudónimo da escritora Maria Louise Ramé.

([49]) Do mesmo modo, supõe-se que Clapperton acreditava não serem precisas, na casa do futuro, reserva e desconfiança entre homens e mulheres; e que a mais dissimulada ferocidade, que fazia dos humanos muros contra muros, poderia ser vencida pela compreensão e pelo convívio fraterno. Aos 17 anos, Arthur Rimbaud (1854–1891) alinhava já pensamentos que anteviam um horizonte assim: «Quando for quebrada a infinda servidão da mulher, quando ela viver por ela e para ela […] A mulher penetrará no desconhecido! Os seus mundos de ideias diferirão dos nossos? — Ela achará coisas estranhas, insondáveis, repugnantes, deliciosas; nós tomá-las-emos, nós compreendê-las-emos» (RIMBAUD, 1995 [1871], p. 28).

com a integração de uma nova vaga de autores, entre eles August Bebel (1840–1913), Edward Carpenter (1844–1929) e Havelock Ellis (1859–1939).

Este conjunto de movimentos formava uma corrente ideológica que, a par dos historiais específicos e da heterogeneidade interna das entidades componentes, convergia na defesa da eugenia; do socialismo; dos direitos das mulheres, designadamente ao voto, ao divórcio e à vivência da sexualidade não cingida ao horizonte do contrato matrimonial. Quase todos estes coletivos irradiavam de uma Londres atenta a movimentos congéneres em outros países. Agregavam a elite reformista vitoriana, cruzando cientistas com ecletismo de interesses até figuras pioneiras no estudo da história da sexualidade, passando por escritores, poetas e políticos reformistas. Em consonância com as causas que dinamizavam estas organizações, as mulheres não apenas eram admitidas como podiam desempenhar um papel interventivo, integrando, entre outros tipos de participação, a fundação e a direção. Na época em que tais entidades se formaram, as mulheres ainda não votavam e encontravam aí contextos propícios à sua socialização política.

Instituída em 1877 e vigorando até 1927, a Liga Malthusiana defendia a contraceção e a educação do público em geral para o planeamento familiar como atividades livres e legítimas, considerando que a falta de controlo da natalidade cavava um caminho a direito para a pobreza. O problema estava longe de se resolver com a adoção de medidas como o ascetismo sexual, advogava Jane Hume Clapperton e também Annie Besant (1847–1933), secretária honorária da Liga Malthusiana nos seus primeiros anos([50]). Além de chamar a atenção para a importância da contraceção, a autora de *The Law of Population* (1877) vincava a ideia de que a atividade sexual era

([50]) Teve como primeiros presidentes os físicos Charles Robert Drysdale (1829–1907) e Alice Vickery (1844–1929) (Bland, 2002). Um traço comum aos coletivos aqui abordados é serem dinamizados por um homem e uma mulher ligados por relação amorosa e intelectual. Além de Charles Drysdale e Alice Vickery, cuja duradoura parceria não passou pelo casamento, veja-se o casal Beatrice e Sidney Webb (Sociedade Fabiana), casados durante mais de 50 anos.

saudável e ao mesmo tempo uma fonte de prazer; a abstinência era uma contrariedade da natureza. Germinava, aqui, a construção do desejo sexual como algo bom e sem razão para evitar, desde que não fosse adulterado por conceções e práticas masculinas desiguais (Ernst, 2006).

No perfil de Karl Pearson (1857–1936), fundador de Mens's and Women's Club (1885–1889), juntava-se um socialista comprometido e um aplicado e devoto discípulo de Darwin e Galton([51]) (Brooke, 2011, p. 21), ainda que na atualidade ressoe, com mais probabilidade, a imagem de um reconhecido matemático e estatístico. Quando lançou esta associação, o que principalmente movia Pearson era criar, para um grupo muito restrito, recrutado entre liberais da classe média, socialistas e feministas, um espaço de discussão de todos os assuntos em torno da relação entre homens e mulheres (amizade, sexualidade, casamento, prostituição), a partir de uma perspetiva histórica e científica (Burdett, 2001, p. 50). O modo como este círculo foi constituído e os temas eleitos para debate e reflexão conferiram-lhe um estatuto de «intelectualmente exclusivo e socialmente radical» (Magarey, 2010, p. xxii), aura alimentada pela Inglaterra no final do período vitoriano, em que era mais pela omissão e pelo silenciamento que aqueles tópicos se notavam.

O apoio de Clapperton à ideia de mudança social como um processo gradual, em vez de assente na revolução, explica em grande parte a sua simpatia pela Sociedade Fabiana([52]), criada em 1884 e a cujos relatórios e ensaios faz referência em *A Vision of the Future*. A Sociedade Fabiana, que esteve na origem do Partido Trabalhista, em 1900, contribuiu para a intensificação da atividade socialista na década de 1880 e teve como dinamizadores principais Beatrice Webb (1858–1943) e Sidney Webb (1859–1947). Autores de *The History of Trade Unionism* (1894), formaram um par fulcral no desenho e na consolidação do ideário fabiano, reivindicando os princípios do socialismo democrático, da reforma por etapas nas democracias e

([51]) Em 1925, criou a publicação *Annals of Eugenics*, entretanto rebatizada *Annals of Human Genetics*.

([52]) Foi antecedida pela The Fellowship of the New Life.

do papel indispensável do Estado no combate à desigualdade social e à pobreza, entre outras áreas de intervenção. Alguns socialistas fabianos, entre os quais George Bernard Shaw (1856–1950), Annie Besant e Havelock Ellis, apoiaram a eugenia, tendo a relação entre a ciência eugénica e o socialismo assumido algumas correspondências, se bem que sem a complementaridade desejada por alguns([53]).

Os debates que animavam as organizações acima referidas eram acolhidos por revistas que se situavam na sua órbita e serviam de plataformas de prolongamento e relançamento da discussão de perspetivas sobre a eugenia, a luta contra a pobreza, os direitos das mulheres, o casamento, o divórcio, o socialismo. Destaca-se a *Westminster Review*, por ser evidente o seu papel de referência constante para a leitora e escritora Jane Hume Clapperton. Era dirigida por John Chapman (1821–1894), editor de livros e estudioso de psicologia, cuja assistente Mary Ann Evans (George Eliot), nos primeiros anos do projeto, terá ajudado a angariar a colaboração de Harriet Martineau, Herbert Spencer, John Stuart Mill e Thomas Huxley, cujos artigos são frequentemente citados por Clapperton nos seus livros([54]). Em 1888, ela publicou na *Westminster Review* um artigo sobre o divórcio, em réplica a um texto de Elisabeth Chapman. Clapperton criticava Chapman por, ao mesmo tempo que descrevia

---

([53]) Como Eden Paul (1865–1944) (Freeden, 2005, p. 170), físico e socialista que foi membro do Partido Trabalhista Independente.

([54]) Mona Caird (1854–1932), ensaísta e escritora escocesa, também colaborou e participou dos debates que tinham lugar na *Westminster Review*. É de assinalar o seu perfil por sinalizar a diversidade de vozes que se exprimiam em torno do tema dos direitos da mulher e da igualdade entre homens e mulheres. Como Clapperton e Besant, Caird defendeu o direito das mulheres a controlar a reprodução e advogou o casamento enquanto contrato livremente constituído entre iguais e dissolúvel de acordo com a vontade dos envolvidos, insurgindo-se contra o matrimónio como sacrifício. Interessada nos debates sobre a evolução e o futuro da raça e também ela adepta da transformação social progressiva, manifestou-se contra a eugenia, alertando para as ameaças de totalitarismo que, na sua opinião, rodeavam os princípios eugénicos, que potencialmente desprotegeriam os direitos dos mais fracos. Opôs-se também à realização, para fins científicos, de experiências com recurso a animais (Richardson, 2003; Rosemberg, 2005; Surridge, 2013).

as desigualdades e a infelicidade em muitos casamentos, retroceder perante a óbvia conclusão, segundo Clapperton, de que maridos e mulheres deviam ser capazes de escapar a essas situações através do divórcio (Rosemberg, 2005, pp. 131–132). Clapperton aproveitava ainda, neste artigo, para defender as «uniões livres», já que a relação amorosa e vida conjunta de George Eliot([55]) com George Henry Lewes, até à morte deste, também estivera na mira da voz a quem ela respondia. A este propósito, refira-se que a autora de *Scientific Meliorism* patrocinou a organização The Legitimation League, de carácter anarquista e reivindicadora do reconhecimento social do «amor livre» e das crianças nascidas fora do casamento (Crawford, 1999, p. 112; Otter, 2004).

A socialista e sufragista Dora B. Montefiore (1851–1933), no seu artigo «Jane Hume Clapperton Speaks», de maio de 1905, na revista *New Age*, adianta ainda que Clapperton fora durante alguns anos membro do Partido Trabalhista Independente, grupo de feição socialista, mas nunca se havia identificado ativamente com o *woman movement* (Montefiore, 1905). É uma peça merecedora de especial atenção, por evidenciar a projeção pública de Clapperton e por revelá-la face a um tempo concreto, vendo-se a sua atitude de pensadora independente (Leng, 2011). Tratava-se, naquele número da revista *New Age*, de recolher o seu apelo num momento muito especial para os «verdadeiros reformistas», o do segundo debate, no parlamento inglês, do projeto de lei sobre a Emancipação das Mulheres([56]), que

---

([55]) Segundo Virginia Woolf, a escolha contra a corrente tomada por Eliot acarretou um custo muito alto para a sua obra. Para se defender do escândalo suscitado na opinião pública, George Eliot retirou-se para uma «clausura suburbana», e a falta de expansão nos seus contactos e experiências de vida impediu que a obra pudesse ter ganho outras direções, isto sem que Woolf lhe negue o valor e força, muito pelo contrário (Woolf, 1919). Em completo contraste, Woolf aponta o caso de Tolstói (1828–1910), que, pela mesma altura, frequentava homens e mulheres de todas as classes sociais, motivo pelo qual não era alvo de censura «e desta sua experiência retiraram os seus romances muita da sua espantosa força e grandeza» (Woolf, 1929, p. 181).

([56]) Bill for the Enfranchisement of Women, 12 de maio de 1905.

propunha para elas um lugar no processo eleitoral no mesmo patamar que os homens.

O artigo contém variados extratos em que a voz de Clapperton se reconhece claramente, agora com acentuada agudeza e ironia. Começa por apontar que o *woman movement* perdera o impulso do seu começo e sugere que o entusiasmo e a coragem iniciais se haviam esbatido em nome da procura da «distinção pessoal». Retoma Spencer, agora recuperando a sua observação de que os homens, numa inclinação para a brutalidade, se orgulham não das faculdades e sentimentos que os distinguem como seres humanos, mas mais daquilo que os aproxima do carácter do buldogue. E passa a elogiar as sufragistas pelas suas capacidades. Porém, alerta-as para que não deviam permitir-se ser generosas em partidos que não contemplassem a sua própria causa, bem como trabalhar para candidatos parlamentares que não apoiassem vigorosamente o direito das mulheres ao voto. Procedendo ao contrário, as sufragistas apenas dariam a impressão, no seu olhar, de servir «como cortes políticas para os homens, e vibrarem em torno do limiar das áreas legislativas sorvendo o doce como borboletas sem dever de responsabilidade terrestre!» (Montefiore, 1905).

Jane Hume Clapperton revela-se uma precursora na linhagem de pensadoras da condição da mulher, como Simone de Beauvoir (1908–1986), que procurou, em *O Segundo Sexo* (1949), esboçar um panorama que permitisse «apreender no conjunto do seu condicionamento económico, social e histórico, o "eterno feminino"» (Beauvoir, 2008 [1949], p. 409). Ela inscreveu o feminino como algo que vale a pena ser explicado e pensado. Beauvoir, que naquele livro revisita abundantemente as fases da vida das mulheres tal como surgem retratadas em romances, contos, poemas e ensaios, foi pioneira ao formular, com consistência e fôlego, a crítica da cultura patriarcal, vista como «um sistema que conspira em afirmar a soberania masculina». Não podendo restituir em pleno o pensamento sistemático e incisivo de Beauvoir, sintetiza-se dizendo que, de acordo com a filósofa, a cultura patriarcal assenta em dois polos: o masculino, que opera como a norma positiva, e o feminino, o polo negativo, consistindo num reflexo que é sempre resultado do elemento masculino. Numa cultura assim configurada, o feminino é equiparado à sua biologia, como se a possibilidade de repetição de vida humana contida no corpo das mulheres fosse a «vocação» inevitável na definição da sua existência. Tal entendimento dispõe as mulheres numa situação de inferioridade, como a autora mostra no livro citado, em particular no capítulo «A Mãe»:

> como no casamento ou no amor, ela [a mulher] entrega a outro o cuidado de lhe justificar a vida, quando a única conduta autêntica consiste em assumi-la livremente. Vimos que a inferioridade da mulher provinha, originalmente, de se ter limitado a repetir a vida, enquanto o homem inventava razões de viver, aos seus olhos mais essenciais do que a pura facticidade da existência; encerrar a mulher na maternidade seria perpetuar essa situação. (Beauvoir, 2008 [1949], p. 329)

É possível encontrar ligações também entre as preocupações de Jane Hume Clapperton e Donna Haraway (1944–), cujo pensamento se orienta pela mesma procura de modos de a mulher se libertar das imposições da natureza, destacando-se, a este propósito, a sua obra *Simians, Cyborgs and Women: The Reinvention of Nature* (Haraway, 1991[[57]]). O conceito de «ciborgue», mistura de máquina e organismo, é proposto por Haraway como símbolo da nova identidade tecnológica, assente no crescente recurso a próteses e formas múltiplas de conjugação e simbiose da carne com o metal e até com o imaterial. Através daquela noção, a autora visa a superação, em seu entender libertária, de dualismos ontológicos da epistemologia iluminista: razão/sentimento, mente/corpo, homem/mulher, cultura/natureza([58]). Rejeita, assim, as tentativas teóricas de constituir uma identidade feminina universal.

Relembrando, uma vez mais, que a época era de «evolução consciente», Jane Hume Clapperton advogava, no artigo antes citado, de 1905, que todas as medidas legislativas não concebidas em conformidade com a lei ética, como as que excluíam as mulheres do

---

([57]) Integra o capítulo «Cyborg Manifesto: Science, Technology and Socialist-Feminism in the Late Twentieth Century», pp. 141–181.

([58]) Ver Júnior e Pogrebinschi (2010). Alguns autores advertem de que a desconfiança em dicotomias não implica nem exige uma ontologia gnóstica eliminadora de todos os dualismos e binarismos (Martins, 2011).

sufrágio, estavam destinadas à falha. Terminava o seu depoimento subscrevendo versos de Robert Browning, no poema *Paracelsus*: «O God, make no more giants, / Elevate the race.» Clapperton poderia igualmente comungar, permitimo-nos antever, da seguinte questão de Bertolt Brecht (1898–1956), no poema «De que serve a bondade»([59]): «De que serve a liberdade / Quando os livres têm que viver entre os não livres?» Como se percebe claramente nos seus escritos, era um dilema que considerava superável. Também Simone de Beauvoir havia de equiparar a liberdade de todos a uma «suprema vitória» alcançável: homens e mulheres só precisavam de afirmar e praticar, sem equívocos, a sua fraternidade (Beauvoir, 2008 [1949], p. 557).

Bibliografia

Anderson, Amanda e Shaw, Harry (org.), *A Companion to George Eliot*, Chichester, Wiley-Blackwell, 2016.

Allen, Ann Taylor, *Feminism and Motherhood in Western Europe, 1890–1970: The Maternal Dilemma*, Nova Iorque, Palgrave Macmillan, 2005.

Aron, Raymond, *As Etapas do Pensamento Sociológico*, Lisboa, Publicações Dom Quixote, 2000.

Baudrillard, Jean, *A Sociedade de Consumo*, Lisboa, Edições 70, 2010 [1970].

Beauvoir, Simone de, *O Segundo Sexo*, Lisboa, Quetzal, 2008 [1949].

Bernheim, Cathy, *Mary Shelley: Uma Biografia da Autora de Frankenstein*, Lisboa, Antígona, 2014.

Bland, Lucy, *Banishing the Beast: Feminism, Sex and Morality*, Londres e Nova Iorque, Tauris Parke Paperbacks, 2002.

Brecht, Bertolt, *Poemas e Canções*, Coimbra, Livraria Almedina, 1975.

Brody, Miriam, Introduction, *in* Wollstonecraft, Mary, *A Vindication of the Rights of Woman*, Londres, Penguin Classics, 1975, pp. 7–72.

Brooke, Stephen, *Sexual Politics: Sexuality, Family Planning, and the British Left from the 1880s to the Present Day*, Oxford, Oxford University Press, 2011.

([59]) Brecht (1975, p. 204). No mesmo poema, Brecht deixou apelos em tom cru, como este: «Em vez de serdes só livres, esforçai-vos / Por criar uma situação que a todos liberte / E também o amor da liberdade / Faça supérfluo!»

BURDETT, Carolyn, *Olive Schreiner and the Progress of Feminism: Evolution, Gender, Empire*, Londres, Palgrave Macmillan, 2001.

BURTON, Antoinette, *Burdens of History: British Feminists, Indian Women, and Imperial Culture, 1865–1915*, Chapel Hill, University of North Carolina Press, 1994.

CARDEN, Maren Lockwood, *Oneida: Utopian Community to Modern Corporation*, Nova Iorque, Syracuse University Press, 1998.

CARMO, Isabel do e FRÁGUAS, Fernanda, *Puta de Prisão*, Lisboa, Publicações Dom Quixote, 2003.

CARNEIRO, Marinha, *Ajudar a Nascer: Parteiras, Saberes Obstétricos e Modelos de Formação (Século XV–1974)*, Porto, Editora da Universidade do Porto, 2008.

CARUS, Paul, *Monism and Meliorism: A Philosophical Essay on Causality and Ethics*, Nova Iorque, F. W. Christern, 1885. Disponível em: https://archive.org/details/monismmeliorismp00caru [consultado em 15 de julho de 2017].

CARUS, Paul, *Homilies of Science*, Chicago, The Open Court Publishing Company, 1892. Disponível em: https://archive.org/details/homiliesofscienc00caruiala.

CLAPPERTON, Jane Hume, Agnosticism and Women: A Reply, *The Nineteenth Century* 7, 1880: pp. 840–844.

CLAPPERTON, Jane Hume, *Scientific Meliorism and the Evolution of Happiness*, Londres, Kegan Paul, Trench & Co., 1885. Disponível em: https://archive.org/details/scientificmelior00clap [consultado em 30 de outubro de 2017].

CLAPPERTON, Jane Hume, *A Vision of the Future: Based on the Application of Ethical Principles*, Londres, Swan Sonnenschein & Co., 1904.

CRAWFORD, Elizabeth, *The Women's Suffrage Movement: A Reference Guide 1866–1928*, Londres, UCL Press, 1999.

DEBORD, Guy, *A Sociedade do Espectáculo*, Lisboa, Edições Antipáticas, 2010 [1967].

DEEGAN, Mary Jo, Making Lemonade: Harriet Martineau on Being Deaf, *in* HILL, Michael e HOECKER-DRYSDALE, Susan (org.), *Harriet Martineau: Theoretical and Methodological Perspectives*, Nova Iorque, Routledge, 2003, pp. 41–58.

EDLES, Laura Desfor e APPELROUTH, Scott, *Sociological Theory in the Classical Era: Texts and Readings*, Thousand Oaks, Londres e Nova Deli, Pine Forge Press, 2005.

ELIAS, Norbert, The Changing Balance of Power between the Sexes – A Process-Sociological Study: The Example of the Ancient Roman State, *Theory, Culture & Society* 4, Londres, 1987: pp. 287–316.

ELIOT, George, *O Moinho à Beira do Floss*, tradução de Fernando de Macedo, Lisboa, Relógio D'Água, 2011 [1860].

ELIOT, George, *Middlemarch: Um Estudo da Vida de Província*, tradução de José Miguel Silva e Miguel Serras Pereira, Lisboa, Relógio D'Água, 2011 [1871–1872].

ELIOT, George, *Silas Marner*, tradução de Adolfo Casais Monteiro, Lisboa, Inquérito, 1941 [1861].

ERNST, Waltraud (org.), *Histories of the Normal and the Abnormal: Social and Cultural Histories of Norms and Normativity*, Londres, Routledge, 2006.

ESPINOSA, Bento de, *Ética*, Lisboa, Relógio D'Água, 1992 [1677].

FERREIRA, Luzilá Gonçalves, Lou Andreas-Salomé: a paixão viva, *in* NOVAES, Adauto (org.), *Os Sentidos da Paixão*, São Paulo, Companhia das Letras, 1988, pp. 359–373.

FREEDEN, Michael, *Liberal Languages: Ideological Imaginations and Twentieth Century Progressive Thought*, Nova Jérsia, Princeton University Press, 2005.

FREIRE, João e LOUSADA, Maria Alexandre, O neomalthusianismo na propaganda libertária, *Análise Social* XVIII, 1982: pp. 1367–1397.

FREIRE, João e LOUSADA, Maria Alexandre (org.), *Greve de Ventres! Para a História do Movimento Neomalthusiano em Portugal: em Favor de um Autocontrolo da Natalidad*e, Lisboa, Edições Colibri, 2012.

GALBRAITH, John Kenneth, *A Sociedade da Abundância*, Lisboa, Publicações Europa-América, 1984 [1958].

GARCIA, José Luís, *Engenharia Genética dos Seres Humanos, Mercadorização e Ética: uma Análise Sociopolítica da Biotecnologia*, Tese de Doutoramento em Ciências Sociais, Instituto de Ciências Sociais, Universidade de Lisboa, 2004.

GARDNER, Charles, *The Inner Life of George Eliot*, Londres, Sir Isaac Pitman & Sons, 1912.

GILLIGAN, Carol, *In a Different Voice*, Cambridge, Harvard University Press, 1982.

GOODWIN, C. James, *História da Psicologia Moderna*, São Paulo, Cultrix, 2005.

GUILLIN, Vincent, *Auguste Comte and John Stuart Mill on Sexual Equality*, Leida e Boston, Brill, 2009.

HARAWAY, Donna, *Simians, Cyborgs and Women: The Reinvention of Nature*, Nova Iorque, Routledge, 1991.

HEINICH, Nathalie, *Estados da Mulher: A Identidade Feminina na Ficção Ocidental*, Lisboa, Editorial Estampa, 1998 [1996].

HILL, Michael, Harriet Martineau: the founding and re-founding of sociology, *in* SANDERS, Valerie e WEINER, Gaby (org.), *Harriet Martineau and the Birth of Disciplines: Nineteenth-Century Intellectual Powerhouse*, Londres e Nova Iorque, Routledge, 2017, pp. 69–83.

IBSEN, Henrik, *Peças Escolhidas 3: Um Inimigo do Povo, Espectros, Casa de Bonecas* e *Os Pilares da Sociedade*, Lisboa, Cotovia, 2008 [1882], [1881], [1879], [1877].

JÚNIOR, João Feres e POGREBINSCHI, Thamy, *Teoria Política Contemporânea*, Rio de Janeiro, Elsevier Editora, 2010.

KIERKEGAARD, Søren, *Traité du désespoir*, Paris, Gallimard-Idées, 1973 [1849].

KING, Margaret, *A Mulher do Renascimento*, Lisboa, Editorial Presença, 1994 [1991].

LEDGER, Sally, *The New Woman: Fiction and Feminism at the «Fin de Siècle»*, Manchester e Nova Iorque, Manchester University Press, 1997.

LENG, Kirsten, *Contesting the «Laws of Life»: Feminism, Sexual Science and Sexual Governance in Germany and Britain, c. 1880–1914*, Tese de Doutoramento, University of Michigan, 2011. Disponível em: https://deepblue.lib.umich.edu/bitstream/handle/2027.42/89825/kleng_1.pdf?sequence=1 [consultado em 5 de outubro de 2017].

LORIA, Achille, Le darwinisme social, *Revue Internationale de Sociologie* 6, 1896: pp. 440–451.

MACLAINE, Shirley, *Don't Fall Off the Mountain*, Nova Iorque, W. W. Norton & Company, 1970.

MAGAREY, Susan, *Unbridling the Tongues of Women: A Biography of Catherine Helen Spence*, Adelaide, University of Adelaide Press, 2010.

MAGAREY, Susan, *Dangerous Ideas: Women's Liberation — Women's Studies — Around the World*, Adelaide, University of Adelaide Press, 2014.

MALTHUS, Thomas, *Ensaio sobre o Princípio da População*, Lisboa, Relógio D'Água, 2014 [1798–1803].

MANGUM, Teresa, *Married, Middlebrow and Militant: Sarah Grand and the New Woman Novel*, Ann Arbor, University of Michigan Press, 2001.

MANN, Abigail e ROGERS, Kathleen Béres, Objects and objectivity: Harriet Martineau as nineteenth-century Cyborg, *Prose Studies* 33, 2011: pp. 241–256.

Manuel, Helena Isabel Borges, *Conhecimentos, Atitudes e Práticas sobre Planeamento Familiar de Mulheres Timorenses Residentes em Portugal*, Lisboa, Alto Comissariado para a Imigração e Minorias Étnicas (ACIME), 2007.

Marcuse, Herbert, *One-Dimensional Man*, Londres, Routledge, 1964.

Martins, Hermínio, *Experimentum Humanum: Civilização Tecnológica e Condição Humana*, Lisboa, Relógio D'Água, 2011.

Matos, Patrícia Ferraz de, Aperfeiçoar a «raça», salvar a nação: eugenia, teorias nacionalistas e situação colonial em Portugal, *Trabalhos de Antropologia e Etnologia* 50, 2010: pp. 89–111.

Mayor, James, *My Windows on the Street of the World*, Nova Iorque, E. P. Dutton & Co., 1923. Disponível em: https://archive.org/stream/mywindowsonstree00mavouoft/mywindowsonstree00mavouoft_djvu.txt [consultado em 4 de setembro de 2017].

McGee, Anita Newcombe, An experiment in human stirpiculture, *American Anthropologist* 4, 1891: pp. 319–326.

Mennell, Stephen, *Norbert Elias: Civilization and the Human Self-Image*, Oxford, Basil Blackwell, 1989.

Mill, John Stuart, *A Sujeição das Mulheres*, Lisboa, Almedina, 2006 [1869].

Moore, James, Crisis without revolution: The ideological watershed in Victorian England, *Revue de Synthèse* 107, janeiro de 1986: pp. 53–78.

Montefiore, Dora B., A Book for Women and Men, *New Age*, Agosto de 1904: pp. 507–508. Disponível em: https://www.marxists.org/archive/montefiore/1904/08/book-women.htm [consultado em 7 de setembro de 2017].

Montefiore, Dora B., Jane Hume Clapperton Speaks, *New Age*, maio de 1905: p. 288. Disponível em: https://www.marxists.org/archive/montefiore/1905/05/clapperton-speaks.htm [consultado em 7 de setembro de 2017].

Morus, Thomas, *Utopia*, tradução de Aires A. Nascimento, Lisboa, Fundação Calouste Gulbenkian, 2016 [1518].

Mumford, Lewis, *História das Utopias*, Lisboa, Antígona, 2007 [1922].

Murdoch, Christina, *«A Large and Passionate Humanity Plays about Her»: Women and Moral Agency in the Late Victorian Social Problem Novel*, Tese de Doutoramento, University of Glasgow, 2012. Disponível em: http://theses.gla.ac.uk/3703/1/2012Murdochphd.pdf [consultado em 30 de setembro de 2017].

Otter, Sandra M. den, «Clapperton, Jane Hume (1832–1914)», *Oxford Dictionary of National Biography*, Oxford University Press, 2004.

Disponível em: http://www.oxforddnb.com/view/article/55282 [consultado em 2 de janeiro de 2018].

PARKINS, Wendy, Domesticating Socialism and the Senses in Jane Hume Clapperton's *Margaret Dunmore: Or, A Socialist Home*, *Victoriographies* 1, 2011: pp. 261–286.

PEEL, Bruce Braden; INGLES, Ernest Boyce e DISTAD, Merrill (org.), *Peel's Bibliography of the Canadian Prairies to 1953*, Toronto, University of Toronto Press, 2003.

PEREIRA, Ana Leonor Dias da Conceição, *Darwin em Portugal: Filosofia, História, Engenharia Social (1865–1914)*, Coimbra, Almedina, 2001.

PIMENTEL, Irene, O aperfeiçoamento da raça. A eugenia na primeira metade do século XX, *História* 3, 1998: pp. 18–27.

PIMENTEL, Manuel Cândido, Prefácio, *in* GIL, Isabel Capeloa e PIMENTEL, Manuel Cândido (org.), *Simone de Beauvoir: Olhares sobre a Mulher e o Feminino*, Lisboa, Vega, 2010, pp. 9–13.

RICHARDSON, Angelique, *Love and Eugenics in the Late Nineteenth Century: Rational Reproduction and the New Woman*, Oxford, Oxford University Press, 2003.

RIMBAUD, Arthur, *Cartas do Visionário e Mais Nove Poemas*, tradução de Ângelo Novo, Coimbra, Fora do Texto, 1995 [1871].

ROCHEFORT, Robert, *La société des consommateurs*, Paris, Odile Jacob, 1995.

ROSEMBERG, Sheila, Encounters in the *Westminster Review*: Dialogues on Marriage and Divorce, *in* BRAKE, Laurel e CODELL, Julie (org.), *Encounters in the Victorian Press*, Londres, Palgrave Macmillan, 2005, pp. 119–137.

ROSZAK, Theodore, *Para uma Contracultura*, Lisboa, Publicações Dom Quixote, 1971 [1969].

ROWBOTHAM, Sheila, *Dreamers of a New Day: Women Who Invented the Twentieth Century*, Londres, Verso, 2011.

SAGE, Lorna, *The Cambridge Guide to Women's Writing in English*, Cambridge, Cambridge University Press, 1999.

SCOTT, John e BROMLEY, Ray, *Envisioning Sociology: Victor Branford, Patrick Geddes, and the Quest for Social Reconstruction*, Albany, State University of New York Press, 2013.

SPENCE, Catherine Helen, *A Week in the Future*, Sídnei, Hale and Iremonger, 1987 [1888–1889]. Disponível em: http://gutenberg.net.au/ebooks06/0603381h.html [consultado em 8 de setembro de 2017].

SPENCE, Catherine Helen, *Ever yours, C. H. Spence: Catherine Spence's An Autobiography (1825–1910), Diary (1894) and Some Correspondence*

(1894–1910), organização de Magarey, Susan [*et al.*], Kent Town, Wakefield Press, 2005.

Spencer, Herbert, *The Principles of Biology*, vol. 1, Londres, Williams and Norgate, 1864. Disponível em: https://archive.org/details/principles biolo05spengoog.

Spencer, Herbert, *The Man Versus the State*, Londres e Edimburgo, Williams and Norgate, 1884. Disponível em: https://mises.org/library/man-versus-state [consultado em 20 de setembro de 2017].

Stephen, Leslie, *George Eliot*, Londres, Macmillan, 1902.

Sully, James, *Pessimism: A History and a Criticism*, Londres, Henry S. King & Co., 1877.

Surridge, Lisa, «Mona Caird», *in Oxford Bibliographies*, junho de 2013. Disponível em: http://www.oxfordbibliographies.com/view/document/obo-9780199799558/obo-9780199799558-0106.xml [consultado em 14 de julho de 2017].

Swift, Jonathan, *Singela Proposta e Outros Textos Satíricos*, Lisboa, Antígona, 2016 [1729].

Valcárcel, Amelia, *Feminismo en el Mundo Global*, Madrid, Cátedra//Universitat de València/Instituto de la Mujer, Colección Feminismos, 2008.

Waddell, Nathan, *Modernist Nowhere: Politics and Utopia in Early Modernist Writing, 1900–1920*, Basingstoke, Palgrave Macmillan, 2012.

Ward, Lester Frank, *Dynamic Sociology or Applied Social Science*, Nova Iorque, Appleton, 1883. Disponível em: http://socserv2.socsci.mcmaster.ca/econ/ugcm/3ll3/ward/dynamic2.pdf [consultado em 22 de setembro de 2017].

Ward, Lester Frank, *The Psychic Factors of Civilization*, Boston, Ginn & Company Publishers, 1893. Disponível em: https://archive.org/stream/psychicfactorsof00wardrich/psychicfactorsof00wardrich_djvu.txt [consultado em 22 de setembro de 2017].

Ward, Lester Frank, Eugenics, Euthenics, and Eudemics, *American Journal of Sociology* XVIII, 1913: pp. 737–754.

Woolf, Virginia, George Eliot, *The Times Literary Supplement*, 20 de novembro de 1919.

Woolf, Virginia, Women and Fiction, *The Forum*, 1929, pp. 179–187.

LIÇÃO 7

Gabriel Tarde: imitação e invenção

RAFAEL MARQUES[1]
Centro de Investigação em Sociologia Económica e das Organizações
Investigação em Ciências Sociais e Gestão
Instituto Superior de Economia e Gestão da Universidade de Lisboa

Introdução: reinvenções tardianas

A teoria social possui fluxos e refluxos curiosos. Escrever há 30 anos sobre Gabriel Tarde (nascido em Sarlat em 1843 e falecido em Paris em 1904) equivaleria a ver muitos sobrolhos franzidos e alguns sorrisos escarninhos. Em termos de importância e de impacto, Tarde era um autor menor, sem descendentes nem hermeneutas, e autor de uma teorização datada e escassamente importante. As fidelidades a uma tradição durkheimiana conduziam muitos a descartar um Tarde psicologizante, entretido com debates bizantinos com criminalistas italianos como Ferri ou Colajanni (TARDE, 1883a, 1883b, 1883d e 1884a). A sua importância residiria simplesmente em ter tido a clarividência de se opor ao tipo criminal de Lombroso (TARDE, 1893a), com certa ênfase, ou de ter edificado as bases da moderna explicação sociológica do comportamento delinquente (DRIVER, 1968, p. 368), apoiada num misto inovador de observação, especulação e dados estatísticos, sublinhando a ideia de os criminosos serem um produto social (BURGESS, 1923). Os sociólogos europeus ignoravam Tarde, e os americanos, que o referenciaram amiúde entre os finais da década de 1890 e os princípios do século XX (GIDDINGS, 1896; ELLWOOD, 1901;

(1) Agradeço ao Roberta Buffett Center for International and Comparative Studies da Northwestern University as condições proporcionadas para a conclusão deste estudo.

Davis, 1902; Ward, 1902; Hamilton, 1903; Ross, 1904; Barnes, 1919), pareciam tê-lo esquecido por completo(2). Nos Estados Unidos da América (EUA), as exceções residem sobretudo nos sociólogos que veem em Tarde (a par de Giddings) um importante nominalista estudioso de fenómenos de ação coletiva, apoiados na semelhança e na imitação, ou mesmo um pioneiro do individualismo metodológico (Merton, 1994, p. 28)(3).

Em França, apenas autores francamente ecléticos como Bouglé, capazes de fugir ao consenso durkheimiano (Vogt, 1979, p. 124), continuaram a citar Tarde. Por outro lado, a aceitação da base psicológica da sociologia aproximou alguns dissidentes durkheimianos das posições de Tarde, como revela o próprio Bouglé (1905). No caso francês, é impossível ignorar que a tomada de posição por Tarde é simultaneamente um ataque a Durkheim e uma dissidência da tradição da *Année Sociologique*, que Tarde (1902a) havia, aliás, revisto de forma algo elogiosa. Grande parte da rejeição tardiana de Durkheim reside na suposta utilização por parte deste de argumentos teleológicos, nomeadamente quando afirma que o crescimento do volume e da densidade das sociedades produz a divisão do trabalho, estimulando a luta pela vida e tornando mais difícil a satisfação das necessidades (Vogt, 1979, p. 128).

Também Mac-Lean y Estenós (1959, p. 838) considera Tarde o protótipo de oposição a Durkheim, num embate em que o primeiro seria o representante da ideia da «espontaneidade» dos indivíduos, enquanto o segundo seria o arauto da ideia de «coação social». Este autor salienta que, para Tarde, a sociedade era vista como um processo de homogeneização, em que a oposição dos desejos se resolvia de acordo com as crenças inatas e espontâneas do ser humano. Assim

(2) Nos Estados Unidos da América, Tarde teve manifesta importância. Levine, Carter e Gorman (1976, p. 813) dão conta dos três autores europeus que exerceram maior influência na sociologia norte-americana e que, por ordem de citações, seriam Spencer, Simmel e Tarde. No entanto, o interesse pelos dois primeiros ter-se-ia extinguido rapidamente (*idem*, *ibidem*, p. 814).

(3) Tarde (1904b, p. 33), ele próprio, confessa-se nominalista, embora em termos que nos levam a duvidar da sua convicção e a considerá-lo mais próximo de posicionamentos interacionistas.

sendo, Tarde juntamente com Renouvier seriam os opositores do realismo social de Durkheim, através da defesa do individualismo e da condenação do uso abusivo das metáforas sociológicas (Mac-Lean y Estenós, 1959, p. 845). Zumwalt (1982, p. 307) não deixa de notar até que ponto o antagonismo dos durkheimianos relativamente a Tarde se transmitiu a Bergson, seu sucessor no Collège de France, sugerindo mesmo, seguindo Clark (1973), que Durkheim se havia tornado num poderoso político universitário, capaz de mobilizar contactos e influenciar decisões.

Do Tarde catedrático de Filosofia Moderna, ocupado em discutir Leibniz ou, principalmente, Cournot (Tarde, 1903a, 1903b e 1905) também pouco restava. Exceção feita ao seu sucessor na cátedra — Henri Bergson —, ninguém parecia seriamente interessado na sua obra. Mas o cenário mudou radicalmente nas últimas décadas — o derrotado histórico, o sociólogo menor levanta-se do túmulo e, de um só golpe, vê-se reinvestido de novas capacidades e possibilidades. A redescoberta tardiana deve muito a Deleuze ou, melhor dizendo, ao seu *Diferença e Repetição* (1968), que marca novos pontos de ancoragem nos debates sobre o acaso e a repetição, ou sobre o papel dos eventos na teorização social(4). Embora esta redescoberta não tenha sido seguida imediatamente por uma produção assinalável, não deixa de ser significativo que tenha lançado as sementes para uma recuperação do fluxo tardiano. Katz (1992, 1999 e 2006) retoma-o quer na sua dimensão de precursor dos estudos sobre difusão e inovação (no que anteciparia Schumpeter), quer como teorizador e estudioso dos fenómenos de opinião pública e comunicação de

(4) De acordo com Alliez [*et al.*] (1999, p. 135), Deleuze e Guattari construíram a sua oposição entre o molar e o molecular com base numa redescoberta de Tarde. De facto, para Tarde, o social é uma questão de processos moleculares investidos no Universo na sua totalidade e em toda a escala das suas intensidades. Tarde pretendia fundar uma sociologia que alargava o *socius* a todo o Universo, com base na tensão entre dois vetores — a crença e o desejo. A sociologia de Tarde seria assim uma biopolítica, dominada por um vitalismo, em que a vida é imediatamente política, ao contrário de Foucault, para quem a biopolítica é o governo político da vida.

massa, combatendo decisivamente a visão tradicional de uma aproximação ou cópia de Tarde em relação a Le Bon(5).

Mas, vendo cada vez mais Tarde como um clássico recuperado, tornava-se necessária uma operação típica de reinvestidura de um autor no Olimpo dos autores centrais — separação entre escritos de juventude e de maturidade, e sobretudo ter a capacidade de desenhar o autor em causa como um antecipador de tendências ou mesmo um sério precursor de teorias modernas. Qualquer texto de Tarde, tomado de forma fracionada, parece aliás antecipar uma ou mais ideias fortes da sociologia, ciência política ou teoria social contemporâneas. A um autor apostado em descobrir as raízes do choque civilizacional de Samuel Huntington, bastaria ler uma passagem de TARDE (1897a) em que este refere o cristianismo como civilização que une povos e que é um valor entre o patriotismo nacional e um humanitarismo demasiado vago, sentimento que pode levar no futuro a uma nova luta mortal contra o islão (*idem*, *ibidem*, p. 201). LETONTURIER (2005), ao olhar para uma das primeiras obras de Tarde, é um bom exemplo de como se metamorfoseia um clássico num autor fundador de uma nova teoria social (ou legitimador da mesma). O Tarde de Letonturier transforma-se num arauto das redes sociais, tão precursor das mesmas como o foram Elias ou Simmel. Existe um modelo geral de redes no texto de Tarde sobre as mónadas, e nele a interdependência mútua das unidades monádicas é a condição do seu desenvolvimento separado e da sua diferença. A sociedade é uma posse recíproca, sob formas variadas, de todos por todos, na qual existe reversibilidade de influências, pluralidade de determinações e intermutabilidade de posições equipotentes, no seio de um espaço pluricentral e a-hierárquico (*idem*, *ibidem*, p. 42). A sociedade é, também, um espaço reticular de circulação e de troca de fluxos imitativos entre indivíduos inventores (*idem*, *ibidem*, p. 43). A repetição, a oposição e a adaptação formulam as condições de formação e de transformação da rede, em espaços moduláveis, abertos e ilimitados, fortemente conexos,

(5) Para uma discussão das hipotéticas relações entre Tarde e Le Bon, ver THIEC (1981) e THIEC e TRÉANTON (1983).

em função da reciprocidade e da mutualização das transmissões de influências([6]).

Usando uma linguagem que espantaria o próprio Tarde, Letonturier afirma que os pontos são equipotentes e multiplexos e os papéis, intermutáveis (sejam eles inventores ou recetores da imitação). Se a simpatia está na origem da imitação, a sociedade é um entrelaçar de elementos simpáticos, em que cada um está ligado entre si por múltiplos laços e não pela obediência a um constrangimento social. A «imitação-costume» cede o seu lugar à «imitação-moda», o que constitui uma dinâmica social (*idem*, *ibidem*, *loc. cit.*). Aqui age uma simpatia nova que não é social, local e hereditária, mas individual, cosmopolita e efémera. Assim, o círculo social alarga-se em extensão e profundidade. A simpatia conduz a uma psicossociologia das afinidades (como afirma Maisonneuve, 1966) e cria-se uma sociabilidade ilimitada, modelável, diversificada e escolhida que constitui o regime imitativo da modernidade. A individualização das relações sociais é um dos factos desta nova organização que tornam claro o problema da associação (coincidência de seres múltiplos simultaneamente distintos e semelhantes) por exigência do individualismo moderno. O indivíduo é tanto mais individual quanto mais rico for de determinações múltiplas e variadas (Letonturier, 2005, p. 43).

Outros olham para essa extraordinária e dinâmica utopia/distopia que é o *Fragmento de História Futura* (Schérer, 1998; Lazaratto, 2004), misto de romance futurista (em ambiente próximo de *As Índias Negras*, de Verne) e de análise catastrofista das consequências esperáveis dos erros sociais e da edificação de sociedades perfeitas, e preferem ver em Tarde um sociólogo panvitalista, nem socialista nem capitalista, dominado pelas ideias de invenção, de flutuações,

---

([6]) Dentro das redes sociais, é fundamental estar atento à construção de relações de identidade, em função da proximidade e da distância. Rogers e Bhowmik (1970, p. 526) consideram que Tarde foi um pioneiro na identificação de comportamentos homofílicos a nível comunicacional quando, nas suas *Leis da Imitação*, notou que as relações sociais são mais próximas entre indivíduos que se assemelham em termos de profissão e de educação. Inversamente, Tarde salientara que a distância (geográfica, psicológica ou social) reduzia a influência exercida (Clark, 1969, p. 60).

de imitações, paradoxos e violências (resistências e oposições). Tarde seria o sociólogo do novo ou mesmo da ficção científica (algures entre Júlio Verne, Wells[7] e Orwell).

Num quadro em que a maioria das grandes teorias sociológicas possuía já os seus egrégios pais fundadores, foi necessário que LATOUR (1999, 2000, 2001 e 2004) e demais arautos da *Actor-Network Theory*, pouco interessados no positivismo durkheimiano, ou que dificilmente se reviam na chamada Escola Francesa, se decidissem a «ler Tarde com olhos de ver» e encontrassem nele os anúncios de uma outra sociologia, cheia de mónadas e ações intermentais, de germes e inovação. Confrontados com estas antecipações tardianas, plenas de clarividência e com uma crise sociológica recorrente, caber-nos-ia conjeturar, como faz BLUTE (1997, p. 349), sobre o que poderia ter sido a história da sociologia contemporânea se Parsons, no seu clássico texto fundador de 1937, tivesse lido Tarde em vez de Durkheim e se o intermental e a imitação tivessem ocupado mais espaço na teorização parsoniana do facto social([8]).

Grande parte das leituras e das recuperações de Tarde corresponde ou a leituras pré-textuais do mesmo, alicerçadas em fragmentos, ou ao uso de Tarde como «cavalo de batalha» contra outros, ou, ainda, como forma de legitimar correntes e teorias nascentes com falta de pai fundador. Cada fragmento pode ser livremente usado para justificar as resoluções mais díspares ou as ideias mais completamente opostas entre si. O que ressalta de muitas dessas abordagens é que resultam da leitura de leitores, e não de Tarde. Assim, existem tardianos deleuziano-latourianos, tardianos lazarsfeldo-katzianos e assim sucessivamente, cada um concentrando-se numa parte da obra de Tarde.

([7]) Note-se que H. G. Wells escreveu o prefácio para a edição inglesa de *Fragmento de História Futura*, publicada em 1905.

([8]) Segundo BORCH (2006), que estuda Tarde na sua versão vitalista e enquanto autor que faz parte de uma cadeia que une Espinosa, Nietzsche, Bergson, Simmel e Deleuze, Parsons teria citado Tarde uma única vez e a propósito de Durkheim.

Ecos e influências: uma obra fragmentada?

Quando se fala da obra de Tarde, muitos atentam no estilo e consideram-no desorganizado e caótico; inversamente, outros olham para o corpo conceptual e apresentam-no como sistematizador obsessivo (Duncan, 2002). A fragmentação, tantas vezes evocada, da obra de Tarde corresponde à tentativa de imposição de uma ordem, derivada de um corpo conceptual considerado ajustado pelos seus leitores, e não tanto pela tentativa de encontrar tópicos sistematizados na obra de Tarde. Se existe algo bem evidente é a consolidação precoce da sua obra sob uma matriz clara e definida, bem como a completa inexistência de contradição entre supostos escritos de maturidade e de juventude. Se existe proximidade formal com um filósofo contemporâneo, ele seria René Girard — autor em que também encontramos uma absoluta coerência teórica sobre um alicerce limitado de conceitos que explicam e ilustram múltiplas realidades sociais. Muitos confundem a dispersão temática de Tarde com uma desorganização teórica. No entanto, do pensamento criminal aos estudos da inovação, passando pela psicologia social ou pela economia política, ou mesmo pelos estudos de opinião ou reflexões sobre os duelos, a formulação teórica de Tarde permanece largamente coerente, talvez obsessivamente fechada num núcleo conceptual, mas profundamente apoiada na exploração de uma matriz à qual o autor chegou cedo. Isto pese embora o facto de, do ponto de vista da sua escrita sociológica, Tarde ser um *late bloomer* e só ter começado a publicar textos relevantes na quarta década da sua vida. Os anos de produção limitaram-se a duas décadas que são, no entanto, de uma enorme riqueza e dão provas de uma extraordinária atenção ao que se passa à sua volta, ainda que habilmente evitando tomar partido nas principais querelas do seu tempo, como no célebre Caso Dreyfus([9]).

([9]) Tarde vê no Caso Dreyfus a continuação dos escândalos que abalaram a Terceira República e o incendiar da opinião pública e das multidões por ação dos jornais. O caso ocorreu exatamente quando as ideias sobre a opinião e a multidão e os efeitos dos fenómenos de imitação se sedimentaram em Tarde (Salmon, 2005). Salmon acredita que o Caso Dreyfus serviu para um jogo de

Tarde não se exime a tomar posição nos espaços académicos, nos quais são célebres as suas atuações contra o organicismo, o socialismo, o evolucionismo, o lombrosismo ou as tendências místicas na sociologia. Mas mesmo quando toma partido e defende a sua dama, não restam dúvidas de que há nele um cunho cavalheiresco, provavelmente um resquício da sua tradição aristocrática, que o leva a combater com simpatia as posições dos outros, reservando sempre palavras de reconhecimento se não pela qualidade do escrito, pelo menos pelo esforço despendido no processo. As suas críticas são entrecortadas por adjetivações como «brilhante», «dúctil», «infatigável», «claro», «esclarecido» ou «elegante» (Tarde, 1890b, p. 195); «espírito preciso», «paciente e circunspecto» (Tarde, 1890c, p. 449). Tarde é um diplomata académico e possui, além do mais, um fino humor([10]) e uma capacidade de observação notável que o levam a ilustrar os seus cometimentos teóricos com múltiplos exemplos e com a arma da estatística, de que é um grande impulsionador e

---

espelhos entre as intuições reflexivas de Tarde e o terreno da experimentação. Tarde passa aqui de uma preocupação penal à análise sociológica das multidões e dos públicos. Os seus artigos sobre públicos, multidões e em torno da pertinência dos círculos informativos parecem ter sido inspirados, em parte, pelo Caso Dreyfus. Ao contrário de Le Bon, não considera que esta seja a era das multidões — ela é a era dos públicos. Nas multidões existem os líderes, mas nos públicos há os publicistas, que mobilizam as opiniões (como é o caso do antissemitismo). A posição de Tarde não é clara, mas parece ser um dreyfusiano não por escolha ideológica ou por razões jurídicas, mas pela rejeição do sectarismo antissemita, o que vem ao encontro das suas posições contra as interpretações biologistas e darwinistas sociais. Tarde aceita as ideias darwinianas, mas não a evolução linear e contínua, que negaria a sua defesa da existência de saltos e descontinuidades de crescimento.

([10]) Três exemplos são suficientes para apreciar o sentido de humor de Tarde. Na sua avaliação do Terceiro Congresso do Institut Internationale de Sociologie, Tarde (1897c, p. 259) afirma que ele teve um triplo mérito — ser curto, interessante e servir para qualquer coisa. Na sua intervenção no Terceiro Congresso de Antropologia Criminal, Tarde compara Lombroso ao café: não alimenta, mas pelo menos estimula e evita que se morra de inanição (Nye, 1976, p. 348). No seu poema «Évocation», Tarde (1892), enternecido pelas suas gatas, afirma preferir o seu miar a ouvir conferências.

utilizador, não só enquanto jurista, interessado na transformação dos fenómenos de criminalidade, mas também enquanto sociólogo, sempre atento aos mínimos pormenores de mudança na vida social. As transformações sociais são, aliás, um dos grandes elementos de interesse nas discussões tardianas, seja no que concerne ao direito, à vida social ou mesmo aos terrenos da moral. Moral que o ocupa sobremaneira quando discute as questões da responsabilidade social, conduzidas pelo prisma da identidade.

No que respeita aos autores que influenciaram Tarde, poderemos listar aqueles que o próprio reconhece (como é o caso de Cournot) e a quem presta homenagem, e outros que é possível descortinar com uma análise mais fina. Thiec (1981, p. 411) salienta como Taine pode ser visto como um precursor de algumas tendências sociológicas do seu tempo, especialmente no que concerne à psicologia das multidões de Le Bon, Tarde e Sighele([11]). Num plano menor, também Ribot parece ter tido alguma influência sobre Le Bon e Tarde. Le Bon dedica-lhe o seu *opus magnum* e é Ribot quem apoia Tarde na candidatura à cátedra de Filosofia Moderna do Collège de France (*idem*, *ibidem*, p. 416)([12]). Na definição do tipo criminal, Tarde foi diretamente influenciado pelos trabalhos de Henry Coutagne, especialmente no que respeita à influência das categorias ocupacionais nos tipos e frequências de crimes (Nye, 1976, p. 347). Paradoxalmente, e pese embora o facto de Rousseau ser um adversário à distância de Tarde, não deixa de ser verdade que a Teoria da Vontade Geral parece antecipar, de alguma forma, os escritos tardianos sobre opinião pública, ainda que sob o manto de um certo pavor da revolução, da agitação social e da contestação violenta (Baigorri, 1994).

([11]) A relação entre Sighele e Tarde chega a azedar, depois das críticas de plágio proferidas pelo primeiro, a respeito da teoria das multidões. Tarde (1896b, pp. 131–132) defende-se, afirmando que não só citou Sighele como o elogiou e esclarecendo ser um estranho plagiador um autor que começa a citar aquele a quem copia e pilha. Mas com a sua habitual elegância, afirma que nem precisava de citar o italiano, bastando evocar a fonte mais fecunda e pura destas ideias — Taine.

([12]) A influência de Ribot sobre Tarde tem tratamento mais desenvolvido em Milet (1972).

Ecos de Tocqueville marcam também presença nalgumas análises do sociólogo de Sarlat, especialmente no frisar da omnipotência das maiorias nas sociedades democráticas. Tarde (1895b, p. 208) considera que o instinto de conquista e de dominação e a sede de ascensão social nunca foram tão grandes quanto em épocas que se dizem igualitárias. É certo que o orgulho de conquista é feito agora por vias pacíficas e legais e que muitas das lutas entre Estados são de carácter superior, isto é, intelectuais, comerciais, morais e linguísticas (no que aceita Novicow). Mas a nossa civilização é filha do orgulho e da ambição individual e o nosso militarismo é filho da ambição e do orgulho coletivos. Eles são irmã e irmão (*idem*, *ibidem*, p. 209). Se nos EUA esta situação conduziu a uma nação pacífica, convém lembrar que aí não há vizinhos que façam sombra. Todavia, não se sabe que guerras desmesuradas surpreenderão amanhã o Universo, quando esse furor de conquista que agora se esgota na imensidão do território se virar para fora. Tal como Tocqueville em *O Antigo Regime e a Revolução*, Tarde (1884b) acredita que o nivelamento e a centralização, bem como a melhoria das condições de vida, precedem a revolução. Neste texto, expressa a sua visão sobre o socialismo contemporâneo, a propósito da leitura de obras de Janet, Laveleye e Masseron, considerando que é próprio das revoluções engendrar outras que as imitam. Se todos os Franceses fossem servos em 1789, não teria havido revolução, uma vez que não há revoluções promovidas por servos (*idem*, *ibidem*, p. 174). Tarde acredita que a revolução foi mais ou menos acidental, mas que o socialismo (de Estado, acrescenta) era inevitável (*idem*, *ibidem*, p. 175) e que, mesmo sem revolução, a propriedade continuaria a fragmentar-se.

No que respeita a autores influenciados por Tarde, poder-se-á afiançar que são em maior número do que à partida imaginaríamos, mas a sua presença é mais subentendida do que expressa. Poucos são os que assumem sem hesitação a herança tardiana. Miller (1979, p. 547), ao discutir as teorias de William James sobre a imitação social, nota que os *Principles of Psychology* são publicados em 1890, exatamente no mesmo ano em que Tarde publica as suas *Leis da Imitação*. A semelhança entre os dois é inequívoca, mas Miller adianta que James se havia inspirado nos trabalhos publicados por

Bagehot uma década antes, revelando ainda que não só James abordou Tarde nas suas aulas de 1894, como também planeava escrever um capítulo sobre ele numa obra de filosofia. James considerava que a invenção e a imitação lançadas por Bagehot e seguidas por Tarde, Royce e Baldwin desempenhavam papel crucial na vida social (James *apud* Miller, 1979, p. 548). A influência de Tarde em James pode também ser vista nas referências às relações entre inovadores e imitadores. Só um líder nativo com conhecimento de costumes estrangeiros os poderá introduzir com sucesso no seu grupo. Tarde teria também influenciado James nas suas posições antirracistas, uma vez que este sublinhava os processos sociais como causa das diferenças entre etnias. Já Nett (1953, p. 38) salienta a importância de Tarde na definição de uma teoria do controlo social, enfatizando as afinidades eletivas entre a sugestão e a imitação tardianas, como resultado de processos de interação, e o «looking-glass self» de Cooley.

Quanto ao Tarde antecipador dos estudos da moda e dos processos de difusão de inovações, existe uma pequena linhagem de autores que será importante referir. Hexter (1916) chama a atenção para os estudos de Tarde sobre os processos de imitação do vestuário e sobre o padrão de vida. Sublinhando um longo trecho de *As Leis da Imitação* (que não pode deixar de lembrar o Elias[13] de *O Processo Civilizacional*), Hexter salienta como a imitação se exerce pelo contágio do luxo da corte a toda a sociedade. Esta imitação dos padrões de vida dá oportunidade para o desenvolvimento de novas e importantes indústrias. Katz (1999) estabelece pontes entre Tarde e Sorokin, salientando as três dimensões comuns que apresentam no estudo da difusão de inovações: a curva em *s* (esse), a difusão de cima para baixo e a necessidade de reforço por pares, antes da adoção. Taymans (1950, p. 611) prefere salientar que a ideia de desenvolvimento dinâmico apresentada por Bergson e Schumpeter foi cristalizada pela primeira vez por Tarde (1902b), num texto que resulta de uma conferência realizada no mesmo ano e que precede em

(13) As leis tardianas da imitação — a imitação caminha a) do interior para o exterior; b) do superior para o inferior e c) existem alternâncias entre costume e moda — estão certamente próximas das descrições de Elias.

cinco anos *A Evolução Criadora* de Bergson e em dez anos a *Teoria do Desenvolvimento Económico* de Schumpeter.

Numa faceta mais psicologizante, LANG e LANG (1984, p. 138) reforçam a ideia do pioneirismo de Tarde nos estudos sobre influência e opinião pública, especialmente no que respeita à influência indireta, ou seja, como indivíduos separados entre si podem partilhar entusiasmos comuns, mas também à conversação, instrumento de propagação de sentimentos e ideias. Já MOSCOVICI (1981) usa expressamente Tarde (juntamente com Le Bon e Freud) como um dos vértices do triângulo teórico com os quais visa sistematizar uma teoria dos fenómenos de massa. Moscovici acredita que vários autores da Escola de Frankfurt ou mesmo Sorel e Gramsci se deixaram influenciar, a este nível, pelas intuições de Tarde. Também Piaget reconhece a influência de Tarde no seu conceito de imitação, especialmente em trabalhos em que discute o papel dos jogos, dos sonhos e da imitação na infância (KITCHENER, 1991, p. 439).

Noutro âmbito, convirá ainda referir que as divergências de Tarde com Durkheim, a respeito da natureza e causas do suicídio, inspiraram alguns autores na busca de uma teorização alternativa. É o caso de STACK (1987), que estuda o suicídio de celebridades com base numa taxonomia que parte das leis da imitação de Tarde e do conceito de elite em Pareto. BALLER e RICHARDSON (2002, p. 873), por seu lado, reforçam a ideia de que as leis da imitação de Tarde explicariam o porquê de um padrão regional de distribuição de suicídios. A partilha de crenças e ideias pela imitação, bem como a propagação de notícias, conduziria a esta padronização local. Os autores testam as hipóteses durkheimiana e tardiana relativamente à explicação do suicídio, isto é, confrontam a tese da integração social e da regulação com a tese da imitação através do teste empírico. O teste efetuado leva os autores a considerarem que os dados fornecem um apoio consistente à tese tardiana e permitem que a hipótese se mantenha válida para a explicação dos suicídios na França de finais do século XIX e para todo o território dos EUA (1989–1991), com exceção do Oeste.

Esboços de um método

O debate entre Durkheim e Tarde sobre o lugar da sociologia, que se prolonga por anos, mas que é marcado por um encontro real entre os dois em 1903, culmina na derrota histórica de Tarde. DURKHEIM (1975, pp. 160–165) faz eco desse debate entre os dois, defendendo o método comparativo e salientando a ideia de a sociologia ter de se autonomizar da filosofia para ser objetiva. Contrariamente, Tarde salienta os limites do método comparativo e defende o papel da imitação e do intermental na vida social. Para Tarde há duas realidades importantes a estudar: os grupos de pessoas a agir de forma intermental, como é o caso das famílias, classes e nações, e os grupos de ações, exemplificados pelas línguas, costumes e instituições. Tarde afasta-se de qualquer realismo sociológico, considerando que só há ações individuais e interações. Tudo o resto deve ser entendido como séries de entidades metafísicas e misticismo. Com esta atitude, é bem evidente que Tarde não poderia cair nas boas graças de Durkheim e dos durkheimianos, cujo ressentimento perdurará de tal forma, que Mauss, numa entrevista de 1934 (MURRAY e MAUSS, 1989, p. 164), desvaloriza por completo os seus trabalhos fora da área criminal. Reconhece-o como um grande homem (talvez por, ao contrário do seu filho Guillaume de Tarde, ter deixado cair a partícula aristocrática «de», do seu nome original), com lugar na lista dos criadores da sociologia em França, mas afirmando que o seu sucesso se deveu ao estilo sugestivo, com aulas muito vivas, mas de conteúdo inteiramente trivial, sendo pouco mais do que um divulgador, algo metafísico. Na mesma linha, Mauss entende que *As Leis da Imitação* não tinham nenhuma importância, sendo uma mera reação contra o individualismo excessivo da psicologia do seu tempo, e reduz Tarde ao limbo da criminologia, no qual passará aliás parte importante das décadas seguintes.

A filosofia e a ciência em TARDE (1900, p. 4) possuem barreiras móveis e ajustes constantes. Ao contrário do que acontece com muitos sociólogos seus contemporâneos ocupados com os esforços de autonomização científica e com o empreendimento de construção de «uma ciência como as outras», não há uma verdadeira conceção cumulativa de ciência em Tarde. Para ele, toda a doutrina é individual e conjetural antes de se generalizar, havendo que considerar que a filosofia avança não por aluviões sucessivos de acumulação, mas pela ressurreição de antigos problemas rejuvenescidos e transfigurados. De algum modo, pode afirmar-se que as religiões e as ciências mortas não voltam, mas as filosofias renascem. A ciência traduz-se em qualquer língua, mas a filosofia mantém um cunho nacional e possui uma dimensão intraduzível. Não deixa, no entanto, de ser verdade que a filosofia moderna aspira à ciência, observando continuamente a vida ambiente e ambicionando fundar a ciência social. Esta é, aliás, uma das grandes vias que conduzem à sociologia (*idem*, *ibidem*, p. 10).

O projeto sociológico tardiano não exclui a filosofia e não pretende uma rutura epistemológica declarada. Há que reconhecer que a ciência social resulta, parcialmente, da confluência de correntes muito diferentes que vão da indagação lógica de Kant e dos kantianos, à conceptualização moral de Rousseau (autor que não merece particulares elogios de Tarde e que alguns consideram mesmo ser a sua «besta negra»), à reflexão política e jurídica de Montesquieu e Tocqueville, ao estudo do económico de Turgot e Smith e à especulação científica de Condorcet (*idem*, *ibidem*, pp. 11–12). A filosofia moderna, que Tarde ensinará nos últimos anos da sua vida, tem, deste modo, um sabor genuinamente sociológico. O que há de moderno na filosofia é o facto de meditar sobre as coisas sociais. A vida é olhada como uma sociedade de células e a molécula química como uma corporação de átomos espirituais (*idem*, *ibidem*, p. 12). Tarde não rompe com a filosofia, mas mostra-se completamente contrário a qualquer tipo de determinismo, especialmente quando este resvala para uma teleologia ou busca de sentido profundo. A pretensão de reduzir o curso da história a fórmulas ou a curvas regulares que exprimem uma ordem necessária redundou sempre em falhanço (*idem*, *ibidem*, p. 14). É certo que pode haver especulação, mas não se pode prever de forma totalmente rigorosa. O que é preciso, para explicar de forma verdadeiramente científica as coisas sociais, é observá-las na intimidade e no mínimo detalhe dos factos mais quotidianos, comuns e mais repetidos — é aí que as causas devem ser procuradas, é aí que as leis devem ser encontradas.

Na sociologia, há mais a decifrar do que a semear, mais a desenraizar do que a plantar (*idem*, *ibidem*, *loc. cit.*), o que reforça o sentido do projeto arqueológico de Tarde. Não aceitando a coisificação do facto social, bem como a sua *contrainte* e exterioridade, Tarde revela que os sociólogos podem e devem estudar a sua realidade por dentro e não por observação exterior, não resultando daí nenhuma desvantagem. Do mesmo modo, os sociólogos não têm de importar métodos das ciências naturais para ser científicos, nem devem ser forçados a estudar a sua realidade de um ponto de vista exterior.

Algumas das intuições metodológicas de Tarde são significativas e revelam o seu afastamento dos debates entre uma sociologia compreensiva e uma sociologia positivista, tão centrais na sociologia da sua época. Os sociólogos deveriam evitar, o mais possível, as generalizações vagas, concentrando-se no estudo das relações. O facto social elementar é a comunicação ou a modificação de um estado de consciência pela ação de um ser consciente de outro. Esta definição apresenta Tarde mais como um interacionista metodológico do que como o individualista empedernido que se refere amiúde. Não há hierarquia científica em Tarde, antes uma geração comum de entidades fundamentais que são, por sua vez, compostas de outras. A progressão da ciência passa pelo encontrar de novas entidades infinitesimais mais subtis e mais profundas que se multiplicam indefinidamente. Esta busca do infinitesimal tem oferecido o pano de fundo para as leituras contemporâneas e pós-deleuzianas de um Tarde precursor do estudo da complexidade.

Arqueologia e estatística

As aplicações práticas do método de Tarde conciliam dois parceiros raramente associados em sociologia — a arqueologia e a estatística. Tarde (1883c) salienta que existem concordâncias desapercebidas entre estes dois domínios, quando considerados sob o paradigma da imitação. Assim, a arqueologia permite verificar até que ponto a imitação é uma constante social mesmo nos tempos mais antigos, o que pode ser comprovado pela presença de artefactos iguais em espaços muito diferentes e em povos muito abertos à imitação de influências estrangeiras. A arqueologia ensina-nos que os homens são muito menos originais do que pretendem ser (*idem*, *ibidem*, p. 369). As semelhanças que encontramos aqui e ali não são fortuitas, mas fruto de imitação. A arqueologia tardiana é uma lição de humildade, já que é reveladora das nossas ilusões. Milhares de invenções de que cremos ser autores têm origem noutros espaços e tempos, e múltiplas ideias que pensamos imaginar pela primeira vez já foram pensadas antes. A arqueologia dá-nos os elementos que nos levam a perceber a radiação de invenções, por ondas de imitação, nos domínios da arte, da ciência e da técnica. Tarde adianta mesmo que os arqueólogos fazem sociologia pura e que, ao contrário dos historiadores, só consideram indivíduos em cooperação ou conflito, ouvem a música do passado sem verem a orquestra (*idem*, *ibidem*, p. 374), encontrando o que há de propriamente social nos factos humanos, concentrando-se nas ideias originais, nas necessidades primeiras e nas invenções que fazem mover o progresso humano. A arqueologia dá-nos boas informações sobre aspirações e vontades que a estatística não dá. Quando o arqueólogo contempla os frescos de Pompeia, tem uma imagem clara da vida e dos hábitos de uma população que a estatística dificilmente revelaria (*idem*, *ibidem*, p. 378).

Pelo seu lado, também a estatística se preocupa não com os indivíduos, mas com as suas obras ou atos. A estatística é a revelação de necessidades e de ideias, registando atos como fabricar, vender, comprar, cometer ou reprimir delitos, votar, nascer, casar ou morrer. A arqueologia é uma coleção e uma classificação de obras semelhantes, cuja similitude, o mais exata possível, é o que mais importa; a estatística é um desmembrar de ações semelhantes (*idem*, *ibidem*, p. 375). Se ambos os métodos se ocupam de invenções e de edições imitativas, há que considerar que um trata de invenções na maioria mortas e outro de invenções vivas, em crescimento, paragem ou decréscimo. Tarde revela que a invenção se presta mais à arqueologia (mais filosófica) e a imitação à estatística (mais científica), assinalando que a estatística é, por isso mesmo, o método sociológico por excelência (*idem*, *ibidem*, p. 377).

Mas a estatística que Tarde tem em mente não é uma mera coleção de dados e registos ou o uso não criterioso de números. A informação que resulta da comparação de estatísticas internacionais é na generalidade escassa e Tarde vê claras vantagens em usar comparações intertemporais num mesmo país, empreendimento que aliás está bem patente nas suas investigações criminais. Se a comparação intertemporal é decisiva, não menos necessário é o desenvolvimento de uma estatística psicológica que seja capaz de mensurar desejos e necessidades criadas. A este nível, Tarde não esquece uma das pedras de toque do seu método, salientando que as imitações realizadas são muitas, mas as desejadas são incontáveis, ou seja, o quadro dos possíveis transcende sempre aquilo que, a cada momento, se materializa. A estatística sociológica deve medir crenças e desejos e determinar a força imitativa de cada invenção, num dado momento e num dado país, mostrando os aspetos favoráveis ou prejudiciais da imitação de cada uma delas, influenciando os que analisarão essas estatísticas, no sentido de seguir ou não seguir os exemplos criados (*idem*, *ibidem*, p. 381). A arqueologia revela as invenções e a estatística permite conhecer a sua massa e a velocidade da sua propagação.

A estatística sociológica orienta-se pela condução de novos tipos de inquérito e pela produção de inventários precisos e completos, casa por casa, de todo o tipo de artefactos (móveis, livros ou outros) de um país, com variações de cada tipo, ano por ano (*idem*, *ibidem*, p. 383). As preocupações metodológicas de Tarde estão aqui bem patentes, pois esta nova forma de inquirir, influenciada pelo abade Rousselot, é pautada por inquéritos individuais que se distinguem quer das estatísticas oficiais, quer das monografias sociológicas de Le Play. Para Tarde, é fundamental completar as estatísticas correntes, que são impessoais e dão apenas imagens de conjunto, com estatísticas mais restritas e individuais, cuja superioridade radica na diversidade dos métodos e na clareza dos resultados. A monadologia tardiana implica um projeto de uma sociologia meticulosa da diversidade empírica do pormenor ínfimo e da variação mínima. Embora esta busca do evento significativo seja crucial em Tarde, pode dizer-se, como TILLET (2005), que, de certa forma, a sua defesa da consulta de arquivos, a preocupação com os tempos longos e com as regularidades antecipa os *Annales*.

Mas observemos com mais detalhe como a estatística é usada por Tarde no estudo da invenção. A observação de uma curva de adoção de inovações testemunha não só o acréscimo/decréscimo da sua adoção, mas também o peso dos concorrentes numa determinada época. Os planaltos estatísticos são sempre equilíbrios instáveis, tendo em conta que surgirão invenções complementares ou hostis que perturbam a tendência. A estatística pretende descobrir as influências momentaneamente fixas de ordem social (TARDE, 1883c, p. 496), sendo inclusivamente reveladora das origens das necessidades crescentes dos homens e do que os leva a aumentar despesas e a consumir mais: o incremento dos comportamentos miméticos. Ao copiar mais e mais, os homens irão portanto consumir mais e as suas despesas irão elevar-se. Mas o uso da estatística tem de ser criterioso e há que ter cuidado em não ver, em meras regularidades, a presença de míticas leis naturais que gerissem os factos sociais (*idem, ibidem*, p. 498). O mesmo cuidado deve presidir ao traçar evoluções e fazer previsões com base em tendências iniciais. A extrapolação simples de tendências é um erro: a população não continuará sempre a crescer ao ritmo de hoje, o mesmo se podendo dizer relativamente às tatuagens, à antropofagia ou à vida ascética ou monástica (*idem, ibidem*, p. 503).

No mundo dos estudos penais, TARDE (1887, p. 32) considera que a estatística é uma admirável sociometria que oferece aos criminalistas os mesmos serviços que o termómetro ao médico. Mas é a estatística sociológica, definida como o estudo aplicado da imitação e das suas leis, que TARDE (1883c, p. 507) tem por essencial. A sua generalização é a condição de um verdadeiro progresso no estudo dos fenómenos sociais e conduzirá a que, no futuro, os factos se imponham e os jornais tenham curvas e estatísticas no lugar dos grandes discursos. Poder-se-á mesmo chegar a um momento em que tudo será redutível a fórmulas matemáticas, sabendo nós que essa é também uma situação algo perigosa, porque a estatística está limitada à imitação e pouco pode dizer sobre a invenção. Tarde revela que esta incapacidade da estatística em lidar com fenómenos que não resultam do contágio está na base dos grandes fracassos das previsões. A estatística poderá tornar-se mais precisa nas previsões, não por mais aperfeiçoamento técnico, mas pelo simples facto de a civilização aumentar as possibilidades de imitar e reforçar o potencial de invenções, mas num quadro em que as invenções reais irão diminuir e tornar-se raras. No dia em que as invenções desaparecerem ou forem raras, então a estatística poderá profetizar ou prever tudo o que sucederá (*idem*, *ibidem*, pp. 510–511). Tarde antecipa um cenário em que as inovações serão cada vez mais recombinações e *pastiches* e não cortes profundos, ideia que aliás retomará de forma novelística na sua ucronia sobre o fim dos tempos (Tarde, 1896a).

Resumindo, a arqueologia leva-nos a prestar atenção às estratificações e às descobertas espalhadas por contágio, sendo a estatística uma forma de tornar visíveis as transformações de entidades sociais, ao longo do tempo, através de variações infinitesimais, não sendo um simples meio de comparar sincronicamente as sociedades. A estatística pode assumir o papel de arqueologia da vida hodierna e a sua factualidade pode eliminar muitas polémicas contemporâneas. A sociologia de Tarde é uma arqueologia presentista, na qual a tónica está colocada nos espaços, nas formas materiais e nas variações, e não nas comunidades e sociedades.

Os possíveis: o uso das ucronias

Tarde (1910), num texto originalmente escrito em 1874 e que se destinava a ser o penúltimo capítulo da sua primeira obra sob o título «Repetição e evolução dos fenómenos» e constituía uma crítica ao evolucionismo, a partir de uma recensão longa sobre *The Principles of Sociology* de Spencer, revela uma linha de reflexão sociológica que, ao contrário da monadologia, nunca esteve ausente das suas preocupações([14]). O nome geral do capítulo era «Existências

---

([14]) A posição de Tarde sobre a sua teorização monadológica fica aliás clara num texto publicado já perto do final da vida do autor. Aqui, Tarde (1901) defende-se dos ataques que lhe são dirigidos pelo amigo Espinas e que considera estarem próximos de uma excomunhão laica. Às críticas de nominalismo

condicionais ou os possíveis não realizados». Para o autor, os possíveis são os futuros contingentes e definem-se por serem forças latentes e potenciais. E se esta definição parece empurrar Tarde para os braços da metafísica, algo que é assumido no prefácio assinado pelos filhos do autor, rapidamente se repara que, para o académico francês, os possíveis são o objeto próprio da ciência. A ciência não é uma história nem uma profecia, mas a afirmação da necessidade de relações certas (*idem*, *ibidem*, p. 11). Se, por exemplo, é impossível ao economista não referir a ideia de necessidade, convém não esquecer que a necessidade pode ser satisfeita de múltiplas maneiras (*idem*, *ibidem*, p. 12). Assim, para Tarde, o prazer não é o desejo, mas uma forma possível de o satisfazer, do mesmo modo que é o potencial de troca infinita, efetivamente irrealizável, de um metal precioso que constitui o seu valor monetário (*idem*, *ibidem*, p. 14). Existe, pois, um excesso de potência sobre o ato, ou seja, de possíveis não realizáveis e de certezas condicionais. Para haver uma inteligência dos factos, exige-se o conhecimento dos possíveis, o que passa pelo desenhar de passados hipotéticos que fazem parte da sua verdadeira definição (*idem*, *ibidem*, p. 16). A reflexão sobre os possíveis conduzirá Tarde (1903a) ao desenho de múltiplas ucronias que, ao contrário das contrafactualidades ou virtualidades weberianas, têm pouco que ver com a teorização sobre a causalidade ou com a distinção entre o adequado e o acidental.

Em Tarde, a importância concedida ao virtual é grande, mas o seu esquema está mais próximo do de Cournot do que do de Weber.

---

ressuscitado (que Tarde parcialmente aceita, embora se tenha movido entretanto para uma posição mais interacionista) feitas por Espinas, responde Tarde que elas se baseiam numa leitura dos escritos sobre mónadas que considera assumidamente serem escritos de juventude. No entanto, Tarde reafirma que chegou científica e não metafisicamente às mónadas e que esta conceção não é, ao contrário do que muitos pretendem, leibniziana, mas panteísta. As mónadas são abertas, interpenetrando-se íntima e infinitamente. Tarde prossegue, afirmando que teve sempre o cuidado de estabelecer expressamente, e por diversas vezes, uma barreira absoluta entre esta hipótese e as suas teorias sociais fundadas sobre factos de observação e que Espinas teima em as derrubar apesar de todas as recomendações (*idem*, *ibidem*, p. 661). Mesmo assim, Tarde considera que as suas neomónadas não são mais conjeturais do que o «eu coletivo» de Espinas.

Existe uma necessidade de diferença permanente, sendo que o real é uma despesa dos possíveis. Afirmando que a realização de todos os possíveis é impossível (TARDE, 1910, p. 25), Tarde avança para uma ideia de possibilidades de primeiro e de segundo graus. Assim, a vitória persa em Maratona e a conquista da Grécia são uma possibilidade de primeiro grau; a substituição da civilização grega pela persa é uma possibilidade de segundo grau, ou seja, é uma consequência possível mas não forçada (*idem*, *ibidem*, *loc. cit.*). Mas é exatamente aqui que Tarde se separa das preocupações weberianas. Importa-lhe salientar que cada universo marca a imolação de milhares de outros e que toda a diferenciação é uma mutilação. O aborto de si é proporcional ao desenvolvimento de si e o que define o ato civilizado é o de se interditar uma multiplicidade de ações permitidas pela natureza (*idem*, *ibidem*, p. 29). A restrição da riqueza potencial, ao mesmo tempo que assinala uma perda, é a própria condição de desenvolvimento, ou seja, existe em Tarde uma espécie de custo de oportunidade que resulta da escolha de uma via em detrimento de outras.

O livre-arbítrio é, ele próprio, uma aplicação da lei do aborto necessário, uma vez que a realização de uma ideia é sempre equivalente à não realização de múltiplas outras. A criança nasce com um potencial ilimitado de aprendizagem de línguas, mas a aprendizagem de uma elimina essa dimensão ilimitada. O crescimento de algo é feito à custa de impedir o crescimento dos outros e, mais tarde, implica também impedir o crescimento de partes de si. O real é apenas uma emanação conjuntural de possíveis. Tarde está próximo de acreditar que uma variação ínfima num ciclo de eventos acarretaria o surgimento de uma realidade totalmente diversa. Mas as consequências vão mais longe. Ao escolher a metáfora do aborto, revela que o real é uma perda, da mesma forma que a beleza exige sacrifícios. A diferenciação corresponde, em todos os seus níveis, ao abortar de algo. Na atividade da imaginação, contudo, há uma tentativa (abortada, mas manifesta) de realização de todas as possibilidades de combinações mentais (*idem*, *ibidem*, p. 39). Esta prodigalidade de hipóteses e este luxo do excesso não servem para alimentar a ciência ou a arte ou conservar a espécie, mas para incentivar a via do progresso.

Princípios sociológicos: imitação, repetição e oposição

A sociologia tardiana gravita em torno de três princípios capitais que não só definem o percurso de um autor original, fora das correntes principais da época, como permitem traçar alguns pontos do que poderia ter sido uma outra sociologia, caso Tarde tivesse saído vencedor da querela epistemológico-metodológica com Durkheim. Imitação, repetição e oposição constituem os mecanismos que se conjugam para a explicação dos fenómenos sociais e extrassociais. De uma forma simples, pode dizer-se que na origem do empreendimento tardiano está a interação. Mais do que um simples movimento racional e deliberado dos atores, Tarde vê no encontro social o ponto de partida da sua sociologia. Só que neste encontro social existem pontos de ancoragem importantes que são, por um lado, as invenções resultantes de movimentos e iniciativas dos indivíduos que conduzem a novas ideias, práticas e procedimentos e, por outro, as imitações que são o motor da difusão das práticas, mas também um ato de socialização conducente à adoção de ações e ao seu ganho de influência nos agrupamentos humanos. É importante sublinhar, no entanto, que estes atos inventivos raramente são totalmente originais, resultando eles próprios de combinações de invenções anteriores, o que implica uma visão dinâmica e um diálogo permanente entre a cópia e a invenção. As invenções são assim emergências possíveis e difíceis que combinam ideias previamente existentes, mas nunca associadas desta maneira particular.

As invenções estão contextualmente ajustadas a uma época e a um espaço que as torna realizáveis, e só surgem quando as condições sociais favorecem ou permitem o seu desenvolvimento. Não basta existir capacidades inventivas ou génios criadores, é forçoso encontrarem-se as disposições corretas para as situações existentes. As inovações são adotadas e adaptadas, num processo de difusão imitativa que flui de um centro para uma periferia, de um núcleo restrito para um corpo mais alargado de adotantes e de indivíduos socialmente superiores para indivíduos socialmente inferiores. Este processo, próximo, como vimos, de uma dinâmica civilizacional *à la* Elias, possui momentos de estabilidade e outros de aceleração das novidades produzidas. As invenções são, em grande medida, novos meios para velhos objetivos e nascem sobretudo da interação das elites em sociedades que fornecem lazer abundante e um sistema que as isola das pressões populistas. As inovações são lançadas de cidades capitais ou de cidades com alta densidade, com elites institucionais que podem interagir entre si. As inovações difundem-se em círculos concêntricos, correndo suavemente até encontrarem barreiras ambientais ou culturais, incluindo outras invenções competitivas. Este fluxo avança por etapas — começa lentamente, avança depois num progresso acelerado, reduzindo a velocidade até parar. A história corresponde a traçar estes percursos de inovações mais bem-sucedidas ou mais imitadas. A lei lógica da imitação lida com a compatibilidade, ou *fit*, entre os atributos de um item de difusão e os atributos sociais e psicológicos do adotante potencial (KATZ, 1999, p. 149). Quanto menos perturbadora e mais baixos os custos de uma inovação, maior a hipótese de ser aceite. Nas inovações, os desejos (fins) precedem os meios para a sua satisfação, a crença precede o ritual e as ideias de direitos precedem a lei.

TARDE afirma que «[...] as transformações sociais se explicam por iniciativas individuais imitadas» (1902b, p. 1), mas a invenção, que é uma iniciativa bem-sucedida, não é a única força atuante nem mesmo a mais forte, é a força diretora, determinante e explicativa. A imaginação teórica dá início a tudo. As pequenas forças acidentais e novas enxertam-se nas grandes forças constantes. Sobre as repetições enxerta-se uma variação que é, por sua vez, fonte de novas repetições. A variação, o acidente e o germe são dados pela iniciativa individual que é a invenção. Por seu turno, a repetição é dada pelo clima, sol, raça, costumes, tradição, ideias ensinadas e hábitos adquiridos (*idem*, *ibidem*, *loc. cit.*). O progresso não é possível onde há total homogeneidade, a menos que a iniciativa venha de fora. Para haver mudança interna tem de haver diferença e iniciativas nas transformações políticas, sejam estas a vontade de um homem, guerras ou legislação. De acordo com TARDE, «o progresso não é mais do que um encadeamento de ideias sucessivas feitas por indivíduos [...] ligados filosoficamente uns aos outros, por outros indivíduos» (*ibidem*, p. 3). A radiação imitativa é formada pelo conjunto de reproduções de uma invenção-base e decompõe-se em raios que são séries lineares que ligam o primeiro autor de uma ideia, palavra ou produto, passando pelos propagadores sucessivos, até chegar aos imitadores. Existem evidentemente interferências nestas radiações e por vezes elas são fecundas, uma vez que tudo é combinação de elementos anteriores.

O indivíduo criador deve muito à sociedade, porque existe colaboração social mesmo no trabalho do génio. É preciso sempre ter em conta tudo o que há de social no individual e tudo o que há de individual no social. Tarde vai mais longe e afirma que o social é o individual antigo e acumulado (*idem*, *ibidem*, p. 5). Cada invenção é composta por pequenos atos, cada um dos quais é um pequeno par ou combinação binária, e toda a invenção é um julgamento e reunião de dois termos por uma cópula. Muitos dos cruzamentos não servem para nada e podem destruir-se mutuamente, mas também podem dar origem a ideias fecundas, e estas intersecções constituem o progresso social. A originalidade resulta de uma combinação única de séries já existentes, mas que se cruzam na imaginação de alguém. Assim é para a literatura, para a música, para a arquitetura. Na invenção científica e industrial, o estado de alma do inventor tem um pequeno papel e o elemento objetivo domina, mas na invenção artística têm um papel inverso. O que há de comum entre elas é o encontro de raios imitativos em cérebros impressionados de uma certa forma pela natureza exterior (*idem*, *ibidem*, p. 8). Dois elementos até aí perfeitamente distintos combinam-se de uma forma que parece indicar causa e consequência, como se estivessem ligados desde sempre (*idem*, *ibidem*, p. 9). A invenção é juízo, raciocínio, dedução e adaptação. Quanto maior for o campo de expansão das invenções elementares, maiores as variedades individuais e misturas. Tudo o que favorece a expansão dos exemplos e suas interferências e tudo o que promove a variedade, a desigualdade e as originalidades individuais tende a aumentar a inventividade e conduzir ao progresso social. Para Tarde, numa democracia esclarecida, não se pode temer as singularidades e/ou as superioridades individuais, já que a difusão imitativa leva a que o indivíduo superior trabalhe para a comunidade (*idem*, *ibidem*, p. 11).

Tarde referirá que existe uma tensão permanente entre épocas de costume — quando o passado e os seus valores de estabilidade e de continuidade dominam — e épocas de moda — quando a inovação, a novidade, o estranho e o estrangeiro adquirem papel preponderante. Claro que as duas forças coexistem no espaço e no tempo, mas a sua alternância de dominação sucede-se continuamente. A aceitação das inovações está também dependente do seu maior ou menor encaixe nas inovações anteriores e nos hábitos consolidados e imitados que existem. A este respeito, Tarde parece acreditar numa versão quase kuhniana de transição entre o «normal» e o «revolucionário», por acréscimo de massa crítica de seguidores de uma inovação. Estejamos a falar de ideias ou de práticas, os indivíduos acabam por preferir imitar A e não imitar B porque consideram que A está mais próxima de ser verdadeira ou útil do que B. No caso de se estar a falar de ideias, temos de considerar os debates intramentais em cada indivíduo. No caso das práticas, muito se passará em debates intermentais, isto é, na interação entre atores sociais.

A vida é constituída por repetições e variações, mas também existe outro princípio, formado por oposição, inversão e contrariedade. TARDE (1897b) considera que Hegel confunde frequentemente a oposição com diferença. Isto resulta de os contrários terem sido mal definidos ou nem sequer definidos. Para Tarde todos os contrários possuem um estado neutro (um zero), o que lhe permite centrar-se na ideia aristotélica da justa medida entre contrários. A oposição é, para Tarde, uma contrarrepetição ou uma repetição invertida e é uma condição da vida universal, embora o agente de transformação seja mais vago e profundo (*idem*, *ibidem*, p. 6). Tarde afirma que a heterogeneidade e a diferença não são o mesmo que oposição. Existe oposição entre um prazer e uma dor do mesmo género e entre eles existe um estado zero. Existe oposição quando dois termos variáveis são tais, que um não pode ser concebido como tornado noutro senão na condição de percorrer uma série de variações que conduzem a um estado zero e de regressar em seguida a esta mesma série de variações (*idem*, *ibidem*, p. 13). O tempo é, pois, a condição de todas as oposições.

É então fundamental considerar que as adoções e os mimetismos não se produzem sem resistências ou oposições. Toda a história é feita de barreiras e obstáculos que se colocam às invenções e inovações, e todas as sociedades os experimentam em maior ou menor grau. A este nível, poder-se-ão considerar as lutas entre o bem e o mal, os conflitos entre grupos e nações (mais ou menos intensos, duradouros e ferozes) ou mesmo as versões temperadas e «civilizadas» que estão por detrás das lógicas da competição económica. A oposição encontra-se em todas as escalas da vida social e, se quisermos captar a essência desta confrontação, teremos de descer, uma vez mais, ao indivíduo e encontrar aí as suas dúvidas, deliberações, hesitações que se colocam como fronteiras a transpor sempre que se chega à adoção ou à recusa de algo novo, seja este uma expressão religiosa ou ritualizada, uma forma linguística, uma conduta ou um objeto a adotar. As oposições, ao estabelecerem um espaço tensional, parecem assumir uma dimensão claramente utilitária, uma vez que apelam à capacidade de resistência, à argumentação e à ultrapassagem de escolhos que impedem a fixação e adoção das inovações. Os tipos de oposição não possuem o mesmo impacto, ou a mesma dificuldade de serem vencidos, mas também a este nível Tarde oferece uma visão civilizacional da questão, acreditando que a guerra (que parece acreditar poder ser eliminada) e a competição, formas enraizadas e decisivas nas oposições históricas, tenderão a perder a sua importância para as oposições discursivas e comunicacionais.

Se o processo de inovação/imitação e as oposições concomitantes fornecem a base das dinâmicas sociais, para Tarde, será ainda necessário acrescentar um terceiro princípio que assegura a presença da mudança e a tradução da luta inovações/oposições no terreno social: a adaptação. Tarde tem claramente a ideia de que o seu princípio de adaptação pode ser lido como uma mera síntese ou harmonização num processo dialético contínuo que apontaria para uma teleologia histórica. Mas integra este princípio adaptativo no seu esquema intra e intermental, afirmando que, tal como acontece com as oposições, as adaptações sociais fulcrais ocorrem no processo intramental dos indivíduos, projetando-se esta adaptação para os restantes membros da sociedade. Tarde procede aqui também a uma conversão micro-macro, começando a adaptação numa escala menor até desembocar numa escala maior. A adaptação nas mentes precede a adaptação nas sociedades.

Utilizando estes três princípios, Tarde oferece-nos uma conceptualização sociológica circular e infindável, na qual é impossível encontrar um gerador inicial e autónomo. Todos estes princípios são interdependentes e nenhum pode assumir a primazia, ainda que Tarde considere que a vida social é definicionalmente imitativa e que a própria invenção nunca opera num vazio. De uma forma simples, poder-se-á afirmar que as invenções são repetidamente mimetizadas e adaptadas, espalhando-se em raios imitativos que se cruzam e encontram outros raios, oriundos de outros espaços e tempos, dando origem a oposições e lutas, mas também a confluências e sínteses de que resultarão inovações mais pujantes e complexas que serão, por sua vez, imitadas e encontrarão novos raios inovadores, num processo interminável.

Psicologia e sociologia: articulações e papéis

Num texto tardio, Tarde (1904a) revela as suas preocupações relativamente às relações entre psicologia e sociologia, afirmando que não há incompatibilidade no uso dos métodos comparativo (mais sociológico) e psicológico, defendendo a aplicação do método psicológico em sociologia. Tarde não deixa de reconhecer que existiram alguns erros nas interpretações psicológicas das instituições sociais, mas tal deriva mais do tipo de aplicação do que da natureza desses métodos (*idem*, *ibidem*, pp. 67–68). Na verdade, a própria condição para produzir estudos comparativos é eles serem psicológicos na sua essência. A divisão entre estes dois métodos deve ser simples: o método comparativo preside à recolha e ao resumo dos dados e o método psicológico oferece a interpretação dos mesmos. Tarde (*ibidem*, pp. 69 e 72) tem consciência clara das críticas durkheimianas e, para tanto, distingue a psicologia comum, que se pode desprezar muito justamente, da interpsicologia, que propõe. Também visa distinguir o método comparativo de um certo preconceito objetivista que exclui da ciência o próprio objeto da psicologia. Os sociólogos que defendem este objetivismo e pretendem fundar a sociologia num terreno à parte tombam em contradições querendo ser mais comtistas que Comte (*idem*, *ibidem*, p. 69).

Jogando ao ataque, Tarde reforça a ideia de ser necessário romper com o tabu dito científico de reduzir ao mínimo as questões psicológicas. A crítica ao objetivismo durkheimiano leva Tarde a afirmar que só se poderia ser objetivista em sociologia se se fosse um marciano a olhar para massas e formas, sem nelas ver indivíduos. De facto, são as ações intermentais que explicam as intercorporais e não o inverso, e só elas permitem formalizar leis sociológicas, embora ambas façam parte do estudo sociológico (*idem*, *ibidem*, p. 76). Os elementos fundamentais que é preciso abordar são a interpsicologia e a lógica. A lógica estuda o estabelecimento de lutas e alianças, bem como os resultados que produzem. A lógica intermental precede a que usamos de forma mais comum (a lógica intramental aristotélica). Por seu lado, as lutas (eliminação) e as alianças (criação) de ideias e vontades entre indivíduos são a matéria típica da interpsicologia, à qual se juntam as modificações de sensibilidades e de sentimentos, resultantes do contacto de espíritos. A ação de sugestão do hipnotizador só difere pelo método da retórica([15]). Tarde afirma que não há duas (*ibidem*, p. 78) psicologias, mas uma que se divide em três ramos: a extramental, a intramental e a intermental. Na intramental, o indivíduo sugestiona-se a si mesmo; na intermental é sugestionado ou sugestiona outro; na extramental recebe uma impressão confusa e complexa, vinda da natureza exterior, e que nunca é recíproca. A vida social resulta da multiplicação destes elementos.

Estes três ramos interessam à sociologia, mas é o intermental que pode oferecer explicações sociológicas. A sociologia complexa tem no seu fundo uma interlógica ou uma interpsicologia. O intermental elementar (sugestão de um espírito sobre outro, em estado normal) é a unidade que se repete infinitamente na vida social e que se agrega em todos os fenómenos sociais (linguísticos, religiosos, económicos, políticos) (TARDE, *ibidem*, p. 79). O intermental pressupõe o intercorporal, mesmo que à distância, o que é o caso dos efeitos mecânicos permitidos pelas sociedades contemporâneas. Deste modo, Tarde

---

([15]) Tarde conhece bem os meandros do hipnotismo, bem como os trabalhos de Charcot e Bernheim, o que fica patente numa recensão em que critica Lombroso enquanto adversário desta corrente (TARDE, 1889b).

opõe-se vivamente à ideia de *contrainte* da escola durkheimiana, defendendo que a pressão social é igual à acumulação de dimensões intermentais([16]). A pressão social é o intermental convertido em intramental, isto é, uma autossugestão que pode ser irresistível (*idem*, *ibidem*, p. 80). Não há *contrainte* porque o intermental se acumula, mas sofre uma triagem, em conformidade com as preferências do sujeito. Esta acumulação difere de indivíduo para indivíduo no mesmo meio social. Uns são influenciados por gente honesta e outros por malfeitores. É na pressão social que o indivíduo encontra o seu maior grau de autonomia (*idem*, *ibidem*, *loc. cit.*). É necessário a cada indivíduo um obstáculo que é simultaneamente apoio e resistência([17]).

Se, neste texto de 1904, algumas ideias sobre o intermental não parecem claras, Tarde (1903c) explicita o que entende ser a interpsicologia([18]). Para ele, o «eu» serve de base a duas ciências complementares — a psicologia fisiológica e a psicologia social (*idem*,

---

([16]) Tarde sempre considerou que uma ênfase excessiva na ideia de constrangimento social, com a concomitante exclusão dos indivíduos da definição de sociedade, deixaria esta como algo apenas remanescente. Tarde defende mesmo que Durkheim pretende regressar ao realismo da Idade Média (Tarde *apud* Sorokin, 1929). Sorokin segue claramente Tarde ao considerar uma expressão de misticismo a ideia segundo a qual existiria uma entidade constrangedora fora e independente da mente dos indivíduos.

([17]) É, a este nível, assinalável até que ponto Tarde se aproxima das correntes pragmatistas e do interacionismo simbólico. Brissett (1968, p. 72) considera que Tarde quebrou o dualismo indivíduo-grupo, o que parece aproximá-lo das visões interacionistas e dramatúrgicas. Numa nota de rodapé na mesma página, Brissett salienta que Tarde considerava a vida social um processo de multiplicação, ao contrário de Durkheim, que o via como processo de transformação. Assim sendo, não era necessário a Tarde estabelecer um indivíduo psicológico e um processo de grupo transformativo. Os comportamentos dos indivíduos eram sociais por natureza e todo o comportamento humano significativo era interação. A imitação era também obviamente social e mesmo as invenções só existiam e tinham consequências sociais quando imitadas.

([18]) Zilboorg (1939, pp. 343–344) afirma que, apesar das intuições tardianas a respeito das raízes psicológicas dos fenómenos sociais, o projeto de Tarde redundou em fracasso por lhe faltar uma psicologia dinâmica. Mais, acrescenta que os termos forjados por Tarde, como a interpsicologia, não eram mais do que avanços terminológicos.

ibidem, p. 91). Mas a definição de psicologia social ou coletiva é ambígua e foi aproveitada por espíritos místicos para defender uma conceção de sociedade que seria semelhante a um gigantesco cérebro, constituído por outros mais pequenos, com um «eu» social distinto das consciências particulares (*idem*, *ibidem*, *loc. cit.*). A psicologia social pode pressupor um meio social já constituído, em que um «eu» recebe o conjunto dos outros «eus» confundidos num todo e numa ação sugestiva impessoal e anónima. É sempre necessário começar por uma psicologia a dois, três, ou quatro, por uma ação intermental unilateral e ainda não recíproca, com peso de adultos, para que a criança cresça para a vida social. O que vemos descrito ontogeneticamente também é válido filogeneticamente pela ação de líderes ou de indivíduos poderosos sobre os restantes. Daqui resulta a defesa da interpsicologia, que é uma ciência geral, sendo, no entanto, de considerar que nem todos os fenómenos intermentais são fenómenos sociais (*idem*, *ibidem*, p. 93). Só o são quando implicam uma ação do eu sobre outro(s).

A reciprocidade é a verdadeira chave para o entendimento dos factos sociais. A mera observação e intuição do que o outro faz ou pensa não é ainda um fenómeno social. O facto e o laço social dependem da ação (*idem*, *ibidem*, *loc. cit.*), sendo precisa uma ação vital física ou mecânica para haver facto social. No entanto, os laços sociais podem surgir por efeitos à distância, através da imitação. Quando estes processos se enraízam, transformam-se em hábitos. Deste modo, a sociologia torna-se numa parte da interpsicologia, isto é, a parte imitativa que tem uma tendência invasiva, sendo o intermental a chave do social (*idem*, *ibidem*, p. 94). Resumindo, a interpsicologia não é só mais geral do que a psicologia social (de que a sociologia é a parte objetiva), mas também mais precisa. Para Tarde, a criança conhece os outros antes de conhecer o seu próprio corpo (*idem*, *ibidem*, p. 95) e o «eu» é mais embrionário se a criança for privada do contacto com outros. O espírito forma-se no contacto com os outros, começando pelos familiares e alargando-se aos círculos exteriores. A observação de um sujeito isolado pouco ou nada nos dirá sobre os seus comportamentos. As ações de espírito são sempre ações à distância (*idem*, *ibidem*, p. 102).

Na causalidade intermental, é forçoso reconhecer que o unilateral precede o recíproco. A ação intermental elementar de tipo patológico foi estudada de forma pioneira pelos hipnologistas, que podem ser considerados os verdadeiros fundadores da interpsicologia (*idem*, *ibidem*, p. 103). Nestas ações à distância, Tarde revela que são as ideias, as crenças e os desejos que são contagiosos, não as sensações. A crença e o desejo são fundamentais porque são comunicáveis, enquanto as sensações não o são (*idem*, *ibidem*, p. 104). Os sentimentos estão para a interpsicologia como as sensações para a psicologia solitária. Os fenómenos psicológicos mais contagiosos são os mais elevados, mas há sentimentos superiores que são inefáveis ou inexprimíveis. Os desejos e as crenças permanecem os mesmos, mesmo que as sensações mudem, e são criadores de necessidades lógicas de agregação. A união política das vontades precede a harmonia moral dos desejos na consciência (*idem*, *ibidem*, p. 107). Os dois sentimentos básicos da vida humana são, para Tarde, a crença (orgulho, humildade, admiração, desprezo, indignação, estima) e os desejos (cólera, medo, amor, ódio). As sensações ligam-nos ao mundo (calor, frio, doce, amargo), mas os sentimentos são laços sociais. Uns dão-nos distâncias físicas, outros dão-nos distâncias sociais.

Com a sua interpsicologia, Tarde pretende estudar os efeitos de um indivíduo sobre outro, de um indivíduo sobre uma multidão, de um agrupamento sobre um indivíduo, de um indivíduo sobre um público e de um público sobre um indivíduo. Com este cenário fenomenológico, não admira que Tarde sinta a necessidade de estudar as relações complexas que se estabelecem entre multidões, públicos e seitas. As distâncias da ação intermental variam de sociedade para sociedade. Na sociedade moderna, a civilização aumenta o potencial da ação à distância por força da tecnologia — correios, telégrafos, telefones (*idem*, *ibidem*, p. 114).

A distinção entre público e multidão é também central no que respeita à articulação entre sociologia e psicologia. Para Tarde, as multidões são inferiores em moralidade à média dos seus membros, havendo nelas uma tendência para a puerilidade ou para um certo bestialismo. Elas podem ser expectantes e atentas ou manifestantes e atuantes; inclinadas ao ódio ou orientadas para o amor. Esta tendência para uma convergência em estados extremos identifica as multidões e os seus perigos, mas é relevante considerar que a inexistência de multidões se traduziria numa vida social insípida. Ao contrário das multidões, o público é uma coletividade que pode ser definida pelo sexo, pela idade e pelos seus fins, sendo caracterizada por uma dispersão de indivíduos fisicamente separados e entre os quais existe uma coesão apenas mental. Os públicos formam-se depois de uma história de vida social intensa, de vida urbana, ou de sugestão de proximidade. Os públicos têm tendência a especializar-se, não sendo, em grande medida, nada mais do que uma espécie de clientela comercial que compra e consome as mesmas coisas nos mesmos locais, vestindo-se da mesma forma, frequentando os mesmos espaços. As próprias classes sociais correspondem a conjuntos que se alimentam, vestem e se satisfazem de maneira análoga (a prática sobrepõe-se à consciência da pertença). Embora as multidões sejam tendencialmente mais violentas do que os públicos, Tarde não ignora que aquelas podem ser manobradas por estes, sendo assim as cabeças pensantes dos públicos as mais criminosas de todas. As multidões e os públicos não fazem parte de uma dicotomia, mas de um *continuum* evolutivo que pode mesmo dar origem a complementaridades e conversões recíprocas. A partir destas considerações, Tarde desenvolve uma teoria geral da conversação, caracterizada pela reflexão sobre diálogos sem utilidade direta e imediata, nos quais se fala sobre tudo, por prazer, jogo ou cortesia. A conversação é, aliás, o agente mais poderoso da imitação. À medida que a civilização avança, anda-se e fala-se mais depressa. Tarde define uma série de princípios gerais que poderiam ter dado origem a uma ampla reflexão sobre as formas comunicacionais. Assim, a) o tempo despendido a falar aumenta com o ócio([19]); b) o número daqueles com quem se pode falar aumenta com a diminuição

([19]) O ócio e o lazer ocupam parte fundamental das reflexões tardianas sobre o económico. Pode mesmo afirmar-se que Tarde opera uma revolução coperniciana, substituindo o trabalho pelo lazer como grande fonte da invenção e da inovação. O lazer não existe para o trabalho, antes sendo o trabalho que existe para o lazer. O desafio económico futuro é saber como o lazer deve ser distribuído na sociedade.

das línguas e com a subida da densidade populacional; c) o progresso das ciências e da informação aumenta o número de temas sobre os quais se pode falar; d) a democracia aumenta o número e a qualidade dos interlocutores. Tarde nota bem a transição (sua contemporânea) do *ponderatur* (uma decisão que resulta de uma ponderação das várias vozes, todas conhecidas) para o *numerantur* (em que o único critério válido é a quantidade, não se conhecendo nem estando presentes todas as vozes, e em que só adquire reconhecimento a voz que representa a maioria quantitativa).

Para Tarde, a nação é uma comunidade imaginada unida pela língua. A conversa leva a opiniões refinadas em discussão de grupo, feitas circular até coalescerem em poucas opiniões que constituem a opinião pública. Num micronível, as opiniões agregadas influenciam a escolha de líderes, votos, avaliação de produtos e modas. Num macronível, a agregação e a representação da opinião são um travão ao governo (KATZ, 1999, p. 152). Katz considera que o modelo imprensa-conversação-opinião-ação está próximo da ideia do duplo fluxo de comunicação de Lazarsfeld([20]), sendo Tarde um precursor dos estudos da esfera pública que analisam as relações entre Estado-nação, imprensa mediadora entre cidadãos e governo, cidadania conhecedora e socializável, espaços públicos onde conduzir as conversas, processos de agregação e representação, escolhas expressas em votos e valores, produtos e modas e pressão coletiva na tomada de decisão.

Sociologia da moral: responsabilidade e autonomia

Para Tarde, a questão da responsabilidade moral é um tópico central para os estudos e práticas da criminologia, para a aplicação de penas, mas também para a definição de uma sociologia da moral. Esta definição de responsabilidade é também um bom pretexto para

---

([20]) KATZ [*et al.*] (1995, p. 14) referem que Lazarsfeld não se deu conta dos textos de Tarde em que este introduz um modelo de fluxo ligando a imprensa à conversação e esta à tomada de opinião, circunscrevendo a sua atenção ao efeito dos jornais na formação de opiniões.

os ataques de Tarde à junção de utilitarismo([21]) e darwinismo nas questões penais, por um lado, e ao socialismo e ao positivismo penal, por outro. Tarde considera que o ato voluntário resulta sempre de uma escolha (livre ou não) de um indivíduo e que esta prática pode ser repetida por imitação. Desta junção entre uma deliberação e a possibilidade imitativa de um ato, retira Tarde (1883b, p. 660) a ideia de dever haver imunidade para o louco, mas só parcialmente para o ébrio. Os atos involuntários não podem nascer da imitação nem dar-lhe origem ou, como declara expressamente, «a responsabilidade de um agente [...] está restrita às consequências sociais que pode produzir a repetição imitativa, por outro, do seu próprio ato; mas esta só é possível enquanto o seu ato puder ser imitativamente reproduzido por si mesmo, isto é, ser voluntário» (*idem*, *ibidem*, pp. 661–662). Mas Tarde não pretende, ao contrário de muitos dos criminalistas da Escola Positivista como Ferri e Lombroso (que manifestamente critica), reduzir o tema da responsabilidade moral à questão do livre-arbítrio. Se a responsabilidade fosse apenas o livre-arbítrio, a história estaria terminada — mas não é. Nada teoricamente justifica a sua associação, mas os positivistas suprimem a responsabilidade moral porque a julgam inseparável do livre-arbítrio e os espiritualistas dogmatizam o livre-arbítrio porque querem manter a responsabilidade moral (Tarde, 1889a, p. 357).

Tarde pretende edificar uma teoria da responsabilidade moral que concilie a consciência humana de todos os tempos com a ciência contemporânea, sem se fundar no livre-arbítrio (*idem*, *ibidem*, p. 359). A culpabilidade implica um ato contrário à utilidade ou vontade geral e a existência de identidade pessoal e de identidade social, mas implica também a ideia de sentimento de erro e de indignação (*idem*, *ibidem*, *loc. cit.*). O culpado atribui a si mesmo a responsabilidade do ato e

([21]) Para uma crítica ao utilitarismo de Bentham ver Tarde (1880, pp. 266–270). Onze anos depois, Tarde (1891, p. 456) lança um ataque ao utilitarismo e afirma a insuficiência do cálculo utilitário dos bens e dos males sociais como único apoio da moral e do direito, pelo menos quando se restringe esse cálculo ao interesse atual, sem ter em conta o futuro. Não se pode considerar legítima uma ação em que a balança dos bens e dos males tombe para os bens. Se assim fosse, o direito reduzir-se-ia a dores e prazeres.

julga-se parte da mesma sociedade das vítimas e dos acusadores e é considerado como tal. A identidade pessoal tende a evoluir para uma ideia de individualismo extremo, da mesma forma que a identidade social se alarga.

Tarde (1893b, p. 259) prossegue o seu ataque ao positivismo de Ferri e à ideia do livre-arbítrio, defendendo não só a tese da responsabilidade, mas também os conceitos de imputabilidade, demérito, culpabilidade e dever. Considera que o fundamento da culpabilidade não é a liberdade de querer, mas a identidade da pessoa que deseja, combinada com a existência de um laço social, ou seja, similitude maior ou menor. Identidade e similitude são a chave da responsabilidade, e não o querer. Tarde parece sugerir um índice de responsabilidade que é visto como um produto das duas, quando afirma que, se uma delas é zero, a responsabilidade moral se anula. Numa altura da sua vida em que escreve recensões elogiosas de Durkheim([22]), afirma que a moralidade ou a imoralidade dos atos humanos, o seu mérito ou culpabilidade não são nada mais do que a propriedade que eles têm de suscitar num meio e num momento dados, a aprovação ou a condenação e as emoções concentradas nessas palavras, com graus diversificados de intensidade (*idem*, *ibidem*, p. 262). Tarde discorda profundamente da ideia da excecionalidade pessoal do criminoso e nega a ideia de Ferri segundo a qual um homem normal não comete crimes. Para Tarde, todos os criminosos que conheceu se pareciam com o que estava à sua volta, imbuídos dos preconceitos, ideias, vaidades e necessidades do seu grupo social, e só reconhece neles algo de excecional no que respeita ao egoísmo (*idem*, *ibidem*, p. 265). Todos os atos humanos, mesmo que involuntários, são suscetíveis de imitação e de se espalharem como contágios benéficos ou maléficos. Mas a imitação voluntária é a única que é possível controlar ou favorecer por via das recompensas e das punições, dos elogios ou das reprovações. Neste sentido, só aos atos voluntários se devem dirigir as condenações e os elogios.

([22]) Em nota de pé de página (Tarde, 1893b, p. 263, nota 2), Tarde salienta duas obras: *Les luttes entre les sociétés humaines et leurs phases successives*, de Novicow, e *A Divisão do Trabalho Social*, de Durkheim. Nesta última, encontra Tarde uma crítica magistral a Lombroso.

Tarde esclarece que a sua ideia de identidade é social e não biológica e que identidade significa sempre mudança, da mesma forma que repouso significa movimento (Tarde, 1890a, p. 506). Desta associação entre identidade social e responsabilidade, vai resultar a negação das categorias biológicas na explicação do crime. Todas as raças são melhoráveis ou pioráveis, e mesmo o sexo e a idade são filtrados por questões sociais na sua influência sobre o crime. Num espírito claramente tocquevilliano, afirmará mesmo que os Negros eram menos criminosos do que os Brancos antes de serem livres, tendência que se inverteu depois da sua libertação. Do mesmo modo, as famílias menos numerosas descuidam mais os filhos, sendo verdade que a sua tendência para ter menos filhos é já reveladora de uma pequena preocupação com a continuidade e a vida de outras gerações.

Ainda que fiel ao primado da explicação sociológica, Tarde não acredita, ao contrário dos socialistas (que critica), que a desigualdade de repartição de riquezas, a fome e a ordem burguesa sejam a causa do crime. Para ele, a estabilidade máxima é mais importante do que a desigualdade mínima (*idem*, *ibidem*, p. 512). A instabilidade de riquezas gera invejas e tensões, mas uma desigualdade tradicional aceite e não problematizada cria menos problemas do que o caminho necessário para a combater. No mesmo sentido, acrescenta que o comunismo rural desaparece quando em contacto com o individualismo e a civilização. Apelando a uma análise histórica, salienta que a miséria se liga à criminalidade no Antigo Regime, mas não na época moderna. No Antigo Regime há um criminoso de momento que se junta em bandos de 30 ou 50, hoje o crime é mais individualizado e recidivista. As causas da pobreza e da miséria na França do Antigo Regime não eram a desigualdade nem os impostos escravizantes nem mesmo o abandono dos campos, mas os maus exemplos de uma vida de corte (*idem*, *ibidem*, p. 513).

Para diminuir os delitos numa nação, e considerando que a tendência para o mal permanece estável, é forçoso estimular a produção, a civilização e atividades regulares, da mesma forma que um prato se equilibra melhor num dedo quanto mais rápido rodar (Tarde, 1883b, p. 668). Tarde considera que, se o crime aumenta, é necessário ver as causas sociais que agem ao contrário da civilização e são mais fortes do que ela, mas que existem provavelmente graças a ela e agem sobre a moralidade (*idem*, *ibidem*, p. 669).

Em jeito de conclusão

Procedemos, neste ensaio, a uma apreciação dos contributos de Gabriel Tarde, explorando sobretudo os seus textos e artigos mais esquecidos e considerando apenas parcialmente as suas obras mais reconhecidas e discutidas (Tarde, 1890d, 1902c, 1999a, 1999b, 1999c, 1999d e 1999e), por duas ordens de razão: para salientar alguns aspetos ignorados do seu legado, mas que salientam o seu carácter integrado e coerente, e para sublinhar a riqueza temática e o estilo original dos seus contributos que são claros em recensões e artigos, mas não estão tão patentes nos seus livros. Deixámos claro que a obra de Tarde está em processo de recuperação e é cada vez mais vista como digna de fazer parte do cânone, ainda que não necessariamente pelas razões apresentadas por Deleuze ou pelas (re)invenções latourianas (Latour e Lépinay, 2010). As causas levantadas por Lubek (1981) para o seu esquecimento — derrota na luta teórica com Durkheim; ausência de apoio institucional e de uma comunidade organizada de apoiantes; ambiente sociopolítico desfavorável e barreiras culturais e linguísticas — parecem já ter perdido a validade.

Que se pode então dizer da sociologia tardiana e da sua validade contemporânea? Atentemos em dois pequenos textos (Tarde, 1882 e 1884c), geralmente considerados de juventude (década de 1880), e vejamos como se identifica neles uma linha coerente de conceitos e linhas críticas na definição da sociologia, da sociedade e dos princípios da imitação e da repetição que o acompanharão durante toda a sua vida. Deixemos falar o autor. Tarde (1882) perguntava-se se haveria lugar para uma ciência ou apenas para uma história ou filosofia dos factos sociais. A sua resposta a esta pergunta retórica marca já bem o seu projeto sociológico e as críticas às expressões dominantes. Muitos acreditam que a sociologia só poderá ser uma ciência se tiver um certo ar biológico ou mecânico (*idem*, *ibidem*, p. 270), mas a sociologia tem a felicidade de ter à mão as causas verdadeiras, isto é, os atos individuais, não precisando de evocar energias, condições de existência e outros paliativos verbais. O sociólogo é, e deve ser, atraído pelo estranho e único (*idem*, *ibidem*, p. 274). Há que considerar os atos humanos os únicos produtores da história, rejeitando as forças impessoais como idealistas e falsamente racionalistas. Na sociologia, é preciso adotar um ponto de vista individualista e «acidentalista» (Tarde desculpa-se pela palavra usada [*ibidem*, p. 271]). Os acidentes são invenções individuais, iniciativas renovadoras que levam ao mundo novas necessidades e novas satisfações e que se propagam por imitações forçadas ou espontâneas, escolhidas ou inconscientes, tal como uma onda luminosa ou uma família de térmitas (*idem*, *ibidem*, *loc. cit.*). A decomposição dos factos sociais permite ver combinações de invenções e clarões de génio acumulados. Socialmente, tudo é invenção e imitação, e esta constitui os rios e aquela as montanhas. Talvez isto ainda seja idealismo, mas é um idealismo que explica a história pelas ideias dos seus atores e não pelas dos historiadores (*idem*, *ibidem*, *loc. cit.*). Uma descoberta tende a propagar-se no público, seguindo uma progressão geométrica até atingir os limites do seu domínio, travada frequentemente pela presença de tendências rivais (*idem*, *ibidem*, p. 280).

Sem semelhanças e sem repetições não há ciência. Ora, conhecer as causas permite, por vezes, prever, mas conhecer as semelhanças permite numerar e medir, e a ciência é sobretudo número e medida (*idem*, *ibidem*, p. 272). Depois de estabelecidas as semelhanças e as repetições, a ciência deve compará-las e observar a solidariedade que une as suas variações concomitantes. «[...] Toda a repetição, social, orgânica ou física [...] isto é, *imitativa*, *hereditária* ou *vibratória* [...] procede de uma inovação» (*idem*, *ibidem*, p. 273). Toda a multidão de coisas semelhantes que presenciamos e a sucessão harmoniosa de fenómenos se liga a acidentes físicos, biológicos e sociais cuja ligação desconhecemos (*idem*, *ibidem*, p. 274). Se a sociologia parece refletir sobre um caos e as ciências físicas sobre um campo organizado, isso deve-se ao facto de a primeira fazer orelhas moucas a tudo o que é repetição e as segundas olharem para ela. Se há ordem nos estudos físicos e biológicos, é porque tudo conduz à ondulação e à hereditariedade. A confusão na sociologia existe por não se reconhecer que

«[...] o ser social, enquanto social, é por essência imitador e a imitação desempenha nas sociedades um papel análogo ao da hereditariedade nos organismos ou da ondulação nos corpos brutos» (*idem*, *ibidem*, p. 276). A ciência social deve dirigir-se aos factos similares múltiplos. Os factos novos e dissemelhantes são o campo da filosofia social (*idem*, *ibidem*, p. 277).

> Todas as semelhanças que se notam no mundo social são fruto direto ou indireto da imitação, sob todas as suas formas, imitação-costume ou imitação-moda, imitação-simpatia ou imitação-obediência, imitação--instrução ou imitação-educação, imitação ingénua ou imitação refletida, etc. (*Idem*, *ibidem*, p. 279)

A quantidade significa semelhança, a semelhança provém da repetição e a repetição, de um movimento periódico. Na Europa, os progressos da moda sob todas as suas formas (roupa, alimentos, alojamentos, necessidades, ideias, instituições, artes) estão à beira de conseguir uma mesma edição de homens com centenas de milhões de exemplares (*idem*, *ibidem*, *loc. cit.*). Sem moda e costume não haveria quantidade social nem estatística.

Anos depois, TARDE (1893c) questiona-se sobre o que é a sociologia e rapidamente a define como uma biologia superior (dado que remete para elementos vitais), o que é um pouco trivial, sendo talvez melhor dizer que é uma psicologia coletiva (*idem*, *ibidem*, p. 515)([23]). A sociologia deve tomar em conta as questões corporais, mas apenas no sentido em que podem influenciar as funções espirituais no que elas implicam de comunicação com outros espíritos, lidando com a intensidade e direção das forças internas como a crença e a vontade. A sociologia tem por domínio essencial todos os factos de

([23]) TARDE (1895a) afirma que conhece muitos sociólogos, mas o que é a sociologia? Pode perguntar-se mesmo se ela existe. Muitos são os que fazem sociologia sem o saber e dizendo mal dela. Os congressos são boas ocasiões para discutir o estatuto da disciplina e sua definição. Apreciando o congresso do Institut de Sociologie, elogia a participação de nomes ilustres como Novicow, Tönnies, Kovalevski, Worms, Lilienfeld, Gumplowicz ou Ferri e aproveita para inverter a frase deste último: «a sociologia será socialista ou não será», tornando--a «o socialismo será sociológico ou não será».

comunicação entre espíritos e os seus efeitos, e deve estudar a ação de contacto e/ou à distância que cada espírito exerce sobre os outros, pelas suas afirmações e negações, pelas suas ordens e defesas ou pelos seus exemplos que possuem qualquer coisa de afirmativo ou de imperativo e, como tal, de sugestivo. Esta ciência deve seguir as correntes de convicções e de vontades coletivas que daí resultam, notar a alta e a baixa das correntes, mostrar as concordâncias e os conflitos entre as diferentes correntes de crenças ou de desejos, quando eles se encontram presentes, e retirar as leis lógicas de interferência ou combinação que presidem a esses choques ou acoplamentos. Deve ainda fazer ver como é que estas forças concorrentes ou concordantes são capazes de organização num duplo sistema mais ou menos coerente e estável de proposições explícitas ou implícitas, que se confirmam ou não se contradizem excessivamente, e de desenhos confessáveis ou inconfessáveis, que se entreajudam ou não se contrariam demasiado (*idem*, *ibidem*, pp. 515–516).

Definida a sociologia, cabe perceber o que é uma sociedade. Tarde (1884c) rejeita a ideia de a sociedade ser constituída por grupos de indivíduos que prestam entre si assistência, o que revelaria uma conceção excessivamente económica. Também rejeita definir a sociedade por uma base jurídica de direitos, leis e costumes ou com base na religião ou na política (*idem*, *ibidem*, p. 489). A sociedade é muito mais uma determinação mútua de envolvimentos e consentimentos, de direitos e de deveres, do que uma assistência mútua (*idem*, *ibidem*, p. 490). Longe de denotar um estado avançado de civilização, a tendência a subordinar a consideração moral dos direitos à conservação utilitária dos serviços e das obras perde a sua força, à medida que a humanidade melhora e que a grande indústria faz progressos (*idem*, *ibidem*, p. 492). Criticando o excesso de importância conferido à divisão do trabalho (quer na sua expressão económica quer na sua formulação durkheimiana), Tarde considera que a própria solidariedade deriva de uma semelhança pela imitação. A sociedade está mais próxima de ser um grupo de indivíduos criados de forma semelhante que, mesmo em desacordo de ideias e sentimentos, possuem um sentimento comum, que se veem e influenciam por prazer (*idem*, *ibidem*, p. 493). Com base nos princípios imitativos, Tarde está em condições de partir para uma série de definições auxiliares. Assim, um grupo social é uma coleção de seres que estão em vias de se imitar entre eles ou que, mesmo sem imitação, se assemelham nos traços comuns e são cópias de um mesmo modelo (*idem*, *ibidem*, p. 494); um tipo social, por seu lado, é um conjunto de necessidades e de ideias criadas por milhares de invenções e de descobertas acumuladas no seguimento das eras, de necessidades mais ou menos em acordo, concorrendo para o triunfo de um desejo dominante que é a alma de uma era e de uma nação (*idem*, *ibidem*, pp. 494–495).

Um tipo social é um sistema, uma teoria mais ou menos coerente, dado que há tipos fortes e puros de civilização e outros misturados e fracos. Uma sociedade é sempre, e em diversos graus, uma associação, e uma associação está para a socialidade e para a imitação como a organização está para a vitalidade (*idem*, *ibidem*, p. 496). Mas Tarde refere também a centralidade da originalidade, ou seja, a diversidade inata que através de todas as uniformidades legislativas reaparece na superfície das coisas (*idem*, *ibidem*, p. 498). A assimilação e a igualização dos membros de uma sociedade não é a chegada, mas o ponto de partida de um novo progresso social (*idem*, *ibidem*, *loc. cit.*). Todas as novas formas sociais começam por esta igualdade e a hierarquia só vem depois. A igualdade é uma transição entre hierarquias, do mesmo modo que a liberdade é uma transição entre duas disciplinas. Fiel a esta ideia de fluxo, Tarde defende que o princípio fundamental da coisa social e da coisa vital não é a organização, mas a propagação. A organização não é mais do que um meio cujo objetivo é a repetição generativa ou imitativa. Assim, a pergunta inicial sobre o que é uma sociedade é respondida simplesmente por: «é a imitação» (*idem*, *ibidem*, p. 499).

Bibliografia

Alliez, Éric [*et al.*], The Contemporary: A Roundtable Discussion, *Pli: The Warwick Journal of Philosophy* 8, 6 de maio de 1999: pp. 119–137.

Baigorri, Artemio, «Gabriel Tarde, el Gran Miedo Burgués. (*L'opinion et la multitude*)», Universidad de Extremadura, 1994. Disponível em: http://

www.unex.es/sociolog/BAIGORRI/papers/tarde.pdf [consultado em 6 de março de 2009].

BALLER, Robert D. e RICHARDSON, Kelly, Social Integration, Imitation, and the Geographic Patterning of Suicide, *American Sociological Review* 67, 2002: pp. 873–888.

BARNES, Harry, The Philosophy of the State in the Writings of Gabriel Tarde, *Philosophical Review* XXVIII, 1919: pp. 248–279.

BLUTE, Marion, History versus Science: The Evolutionary Solution, *Canadian Journal of Sociology/Cahiers Canadiens de Sociologie* 22, 1997: pp. 345–364.

BORCH, Christian, The Exclusion of the Crowd: The Destiny of a Sociological Figure of the Irrational, *European Journal of Social Theory* 9, 2006: pp. 83–102.

BOUGLÉ, Célestin, Un sociologue individualiste: Gabriel Tarde, *Revue de Paris* III, 1905: pp. 294–316.

BRISSETT, Dennis, Collective Behavior: The Sense of a Rubric, *American Journal of Sociology* 74, 1968: pp. 70–78.

BURGESS, Ernest, The Study of the Delinquent as a Person, *American Journal of Sociology* 28, 1923: pp. 657–680.

CLARK, Terry, *Gabriel Tarde: On Communication and Social Influence*, Chicago, Chicago University Press, 1969.

CLARK, Terry, *Prophets and Patrons: The French University and the Emergence of the Social Sciences*, Cambridge, Harvard University Press, 1973.

DAVIS, Michael Marks, Review of Tarde's *La psychologie économique*, *Political Science Quarterly* 17, 1902: pp. 540–542.

DELEUZE, Gilles, *Différence et répétition*, Paris, Presses Universitaires de France, 1968.

DRIVER, Edwin, A Critique of Typologies in Criminology, *The Sociological Quarterly* 9, 1968: pp. 356–373.

DUNCAN, David, Gabriel Tarde — The first economic psychologist?, *Journal of Economic Psychology* 23, 2002: pp. 149–156.

DURKHEIM, Émile, *Textes 1 – Élements de théorie sociale*, Paris, Les Éditions de Minuit, 1975.

ELLWOOD, Charles, The theory of imitation in social psychology, *American Journal of Sociology* 6, 1901: pp. 721–741.

GIDDINGS, Franklin, Review [*Les lois de l'imitation*], *Political Science Quartely* 11, 1896: pp. 346–352.

HAMILTON, C. J., Review of Tarde's *La psychologie économique*, *Economic Journal* 13, 1903: pp. 615–620.

HEXTER, Maurice, Implications of a Standard of Living, *American Journal of Sociology* 22, 1916: pp. 212–225.

KATZ, Elihu, On Parenting a Paradigm — Gabriel Tarde's Agenda for Opinion and Communication-Research, *International Journal of Public Opinion Research* 4, 1992: pp. 80–86.

KATZ, Elihu, Theorizing Diffusion: Tarde and Sorokin Revisited, *ANNALS of The American Academy of Political and Social Science* 566, 1999: pp. 144–155.

KATZ, Elihu, Rediscovering Gabriel Tarde, *Political Communication* 23, 2006: pp. 263–270.

KATZ, Elihu [*et al.*], Press-Conversation-Opinion-Action: Gabriel Tarde's Agenda for Opinion and Communication Research, *ZUM-Nachrichten* 36, 1995: pp. 12–23.

KITCHENER, Richard F., Jean Piaget: The Unknown Sociologist?, *The British Journal of Sociology* 42, 1991: pp. 421–442.

LANG, Kurt e LANG, Gladys Engel, The Impact of Polls on Public Opinion, *ANNALS of the American Academy of Political and Social Science* 472, 1984: pp. 129–142.

LATOUR, Bruno, Pourquoi viens-tu si tarde? (comment trouver un successeur au structuralisme), *La Recherche* 320, 1999: p. 81.

LATOUR, Bruno, Le retour de Gabriel Tarde, *Le Monde des Débats* 11, fevereiro de 2000: p. 29.

LATOUR, Bruno, Gabriel Tarde and the end of the social, *in* JOYCE, Patrick (org.), *The Social in Question: New Bearings in History and the Social Sciences*, Londres, Routledge, 2001, pp. 17–132.

LATOUR, Bruno, Never too late to read Tarde, *Domus*, outubro de 2004. Disponível em: http://www.bruno-latour.fr/presse/presse_art/GB-DOMUS%2010-04.html [consultado em 17 de março de 2009].

LATOUR, Bruno e LÉPINAY, Vincent-Antonin, *The Science of Passionate Interests: An Introduction to Gabriel Tarde's Economic Anthropology*, Chicago, Prickly Paradigm Press, 2010.

LAZARATTO, Maurizio, Préface, *in* TARDE, Gabriel, *Underground (Fragments of Future Histories)*, Bruxelas e Dijon, Les Maîtres de Forme Contemporains e Les Presses du Réel, 2004, p. 104.

LETONTURIER, Éric, Sociologie des réseaux sociaux et psychologie sociale: Tarde, Simmel et Elias, *HERMÈS* 41, 2005: pp. 41–50.

LEVINE, Donald; CARTER, Ellwood e GORMAN, Eleanor Miller, Simmel's Influence on American Sociology. I, *American Journal of Sociology* 81, 1976: pp. 813–845.

LUBEK, Ian, Histoire de psychologies sociales perdues: le cas de Gabriel Tarde, *Revue Française de Sociologie* 22–23, 1981: pp. 361–395.

MAC-LEAN Y ESTENÓS, Roberto, Importancia de Émile Durkheim en la Historia de la Sociología, *Revista Mexicana de Sociología* 21, 1959: pp. 835–848.

MAISONNEUVE, Jean, *La psycho-sociologie des affinités*, Paris, Presses Universitaires de France, 1966.

MERTON, Robert, Durkheim's *Division of Labor in Society*: A Sexagenarian Postscript, *Sociological Forum* 9, Special Issue: The 100th Anniversary of Sociology's First Classic: Durkheim's *Division of Labor in Society*, 1994: pp. 27–36.

MILET, Jean, Gabriel Tarde et la psychologie sociale, *Revue Française de Sociologie* 13, 1972: pp. 472–484.

MILLER, Larry C., William James and Twentieth-Century Ethnic Thought, *American Quarterly* 31, 1979: pp. 533–555.

MOSCOVICI, Serge, *L'âge des foules: un traité historique de psychologie des masses*, Paris, Fayard, 1981.

MURRAY, Stephen e MAUSS, Marcel, A 1934 Interview with Marcel Mauss, *American Ethnologist* 16, 1989: pp. 163–168.

NETT, Roger, Conformity-Deviation and the Social Control Concept, *Ethics* 64, 1953: pp. 38–45.

NYE, Robert, Heredity or Milieu: The Foundations of Modern European Criminological Theory, *Isis* 67, 1976: pp. 334–355.

ROGERS, Everett e BHOWMIK, Dilip, Homophily-Heterophily: Relational Concepts for Communication Research, *Public Opinion Quarterly* 34, 1970: pp. 523–538.

ROSS, Edward Alsworth, Review of *The Laws of Imitation*, *Journal of Political Economy* 13, 1904: pp. 117–118.

SALMON, Louise, Gabriel Tarde et l'Affaire Dreyfus: réflexions sur l'engagement d'un «homme de pensée», *Champ Pénal* II, 2005. Disponível em: http://champpenal.revues.org/document447.html [consultado em 7 de abril de 2014].

SCHÉRER, René, Fin de siècle — Une utopie esthétique, *in* TARDE, Gabriel, *Fragment d'histoire future*, Biarritz, Atlantica, 1998, pp. 7–37.

SOROKIN, Pitirim, *Contemporary Sociological Theories*, Evanston, Harper and Row, 1929.

STACK, Steven, Celebrities and Suicide: A Taxonomy and Analysis, 1948–1983, *American Sociological Review* 52, 1987: pp. 401–412.

TARDE, Gabriel, La croyance et le désir: la possibilité de leur mesure, *Revue Philosophique* X, 1880: pp. 150–180 e 264–283.

TARDE, Gabriel, Les traits communs de la nature et de l'histoire, *Revue Philosophique* XIV, 1882: pp. 270–291.

TARDE, Gabriel, La statistique criminelle du dernier demi-siècle, *Revue Philosophique* XV, 1883a: pp. 49–82.

TARDE, Gabriel, Sur quelques criminalistes Italiens de la Nouvelle École, *Revue Philosophique* XV, 1883b: pp. 658–669.

TARDE, Gabriel, L'archéologie et la statistique, *Revue Philosophique* XVI, 1883c: pp. 363–384 e 492–511.

TARDE, Gabriel, Recension de Enrico Ferri *Socialismo e criminalità*, *Revue Philosophique* XVI, 1883d: pp. 512–520.

TARDE, Gabriel, Recension de *Omicidio-Suicidio* d'Enrico Ferri, *Revue Philosophique* XVII, 1884a: pp. 688–690.

TARDE, Gabriel, Études sur le socialisme contemporain, *Revue Philosophique* XVIII, 1884b: pp. 173–192.

TARDE, Gabriel, Qu'est-ce qu'une société?, *Revue Philosophique* XVIII, 1884c: pp. 489–510.

TARDE, Gabriel, Positivisme et pénalité, *Archives d'Anthropologie Criminelle* II, 1887: pp. 32–51.

TARDE, Gabriel, Rapport sur la responsabilité morale, *Archives d'Anthropologie Criminelle* IV, 1889a: pp. 356–369.

TARDE, Gabriel, Le magnétisme animal de J. Delboeuf, *Archives d'Anthropologie Criminelle* IV, 1889b: pp. 501–505.

TARDE, Gabriel, Misère et criminalité, *Revue Philosophique* XXIX, 1890a: pp. 505–518.

TARDE, Gabriel, Recension de *La France Criminelle* de H. Joly, *Archives d'Anthropologie Criminelle* V, 1890b: pp. 195–205.

TARDE, Gabriel, Recension de *Critica Penale* d'Emmanuele Carnevale, *Archives d'Anthropologie Criminelle* V, 1890c: pp. 449–456.

TARDE, Gabriel, *Les lois de l'imitation*, Paris, Alcan, 1890d.

TARDE, Gabriel, A propos de deux beaux crimes, *Archives d'Anthropologie Criminelle* VI, 1891: pp. 453–465.

TARDE, Gabriel, Évocation, *Revue de Bordeaux*, 15 de março de 1892.

TARDE, Gabriel, A propos du problème de M. Lombroso, *Revue Scientifique* LI, 1893a: pp. 284–285.

TARDE, Gabriel, Pro Domo Mea: Réponse a M. Ferri, *Archives d'Anthropologie Criminelle* VIII, 1893b: pp. 258–276.

TARDE, Gabriel, La sociologie criminelle et le droit pénal, *Archives d'Anthropologie Criminelle* VIII, 1893c: pp. 513–525.

TARDE, Gabriel, Congrès de Sociologie, *Archives d'Anthropologie Criminelle* X, 1895a: pp. 206–207.

TARDE, Gabriel, L'instinct de domination, *Archives d'Anthropologie Criminelle* X, 1895b: pp. 207–211.

TARDE, Gabriel, Fragment d'histoire future, *Revue Internationale de Sociologie*, 4ème année, Paris, V. Giard et E. Brière, 1896a: p. 58.

TARDE, Gabriel, Lettre ouverte au directeur de La Scuola Positiva, *Archives d'Anthropologie Criminelle* XI, 1896b: pp. 131–132.

TARDE, Gabriel, L'Orient et la chrétienté, *Spectateur Catholique* 4, 1897a: pp. 201–202.

TARDE, Gabriel, L'idée d'opposition, *Revue Philosophique* XLIII, 1897b: pp. 1–18 e 160–175.

TARDE, Gabriel, Le dernier congres de sociologie, *Revue Internationale de l'Enseignement* 34, 1897c: pp. 259–260.

TARDE, Gabriel, Leçon d'ouverture d'un Cours de Philosophie Moderne — Collège de France le 8 Mars, *Revue Internationale de Sociologie*, 1900: pp. 1–16.

TARDE, Gabriel, Correspondance: Réponse à M. Espinas, *Revue Philosophique* LI, 1901: pp. 661–664.

TARDE, Gabriel, L'année sociologique, *Archives d'Anthropologie Criminelle, de Criminologie et de Psychologie Normale et Pathologique* XVII, 1902a: p. 445.

TARDE, Gabriel, L'invention: moteur de l'évolution sociale, *Revue Internationale de Sociologie* 7, 1902b: pp. 561–574.

TARDE, Gabriel, *La psychologie économique*, 2 volumes, Paris, Alcan, 1902c.

TARDE, Gabriel, La philosophie sociale de Cournot, *Bulletin de l'Association Française de Philosophie* 8, 1903a: pp. 207–230.

TARDE, Gabriel, Augustin Cournot, *Annales de l'Institut International de Sociologie* 9, 1903b: pp. 87–104.

TARDE, Gabriel, L'interpsychologie, *Bulletin de l'Institut General Psychologique* 2, 1903c: pp. 91–118.

TARDE, Gabriel, La psychologie et la sociologie, *Annales de l'Institut International de Sociologie* 10, 1904a: pp. 67–81.

TARDE, Gabriel, Notice sur la vie et les travaux de Charles Leveque, *Seances et Travaux de l'Academie des Sciences Morales et Politiques* 5, 1904b: pp. 1–39.

TARDE, Gabriel, L'accident et le rationnel en histoire d'aprés Cournot, *Revue de Métaphysique et de Morale* 3, 1905: pp. 319–347.

TARDE, Gabriel, Les possibles: Fragments d'un ouvrage de jeunesse, *Archives d'Anthropologie Criminelle, de Criminologie et de Psychologie Normale et Pathologique* XXV, 1910: pp. 8–41.

TARDE, Gabriel, *Monadologie et sociologie*, Paris, Le Plessis-Robinson, Synthélabo, 1999a.

TARDE, Gabriel, *La logique sociale*, Paris, Le Plessis-Robinson, Synthélabo, 1999b.

TARDE, Gabriel, *L'opposition universelle*, Paris, Le Plessis-Robinson, Synthélabo, 1999c.

TARDE, Gabriel, *Les lois sociales*, Paris, Le Plessis-Robinson, Synthélabo, 1999d.

TARDE, Gabriel, *Essais et mélanges*, Paris, Le Plessis-Robinson, Synthélabo, 1999e.

TAYMANS, Adrien C., Tarde and Schumpeter: a similar vision, *Quarterly Journal of Economics* 64, 1950: pp. 611–622.

THIEC, Yvon, Gustave Le Bon, prophète de l'irrationalisme de masse, *Revue Française de Sociologie* 22, 1981: pp. 409–428.

THIEC, Yvon e TRÉANTON, Jean-René, La foule comme objet de «science»: L'âge des foules, un traité historique de psychologie des masses par Serge Moscovici, *Revue Française de Sociologie* 24, 1983: pp. 119–136.

TILLET, Édouard, L'histoire du droit au risque de la sociologie, *Champ Pénal*, 14 de setembro de 2005. Disponível em: http://champpenal.revues.org/document263.html [consultado em 4 de janeiro de 2008].

VOGT, Paul, Un durkheimien ambivalent: Célestin Bouglé, 1870–1940, *Revue Française de Sociologie* 20, 1979: pp. 123–139.

WARD, Lester, Contemporary Sociology III, *American Journal of Sociology* 7, 1902: pp. 749–762.

ZILBOORG, Gregory, Sociology and the psychoanalytic method, *American Journal of Sociology* 45, 1939: pp. 341–355.

ZUMWALT, Rosemary, Arnold van Gennep: The Hermit of Bourg-la-Reine, *American Anthropologist* 84, 1982: pp. 299–313.

LIÇÃO 8

Vilfredo Pareto: ação, heterogeneidade social e sentimentos

JEAN-MARTIN RABOT
Centro de Estudos de Comunicação e Sociedade
Instituto de Ciências Sociais da Universidade do Minho

1. Dados biobibliográficos

Nascido em 1848, de mãe francesa e de pai italiano, Pareto formou-se na Universidade de Turim, obtendo em 1869 o diploma de Engenharia, com uma tese sobre a teoria da elasticidade dos corpos sólidos. Posteriormente, tomou a direção dos Caminhos de Ferro Italianos antes de trabalhar na indústria metalúrgica. Participou, desde muito novo, nas lutas a favor do livre-cambismo e, a partir de 1890, dedicou-se ao estudo da economia pura, das suas leis abstratas e formais. Em 1893, foi escolhido para suceder a Léon Walras na Cátedra de Economia Política, na Universidade de Lausana. Pareto faleceu em Céligny, na Suíça, em 1923. As suas obras completas foram publicadas nas Edições Droz de Genebra, sob a autoria de Giovanni Busino.

Pareto foi portanto conhecido como economista, antes de o ser como sociólogo. Em 1896–1897, publicou a sua primeira obra, em dois volumes — o *Cours d'économie politique*. Nesse livro, mostrou que a desigualdade da repartição constituía um dado natural, independente da organização económica da sociedade, e que não podíamos apagá-la, mas apenas corrigi-la. Pareto quis mostrar que a tentativa de alterar as modalidades da repartição por parte de governos «socializantes» constituía uma verdadeira rasteira económica. Na prática, essa tentativa só poderá agir sobre a repartição. De facto, se um governo pretender fixar a repartição das mercadorias, terá de ter em conta a ofelimidade para os seus administrados, ou seja, terá de zelar para que cada um tenha a mercadoria de que mais precisa ou de que mais gosta. Lembremos que a ofelimidade exprime a satisfação subjetiva de uma necessidade ou de um desejo, conferindo prazer a um indivíduo, como é o caso do álcool para um bêbedo ou dos diamantes para um colecionador. Pareto distingue-a da utilidade, que zela pela prosperidade e pelo desenvolvimento do indivíduo ou do conjunto social. A distinção entre a ofelimidade e a utilidade reflete bem a «impossibilidade de quantificar a utilidade de um bem em relação a um outro» (Goux, 2000, p. 313). Segundo Pareto, a consideração da ofelimidade na repartição implica que o governo terá de orientar a produção em função desse critério:

> Em resumo, portanto, se uma organização socialista, qualquer que seja, quiser obter o máximo de ofelimidade para a sociedade, só poderá operar sobre a repartição, que ela alterará *diretamente*, tirando a uns o que dará aos outros. Quanto à produção, ela deverá ser organizada exatamente como num regime de livre concorrência e de apropriação dos capitais. (Pareto, 1964 [1896–1897], tomo 2, p. 370)

Pareto evocou também a inanidade de teorias que incidem sobre uma repartição mais equitativa dos bens. Essas ideias encontram-se igualmente nos seus dois escritos «A curva da repartição das riquezas» e «A curva dos rendimentos», publicados em 1896. Não basta sobrecarregar fiscalmente as classes pletóricas para que daí decorra o enriquecimento das classes desfavorecidas. Pareto adverte-nos, à semelhança dos economistas clássicos, de que a justiça social remete antes de mais para questões de produção: «Para conseguir uma repartição mais favorável aos pobres, só existe um meio: melhorar a produção e, por conseguinte, fazer crescer a riqueza mais depressa do que o crescimento da população» (Pareto, 1965a, p. 17).

No decorrer da sua vida intelectual, Pareto privilegiou o estudo da sociologia em detrimento do da economia. No *Traité de sociologie générale* (1916), opera a sua famosa distinção entre as ações lógicas e as ações não lógicas, e entre os resíduos e as derivações. As ações lógicas são caracterizadas, em primeiro lugar, pela conformidade entre os meios utilizados e os fins visados; em segundo lugar, pela adequação entre o cálculo subjetivo do agente e o cálculo objetivo determinado pela ciência lógico-experimental. Como é óbvio, a imensa maioria das ações sociais é não lógica, já que é condicionada pelos sentimentos, pelos instintos e pelos interesses. Dentro das ações não lógicas, Pareto distingue uma parte constante, que corresponde aos resíduos, e uma parte variável, que diz respeito às derivações. Os resíduos, enquanto manifestações de certos sentimentos ou instintos, exprimem um elemento constante, não lógico, da inalterável natureza humana, e devem ser conceptualizados e classificados pela sociologia. Deste ponto de vista, Pareto inscreve-se numa longa tradição que vê no sentimento a característica essencial da natureza humana, assim como o fundamento da ação e da motivação humanas. Neste sentido, Raymond Aron assinala-nos que a ideia da estabilidade ou da inalterabilidade da natureza humana em Pareto autoriza uma comparação com Maquiavel:

> um e outro justificam o recurso à experiência histórica, a observação do passado humano, como se se tratasse de uma *natureza*, evocando o *fundo comum*, isto é, a imutabilidade do coração humano: os *resíduos* desempenham, no *Tratado de Sociologia*, o papel dos sentimentos e das paixões nos *Discursos*. (Aron, 1993, p. 85)

Embora o homem aja quase sempre de forma não lógica, custa-lhe a reconhecer essa verdade, razão pela qual se rodeia de um aparelho de justificações, ou seja, de raciocínios mais ou menos lógicos, a que Weber chamou «teodiceias», Marx «ideologias», Freud «racionalizações» e Pareto «derivações». Estas designam a aparência de lógica que o homem tenta dar às suas ações não lógicas, com o fim de as encobrir e de esconder a sua origem e motivação residual. É precisamente essa necessidade de tomar em consideração a importância dos raciocínios de justificação na vida social que distingue a sociologia da economia: «o objeto principal da sociologia, em que reside a sua dificuldade e que a distingue da economia, entendida como ciência do *Homo rationalis*, é que ela deve ser uma ciência do *Homo ratiocinans*» (Passeron, 1993, p. 30).

Destas classificações podemos tirar uma conclusão geral: a absoluta heterogeneidade entre as condições do saber e as condições da ação. Diz-nos Pareto:

> Para descobrir as relações geométricas, Euclides é mais útil do que São Paulo; para converter os homens e os manipular, São Paulo é mais útil do que Euclides. Para conhecer os movimentos dos corpos celestes, Laplace é bem mais competente do que Danton; para incendiar as multidões, Danton é mais adequado do que Laplace. Os raciocínios lógico-experimentais servem para descobrir relações entre factos sociais; as derivações servem para os realizar. (Pareto, 1976 [1920], p. 232)

O que faz que os homens se movam é aquilo que os comove: os sentimentos, e de forma nenhuma a razão. Pareto chegou a falar de «um estado de comunismo no que diz respeito aos sentimentos» (1981 [1906], p. 85), para sublinhar até que ponto estes eram universais e perenes. Sensível às «razões da "desrazão"», segundo a expressão sugestiva de Pierre-Jean Simon (1997, pp. 511–539), Pareto recorda-nos que são «os sentimentos que constituem as grandes forças de onde resultam a forma e o desenvolvimento da sociedade» (Pareto, 1971a [1911], p. 139).

Podemos destacar assim a total antinomia entre a verdade e a utilidade. Uma teoria pode ser cientificamente verdadeira e socialmente inútil, como pode ser falsa e útil. Deste ponto de vista, Pareto, apesar de as desmistificar, justificou a importância sociológica das ideologias: no seu livro *Les systèmes socialistes*, publicado em dois volumes em 1902–1903, mostrou a superioridade do socialismo, movido por ideias contraditórias, e às vezes inconsistentes, mas com uma grande capacidade de mobilização das massas, em relação ao liberalismo, assente em princípios racionais, mas pouco propícios à ação. Pareto refere-se naturalmente ao socialismo com características religiosas e escatológicas, e não ao socialismo científico, teórico e incapaz de entusiasmar as multidões. O liberalismo bem como o socialismo só são aplicáveis se abandonarem a parte de cientificidade que as suas doutrinas contêm e se forem capazes de se transformar em dogmas que revistam um carácter religioso. À semelhança da sociologia nascente, o utilitarismo acabou por ser da ordem do preconceito religioso e político que, no entanto, pretendia combater. «Do ponto de vista da ciência experimental, propostas que afirmam a "igualdade entre os homens" ou que afirmam que "a sociedade *deve* ser organizada para o bem-estar da maioria" têm exatamente o mesmo valor que os dogmas de uma religião positiva qualquer» (PARETO, 1987, pp. 160–161).

Por outras palavras, o sucesso de uma doutrina não depende da sua validade lógica, mas da força emotiva que contém: «Para conhecer o valor social do marxismo, não importa saber se a teoria da mais-valia está errada. Da mesma forma, para conhecer o valor social do cristianismo, não importa saber se e de que maneira o batismo lava o pecado original» (PARETO, 1968 [1916], §1859, p. 1174). Tal como em Max Weber, Pareto pensa que a ciência não está habilitada a pronunciar-se normativamente sobre as finalidades em que os homens se fixam: «Podemos até dizer que o útil e o agradável não dependem da ciência, quer da ciência económica, quer de qualquer outra, mas das escolhas dos homens, nas quais os sentimentos intervêm inevitavelmente» (FREUND, 1993, p. 63).

2. Ações lógicas e não lógicas; resíduos e derivações

As ações lógicas caracterizam-se pela conformidade entre os meios e os fins, e também pela adequação entre o cálculo subjetivo do agente e o cálculo objetivo do homem de ciência, que é determinado pela lógica. Pareto chama de ações lógicas «as operações que são logicamente unidas ao seu fim, não só em relação com o sujeito que faz essas operações, como também em relação com aqueles que têm conhecimentos mais vastos; [...] Chamaremos as outras ações de "não lógicas"; o que não significa ilógicas» (PARETO, 1968 [1916], §150, p. 67).

A ação lógica baseia-se em dados objetivos, conferidos pela ciência, como por exemplo por meio dos cálculos matemáticos. Pareto dá o exemplo do engenheiro que constrói uma ponte, procedendo para esse efeito a uma série de operações lógico-experimentais: a análise da natureza do solo, o cálculo da resistência dos materiais utilizados, a antecipação por meio da previsão da intensidade do tráfego, etc.

Ora, a vida pessoal e coletiva não se reduz aos mecanismos hipotético-dedutivos do raciocínio científico. Por essa razão, a imensa maioria, para não dizer a quase totalidade das ações humanas, é não lógica. O que não significa ilógica. Até porque do ponto de vista da ação social, o que é lógico a partir de um determinado ponto de vista pode não o ser a partir de outro. Retomemos um exemplo de Pareto: o monge que se enclausura de modo vitalício numa célula para dedicar a vida a Deus, consagrando-se à meditação e à contemplação, age de forma lógica se pretender, deste modo, garantir a salvação da alma; mas age de forma não lógica relativamente à necessidade da reprodução biológica, enquanto condição de sobrevivência da humanidade. O que pode ser ou parecer racional aos olhos de uns pode não o ser aos olhos de outros. Max Weber já nos tinha advertido de que a noção de racionalização contém um mundo de oposições.

Continuemos com outros exemplos, da autoria de Pareto, para compreendermos, no sentido etimológico de «prender na sua totalidade e complexidade», a dimensão multifacetada da ação humana. Assim, ser-nos-á possível apreender a distinção entre as ações lógicas e não lógicas, e também a diversidade destas últimas. Ao alcançar o resultado esperado, um especulador que jogou na bolsa age de maneira lógica. Pelo contrário, um general romano que consulta os áugures antes da batalha, para conhecer o desfecho, e que segue as suas recomendações, fundadas nos auspícios, ou seja, numa técnica divinatória baseada na observação dos pássaros, na interpretação do seu voo, ou ainda na observação das suas entranhas, age de forma não lógica. Com efeito, no caso do general romano, não existe a mínima correspondência entre os meios utilizados (a disposição, a cor, o cheiro e a composição das vísceras) e o fim visado (a obtenção da vitória na batalha). Na realidade, nada nos garante, de um ponto de vista científico, a veracidade de uma interpretação dos dados objetivos da natureza, em termos de mensagens enviadas pelos deuses.

No entanto, se observarmos mais aprofundadamente estes dois exemplos, verificaremos que, no caso do especulador, o resultado alcançado objetivamente pode não corresponder às avaliações subjetivas do ator social e que pode ter havido engano nas previsões. Seria assim fruto do acaso ou da sorte, sem que se verifique a dupla conformidade que as ações lógicas requerem. Existem, pois, diferentes tipos de ação não lógica que se podem sintetizar num quadro que Pareto expõe no §151 (pp. 67–68) do seu *Traité de sociologie*:

Géneros e espécies	As ações têm um fim lógico?	
	Objetivamente	Subjetivamente
1.ª classe: Ações lógicas O fim objetivo é idêntico ao fim subjetivo		
	Sim	Sim
2.ª classe: Ações não lógicas O fim objetivo difere do fim subjetivo		
1.º género	*Não*	*Não*
2.º género	*Não*	*Sim*
3.º género	*Sim*	*Não*
4.º género	*Sim*	*Sim*

No primeiro tipo, o caso do Não-Não, as ações não têm nenhum fim lógico, não têm razão de ser, não correspondem a nada. Podemos incluir neste tipo de ações certos gestos comandados pelos costumes e pela boa educação, à semelhança dos rituais confucionistas dos chineses da Antiguidade. Estas ações não lógicas são relativamente raras, até porque prescindem de toda a justificação, ao passo que os homens sentem a necessidade de justificar as suas ações, o que as propulsaria para o segundo ou para o quarto género.

No segundo tipo, o caso do Não-Sim, a relação meio/fim, encarada subjetivamente, não tem efeito nenhum sobre o fim visado objetivamente. É neste tipo que se inscreve a atitude do general romano. E é neste tipo também que podemos classificar as atividades mágicas, cerimoniais, cultuais, como por exemplo os rituais, que consistem em organizar rezas coletivas tendo como finalidade implorar chuva.

No terceiro tipo, o caso do Sim-Não, o agente realiza objetivamente o fim, sem ter subjetivamente consciência deste facto. Por outras palavras, utiliza meios corretos, aplicando-os oportunamente, mas numa total ignorância. Pareto cita a este propósito o filósofo Hesíodo, segundo o qual é desaconselhado urinar nos fontanários. O fim visado é lógico, sem que o referido filósofo tivesse tido consciência do risco de infeções provocadas pela ingestão de água contaminada. Enquadram-se neste tipo tanto a ação do especulador como a utilização conveniente de determinados medicamentos, embora fora de todo o conhecimento de causa.

No quarto tipo, o caso Sim-Sim, a ação comporta efetivamente uma relação entre o fim objetivo e o fim subjetivo, mas os meios utilizados conduzem objetivamente a um resultado diferente daquele que se esperava. Trata-se do chamado efeito perverso. Pareto dá como exemplo o caso de um empresário que pretende aumentar os seus lucros baixando os custos de produção. Ora, no contexto concorrencial da sociedade liberal, com a ação conjugada dos empresários, sob o efeito de uma uniformização das práticas, os preços de venda tenderão a baixar e a aproximar-se assim dos custos de produção, o que levará à diminuição dos lucros. Poderíamos dar um exemplo bem atual e comum, o da aplicação das políticas de austeridade na Europa que, de um ponto teórico, deveria contribuir para diminuir as despesas do Estado e favorecer assim o investimento privado para estimular o crescimento económico, e que de facto conduziu ao resultado inverso, a recessão, que, eufemisticamente, é chamada de crescimento negativo.

Em resumo, pode dizer-se que a ação lógica em Pareto é uma abstração pura, um tipo ideal no sentido de Weber, que se aproxima mais ou menos da realidade. Como o critério de medição do carácter lógico da ação é tributário da ciência, que por sua vez está em evolução constante, o que é lógico numa determinada altura pode tornar-se não lógico noutra e vice-versa. A construção da Torre de Pisa obedecia às regras da lógica aquando da sua construção, mas a sua forma atual testemunha o carácter limitado dos conhecimentos de então. Sendo de ordem ideal-típica, a ideia de uma ação lógica pura torna-se numa pura inépcia: «As ações concretas são sintéticas», diz-nos Pareto (1968 [1916], §148, p. 66). Na vida concreta, não há ações puramente lógicas ou puramente não lógicas. Numa mesma ação podem coexistir momentos lógicos e não lógicos. A atitude não lógica do general romano torna-se lógica quando este consulta os áugures, sem acreditar nos presságios, mas consciente de que uma indicação positiva, por parte do áugure, poderá ter um efeito galvanizador sobre a tropa.

Se na vida social predominam as ações não lógicas, é porque são antes determinadas pelos sentimentos, interesses, paixões, ou seja, por motivações que escapam ao domínio da razão. Os resíduos correspondem diretamente às ações não lógicas, visto que são manifestações de certos sentimentos ou instintos. Exprimem assim um elemento persistente, de foro não lógico, da natureza humana. Independentemente das condições espaciotemporais, a natureza humana é invariável. No entanto, os resíduos apenas dizem respeito aos sentimentos e instintos que dão lugar a um raciocínio. Deste ponto de vista, é necessário distinguir o instinto sexual, enquanto pulsão, sobre o qual se debruça a psicologia, e o resíduo sexual, enquanto manifestação social e objeto de estudo da sociologia. Se os resíduos correspondem diretamente às ações não lógicas, não são diretamente detetáveis. Os aspetos invariáveis na natureza humana, em suma, os resíduos que são conceptualizados pela sociologia, só podem ser descobertos por meio da confrontação com a experiência, ou seja, por meio da observação histórica. E foi a essa tarefa que Pareto se dedicou no seu «monumental *ou* monstruoso» livro (Aron, 1968, p. VII), o *Traité de sociologie générale*.

As derivações, por sua vez, correspondem à parte variável da ação não lógica. O homem age de forma não lógica, mas exibe nítidas reticências em reconhecer esse facto, pelo que inventa justificações de toda a ordem, justificações essas que Pareto denominou derivações. O homem quer encobrir a origem sentimental, ou seja, residual, das suas ações. Trata-se de uma necessidade que o homem tem de se justificar constantemente, conferindo lógica àquilo que a não tem. Por outras palavras, as derivações designam a aparente lógica que o homem tenta atribuir às suas ações, cujo fundamento é assente num impulso de origem residual e que lhe permite ocultar as suas verdadeiras motivações sob um aparelho de justificações. Recorramos a exemplos da autoria de Pareto: o facto de verificarmos que, em toda a sociedade, os homens veneram e abominam determinados números, elaboram tabus relativamente à vida sexual como, por exemplo, a proibição do incesto, proíbem o assassinato dos seus semelhantes comprova a existência de resíduos. No entanto, as razões invocadas para justificar esses elementos inalteráveis, inerentes à natureza humana, variam de sociedade para sociedade. Assim, os motivos alegados para fundamentar o facto de não matar tanto podem remeter para a vontade de Deus como para a dignidade humana. Os homens fazem tudo para revestir as ações não lógicas de raciocínios lógicos ou pseudológicos, sabendo-se que a capacidade de raciocinar se encontra expressa num dos resíduos classificados por Pareto: o instinto das combinações.

No fundo, resíduos e derivações são de ordem conceptual e representam as condições de inteligibilidade das ações não lógicas. Com efeito, à semelhança de Comte, Durkheim, Weber, ou ainda de Simmel, Pareto é de opinião de que são os instintos, os sentimentos, as paixões, os interesses que se encontram na base de toda a ação social.

Pareto distingue assim seis tipos de resíduo.

Em primeiro lugar, distingue o instinto de combinações, na base do qual a civilização se forma e a sociedade evolui. Trata-se da tendência para estabelecer relações entre as coisas, as ideias, para tirar ilações, etc. Dos vários subgrupos constituídos por Pareto, destacamos a possibilidade de estabelecer regras, inovar, reunir, separar, classificar, raciocinar, seguindo as regras da lógica e da pseudológica. É com este resíduo que os indivíduos conferem um carácter sacral a determinados números, por atribuírem um poder oculto a determinados objetos. É ainda através deste resíduo que os contrários se unem, na tentativa de superar assim as contradições, do verdadeiro e do útil, do belo e do bom, e negar, em concomitância, o antagonismo dos valores, de que falava Weber.

> A necessidade de unir os resíduos persiste nos intelectuais. Juntam-se o bem, o bom, o belo, o verdadeiro, e há quem acrescente o humano, ou melhor dizendo, o largamente humano, o altruísmo, a solidariedade, formando desse modo um conjunto que excite agradavelmente a sua sentimentalidade. (Pareto, 1968 [1916], §970, p. 527)

Particularmente sensíveis em conservar a unidade doutrinal do cristianismo, os teólogos medievais tentaram inscrever a fé na própria experiência histórica.

Em segundo lugar, Pareto assinala a persistência dos agregados. É por meio deste resíduo que as combinações adquirem uma certa durabilidade. Trata-se do instinto de conservação, que está na base da ordem, da hierarquia, da tradição, das organizações. Dado que este resíduo tanto diz respeito aos homens como às coisas e às abstrações, Pareto distingue vários subgrupos, dos quais destacamos, sucintamente, os mais significativos. Temos, assim, a persistência das relações, em função dos lugares, no sentido em que Maffesoli afirma que o lugar faz ligação (Maffesoli, 2003), como é o caso da família, da pátria, da língua, da religião; a persistência das relações que unem os mortos e os vivos, no sentido de Comte, que atribuía aos mortos a capacidade de governar os vivos, como no caso dos cultos funerários; a persistência das abstrações, que se encontram no fundamento da teologia e da metafísica; a persistência das personificações, com a utilização de palavras-fetiches, sendo o Progresso, a Democracia, a Justiça, a Liberdade, a Paz as mais relevantes, por não serem outra coisa que divindades secularizadas.

Em terceiro lugar, Pareto convoca os resíduos relacionados com a necessidade de exteriorização dos sentimentos. É com este resíduo que os indivíduos exprimem as suas emoções, patentes na exaltação religiosa e na histeria coletiva que dela pode resultar.

Em quarto lugar, são assinalados os resíduos relacionados com a sociabilidade, dado que reforçam a vida em sociedade e a pertença a uma comunidade. Entre os vários subgrupos, podemos destacar a formação de formas de socialização específicas, como as comunidades religiosas ou as sociedades secretas. Integram igualmente este resíduo os sentimentos de piedade e de crueldade, que são opostos, mas que se conjugam quando o defensor dos criminosos é vítima de um crime. Por outras palavras, Pareto explica que os indivíduos podem passar instantaneamente, e sem que isso seja vivido de modo esquizofrénico, de um sentimento para o outro, um bocado como as personagens dos romances de Dostoiévski, ou ainda como os primitivos, que Durkheim descreve na sua obra *As Formas Elementares da Vida Religiosa*.

Por sua vez, a pressão social exercida no sentido de coagir os indivíduos, para que ajam da mesma maneira, responde à necessidade de uniformização e corresponde a outro subgrupo.

Pareto evoca ainda a tendência para nos impormos privações para o bem de outrem, como forma de benevolência inerente aos homens e como condição da sociabilidade. Mas esta tendência não é interpretada sob o prisma do humanitarismo. O altruísmo raramente é desprovido de motivos egoístas: «Um político é levado a preconizar a teoria da solidariedade pelo desejo de obter dinheiro, poder e honras» (Pareto, 1968 [1916], §854, p. 453). Por outras palavras, aquilo a que Weber chama «ética da convicção» nem sempre obedece aos princípios da honestidade e do desinteresse. A solidariedade pode ser motivada pelo oportunismo:

> Em França, sob a Restauração, o «bom rapazinho» ia à missa. No reino de Luís Filipe, lia as obras de Voltaire. No segundo Império, honrava-o o facto de afirmar que «não se dedicava à política». Nos nossos dias, pelo contrário, deve dedicar-se à política, ser bloquista (*blocard*), humanitarista, socialista, e talvez mesmo da oposição. Amanhã, terá talvez de ser nacionalista. (*Idem*, *ibidem*, §1152, pp. 610–611)

O sentimento de hierarquia constitui outro subgrupo, pois favorece e facilita a sociabilidade. A originalidade de Pareto consistiu em mostrar que a hierarquia se mantém nos regimes igualitários, quer se trate da democracia americana, quer do comunismo soviético. Manifesta-se sob a forma da servidão voluntária de que falava La Boétie, que implica a delegação do poder dos subordinados numa minoria que os representa no parlamento, ou ainda sob a forma do desejo de submissão, em troca da supressão da fome, como o mostra Maffesoli no seu estudo genealógico sobre a dominação, *A Violência Totalitária*. É ainda este sentimento que condiciona o respeito «da antiga beata pelo noviço e da beata atual pelos pontífices do humanitarismo» (*idem*, *ibidem*, §1156, p. 615). Não é possível abdicar de toda a forma de obediência hierárquica, pois não faltam anarquistas que correm e recorrem a médicos, e mesmo a charlatães.

Também o prestígio, que se traduz na diferenciação social, em virtude da adoção de um estilo de vida específico e discriminatório, representa outra forma de hierarquização, e até de socialização, ao suscitar nos inferiores um comportamento baseado na inveja e na imitação.

Em quinto lugar, Pareto assinala os resíduos que dizem respeito à integridade do indivíduo e das suas dependências. Estas últimas tanto podem ser propriedades inanimadas (bens móveis e imóveis), como propriedades animadas (escravos, mulheres, crianças), para retomarmos a distinção de Aristóteles. Podem ainda ser materiais ou imateriais. O homem defende os seus bens, mesmo que seja pela violência e pela vingança. Como principais subgrupos deste resíduo, encontramos os sentimentos que resistem à alteração do equilíbrio social como, por exemplo, o roubo de escravos na Antiguidade, a contestação do princípio da Santíssima Trindade na Idade Média ou um assassinato nos dias de hoje. Um outro subgrupo consiste no sentimento de igualdade nos inferiores, que não representa mais do que uma reivindicação suscetível de inverter as relações de dominação e de restabelecer as desigualdades em proveito próprio. O restabelecimento da integridade pode também consistir nos rituais de purificação, enquanto processo de restabelecimento do equilíbrio entre a alma e o corpo, ou ainda nas expedições punitivas ou vindicativas.

Em sexto lugar, encontramos o resíduo sexual, que se exprime, por exemplo, nos raciocínios que se pronunciam sobre a liberdade sexual. Este resíduo inspirou ainda boa parte da literatura e da arte, em particular da arte religiosa. Podemos mencionar o culto da mulher nas religiões primitivas, a multiplicidade de divindades relacionadas com a sexualidade na religião romana, a reprovação do pecado original na religião cristã, a tolerância da prostituição na religião hindu, as representações de obscenidades, no sentido etimológico de «o que resta de um homem quando se lhe tirou tudo», que são características da arquitetura sensual das igrejas jesuítas da Contrarreforma, ou ainda das esculturas que ornamentam as igrejas franciscanas no Brasil. É a título justo que Pareto notou que, «antigamente, os governos católicos eram muito rigorosos em matéria de dogma e muito menos em matéria de obscenidade» (Pareto, 1971a [1911], p. 23). Pareto mostrou ainda que este resíduo, um dos mais poderosos, se manifesta inclusive nas relações inocentes e castas, o que o levou, no seu livro, com características de panfleto, *Le mythe vertuiste et la littérature immorale*, a condenar os moralistas de toda a espécie e a defender a liberdade em matéria de publicações pornográficas.

À semelhança dos resíduos, as derivações são também manifestações de sentimentos e instintos. Correspondem à parte variável das ações não lógicas, consistem em raciocínios lógicos, sofismas que servem para conferir uma aparência lógica às ações, cujo fundamento é residual. Nem todas as ações dão lugar a derivações, pois o ato puramente instintivo, ou ainda a ação puramente científica, prescinde de justificações. As derivações possuem uma dupla característica: por um lado, são raciocínios, mas estes não são rigorosamente lógicos; por outro, são de natureza elástica, o que lhes permite adaptar-se às mais diversas circunstâncias.

Existem quatro tipos de derivação.

Em primeiro lugar, a afirmação, no sentido em que um dito é aceite porque alguém o afirmou. Pareto evoca a existência de vários subgrupos: a afirmação pode basear-se em factos reais ou em factos imaginários, ou ainda numa mistura dos dois. De uma forma geral, Pareto indica-nos que a repetição de uma afirmação conduz, muitas vezes, à sua aceitação. Vemo-lo, hoje em dia, quando os *media* europeus reiteram a ideia de que a causa da crise atual reside no endividamento estatal, exonerando assim a responsabilidade das instituições financeiras e bancárias e justificando, igualmente, as políticas de contenção das despesas públicas, ignorando por completo as explicações além-Atlântico, avançadas por laureados do Nobel da Economia como Paul Krugman e Joseph Stiglitz. Um outro subgrupo é aquele em que Pareto alega que a afirmação procede dos sentimentos e é compartilhada por todos aqueles que partilham dos mesmos sentimentos, como por exemplo pelos militantes convictos de uma causa com a qual se identificam cegamente.

Em segundo lugar, Pareto assinala como derivação a autoridade, que pode ser a de um costume, a de uma pessoa ou ainda a de uma ideia. Assim, Homero exerceu uma indelével autoridade na Grécia Antiga, tal como Joaquim de Fiore na Idade Média e Marx nos séculos XIX e XX. Também podemos dizer que as ideias que marcaram a modernidade remetem, segundo Maffesoli, para uma trindade laica:

a razão, o progresso e o trabalho. Podemos ainda acrescentar que a autoridade pode reclamar-se da tradição, evocando, por exemplo, a sabedoria dos antigos.

Em terceiro lugar, temos como derivação o acordo entre os sentimentos e os princípios, procedimento que consiste em transformar um sentimento num princípio. Dos inúmeros subgrupos desta derivação, lembremo-nos da transformação de um consentimento universal em princípio, como foi o caso da crença no geocentrismo na Idade Média. Lembremo-nos ainda do interesse individual, segundo o qual existiria uma perfeita adequação entre o trabalho próprio e o trabalho coletivo, à semelhança da teoria de Bentham, convertida em princípio, que associou o máximo de felicidade do indivíduo ao máximo de felicidade da coletividade. O interesse coletivo, por sua vez, erigido em princípio, não é mais do que uma maneira de zelar pelas vantagens pessoais, em nome da coletividade. Os partidos e os sindicatos falam em nome do povo para obter benefícios privados. As entidades jurídicas são ideias, como as de paz e justiça, que se tornam princípios morais. As entidades metafísicas são conceitos evocados pelos intelectuais, à semelhança do de humanidade em Comte, enquanto as entidades sobrenaturais são noções evocadas pelo povo, como por exemplo Deus.

Em quarto lugar, temos como derivação as provas verbais. Pareto refere-se às astúcias da linguagem, ao estilo oratório, às subtilezas da retórica. Como subgrupos desta derivação, Pareto assinala os termos indeterminados que designam uma coisa real ou as coisas indeterminadas que correspondem a um termo. A confusão e o vago são deliberadamente assumidos para dar força a uma ideia. Ora, as definições dos conceitos e o seu confronto com a experiência histórica têm o mérito de delimitar as ideias, submetendo-as ao juízo crítico. Pareto assinala também os termos que fazem nascer sentimentos e os sentimentos que fazem nascer termos. Assim, as noções adquirem um estatuto diferenciado consoante os nossos sentimentos: se a fé na ortodoxia de um dos nossos partidários é tida como um símbolo de pureza e de coragem, a fé na ortodoxia de um dos nossos inimigos é tida como heresia e obscurantismo. Também como subgrupo, temos ainda os termos duvidosos que não correspondem a nada concreto.

São termos em voga, uma «*vulgate* planetária», como diria Pierre Bourdieu, o Santo Graal de toda a sociedade, que utilizamos para explicar qualquer fenómeno social e que aplicamos indiferentemente à solução de qualquer problema. Basta recordar o peso do termo «alienação» no tempo de Marx e o da «austeridade» nos dias de hoje. Por fim, as metáforas e as analogias permitem à pseudológica identificar aquilo que não é análogo, se bem que não possamos estender a um conjunto de fenómenos uma correspondência que apenas valha para um dos seus aspetos. Neste sentido, podemos referir que os adversários da pena de morte assimilarão uma execução a um assassinato legal. Por sua vez, os revolucionários justificarão a sua violência considerando-a uma resposta à violência legítima do Estado. E os partidários da coletivização dos bens dirão, citando Pierre-Joseph Proudhon, que a propriedade é um roubo.

Em resumo, não importa tanto a classificação das derivações em tipos e subgrupos como a desmistificação dos seus mecanismos e a compreensão da sua utilidade social: «Aqui, aparece de forma muito caracterizada o fenómeno do contraste entre o *conhecer* e o *agir*. Para conhecer, só a ciência lógico-experimental tem valor. Para agir, é melhor deixar-se guiar pelos sentimentos» (Pareto, 1968 [1916], §1786, p. 1124). Por outras palavras, há uma diferença entre as condições do saber e as condições da ação, sendo que ambas as ordens obedecem a lógicas diferentes. Nunca poderemos aplicar a lógica da ciência à ação e vice-versa. Isso significa que o sucesso de uma teoria nunca dependerá da sua validade lógica, mas da força emotiva que possui.

3. O conceito de equilíbrio como chave de leitura e compreensão da sociologia de Pareto

3.1. A filosofia social de Pareto: o conceito de heterogeneidade social

O conceito de «equilíbrio» surgiu correlativamente com outros conceitos, à semelhança dos de «processo» ou de «sistema», conceitos suscetíveis de serem aplicados nos mais variados domínios como, por exemplo, na mecânica, na economia, na sociologia. O conceito paretiano de equilíbrio não pode ser entendido na aceção filosófica de uma harmonia, no sentido que lhe conferiu Comte, mas na formulação científica da heterogeneidade dos elementos que compõem o sistema social. É a heterogeneidade que constitui a condição de possibilidade do equilíbrio, facto que o especialista de Pareto, Guy Perrin, não percebeu, ao assimilá-la a uma situação de «anarquia social» (Perrin, 1966, p. 35). Esta conceção de Pareto tem naturalmente consequências a nível epistemológico:

> a inevitável *heterogeneidade social* cristaliza-se num universo de dependências mútuas. Isto — a *lei da dependência mútua* dos fenómenos — significa que todo o estado de equilíbrio é condicionado por uma pluralidade simultânea de causas. Por fim, *toda a explicação monocausal deve ser rejeitada como sendo falsa*: este postulado, que veio fazer parte do senso comum das ciências sociais, tem em Pareto um dos seus primeiros enunciadores. (Giner, 2001, p. 202)

A sociedade representa, para Pareto, um sistema de forças que interagem em permanência de forma mecânica. E dado que a heterogeneidade é a condição do equilíbrio, encontramo-la por todo o lado. A heterogeneidade não se reduz, deste modo, ao antagonismo entre duas classes sociais, mas pressupõe subdivisões no interior dessas classes, à semelhança da oposição entre os rendeiros e os especuladores no que diz respeito às classes altas, o que corresponde aos tipos epimeteicos e prometeicos em Carl Gustav Jung. Diz-nos Pareto que a primeira categoria «é, em grande parte, conservadora, hostil à novidade, um pouco medrosa, patriótica e nacionalista», enquanto a segunda é «inovadora, fareja boas operações por todo o lado, é internacionalista, uma vez que é capaz de exercer a sua indústria em toda a parte e que para ela o dinheiro não tem pátria» (Pareto, 1980, pp. 416–417).

A despeito da heterogeneidade social, Pareto estudou o facto social na sua unidade e pretendeu chegar

> a uma conceção geral do conjunto social, não só a um estado estático, como também a um estado dinâmico, não só em relação às forças

que agem efetivamente sobre esse conjunto social, como também em relação à aparência que estas forças exibem, à maneira mais ou menos deformada como são vistas. (Pareto, 1968 [1916], §2396, p. 1589)

Podemos agora esboçar algumas considerações gerais.

A. O equilíbrio em Pareto é sinónimo de neutralização, no sentido da balança dos poderes em Políbio, de equilibração, na exata medida em que, como o mostrou Piaget no caso da psicologia, toda a conduta é suscitada por uma necessidade (desequilíbrio) que tende para a satisfação (equilíbrio) (Piaget, 1957). O equilíbrio significa, portanto, o ajustamento, a correção, a compensação. Em consequência, o equilíbrio sociológico é assimilável ao equilíbrio mecânico. Toda a modificação do equilíbrio provoca uma reação que visa o seu restabelecimento:

> Uma organização social e económica, dada a riqueza, reparte-se de uma determinada maneira. Isto aparece como uma necessidade que provém de que todo o sistema de repartição tem defeitos que precisamos de corrigir. Assim, podemos ter um sistema de liberdade económica, mais ou menos restrito, seja pela caridade privada, seja por meio de leis ditas sociais, seja por meio de medidas protetoras de toda a ordem. Mas, na maior parte dos casos, trata-se de modificações que provêm simplesmente do facto de que certos grupos usurpam, pela força, pela astúcia ou por qualquer outro meio, aquilo que pertence aos outros grupos. A história social de um povo é, na maior parte das vezes, a história dessas usurpações. (Pareto, 1967, p. 7)

Um outro exemplo é-nos dado pelo reforço dos resíduos da persistência dos agregados, ou seja, das forças de conservação no povo, no caso de uma excessiva presença de instintos de combinação, ou seja, de forças de mudança na elite. Esta característica do equilíbrio de se restabelecer manifesta-se sobretudo no quinto resíduo, que Pareto denominou de «integridade do indivíduo». Na Antiguidade, o roubo de um escravo era unanimemente reprovado e sancionado, inclusive pelos próprios escravos, que se solidarizavam com os mestres, vítimas de tal ofensa. Da mesma forma, a vingança pessoal ou coletiva tem por justificação a reparação de uma injustiça, sobretudo quando os mecanismos oficiais e institucionais não funcionam. «Se um estado de equilíbrio vier a ser alterado, certas forças nascem para o restabelecer. Essa é, muito simplesmente, a definição do equilíbrio» (PARETO, 1968 [1916], §1210, p. 650). O sentimento ou o instinto que tende a reagir contra qualquer alteração de estado de coisas existente é tão forte, que coloca no mesmo plano alterações insignificantes e mudanças de fundo. Assim, na Idade Média, um antitrinitário era considerado e tratado como um assassino de direito comum.

B. O equilíbrio resulta, no entender de PARETO, de um conjunto de antagonismos irredutíveis: do ponto de vista político, entre as forças centrípetas e centrífugas (1971b [1921], p. 21), entre a astúcia e a força (as raposas e os leões em Maquiavel); do ponto de vista económico, entre os gostos e os obstáculos, entre o individualismo e o coletivismo; do ponto de vista social, entre o «instinto de combinação» e a «persistência dos agregados», ou ainda entre a razão e o sentimento; do ponto de vista histórico-religioso-filosófico, entre Atenas e Jerusalém, ou seja, entre a verdade da razão e a verdade bíblica, os métodos de pensamento e de vida em Sócrates e os de Abraão, como o mostrou primorosamente Léon CHESTOV (1993, pp. 307–308). Assim, vemos que toda a sociedade representa um equilíbrio entre forças antagónicas, um equilíbrio que se reajusta incessantemente. Raymond ARON não errou ao constatar que a sociologia de Pareto consiste na «conceptualização de uma antítese» (1968, p. XIX) que tem implicações epistemológicas óbvias.

Pareto rejeita todas as filosofias «unitaristas» do contrato social, quer a de Hobbes, quer a de Rousseau, suscetíveis de ultrapassar a diversidade das forças e dos interesses. Da mesma forma, rejeitou a teoria da alienação de Marx, em que viu uma perversão originária, a criação do primeiro instrumento, a rutura da unidade entre o homem e a natureza. Pareto teria certamente feito suas estas observações de Julien Freund:

> É-nos possível agora emitir um juízo de conjunto da teoria marxista da alienação generalizada: é uma pura hipótese que nenhuma observação

poderia confirmar. Com efeito, só tem sentido se supomos à partida uma pretendida adequação entre o homem, a natureza e a sociedade que teria sido rompida no dia em que o trabalho teria separado o homem da natureza e dos demais, para fazer dele um homem independente. Ora, essa adequação originária é apenas pura ficção; ela constitui o mito do estado anterior em relação ao qual teria havido alienação, mas este estado é tão hipotético quanto o estado de natureza de Hobbes e de Rousseau ou o mito da Idade de Ouro dos Antigos ou o paraíso do Génesis. (FREUND, 1987, p. 104)

Pareto rejeita também todas as filosofias que preconizam o exclusivismo de um princípio ou de um ideal. O equilíbrio não corresponde à teoria da justiça harmónica de Platão, nem à teoria das classes médias no Estado de Aristóteles. Tampouco corresponde ao *desired state of affairs* (MACHLUP, 1963, p. 15), nem ao utilitarismo de Mill, que pressupõe que as condições de felicidade não diferem de indivíduo para indivíduo. Da mesma forma, Pareto opõe-se aos pensadores racionalistas do século XIX, e mais particularmente aos positivistas. Já que a idealidade não se pode sobrepor à realidade, nem à diversidade da realidade, o equilíbrio não é uma média, mas um compromisso entre forças antagónicas. Nenhuma sociedade é baseada exclusivamente na razão ou no sentimento, ela resulta sempre de uma mistura dos dois. De modo igual, o equilíbrio económico resulta do compromisso entre o máximo de utilidade para uma coletividade, isto é, entre a satisfação máxima do maior número possível de pessoas, e o máximo de utilidade da coletividade, baseado no critério do poder político ou da prosperidade económica. Uma vez que a teleologia não diz respeito à ciência lógico-experimental, o estabelecimento de qualquer equilíbrio não provém do raciocínio lógico, mas sim do instinto e do sentimento. É dessa maneira que o entende também um dos mentores do liberalismo: «Enganámo-nos seriamente ao pensar que o estado de equilíbrio podia ser obtido por meio de operações matemáticas, baseando-nos no conhecimento daquilo que existe num estado de não equilíbrio» (MISES, 1985, p. 751).

3.2. *A filosofia histórica e política de Pareto*

Pareto ficou também atento à evolução das sociedades. Por esse motivo, estudou o equilíbrio do ponto de vista diacrónico. Recusando tanto a conceção do imobilismo social como a do radicalismo das mudanças, Pareto entende a história como uma sucessão de ações e de reações. Se o estudo do equilíbrio estático trata principalmente da proporcionalidade dos resíduos e da sua repartição nas diferentes classes sociais, o estudo do equilíbrio dinâmico toma em linha de conta a mudança e a sucessão dos resíduos de uma mesma camada social, devido à mistura social das classes. Está assim subjacente à teoria do equilíbrio uma filosofia que rejeita a filosofia do progresso, patente nas obras de Comte e de Marx, «isto é, a conceção segundo a qual o mais significaria necessariamente o melhor, ou seja, uma filosofia em que se dá a ilusão de um aperfeiçoamento progressivo da humanidade na sua totalidade» (Freund, 1974, p. 187).

Passamos agora a expor os pontos essenciais da filosofia de Pareto.

A. A sociedade evolui muito lentamente, em virtude da estabilidade dos resíduos, que são manifestações dos sentimentos e dos instintos. Pareto mostrou que se as derivações se metamorfoseiam rapidamente, os resíduos permanecem invariáveis no tempo, e reatualizou a velha dicotomia filosófica entre o fundo e a forma. Segundo Pareto, a história apresenta-se como a sucessão dos dois primeiros resíduos, isto é, das forças de invenção e das forças de imitação, se quisermos utilizar a terminologia de Gabriel Tarde. É, aliás, porque a sociedade evolui lentamente que a descoberta de uniformidades científicas se torna possível, além da heterogeneidade social e daquilo que Simmel denominou ações recíprocas. Diz Pareto:

> As ações dos homens apresentam uniformidades que constituem leis naturais. Se estas uniformidades não existissem, nem a ciência nem a economia política poderiam existir. O próprio estudo da história não teria nenhuma utilidade. Com efeito, se as ações futuras do homem não tivessem nada de comum com as suas ações passadas, o

conhecimento destas poderia satisfazer à vontade a nossa curiosidade, como o faria um romance qualquer, mas ele ser-nos-ia totalmente inútil na nossa vida. (1964 [1896–1897], tomo 2, p. 397)

B. Se a evolução, isto é, a sucessão dos equilíbrios, só se pode realizar tendo em conta a natureza humana, ela não exclui as mudanças. Assim, Pareto nota um lento progresso do raciocínio, sem que este pudesse suplantar os sentimentos. Da mesma forma, a sociedade vê crescer de forma desmedida o número de especuladores, de indivíduos que jogam na bolsa, empurrados pelo instinto de combinações, em detrimento de certos valores como os de força. Esta evolução processa-se na «longa duração», para utilizarmos a expressão de Fernand Braudel, mas não podemos nunca deduzir a irreversibilidade deste processo.

C. Do ponto de vista histórico, a história só poderá ser estudada sob a forma ondulatória de que os fenómenos sociais sempre se revestem. A forma ondulatória dos fenómenos sociais manifesta-se quer pela sucessão das fases ascendentes e descendentes, quer por uma sequência de fases contrárias, quer pela repetição de um mesmo tipo de fenómenos, à semelhança da circulação das elites.

Retomemos estes três significados. Em primeiro lugar, todo o período ascendente é seguido por um período descendente. Por conseguinte, não podemos confundir o equilíbrio com uma linha média ascendente. Qualquer rutura, disfuncionamento, descontinuidade fará sempre parte de qualquer sistema social. «Não devemos imaginar uma crise como um acidente que vem interromper um estado normal de coisas. Pelo contrário, o que é normal é o movimento ondulatório, a prosperidade económica trazendo a depressão e a depressão trazendo a prosperidade» (Pareto, 1964 [1896–1897], tomo 2, p. 278). Num momento em que só se fala de desenvolvimento durável, as reflexões de Pareto parecem-nos premonitórias, pelo menos se tivermos em conta as profundas advertências de André Lebeau, que desmistificou as noções de crescimento exponencial e de progresso contínuo:

Os fenómenos de crescimento exponencial possuem sempre um carácter temporário. É fácil perceber a razão disso. Consideremos

> um fenómeno de crescimento caracterizado por um ritmo de 2% ao ano, o qual, tratando-se do produto interno bruto, caracteriza um crescimento económico moderado. Um cálculo elementar, que possamos efetuar com uma simples calculadora, mostra que, mantida durante 2000 anos, esta taxa de crescimento multiplica o PIB por $1{,}6^{1017}$ (160 milhões de mil milhões). De toda a evidência, um tal crescimento não pode ser mantido na duração histórica. [...] Isto significa que expressões como as de *crescimento durável* ou *desenvolvimento durável* são perigosamente antinómicas. Caracterizados por taxas constantes, o crescimento ou o desenvolvimento só podem ser transitórios. O fenómeno de crescimento exponencial choca inelutavelmente, e tanto mais depressa quanto mais a taxa de crescimento for elevada, com obstáculos naturais diversos: esgotamento dos recursos com os quais se alimenta, saturação do espaço no qual opera. (Lebeau, 2005, pp. 154–155)

Tal como a prosperidade, a crise obedece ao mesmo estado de coisas, a saber, o fenómeno ondulatório. De reparar que toda a previsão se encontra grandemente dificultada, já que as oscilações se manifestam consoante intensidades diferentes. Um princípio de crescimento súbito pode manifestar-se de forma paroxística e pressagiar uma decadência iminente. Além disso, ambas as fases «seguem uma marcha ondulada», comportando movimentos em sentido oposto no seu seio: «No período ascendente, existem quedas parciais, seguidas de subidas novas e mais fortes; no período descendente, o movimento geral é, da mesma forma, interrompido por ondas que se apresentam em sentido contrário» (Pareto, 1974, p. 175).

Em segundo lugar, os antagonismos que contribuem para a heterogeneidade social devem também ser considerados na sua sucessão. O instinto de combinação apela a uma reação inversa e vice-versa. Do ponto de vista sociológico, a história é a sucessão dos dois primeiros resíduos. Assim, o instinto de combinação favorece a especulação, o ceticismo, o individualismo, a astúcia, em detrimento da cautela, da fé, do patriotismo, da força. Um desequilíbrio implica uma reação em sentido contrário. «A principal utilidade da persistência dos agregados consiste em se opor eficientemente às tendências nocivas do interesse individual e do desencadeamento das paixões» (Pareto, 1968 [1916], §2419, p. 1605). Precisamente, se a história se apresenta constantemente de forma ondulatória, é porque o equilíbrio nunca é atingido. Esta sucessão de fases contrárias tampouco facilita a previsão, em virtude da heterogeneidade das variantes: o humanitarismo, próprio do instinto de combinação e caracterizado por um excesso de astúcia e uma carência de força, pode provocar um reforço não útil, na opinião de Pareto, do resíduo da persistência dos agregados, não no sentido desejável de um acréscimo de patriotismo, mas no sentido não desejável de uma amplificação da ascese. A história é, segundo Pareto, uma sucessão de períodos de ceticismo e de fé, à procura do melhor equilíbrio. Ao ceticismo e ao desencantamento do mundo pela ciência respondem momentos de fervor religioso. Assim, e ainda para Pareto, a reação revolucionária e democrática em França representa uma manifestação religiosa para corrigir o desequilíbrio engendrado pelo paganismo humanista, o sentido comum da filosofia das Luzes, o cientismo e o positivismo.

Em terceiro lugar, o equilíbrio histórico não depende só da justa proporção entre as forças de conservação e as forças de mudança, nem só da sucessão regular no tempo destas últimas, mas da sua repartição entre a massa e a elite. A sociologia das elites não é propriamente original em Pareto. O tema da dominação elitista encontra-se expresso na formulação da ideia de minorias governantes, em Gaetano Mosca. Encontramo-lo igualmente na teoria da «oligarquização» dos partidos políticos, em Robert Michels. É nesse sentido, também, que PARETO define a história como sendo «um cemitério de aristocracias» (1968 [1916], §2053, p. 1304). Mas as diferenças entre estes autores são notáveis. Mosca aborda a questão das elites no quadro de uma teoria sobre as organizações políticas. Michels, por sua vez, analisa-a à luz do seu estudo sobre a social-democracia alemã. O estudo de Pareto é certamente menos restritivo, já que apreende o fenómeno da formação, do desenvolvimento e da decadência das elites no âmbito mais vasto da organização social global, distinguindo as elites governamentais das elites não governamentais. A hegemonia que uma minoria alcança no seio do seu próprio grupo, camada ou classe social, ou ainda sobre o conjunto dos outros grupos, camadas ou classes sociais, constitui o facto social e sociológico das elites. A supremacia adquirida por uma minoria qualquer resulta de uma circulação das elites, ou seja, de um movimento que projeta para a frente os elementos mais válidos e que desqualifica ou desclassifica os outros.

A existência de elites é um facto social normal no sentido durkheimiano da expressão. Assim, Pareto prescinde do moralismo igualitarista, pouco recetivo à ideia da hierarquização da sociedade em superiores e inferiores. A superioridade de uns em relação aos outros é um dado da natureza, mesmo quando alicerçada no poder económico e político e por eles justificada. A superioridade manifesta-se, aliás, nas mais variadas atividades e, deste ponto de vista, existem elites de santos como existem elites de bandidos, elites desportivas e elites eróticas, sabendo-se que a sociologia não pode avaliar os seus objetos de estudo segundo as categorias do bem e do mal.

É um facto de evidência que toda a sociedade se divide entre uma elite e as massas. É sabido também que, por natureza, as elites são mais inovadoras, mais céticas, mais lógicas e racionais, e que as massas são mais conservadoras, mais crédulas, mais emotivas e sentimentais. Pareto legitima mesmo este estado de coisas: é bom que existam mais elementos inovadores nas elites e mais elementos conservadores nas massas, já que são os sentimentos, e não a razão, que conduzem o mundo: «Só a fé leva os homens a agir. Assim, não é desejável, para o bem da sociedade, que o conjunto dos homens ou mesmo a maior parte deles se ocupe cientificamente dos assuntos sociais. Existe uma contradição entre as condições da ação e as condições do saber» (Pareto, 1981 [1906], p. 122). No entanto, a circulação de indivíduos, passando das camadas inferiores para as superiores e vice-versa, é imprescindível, não só para permitir que o raciocínio e os sentimentos se estabilizem, embora de forma desproporcional, no interior de cada classe social (Pareto, 1968 [1916], §2049, p. 1302), mas também para alcançar um equilíbrio geral na sociedade.

Assim, é mesmo desejável que os elementos degenerados das classes superiores retrocedam para as classes inferiores, e mais desejável ainda que os elementos dinâmicos das segundas possam ter acesso às primeiras. A civilização romana salvaguardou a sua vitalidade enquanto soube renovar as suas elites, recrutando-as primeiro na plebe e depois nos próprios bárbaros. A miscigenação, elogiada por Gilberto Freyre ([*s.d.*] [1933]), o policulturalismo, posto em relevo por Michel Maffesoli (1986), constituem exemplos do vitalismo induzido pela circulação das elites. A revolução, segundo Pareto, não é mais do que a consequência de sociedades incapazes de se regenerar através do câmbio regular das elites. Nesse caso, a circulação das elites processar-se-á de forma virulenta e violenta (Pareto, 1978 [1902–1903], tomo 1, p. 11). De reparar também que Pareto concebe a revolução, à semelhança de Tocqueville, como uma manifestação eminentemente religiosa. Diz Tocqueville:

> A Revolução Francesa é uma revolução política que operou da mesma forma e que adotou o aspeto de uma revolução religiosa. [...] Penetra na sociedade pela predicação e o proselitismo. [...] Mas não podemos parar por aqui. [...] O carácter habitual das religiões é o de considerar o homem em si próprio, sem tomar em consideração aquilo que as leis, os costumes e as tradições de um país puderam acrescentar a esse fundo comum. O seu principal objetivo consiste em regulamentar as relações gerais dos homens com Deus, os direitos e os deveres gerais dos homens entre si, independentemente da forma das sociedades. [...] Tirando assim o seu fundamento da própria natureza humana, podem ser recebidas de forma igual por todos os homens e aplicadas por todo o lugar. (1979, pp. 69–70)

Pareto exprime-se do mesmo jeito: «A Reforma Protestante, no século xvi, a Revolução Inglesa do tempo de Cromwell, a Revolução Francesa de 1789 manifestam grandes marés religiosas que, tendo partido das classes inferiores, afundaram o ceticismo das classes superiores» (1968 [1916], §2050, p. 1303).

Naturalmente, na sua vontade de desmitificação dos discursos, Pareto deixa-nos claro que a ideologia não deve ocultar-nos a função primordial das revoluções: permitir o acesso ao poder a uma nova elite, mais enérgica, mais empreendedora e mais eficiente. É, aliás, nesse sentido que um autor paretiano pôde defini-las como «mudança de velocidade», e não como «mudança de estrutura» (Monnerot, 1969, p. 173), ou seja, como substituição de uma elite amolecida e decadente por uma elite mais impetuosa e oportuna. As próprias elites escondem a sua vontade de ascensão política e social sob um aparelho de justificações, de ideais nobres, ou seja, de derivações:

reivindicações a favor da liberdade, da justiça social, dos direitos humanos, etc. Assim, os ideais não passam de meios para alcançar o poder ou para o defender. Uma citação de NIETZSCHE ilustra bem o primeiro caso, ou seja, o maquiavelismo das elites ascendentes: «Queremos a liberdade enquanto ainda não detemos o poder» (1930, tomo 2, p. 127). No segundo caso, é de referir que são muitas vezes os mesmos ideais que fazem periclitar as elites ainda dominantes. Nelas, estes ideais, tal como o humanitarismo, são sinais de fraqueza e são propriamente suicidários: «Nunca, ou quase nunca, as aristocracias — e eu entendo esse termo no seu sentido etimológico *os melhores* — foram eliminadas exclusivamente pelos golpes dos seus adversários; mas foram elas próprias as artesãs da sua destruição» (PARETO, 1965b, p. 322).

Para finalizar, convém destacar que a circulação das elites é um processo sem fim, ainda que ocorra de forma lenta, impercetível e sub-reptícia, pois, segundo Pareto, não pode escapar à forma ondulatória de que os fenómenos sociais se revestem obrigatoriamente. De qualquer modo, Pareto foi um autor maquiavelista, no sentido que James BURNHAM (1949) confere a essa palavra, que, ao descrever metodicamente os artefactos do poder, sublinhou a sua perenidade. Como no-lo assinala Giovanni BUSINO: «os problemas do poder, da sua consolidação e da sua manutenção conduzem assim a uma redescoberta de Pareto» (1968, p. 92).

4. A teoria da religião em Pareto

Pareto não dedicou estudos específicos à questão da religião, contrariamente a Comte, que escreveu um *Catecismo Positivista*, a Durkheim, que procurou as formas elementares da religião, a Weber, que publicou obras sobre as religiões da Índia, da China, o judaísmo antigo e ainda a ética protestante, ou ainda a Simmel, que publicou *A Religião*, considerando-a uma das grandes categorias que formam a experiência humana, e contrapondo-a à religiosidade, que a antecede e a ultrapassa. No entanto, é de reconhecer que Pareto não ficou insensível às manifestações religiosas na história, enquanto reflexo de necessidades propriamente humanas. E podemos acrescentar que a forma peculiar e original como abordou a questão religiosa contribui sobremaneira para a redescoberta da sua obra. Com efeito, as considerações que Pareto fez sobre as religiões permitem-nos, por um lado, compreender melhor o fenómeno da secularização, e também a religiosidade atual, e, por outro, o renascimento do politeísmo nas sociedades pós-modernas.

O facto de a antinomia entre a verdade e a utilidade poder ser considerada o fio condutor do pensamento de Pareto é manifesto, já que se trata de um positivista que nunca duvidou da possibilidade de alcançar leis com valor intemporal e universal. Mas, se Pareto partilha dos ideais do cientismo, é preciso reconhecer também que não é no sentido de «uma confiança total ou exclusiva na ciência, quer se trate de reorganizar a sociedade, quer se trate de converter a conduta dos homens à racionalidade» (Aron, 1972, p. 130). Vale então a pena insistir novamente na antinomia entre a verdade e a utilidade:

> As teorias económicas e sociais de que se servem aqueles que participam nas lutas sociais não devem ser julgadas pelo seu valor objetivo, mas principalmente em função da sua eficácia para suscitar emoções. De nada serve a refutação que delas podemos fazer, por mais exatas que sejam de um ponto de vista objetivo. (Pareto, 1981 [1906], pp. 134–135)

Por outras palavras, o sucesso de uma teoria não se mede em função da sua validade lógica, mas em função da força emotiva que contém: «A difusão de uma doutrina não depende do seu valor lógico. Mais do que isso, aquele que pensa poder julgar os efeitos sociais de uma doutrina a partir do valor lógico que esta possui expõe-se a enormes erros» (Pareto, 1978 [1902–1903], tomo 1, p. 25).

É a partir destes dados gerais que podemos compreender a maneira como Pareto apreendeu a religião.

4.1. Religião e sentimento

Em primeiro lugar, a religião é um dado fundamental da vida humana e responde a necessidades específicas. É, por conseguinte, completamente ilusório pensar que a ciência se lhe possa sobrepor, seja por lhe conferir legitimidade, como o fez Comte, seja por arruinar os seus pressupostos, como o fez Marx. Presunçoso seria também pensar, à semelhança de Michel Onfray, que a filosofia fosse capaz de impedir o irracionalismo das religiões e o relativismo que daí pudesse advir, um relativismo que proclamasse a «igualdade entre o crente judeu persuadido de que Deus se dirige aos seus ancestrais para garantir a sua eleição, e que, para tal, lhe abre o mar, manda parar o Sol, etc., e o filósofo, que procede segundo o princípio do método hipotético-dedutivo» (Onfray, 2005, pp. 260–261). Ninguém se pode esquecer das asserções fulgurantes de Pascal, dizendo que existem dois tipos de verdade, as verdades teológicas, baseadas na autoridade da tradição, e as verdades científicas, fundamentadas na razão. Ora, seria totalmente artificioso tentar aniquilar as clarividências da ciência em nome da teologia, ou, pelo contrário, arruinar as certezas teológicas em nome da ciência. Pascal tanto lamentou «a cegueira daqueles que avançam a autoridade como única prova nas matérias físicas, em vez do raciocínio ou das experiências», como «a malícia dos outros que recorrem ao único raciocínio na teologia, em vez da autoridade das Escrituras e dos Pais da Igreja» (Pascal, 1980, p. 531). Os dois vícios, que todo o pensador terá de afastar, são, por um lado, a exclusão da razão e, por outro, a divinização da mesma. Tanto se trata de relativizar o imperialismo do método positivista da ciência como o absolutismo teológico.

Uma teoria, seja de que ordem for, dirige-se mais aos sentimentos do que à razão. Não é a parte de verdade que ela contém que importa àqueles que são levados por uma vontade de ação, mas a sua capacidade de mobilizar as massas:

> Aqueles que pretendem introduzir na religião cristã a crítica histórica da Bíblia não veem a divergência absoluta que existe entre a ciência e a religião, entre a razão e a fé, não veem que estas correspondem a necessidades diferentes. Os livros sagrados de todas as religiões retiram o seu valor não da sua precisão histórica, mas dos sentimentos que podem despertar naqueles que os leem; e o homem que, atormentado pela dor, chama em socorro a religião não deseja uma dissertação histórica fundamentada, relativamente à qual nada percebesse; precisa

antes de palavras de reconforto, de esperança. A religião, para alguns teólogos humanitaristas, tornou-se num mero joguete para o uso dos letrados e dos metafísicos. (Pareto, 1981 [1906], p. 78)

Pareto anteviu aquilo que nos parece hoje uma verdade de senso comum, a saber, que o religioso não é o apanágio exclusivo dos teólogos e dos exegetas:

> Os cientistas impuseram uma espécie de monopólio e de autoridade sobre a Bíblia. Assim, confrontaram-se com a Igreja. Agora, estão despojados das suas prerrogativas pela multidão de fiéis que não lhe pede nada. Redescobrimos que a Bíblia não foi escrita para os cientistas, nem por eles, mesmo quando o que eles têm para dizer sobre ela é importante. (Poulat e Decherf, 2003, p. 41)

A hermenêutica bíblica, desenvolvida muito cedo sob a égide de pensadores como Espinosa e Hobbes, não abalou a fé dos cristãos, nem o fervor das massas que se reconheciam na Bíblia. Gusdorf mostrou que uma dupla leitura da Bíblia apareceu logo depois de a exegese científica ter desautorizado a veracidade histórica das Escrituras. Assim, a leitura da Bíblia por parte dos «pietistas» reavivou o espírito religioso dos fiéis e contribuiu para

> manter a atualidade da fé pela Visitação da Graça. O espaço das igrejas instituídas não corresponde à presença de Deus que nelas deveria residir. Os «pietistas» preferem as reuniões fervorosas em que pequenos grupos de crentes praticam a edificação mútua por meio das rezas e da leitura das Sagradas Escrituras. [...] A Bíblia é, portanto, o lugar privilegiado de uma Revelação que não nos remete para os tempos longínquos de um passado enterrado debaixo do pó dos milénios, mas que se afirma na contemporaneidade de um sentido, que o verdadeiro crente pode ler, de forma transparente, através das narrações antigas e das fórmulas que parecem insignificantes. O documento bíblico é uma imensa parábola da vida da alma e do destino da humanidade. A exegese científica, fixada na letra do texto, é impermeável a este significado profético, relativamente ao qual as almas dos fiéis se nutrem no seu diálogo incessantemente continuado com o Salvador. (Gusdorf, 1988, pp. 118–119)

Esta citação é reveladora e esclarecedora da lucidez de Pareto: agnóstico, reconhece, no entanto, a importância psicológica e sociológica do papel das religiões. Leva-as a sério, dado que se situam no coração do vivido, desempenhando funções precisas. Aliás, Pareto não poupou as suas críticas aos positivistas, tais como Saint-Simon, Mill, Spencer e, sobretudo, Comte, visto que estes reduziram a ciência a uma espécie de religião ao confinar a religião a uma espécie de ciência. Isto explica-se pelo facto de o sentimento religioso ter assumido, no século XIX, uma forma científica. Se o ponto de partida do positivismo, a saber, o reconhecimento da influência dos sentimentos sobre a vida dos homens, assim como o reconhecimento da inelutabilidade da religião, é correto, a sua concretização tinha forçosamente de desembocar num fracasso, quando mais não fosse porque «os adeptos do positivismo negligenciam as lições da experiência, que nos ensinam que nunca se viu uma religião criada inteiramente por filósofos e cientistas e por eles imposta ao povo» (PARETO, 1978 [1902–1903], tomo 2, p. 199). Uma das funções da religião consiste em ocultar a existência de contradições. Mas esta função de ocultação não pertence exclusivamente à religião. A razão tampouco se acomoda à existência dessas contradições. É por esse motivo que Pareto, na classificação dos resíduos, evoca a propensão do primeiro de entre eles, o instinto de combinações, a unir pela lógica ou pela pseudológica os contrários:

> Ao homem repugna separar a fé da experiência; ele quer um todo completo, no qual não permanecem notas discordantes. Durante muitos anos, os cristãos pensaram que as suas Santas Escrituras não continham nada que fosse contrário à experiência histórica ou científica. Uma parte de entre eles abandonou esta ideia relativamente às ciências naturais. Mas conserva-a no que respeita à história. Outra parte abandona a ciência e a história, mas pretende, pelo menos, conservar a «moral». Outra parte ainda pretende obter o consenso tão desejado, se não na letra, pelo menos na forma alegórica, através de interpretações subtis. Os muçulmanos estão persuadidos de que tudo o que o homem pode saber está contido no Alcorão. Para os Antigos Gregos, a autoridade de Homero era soberana. A de Marx o é e o era para alguns dos socialistas. Uma infinidade de sentimentos de felicidade mistura-se num todo harmonioso, no Santo Progresso e na Santa Democracia dos povos modernos. (PARETO, 1968 [1916], §967, p. 526)

Pertence à razão ou à necessidade raciocinadora do homem invadir as diferentes esferas da existência, que são a fé, a moral, a estética, a religião, etc. Mas, se é verdade que existem sociedades e épocas em que as contradições são abafadas e recalcadas, é verdade também que existem outras que resistem ao «fantasma prometeico ou apolíneo, que entendem realizar a dominação pela unificação da natureza, do indivíduo e do social» (MAFFESOLI, 1980, p. 164), e que aceitam com toda a naturalidade as contradições. Os cristãos da Idade Média, por exemplo, não discerniam nenhum desacordo ou incompatibilidade entre as narrações bíblicas e os princípios da moral. Os filósofos do século XVIII, cujo lema era o de esmagar o infame, segundo a palavra de Voltaire, isto é, a superstição e a intolerância, tornaram-se nos propagadores e nos missionários de uma conceção unificada do mundo, com o intuito de generalizar a felicidade. Recordemos que, para PARETO, a *supertitio* significava, na origem, um excesso de religião, que permitia aos Romanos desprenderem-se da ordem e da regularidade, que tanto admiravam, e introduzir uma forma de desordem e de rutura no consenso social (1968 [1916], §236, p. 140). Pareto nota também que toda a organização social está confrontada com a oposição entre a *religio* e a *supertitio* e que deve encontrar um equilíbrio entre a paixão, que muitas vezes conduz ao excesso, e a ponderação científica, política ou religiosa, a que aspira toda a forma instituída. Por outras palavras, nenhuma organização fica imunizada contra a ameaça de tumultos, e aquela que se consegue manter é também aquela que sabe, por experiência, que as contradições devem ser aceites. Com efeito, o povo age por paixão e por excesso, como no-lo testemunham as manifestações ligadas ao ascetismo, ou ainda os desenfreamentos sexuais. Parece mesmo que a devoção só se pode expressar de forma exacerbada e paroxística.

> A teocracia católica teve de conduzir dois tipos de luta. Por um lado, teve de lutar contra a elite intelectual e científica, que se separava dela e que se colocava como rival; por outro lado, teve de reprimir os excessos de fanatismo, de superstição e de ascetismo, que surgiam por toda a parte. (PARETO, 1978 [1902–1903], tomo 1, p. 309)

A história não é mais do que a oposição entre períodos que pretendem unificar e conciliar as contradições e outros que as promovem e enaltecem. Sintomático dessa conceção unificadora e conciliadora é o utilitarismo de Mill, cujo desígnio consistiu em unir a economia e a moral. A socialidade pós-moderna, muito pelo contrário, põe a tónica nas diferenças e na necessidade que temos de conceber a ordem social sob a forma do mistério da conjunção, e não sob a forma de um ajuntamento voluntário e calculado de indivíduos racionais. A tendência para a unidade e a tendência para a multiplicidade sucedem-se assim segundo o modo de ciclos ou de formas ondulatórias.

> No espírito dos Antigos Gregos, misturavam-se, sem se confrontarem, as aventuras escandalosas dos seus deuses e os princípios de moral bastante puros. Numa mesma inteligência, encontravam-se a crença segundo a qual Crono tinha cortado as partes viris do seu pai com uma foice denteada e a crença segundo a qual os deuses rejeitavam aquele que tinha insultado o seu velho pai. Na época de Platão, pelo contrário, o contraste tornou-se agudo, e uma dessas crenças estava em eliminar a outra. Platão não quis admitir que fosse possível imaginar que Zeus se tivesse juntado com a sua irmã Hera sem que os pais o soubessem, ou que fosse possível afirmar que Teseu, filho de Poseidon, e Pirítoo, filho de Zeus, tivessem tentado raptar Perséfone, ou qualquer outro filho dos deuses, sem que um dos heróis tivesse sido culpado por impiedade ou por crimes que os poetas tenham relatado. (PARETO, 1981 [1906], p. 75)

4.2. Forma e sentimento

Em segundo lugar, compreendemos melhor a permanência do religioso se distinguirmos a forma do sentimento religioso. A invariabilidade dos instintos e dos sentimentos conjuga-se com uma vasta pluralidade de formas de expressão. Nesse sentido, Pareto constata que os sentimentos religiosos podem revestir diferentes formas e que não têm necessariamente «por objeto a forma concreta de uma divindade pessoal» (PARETO, 1978 [1902–1903], tomo 1, p. 264). O socialismo constitui precisamente uma dessas formas pelas quais o sentimento religioso se manifesta. Não foi enquanto sistema metafísico ou científico que se conseguiu impor, mas enquanto sistema religioso. Do ponto de vista subjetivo, os sistemas socialistas metafísicos ou científicos só têm importância porque permitem aos homens pensar que as suas escolhas são ditadas pela razão e pela lógica:

> O socialismo parece ser atualmente a forma religiosa que mais facilmente se adapta aos meios do operariado da grande indústria; por todo o lado onde esta última se estabelece, a religião socialista aparece e recruta aderentes em proporção com o desenvolvimento da indústria. O socialismo facilita a organização das elites que surgem no seio das classes inferiores e constitui, atualmente, um dos melhores instrumentos de educação destas classes. (*Idem*, *ibidem*, tomo 1, p. 63)

Nessas condições, é fácil compreender que é impossível suprimir a religião e que o único resultado que podemos alcançar é a substituição de uma religião por outra. As formas sucedem-se numa continuidade sem fim e a religiosidade manifesta-se em movimentos tão diversos como o estoicismo, o positivismo ou o ateísmo. A durabilidade da religião explica-se pela invariabilidade da força do sentimento na vida social. O religioso desloca-se mas não desaparece, como no-lo confirma o culto aos heróis modernos, que são as vedetas, os modelos e sobretudo os futebolistas:

> o campeão desportista é a encarnação da própria essência do heroísmo. [...] Os deuses do estádio evoluem num quadro sagrado: o recinto desportivo, catedral do desporto, monumento integrado no património cultural: Wembley, Wimbledon, Old Trafford, San Siro, Santiago Bernabéu, Estádio de França, Parque dos Príncipes; a competição desenrola-se segundo uma liturgia perfeitamente controlada, que desemboca na apoteose do pódio. Os jornalistas desportivos, grandes sacerdotes do culto, entoam hinos de glorificação aos ídolos «extraterrestres». [...] Por definição o herói desportivo dura pouco, e os regressos são catástrofes. A reforma é definitiva, o que evita ao desportista o ridículo característico dos artistas velhos do *show-business*, cuja insuficiência de voz pode ser dissimulada em cena pela música e pela sonorização. No estádio, o campeão pode ser vencido de maneira honrosa, mas o que ele não pode ser é grotesco; se ainda está aí, é porque é performativo e, por conseguinte, sempre admirável. E da mesma maneira que os

> campeões desportivos são renovados, todos os anos aparece uma nova vaga de adeptos, com olhos totalmente novos e entusiastas, prontos para perpetuar o culto. É por esse motivo que os últimos heróis serão os deuses do estádio. (Minois, 2005, pp. 465–467)

A permanência do sentimento religioso permite compreender a referência à noção de «paradoxos de santidade», utilizada pelo grande especialista da Antiguidade Tardia (Brown, 1985, p. 130) para mostrar que na cristandade oriental (Médio Oriente) o portador da Graça, o santo, não era forçosamente aquele que se esperava e que o povo era suscetível de venerar e de divinizar. Por outras palavras, o povo vivia no quotidiano a realidade da epifania, a criação inopinada e ininterrupta de divindades. O estilo bizantino da liturgia era, aliás, propício tanto à confusão, entre por um lado a basílica e por outro lado a rua, como à amálgama entre o sagrado e o profano. Vemos, pois, que aquilo que «religa» os indivíduos não é um dogma, não é uma instituição; o que «religa» as pessoas é sempre a partilha de uma experiência do sagrado; este deixa de ser imposto de fora ou de cima, para ser vivido de dentro, a partir de experiências pessoais partilhadas com os outros. Como o disse Brown:

> O paradoxo é um meio de incluir. O paradoxo de santidade permitia ao sagrado difundir-se amplamente em toda a sociedade bizantina. No cume, o contacto da mão de Deus oferecia aos imperadores um inesgotável reservatório de iniciativas. Completamente em baixo, o sagrado tocava as prostitutas de forma mais pesada do que em qualquer uma das cidades italianas, elas também recheadas de mulheres da vida. No meio, o sagrado ratificava a posição anormal do soldado... (1985, pp. 131–132)

Pareto evidencia também o facto de não existirem religiões puras ou rigorosamente monoteístas. Para poderem vencer e impor-se, as religiões devem ter o sentido do compromisso e permanecer abertas aos contributos externos. Uma religião, qualquer que seja, não faz mais do que representar o triunfo da síntese dos sentimentos que predominam numa determinada altura. «A religião que venceu mostra-se-nos sob a forma da síntese e da coroação do movimento geral; aliás, para o conseguir, teve de se modificar em profundidade e fazer inúmeros empréstimos às suas rivais» (Pareto, 1978 [1902–1903], tomo 1, p. 32). Segundo Pareto, é o princípio da transigência ou da acomodação que permite às religiões regulares ou seculares imporem-se:

> Deveras, se o cristianismo não tivesse transigido, se tivesse permanecido apenas uma religião de gente pobre, nunca teria conseguido tornar-se na religião do império; da mesma forma, não é o socialismo de Bebel, na Alemanha, nem o de Jules Guesde, em França, que chegarão ao poder; o socialismo que vencerá será um outro tipo de socialismo, o seu herdeiro direto, que, por ser transigente, não será menos espoliador. (Pareto, 1965b, p. 324)

Ou ainda: «De uma forma geral, podemos dizer que os socialistas intransigentes parecem ter razão do ponto de vista lógico, e os socialistas transigentes do ponto de vista da oportunidade» (Pareto, 1984, p. 228). Curiosamente, estas observações adquirem uma nova atualidade, na precisa medida em que as religiões secularizadas, também chamadas de religiões políticas, à semelhança do comunismo, recusam por completo reconhecer os motivos religiosos que as animam. Uma frase de uma beleza poética poderá confirmar a existência dessas contradições que atormentam o homem, a despeito do esforço que produz para as ocultar:

> O Homem é um ser ávido de conhecer, que precisa de acreditar e que procura Deus a ponto de cair no ateísmo, capaz de rir e de chorar, cheio de paixão e de esperança, animado por ambições e levado ao sacrifício, lutador e violento, assim como resignado e pacifista, enganador e fiel, experimentando a arte e os prazeres, em adoração perante os seus próprios equívocos e que pretende sempre ultrapassar as suas contradições, abraçando uma causa política, moral ou religiosa. (Freund, 1965, pp. 749–750)

Admitir a componente religiosa de toda a estruturação política consiste também em reconhecer a possibilidade, para a ordem política, de reclamar uma certa forma de verdade, cujo fundamento se encontra fora dela, e consiste ainda em denunciar o defeito que vicia todas as religiões políticas, isto é, o «processo de dissecação» (Voegelin, 1994,

p. 25), que caracteriza a secularização do espírito que levou ao apogeu a ideia de humanidade, em nome da qual os diferentes totalitarismos instauraram o seu poder. Aquilo a que Henri de Lubac chamava «o drama do humanismo ateu» (1959) está, mais do que nunca, na ordem do dia. É por essa razão que só podemos concordar com a requintada reflexão de Voegelin:

> a vida dos homens na comunidade política não pode ser delimitada como uma esfera profana, na qual apenas teríamos de lidar com questões de organizações do direito e do poder. A comunidade é também um domínio de ordem religiosa, e todo o conhecimento de uma situação política permanecerá insuficiente sobre um ponto decisivo, se não for capaz de englobar as forças religiosas da comunidade e os símbolos através dos quais estas se exprimem, ou ainda, se ao englobá-los, este conhecimento não for capaz de os identificar como tais, transpondo-os para categorias arreligiosas. (1994, p. 107)

Para concluir, convém integrar a sociologia religiosa de Pareto na sua teoria global do equilíbrio social e na sua conceção cíclica dos fenómenos sociais. Os sentimentos religiosos exprimem-se de forma oscilatória. A história é, assim, uma sucessão de períodos de crença e de descrença. No tempo de Péricles, os filósofos exprimiam-se livremente sobre as crenças populares. Anaxágoras simboliza simultaneamente o declínio da religião e o declínio do amor à pátria, prefigurando assim o cosmopolitismo de Diógenes. A irreligião reinante deu lugar a uma nova religiosidade, os mistérios, etc. O fenómeno religioso deve assim ser compreendido na sua componente ondulatória. Isto explica-se pela distribuição dos sentimentos e dos raciocínios nas classes populares e na elite.

Bibliografia

Aron, Raymond, Préface, *in* Pareto, Vilfredo, *Traité de sociologie générale*, Genebra, Droz, 1968, pp. vi–xxviii.

Aron, Raymond, Vilfredo Pareto, *in idem*, *Études politiques*, Paris, Gallimard, 1972, pp. 125–145.

Aron, Raymond, La comparaison de Machiavel et de Pareto, *in idem*, *Machiavel et les tyrannies modernes*, Paris, Éditions de Fallois, 1993, pp. 84–106.

Brown, Peter, *La société et le sacré dans l'Antiquité tardive*, Paris, Seuil, 1985.

Burnham, James, *Les machiavéliens, défenseurs de la liberté*, Paris, Calmann–Lévy, 1949.

Busino, Giovanni, *Introduction à une histoire de la sociologie de Pareto*, Genebra, Droz, 1968.

Chestov, Léon, *Athènes et Jérusalem: un essai de philosophie religieuse*, Paris, Aubier, 1993.

Freund, Julien, *L'essence du politique*, Paris, Sirey, 1965.

Freund, Julien, *Pareto: la théorie de l'équilibre*, Paris, Seghers, 1974.

Freund, Julien, L'aliénation, *in idem*, *Politique et impolitique*, Paris, Sirey, 1987, pp. 98–107.

Freund, Julien, La notion d'utilité chez Vilfredo Pareto, *Revue Européenne des Sciences Sociales* XXXI, Genebra, 1993: pp. 57–76.

Freyre, Gilberto, *Casa Grande e Senzala: Formação da Família Brasileira sob o Regime da Economia Patriarcal*, Lisboa, Livros do Brasil, [*s.d.*] [1933].

Giner, Salvador, *Teoría Sociológica Clássica*, Barcelona, Editorial Ariel, 2001.

Goux, Jean-Joseph, *Frivolité de la valeur: essai sur l'imaginaire du capitalisme*, Paris, Blusson, 2000.

Gusdorf, Georges, *Les origines de l'herméneutique*, Paris, Payot, 1988.

Lebeau, André, *L'engrenage de la technique: Essai sur une menace planétaire*, Paris, Gallimard, 2005.

Lubac, Henri de, *Le drame de l'humanisme athée*, Paris, Éditions Spes, 1959.

Machlup, Fritz, *Essays on Economics Semantic*, Englewood Cliffs, Prentice--Hall, 1963.

Maffesoli, Michel, L'imaginaire dans la tradition sociologique: Vilfredo Pareto, *Revue Européenne des Sciences Sociales et Cahiers Vilfredo Pareto* XVIII, Genebra, Droz, 1980: pp. 163–170.

Maffesoli, Michel, Le polyculturalisme: Petite apologie de la confusion, *in* Béjin, André e Freund, Julien (dir.), *Racismes, antiracismes*, Paris, Librairie des Méridiens, 1986, pp. 91–117.

Maffesoli, Michel, *Notes sur la postmodernité: Le lieu fait lien*, Paris, Éditions du Félin/Institut du Monde Arabe, 2003.

MINOIS, Georges, *Le culte des grands hommes: Des héros homériques au star-system*, Paris, Éditions Louis Audibert, 2005.

MISES, Ludwig von, *L'action humaine: traité d'économie*, Paris, Presses Universitaires de France, 1985.

MONNEROT, Jules, *Sociologie de la révolution*, Paris, Fayard, 1969.

NIETZSCHE, Friedrich, *La volonté de Puissance: Essai d'une transmutation de toutes les valeurs*, 2 tomos, Paris, Mercure de France, 1930.

ONFRAY, Michel, *Traité d'athéologie: physique de la métaphysique*, Paris, Grasset, 2005.

PARETO, Vilfredo, *Cours d'économie politique*, 2 tomos, Genebra, Droz, 1964 [1896–1897].

PARETO, Vilfredo, *Écrits sur la courbe de la répartition de la richesse*, Genebra, Droz, 1965a.

PARETO, Vilfredo, *Libre-échangisme, protectionnisme et socialisme*, Genebra, Droz, 1965b.

PARETO, Vilfredo, *Sommaire du cours de sociologie*, Genebra, Droz, 1967.

PARETO, Vilfredo, *Traité de sociologie générale*, Genebra, Droz, 1968 [1916].

PARETO, Vilfredo, *Le mythe vertuiste et la littérature immorale*, Genebra, Droz, 1971a [1911].

PARETO, Vilfredo, *La transformation de la démocratie*, Genebra, Droz, 1971b [1921].

PARETO, Vilfredo, *Écrits épars*, Genebra, Droz, 1974.

PARETO, Vilfredo, *Faits et théories*, Genebra, Droz, 1976 [1920].

PARETO, Vilfredo, *Les systèmes socialistes*, 2 tomos, Genebra, Droz, 1978 [1902–1903].

PARETO, Vilfredo, *Écrits sociologiques mineurs*, Genebra, Droz, 1980.

PARETO, Vilfredo, *Manuel d'économie politique*, Genebra, Droz, 1981 [1906].

PARETO, Vilfredo, *Mythes et idéologies*, Genebra, Droz, 1984.

PARETO, Vilfredo, *Marxisme et économie pure*, Genebra, Droz, 1987.

PASCAL, Blaise, *Œuvres complètes*, Paris, Gallimard, Bibliothèque de la Pléiade, 1980.

PASSERON, Jean-Claude, Pareto et le principe de rationalité, *Revue Européenne des Sciences Sociales* XXXI, Genebra, 1993: pp. 5–56.

PERRIN, Guy, *Sociologie de Pareto*, Paris, Presses Universitaires de France, 1966.

PIAGET, Jean, *Logique et équilibre*, Paris, Presses Universitaires de France, 1957.

POULAT, Émile e DECHERF, Dominique, *Le christianisme à contre-histoire: Entretiens*, Mónaco, Éditions du Rocher, 2003.

SIMON, Pierre-Jean, Pareto: les raisons de la déraison et la circulation des élites, *in idem*, *Histoire de la sociologie*, Paris, Presses Universitaires de France, 1997, pp. 511–539.

TOCQUEVILLE, Alexis de, *L'Ancien Régime et la Révolution*, Paris, Gallimard, 1979.

VOEGELIN, Eric, *Les religions politiques*, Paris, Éditions du Cerf, 1994.

LIÇÃO 9

Georg Simmel: dinheiro e modernidade

FRANCISCO FELIZOL MARQUES
Faculdade de Letras da Universidade de Lisboa

Perceba-se o que faz o dinheiro na *Filosofia do Dinheiro*. O início da obra apresenta uma proposta epistemológica de afastamento das tendências absolutistas da ciência. Quando esta, em última instância, assenta num fundamento, num ponto fixo por provar (SIMMEL, 2004a, p. 105; 1989 [1900], pp. 98–99), torna-se vulnerável aos ataques do ceticismo. Em Simmel, a verdade é sempre conforme à constituição mental e às necessidades de uma forma de vida (2004a, p. 107; 1989 [1900], pp. 102–103) sempre útil, o seu legado pragmatista. Simmel propõe assim que, num exercício de humildade, a ciência assuma o carácter sempre fragmentário e corrigível (2004a, p. 116; 1989 [1900], p. 116) dos seus conhecimentos. Para tal é necessário que estes se sustentem reciprocamente, valham relativamente a outros, formando na sua totalidade um conhecimento circunstancial e circular, numa esfera de interações mutáveis em que todo o ponto receba a sua validade de todos os outros pontos (2004a, p. 115; 1989 [1900], p. 115). Para Simmel, só este relativismo epistemológico, sustentado na reciprocidade, na complementaridade, até de aparentes opostos, na interligação mutável de todos os conteúdos do conhecimento, pode, dispensando um fundamento petrificado, validar a totalidade do conhecimento, sustentar a sua progressão, garantir o seu não enquistamento em dogma e imunizá-lo contra o ceticismo (2004a, pp. 116–117; 1989 [1900], pp. 116–117).

Em relativismo, todos os fenómenos usualmente espartilhados em áreas científicas estanques têm raízes a ligá-los. A primeira parte da

Filosofia do Dinheiro, Analytischer Teil, pretende então analisar as precondições do dinheiro que, provenientes de várias e inesperadas áreas habitualmente não relacionáveis, o descobrem como uma materialização desse relativismo ligador. Na segunda parte, *Synthetischer Teil*, o dinheiro, agora materialização do relativismo, já pode ser o meio (2004a, p. 55; 1989 [1900], p. 12), o caminho, o método, para um fim: desvelar, numa metaeconomia, como sublinha François Léger (1989, p. 83), a interdependência das coisas, sintetizar o todo. O dinheiro não é propriamente o objeto da *Filosofia do Dinheiro*, razão pela qual esta obra praticamente não existe enquanto literatura económica (Flotow e Schmidt, 2003), mas o método de uma obra que persegue um fim, o fim filosófico por excelência. Sigamos agora uma breve história do dinheiro, segundo Simmel.

A tomização do dinheiro

Na origem do valor, da troca e do dinheiro está uma separação primordial entre sujeito e objeto que se vai desenvolvendo num afastamento progressivo. O sujeito, ao reconhecer um objeto ali, um objeto dele distinto, um objeto que a ele se objeta, a ele se opõe, reflete, toma consciência de si. Já nesta reciprocidade entre sujeito e objeto, que, para lá de idealismos e materialismos, cria o eu e o mundo, se reflete a epistemologia relativista, a qual, aqui a transbordar para o campo ontológico, perpassa todo o pensamento de Simmel. É aliás por isso que, «em Simmel, não existem processos unívocos ou monocausais» (Bodei, 2002, p. 173). Se, em relativismo, as representações adquirem a sua verdade, também, em relativismo, os objetos obterão o seu valor.

A separação entre sujeito e objeto traz igualmente uma progressiva distinção, separação entre objetos. Essa distinção, essa separação entre sujeito e objeto, assim reconhecida, é também o reconhecimento de uma distância, uma «distância-desejo» do sujeito progressivamente apontada a um objeto específico (Simmel, 2004a, pp. 69 e 70; 1989 [1900], pp. 38–40). No entanto, porque só através de renúncia ou esforço o sujeito supera esta «distância-desejo» (2004a, p. 85; 1989 [1900], p. 65) e mantém a sua satisfação, pois cedo se cansa do que facilmente obtém (2004a, pp. 87–89; 1989 [1900], pp. 69–72), já daqui Simmel nega ao valor o estatuto de qualidade inerente a um objeto. Ao invés, o valor é uma exterioridade, resulta da tensão entre esforço e desejo, entre renunciar para adquirir, imediatamente remetendo para outros valores de outros objetos. Já esta noção relativa de valor compreende uma troca — se bem que subjetiva, pois a tensão desejo/ /renúncia ainda permanece na esfera do sujeito — das suas opções subjetivas. Mas à custa de nova separação, vai também esta troca primordial, subjetiva, ganhar objetividade. Quando agora, em troca direta, dois sujeitos acordam trocar entre si dois objetos, cada objeto já vale independentemente do apreço do sujeito; o objeto tem agora um valor, já preço, relativamente ao valor, ao preço, de outros objetos. A troca direta objetiva o valor (2004a, pp. 67–69 e 78; 1989 [1900], pp. 35–38 e 53). O dinheiro vai surgir de um novo agravamento deste processo de objetivação e separação. Estabelecendo-se como um terceiro elemento entre os objetos, entre os valores dos objetos e acima dos sujeitos, garante maior regularidade e objetividade à troca (2004a, pp. 124–125 e 292; 1989 [1900], pp. 129–130 e 387–388). O dinheiro, a preencher a distância do eu aos objetos, é também assim mediação, ponte que, a separar, religa o sujeito aos objetos. Porque agora o dinheiro objetiva a troca direta, a objetivação do mundo dos valores, podemos afirmar que para Simmel o dinheiro é uma superobjetivação do valor. Num preço quantificado em dinheiro, está materializada essa renúncia constitutiva do valor já presente num sujeito isolado. Agora, o preço deste objeto é o preço objetivo da renúncia a todos os outros objetos (2004a, p. 120; 1989 [1900], p. 123).

A depender do crédito, da fé fiduciária que uma comunidade lhe confere, o dinheiro tem primeiro de assentar na permanência e eternidade dos metais preciosos, no material mais confiável, mais inoxidável ao tempo e à mudança de mãos (2004a, pp. 186–187 e 191; 1989 [1900], pp. 227–229 e 234). Mas à medida que as transações em dinheiro progridem pelo tempo e pelo espaço, dá-se uma nova progressão no processo de objetivação, de separação: o número, a variedade e a extensão das transações pedem ao dinheiro mais capacidade de divisão e velocidade (2004a, p. 143; 1989 [1900], p. 158). A fricção do fluxo monetário crescente arredonda, diminui, fraciona e, assim, multiplica as moedas (2004a, p. 506; 1989 [1900], p. 708). O dinheiro pode começar a prescindir dessa garantia de fé que a permanência da forma metalopreciosa lhe conferia, agora uma prisão à sua liberdade de movimentos, de tão indivisível, rígida, pesada (2004a, p. 143; 1989 [1900], p. 158). Em sua mudança e movimento, o dinheiro atomiza-se então progressivamente até se desgarrar da sua carapaça material e se espiritualizar em moeda escritural ou, como hoje, quase previsão de Simmel, eletrónica. Nesta fase, o dinheiro é já uma perfeita objetivação, um símbolo a representar as relações entre sujeitos, entre objetos, entre sujeitos e objetos. É já uma abstração com qualidades divinas (2004a, pp. 146–152; 1989 [1900], pp. 162–173). A quantificar todas as qualidades numa liquidez omnipresente, o dinheiro é omnimórfico, toma toda e qualquer forma; pode estender-se por todo o espaço e concentrar-se num átomo; pode avançar pelo tempo a juro e a crédito e concentrar-se num instante. Livre de quaisquer vontades subjetivas, livre de quaisquer atritos materiais, o sistema monetário regulamenta e estabiliza uma imensidade de interações em constante mutação, não remissíveis a nenhuma racionalidade voluntariosa.

Esta supraobjetivação do valor, entre e acima de sujeitos e objetos, a ligar a totalidade dos sujeitos e objetos, revela-se então uma materialização fluida dessas relações por que o homem vive. E é assim também, mais do que uma metáfora, uma materialização do relativismo, dessa epistemologia ligadora de todos os conteúdos em interação. Afirmamos que, para Simmel, o dinheiro é uma supraestância ligadora, a qual, em permanente moção, garante a permanência, a segurança, a estância que a substância, o fundamento fixo, a pré-verdade por provar em outras metafísicas e epistemologias pretendiam garantir.

Toda a evolução do dinheiro é este caminhar a puro fluxo, pura matéria, pura não forma consumada na sua espiritualização em moeda escritural, eletrónica ou digital. A sua história é a sua divisão gradual, chamemos-lhe «tomização», até à total atomização; é a sua progressiva distanciação de sujeitos e objetos; é a sua contínua objetivação até à total liberdade de tomar, a qualquer instante, qualquer forma. Aqui, é já o inverso daquela hóstia que se transubstancia mantendo os mesmos acidentes; é uma anti-hóstia transacidental mantendo a mesma «não substância», a mesma «não forma», independentemente da infinidade de acidentes que efetivamente tome. O mar alto nivelado dos comerciantes, essa matéria informe, sem diferenciação, sem pontos de referência, a ligar todas as regiões, o mar onde se vai e se muda, a liquidez em que se flutua sem se necessitar de âncora fixa ou fundamento, pode muito bem ser o símbolo do dinheiro.

Simmel entende que este caminho progressivo em direção à total fluidez, à «(não) forma» informe de se enformar a toda a forma, contamina também sujeitos e objetos. A evolução do dinheiro vai, pois, com a progressão de um processo de objetivação, chamemos-lhe «a grande objetivação», a qual, não sendo causa ou efeito do dinheiro, é causa e efeito, corre com o dinheiro a contaminar toda a realidade, todos os sujeitos com todos os objetos. Repare-se como o dinheiro tudo efetivamente liga à custa de tudo irremediavelmente desligar: aplaina, descarta todas as qualidades dos objetos e sujeitos para, assim igualizados, os reduzir a uma só qualidade, a quantia. Tudo é por dinheiro ligado, mas a uma só ligação funcional, comparável, calculável, previsível, quantitativa. O resto, todas as qualidades, todas as pessoalidades, todas as subjetividades tendem pelo dinheiro a ser descartadas, desligadas. Tudo assim à mesma escala, tudo assim líquido, igualizado, aqualizado, tudo agora reduzido a uma só dimensão quantitativa está apto a ser comparado, manipulado; tudo agora se pode ligar a tudo, até o antes inimaginável. Assim, pelo quantitativamente aplainado, igualizado, pode-se fluir, pode-se escorrer como a água; objetos e sujeitos podem ligar-se e desligar-se numa fluidez permanente.

A tomização dos sujeitos

Antes de avançarmos com a divisão dos sujeitos, convém expor, sucintamente, uma ontologia simmeliana a qual, ainda não formalizada, já pulsa na *Filosofia do Dinheiro*. O homem não é um indivíduo em sua contínua subjetividade insular, nem é um continente objetivo imóvel. Não sendo ilha isolada nem continente, o homem é ilha com continente, segue entre ilha e continente como peninsularidade, como individualidade ou, em outras formulações, como ponte (SIMMEL, 1988, pp. 161–168; 2001 [1909], pp. 55–61), como pescoço (1988, pp. 139–146; 1995a [1901], pp. 36–42). Reconhece-se a complementaridade relativista nesta ontologia: o ser intermediário, o ser marginal porque a viver na margem de dois polos, não pode em sua peninsularidade apartar-se desse continente objetivo sem se apartar do outro, sem se mutilar num indivíduo insular, deixando de ser; e também não pode abdicar da sua ilha, da sua intimidade, sem se dissolver num continente universal, deixando de ser.

Veja-se então como, para Simmel, o separar e tomizar do dinheiro progrediu com uma separação e tomização do sujeito. No princípio, era a comunidade, o clã (*Gens*) em sua terra. Nesta pequena economia de consumo, a terra, una e indivisível, sólida e fixa, é fonte de toda a subsistência, é garantia de permanência e segurança, é origem e fundamento de toda a existência e todo o valor (2004a, pp. 240, 310 e 332; 1989 [1900], pp. 310–311, 414 e 447). O clã não se distingue da sua terra, todo ele se petrifica em sua pátria. A terra faz integralmente parte do sujeito, não se diferencia como objeto. Tal a imperante subjetividade, é impensável vender terra, que o mesmo é vender antepassados e descendentes, o passado e o futuro (2004a, pp. 241 e 332; 1989 [1900], pp. 311 e 447). A terra é aqui uma completa antítese do mar, é o verdadeiro antidinheiro.

O clã, em sua terra, pequeno grupo fechado em si, sobrevive de não admitir em si nenhuma diferença, nenhuma divisão ou privação, privacidade ou indivíduo. Assim como o clã se não distingue da terra, o homem não se distingue do clã. Embora Simmel não o afirme diretamente, no princípio, o indivíduo era o clã, a pequena forma social coesa e indivisível.

Mas quando o comerciante estrangeiro (2004a, pp. 224–225 e 347; 1989 [1900], pp. 286 e 470) chega e se interpõe entre os clãs, ligam-se comunidades antes isoladas; quando, com ele, o dinheiro chega, ligam-se clãs antes tão distantes. O mundo cresce. A pequena unidade social vê crescer o seu espaço de influências e dependências e o seu número de elementos. A repulsa simmeliana em estabelecer leis conhece aqui exceção na determinação quantitativa do grupo, mais tarde desenvolvida com posteriores honras de capítulo em

Soziologie([1]): quando um pequeno grupo coeso (ou clã, ou pólis grega, ou seita, ou sociedade secreta, ou qualquer grupúsculo familiar, político ou religioso) na igualdade fixa e fixadora dos seus elementos se alarga, abalam-se as antigas e estáveis ligações no seu interior. Agora, impossibilitado de manter a sua anterior e imensa força de coesão, o clã, para sobreviver, tem de tolerar aos seus elementos mais liberdade, mais diferenciação (2004a, p. 346; 1989 [1900], p. 469). O clã, antes indiferenciado, indivisível e indivíduo, divide-se; o sujeito é agora o indivíduo, indivíduo privado porque definitivamente separado de objeto, da terra e do clã.

À medida que a tomização do dinheiro progride, avança também a tomização do sujeito. Logo pela divisão do trabalho, o «sujeito indivíduo» se vai dividir. As relações de trabalho, antes num pequeno grupo puramente subjetivas e pessoais (permanecia ainda nas guildas da Idade Média um carácter de clã), são agora objetivadas, impessoalizadas. O produto do trabalho, antes um todo pessoal, uma exclusividade qualitativa, é agora impessoal sem rastro do sujeito. Os impulsos deste são restringidos e forçados a uma função objetivada para um fim objetivo, alheio a si (2004a, pp. 296 e 455; 1989 [1900], pp. 393 e 630). Aqui, o sujeito já não é um indivíduo, mas um divíduo mutilado para melhor se igualizar a outros (in)divíduos naquela mesma função, também ela resultante da parcelação, objetivação de todo o processo de trabalho. A parcela do sujeito é retalhada, anonimizada, objetivada, para assim se domesticar numa quantia igualizada funcional e posicionalmente (2004a, pp. 296 e 297; 1989 [1900], pp. 393 e 394). A parcela desta atividade não requer um sujeito; requer uma função com determinadas características. Aplaine-se então tudo o que esteja a mais para a personalidade poder caber nesta função uniformizada, neste uniforme. Esse sujeito mais livre do grupo está também livre do outro e do seu produto, mais dependente de longínquas condições económicas. Todos os divíduos assim igualizados a uma função específica, retalhada, facilmente repetível, são também facilmente substituíveis — o trabalho deste divíduo

---

([1]) O segundo capítulo sobre «A determinação quantitativa do grupo» («Die quantitative Bestimmtheit der Gruppe». Ver SIMMEL (1992 [1908]).

tende a não se diferenciar, senão quantitativamente, do trabalho de qualquer outro.

Novamente, em todo este processo se reconhece essa mesma evolução do dinheiro, a mesma divisão para melhor uniformizar. Quando, como referimos, o dinheiro tudo liga de tudo desligar, já se poderia esperar esta divisão do sujeito a divíduo, mas a divisão do trabalho pertence a todo um vasto processo de divisão do homem extensível ao interior do eu, que se não limita ao ambiente de fábrica em cadeia de produção. O fenómeno, já apontado por Marx em termos económicos, alarga-se a toda a realidade. Simmel não trata de capital, trata de dinheiro, avisa Gregor Fitzi (2003, p. 215). A evolução do dinheiro, evolução que se estende a sujeitos e objetos, é efeito e causa de algo mais vasto que atrás apenas se aflorou e convém desde já explicitar. Esse imenso processo de objetivação e quantificação da realidade, a grande e endinheirada objetivação, estende-se a muitas outras áreas. Essa neutralidade endinheirada de objetivar, desqualificar a realidade para a tornar compreensível está mesmo na base do pensamento racional (2004a, pp. 432 e 437; 1989 [1900], pp. 595 e 602). As regras morais abstratas (2004a, p. 468; 1989 [1900], p. 650), a representação, a personalidade legal jurídica são seus produtos (2004a, pp. 311 e 334; 1989 [1900], pp. 416 e 450). Só a partir de uma base racional comum, de uma racionalização dos egoísmos e das diferenças se pode criar um campo neutro para a paz (2004a, pp. 432–433 e 497; 1989 [1900], pp. 596 e 694), no qual antes imperava a vingança, toda ela honra diferenciadora, forma subjetiva de restaurar com sangue uma soma nula. A grande objetivação está na base do próprio conhecimento. A ciência avança abstraindo qualidades, tomizando-as, descartando-as, representando a realidade em fórmula matemática, escala numérica, tamanho, peso, comprimento. A própria democracia, de que o representante é já exemplo de acabada objetivação, dita-nos uma verdade nivelada pela quantia. Este processo de objetivação estimula a eficiência, preserva anteriores conquistas, está na base da nossa civilização e do nosso quotidiano. O dinheiro, mais do que símbolo, também verdadeira materialização da grande objetivação, partilha com ela estas vantagens. Ele, a quantia objetiva, a mutabilidade, a instabilidade a fluir sem previsão possível, dá regularidade, calculabilidade, previsibilidade, eficiência ao produto económico, ameniza penúrias com abundâncias, imuniza-nos contra o futuro (2004a, pp. 291, 295 e 491; 1989 [1900], pp. 387, 392 e 686–687). Na instabilidade do sector financeiro, está paradoxalmente hoje bem patente esta domesticação do futuro e da incerteza. Ou através do crédito, já uma possibilidade de se ter ou «ser» antecipadamente. Ou através da indústria seguradora a tentar cobrir o risco e a incerteza, função de antigas divindades. Ou mesmo em mercado de derivados em que, transacionando-se opções e futuros, se compram e vendem bens a um preço antecipadamente determinado.

Pesem embora todas as conquistas que a grande objetivação nos proporcionou, também algumas desvantagens decorrem quando toda a realidade se passa a ver de uma perspetiva nivelada, igualizada, objetivada. A proliferação atual de *rankings*, em que uma realidade igualizada à mesma escala pretende reduzir toda a complexidade, toda a diferença, a número confirma a tendência já observada por Simmel. Há *rankings* disponíveis para praticamente tudo; para os melhores escritores, para os melhores pintores, para os países mais felizes em forma de PIB da felicidade. Mesmo quando o *ranking* se apresenta como qualitativo, é irremediável esforço de negação de uma quantificação: o índice de desenvolvimento humano é o indicador dos indicadores, a quantia das quantias, quantificação de indicadores que, «qualitativos», são também já quantificações. Exemplo acabado de que tudo nos tende a vir em quantia são as previsões oraculares das afamadas agências de notação financeira, que nos pretendem dar uma verdade, um futuro em números e estatísticas mais fáceis de ler e digerir. Toda esta realidade nivelada, quantificada em escala e número é mais pobre e bem mais fácil de manipular. Não é, aliás, estranho o relevo que Simmel dá a esta questão. No esforço de unificação desse Segundo Reich inventado por Bismarck, segue o primeiro e sério esforço de normalização industrial estendido a todos os sectores da economia, antepassado mais do que espiritual do atual esforço de «uniformização» europeia, quantificação para garantir qualidade, por exemplo, em forma de ISO 9000.

O nivelar para quantificar, sempre à custa de um dividir e desmembrar, aproxima-se sempre de um empobrecer e embrutecer próximo dessa mecanização igualizadora em cadeia de produção: tende a fazer divíduos em série, que, assim seriados, não desertam de uma progressiva uniformidade no viver, no sentir e no pensar. A mesma igualização, sempre artificial, tem também o perigo de desencadear outro tipo de diferenças: agora tudo o que antes era incomparável se pode comparar; leva um número. Não importa saber o que é ou quem é, mas quanto é, quanto és. Todo o processo de objetivação, de diferenciação, de tomização provoca paradoxalmente uma regularização, uma homogeneidade que nos liberta de anteriores freios, atritos e atributos, sem deixar de nos livrar também de ver diferenças e pessoas. Quando agora só pelo quanto nos diferenciamos, esta distinção, quão cega e impessoal, é a mais perigosa.

Para melhor se avançar esta impessoalização e fluidificação dos sujeitos e das relações, importa que se descreva de uma outra perspetiva, também presente na *Filosofia do Dinheiro*, a tomização do sujeito. O surgimento do dinheiro possibilitou a distinção, e assim a primeira valorização também, do sujeito antes assimilado no clã. O tempo da escravatura distingue-se do tempo em que não se faziam prisioneiros; escravizá-los, em vez de os matar, é já conferir-lhes um valor (2004b, p. 359; 1989 [1900], p. 488). No dinheiro de sangue, *Blutgeld* (2004b, pp. 357–359; 1989 [1900], pp. 458–488), o castigo visa agora reparar a perda de um homem atribuindo-lhe um valor. Uma mulher comprada tem agora um valor a conferir-lhe segurança e reconhecimento (2004b, pp. 370–375; 1989 [1900], pp. 504–513). Por mais bárbaras que estas formas nos pareçam, pressupõem a primeira atribuição de um valor ao escravo, ao assassinado, à mulher. O aparecimento do dinheiro permitiu dar um valor ao homem entre outros valores. Mas a vulgarização do dinheiro caminhou a passo com uma absolutização do valor do homem, agora valor único e incomparável aos outros valores (2004b, pp. 360–362 e 380; 1989 [1900], pp. 489–492 e 519). Não estando o dinheiro ainda totalmente vulgarizado, pouco custa trocá-lo pela nossa intimidade, mas quando já se universalizou, já corre sujo por qualquer mão, é já o extremo oposto da intimidade, agora com ele pretendida introcável e intocável. Aqui, já nos podemos indignar com a escravatura, o dinheiro de sangue e a compra de mulher.

O anonimato e indiferença do dinheiro apagam diferenças e atributos, não comprometem. Não se conhecem as origens dessa quantia anónima, não deixa rastro (2004b, p. 310; 1989 [1900], p. 414). Então, mais facilmente por uma quantia impessoal e sem passado o sujeito se pode deixar subornar ou prostituir. Se o dinheiro não é trocável pela intimidade, podemos com a sua impessoalidade sacrificar uma parcela da nossa intimidade. Desgarrando-nos do nosso passado, mais o dinheiro nos torna divíduos capazes de se desgarrarem conforme as conveniências trocando uma parcela de si por dinheiro. Numa ubiquidade funcional, o sujeito divíduo pode ao mesmo tempo ser diferentes seres funcionados. Veja-se o fruto da grande objetivação: não era o sujeito ali, antes o cargo, a função, a profissão, a representação X que, pura mobilização incorpórea, o recebeu como sujeito e do qual se espera uma função uniforme. Fora quaisquer outros juízos morais, quando a prostituta afirma «não era eu, era o meu corpo», estamos perante uma degradação, pois trata-se de uma efetiva divisibilidade do indivíduo. O dinheiro, nos antípodas da intimidade, corta, distancia, impessoaliza, objetiva toda a relação que se queira pessoal. É por isso que entre namorados se trocam presentes, se evita oferecer dinheiro. É por isso que o pernoitar ou o jantar em casa de um amigo se «paga» com um presente, e não com dinheiro. Vêm daqui todos os preconceitos aristocráticos, diferenciadores (falar de dinheiro, ostentar dinheiro, tocar mesmo em dinheiro), apontados ao dinheiro, à vulgarização igualizadora.

Mas também aqui o relativismo de Simmel não lhe permite cair numa grosseira condenação a preto-e-branco. Esta impessoalização do dinheiro, a divisão funcional que o dinheiro potencia, garante ao sujeito uma liberdade; protege-o definindo, limitando para a área impessoal as suas obrigações, escuda-o, enquanto subordinado, de abusos pessoalizados (2004b, pp. 336–337; 1989 [1900], pp. 453–456). Aquela parcela desgarrada do eu, igualizada a uma função, sempre dá ao sujeito um ponto de apoio ausente numa relação pessoalizada.

Nesta grande objetivação, que tudo tende a descartar de qualidades para tudo ligar aplainado em quantia, o divíduo ganha liberdade. Solto e desligado do clã, parcelado, é mais livre de fluir num grande grupo descaracterizado, permite-se a si uma infinidade de combinações.

Mutilado e abstraído, igualizado em número de quantia, pode impessoal e objetivamente ligar-se a todos e a tudo, pois está de tudo e todos pessoalmente desligado.

A perversidade está no facto de esta divisão funcional estendida a uma divisão do eu se contaminar às relações mais pessoais (2004b, pp. 270–271 e 431; 1989 [1900], pp. 357 e 594). Nesse dividir para aplainar todas as irregularidades, todos os atritos subjetivos, as relações sociais passam a soar a dinheiro. São cada vez mais próximas da «não forma dinheiro» porque mais funcionais, mais uniformes, diluindo diferenças e irregularidades emocionais. Mais voláteis, com uma liquidez de constante e instantaneamente de tudo se romperem para a tudo se religarem, privilegiam um cálculo sem outra afinidade que um fim objetivo, quantitativo, quantas vezes dinheiro. Pode hoje observar-se a progressão desta objetivação das relações e da intimidade na Internet. Em rede social, podemos selecionar, construir, em objetiva pesquisa de altura, peso, cor de olhos e cabelo, livros e citações preferidas, potenciais parceiros. Em rede social, podemos desgarrar-nos de nós, ser um avatar, ou um querer-ser, colecionando outros querer-ser intitulados e contabilizados como amigos que num clique o deixam de ser.

Os sujeitos tendem a fluir assim numa liquidez de relações neutras e descomprometidas, desqualificadas de atributos, instantaneamente passíveis de se desligarem cumprida ou gorada a circunstância, a expectativa, para se religarem em outra qualquer combinação que, para já, se apresente como objetivamente mais favorável. Proliferam então esses divíduos neutros, antes considerados falhos de carácter. Não por acaso, rezava aquele preconceito contra os apertos de mão pegajosos, demasiado fluidos, moles, húmidos, desprovidos de firmeza. Assim o dinheiro tomizado se muda para a melhor mão, assim o divíduo, tomizado, aperta a mão do momento livre em sua maleabilidade de, no imediato, se apertar a qualquer outra mão. O homem que Simmel vê já anuncia *O Homem sem Qualidades* de Robert Musil: o sujeito partilha com o dinheiro a sua divisibilidade, a sua uniformidade objetiva, a sua ausência de atributos, o seu não carácter, o seu desprendimento, o seu vazio. O indivíduo como o dinheiro, igualizado, aqualizado, flui mais rápido conforme a novidade, a mudança, a moda. Escudadas e aplainadas de qualquer determinação pessoal, podem agora aglomerar-se efemeramente as impessoalidades à partida, espacial e socialmente, mais remotas e improváveis. Assim, fica «[...] o mais afastado mais próximo ao preço de a distância aos mais próximos se alargar» (2004b, p. 476; 1989 [1900], p. 663).

O preço desta grande objetivação, o preço desta liberdade endinheirada é um homem mais divíduo, mais mutilado num desgarramento do eu. Como o dinheiro, as relações tendem a ser puramente formais, descomprometidas, instáveis; assim voláteis e vazias, falhas de resistência e permanência, estas relações entre os sujeitos comprometem o ser individual, que o não é sem encontrar uma constância no outro.

Porque para Simmel a propriedade é uma efetiva extensão do eu aos objetos, importa ver já a fluidificação dos sujeitos e dos objetos, e da maior distância entre eles, nalgumas formas modernas de propriedade. Para Simmel, a propriedade, tal como o ser, o conhecimento ou o valor, pressupõe uma relacionalidade, pressupõe, neste caso, entre ser e ter, uma ação e um «sofrer ação». Em sentido lato, propriedade é a totalidade das maneiras de dispor de determinado objeto (2004a, pp. 306 e 309; 1989 [1900], pp. 408 e 412–413), mas, para Simmel, de acordo com o relativismo e a ontologia da individualidade peninsular, a propriedade em sentido mais estrito implica ação sobre um objeto, uma ação só possível sobre algo que, em contrapartida, se lhe objeta, lhe resiste, lhe confere algo onde pôr, onde criar, onde exercer uma positividade. Por isso, o sujeito nunca possui totalmente um objeto. Este, pelas suas próprias características, pelas suas propriedades, resiste ao sujeito — não posso transformar a minha mão (tão minha, tão manipulável a tanto) num copo de água. Assim, a partir de determinada quantidade de objetos possuídos pelo sujeito, torna-se o somatório de resistências e propriedades impossível de abarcar pelo sujeito (2004a, pp. 329–330; 1989 [1900], p. 444). De tantos objetos possuir, já o sujeito se deixa pelos objetos possuir. Só o dinheiro, pura (não) forma líquida, sem conteúdo, sem propriedades, não prende o sujeito; transforma-se na «forma copo», dá-se à forma de qualquer recipiente, deixa-se inteiramente possuir (2004a, p. 325; 1989 [1900], pp. 436–437). Não resistindo, faltando-lhe o segundo termo da relação, o dinheiro não é propriedade.

Veja-se agora como no tempo de Simmel, como hoje, à semelhança de qualquer quantia em dinheiro, também a propriedade tende a ser cada vez mais divisível, baralhada e rebaralhada até à total flexibilidade endinheirada em participações, obrigações, ações anónimas (2004a, pp. 331–333 e 343; 1989 [1900], pp. 446–448 e 464–465). E veja-se como esta distância, fracionamento e flexibilização da propriedade assim quantificada concorda com o sujeito proprietário: o acionista pode partir-se e repartir-se na posse de uma imensidão de ações de uma imensidão de empresas. Nada sabe nem precisa de saber das empresas distantes de que participa em propriedade para, no instante seguinte, doutras empresas participar; está temporal, espacial e funcionalmente desgarrado delas. A sua atitude relativamente a estas suas propriedades é puramente objetiva, formal, visa um único e uniforme interesse comum a todos, o dinheiro. É excelente exemplo de como a «(não) forma dinheiro» tende a fazer de tudo dinheiro. Quer as sociedades, essas «pessoas coletivas» partidas, fluidas e anónimas, quer os fracionados, volúveis e desconhecidos acionistas que as constituem, ambos mais próximos da «não forma dinheiro», não possuem outro interesse ou ligação que não um interesse a prazo, o objetivo «ganhar dinheiro». Nos antípodas do clã primitivo, estas sociedades de divíduos são totalmente flexíveis, líquidas, de se recomporem, de darem lugar a outros sujeitos proprietários com as mesmas características fluidas.

A tomização dos objetos

Tratada a libertação, caída em pulverização, dos sujeitos, é hora de tratarmos da libertação, caída a pulverização, dos objetos. Vimos como a distinção primordial entre sujeito e objeto está na base da tomada de consciência do eu, do reconhecimento da distância aos objetos e do seu valor. A progressiva objetivação, separação da esfera objetiva é uma progressiva distinção/separação entre os vários objetos. Avança o conhecimento, avança o processo de objetivação que a evolução do dinheiro acompanha, e mais objetos se distinguem e dividem, mais, aumentando assim em número, os objetos se multiplicam.

> Os conteúdos de vida — à medida que se vão tornando mais e mais expressáveis em dinheiro, o qual é absolutamente contínuo, rítmico e indiferente a qualquer forma distintiva — são igualmente divididos em muitas pequenas partes. [...] É este processo que fornece o material para o individualismo moderno e a abundância dos seus produtos. (SIMMEL, 2004a, p. 276; 1989 [1900], p. 366)

Com o dinheiro, como o dinheiro, os objetos afastam-se do sujeito, multiplicam-se, a ponto de Simmel detetar no seu tempo a existência de toda uma cultura objetiva (2004a, pp. 448–452; 1989 [1900], pp. 620–626) construída por gerações cujo tamanho e complexidade crescentes se tornam cada vez mais impossíveis de assimilar ou de abarcar pelo sujeito. Este nada sabe dessa cadeira onde se senta; nada sabe de onde veio, de como foi fabricada, por que processos passou; sequer o fabricante o sabe. O sujeito não desconhece nem está separado apenas do fruto do seu trabalho, desconhece e está separado de todos os objetos que povoam o seu quotidiano, fruto de um conhecimento inacessível. Os objetos, cada vez mais produto objetivado de uma crescente especialização e objetivação, são impessoais; estranham ao sujeito (2004a, pp. 448 e 459; 1989 [1900], pp. 621, 636 e 637). Cresce um fosso entre o sujeito e a cultura objetiva de que vive([2]). Como José Luís GARCIA (2007) aponta, por detrás da cultura objetiva está também a questão da tecnologia e da sua autonomização em relação ao homem, problemática que com suas consequências, acrescenta, Simmel foi o primeiro a tratar. O resultado, então, de toda a progressão no conhecimento e na tecnologia, de todo este distanciar, separar, objetivar: se, por um lado, estes objetos divididos (e assim multiplicados) são mais disponíveis ao sujeito multiplicando-lhe as possibilidades (ele pode, com dinheiro,

([2]) Importa que se distinga a cultura objetiva da grande objetivação atrás tratada. A primeira, resultado da pulverização e distanciamento do mundo dos objetos, faz parte da grande objetivação, que em si integra também o pulverizar e o distanciamento do dinheiro, dos sujeitos e suas relações.

facilmente ligar-se a tudo), por outro lado, tal a profusão de impessoais possibilidades, tal a sua distância e multiplicidade crescentes, também são mais inacessíveis, mais incompreensíveis, mais impossíveis de se deixarem efetivamente possuir como propriedade. Aliás, mais o sujeito está destes objetos e do dinheiro, este progressivamente a sua única ligação aos objetos, dependente. De novo se sente por detrás a coerência da grande objetivação, da grande quantificação. O atrás referido para os sujeitos vale também para os objetos: «fica o mais afastado mais próximo ao preço de a distância aos mais próximos se alargar».

Se o ser é individualidade, se o ser humano não se pode desligar do outro, de objetos e sujeitos (para ele também objetos), outras consequências advêm da «objetivação dinheiro». «Assim como a liberdade não é algo negativo mas a extensão positiva do eu aos objetos, assim também a nossa liberdade é tolhida se lidamos com objetos que o nosso eu não consegue assimilar» (2004b, p. 460; 1989 [1900], p. 638). Cada vez mais objetivados, mais diferenciados, cada vez mais estes objetos vêm e vão de moda em velocidade crescente, cada vez mais líquidos fluem pelo quotidiano do homem a uma velocidade que ultrapassa a consagrada capacidade de adaptação humana. Não espanta que hoje, perante a sua crescente especialização, tomização, concedendo cada vez mais espaço à velocidade, lhes tenhamos de erguer avenidas, a permitir movimento, por entre as prateleiras flutuantes de uma qualquer superfície comercial, a qual por sua vez se tende também a especializar e dividir.

Como o dinheiro apaga o passado, também agora os objetos deixam cada vez menos rastro. Tal a distância dos objetos ao sujeito, tal a sua autonomia relativamente ao homem, percebe-se o tom descaracterizado, desfamiliarizado do mundo moderno. O homem, a congratular-se de galgar imensidões de microscópio a telescópio (2004b, p. 475; 1989 [1900], p. 662), mais sente crescer sobre si essa terrível distância. Não conseguindo estabelecer uma relação com os objetos, não conseguindo possuir os objetos, tal a sua estranheza, distância, imensidão, efemeridade, mais é pelos objetos possuído. Essa liberdade de chegar a todos os objetos, essa disponibilidade que a modernidade nos confere, engana, aproxima-se de uma escravidão.

O evoluir da cultura objetiva, nessa pulverização e distanciamento dos objetos, agrava o fracionamento dos sujeitos.

Não admira que o dinheiro tenda a ser diabolizado, pois, concordando com a etimologia de diabólico (o que desune), ele efetivamente potencia a distância e a divisão. Sujeito e objeto, separados por dinheiro, mais por dinheiro se continuaram a separar, mais por dinheiro se foram pulverizando. Podemos agora ver mais claramente como a liberdade da quantia, a liberdade de movimentos proporcionada pela grande objetivação encarnada no dinheiro, ameaçando abarcar tudo à mesma escala, ameaça a irregularidade, a diferença, a riqueza da vida. A escala ou o igualizado quantitativo avança tomizando, abstraindo para em si abarcar todas as áreas da vida. Cada vez mais livre, por cada vez mais preso apenas a esta igualização crescente que invade toda a realidade, pode agora o indivíduo experimentar a própria negação desta liberdade. O materialismo moderno (a ver na matéria sem forma a realidade que importa às circunstâncias práticas), a realidade preço dos objetos e o socialismo (a insistir numa maior avaliação dos bens [2004a, p. 252; 1989 (1900), p. 329]) concordam também, para Simmel, nesse vergar à mesma quantia igualizante, dissolvente.

O nivelar, o aplainar que caracteriza este endinheirado processo de objetivação não apaga só o passado, entra também pelo futuro a dar-lhe o mesmo destino: ao quotidiano é agora imposto um ritmo artificiado, objetivado. Regresse-se à metáfora fabril, à cadência precisa, partida, repetida das máquinas em movimento (2004a, pp. 491–493; 1989 [1900], pp. 685 e 687–688): este ritmo, estendido a todas as peças, é o ritmo de toda uma organização objetivada para extinguir, descartar atritos, irregularidades, numa igualdade que se quer eternizar pelo tempo. Bem o homem e o seu produto se libertam assim das irregulares condições naturais. Mas este fascínio pela previsibilidade e regularidade da máquina, estendido pela regularidade das leis e das equações, é um forçar da natureza e um forçar da liberdade. Concorda com ele o esforço regularizador, igualizador dos despotismos e das utopias (2004a, pp. 488 e 489; 1989 [1900], p. 682) de cidades em quadrado ou círculo concêntrico, visando garantir regularidade, permanência, ou seja, igualdade pelo tempo, eternidade.

Uma simetria espacial aplaina, pulveriza, violenta todos das suas particularidades a um ponto único. Esta geometria de regularidade centrípeta garante geometria temporal, igualdade pelo tempo, permanência piramidal apontada ao vértice. Simmel vê o fascínio pela máquina tanto nesse imperativo categórico de Kant, na sua moral pretendida universal, como, repita-se (pressente-se em Simmel um nítido esforço de diferenciação relativamente a Marx), no socialismo. Este, obcecado pela diabólica marcha do capital, na sua receita de fixar, dividir cada ação ao pormenor numa centralização simétrica, de quantificar e igualizar, mais concorda com a grande objetivação endinheirada (2004a, p. 296; 1989 [1900], p. 394).

Esta procura de eternidade baseada na regularidade da geometria é, para Simmel, podemos afirmá-lo, a eternidade de um túmulo egípcio. Só as unidades monetárias se deixam assim moldar. Se os elementos da vida, a quererem manter a sua unidade, estão numa permanente tensão com o todo social, que à sua custa pretende construir-se nessa mesma unidade (2004a, p. 494; 1989 [1900], p. 690), a vida, os sujeitos vivos são violentados por esta simetria simplificadora, agradável ao nosso funcionar mental (2004a, p. 489; 1989 [1900], p. 683).

O *blasé*

Antes de principiarmos a descrever a figura do *blasé*, e da modernidade *blasé*, produto da grande e endinheirada objetivação, convém clarificar o que Simmel entende por «fim»(3). Avançando meio a meio pela realidade que lhe resiste, o homem evolui, progride para um fim. É a cadeia teleológica (*teleologisch Reihe*) apontada a um fim (2004a, pp. 206–207; 1989 [1900], pp. 257–259). Melhor o homem compreende esta causalidade de meio em meio até um fim, mais meios acrescenta a esta série; e mais tende a transformar o próximo meio em fim como forma de melhor progredir — a inversão teleológica

(3) O «fim» português é final acabado (em alemão, *Ende*) e é propósito, finalidade a alcançar (em alemão, *Zweck*), o significado que aqui se usa.

(2004a, p. 231; 1989 [1900], p. 297). A ausência de resistência, que já resultava em ausência de propriedade, resulta também aqui em ausência de fim. Ter fim não se separa de um agir com propriedade, de um caminhar a um fim ultrapassando resistências. Ao dinheiro, então: não oferecendo resistência, não sendo propriedade, não é também um fim, mas porque, passível de tomar qualquer forma, é o meio dos meios (2004a, p. 211; 1989 [1900], p. 264), tende a inserir-se em todas as séries de fins. E a inversão teleológica, tomar por fim o próximo meio, acaba por fazer também dele um fim (2004a, p. 232; 1989 [1900], p. 298). O perigo é que, assim afinado como fim, o dinheiro, o vazio de fim, dadas as suas infinitas potencialidades, tende a exterminar todos os outros fins entronizando-se como fim único e absoluto, o fim dos fins, o termo dos fins. É por isto que com mais dinheiro se têm mais possibilidades, se experimenta mais liberdade. Mas, assim vazio de propriedade e fim, assim vazio de qualquer positividade, o dinheiro só nos pode proporcionar uma liberdade negativa. Mais dinheiro não é mais liberdade.

Na *Filosofia do Dinheiro*, Simmel traça quase um bestiário de tipos de sujeito que, entregues à liberdade negativa da quantia, libertos ao dinheiro, livres de propriedade e fim, são exemplos deste uso puramente negativo da liberdade. Um desses tipos, o *blasé* é talvez a encarnação acabada dessa modernidade presente por todo o capítulo da *Filosofia do Dinheiro* «Der Stil des Lebens» [«O estilo de vida»]. Mas visitemos primeiro um ensaio posterior de Simmel, *As Grandes Cidades e a Vida do Espírito, Die Großstädte und das Geistesleben* (1903), no qual toda a ação se passa nessa metrópole moderna, toda ela produto da grande objetivação, toda ela uma concentração de relações, interações, novidades, modas, efemeridades a fluir constantemente ao ritmo do dinheiro (2004b, pp. 75–94; 1995b [1903], pp. 116–131)([4]). Tal o leque imenso de possibilidades e desvairadas solicitações, o sujeito, imerso nesta fluidez dissolvente e niveladora, desgastar-se-ia sem proteção. Para preservar, permeabilizar o que de mais íntimo possui, para evitar uma sobre-excitação, o sujeito usa duas estratégias: intelectualiza-se, faz-se anónimo e número, fia-se nessa precisão,

---

([4]) Veja-se também Simmel (2004a, p. 477; 1989 [1900], pp. 664–665).

partição, exatidão, nesse intelecto de cálculo e relógio no bolso(5); e embrutece a sua sensibilidade, ergue entre o mundo e a sua intimidade barreiras, reservas, antipatias (1992 [1908], p. 290)(6). Agora, insensível a toda a mudança, já incapaz de se surpreender, o sujeito é *snob*. Imerso na metrópole, imerso nessa distorção espaciotemporal, nessa torrente de imediatez e fugacidade que de todos os lados o envolve e o aperta, o *snob* reage a tanta excitação mutilando a capacidade de se excitar, reage não reagindo. A própria forma de se imunizar, pela impessoalização, pela indiferença, mimetiza a grande objetivação. Acreditamos que, no mesmo ambiente de modernidade, o *snob* de *As Grandes Cidades* é um agravamento, uma caricatura pessimista do *blasé* descrito na *Filosofia do Dinheiro*.

O *blasé* (2004a, pp. 256–259; 1989 [1900], pp. 334–337) partilha com o *snob* o ver já no quotidiano, na realidade, uma continuidade indiferenciada, um todo igualizado. Já partilha com o *snob* todo esse embrutecimento de em tudo ver quantia, igualização a vir e a passar. Se relembrarmos esse distanciamento crescente da cultura objetiva, não se pode estranhar a atitude *blasé* que, ao ver todo o seu quotidiano como impossível de abarcar e assim mais igual na sua diferenciação, tende a indiferenciar, a ver tudo igual e sem valor(7). Numa corrente a passar em velocidade crescente, toda a diferença que nela vai lhe parece um todo turvo, uma uniformidade. Mas a ver tudo indiferente, falta ao *blasé* esse encolher de ombros indiferente do *snob*. A indiferença que o envolve e o penetra ainda não lhe é indiferente, inquieta-o. A ver já todos os valores e diferenças iguais, porque trocáveis, igualizáveis a dinheiro, a ver já a omnipresença

(5) Também o relógio, acrescentemos, sofreu essa tomização. Do relógio de campanário a dar horas a uma comunidade, seguindo, já no tempo de Simmel, pelos relógios nos bolsos de alguns, passando para o pulso de todos, e agora dissolvido com outros apetrechos em telemóvel.

(6) A antipatia subirá mesmo a condição da vida urbana em *Soziologie*.

(7) Na sua teoria do valor, a tratar do progressivo afastamento do objeto de desejo relativamente ao sujeito, Simmel avisa de que, a partir de determinado limite, tal a distância, o objeto agora tido como valor inacessível deixa de ter valor, passa a ser indiferente (2004a, p. 65; 1989 [1900], p. 43). Pode observar-se o mesmo processo nesta indiferença *blasé* em relação ao distanciamento crescente da cultura objetiva.

do trivializado, do vulgarizado, do sem valor, ainda não desiste de se diferenciar desta uniformidade. Então, numa ânsia de novidade, esperneia; procura desesperadamente uma sensação, uma diferença, uma novidade; anseia por um instante, uma condensação de prazer ou sofrimento. Mais do que usando, imitando essa providencial flexibilidade do dinheiro, continuamente o *blasé* tenta chegar onde o dinheiro ainda não chegou, vulgarizou, maculou com um preço. É a inglória sofreguidão de não ter um objeto, uma resistência, de nunca possuir propriedade nem fim, de faltar positividade à sua liberdade. Não tendo objeto onde assentar a sua ação, não tendo objeto que se lhe objete, faltando-lhe essa condição de valor, propriedade e fim, logo a satisfação lhe escapa. Não experimentou esforço, renúncia ou resistência na sua obtenção; deixando a novidade de o ser, pertence agora também ela ao todo indiferenciado. Frutos de Tântalo; a satisfação imediatamente se lhe esboroa nas mãos; resta-lhe saltar para uma outra qualquer excitação sempre condenado à efemeridade, ao insucesso. Como dinheiro: o seu fim não é um fim, o seu fim é mesmo não ter um fim. E mais a desilusão de não ter um fim o vai desiludindo, e mais o vai condenando ao embrutecimento. Quanto mais, em agitação febril, se agita à próxima novidade para fugir da indiferença movediça, mais nessa indiferença se enterra, mais se aproxima desse *snob*, condensada figura da condensação metrópole, sem diferença nem nobreza([8]).

Mas não são só os sujeitos, os divíduos, que se tendem a igualizar no tipo do *blasé*. Simmel vê o *blasé* na cultura de dinheiro (*Geldkultur*) do seu tempo. É o perigo de se paralisar na inversão teleológica: este tempo moderno corre veloz de novidade em catadupa, corre a procurar a excitação artificial, corre, desprovido de um fim, a escravizar-se aos meios, em prejuízo dos fins (2004a, p. 257; 1989 [1900], pp. 336–337). O culto do novo na modernidade, a fuga moderna para a novidade, que se revela indiferença e vazio, é *blasé*.

([8]) Da raiz indo-europeia *gene-*, *gno-*, «conhecer», derivam *nobilis*, «conhecido, ilustre», de onde nos veio «nobre», e *notus*, «conhecido, reconhecido, manifestado», de onde nos veio «notícia» ou «notável» (*Dicionário Houaiss*, entrada –gno-). *Snob*, de origem controversa, calharia bem aqui, como indiferente, não notado nem notável, se efetivamente proviesse de *sans noblesse*.

Nessa Berlim a virar o século, já Simmel percebe o espírito *blasé* da modernidade, no seu mecanismo de sucessiva desilusão e crescente angústia, que inquietantemente nos é familiar. É o tempo da fragmentação que multiplica, é o tempo da efemeridade e das efemérides que as pretendem renovar, é o tempo de procurar em forçada agitação novas sensações, excitações (do «ser feliz nos pequenos momentos» colecionáveis sem a preocupação de ter um caminho e um fim), o vácuo de sorver toda a diferença, toda a novidade, que a negar a uniformização e a indiferença mais a confirmam. A atitude *blasé*, indiferente ao total impossível de abarcar, agarra-se então ao parcial. Daqui a predileção moderna pelo fragmento, pela alusão, pelo símbolo que, numa «fobia do contacto», em esforço de negação, esperneiam contra a objetivação e precisão dominantes (2004a, p. 474; 1989 [1900], pp. 660–661). Daqui toda essa sofreguidão por experimentar limites, a mania das viagens, *Reisemanie*, o ir e vir, partir e chegar, sem termo nem fim, daqui o constante e desvairado variar em estilos, gostos e opiniões (2004a, pp. 462 e 484; 1989 [1900], pp. 641–642 e 675). Que cada vez menos o sujeito consegue abarcar, preencher, cresce-lhe um vácuo a tragar um vazio de superficialidades, instantaneidades, fragmentos que mais o prendem a essa superficialidade, instantaneidade, fragmentação quotidianas de que pretende escapar.

Sintomas dessa angústia que aperta de vazio o homem moderno, sintomas dessa modernidade *blasé* são para Simmel o ressurgimento dos sentimentos religiosos (2004a, p. 361; 1989 [1900], p. 492), o tentar encontrar na torrente um fundamento último e a embriaguez das conquistas científicas (2004a, pp. 482–484; 1989 [1900], pp. 672–674). Aqui, o homem menino, enfatuado por domar a natureza, já tomando o meio como fim, já esquecendo o fim por estar encandeado, paralisado no meio, não percebe como mais esse mitificado «domínio» o domina ao molde da grande objetivação em seu criar, em seu pensar, em seu consumir, em seu viver, tornando-o mais fracionado, mais divíduo, mais objetivado e próximo dos não atributos do dinheiro, mais escravo das suas futilidades e dos seus prazeres.

Outro sintoma deste tempo *blasé* é, nesta imersão de fugacidade e efemeridade, a nostalgia da permanência das coisas, o inconformismo tão *blasé* de lhes restaurar uma importância perdida. E veja-se como mais uma vez a doença pode agradecer ao remédio, como a modernidade *blasé* resiste à corrente concordando com ela: reinventem-se, misturem-se, recuperem-se com um toque de modernidade estilos e gostos passados, fabriquem-se em série novas e novas necessidades cada vez mais divididas, específicas e elaboradas até à absurdidade. Repetidamente, é isto esforço vão contra a vanidade, reafirmação do que pretende negar, agravamento dessa angústia de nada possuir, de nada ter como fim. Partilhando com o dinheiro essa negatividade vazia de propriedade e fim, a tentativa de diferenciação *blasé* é puramente formal, vazia. Está sempre então condenada a um diferenciar igualizador, a uma igualização. A querer diferenciar, sem outro propósito senão diferenciar, vazio portanto de qualquer conteúdo ou fim, igualizo-me aos que seguem a mesma fórmula de ser diferente sem outro propósito que ser diferente. Estou próximo desse *snob*, que querendo ser *nobile*, notado, agarrando-se a um comportamento formal, repetitivo, imitativo, mais se igualiza, mais se revela *sans noblesse*. Bom exemplo deste esforço de diferenciação igualizador poderia ser o atual e comum desejo de fama, a famosa fama de Heróstrato; ser famoso por ser famoso, sem outro conteúdo ou razão que esta forma vazia. Há demasiada moda nesta modernidade *blasé* (2004a, pp. 461–462; 1989 [1900], pp. 639–641). Tempo em que tudo é mais igual, esse sujeito, vão de objeto e fim, imita para diferir; diferindo igualiza-se aos que estão na moda. Vertigem de diferenciação, diferenciar por diferenciar, vertigem de novidade, moda porque moda. É a moda a generalizar-se, é todos estarem na moda, que a moda assim próxima de seu fim o nega. É então vez de outra moda, outro diferenciar vazio. «Quanto mais nervosa é uma época, mais rapidamente mudarão as suas modas, porque a necessidade de estímulos diferenciadores vai de mão dada com o esgotamento da energia nervosa.» Simmel observa neste tempo *blasé* uma sucessão de modas em crescente velocidade, diga-se efemeridade, que perigosamente se estende a áreas, em princípio, da moda resguardadas por terem objeto e fim, como a política, a religião, a ciência (2004b, p. 101; 1995c [1906], pp. 10 e 13).

A tragédia da cultura potenciada pela modernidade *blasé*

A ideia de tragédia da cultura é devidamente formalizada em *Der Begriff und die Tragödie der Kultur*, [*O Conceito e a Tragédia da Cultura*] (1911). Assim a vida, informe, ilimitada e contínua, vive pelas formas de vida descontínuas e limitadas, suas negações; assim o homem, forma de vida, vive de criar formas. O homem só consegue tomar a matéria corrente, ilimitada, contínua e informe através de fixações, limitações, descontinuidades — formas. Só através de formas técnicas ou espirituais, as nossas produções tecnológicas, políticas, religiosas, científicas, o homem pode tentar apreender e reter a matéria, os conteúdos, pode criar, ligar o mundo numa unidade inteligível. A tragédia da cultura, então: bem como a nossa categoria presente imediatamente se faz passado, bem estas formas, uma vez criadas, são já passadas, logo se começam a despojar de conteúdos e, assim, do propósito para que as criámos. As nossas formas só temporariamente contêm os seus conteúdos; são incontinentes. São já o oposto da vida, da matéria que pretendem abarcar. Os conteúdos, matéria contida em forma, transbordam para fora das formas. As nossas formas, objetivações, tornam-se rapidamente estranhas ao homem, estranhas aos seus conteúdos primordiais; tornam-se carapaças vazias desvivificadas em sua própria lei e direção. É a deriva dos incontinentes.

Às formas que criamos faltam-lhes essas propriedades orgânicas das formas vivas, que, em paradoxo, subsistem por não resistirem ao fluir, mudando em continuidade e unidade. São negações acabadas de toda a riqueza e diferença em contínua mudança por que foram criadas (1988, pp. 195 e 200–201; 1996 [1911], pp. 398 e 402–403). Ou se dissolvem na matéria viva a correr ou enquistam num saber especializado, a petrificar-se em dogma a colocar-se como fim em si, completamente desgarrado da nossa vida subjetiva. As nossas normas, leis, a «forma universal kantiana» incluída([9]), pertencem ao conjunto dessas formas enquistadas. Todas elas se referem a

---

([9]) Tema tratado em *Das Individuelle Gesetz — Eine Versucht über das Prinzip der Ethik*, [*A Lei Individual*] *in* Simmel (2001 [1909], pp. 417–470).

circunstâncias particulares passadas, a um presente já perdido. Agora postas como fim autónomo, desgarrado do nosso, prendem, paralisam, violentam.

A tragédia é o contínuo esbarrar da cultura humana na rigidez e incontinência das suas criações. O que a tragédia tem de inadequação, separação e afastamento soa-nos familiar. Quando, n'*A Filosofia do Dinheiro*, Simmel trata da cultura objetiva, ou mesmo quando enumera exemplos de inadequação de conteúdos no direito (jurisprudência) e na religião (dogma) (2004a, p. 464; 1989 [1900], pp. 644–645), já o faz em modos muito similares a esta tragédia da cultura (1988, pp. 207–209, 212 e 214–215; 1996 [1911], pp. 408–409 e 412–415). Antes de Simmel formalizar a tragédia da cultura, já percebia a aceleração do ritmo de vida, na partição, na multiplicação, na aceleração da sucessão de formas que o dinheiro vem trazer; já percebia a cultura objetiva, em sua distância e tamanho crescentes, como um propulsionar da tragédia da cultura.

O tempo *blasé*, a forma subjetiva de responder à grande objetivação moderna, agrava o mecanismo distanciador da tragédia da cultura. Mais ânsia de novidade são mais necessidades, mais objetos produto dessa cultura objetiva, dessa tomização dos objetos; são mais e mais formas, cada vez mais efémeras, autossuficientes, vazias; cresce uma imensidão a distanciar-se, cada vez mais impossível para o homem de abarcar (1988, pp. 215–217; 1996 [1911], pp. 414–416). E, repete-se, sem objetos, sem formas, sem o outro, a individualidade não sobrevive.

Perante o agravar do distanciamento da cultura objetiva, da tragédia da cultura, a modernidade *blasé* é tempo de ameaça à individualidade peninsular. Como as formas da tragédia da cultura, a individualidade pode dissolver-se ou enquistar-se. Ou cede a uma forma, se deixa prender a uma lógica autónoma que lhe é estranha, se deixa assim dissolver no grande continente objetivo, fechado em lógicas alheias à vida; ou se descarta das formas e dos objetos entrincheirando-se na ilha que o indivíduo pretende ser, nadando negativamente livre pela matéria contínua, pelo nada dissolvente, comprometendo a sua sobrevivência (1988, p. 184; 1996 [1911], p. 389). Na margem que se estreita entre estes dois polos de alienação, chamemos-lhes objetivo e subjetivo, o ser marginal deve preservar a sua marginalidade, manter-se uma individualidade, uma peninsularidade relacional, um sujeito com objeto e fim, criador de formas, de cultura. Só assegurando a sua marginalidade, mantendo-se na margem, aproveitando a rigidez das formas objetivas não para nelas se fixar e paralisar mas para por elas progredir, fazer seu caminho a um fim, o homem não torna trágica esta tragédia.

A modernidade da modernidade *blasé* e as três portas de Simmel

Nascido da tomização primordial entre sujeito e objeto, progredindo em sua tomização até sua atomização espiritual, o dinheiro, que informe de tomar qualquer forma se aproxima da matéria, foi acompanhado, nesta sua evolução, pela mesma tomização nos objetos e no homem. Desde a separação primordial entre objeto e sujeito há todo um universo, toda uma explosão em expansão: os objetos, cada vez mais fracionados, mais e mais se afastam dos sujeitos, por sua vez, também mais fracionados e distantes entre si. Esta tomização de multiplicar e encurtar (efemerizar) as formas aproxima cada vez mais as formas da «não forma», da matéria. Uma qualquer experiência de funil diz-nos que quão menores os elementos a escorrer, melhor estes escorrem até à fluidez absoluta do elemento líquido, indiferenciado, perfeitamente divisível. Um século antes de Zygmunt Bauman, Simmel já via demasiada liquidez nesta modernidade. O dinheiro é remoinho fragmentador e acelerador de partículas a girarem sobre si, segundo as suas leis, seguindo a sua «não forma». Sujeitos e objetos, mais fracionados, estão mais próximos da «não forma dinheiro», aproximam-se, em sua cada vez maior fluidez, em sua cada vez maior liberdade de movimentos, liberdade de tomar várias formas, da matéria líquida e indiferenciada. Já vimos como o permanente suceder das formas de *A Tragédia da Cultura* está em versão acelerada nessa cultura objetiva que, mais e mais estranha, nos foge n'*A Filosofia do Dinheiro*. O dinheiro, ou a grande objetivação nele encarnada, mais do que meio e lubrificador de troca, é lubrificador dessas formas que se sucedem em tragédia da cultura, mais e mais curtas, mais efémeras, mais moda porque mais imediatamente esvaziadas de seu conteúdo que, em louca torrente, pretende ser abocanhado pelas próximas formas.

É um exercício inquietante rever a nossa atualidade no retrato de Simmel. Vejam-se indícios nos objetos: não por acaso, proliferam formas fluidas e hidrodinâmicas pelos utensílios (logo a começar pelos *gadgets*), pelas linhas dos automóveis, pela arquitetura. O *cool* e o *sexy* destas linhas curvas, concordante com a torrente de novidade, pede um espírito de constante adaptação, transformação, mudança. Vejam-se os indícios nos sujeitos: o homem íntegro e honesto, antes, pelo senso comum, apresentado como modelo de valores, parece agora demasiado cinzento, enfadonho, todo ele fixidez, atrito, acabada inadequação de um resistir ao fluir. O homem modelo tende a ser cada vez mais o homem dinâmico, homem de e com projetos, o homem ativo e redondo, informe, infinitamente divisível de poder tomar qualquer forma ou *upgrade* e, assim, adaptável, transformável, reciclável, fluido, apto a nadar pela fluidez.

Objetos e sujeitos que continuem a aparentar rigidez e inflexibilidade cada vez mais tendem a ter pior conotação: são fixos e carregados, pesam de certezas. Ter-se-á então de remodelar a imagem: esta, além de perder peso e pilosidade, deve ganhar em leveza, suavidade, flexibilidade, deve poder perder calorias, dar prova de movimento. É por isto que essa imagem das instituições bancárias, antes com as cores sóbrias das fiduciárias respeitabilidade, solidez, segurança, eleição até, imagem de cores demasiado carregadas, demasiado pesadas, excessivamente fixas, em tons *bordeaux*, azuis e verdes carregados, foi e tende ainda a ser substituída pela imagem a rosa, laranja, azul e verde claros. É a leveza destas cores, mais esbranquiçadas, mais igualizadas e aqualizadas, mais vazias, mais flexíveis e *cool*, mais translúcidas a caminhar à transparência de instantaneamente se poderem moldar a tudo. Podemos aliás surpreender também aqui a elevada cotação que, de senso comum, se atribui às pessoas e coisas transparentes. Quem em rede se não identifica, quem não atende o telemóvel ou o mantém desligado, quem faz chamadas sem ter o seu número identificado é um anónimo desligado, uma qualquer fixidez que se não deixa ver, uma não transparência, logo uma potencial ameaça.

Onde tudo cada vez mais se tende a fracionar e a arredondar, a igualizar, exige-se aos sujeitos uma cada vez maior transparência, uma nudez publicitária, líquida de, cada vez tendo menos, não ter nada a esconder. Este efeito da igualização, este valor sublimado da transparência e da nudez que considera ameaça o encoberto, o não instantaneamente identificável, pode surpreender-se pela própria atitude das autoridades tendentes a considerar suspeito quem quer que às câmaras tape a cara. Essa não transparência, essa não nudez esconde algo impuro, algo não imediatamente digerível, revela uma rigidez que resiste à fluidez ambiente de um mundo cada vez mais a uma só escala, a uma só dimensão.

Em todo este ambiente de progressiva fluidificação, podemos também surpreender o espírito *blasé* entre nós. Comecemos pela *Reisemanie*, que atrás referimos. Toda a ânsia de viajar, de «conhecer», também já devidamente flexibilizada, especificada, fracionada, em pacotes combinados de agências de viagens, possui uma valorização, quase subida a obrigação. Viajar concorda com essa obrigação *blasé* de fluir, essa quase obrigatória flexibilidade de experimentar por experimentar e conhecer por conhecer «coisas novas», ainda que em pacotes uniformizados, «mesmizados» de praia, campo, cidade; concorda com esse desassossego *blasé* e reforça-o de, na novidade, procurar em fuga outra realidade. Onde há uma constante ânsia de novidade resultante de uma especificação, de uma recombinação, de um parcelamento; onde esta novidade vise direta ou indiretamente um prazer a prazo que não prenda; onde toda esta atomização flexibiliza e potencia a flexibilização do divíduo consumidor a fluir por entre os objetos tomizados, aí estamos seguros de encontrar o espírito da modernidade *blasé*. Novos e novos tipos de relacionamento íntimo: na proliferação de clubes de *swing* ou *sex shops*, a mesma sofreguidão pela novidade, pela recombinação em favor da variedade e da quantidade de experiências, com a mobilidade e flexibilidade de novos e novos parceiros, cenários, funções, apetrechos, próteses. Não por acaso, vigora uma moral de «experimentar o mais possível de tudo». Novos restaurantes, novas cozinhas: veja-se a multiplicação das recombinações de técnicas, ingredientes na cozinha, ou a moda das refeições de tapas e petiscos, visando numa refeição experimentar muitas. Na mesma estrada *blasé*, segue a proliferação de outras receitas de fusão em forma de religião, ideologia, «filosofia» de autoconhecimento ou autoajuda mesmo, recombinações requentadas de outras passadas e desvairadas novidades.

Um anúncio de 2008 de uma conhecida operadora de telemóveis dá boa ideia desta modernidade *blasé* pulverizada de objetos e sujeitos em que vivemos. No anúncio, apelidado de magma (essa matéria fluida, incandescente e criadora), pessoas jovens e dinâmicas, de aspeto suficientemente *cool*, brincam divertidas com umas bolas semelhantes a manchas de óleo, mas que, adivinha-se, são magma. Assim, continuamente móveis, perfeitamente divisíveis e recombináveis, têm a flexibilidade, a leveza de se manipularem, de tomarem a forma de tudo. Assim como uma operadora, os seus serviços e os seus telemóveis (que, apetrechados com múltiplas funcionalidades, usamos junto ao corpo, sendo nossa efetiva extensão), assim devem ser os sujeitos, assim é o dinheiro, assim são os números, assim são estas bolas: translúcidas em laranja-claro, leves e suaves sem quase ocuparem espaço e tempo, quase vazias, assegurando esse dinamismo e flexibilidade de não resistirem às sucessivas reformas e deformas de um tempo a escorrer mais rápido. Estas bolas são a não rigidez, o não compromisso, são o *cool* do tempo que corre. São negativa e endinheiradamente livres de se transformarem em tudo, e são iguais em seu vazio de omniflexibilidade e omnitransparência. Têm todas as características que os objetos e os sujeitos, nesta modernidade, devem ter; são tudo o que devemos ser, são o quase nada que devemos ser.

É evidente que todo este quadro observado por Simmel e hoje facilmente vivido no nosso quotidiano, na progressiva dissolução de formas sociais, religiosas ou políticas, na crescente impossibilidade de abarcar conteúdos, teria de ter consequências. Mas, pese embora o tom tendencialmente pessimista com que Simmel descreve a modernidade e o espírito *blasé* que a encarna, este quadro não representa nem uma diabolização simplória nem uma irreversibilidade. A já referida aversão de Simmel a estabelecer leis permite abrir outros cenários. Para escapar aos dois polos de alienação, à insularidade subjetiva privada de formas e à continentalidade objetiva presa a uma qualquer forma enquistada, podem detetar-se em Simmel pelo menos três aberturas, três portas: a fidelidade, a própria intermitência constitutiva do *blasé* e mesmo o dinheiro, se usado como meio.

Em *Soziologie* (1908), numa nota intitulada «Exkurs über Treue und Dankbarkeit» («Sobre Fidelidade e Gratidão»), Simmel faz da fidelidade condição de existência da sociedade (2004b, pp. 31–53; 1992 [1908], pp. 652–670), um meio de dar continuidade às formas sociais e, assim, um auxílio nesse caminho entre os dois polos de alienação. A fidelidade tem aqui a função pontifical de ligar os dois planos objetivo e subjetivo, à partida irreconciliáveis. A questão temporal que, em tragédia da cultura, as nossas formas criadas deixam por resolver é problema que a fidelidade atenua, atenuando também os efeitos mais perigosos da tragédia da cultura. A fidelidade atribui aquela organicidade viva que falta às nossas criações; confere à forma de uma relação com o outro uma continuidade orgânica; outorga-lhe elasticidade, complementaridade, solidariedade; dá-lhe um passado que a permite subsistir no futuro.

Aplique-se a tragédia da cultura: uma qualquer relação social, fixada numa forma externa, imediatamente se torna passada, desatualizada pela evolução interior da relação e pelo evoluir da vida interior dos sujeitos que a compõem. Fixada uma relação em limites do que se usa chamar amor, amizade colorida ou não, a pedir tratamento por tu ou por você (2004b, p. 41; 1992 [1908], p. 660)([10]), objetivada assim a forma da relação, logo esta se desatualiza condicionando-lhe a evolução. E é tempo de nos tratarmos por tu; e em pouco tempo já esta nova forma sabe a coisa passada; e com o tempo já nos forçamos a manter este tratamento. Resta que à forma, já ultrapassada, o viver de um sentimento de fidelidade lhe confira essa organicidade, essa plasticidade capaz de a preservar das tensões entre o seu interior e a sua forma exterior. Podemos então, para algumas formas de relacionamento pessoal, conseguir uma continuidade que as poupe, ou pelo menos lhes adie o fado comum das formas em tragédia da cultura.

([10]) A inadequação do tratamento também já na *Filosofia do Dinheiro* (2004a, p. 170; 1989 [1900], p. 202).

Se agora atentarmos no *blasé*, reparamos que a sua angústia e o seu inconformismo o tornam num misto daqueles dois abismos de alienação, subjetivo e objetivo. A sua sofreguidão, a fazê-lo saltitar entre os dois, deixando-o vazio, não deixa perder-se em nenhum. A sua indiferença centra-o demasiado em si, em sua ilha subjetiva, mas o *blasé* não repousa em sua ilha; o seu fugir à indiferença, a sua abertura a qualquer novidade que lhe chega de torrente não deixa de o atirar à amálgama do continente objetivo. Repetidamente desiludido, o *blasé* regressa à sua ilha de indiferença. O *blasé* também não repousa no continente. De outro modo: nessa indiferença que em tudo vê, ele está em sua ilha, mas nessa mesma indiferença de que foge para repetidamente se atirar a nova forma, ele está também, descontinuamente, no continente objetivo. Se bem que de modo fragmentário, a errar numa intermitência vazia de objeto e vazia de fim, a peninsularidade entre continente e ilha ainda sobrevive no *blasé*. Embora incapaz de permanecer na margem, como peninsularidade entre os dois polos, o *blasé* não se aliena num único polo (como é o caso do *snob* em sua ilha), eclipsando definitivamente o outro. Se bem que a viver uma descontinuidade torturante, o *blasé*, a modernidade *blasé*, mantém os dois momentos, entre os quais a individualidade sobrevive. O *blasé*, ao contrário do *snob*, já totalmente embrutecido em sua ilhota, não é forma acabada e enquistada.

Finalmente, encontre-se uma esperança no miolo de toda esta modernidade, o dinheiro. Mesmo em autarcia, ao decidirmos renunciar a fazer isto para fazer aquilo, já atribuímos um valor para troca às nossas opções, já em nós se manifesta, em germe, o dinheiro. O dinheiro é materializador (ainda que imperfeito porque unidimensional) das relações de vida que, de nós, de nossa autarcia, a palpitar nessa economia sanguínea de ligar e manter órgãos, fluem para o exterior, nos ligam aos outros, ao mundo. Sendo algo radicado na existência humana, não adianta diabolizar o dinheiro, atribuir-lhe causa e culpa de todos os males e sonhar com novos paradigmas, «expressão na moda», sem dinheiro, sem juros, sem cobiça, sem dívidas. A causa ou a culpa, a estarem, estão no modo como se lida com o dinheiro, como deixamos ou não que o dinheiro, com as possibilidades e a efetiva liberdade que confere, nos encandeie, nos despoje de fim, nos ameace a individualidade. Essa multiplicação de possibilidades que o dinheiro oferece pode também ser uma oportunidade de diversificação e enriquecimento do sujeito individual.

> Ele [o dinheiro] pertence àquelas forças cuja peculiaridade é a falta de peculiaridade, mas, apesar disto, pode colorir a vida de muitas cores, porque a sua natureza meramente formal, funcional e quantitativa é confrontada com conteúdos qualitativamente determinados e direções de vida e indu-las a gerarem novas formações qualitativas. (2004a, p. 470; 1989 [1900], p. 654)

A impessoalidade do dinheiro, a impessoalidade que todo o processo de objetivação confere, logo a partir da primordial separação entre sujeitos e objetos, pode servir de base a uma liberdade que ultrapasse a meramente negativa liberdade de movimentos, vazia de propriedade e fim. Podendo agora proteger melhor a sua intimidade (2004a, pp. 469 e 470; 1989 [1900], pp. 652–654) (a parte negativa necessária a uma positividade), usando um maior leque de possibilidades à sua disposição para um refinamento pessoal que nunca poderá ser alheio a um distinguir, selecionar e melhor qualificar de objetos e meios, a um usar e superar de resistências, renúncias, formas enfim de «não liberdade», o ser individual pode assim também melhor caminhar a seu fim individual, construindo um caminho entre os dois polos de alienação. A oportunidade está em utilizar qualitativamente as propriedades da forma quantitativa formável a tudo, usando-a como meio (e nunca fim) de criar, de gerar.

A Internet, na qual pela ubiquidade dos separadores se vai e volta, liga e desliga em dois cliques, materializa como o dinheiro um mundo de relações, podendo ser uma fonte de alienação para quem navega sem rumo nem fim ou faz de qualquer morada a sua morada, forma fixa, o seu fim. Mas abre também muitas e variadas possibilidades a quem, com um fim independente, a utilize como meio.

Assim como a partir da contínua interação e correção, diga-se mudança, entre os diferentes conteúdos de conhecimento, o relativismo se imuniza contra o ceticismo; assim a individualidade, não repousando num qualquer fundamento, antes entregue a um contínuo esforço de melhoria, de progressão a seu fim, usando e selecionando as formas, os meios, o outro, se imuniza dos polos de alienação, objetivo ou subjetivo, enquistador ou dissolvente.

A própria estrutura da *Filosofia do Dinheiro* mostra-nos como se deve usar o dinheiro. Primeiro, encarar e preparar o dinheiro como meio, como método (a primeira parte, analítica); segundo, usar o meio, usar o método, para um fim dele autónomo (a segunda parte, sintética). A virtude do dinheiro também mora no meio, mora em o manter como meio sem nos deixarmos decair elevando-o a fim, secando todos os outros fins, toda a riqueza e diversidade da vida.

Bibliografia

BODEI, Remo, *Destini personali: L'età della collonizzazzione delle coscienze*, Roma, Campi del Sapere/Feltrinelli, 2002.

FELIZOL MARQUES, Francisco, *A Tragédia da Liberdade na «Filosofia do Dinheiro» de Georg Simmel*, Dissertação de Mestrado em Filosofia, Lisboa, Faculdade de Letras da Universidade de Lisboa, 2011.

FITZI, Gregor, Die Absicht, dem historischen Materialismus ein Stockwert unterzubauen: Zur Beziehung vou Simmel zu Marx, *in* RAMMSTEDT, Otthein [*et al.*], *Georg Simmels «Philosophie des Geldes»*, Francoforte do Meno, Suhrkamp Taschenbuch Wissenschaft, 2003.

FLOTOW, Paschen von e SCHMIDT, Johannes, Die «Doppelrolle des Geldes» bei Simmel und ihre Bedeutung für Ökonomie und Soziologie, *in* RAMMSTEDT, Otthein [*et al.*], *Georg Simmels «Philosophie des Geldes»*, Francoforte do Meno, Suhrkamp Taschenbuch Wissenschaft, 2003, pp. 58–87.

GARCIA, José Luís, Sobre as origens da crítica da tecnologia na teoria social: Georg Simmel e a autonomia da tecnologia, *Scientiae Studia* 5, 2007: pp. 287–336.

LÉGER, François, *La pensée de Georg Simmel: Contribution à l'histoire des idées en Allemagne au début du* XXe *siècle*, Paris, Editions Kimé, 1989.

SIMMEL, Georg, *La tragédie de la culture*, tradução de Sabine Cornille e Philippe Ivernel, Paris, Editions Rivages, 1988.

SIMMEL, Georg, *Philosophie des Geldes, Gesamtausgabe Band 6*, Francoforte do Meno, Suhrkamp Taschenbuch Wissenschaft, 1989 [1900].

SIMMEL, Georg, *Soziologie: Untersuchungen über die Formen der Vergesellschaftung, Gesamtausgabe Band 11*, Francoforte do Meno, Suhrkamp Taschenbuch Wissenschaft, 1992 [1908].

SIMMEL, Georg, Die Ästhetische Bedeutung des Gesichts, *in idem*, *Aufsätze und Abhandlungen 1901–1908, Gesamtausgabe Band 7*, Francoforte do Meno, Suhrkamp Taschenbuch Wissenschaft, 1995a [1901], pp. 36–42.

SIMMEL, Georg, Die Groβstädte und das Geistesleben, *in idem*, *Aufsätze und Abhandlungen 1901–1908, Gesamtausgabe Band 7*, Francoforte do Meno, Suhrkamp Taschenbuch Wissenschaft, 1995b [1903], pp. 116–131.

SIMMEL, Georg, Philosophie der Mode, *in idem*, *Philosophie der Mode; Die Religion; Kant und Goethe; Schopenhauer und Nietzsche; Gesamtausgabe Band 10*, Francoforte do Meno, Suhrkamp Taschenbuch Wissenschaft, 1995c [1906], pp. 9–37.

SIMMEL, Georg, Der Begriff und die Tragödie der Kultur, *in idem*, *Hauptprobleme der Philosophie; Philosophische Kultur, Gesamtausgabe Band 14*, Francoforte do Meno, Suhrkamp Taschenbuch Wissenschaft, 1996 [1911], pp. 385–416.

SIMMEL, Georg, Brücke und Tür, *in idem*, *Aufsätze und Abhandlungen 1909–1918, Gesamtausgabe Band 12*, Francoforte do Meno, Suhrkamp Taschenbuch Wissenschaft, 2001 [1909], pp. 55–61.

SIMMEL, Georg, *La Ley Individual y Outros Escritos*, tradução de Anselmo Sanjuán, Barcelona, Paidós Iberica, 2003.

SIMMEL, Georg, *Philosophy of Money*, tradução de David Frisby e Tom Bottomore, Londres, Routledge, 2004a.

SIMMEL, Georg, *Fidelidade e Gratidão* e *Outros Textos*, tradução de Maria João Pereira e Michael Knoch, Lisboa, Relógio D'Água, 2004b.

LIÇÃO 10

Émile Durkheim: indivíduo e integração social

NÉLIA DIAS
Centro em Rede de Investigação em Antropologia
Instituto Superior de Ciências do Trabalho e da Empresa
Instituto Universitário de Lisboa

JOÃO LEAL
Centro em Rede de Investigação em Antropologia
Faculdade de Ciências Sociais e Humanas da Universidade Nova de Lisboa

Um dos principais fundadores da sociologia e teórico incontornável, Émile Durkheim (1858–1917) nasceu em Épinal (Lorena) no seio de uma família judaica profundamente religiosa e austera. Destinado a continuar a tradição familiar do rabinado, cedo rompeu com a religião para se dedicar à filosofia ingressando, em 1879, na École Normale Supérieure, onde teve como professores, entre outros, o filósofo neokantiano Émile Boutroux e os historiadores Gabriel Monod e Fustel de Coulanges. Este último, autor de *A Cidade Antiga* (1864), pela sua cuidadosa distinção entre história dos acontecimentos e história das instituições e pela explicação da organização social através da religião, contribuirá para a importância que na reflexão durkheimiana desempenharão ambos os temas.

Após um breve período — situado entre 1882 e 1886 — consagrado ao ensino da filosofia no ensino secundário, Durkheim envereda pelo estudo da psicologia — com Wilhelm Wundt (Leipzig) — e das ciências sociais. Em 1887, é criado especialmente para si um posto de assistente de Pedagogia e de Ciências Sociais na Faculdade de Letras de Bordéus, numa altura em que o governo da Terceira República tentava lançar os fundamentos de uma educação moral laica. Nesse mesmo ano, casa-se com Louise Dreyfus, que, além de se ocupar dos dois filhos e de fornecer um contexto familiar propício à carreira do seu esposo, colaborou de forma próxima na obra de Durkheim. Os 15 anos de docência em Bordéus entre 1887 e 1902 correspondem a um período de intensa atividade intelectual da parte de Durkheim, de grande importância na elaboração e sistematização da sua reflexão em torno da sociologia e do seu método: defesa de duas teses de doutoramento (tese em francês *A Divisão do Trabalho Social* e a tese em latim sobre Montesquieu), publicação de *As Regras do Método Sociológico* (1895) e *O Suicídio* (1897), e criação em 1897/1898 da revista *Année Sociologique*. Será também através do seu ensino em Bordéus que Durkheim desenvolverá algumas temáticas — a solidariedade, a educação moral, a família, o suicídio, a psicologia, o socialismo — que fornecerão os materiais para os seus livros bem como para os seus vários artigos. Paralelamente à sua atividade académica, desenvolveu uma atividade política e de cidadania sendo ardente defensor da causa Dreyfus (1898), participante da Liga para a Defesa dos Direitos do Homem e simpatizante do movimento socialista (próximo de Jean Jaurès). Em 1902, ocupa a cátedra de Pedagogia na Sorbona cuja designação será alterada em 1913 para cátedra de Sociologia.

Dotado de uma vontade de ferro e de uma rigorosa disciplina de trabalho, Durkheim dedicou grande parte da sua vida ascética a conferir autonomia disciplinar à sociologia, pondo a tónica no social enquanto categoria de análise. Preocupado com a crise das sociedades modernas ocidentais e a ausência de integração social, não descurou o estudo das sociedades ditas primitivas tanto no seu primeiro livro, *A Divisão do Trabalho Social* (1893), como no seu último livro, *As Formas Elementares da Vida Religiosa* (1912), no qual, a partir da análise do sistema totémico australiano, propôs uma visão de conjunto do facto religioso, lançando assim os elementos para um estudo antropológico da atividade simbólica (Lévi-Strauss, 1973). Com a sua morte prematura aos 59 anos, no seguimento da tristeza pelo falecimento do filho ocorrido durante a Primeira Guerra Mundial, ficarão por publicar vários dos seus textos — sobre temas como a educação, a moral e o socialismo —, que serão entretanto editados postumamente.

Autor de vasta obra, Durkheim foi também um extraordinário organizador, particularmente no que diz respeito à consolidação e institucionalização da sociologia em França. Além do seu manual programático, *As Regras do Método Sociológico*, redigido com o objetivo de conferir um objeto de estudo específico à sociologia e uma metodologia que a pudesse distinguir das outras ciências, Durkheim introduziu este campo de conhecimento no sistema universitário francês, criou a primeira revista de sociologia em língua francesa, *Année Sociologique*, na qual colaborou uma diversificada equipa de investigadores que deu corpo à chamada Escola Sociológica Francesa. Foi nas páginas desta revista que um trabalho coletivo e organizado em rede se desenvolveu por intermédio de autores como Célestin Bouglé, Robert Hertz, Henri Hubert, Marcel Mauss ou François Simiand que, apesar dos seus distintos interesses de investigação e da diversidade dos seus campos disciplinares, partilhavam, no entanto, um mesmo quadro teórico e uma mesma metodologia de análise([1]).

Uma grande coerência temática ou um denominador comum — centrado na natureza das relações entre indivíduo e sociedade e no modo como é realizada a integração social — percorre a carreira intelectual de Durkheim, dos seus primeiros trabalhos sobre moral e pedagogia até aos seus últimos escritos em torno da religião. Procurar as razões da crise das sociedades modernas, explicar por que razão os mecanismos tradicionais de integração social — família, religião, educação — deixaram de funcionar, tentar encontrar soluções para essa crise através da criação de uma moral laica, eis algumas das preocupações centrais da reflexão durkheimiana.

([1]) Sobre a Escola Sociológica Francesa como grande empreendimento coletivo que marcou a sociologia francesa entre 1880 e 1920, ver Besnard (1979) e Clark (1968). Tendo ocorrido em larga medida após a morte de Durkheim, a consagração da Escola Sociológica Francesa articulou-se com um conjunto de lutas teóricas e institucionais contra correntes rivais, que acabou por conduzir à eliminação de escolas concorrentes (Gabriel Tarde no Collège de France e René Worms na *Revue Internationale de Sociologie*).

Não nos sendo possível, no âmbito deste capítulo, dar conta da totalidade dos aspetos da vasta obra de Durkheim (Lukes, 1973), três temáticas serão particularmente desenvolvidas: a) a autonomia da sociologia e o social como categoria de análise; b) as relações entre indivíduo e sociedade e a integração social; c) a religião.

O quadro metodológico de análise

A publicação de *As Regras do Método Sociológico* suscitou uma forte controvérsia entre filósofos, psicólogos e sociólogos, à qual Durkheim responderá no prefácio à segunda edição do livro. É deliberadamente que o autor francês se situa num terreno polémico, tanto pelas críticas incisivas que tece em relação aos seus predecessores (Comte, Spencer e Stuart Mill), como pelas suas propostas arrojadas em matéria de definição, observação e explicação dos factos sociais.

O tom polémico é-nos dado logo no prefácio quando Durkheim sublinha que «o objecto de qualquer ciência é descobrir, e qualquer descobrimento desconcerta mais ou menos as opiniões correntes» (2010 [1895], p. 15). Daí a necessária rutura epistemológica em relação às prenoções, uma vez que a familiaridade do sociólogo com o seu objeto de estudo constitui o obstáculo epistemológico por excelência, que só poderá ser ultrapassado se for advogado o postulado da ignorância do investigador em relação ao mundo social que o rodeia.

Ao distinguir cuidadosamente factos sociais de todos os fenómenos que ocorrem na sociedade, Durkheim circunscreve a sociologia ao estudo dos factos sociais e formula os princípios que deveriam presidir à sua observação, explicação e análise. Para ele, facto social é «toda a maneira de fazer, fixada ou não, susceptível de exercer sobre um indivíduo uma coerção exterior; ou então, que é geral no âmbito de uma dada sociedade tendo, ao mesmo tempo, uma existência própria, independente das suas manifestações individuais» (*idem, ibidem, loc. cit.*). Generalidade, poder coercivo e exterioridade em relação ao indivíduo permitem assim caracterizar o facto social. No segundo capítulo deste livro relativo à observação dos factos sociais, o autor convida a tratar os factos sociais como coisas exteriores ao observador, conferindo assim à sociologia um modelo de objetividade equivalente ao das ciências da natureza. Daí a centralidade da definição rigorosa do objeto de estudo, construído a partir do objeto real, mas distinto deste último. Ao postular que a sociedade tem uma existência própria independentemente dos sujeitos que nela vivem e que ela é mais do que a soma dos indivíduos que a compõem, Durkheim confere à sociedade uma autonomia que se assemelha frequentemente a uma espécie de reificação.

Os seis capítulos constitutivos de *As Regras do Método Sociológico* estão intrinsecamente ligados segundo um encadeamento lógico. Assim, as regras relativas à distinção entre o normal e o patológico — abordadas no capítulo III — pressupõem o capítulo IV, dedicado às regras relativas à constituição dos tipos sociais. Um determinado facto social só poderá ser considerado normal por referência a um determinado tipo de sociedade (espécie social), podendo ser considerado anormal numa sociedade diferente. Desta forma, a morfologia social ou a «parte da sociologia que cabe a tarefa de constituir e classificar tipos sociais» (*idem*, *ibidem*, p. 109), longe de ser uma mera classificação das sociedades à maneira dos pensadores evolucionistas, é, pelo contrário, «um modo de agrupar os factos a fim de facilitar a sua interpretação» (*idem*, *ibidem*, p. 117). Apesar de a reflexão durkheimiana ser tributária do pensamento organicista do seu tempo e de proceder por analogias entre o mundo natural e o mundo social — distinção entre normal e patológico, noções de doença e de espécie, meio interno —, o recurso ao organicismo funciona sobretudo enquanto modelo de análise e garante de cientificidade, uma vez que grande parte da preocupação teórica de Durkheim consistirá precisamente em distinguir os factos sociais dos factos fisiológicos e biológicos.

Um dos grandes contributos de *As Regras do Método Sociológico* reside na atribuição de um modelo de causalidade específico à sociologia. Ao postular que o social só pode ser explicado pelo social, Durkheim refuta, por um lado, as explicações psicológicas e, por outro lado, salienta que a causa de um facto social é interna à sociedade e deverá ser procurada no meio social interno. É a partir da prioridade lógica da sociedade em relação ao indivíduo que Durkheim deduz o princípio da prioridade explicativa, propondo um modelo de causalidade social.

Através da distinção entre causa de um facto social e função do mesmo, Durkheim abre caminho à abordagem funcionalista baseada na interdependência sincrónica dos factos sociais e no postulado de que a função de uma instituição deve ser entendida como o seu contributo para a realização de certos fins e/ou processos — adaptação, integração. Valorizando a causalidade sociológica, Durkheim recusa a explicação do facto social através da utilidade do mesmo, rejeitando expressões como «fim» ou «objetivo» em favor de uma explicação centrada no contributo que o facto social dá para a coesão e o equilíbrio do todo social. Recusando ainda uma explicação multicausal em favor de uma explicação unicausal — a causa de um facto social só pode ser outro facto social da mesma natureza e concomitante —, Durkheim rejeita categoricamente tanto as explicações históricas como as explicações psicológicas. Estas últimas — segundo Durkheim — acabam por tomar «o efeito pela causa», ou seja, caracterizam certos estados psíquicos (piedade filial, amor paterno) como «condições determinantes dos fenómenos sociais» quando, na realidade, «são consequências daqueles».

Ao longo de *As Regras do Método Sociológico*, Durkheim procede a uma crítica metódica de vários autores pertencentes tanto à filosofia como à psicologia e à sociologia. Será a partir deste trabalho de crítica que ele elaborará o seu modelo de sociologia, que pretende ser «independente de qualquer filosofia». Assim, o adjetivo que, segundo o autor, melhor caracterizaria o seu método seria «racionalista», pela sua tentativa de «estender ao comportamento humano o racionalismo científico» (*idem*, *ibidem*, p. 17). Ao pretender conferir um «método objetivo» à sociologia, baseado no postulado segundo o qual o investigador é suposto ser exterior ao objeto de estudo e não intervir, a reflexão sociológica durkheimiana demarca-se do pensamento de Max Weber, centrado na preocupação em distinguir as ciências da natureza das ciências da cultura e na tónica posta na importância dos valores tanto do investigador como do objeto de estudo.

Paralelamente à sua preocupação em conferir autonomia à sociologia em relação tanto à filosofia como à psicologia, Durkheim irá também fazer do social um critério ou unidade de análise. Com esse objetivo, especificará os grandes preceitos metodológicos que deverão presidir à sua abordagem, nomeadamente a irredutibilidade do social ao individual, a prioridade atribuída a uma explicação estritamente sociológica do social, analisado em termos da relação entre função e coesão. Além do seu carácter programático, anunciador de uma nova disciplina, *As Regras do Método Sociológico* constituem também uma espécie de manifesto a favor de uma certa conceção do social. Ao refutar as posições de Hobbes e de Spencer quanto às relações entre indivíduo e sociedade, Durkheim demonstra que, se a «vida social é natural, não é porque encontremos a sua origem na natureza do indivíduo; é por ela derivar directamente do ser colectivo» (*idem*, *ibidem*, p. 146). Assim, longe de termos um antagonismo entre sociedade e indivíduo, estes dois elementos implicam-se e é por via da educação que o indivíduo se transforma num ser social. Consequentemente, grande parte da reflexão de Durkheim irá girar em torno das instituições — como a família, a educação, a moral ou a religião —, entendidas como o conjunto das «crenças e [...] dos modos de comportamento instituídos pela colectividade», podendo assim a sociologia ser definida como «a ciência das instituições, da sua génese e do seu funcionamento» (*idem*, *ibidem*, p. 32).

Não é por acaso que, dois anos após *As Regras do Método Sociológico*, Durkheim publica *O Suicídio*, cujo subtítulo — «Estudo Sociológico» — é revelador da ambição do autor. Trata-se de uma exemplificação da metodologia durkheimiana que reafirma as fronteiras entre psicologia e sociologia. Durkheim distingue claramente o fenómeno individual (o suicídio) do fenómeno social (taxas de suicídio), este último sendo o ponto de partida do estudo sociológico. Nesta obra, estabelece uma tipologia dos suicídios, pondo particular enfâse no suicídio anómico, revelador da correlação entre ciclos económicos e taxas de suicídio. Além de ser um exercício exemplificador do modo como funciona o método sociológico, *O Suicídio*, ao pôr a tónica na anomia que «provém da ausência, que se faz sentir em certos aspectos da sociedade, de forças colectivas, isto é, de grupos constituídos com o objectivo de regulamentar a vida social» (Durkheim, 1973 [1897], pp. 458–459), retoma assim a questão da crise da sociedade moderna e da complexidade das relações entre indivíduo e sociedade. Ao passar revista aos tradicionais fatores de integração social — educação, política, religião, família —, o sociólogo francês sublinha também a importância das corporações, únicas entidades capazes de «enquadrar o indivíduo, para o tirar do estado de isolamento moral» (*idem*, *ibidem*, p. 454).

Coesão e integração, indivíduo e sociedade

O pensamento durkheimiano é atravessado pelas seguintes questões: como pensar a relação entre indivíduo e sociedade? O que mantém coesa a sociedade? Quais os fatores que permitem a integração social? Como resolver a crise da sociedade moderna? Estas interrogações encontram-se desde 1887 no curso sobre pedagogia e em vários outros escritos que tentam responder a estas questões, uma vez que, para Durkheim, a sociologia deveria debruçar-se sobre problemas sociais. As reflexões durkheimianas em torno da educação e da moral só podem ser compreendidas à luz do contexto social e político do governo da Terceira República, caracterizado pela laicização do ensino público e pelo apoio prestado à criação de cátedras de pedagogia nas universidades.

Além de ser um elemento importante no processo de socialização do indivíduo, a educação permite perpetuar os valores da coletividade: «longe de ter por objeto único ou principal o indivíduo e os seus interesses, a educação é antes de mais o meio pelo qual a sociedade renova perpetuamente as condições da sua própria existência» (Durkheim, 1974 [1923], p. 46). Com esta afirmação, o sociólogo francês deixa claro que a educação, longe de pertencer à esfera privada, é algo profundamente social, como comprovaria a correspondência entre diversos tipos de sociedade e diferentes sistemas educativos. Mais ainda, o objetivo da educação seria o de formar o ser individual num ser social, por meio de «crenças religiosas, crenças e práticas morais, tradições nacionais ou profissionais, opiniões coletivas». É através da educação que o indivíduo toma consciência de que a vida social implica sacrifícios, daí a necessidade de um espírito de disciplina e de autoridade.

Ao enfatizar a importância da autoridade e da educação moral, as únicas capazes de salvar o indivíduo do vazio moral, Durkheim salienta que a autoridade e a disciplina, longe de serem impostas, são pelo contrário desejadas pelo indivíduo, pois emanam do grupo e da sociedade e são fundamentais para a realização da sua personalidade. Apenas a sociedade, graças aos seus códigos familiares, religiosos, económicos e em virtude dos laços que criam o grupo, possui a autoridade necessária para, ao mesmo tempo, impor a disciplina sobre o indivíduo e favorecer a sua realização pessoal. Consequentemente, e num raciocínio circular que caracteriza o pensamento de Durkheim, a estrutura da sociedade determina a estrutura do sistema educativo. Este último tem por objetivo unir os indivíduos à coletividade e convencê-los a tomar por objeto de respeito a sociedade (ARON, 1985 [1967])([2]).

A temática da integração social atravessa também *A Divisão do Trabalho Social*, obra na qual Durkheim procura demonstrar que a função da divisão do trabalho nas sociedades modernas é a de integrar os indivíduos através da especialização do trabalho, favorecendo assim a complementaridade das atividades e o consenso social. Será a partir do sistema de regras jurídicas que Durkheim elaborará a distinção entre duas formas de organização social correspondentes a duas formas de solidariedade. De um lado, encontrar-se-iam as sociedades ditas primitivas, caracterizadas pela solidariedade mecânica. Esta definir-se-ia pela ausência de diferenciação entre os indivíduos, pela homogeneidade moral e social, pelo primado da consciência coletiva sobre as consciências individuais. Do outro lado, encontrar-se-iam as sociedades modernas, caracterizadas pela solidariedade orgânica, em que predominariam a divisão do trabalho, a heterogeneidade social e

---

([2]) O pressuposto segundo o qual sem a autoridade da sociedade o indivíduo, e mais precisamente a criança, não pode ter o sentido do dever e da liberdade será objeto de uma crítica incisiva por parte de Jean Piaget, que, em *Le jugement moral chez l'enfant* (1932), não hesitará em qualificar as reflexões durkheimianas em matéria de pedagogia de «dogmáticas», reveladoras de uma profunda ignorância dos mecanismos de funcionamento do mundo infantil, nomeadamente no que diz respeito às atividades de cooperação entre crianças e à existência de diferentes tipos de autoridade.

a emancipação do indivíduo em relação à coletividade. Diferenciando estes dois tipos de solidariedade, Durkheim, ao mesmo tempo que se aproxima de autores como Tönnies e da sua distinção entre *Gemeinschaft* e *Gesellschaft*, distingue-se deles pelo lugar que na sua conceptualização ocupam as sociedades primitivas.

Marcada por pressupostos de tipo evolucionista, esta tipologia das formas sociais permite a Durkheim evidenciar aquilo que seria único nas sociedades modernas, aqui pensadas por contraste com as sociedades primitivas. Mas permite-lhe também continuar o seu combate contra o individualismo metodológico. Nas sociedades caracterizadas pela solidariedade mecânica, sendo historicamente anteriores às sociedades caracterizadas pela solidariedade orgânica, não seria logicamente possível explicar a diferenciação social a partir dos indivíduos. Consequentemente, as explicações económicas utilitaristas da divisão do trabalho através de argumentos como as decisões racionais dos agentes, o aumento da rendibilidade económica, a procura da felicidade e a própria noção de contrato são fortemente criticadas por Durkheim. Longe de ser a causa da diferenciação social, o contrato é, pelo contrário, a consequência da diferenciação social.

É a partir da premissa de prioridade histórica das sociedades sobre os indivíduos e da explicação dos fenómenos individuais pelo estado da coletividade (*idem*, *ibidem*) que Durkheim demonstra que a causa da divisão do trabalho social só poderá ser social, resultando do aumento do volume e da densidade das sociedades. A divisão do trabalho social — que engloba, entre outras, a divisão económica das tarefas — é um mecanismo através do qual é evitada a competição dos indivíduos uns com os outros e é favorecido o consenso, a integração social e a realização pessoal. Noutras palavras, é o indivíduo quem nasce da sociedade e não o contrário. Se a emancipação do indivíduo aparece associada ao progresso da civilização, o sociólogo francês demonstra que é nas sociedades em que reina o individualismo que a taxa de suicídio é mais elevada e que a diferenciação social, ao mesmo tempo que é criadora de integração social, é fator de anomia. Um dos traços centrais da reflexão de Durkheim reside na sua vontade não apenas de explicar os problemas sociais mas também de os solucionar. A sociologia aparece assim como um saber conducente à reforma social cuja prioridade passa pela restauração de um consenso sob forma de uma moral laica.

A religião

Apesar de algumas das formulações presentes em *A Divisão do Trabalho Social* não terem sido explicitamente retomadas em textos ulteriores de Durkheim, permanece o papel que uma determinada visão das sociedades primitivas ocupa na sua reflexão sociológica. Vistas por oposição às sociedades modernas e ocidentais, as sociedades primitivas «são boas para pensar» — como diria Claude Lévi-Strauss — problemas e questões que se colocam a estas últimas.

É a essa luz que pode ser examinado aquele que é usualmente considerado o *opus magnum* de Durkheim, *As Formas Elementares da Vida Religiosa* (1979 [1912]). Editado em 1912, este volumoso tratado sobre a religião culmina numa investigação a várias mãos que, além de Durkheim, envolveu ainda Marcel Mauss e Henri Hubert e foi marcada pela edição sucessiva de vários ensaios que foram preparando alguns dos argumentos centrais de *As Formas Elementares da Vida Religiosa.* Entre esses ensaios, ocupa lugar de destaque «As formas primitivas de classificação» (Durkheim e Mauss, 1974 [1903])([3]).

Nele, Durkheim e Mauss, trabalhando basicamente a partir de informação etnográfica relativa a sociedades primitivas, defendem a origem social dos sistemas de classificação. Contra as teses que defendiam a origem exclusivamente mental das classificações — incluindo as classificações sociais —, o ensaio argumenta que, pelo contrário, teriam sido as relações sociais entre os homens a servir de molde às relações lógicas entre as coisas: os homens «classificaram as coisas porque estavam distribuídos em clãs» (*idem*, *ibidem*, p. 83). Coerentemente com as regras do método sociológico e ampliando o

---

([3]) Entre os ensaios que podem ser vistos como preparatórios de *As Formas Elementares da Vida Religiosa*, contam-se ainda ensaios sobre o sacrifício (Hubert e Mauss, 1968 [1899]), sobre a magia (Mauss e Hubert, 1983 [1904]) e sobre as variações sazonais entre os Esquimós (Mauss, 1983 [1906]).

seu alcance, trata-se de afirmar que aquilo que parece puro produto da mente é afinal um facto social, que é exterior aos indivíduos e se lhes impõe.

Subjacente ao ensaio, encontra-se uma visão das sociedades primitivas condicionada pelo conceito de solidariedade mecânica, tal como este havia sido formulado em *A Divisão do Trabalho Social*. É a essa luz que Durkheim e Mauss interpretam todo um conjunto de materiais etnográficos, publicados em finais do século XIX, respeitantes nomeadamente às sociedades aborígenes australianas e a diferentes grupos indígenas da América do Norte. Tal como mais tarde em *As Formas Elementares da Vida Religiosa*, o totemismo australiano é, em particular, de importância decisiva para as teses defendidas em «As formas primitivas de classificação». Vindo a seguir a um estádio primitivo de «indistinção» (*idem*, *ibidem*, p. 15) classificatória, o totemismo australiano ilustraria mais claramente como seria a organização social a fornecer os moldes para a organização dos mapas mentais primitivos. Assim, a organização dualista de algumas sociedades australianas estaria na origem de uma classificação «simplesmente bipartida» (*idem*, *ibidem*, p. 22) das coisas. Entretanto, à medida que a organização social se complexifica, são também os quadros classificatórios dos grupos sociais que se tornam mais complexos: surgem as noções de género e de espécie e, mais tarde, a noção de hierarquia lógica. Simultaneamente, a própria maneira como humanos, objetos e seres não humanos são agrupados e separados entre si seria também de natureza social. As relações lógicas começaram por ser relações sociais: as coisas «atraem-se e opõem-se da mesma maneira que os homens estão ligados pelo parentesco e opostos pela vingança» (*idem*, *ibidem*, p. 85). Isto é: o pensamento primitivo — diferentemente do moderno — seria um pensamento afetivo, emocional e sensível, à imagem das próprias relações sociais primitivas.

Procurando demonstrar a origem e o conteúdo social dos sistemas classificatórios, «As formas primitivas de classificação» esboçam também uma tese sobre a sua evolução posterior. Esta seria marcada tanto pela complexificação dos quadros e categorias lógicos — que acompanhariam a crescente complexidade da própria organização social —, como por um processo de gradual autonomização dos sistemas classificatórios em relação aos seus quadros sociais, que culminaria, nas sociedades modernas, na emergência da filosofia e da ciência e dos seus tipos abstratos e racionais.

Algumas das ideias trabalhadas em «As formas primitivas de classificação» foram posteriormente retomadas e desenvolvidas em *As Formas Elementares da Vida Religiosa*, no qual Durkheim torna explícito o alcance das suas teses para uma teoria sociológica do conhecimento. Esta, ao defender as origens sociais das categorias lógicas, estaria, por um lado, em condições de ultrapassar as limitações tanto da filosofia empirista, que seria incapaz de explicar a universalidade das categorias lógicas, como das teses do apriorismo, que não tomariam em consideração a sua variabilidade cultural (Schmaus, 2004). E possibilitaria, por outro lado, a construção de uma teoria sobre as relações entre religião e ciência. Ao mesmo tempo que teria origem na religião e se assemelharia a esta pelo modo como propunha uma explicação sobre o Universo, a sociedade e as relações sociais, a ciência distinguir-se-ia pelo método empregado, uma vez que, contrariamente às explicações religiosas, as explicações científicas seriam suscetíveis de controlo e verificação.

Mas é sobretudo pelas teses que defendem em relação à religião que *As Formas Elementares da Vida Religiosa* são usualmente consideradas o *opus magnum* de Durkheim. Propondo uma nova e audaciosa extensão do método sociológico ao domínio religioso, o livro pode de facto ser visto como um longo e articulado argumento sobre a lógica social da religião.

Ao propor esse argumento, Durkheim sublinha, por um lado, o seu desacordo em relação às interpretações intelectualistas do fenómeno religioso prevalecentes na antropologia evolucionista inglesa, em especial em Edward Burnett Tylor e em James George Frazer. E aproxima-se, por outro lado, das ideias de Fustel de Coulanges sobre o vínculo entre organização social e religião, acusando também a influência da análise protossociológica desenvolvida em 1889 por William Robertson Smith em torno da religião dos antigos semitas que, em muitos aspetos, antecipa argumentos desenvolvidos em *As Formas Elementares da Vida Religiosa*.

Na base da demonstração da natureza social da religião proposta por Durkheim, encontra-se uma primeira definição — de alguma forma provisória — da religião. Esta seria «um sistema solidário de crenças e práticas relativas a coisas sagradas, isto é, separadas, interditas, crenças e práticas que unem numa mesma comunidade moral, chamada Igreja, todos aqueles que a ela aderem» (DURKHEIM, 1979 [1912], p. 65). Isto é: a religião seria, à partida, um fenómeno cuja forma — cuja «morfologia» — é social. Seria esse aliás o principal fator de diferenciação entre a religião e a magia. De facto, segundo Durkheim — que se apoia parcialmente nas conclusões a que, a este respeito, MAUSS e HUBERT haviam chegado no seu ensaio sobre a magia (1983 [1904]) — a magia, tal como a religião, pressupõe também um conjunto de crenças e práticas relacionadas com coisas sagradas. Só que a magia distinguir-se-ia da religião por não ter como efeito ligar os homens uns aos outros e uni-los num mesmo grupo.

Postulando *a priori* o carácter «morfologicamente» coletivo da religião, Durkheim está interessado em ir mais longe e mostrar a natureza social da religião encarada não apenas na sua forma, mas também no seu conteúdo, isto é, como um sistema de crenças e práticas que, nos termos da primeira parte da sua definição, se aplicam ao sagrado, definido — de forma circular — por oposição ao profano. Como escreve DURKHEIM:

> o que é característico do fenómeno religioso é que ele supõe sempre uma divisão bipartida do Universo em dois géneros que compreendem tudo o que existe, mas que se excluem radicalmente. As coisas sagradas são aquelas que os interditos protegem e isolam; as coisas profanas, aquelas às quais esses interditos se aplicam e que devem ficar à distância das primeiras. (1979 [1912], p. 56)

Entre as coisas sagradas e profanas existe uma heterogeneidade absoluta, tão absoluta, que se transforma frequentemente num verdadeiro antagonismo.

Explicar a religião é, nessa medida, explicar o sagrado. *As Formas Elementares da Vida Religiosa* são, pois, uma longa e elaborada tentativa, apoiada nos princípios do método sociológico, de demonstração de como por detrás dessa categoria central que seria o sagrado é a sociedade que se encontra. Nesse sentido, não é apenas uma tentativa, entre outras, de aplicação do método sociológico, mas, seguramente, uma das tentativas de aplicação desse método em que é mais claro o carácter particularmente radical que este assume em Durkheim.

Essa tentativa — no seguimento de «As formas primitivas de classificação» — baseia-se, mais uma vez, no totemismo australiano encarado como a religião mais primitiva(4). Este desenharia — de acordo com Durkheim — um sistema religioso baseado no modo como certas unidades sociais de um sistema social de tipo segmentar, com destaque para o clã, usam o nome de uma espécie determinada de coisas (particularmente espécies animais ou vegetais), com a qual se supõe existir uma relação de parentesco, eventualmente associada a interdições alimentares.

Recobrindo simultaneamente uma espécie, os seus representantes individuais e as suas figurações, o totem fornece não apenas o nome ao clã, mas funciona como um emblema, um verdadeiro brasão heráldico do grupo, cuja importância é testemunhada pelo relevo atribuído às suas representações plásticas: em armas, em decorações corporais usadas em festas e ritos funerários. Nesta sua dupla qualidade de nome e de emblema do grupo social, o totem é também e sobretudo «o tipo mesmo das coisas sagradas» (DURKHEIM, 1979 [1912], p. 167). É, em muitos casos, por relação a ele que um certo número de outras coisas é classificado de sagrado. A prova disso seria a associação privilegiada das representações do totem a cerimónias religiosas, a tabus e ritos. Ou, então, o facto de certos objetos, por conterem uma representação do totem, serem vistos como sagrados. O churinga, por exemplo — um *bullroarer*(5) em que está inscrita a marca totémica —, é objeto de

(4) Acerca da importância do totemismo na obra de Durkheim, ver ROSA (2003, pp. 91–103 e 159–174). Como mostra o autor, depois de uma primeira aproximação ao totemismo enquanto instituição social organizadora das relações de parentesco, Durkheim — no seguimento de «As formas primitivas de classificação» — está agora interessado no totemismo enquanto sistema cosmológico e ritual (*idem*, *ibidem*, pp. 159–160).

(5) O *bullroarer* é constituído por um aerofólio retangular de madeira atado a uma corda. Definindo-se simultaneamente como um instrumento musical e como um objeto ritual, o *bullroarer* aparece — com designações e funções rituais diversas — em várias culturas, incluindo as culturas aborígenes australianas.

uma veneração que, segundo Durkheim, só seria compreensível em função da marca totémica nele inscrita. Figura em todas as cerimónias religiosas; mulheres e jovens não o devem ver; os lugares onde ele está depositado são lugares de paz, autênticos santuários; são-lhe atribuídas virtudes mágicas. Ora, sendo o churinga em si um objeto insignificante, seria exclusivamente da marca totémica que retiraria o seu carácter sagrado.

Embora seja mais acentuado no caso do emblema totémico, este carácter sagrado de que se reveste o totem não seria exclusivo dele. Todas as coisas e seres afetos ao clã — não apenas a espécie animal ou vegetal, mas também os homens do clã, outros objetos e seres afetos aos quadros classificatórios do grupo — são também sagrados, embora desigualmente sagrados. Ora, se todas estas coisas são sagradas, «o seu carácter religioso não tem que ver com nenhum dos atributos particulares que as distinguem umas das outras» (*idem, ibidem*, p. 268), mas deve derivar «de um princípio que é comum a todas indistintamente» (*idem, ibidem*, p. 269).

Isto é: o totemismo, embora comece aparentemente por se dar como a religião desta ou daquela espécie animal ou desta ou daquela imagem, teria subjacente a si a crença num princípio mais geral, mais potente e unificador, em virtude do qual todas essas coisas e seres heterogéneos se tornariam eles próprios mais ou menos sagrados. Seria na qualidade de depositários, algo contingentes, desse princípio geral, que Durkheim descreve como sendo «uma espécie de força anónima e impessoal, que se encontra em cada um desses seres, sem entretanto se confundir com nenhum deles» (*idem, ibidem, loc. cit.*), que eles seriam adorados. Mas, por detrás do culto, prestado a esses seres e objetos, seria verdadeiramente a essa força que os homens prestariam culto.

Essa força não é nomeada explicitamente no totemismo australiano, mas em sistemas religiosos subsequentes — como os sistemas religiosos melanésios e ameríndios — já teria sido nomeada e percebida como tal. Seria para essa força que remeteriam, por exemplo, o *wakan sioux*, o orenda iroquês e, sobretudo, o mana melanésio, que já estivera por detrás da teoria da religião proposta por Robert Marett em *The Threshold of Religion* (1909). Todas essas designações não seriam senão designações diversas dadas à mesma força difusa, fonte do sagrado, e que torna sagrados os seres e coisas que dela são depositários.

O caso do mana melanésio é circunstanciadamente referido por Durkheim, a partir de uma citação do etnógrafo Robert Codrington:

> os Melanésios creem na existência de uma força absolutamente distinta de toda a força material, que age de toda a espécie de maneiras, seja para o bem, seja para o mal, e que o homem tem a maior vantagem em dominar. É o mana, uma força, uma influência de ordem imaterial e, num certo sentido, sobrenatural; mas é pela força física que ela se revela, ou então por toda a espécie de poder e de superioridade que o homem possui. O mana não se fixa num objeto determinado; mas a sua influência pode ser conduzida para toda a espécie de coisas. Toda a religião do Melanésio consiste em obter mana para tirar dele proveito, seja para si, seja para outros. (*Idem*, *ibidem*, p. 277)

Seria justamente essa força, representada de maneira abstrata pelos grupos indígenas da América do Norte e pelos Melanésios, que se encontraria na base do totemismo australiano. Só que nas sociedades australianas não teria ainda sido nomeada com um tal grau de abstração e generalidade, por razões que se prenderiam com o carácter difuso e federativo da estrutura social australiana. Incapazes de formular essa ideia abstrata e generalizada, os Australianos representam-na de uma forma concreta: o totem. Mas este não seria senão «a forma material através da qual é representada essa substância imaterial, essa energia difusa presente em toda a espécie de seres heterogéneos que é, ela só, o objeto verdadeiro do culto» (*idem*, *ibidem*, p. 270). Daí o seu carácter mais sagrado.

Configurando-se como o símbolo por excelência do sagrado, o totem seria também o símbolo por excelência do clã, conforme Durkheim havia referido no início da sua exposição. Isto é: o totem seria simultaneamente o símbolo do sagrado e da sociedade. Sendo assim, o sagrado e a sociedade seriam portanto uma só e mesma coisa.

> Como é que o emblema do grupo [pergunta Durkheim] teria podido tornar-se na figura dessa quase divindade se o grupo e a divindade

> fossem duas realidades distintas? O deus do clã, o princípio totémico, não pode portanto ser senão o clã ele mesmo, mas hipostasiado e representado sob a forma das espécies sensíveis do vegetal ou do animal que serve de totem. (*Idem*, *ibidem*, p. 295)

Ou seja, não só as duas categorias se equivaleriam, como a segunda sobredeterminaria a primeira. É a sociedade que está na origem do sagrado, é ela que funda os deuses, que não são senão a representação dela própria.

A sociedade possui de facto — segundo Durkheim — um conjunto de características que despertam a sensação do divino: ela «tem tudo o que é necessário para despertar nos espíritos, pela ação que sobre eles exerce, a sensação do divino, porque ela é para os seus membros o que uma divindade é para os seus fiéis» (*idem*, *ibidem*, *loc. cit.*). Ela dá-se como superior não apenas pela sua supremacia física, mas também pela sua autoridade moral. Ela exerce também uma «ação reconfortante e vivificante» (*idem*, *ibidem*, p. 299) que se manifesta sobretudo em ocasiões rituais de aproximação comum, que Durkheim descreve através da categoria de «efervescência». O peso destas ocasiões rituais no desenvolvimento da experiência religiosa é particularmente sublinhado por Durkheim, que retoma a esse respeito as teses desenvolvidas inicialmente por Marcel Mauss no seu ensaio sobre «As variações sazonais entre os Esquimós» (1983 [1906]): no decurso dessas aglomerações festivas, o homem sente-se «dominado e conduzido por uma espécie de poder exterior» (Durkheim, 1979 [1912], p. 312) e a vida coletiva, marcada pelo frenesim e pela hiperexcitação, atinge «um máximo de intensidade e eficácia» (*idem*, *ibidem*, p. 314). «Foi nesses meios sociais efervescentes e dessa efervescência em si que parece ter nascido a ideia religiosa» (*idem*, *ibidem*, p. 313) como ideia propriamente social.

Só que — apesar de todas estas evidências — a sociedade seria uma realidade excessivamente complexa para poder ser representada como tal pelo pensamento primitivo, que se vê forçado a representá-la por intermédio do totem. Mas sem saber, ao adorar o seu totem, a sociedade adora-se a si própria, como força superior ao homem e do qual ele retira um sem-número de benefícios.

A religião, finalmente, seria uma coisa social, um facto social, não apenas pela sua generalidade e pela sua configuração morfológica — uma vez que assenta numa comunidade de crentes —, mas também e sobretudo pelo seu conteúdo. Para regressar às formulações utilizadas em *As Regras do Método Sociológico*, a sua função seria a de manter a coesão social dos grupos.

Ao encarar assim a religião, Durkheim, ao mesmo tempo que retirava para esse domínio as consequências do seu método sociológico, estava sobretudo — como em *A Divisão do Trabalho Social* — a olhar para as sociedades primitivas como sociedades «boas para pensar» problemas e questões que tinham que ver com a sua própria visão das sociedades modernas. É sobretudo na «Conclusão» que esta ideia fica clara. Nela, Durkheim começa por se referir à religião como uma experiência de reafirmação regular «dos sentimentos coletivos e das ideias coletivas que fazem a unidade e personalidade da sociedade» (*idem*, *ibidem*, p. 610). Ora, essa experiência seria uma experiência ausente da sociedade contemporânea, devido à fase de «transição e mediocridade moral que ela atravessaria» (*idem*, *ibidem*, *loc. cit.*). Mas, como acrescenta DURKHEIM,

> um dia virá em que as sociedades conhecerão de novo horas de efervescência criativa no decurso das quais novos ideais surgirão [...]; e uma vez essas horas vividas, os homens sentirão espontaneamente a necessidade de as reviver de tempos em tempos [...] de manter a sua recordação por intermédio de festas que revivifiquem regularmente os seus frutos. (*Ibidem*, p. 611)

Como diz Raymond ARON, «a esperança [de Durkheim] é que a sociedade do futuro ainda seja capaz de fabricar deuses, uma vez que todos os deuses do passado não foram senão a transfiguração da própria sociedade» (1985 [1967], p. 346).

Deste ponto de vista, *As Formas Elementares da Vida Religiosa* — à semelhança de *A Divisão do Trabalho Social* — é uma obra que só pode ser entendida em função do peso que essa espécie de espelho invertido fornecido pelas sociedades primitivas tem em toda a reflexão sociológica de Durkheim sobre as sociedades modernas. Mas enquanto em *A Divisão do Trabalho Social* a solidariedade mecânica primitiva é sobretudo um dispositivo de perceção das singularidades da sociedade moderna, em *As Formas Elementares da Vida Religiosa* os primitivos são os detentores de um segredo que permitiria acrescentar mais coesão social às sociedades modernas, encaradas de um ponto de vista que, com o tempo, se tornou mais sombrio. Isto é: depois de ter construído uma dicotomia cortante entre primitivos e modernos, Durkheim admite agora que o futuro dos modernos passa pela sua capacidade de regresso a valores que encontram a sua melhor expressão entre os primitivos. Este ponto foi sublinhado, entre outros, por Edward Tiryakian. Para este autor, há uma relação forte entre as críticas dos durkheimianos ao utilitarismo e à filosofia do *laissez-faire* e a sua reflexão sobre as sociedades primitivas. Enquanto o utilitarismo e a filosofia do *laissez-faire* são encarados como uma ameaça à coesão social das sociedades modernas, as sociedades primitivas são vistas como tendo guardado algumas formas fundamentais da realidade social que se teriam perdido com a civilização. Neste sentido, segundo Tiryakian, o projeto dos durkheimianos pode ser entendido como uma tentativa de busca da «sociedade perdida» (TIRYAKIAN, 1979).

Transformações de Durkheim

Fazendo parte — com Marx e Weber — da tríade de fundadores da teoria social, Durkheim influenciou decisivamente a sociologia e a antropologia modernas. Esta influência desenvolveu-se de acordo com percursos que, oscilando entre a continuidade e a rutura, nem sempre foram previsíveis.

O seu principal herdeiro foi, sem dúvida, Marcel Mauss. Seu sobrinho e colaborador, antropólogo «de serviço» à Escola Sociológica Francesa, Mauss, sem nunca trair por completo Durkheim, demarcou--se implicitamente dos excessos «sociológicos» do seu tio, ao mesmo tempo que tentou lançar novas bases para a abordagem das propriedades do social. O *Ensaio sobre a Dádiva* (1983 [1923–1924]) é a melhor ilustração desta dupla linha de trabalho. Nele, por um lado, o conceito de «facto social total» pode ser lido como um instrumento conceptual que, afastando Mauss de uma conceptualização fechada do social, procura perceber a sua imbricação com múltiplas facetas — económicas, políticas, estéticas — da vida coletiva. Por outro lado, ao acentuar o carácter central da dádiva na vida social, o *Ensaio sobre a Dádiva* não só retifica a conceção durkheimiana dos grupos como entidades dobradas sobre si mesmas, como propõe que seja a relação — e não tanto a procura da coesão interna — o elemento fundador da vida social (Lévi-Strauss, 1983 [1950]).

Mas foi em Inglaterra que a influência de Durkheim na antropologia se revelou mais decisiva, com Radcliffe-Brown a ser o pivô da conversão da parte mais significativa da antropologia britânica ao pensamento durkheimiano (Stocking, 1984)([6]). Por seu intermédio, a antropologia britânica definiu-se, por oposição à sua congénere norte-americana — organizada em torno do conceito de cultura —, como antropologia «social», isto é, como uma antropologia interessada no estudo dos modos de organização social das sociedades não ocidentais e do contributo que diferentes instituições — parentesco, instituições políticas, religião, ritual — davam para a sua coesão. É certo que a antropologia social britânica não só não recorreu explicitamente a algumas das ideias durkheimianas sobre a solidariedade mecânica primitiva, como pensava a organização social — por intermédio do conceito de estrutura — em termos mais complexos do que os teorizados por Durkheim. Restabeleceu — sobretudo quando começou a ser influenciada por Lévi-Strauss — alguma autonomia do simbólico em relação ao social. Introduziu também gradualmente dimensões ausentes da teorização durkheimiana, como o conflito ou a mudança social. Mas, reformatadas, complexificadas e desenvolvidas em novas direções, algumas das ideias centrais de Durkheim pairaram indiscutivelmente sobre o projeto da antropologia social britânica entre 1920 e 1980, década em que o estrutural-funcionalismo britânico iniciou o seu processo de declínio.

Na sociologia, a obra de Durkheim foi de grande importância para o desenvolvimento do Collège de Sociologie, organizado em torno de autores como Georges Bataille e Roger Caillois. Estes, a partir

---

([6]) De formas diferentes, a influência durkheimiana espalhou-se por autores como Evans-Pritchard, Meyer Fortes ou Victor Turner.

de algumas das ideias centrais de *As Formas Elementares da Vida Religiosa* — e também das teses de Hertz em «La prééminence de la main droite» (1928 [1909]) —, irão infletir a sociologia durkheimiana — geralmente identificada com valores conservadores — num sentido radical e transgressor, organizado em torno da ideia de um «sagrado de esquerda» (HOLLIER, 1979).

Mas foi sobretudo do outro lado do Atlântico, por intermédio de Talcott Parsons, que a sociologia do século XX foi mais duradouramente influenciada pelo legado durkheimiano. No seu livro *A Estrutura da Ação Social* (1937), Parsons, ao mesmo tempo que dá continuidade a alguns aspetos do pensamento durkheimiano, introduz nele um conjunto de novos desenvolvimentos, nomeadamente no que diz respeito a questões como a integração social, a relação entre indivíduo e sociedade e a importância do sistema de valores. Tendo-se afirmado como um dos mais importantes sociólogos da primeira metade do século XX, tentou efetuar uma síntese entre a reflexão durkheimiana e o pensamento de Weber, com o intuito de «superar o dualismo positivista-idealista do moderno pensamento social» (PARSONS, 1937, p. 719). Tradutor para inglês das obras de Weber, redigiu para a *International Encyclopedia of the Social Sciences* (1968) um ensaio dedicado a Durkheim que permanece uma referência incontornável.

A teoria da ação social proposta por Parsons reflete, nessa medida, a sua preocupação em combinar as duas mais importantes correntes teóricas da sociologia do século XIX. Assim, o sociólogo norte-americano frisa simultaneamente o papel da agência humana e a maneira como esta decorre dentro de contextos sociais específicos que são, de certa forma, exteriores aos indivíduos. Ao articular os motivos, as razões e os propósitos das ações com a explicação da organização institucional, Parsons salienta a importância dos valores coletivos. Estes são ao mesmo tempo componentes da personalidade e elementos que facilitam a integração social, sublinhando a importância do processo de socialização na internalização dos valores e normas. Preocupado com a questão da ordem social, Parsons frisa também a necessidade de um sistema comum de valores como requisito para que a sociedade seja um sistema estável em equilíbrio.

No entanto, pela tónica posta nos desvios — entre personalidade e valores normativos — e nos conflitos, ao mesmo tempo que introduz novas variáveis, a sua obra convida a uma reflexão em torno da noção durkheimiana de consenso.

A atualidade de Durkheim

Tendo marcado o desenvolvimento da antropologia e da sociologia modernas, as ideias de Durkheim continuam a pesar — embora de formas contraditórias — nos debates contemporâneos da teoria social. Assim, na *Actor-Network Theory* é evidente um processo de distanciamento em relação a alguns dos pressupostos centrais da sociologia durkheimiana. Demarcando-se daquilo a que chama «sociologia do social», Bruno Latour (2005) fá-lo frequentemente por referência a algumas ideias sobre as quais assentava o projeto durkheimiano: a autonomia do social, a sociologia como instrumento de engenharia social, a ideia dos grupos sociais como entidades sólidas preestabelecidas ou a transformação de entidades não sociais — a religião, por exemplo — em avatares do social.

Mas a estas aproximações mais críticas devem ser contrapostos autores que têm vindo a propor releituras da obra de Durkheim que sublinham as suas virtualidades para a teoria social contemporânea. Assim, a partir de finais dos anos de 1970, a obra de Durkheim começou a ser objeto de uma análise meticulosa e sistemática por intermédio da criação, em 1975, sob a direção de Philippe Besnard, do Groupe d'Études Durkheimiennes (sediado na Maison des Sciences de l'Homme em Paris) e da publicação dos *Études Durkheimiennes* (1977–1987). A ênfase posta por este grupo de investigadores na abordagem histórica das obras do sociólogo francês, bem como na publicação de materiais inéditos (correspondência e notas preparatórias para as aulas) e na atualização da bibliografia, vai ter um prolongamento com a fundação em 1991 do British Centre for Durkheimian Studies (Institute of Social and Cultural Anthropology, Universidade de Oxford), graças à iniciativa de Besnard, W. S. F. Pickering e Hermínio Martins, e dos *Durkheimian Studies/Études Durkheimiennes*.

Ao alargar o âmbito da sua análise aos discípulos de Durkheim, nomeadamente a Mauss e a Hertz, os *Durkheimian Studies/Études Durkheimiennes* têm vindo a fornecer um importante contributo para os estudos sociológicos e antropológicos da religião, e das relações entre sociologia e ciências sociais.

Entre os autores que têm vindo a explorar o legado durkheimiano conta-se também Jeffrey Alexander (ALEXANDER, 1988; ALEXANDER e SMITH, 2005). Para ele há dois Durkheims: o Durkheim estrutural — o Durkheim de *A Divisão do Trabalho Social*, *As Regras do Método Sociológico* e *O Suicídio* — e o Durkheim cultural — basicamente o Durkheim de *As Formas Elementares da Vida Religiosa* (ALEXANDER e SMITH, 2005, p. 5). Os críticos ter-se-iam sobretudo focado no primeiro, desprezando ou ignorando as virtualidades do segundo, que, de acordo com Alexander, seriam de grande importância para a construção de uma nova sociologia cultural interessada, designadamente, na relação entre o ritual e a vida social (*idem*, *ibidem*, pp. 14–17). É a mesma linha — de reconhecimento da importância das considerações que em *As Formas Elementares da Vida Religiosa* são consagradas ao tema — que podemos encontrar nos *performance studies*. Assim, segundo Richard Schechner, a ideia de que o ritual é uma *performance* com qualidades semelhantes às do teatro teria sido inicialmente formulada por Durkheim (SCHECHNER, 2006 [2003], pp. 57–58), como é também sublinhado por Alexander (ALEXANDER e SMITH, 2005, p. 30).

De uma forma ou de outra — quer descubramos nele novas virtualidades culturais, quer enfatizemos as suas limitações estruturais —, Durkheim continua a projetar a sua sombra sobre os debates da teoria social contemporânea.

Bibliografia

ALEXANDER, Jeffrey (org.), *Durkheimian Sociology: Cultural Studies*, Cambridge, Cambridge University Press, 1988.

ALEXANDER, Jeffrey e SMITH, Philip, Introduction: The New Durkheim, *in* ALEXANDER, Jeffrey e PHILIP, Smith (org.), *The Cambridge Companion to Durkheim*, Cambridge, Cambridge University Press, 2005, pp. 1–37.

ARON, Raymond, *Les étapes de la pensée sociologique*, Paris, Gallimard, 1985 [1967].

BESNARD, Philippe, La formation de l'équipe de l'*Année Sociologique*, *Revue Française de Sociologie* XX, 1979: pp. 7–31.

CLARK, Terry, The Structure and Foundations of a Research Institute: The *Année Sociologique*, *European Journal of Sociology* 9 («Weber et Durkheim: le solitaire et le chef d'école»), 1968: pp. 72–91.

DURKHEIM, Émile, *O Suicídio*, Lisboa, Editorial Presença, 1973 [1897].

DURKHEIM, Émile, *L'éducation morale*, Paris, Presses Universitaires de France, 1974 [1923].

DURKHEIM, Émile, *Textes*, 3 volumes, organização de Victor Karady, Paris, Les Éditions de Minuit, 1975.

DURKHEIM, Émile, *Les formes élémentaires de la vie religieuse: le système totémique en Australie*, Paris, Presses Universitaires de France, 1979 [1912].

DURKHEIM, Émile, *A Divisão do Trabalho Social*, Lisboa, Editorial Presença, 1984 [1893].

DURKHEIM, Émile, *As Regras do Método Sociológico*, Lisboa, Editorial Presença, 2010 [1895].

DURKHEIM, Émile e MAUSS, Marcel, De quelques formes primitives de classification. Contribution à l'étude des représentations collectives, *in* MAUSS, Marcel, *Œuvres, tome 2: Représentations collectives et diversité des civilisations*, Paris, Les Éditions de Minuit, 1974 [1903], pp. 13–89.

HERTZ, Robert, La prééminence de la main droite: étude sur la polarité religieuse, *in idem*, *Mélanges de sociologie religieuse et folklore*, Paris, Librairie Félix Alcan, 1928 [1909], pp. 99–129.

HOLLIER, Denis (dir.), *Le Collège de Sociologie*, Paris, Gallimard, 1979.

HUBERT, Henri e MAUSS, Marcel, Essai sur la nature et la fonction du sacrifice, *in* MAUSS, Marcel, *Œuvres, tome 1: Les fonctions sociales du sacré*, Paris, Les Éditions de Minuit, 1968 [1899], pp. 193–307.

LATOUR, Bruno, *Reassembling the Social: An Introduction to Actor-Network Theory*, Oxford, Oxford University Press, 2005.

LÉVI-STRAUSS, Claude, Ce que l'ethnologie doit à Durkheim, *in idem*, *Anthropologie structurale deux*, Paris, Plon, 1973, pp. 57–62.

LÉVI-STRAUSS, Claude, Introduction à l'oeuvre de Marcel Mauss, *in* MAUSS, Marcel, *Sociologie et anthropologie*, Paris, Presses Universitaires de France, 1983 [1950], pp. IX–LII.

LUKES, Steven, *Émile Durkheim. His Life and Work: A Historical and Critical Study*, Londres, Penguin Books, 1973.

MARETT, R. R., *The Threshold of Religion*, Londres, Methuen, 1909.

MAUSS, Marcel, Essai sur les variations saisonnières des sociétés Eskimos: Étude de morphologie sociale, *in idem*, *Sociologie et anthropologie*, Paris, Presses Universitaires de France, 1983 [1906], pp. 389–475.

MAUSS, Marcel, Essai sur le don: Forme et raison de l'échange dans les sociétés archaïques, *in idem*, *Sociologie et anthropologie*, Paris, Presses Universitaires de France, 1983 [1923–1924], pp.145–279.

MAUSS, Marcel e HUBERT, Henri, Esquisse d'une théorie générale de la magie, *in* MAUSS, Marcel, *Sociologie et anthropologie*, Paris, Presses Universitaires de France, 1983 [1904], pp. 3–141.

PARSONS, Talcott, *The Structure of Social Action*, Nova Iorque, McGraw-Hill, 1937.

PARSONS, Talcott, Durkheim, *in* SILLS, David L. (org.), *The International Encyclopedia of the Social Sciences*, vol. 4, Nova Iorque, Macmillan and Free Press, 1968, pp. 311–320.

PICKERING, W. S. Frederick e MARTINS, Hermínio, *Debating Durkheim*, Londres e Nova Iorque, Routledge, 1994.

ROSA, Frederico, *L'âge d'or du totémisme: Histoire d'un débat anthropologique*, Paris, CNRS Éditions — Éditions de la Maison des Sciences de l'Homme, 2003.

SCHECHNER, Richard, *Performance Studies: An Introduction*, Nova Iorque e Londres, Routledge, 2006 [2003].

SCHMAUS, Warren, *Rethinking Durkheim and His Tradition*, Cambridge, Cambridge University Press, 2004.

STOCKING, George, Dr. Durkheim and Mr. Brown: Comparative Sociology at Cambridge in 1910, *in* STOCKING, George (org.), *Functionalism Historicized: Essays on British Social Anthropology*, Madison, University of Wisconsin Press, 1984, pp. 13–191.

TIRYAKIAN, Edward, L'école durkheimienne à la recherche de la société perdue: la sociologie naissante et son milieu culturel, *Cahiers Internationaux de Sociologie* LXVI, 1979: pp. 97–114.

TIRYAKIAN, Edward, Émile Durkheim, *in* BOTTOMORE, Tom e NISBET, Robert (org.), *História da Análise Sociológica*, Rio de Janeiro, Zahar Editores, 1980, pp. 252–316.

LIÇÃO 11

Escola de Chicago do Pensamento Social: Comunicação e Comunidade([1])

FILIPA SUBTIL

Escola Superior de Comunicação Social do Instituto Politécnico de Lisboa

JOSÉ LUÍS GARCIA

Instituto de Ciências Sociais da Universidade de Lisboa

A que é conhecida na história da sociologia como Escola de Chicago do Pensamento Social, dos seus fundadores do final do século XIX até às figuras das primeiras décadas do século XX, surge geralmente como uma referência pelos seus estudos, hoje considerados parte do cânone sociológico, sobre a ecologia humana, cidade, imigração, relações étnicas, delinquência, controlo social e formação do eu. Sem desvalorizar essas aquisições, argumentamos neste ensaio que nos autores dessa tradição se encontra uma reflexão fundamental no que respeita à relação indestrinçável entre comunicação e sociedade, sendo ainda acompanhada por uma investigação pioneira sobre a emergência dos *mass media*, tendo contribuído para tornar tais tópicos num foco de atenção para a teoria social e para a sociologia.

([1]) Versões ligeiramente alteradas deste texto foram publicadas em coletâneas em língua inglesa e castelhana: SUBTIL e GARCIA (2010, pp. 216–243) e SUBTIL e GARCIA (2012, pp. 295–320). Agradecemos os comentários feitos à primeira edição deste ensaio pelos participantes da conferência *The Legacy of the First Chicago School of Sociology. Social Theorists, Methodologies and Methods* (Manchester, setembro de 2007), particularmente a Howard Becker e Svetlana Bankouskaya. Nesta versão não expomos o pensamento de George H. Mead, uma vez que é objeto de atenção neste volume na lição a ele dedicada.

É sobejamente reconhecido que o pensamento sobre a natureza sociocomunicacional do eu, da consciência humana e da política democrática de um dos preeminentes teóricos de Chicago, o psicólogo social George H. Mead, deu origem à abordagem sociológica conhecida como «interacionismo simbólico», desenvolvida por autores como Herbert Blumer, Howard Becker e Erving Goffman. E é também verdade que a perspetiva de Mead foi intelectualmente incorporada em construções teóricas contemporâneas de grande relevância, independentemente das suas diferenças, de que são exemplos evidentes Jürgen Habermas (2007a [1981] e 2007b [1981]) e Hans Joas (1993 e 1996). Todavia, a consideração alcançada pelo pensamento de Mead é insuficiente para compreender a contribuição singular que se pode encontrar no trabalho de outros teóricos, como Albion Small, John Dewey, Charles H. Cooley, William I. Thomas e Florian Znaniecki, Robert E. Park e Ernest Burgess, para o estudo da comunicação e dos *media* no âmbito das ciências sociais. E se este legado tem também vindo recentemente a ser objeto de curiosidade por parte de alguns estudiosos, é sobretudo no campo dos estudos de comunicação que tal sucede, sendo necessário que a teoria social e a sociologia supram a omissão que observam neste domínio([2]).

([2]) No mundo ibero-americano, nas últimas duas décadas, alguns académicos têm vindo a dar importância a esta tradição do pensamento social para os estudos de comunicação e *media*. Em Portugal, há que referir o trabalho de Silveirinha (2004), Subtil (2006a) e Babo (2013). No Brasil, destaca-se o segundo volume da coletânea *A Era Glacial do Jornalismo: Teorias Sociais da Imprensa* (2008), organizado por Christa Berger e Beatriz Marocco, que traduziram pela primeira vez para língua portuguesa textos sobre jornalismo e notícias de Robert E. Park e Edward Ross, e que são acompanhados por introduções de Maria Rosa Berganza Conde e Esteban López-Escobar, respetivamente; e também a entrada «A Escola de Chicago», de Vera França e P. G. Simões, no *Dicionário de Comunicação: Escolas, Teorias e Autores* (2014). Em Espanha, na Universidade de Navarra, no seu Departamento de Comunicação Pública, um grupo liderado por Esteban López-Escobar e Manuel Martín Algarra tem-se dedicado a estas temáticas, incentivando um vasto conjunto de investigadores e estudantes de doutoramento a redigir teses sobre esta constelação de autores. Entre os trabalhos que a este respeito podem ser citados encontram-se Torregosa, Serrano-Puche e Martín Algarra (2012); López-Escobar (2012); Navarro Arroyo (2011); Martín Algarra (2003); Sánchez de la Yncera (1994 [1990]).

O presente ensaio tem como objetivo apresentar e discutir os esclarecimentos que a Escola de Chicago do Pensamento Social facultou em dois âmbitos primordiais do estudo da comunicação e dos modernos meios de informação. Focando especificamente os trabalhos de Small, Dewey, Cooley, Thomas e Znaniecki, Park e Burgess, pretende-se explorar as suas aquisições para o entendimento da conexão entre comunicação, racionalidade e sociedade, por um lado, e das relações entre *media*, cultura e democracia, por outro. O debate em torno destas questões-chave mais diretamente relacionadas com a teoria social é aqui considerado parte integrante das tensões que as ciências sociais em geral exibem sobre as formas como a vida social é tornada possível pela comunicação e como esta pode constituir um esteio da vida pública e da democracia.

O contributo de Albion Small e George Vincent para as primeiras reflexões sociológicas da comunicação e da imprensa nos EUA

Na viragem para o século XX, os mais destacados fundadores da sociologia nos Estados Unidos da América (EUA) iniciaram uma reflexão pioneira sobre a comunicação e o surgimento dos *mass media* num período — que se estende sensivelmente de 1890 à Primeira Guerra Mundial — de profundas transformações na sociedade. O fechamento da fronteira, o fim da agricultura como forma predominante de vida, o enorme crescimento das cidades, o estabelecimento e incremento das redes elétricas, a expansão da industrialização, a maturação do capitalismo industrial e o desenvolvimento das ligações internacionais, o alargamento da imprensa de expressão nacional, o *marketing* e a publicidade fizeram a sua aparição fulgurante.

Tal como na Europa, a última década do século XIX foi um período crucial para o desenvolvimento das ciências sociais nos EUA e para a institucionalização da sociologia e da antropologia nas universidades norte-americanas. Albion Small (1854–1926), fundador, em 1892, do Departamento de Sociologia e Antropologia da Universidade de Chicago, foi um dos principais impulsionadores deste novo campo de estudos, que contou também com os contributos de William Sumner (1840–1910) e Edward Ross (1866–1951), professores de Sociologia nas Universidades de Yale e Wisconsin, respetivamente. Foi sob a influência intelectual e cultural da economia política alemã da transição do século XIX para o século XX que os precursores da sociologia nos EUA congregaram na sua investigação o estudo da comunicação e da imprensa([3]). A economia política de Albert Schäffle, Karl Knies e Karl Bücher desenvolveu uma conceção da comunicação como força de ligação da sociedade e a imprensa como forma social e cultural de circulação de símbolos e transmissão de ideias e informação que integrava ativamente o contexto de expansão do capitalismo industrial e do crescimento do comércio. Na sociologia, Ferdinand Tönnies discutiu com profundidade o papel do jornalismo na formação da opinião pública, e Max Weber assinalou a importância do estudo científico-social da imprensa (HARDT e SPLICHAL, 2000 [1922]; Weber, 1976 e 2000 [1919])([4]).

Small integrou um vasto movimento intelectual dirigido para a atividade de reforma social nos EUA cuja ideia matriz assentava no pressuposto segundo o qual os propósitos do campo científico se encontravam estreitamente vinculados aos problemas da vida pública. As ciências sociais não se deviam circunscrever à elaboração de modelos abstratos sobre a sociedade. Em particular, a sociologia tinha como tarefa contribuir para encontrar soluções práticas orientadas para a resolução dos problemas que estavam a emergir no quadro da formação da sociedade industrial avançada nos EUA. A sociologia abraçava um forte compromisso ético e cívico de modo a favorecer o melhoramento da sociedade.

([3]) O livro de Hanno HARDT *Social Theories of the Press: Constituents of Communication Research, 1840s to 1920s*, cuja primeira edição data de 1979, mantém-se como a investigação mais aprofundada sobre a perspetiva das relações entre comunicação, *media* e sociedade que se encontra nos académicos germânicos da economia política e que teve um poderoso impacto nos primeiros sociólogos americanos (2001).

([4]) Sobre os contributos de Tönnies e Weber para o estudo do jornalismo e da opinião pública, ver HARDT (2001, pp. 43–168), SIMONSON e PETERS (2008) e PIETILÄ (2008, pp. 205–223).

Só em finais do século XIX é que, nos EUA, começou a existir uma reflexão que pode ser considerada precursora da investigação em comunicação, especialmente no âmbito da comunicação dos *media*. Até então, na jovem nação norte-americana, as referências à comunicação limitavam-se a meditações intelectualmente estimulantes, donde resultou um conjunto avulso e heterogéneo de literatura focada em temas como a imprensa, a liberdade de expressão, a censura, o público, o telégrafo, a publicidade e o poder económico dos jornais (Lang, 1989, p. 369; Carey, 1997 [1996], p. 20).

Foi em *An Introduction to the Study of Society* (1894), escrito em colaboração com George Vincent, que Small se debruçou em profundidade sobre o significado da comunicação para a vida humana e social, por um lado, e sobre os rumos tomados pela imprensa dos EUA, por outro. Small e Vincent elaboraram um modelo de comunicação que prolongava o relevo que Schäffle atribuíra à comunicação como elemento primordial do desenvolvimento das sociedades no quadro de uma compreensão organicista do ambiente social. Sob esta influência, a comunicação foi definida como parte de um sistema regulador da sociedade, que penetra o sistema social e funciona segundo o modelo das fibras nervosas do organismo animal. Era desta forma que a comunicação aconteceria entre os indivíduos, fazendo cada sujeito parte de múltiplos e distintos canais psicofísicos do sistema nervoso da sociedade. Os indivíduos, ao mesmo tempo que desempenham funções de mediação, operam também como «células terminais» no processo de comunicação. O sujeito era entendido como uma «célula de conexão» e também uma «célula terminal» de todas as vias de comunicação que irradiam dele para a sociedade, para utilizar a terminologia de Small e Vincent.

Segundo estes autores, para dar início ao processo de comunicação, os indivíduos munem-se de uma multiplicidade de símbolos. Estes são expressão de fenómenos psíquicos, essenciais para preservar as ideias, os costumes e as convenções, isto é, para arquivar a experiência humana e para a disseminar. Entre os símbolos mobilizados para comunicar, Small e Vincent incluíram a linguagem (oral, escrita e impressa), a música vocal e instrumental, os gestos, os desenhos, as fotografias e a pintura, sendo a linguagem considerada o meio mais adaptável para fazer circular a experiência humana (Small e Vincent, 1894, p. 219). Seria por intermédio desta multiplicidade de símbolos que se geraria a infraestrutura da discussão, disseminação e transmissão de conhecimento e informação na vida social, resultando deste processo o sistema geral de comunicação na sociedade. Este sistema, de acordo com Small e Vincent, compreende um conjunto diversificado de elementos: a imprensa, o sistema comercial, a orientação pública, o sistema educativo, o sistema eclesiástico e o sistema de governo. Cada uma das partes encontra-se em permanente relação com as demais. Através de alguns exemplos, Small e Vincent procuraram revelar o papel desempenhado por estes sistemas específicos de comunicação na sociedade: a imprensa relaciona-se com todas as dimensões dos aparelhos da comunicação psicofísica, e o seu alcance é quase tão amplo como o do correio; nas organizações económicas, o processo de comunicação permite a coordenação da produção, do transporte e da troca de riqueza; na escola, contribuem para aumentar e comunicar o conhecimento; a igreja comunica «impulsos psíquicos peculiares» do ponto de vista religioso; e, por último, o governo é descrito como «o exemplo mais claro e completo de uma estrutura de comunicação social»([5]) (*idem*, *ibidem*, p. 232). No caso específico da imprensa, Small e Vincent entendem-na como o protótipo das múltiplas possibilidades dos canais de comunicação: a imprensa tem a capacidade de coligir ideias, as transformar em símbolos impressos e as distribuir por todos os grupos sociais. Na imprensa convergiriam todos os canais psicofísicos em direção a um centro. Este centro está munido de instrumentos capazes de produzir símbolos, símbolos que são posteriormente distribuídos pelos meios de transporte entre os diversos segmentos da sociedade.

Small e Vincent, que atribuem à imprensa a função de disseminação de conhecimento nos sistemas de comunicação pública, revelaram um interesse particular pela análise das profundas transformações que ocorreram nos *media* na segunda metade do século XIX.

([5]) Todos os excertos traduzidos são da responsabilidade dos autores do texto.

Observaram que a procura crescente de livros e jornais, não apenas nos centros urbanos, mas também nas pequenas comunidades, suscitada, entre outras razões, pela divisão do trabalho, foi estimulada pelo incremento dos transportes. Perceberam que num contexto de forte industrialização e expansão urbana a imprensa aumentou o seu poder, transformando-se numa influente instituição social e no veículo mais importante da comunicação na sociedade. Concluíram que a imprensa se estava a converter no meio mais poderoso para a difusão de informações e ideias entre as instâncias de poder público (os partidos políticos, os sindicatos, a universidade, a Igreja e os grupos sociais) e a restante população.

Ao assinalarem o crescente papel social e cultural da imprensa no século XIX, Small e Vincent chamaram a atenção para a possibilidade da sua utilização por parte de interesses diversos, seja com intuitos de manipulação ou de controlo. Esta consciência da forte influência social da imprensa na comunicação pública levou-os a encorajarem a realização de uma avaliação crítica das empresas jornalísticas e dos serviços que prestavam, incluindo aí uma revisão das suas práticas profissionais, bem como comentários precisos sobre os deveres e responsabilidades públicas dos jornais. O diagnóstico que apresentaram fornece um quadro com tons críticos da imprensa daquele período: a imprensa não estava a fornecer serviços quanto ao noticiar dos factos, relativamente à orientação da opinião pública e à forma e conteúdo da informação publicada; apesar de possuir uma estrutura organizada, revelava-se insuficiente na cobertura das notícias; cada vez mais condicionada pelo mundo da economia, tendia a tomar o caminho do sensacionalismo; a combinação entre o interesse próprio e, por vezes, a corrupção induzia à distorção dos acontecimentos. Small e Vincent concluíram que estas tendências propendiam a generalizar-se, levando a que fosse cada vez mais difícil tirar dos jornais conhecimento respeitante a atividades de carácter social e com sentido próprio de comportamento ético. Todavia, apesar das patologias que assinalaram na imprensa, consideraram-na parte integrante de um sistema de comunicação pública, cuja principal missão era coligir e divulgar informação ao serviço de uma visão alargada de democracia. A investigação crítica ao sistema dos *media* encontrava justificação no lugar destacado que este jogava na vida social e na política democrática.

Para Small e Vincent, tal como para outro influente pioneiro das ciências sociais norte-americanas, Edward Ross, a situação da imprensa era a de uma entidade dividida entre a sua missão cultural e os interesses privados do negócio. O propósito de atingir grandes receitas de publicidade e a captação de um número cada vez maior de leitores provocava crescente incomodidade e desconfiança quanto ao verdadeiro papel da imprensa, suscitando um debate alargado acerca das facetas económicas e sociais da emergente indústria dos *media*. Esta discussão teve eco em numerosas revistas científicas e literárias, nomeadamente no *American Journal of Sociology*, onde Small e os outros pioneiros da sociologia dos EUA publicaram vários artigos dedicados à imprensa, à opinião pública, aos efeitos da cobertura jornalística na cultura, às relações entre jornalismo e democracia e à ética da imprensa (Small, 1915; Ross, 1904a, pp. 105–123; 1904b, pp. 189–207; 1904c, pp. 349–372; 1910, pp. 303–311; 1917–1918, pp. 620–632).

Comunicação, conversação, vida comunitária e democracia em John Dewey

Se em Small e Vincent o tema da comunicação é devedor da tradição germânica da economia política, já em John Dewey a relevância epistemológica consagrada a esse tópico deriva do seu *background* aristotélico-hegeliano e do compromisso com o pragmatismo naturalista (Depew e Peters, 2001, p. 14). Dewey exerceu uma influência intelectual vigorosa na teoria social da Escola de Chicago, bem manifesta nos diversos âmbitos relacionais da comunicação e na compreensão de que a vida social é um processo em que a comunicação, o diálogo, o pensamento, a vida comum e a democracia formam um conjunto encadeado.

Uma ponderação permanente sobre a comunicação atravessa o seu pensamento. «De todos os assuntos», escreveu, «a comunicação é o mais maravilhoso» (Dewey, 2004 [1925], p. 35). Questionando-se sobre a génese da sociedade humana, propugnou que esta é o resultado da transformação do comportamento puramente orgânico dos grupos humanos em comportamento ditado por propriedades intelectuais através da linguagem e da conversação — sendo estas definidas como atividades práticas. Segundo Dewey, aquelas propriedades derivam da influência emergente da linguagem, que, além da sua base material, formada pelos atos de sinalização, implica a cooperação e a empatia. A linguagem é concebida como sendo eminentemente uma forma de atividade, um instrumento da ação, não se confundindo com um mero sistema de representações, nem servindo uma simples função representativa. As palavras não adquirem o seu significado a partir do seu carácter representativo, mas das suas relações com outras palavras e com a participação social consubstanciada no ato da conversação. Porque constitui um processo de partilha de significados comuns, a ação simbólica é entendida como inextricável da ação associativa. A ação intencional dos sujeitos humanos tem, assim, um carácter trans-acional. Para que os atos ou comportamentos não sejam meras ocorrências físicas de uma simbiose orgânica, os indivíduos devem apreciar e referir mutuamente os significados uns dos outros e, através desta ação combinada, modificar e orientar de forma apropriada a sua conduta (DEWEY, 2004 [1925], pp. 35–36; 1938). Ser uma experiência de partilha é, para Dewey, o que define a comunicação, tratando-se, pois, de uma experiência que envolve congenitamente um recorte moral único([6]).

Em coerência com a sua ênfase na faceta social dos processos de comunicação, DEWEY sustentou igualmente que é no contexto da comunicação simbólica como evento comunal que o conhecimento é alcançado. Contrariando as posições filosóficas defensoras de que as ideias e o conhecimento são funções de uma mente ou de uma consciência individual e isolada, argumentou que o «conhecimento é uma função da associação e da comunicação; depende da tradição, das ferramentas e dos métodos socialmente transmitidos, desenvolvidos e sancionados» (1981 [1927], p. 158). Comunicação, conhecimento e também compreensão são na sua essência um fenómeno idêntico

([6]) Sobre o conceito de comunicação em John Dewey, ver BELMAN (1977, pp. 29–37).

(*ibidem*, p. 176). Mais ainda, a comunicação também compreende um ideal. Além de permitir criar e transportar os símbolos, o pensamento e a cultura, a comunicação — que é uma experiência de partilha — oferece o acesso à partilha de outras experiências, expectativas, valores morais, emoções e interesses, proporcionando os alicerces para um modo de vida democrático. Diferenciando democracia como ideia social de democracia como sistema de governo, na perspetiva de Dewey vida associativa, comunidade e democracia são nomes para a mesma coisa (*ibidem*, pp. 143–184).

É apropriado neste contexto apresentar uma longa citação para ilustrar a conceção de Dewey relativamente à comunicação como princípio cultural, social e político, passagem escrita em 1916, na introdução de *Democracy and Education*:

> A sociedade não só continua a existir *pela* transmissão, *pela* comunicação, como também se pode perfeitamente afirmar que ela *é* transmissão e é comunicação. Há mais do que um nexo verbal entre os termos comum, comunidade e comunicação. Os homens vivem em comunidade em virtude das coisas que têm em comum; e a comunicação é o meio por que chegam a possuir coisas em comum. O que eles devem ter em comum para formar uma comunidade ou sociedade são os objetivos, as crenças, as aspirações, os conhecimentos — um modo comum de compreender —, mentalidade similar como dizem os sociólogos. Não se podem transmitir fisicamente tais coisas de uma pessoa a outra, do modo como se passam tijolos de mão em mão; não se podem dividir, como se parte um bolo em pedaços materiais. Para a comunicação assegurar a participação numa compreensão comum, necessitará de garantir análogas disposições emotivas e intelectuais — isto é, modos análogos de reagir em face de uma atividade em perspetiva e de meios de a realizar. (1916, p. 4 [itálicos no original])

A visão persistente de Dewey é que a comunicação não é só um meio de transmissão simbólica, mas também — e sobretudo — um processo sociossimbólico que, ocorrendo em diversos planos sociais, mantém, produz e transforma culturalmente a sociedade. Este conceito de comunicação como elemento constituinte da ordem social tem vastas implicações no âmbito da filosofia política. Guiado por uma sensibilidade de cunho pragmatista relativamente aos conceitos de racionalidade, ação coletiva e integração social, Dewey, em grande medida na linha de Mead, entendeu a comunicação como um mecanismo de autoconstituição da ordem social e de autogoverno da sociedade. Como assinala Joas, em Dewey deteta-se uma separação quer do conceito dualista da ação, quer da conceção proveniente da tradição hobbesiana que entende a integração social assente na autoridade externa:

> No modo específico em que a noção de «controlo social» foi usada por este grupo de pensadores [os pragmatistas], esta noção não se refere a uma garantia de conformidade social, mas sim a uma autorregulação consciente, a uma ideia de autogoverno efetivado através da mediação da comunicação e entendido como resolução de problemas coletivos. (Joas, 1993, p. 25)

A filosofia social do pragmatismo procurava relacionar a construção teórica própria da investigação das ciências sociais com o papel moral e político que estas deviam ter para organizar uma sociedade que estava sob o impulso das forças de industrialização e urbanização. Às ciências sociais caberia, como realça Joas a este respeito,

> auxiliar as comunidades humanas a melhorarem o seu potencial para a ação coletiva; e, num mundo que tinha perdido a certeza da metafísica, deviam contribuir decisivamente para promover a solidariedade de uma comunidade humana universal que coletivamente reconheça, discuta e resolva os problemas da humanidade. (*Idem*, *ibidem*)

Sendo amplamente reconhecida a relevância teórica dos seus esclarecimentos sobre o papel da comunicação na constituição do eu, da sociedade e da vida social, menor valorização tem sido concedida à sua apreciação sobre a imprensa e os modernos meios técnicos de informação na realidade social, realidade em que tendências de comercialização, aparelhos tecnológicos complexos e ação política figuram na análise por si realizada. Foi precisamente a partir da dupla definição da comunicação enquanto ritual de partilha, participação e posse de crenças comuns, por um lado, e como transmissão e disseminação de sinais e mensagens à distância, por outro, que se ergueu um património teórico alvo de reelaboração inventiva.

Uma sociedade moderna, uma *great society*, na perspetiva e nos termos de Dewey, requer mecanismos que apliquem a conversação e a discussão sistemática a uma escala distinta da das sociedades tradicionais, com vista à promoção de uma ordem social democrática, uma *great community*. Neste sentido, os *media* e as notícias surgem como uma oportunidade para o debate público e a ação, são a entidade através da qual um público pode ser constituído e formar opinião. O papel de uma imprensa genuína é promover a conversação na cultura moderna, induzindo a capacidade de seguir uma argumentação, entender com profundidade outras posições, estender os limites da compreensão, debater propostas alternativas que possam ser prosseguidas, contribuir para uma disposição moral cívica comum (Dewey, 1981 [1927], pp. 143–184).

Tal como a arte, a arquitetura, os costumes e os rituais, para Dewey a comunicação contribui para a construção da identidade dos povos e, desse ponto de vista, estabelece uma relação intrínseca com a vida pública. É aí que os meios técnicos de informação, em particular os jornais, têm responsabilidade acrescida na formação de uma opinião pública informada e esclarecida, que possa conter em si o gérmen de uma ação racional e crítica. Revela-se nesta conceção de comunicação a presença de um claro princípio ético, de tal modo que qualquer obstáculo à comunicação, à partilha e à expansão da experiência deve ser ultrapassado. Os *media* aparecem a Dewey como oferecendo um amplo espaço de aprendizagem, no qual é possível reunir uma maior comunidade de cidadãos, não sacrificando as suas identidades enquanto membros de formações sociais particulares. Fazendo uso do conceito de instrumentalismo, que encerra para Dewey uma conceção evolutiva de progresso através do desenvolvimento tecnológico, as técnicas de informação são consideradas instrumentos cuja principal função é resolver problemas e, à medida que estes mudam, cabe aos sujeitos adaptarem-se a tal mudança. A comunicação é concebida como a solução para a desorganização social e para as dificuldades da democracia num período de transformações gigantescas, como assinala Peters (1989a, p. 205).

A visão de Dewey, porém, começa anos depois a surgir cada vez mais matizada. Em *The Public and Its Problems*, publicado em 1927, vislumbra-se no seu pensamento uma perspetiva desconfortável com os paradoxos decorrentes dos caminhos tomados pela sociedade norte-americana saída da Primeira Guerra Mundial, e isto por parte de um autor que não pode ser considerado um crítico da civilização industrial. Nessa obra, revela-se um Dewey que já não é um liberal otimista e patriota, defensor da força civilizadora da industrialização e que tinha apoiado, inclusive, a participação dos EUA no primeiro grande conflito bélico mundial([7]). Várias passagens do livro denunciam um olhar mais ambíguo relativamente às condições sociais geradas pelas grandes organizações impessoais e pelas condições tecnológicas da comunicação. Elas surgem simultaneamente com um potencial libertador e uma dinâmica problemática. Se as tecnologias de comunicação favorecem a multiplicação e ampliação das conexões (circulação livre de opiniões e factos) fundamentais à vida pública, obscurecem também o alcance extraordinário que se imprimiu a essas conexões. Com esta interpretação, Dewey não pretende converter a tecnologia no bode expiatório, antes pelo contrário. Na sua perspetiva, o problema não está na tecnologia *per se*, mas no enfraquecimento ou na ausência de ideias e valores morais que acompanhem os fatores tecnológicos. Como escreve:

> Como nunca antes, hoje dispomos das ferramentas físicas da comunicação. Todavia, os pensamentos e as aspirações congruentes com eles não se comunicam e, portanto, não são comuns. Sem essa comunicação, o público continuará na sombra e informe, numa procura espasmódica de si mesmo, mas apoderando-se e conservando a sua sombra em vez da sua substância. Enquanto a *Great Society* não se

---

([7]) Após a Segunda Guerra Mundial, Dewey elaborou um «Afterword» a *The Public and Its Problems*, datado de 22 de julho de 1946. Nestas páginas, tece considerações sobre guerra e relações internacionais, nas quais defende a sua perspetiva insistente de encontrar áreas de interesse comum. Nota-se também um tom crítico relativamente à determinação da economia na organização política da vida social e à associação que realiza entre a destruição provocada pela Guerra e a capacidade dos meios tecnológicos modernos.

converter numa *Great Community*, o Público permanecerá eclipsado. (Dewey, 1981 [1927], p. 142)

A imprensa é vista como uma das organizações enormes e impessoais que, ao estarem centradas nos seus interesses, comprometem seriamente a possibilidade da constituição de comunidade.

Esta breve síntese do pensamento de Dewey indica como o seu olhar estabeleceu a comunicação como elemento central do ser humano e das sociedades, fazendo-o através de uma noção multifacetada e multidimensional. Com a sua conceção, pondo o pensamento individual como resultado de uma troca comunicacional que o sujeito estabelece num contexto associativo, Dewey elaborou uma hipótese sobre o cunho social das raízes dialógicas do pensamento. Como consequência, colocou o processo de comunicação num quadro que é simultaneamente sociológico e normativo e que irá ser prosseguido criativamente por Mead. Ao mesmo tempo, sugere uma reflexão sobre comunicação de massas que é inseparável das suas preocupações mais vastas com a ordem social, política e moral, numa palavra, com a democracia, e que iremos encontrar tanto nos trabalhos de Thomas e Znaniecki como nos de Park. Dewey disponibiliza elementos para uma teoria da comunicação de massas (embora não lhe dê essa denominação) que antecedem o aparecimento dos *mass media* tal como os conhecemos (Peters, 1989a, p. 201). No entanto, não pode deixar de ser assinalada a feição idealista da perspetiva de Dewey, que procurou, por um lado, afirmar mais as potencialidades da comunicação para um sentido de comunidade e, por outro, defender o que a imprensa devia ser como parte cívica do processo de conversação.

Polifonia de perspetivas sobre a comunicação: Charles H. Cooley, William I. Thomas e Florian Znaniecki, Ernest Burgess e Robert E. Park

A partir dos trabalhos pioneiros de Small e Dewey na Universidade de Chicago, a geração seguinte de teóricos sociais, em particular Cooley, Thomas e Znaniecki, Park e Burgess (e Mead, que não desenvolveremos aqui pelas razões já expostas), explora e aprofunda as conceções comunicacionais da racionalidade humana e da sociedade. Ora desenvolvendo o ponto de vista teórico que coloca a comunicação, a criação de símbolos e a linguagem no cerne da formação e transformação da personalidade humana, da interação social e da vida comum em sociedade, ora debruçando-se sobre as possibilidades e as contradições dos meios de comunicação modernos (em particular da imprensa) para a vida pública, estes autores forneceram contribuições fundamentais para transformar a comunicação numa categoria central da sociologia.

Charles H. Cooley: transporte, comunicação e os **media** *como promessa de uma comunidade democrática nos EUA*

Entre os primeiros sociólogos dos EUA, Cooley foi um precursor do pensamento sobre a comunicação como mecanismo da subjetividade, das relações sociais, da sociedade no seu conjunto e condição da democracia. Professor da Universidade do Michigan desde 1892, onde lecionou durante 37 anos, foi fundador, em 1905, da Sociedade Americana de Sociologia. Embora nunca tenha integrado o Departamento de Sociologia e Antropologia da Universidade de Chicago, aparece geralmente associado à sensibilidade teórica desenvolvida nesta universidade no período-chave da transição para o século XX. Na década de 1920, ao lado de dois outros mentores da ideia moderna de comunicação, Dewey e Mead, os seus escritos tiveram forte influência nos sociólogos de Chicago. No entanto, a opção de o considerar parte desta corrente de pensamento não é consensual na teoria social. Os investigadores que se ocupam da história da sociologia tendem a assinalar a diversidade de projetos da Escola de Chicago do Pensamento Social ou a confiná-la ao seu Departamento de Sociologia e Antropologia sob a liderança de Robert E. Park e Ernest Burgess (Bulmer, 1984; Carey, 1975). Já os historiadores dos *media* optam por uma visão mais abrangente da Escola de Chicago, na qual incluem, além dos membros daquele departamento durante os anos de 1920, os filósofos e teóricos que se identificaram com os tópicos da identidade, da interação e da cultura, surgindo assim

Dewey, Mead e Cooley (CAREY, 1997 [1996], pp. 14–33; CZITROM, 1982, pp. 91–121; KATZ [*et al.*], 2003, pp. 104–105; ROGERS, 1994, pp. 150–154). Neste ensaio, seguimos a segunda hipótese, pois permite compreender certas preocupações comuns e linhas de continuidade neste conjunto de pensadores.

As conceções de Cooley sofreram a influência da tradição transcendentalista americana, uma tendência de características filosófico-religiosas que teve como inspiração o idealismo pós-kantiano e se desenvolveu na Nova Inglaterra, entre 1836 e 1860, na fase que antecedeu a explosão industrial dos EUA. Este movimento recusava a fé revelada e os milagres cristãos e acreditava na existência de um princípio divino no interior de cada ser humano. Os transcendentalistas não consideravam a Bíblia uma influência exclusiva, enfatizavam a intuição como meio de acesso à verdade, a consciência como mentor moral e a inspiração como fonte geradora da literatura. As suas referências podiam incluir também o pensamento de Platão, o neoplatonismo e a filosofia oriental. Ralph Waldo Emerson e Henry David Thoreau são duas das figuras da vida intelectual americana que surgem geralmente associadas a esta corrente. De feição romântica, no transcendentalismo descobrem-se os traços típicos do individualismo de matriz platónica, a veneração da natureza em relação à sociedade, a desconfiança perante as autoridades tradicionais e a desafetação relativamente às instituições. Esta perspetiva eclética conjugou-se com o apoio que concederam à reforma social nesse período de transição nos EUA. Na linha de Emerson, Cooley tentou combinar o idealismo da Nova Inglaterra transcendentalista com a crença nas virtudes democráticas do homem comum que ele viu incorporado na civilização de fronteira([8]).

Cooley empreendeu um esforço pioneiro de construção de uma perspetiva sociológica da comunicação, cujos alicerces se encontram na importância que atribuiu ao movimento dos materiais, bens, pessoas e ideias. Neste trabalho, certamente teve como legado as

([8]) Para um tratamento deste assunto, ver COSER (1977 [1971], p. 323) e CZITROM (1982, pp. 101–102). Sobre o significado da fronteira na história americana, ver TURNER (2008 [1920]).

reflexões e discussões que, desde finais do século XVIII, vinham a ocorrer nos EUA e na Europa sobre a racionalização e controlo do espaço, a importância da mobilidade técnica, o aperfeiçoamento dos processos e veículos de trocas e transações, as vantagens comparativas dos diversos meios de transporte (caminho de ferro, estradas, vias fluviais e marítimas) e a relação entre os sistemas físicos de transporte e os sistemas de comunicação psíquica ou espiritual. A este respeito, podem aqui ser recordados teóricos europeus como Claude Henri de Saint-Simon(9), Alexis de Tocqueville, Pierre-Joseph Proudhon, Piotr Kropotkine, Albert Schäffle, Karl Knies, Karl Bücher, que impulsionaram ou acompanharam de perto as transformações técnicas nos transportes e nas comunicações e promoveram debates e propostas sobre os seus efeitos.

Para a defesa da relevância do transporte na história, Cooley desenvolveu três argumentos. Sustentou que a necessidade de movimento das coisas e das pessoas se encontra na base de todo o tipo de organização social e das instituições. Defendeu que o transporte era não apenas necessário para a organização económica que abastece a sociedade com alimentos e outros bens materiais, mas também para as organizações por si designadas psíquicas — as instituições religiosas, educativas e de investigação. Estas, embora ideais nos seus objetivos, requeriam instrumentos materiais. Finalmente, sustentou que o transporte de livros, instrumentos científicos e, acima de

(9) O movimento saint-simoniano, em França, liderado, como o próprio nome indica, por Saint-Simon, distinguiu-se por um imaginário que vislumbrou no florescimento dos transportes e das redes de comunicação consequências morais e sociais que permitiriam fundar uma nova comunidade. Desde pelo menos 1826 que o órgão oficial deste movimento, o jornal *Le Producteur*, fazia eco destas ideias. Estas estiveram na origem da construção de grandes canais e vias-férreas dentro e fora de França. Michel Chevalier foi um dos mais destacados discípulos de Saint-Simon na apologia de que os transportes dotavam o género humano dos mais sublimes destinos. Para um tratamento deste assunto, ver, na literatura francesa, MATTELART (1992, 1994 e 1999). Pierre Musso situa a emergência do conceito moderno de rede, tão importante na atualidade por relação com a Internet, neste movimento (MUSSO, 1997; 2003, pp. 149–240 *maxime* 198–210). Sobre este tópico, ver, na literatura portuguesa, GARCIA (2016, pp. 1–18) e SUBTIL (2007, pp. 103–109).

tudo, de homens responsáveis por diversas funções sociais era tão fundamental à sociedade no seu curso normal como a transferência de substâncias materiais pesadas.

O interesse pela temática da comunicação revelou-se prematuramente em Cooley na escolha do tema para a sua tese de doutoramento, intitulada *The Theory of Transportation* (1894)([10]). Esta tese, considerada pioneira e citada frequentemente nos estudos de economia política espacial, permaneceu durante muito tempo esquecida e só muito recentemente passou a ser considerada um dos estudos fundamentais e texto fundador da reflexão sobre comunicação enquanto fenómeno social, antecedendo, de facto, em duas décadas os escritos de Dewey neste domínio (SIMONSON, 1996, pp. 324–342; 2010, pp. 103–104). Usando as suas próprias palavras, a intenção de COOLEY foi «escrever uma teoria do transporte de um ponto de vista sociológico» (1894, p. 17). Para o seu trabalho, teve como *background* teórico a sociologia e a economia política alemãs.

A feição sociológica — e também a originalidade — do pensamento de Cooley sobre o transporte assenta na tese de que as características deste são determinadas pelas suas inter-relações com as forças e condições físicas e sociais. Advogou que tradicionalmente apenas se tinha concedido atenção às condições físicas, que considerava mais simples e óbvias, e que era necessário penetrar nas questões mais complexas, atinentes às relações sociais do transporte. Na sua ótica, não podia haver uma teoria do transporte adequada que considerasse apenas um aspeto da sua função social — o económico. O económico não era a única dimensão, nem podia afirmar-se como mais importante do que as outras. Todas se reforçariam mutuamente, todas eram igualmente indispensáveis à meta do progresso social em que acreditava.

Entre transporte e desenvolvimento social, Cooley encontrou um nexo causal bidirecional: se o transporte era a alavanca do desenvolvimento social, este também determinava aquele. Cooley

---

([10]) Peter SIMONSON, numa obra dedicada à reconfiguração da história norte-americana da comunicação de massas, considera esta tese «uma pérola esquecida na história intelectual da comunicação» (2010, p. 104).

ressalvou que este raciocínio não fazia parte de uma simples reflexão abstrata relativa à forma como se relacionavam ideias provenientes de domínios disciplinares distintos. O elo de condicionamento mútuo entre transporte e desenvolvimento social é por si explicado através da ideia segundo a qual o transporte é um instrumento das organizações económicas, políticas e militares e que varia com as suas necessidades. Se as condições constantes do progresso dos meios de transporte são os obstáculos naturais que têm de vencer e as forças naturais que empregam, as suas orientações práticas dependem das condições económicas e políticas, assim como dos progressos científicos. Talvez seja possível afirmar que, na sua teoria do transporte, Cooley realiza uma análise sociológica prenunciadora de uma sociologia centrada nas configurações sociais e ideológicas dos avanços científicos e técnicos dos meios de transporte. Para Cooley, os avanços das «artes mecânicas» não surgiam de forma acidental. «Temos os caminhos de ferro não só por causa do engenho de homens como Stephenson, mas porque uma grande necessidade económica daquele período estava por trás desse engenho a instigá-lo» (*ibidem*, p. 41). Na sua opinião, a concentração industrial e a especialização, que estavam a caracterizar o século XIX, não teriam tido o desenvolvimento que observaram sem a transformação dos meios de movimento terrestre, dos canais e dos caminhos de ferro. Os transportes, argumentou, eram em parte causa-efeito da revolução económica que estava a produzir as suas consequências nos finais do século XIX.

Foi no interior desta conceção do transporte e da sua função social que Cooley formulou uma noção de comunicação que, no idioma das várias ciências e na explosão semântica dos termos associados a este conceito, emergiu sob o mote de transmissão de ideias para atingir um propósito comum. Na verdade, a teoria da comunicação e do transporte elaborada por Cooley foi uma tentativa de englobar os múltiplos circuitos de troca material e de intercâmbio simbólico. À medida que se avança na leitura da sua dissertação e primeira obra, torna-se cada vez mais clara a profunda compreensão de Cooley quanto ao significado social da comunicação, bem como a centralidade que este tópico granjeará na reflexão sociológica futura. Para Cooley, a organização das forças sociais significava a unificação de objetivos, a especialização de atividades com vista a um propósito comum, uma interdependência crescente entre as partes da sociedade. Tal organização, tal extensão das relações, envolvia um mecanismo através do qual aquelas podiam existir e se faziam sentir. Compreendeu assim a comunicação como sendo esse mecanismo da organização social no seu sentido mais amplo, incluindo comunicação de ideias e de mercadorias físicas entre um tempo e outro e um lugar e outro. Considerava que estes eram os fios que mantinham a sociedade unida; que era deles que toda a unidade dependia.

Cooley subdividiu o mecanismo da comunicação em dois tipos: o mecanismo da comunicação material e o mecanismo da comunicação psíquica, cada um envolvendo as variáveis de espaço e tempo. No primeiro, o transporte era a forma que tomava a comunicação no espaço, enquanto a comunicação no tempo se concretizava no armazenamento e em atividades afins. No segundo, distinguiu, para a comunicação no espaço, o gesto, o discurso, a escrita, a impressão, o telégrafo, o correio; para a comunicação no tempo, salientou a escrita e a impressão vistas como meios para gravar e preservar o pensamento por períodos consideráveis em conjunto com os costumes, a imitação e a hereditariedade como agentes de conservação. Salvaguardando que esta análise podia ser considerada «imperfeita», Cooley entendia que ela ilustrava suficientemente bem o papel que o transporte jogava no mecanismo social como um todo (Cooley, 1894, pp. 42–43). Na sua compreensão do transporte/comunicação como mecanismo da organização social deteta-se, por conseguinte, o esforço na busca de uma compreensão sociológica (e psicossociológica) para as relações entre os indivíduos e a constituição da sociedade.

Em *The Theory of Transportation*, Cooley partilha de certas conceções e até de um certo tipo de linguagem de Herbert Spencer, em particular a analogia da sociedade com o organismo, a noção de que a sociedade é apenas um nome coletivo para um número de indivíduos e o princípio teórico segundo o qual a integração progressiva da sociedade é uma lei histórica. Na verdade, para responder à interrogação sobre o que era a sociedade, o darwinismo social de Spencer e as analogias entre a sociedade e os organismos biológicos exerceram em muitos pioneiros das ciências sociais uma forte influência no último quartel do século XIX. Mas Cooley integrou uma tendência no interior da sociologia que contestou e procurou superar a visão de Spencer sobre o modo como ocorre a inter-relação entre o indivíduo e a sociedade, centrada na hereditariedade, no individualismo e na secundarização das influências socioculturais([11]). Na interpretação do sociólogo norte-americano, os vínculos entre indivíduo e sociedade em Spencer não tinham um carácter social, mas biológico e individual, e o seu sistema de pensamento era demasiado mecânico, incapaz de explicitar o desenvolvimento da personalidade humana e de compreender as relações intrincadas e multifacetadas entre os indivíduos e a sociedade, em suma, de aceder à forma como os sujeitos são socializados.

Num artigo de 1920, intitulado «Reflections upon the Sociology of Herbert Spencer», Cooley incidiu sobre a influência que Spencer exercera na jovem sociologia norte-americana e apresentou uma perspetiva crítica relativamente às suas principais noções sobre a vida social. COOLEY escreveu que Spencer não oferecia uma verdadeira conceção da ordem social:

> É uma impressão comum que Spencer enfatizou a ordem social à custa da pessoa individual. Eu diria antes que ele pouco se dedicou a conceptualizar quer a ordem social, propriamente dita, quer as pessoas enquanto membros dessa ordem e, consequentemente, nunca confrontou de forma séria o problema da sua relação. (1920, p. 140)

Cooley contrapunha que a vida social envolvia uma organização e uma história de si própria, na qual os sentimentos são continuamente desenvolvidos e transitam para os indivíduos (*ibidem*, p. 138).

([11]) Spencer não excluía completamente as influências socioculturais, pois partilhava a ideia lamarkiana de que os hábitos adquiridos na vida social eram potencialmente transmissíveis aos descendentes dos indivíduos, apesar de este ser um assunto que nunca tenha ficado muito esclarecido, nem as condições do processo bem determinadas, hoje naturalmente supostos fenómenos epigenómicos. Sobre as influências e distanciamentos de Cooley relativamente ao pensamento de Spencer, ver COSER (1977 [1971], pp. 319–320), CZITROM (1982, p. 95), PETERS (1989b, pp. 249–250) e QUANDT (1970, p. 54).

No entanto, deve ser notado que tanto para Spencer como para Cooley (e talvez para Mead) a harmonia era algo como o *télos* das sociedades humanas, e seria realizada mais ou menos espontânea e pacificamente, sem necessidade de revoluções ou guerras civis. Para Cooley, a realidade social era orgânica, mais do que organísmica([12]).

Vale a pena determo-nos, a respeito das observações anteriores, na conceção de Spencer sobre as mudanças evolutivas que ocorreriam nas estruturas e instituições sociais. Para Spencer, a evolução consistia na mudança de um estado de relativa indefinição, incoerente e homogéneo, para um estado relativamente definido, coerente e heterogéneo. Tal como outros fenómenos evolutivos, a sociedade humana era um caso específico da lei natural aplicada universalmente. Assim, todos os aspetos do Universo, quer fossem orgânicos ou inorgânicos, sociais ou não sociais, se regiam pelas leis da evolução. Ao comparar a evolução social à orgânica, o darwinismo social orientou certo tipo de teorias sociológicas para a defesa do princípio segundo o qual os processos sociais e, consequentemente, a mudança social são moldados pela seleção natural, em que a lei do mais forte permanece como facto estruturante.

Spencer desenvolveu hipóteses de análise que o levaram a apoiar teoricamente as virtudes do mercado, o individualismo e o liberalismo (era um partidário fervoroso do liberalismo económico, antiassociativo, e opositor feroz do socialismo) como elementos centrais da interação e constituintes da realidade social. Considerando que os diversos elementos do organismo social se encontravam permanentemente num processo de interação individual, defendeu que só pela concorrência e pela competição individual, livre e espontânea, se poderia construir a ordem social. Ao contrário de Auguste Comte, este um anti-individualista que desenvolveu uma teoria organicista na qual os indivíduos estavam firmemente subordinados à sociedade, Spencer não demonstrava simpatia pelas reformas sociais, e o seu

([12]) No sentido idêntico ao de Dewey em que a sociedade «[...] era um organismo num sentido mais profundo do que aquele que lhe foi dado por Spencer» (Dewey *apud* Peters, 1989b, p. 250).

maior desejo era que a vida social se desenrolasse livre de qualquer controlo externo. Acreditava poder justificar cientificamente que o individualismo acompanhava necessariamente o progresso. O seu evolucionismo de pendor organicista estava imbuído de uma visão otimista e progressista do devir histórico das sociedades e revelou-se um estímulo para enquadrar o pensamento sobre a sociedade, seduzindo intelectual e moralmente filósofos, economistas e sociólogos.

Perante os dilemas resultantes das transformações económicas e políticas que enfrentavam os pensadores daquele período, a teoria da evolução social de Spencer fornecia uma solução — ao conciliar a descoberta da variedade do comportamento humano presente em diferentes culturas com o princípio da unidade psíquica da espécie humana. Foi este ajuste que terá permitido manter a crença na unidade psíquica no quadro da diversidade humana. Sob o enquadramento da doutrina evolucionista, as diferenças de comportamento, fossem no passado ou em regiões distantes, passaram a ser explicadas por referência ao processo evolutivo, o que não refutava a hipótese da universalidade da razão humana.

Recordemos que outros pioneiros da sociologia norte-americana, como William Sumner e Lester F. Ward, apesar das suas orientações teóricas distintas, descreveram a sociedade, sob inspiração spenceriana, como um sistema de crescente relação entre as partes. Com efeito, várias correntes do pensamento social daquele período assumiram que a harmonia coletiva resultava da ação racional na persecução de um interesse individual. Mas com o advento de um período de desenvolvimento do capitalismo e crescente concentração económica, a confiança na autossuficiência individual começou a ser percecionada como fonte de distúrbio intelectual e de injustiça social, levando a que muitos outros teóricos sociais se reorientassem para tradições intelectuais que enfatizavam os conceitos de interação e processo. Neste contexto, a tradição idealista na filosofia e na ciência social de origem europeia, com forte presença nos EUA através da influência de Hegel, foi fundamental para corrigir as teses de Spencer, abrindo a possibilidade de conceber a sociedade não apenas como um organismo meramente físico, mas como um organismo simultaneamente mental e físico, um todo cuja unidade pressupunha valores e sentimentos comuns([13]).

É por via da influência de Albert Schäffle que Cooley se distancia de Spencer. O pensamento do economista político alemão, já anteriormente referido a propósito de Albion Small, enquadrou também a investigação de Cooley sobre o transporte([14]). O livro *Bau und Leben des Socialen Körpers*, no qual Schäffle sustenta a fusão entre as analogias biológicas e a ênfase idealista no papel da cultura, foi fundamental para o desenvolvimento da teoria da comunicação de Cooley. Realcemos que, para Schäffle, o corpo social estava unido por vias de comunicação que atuavam como um sistema nervoso coletivo. A sociedade, vista como um autêntico corpo conectado física e psicologicamente, funcionaria por meio de ideias que eram comunicadas através de símbolos, técnicas ou artes. A linguagem, o discurso, o gesto, a escrita, os meios de comunicação e transporte surgem como os meios que transportam as ideias que conectam as diversas partes da sociedade. Unida por um sistema nervoso comunicativo, a sociedade é tida como mais do que a soma das suas partes. Os meios de comunicação modernos, para Schäffle, criavam não só unidade económica, mas também unidade cultural, científica e artística. A tradição alemã de estudo da comunicação de que Schäffle partilhava procurou compreender as fontes comunicativas da ordem social. Os autores alemães tentaram ir além das visões de comunicação como liberdade de escolha e desta como algo meramente dependente do querer individual. Facultaram à investigação em comunicação de massas um enquadramento mais amplo em termos de teoria social, no interior da qual os estudos de comunicação poderiam prosseguir.

([13]) Os hegelianos de St. Louis foram, de certo modo, os fundadores da filosofia académica nos EUA. Vale a pena salientar que Dewey foi um hegeliano quando jovem e, como se diz, «once a Hegelian, always a Hegelian», ditado às vezes aplicado ao próprio Dewey por alguns críticos.

([14]) É o próprio Cooley quem exprime a sua dívida para com o pensamento de Schäffle relativamente às ideias sobre evolução, natureza orgânica da sociedade e os meios de comunicação modernos. Elas foram guias para o seu próprio pensamento (referências que podem ser encontradas no seu jornal de 1897) (Quandt, 1970, p. 54).

Nas fontes alemãs, os académicos norte-americanos encontraram um contraponto à teoria da evolução social de Spencer. Foi a partir deste legado que Cooley desenvolveu a sua reflexão.

O forte comprometimento de Cooley com o tema da comunicação como processo fulcral da organização social é visível, como bem notou SIMONSON (2010), no ensaio «The Process of Social Change», de 1897, e em três livros que escreve nessa sequência: *Human Nature and the Social Order* (1902), *Social Organization* (1909) e *Social Process* (1918). Nestes textos, centrou-se na «comunicação psíquica», estabelecendo os fundamentos de um campo completo do estudo da comunicação que incluía a comunicação interpessoal e de pequeno grupo, a comunicação organizacional e pública, e ainda os *media* e a história da comunicação. Neles desenvolveu a ideia da comunicação como mecanismo gerador dos «eus», dos pequenos grupos, das instituições, das comunidades, das sociedades e da cultura. Sustentou que a importância da comunicação radica no papel que assume na construção do indivíduo enquanto ator social, defendendo que a identidade humana é criada na interação. O eu emerge como resultado da comunicação com os outros, da relação com o mundo exterior.

Em «The Process of Social Change» (2004 [1897], pp. 21–25), COOLEY antecipou a tese, que será desenvolvida décadas mais tarde por autores como Lewis Mumford, Harold A. Innis e Marshall McLuhan, de acordo com a qual a vida social, cultural e política é alterada com a introdução de um novo meio de comunicação([15]). Neste texto, Cooley desenvolveu a conceção do ser humano como «animal solidário e comunicante» e que esta característica o torna apto a ser formado por um «ambiente social». Esta ideia é chave para entender a importância que deu à comunicação como mecanismo da mudança sociocultural:

> O ambiente social do homem abrange todas as pessoas em relação às quais ele tem conhecimento e empatia, todas influências que o tocam. Se leio Aristóteles, o meu ambiente estende-se até há dois mil anos; se

([15]) A este respeito, ver observação de PETERS (2000 [1999], pp. 184–188). Ver na literatura portuguesa SUBTIL (2006b).

> leio os relatos do Japão, isso leva-me para os antípodas. Que eu possa ser influenciado pela *Ilíada*, o Novo Testamento e outras expressões de homens distantes de mim no tempo e no espaço, tal deve-se às artes da escrita, da impressão e do transporte, assim como quando acedo ao pensamento complexo do meu vizinho se deve à arte do discurso. (2004 [1897], p. 21)

Com esta perspetiva, Cooley procurou sustentar que é por via do mecanismo da comunicação que as influências sociais dos indivíduos uns sobre os outros se exercem no tempo e no espaço. O sistema de comunicação existente em cada época histórica determinaria, assim, o alcance do ambiente social. Se a sociedade é o resultado da influência dos humanos uns sobre os outros, e porque essa influência é um assunto de comunicação, então a história da comunicação é «a fundação de toda a história», diz Cooley (2004 [1897], p. 21). O gesto, o discurso, a escrita, a imprensa, o correio, os telefones, os telégrafos, a fonografia, a técnica das artes e das ciências são formas que integram o mecanismo da comunicação, meios através dos quais o pensamento e o sentimento passam entre os sujeitos (*idem*, *ibidem*, p. 22).

No mesmo texto, apresenta um breve esboço histórico das mudanças na comunicação. Em épocas remotas, o ambiente e as relações sociais encontravam-se fundamentalmente dependentes do discurso oral. «Mas como instrumento de organização, o discurso tem grandes defeitos; falta-lhe alcance tanto no tempo como no espaço», escreve (*ibidem*, p. 22). O discurso só consegue ir «onde o homem vai; e embora passe de homem para homem e, portanto, de geração para geração, flui numa corrente escassa e errante, limitada na capacidade» (*ibidem*). Esta caracterização do discurso oral levou Cooley a formular a seguinte interrogação retórica: «O que seria agora do Novo Testamento ou dos trabalhos de Platão se tivessem chegado até nós desta forma?» (*ibidem*). Compreende-se assim, argumenta Cooley, que com os seus laços «fortes, numerosos e indestrutíveis», a escrita tenha substituído a precariedade da tradição oral. A escrita torna possível uma vasta influência política que não pode ser organizada e mantida sem leis registadas e instruções precisas; permite o avanço da ciência; é uma condição de diversificação da literatura; está na base de todos os alargamentos sociais e especialização individual; a escrita, enfim, estende incomensuravelmente o ambiente de todas as pessoas que conseguem ler e que têm acesso a todos os tesouros que a escrita registou (*ibidem*). Nesta linha de raciocínio, à imprensa cabia a função particular de tornar a comunicação geral ou democrática. Livros e jornais associados a uma educação popular podiam permitir o acesso a uma multiplicidade de influências. A comunicação escrita mediada pelas novas técnicas oferecia aos sujeitos uma seleção entre muitos ambientes, tornando-se condição natural dos indivíduos (*ibidem*, pp. 22–23). O que o gesto e o discurso garantiam no interior do que Cooley cunhou como «grupos primários»([16]), os meios de comunicação modernos passavam a assegurar para o conjunto da sociedade. Os desenvolvimentos da segunda metade do século XIX no domínio das técnicas de informação e de comunicação — correio mais veloz e eficaz, impressão mais barata, telégrafo, telefone, fotografia e jornais diários — estariam a dar origem a uma nova era na comunicação e na organização social, propiciando o alargamento e a diversificação dos fluxos de pensamento e do sentimento de multiplicação das possibilidades de relação sem propinquidade, bem como o alargamento do significado de democracia. Como se compreende, Cooley não demonstra melancolia pela erosão de um mundo em que a comunicação exigia a presença física (Peters, 1989b, pp. 254–257; 2000 [1999], p. 185).

Se nos escritos de juventude Cooley tinha refletido sobre a dinâmica histórica da comunicação, localizando nesta o motor do mecanismo de transformação social ao longo dos tempos, nos seus escritos de maturidade a problemática central consiste nas expectativas sobre as formas de comunicação moderna. À escala da sociedade, a comunicação de massas foi por si considerada como tendo o poder

([16]) Por grupos primários, um conceito que Cooley legou à sociologia, entenda-se «a associação íntima face a face e a cooperação, ambas primárias em vários sentidos, mas principalmente naquele em que são fundamentais na formação da natureza social e nos ideais dos indivíduos» (Cooley, 1909, p. 3). A este respeito, ver ainda Coser (1977 [1971], p. 308).

de conduzir as transformações que estavam a ocorrer com o avanço da sociedade industrial nos EUA, no sentido da formação de uma grande comunidade. Esta visão, que encontramos em Dewey e nos seus discípulos, mostra como, desde os seus inícios, a investigação norte-americana em comunicação, incluindo a comunicação de massas, se articulou de forma estreita com temas de filosofia política relacionados com os tópicos da comunidade e da democracia. Como escreve Simonson, o estudo da comunicação nos EUA, além da consideração estritamente epistemológica, envolveu na sua génese «[esse] *sonho* da esperança na comunicação» (SIMONSON, 1996, p. 324 [itálico no original]). A comunicação de massas era investida da capacidade de restaurar a comunidade e implementar a democracia nas novas condições da sociedade industrial avançada([17]).

Em *Social Organization: A Study of the Larger Mind* (1909), Cooley insistiu na tese segundo a qual a época da comunicação moderna anunciava a possibilidade de uma verdadeira comunidade democrática nos EUA, desenvolvendo ao mesmo tempo uma importante teoria da opinião pública. As novas formas de comunicação moderna, para Cooley, estavam a modificar a psicologia da vida social, a estender o poder da natureza humana, a desbravar o caminho para uma sociedade mais humana e a abrir uma nova era de progresso moral. Cooley julgava que os meios de comunicação modernos podiam contribuir para uma sociedade baseada nas mais elevadas faculdades humanas — a inteligência e a empatia. Acreditava ainda que uma comunicação cada vez mais livre estava a instaurar uma forma democrática de governo — tornando possível uma verdadeira comunidade democrática na América. Se até ao século XIX a imaturidade da comunicação tinha significado a imaturidade da democracia, uma vez que as mudanças de opinião estavam confinadas ao local, o desenvolvimento da comunicação moderna permitiria o alargamento e maturidade da democracia. A troca rápida de pontos de vista, que até então tinha circunscrito a democracia ao espaço da pequena comunidade, podia agora exercer influência à escala nacional.

([17]) Sobre a narrativa dos progressistas relativamente à conexão entre formas locais de comunidade e democracia, ver SIMONSON (1996, pp. 324–342).

Ao dar e receber opiniões e ideias, ao público abria-se a possibilidade de exercer controlo em áreas cada vez mais amplas da vida comum.

Como se afirmou, o nexo que se estabelece entre comunicação e democracia surge, nesta obra, alicerçado numa teoria comunicativa da opinião pública, tema a que dedicou um longo capítulo (Cooley, 1909, pp. 61–134). A opinião pública surge definida «não como mero agregado de julgamentos individuais separados, mas [como] uma organização, um produto cooperante da comunicação e da influência recíproca» (*ibidem*, p. 121). A opinião pública não é a soma de pensamentos individuais separados, mas antes um todo orgânico, o resultado solidário da comunicação e da influência racional recíproca entre os atores sociais. Tal como um indivíduo, um grupo (a uma escala maior) tem de dedicar tempo e atenção a uma questão, investigar o seu conhecimento sobre ideias pertinentes e sentimentos e trabalhá-los em conjunto para formular o seu pensamento sobre determinado assunto. Cada indivíduo prepara a sua mente não só com o que já faz parte da sua reflexão e memória, mas também com as ideias que fluem a partir do contacto com os outros, cujas mentes também se elevam (*ibidem*, pp. 121–122). Cada um tenta partilhar factos ou pensamentos que pensa serem insuficientemente considerados ou até desenvolvidos. A unidade desse todo orgânico não é a da identidade, mas a da vida em ação, uma cristalização do diverso, relacionada com o universo das ideias. Para que se erga uma opinião pública refletida e ponderada, é fundamental, segundo a conceção de Cooley, que exista debate e confronto de tendências de pensamento opostas, pois este é o princípio definidor da democracia.

Cooley era um apaixonado das virtudes da democracia, precisamente porque a via como um modo de governo que chega à unidade moral não através da superação das diferenças, mas da sua manifestação no fórum da opinião pública([18]). Na sua teoria da opinião pública, o problema central não é que o acordo seja alcançado. Concebendo o conflito social como necessário e inevitável, acreditava que do debate

---

([18]) Em Coser encontra-se uma curta, mas incisiva, leitura do conceito de opinião pública de Cooley (Coser, 1977 [1971], p. 312).

e da discussão resultariam um certo amadurecimento e estabilidade de pensamento.

> Haverá tantas diferenças de opinião como havia antes, mas as diferenças agora existentes são comparativamente inteligentes e duradouras. As pessoas sabem o que verdadeiramente pensam sobre o assunto, e o que as outras pessoas pensam. Medidas, plataformas, candidatos, credos e outros símbolos têm sido produzidos, os quais servem para expressar e auxiliar a cooperação e definir a oposição. Passou a existir uma organização relativamente completa do pensamento, para a qual cada indivíduo ou grupo contribui de forma própria. (*Ibidem*, p. 122)

Vale a pena ainda notar que, para Cooley, a opinião pública não é algo uniforme, comporta múltiplas diferenças. «Perante um modelo de referência comum», escreve Coser, «a opinião pública [em Cooley] é o produto do desacordo comunicado, refinado através do debate e da confrontação intelectual» (Coser, 1977 [1971], p. 312). Cooley distingue a opinião verdadeira e madura da mera impressão popular. A primeira exige atenção séria e discussão demorada de um determinado tema, e quando é alcançada é significante, mesmo que esteja errada. A segunda é idêntica às visões irrefletidas e expressões orais dos indivíduos. É fácil, superficial, transitória, inconstante e estúpida e é usada, regra geral, para descrever a mente popular. Diferencia ainda opinião geral, na qual praticamente todos os indivíduos tomam parte, de uma diversidade infinita de opiniões específicas ou de classe — da família, do clube, da sala de aula, da festa ou do sindicato. A sua atenção, porém, centra-se nos meios de comunicação modernos como criadores de uma opinião pública capaz de suportar a democracia.

O jornal como antídoto da «desorganização social» em William I. Thomas e Florian Znaniecki

Além de ter sido o princípio definidor da interação social, a comunicação em Chicago foi também investida de um papel crucial no restabelecimento do controlo e da coesão social no âmbito de um processo de mudança social induzido por grandes transformações económicas, demográficas e tecnológicas. Quer as novas técnicas de transporte (do comboio ao automóvel e ao avião) quer os novos aparelhos de comunicação (do telégrafo ao jornal e do telefone ao cinema e à rádio) foram vistos como instrumentos por meio dos quais a sociedade moderna estava a ser formada pela comunicação. Estes meios e a sua expansão foram pensados como condição para a criação de uma comunidade democrática num contexto de mudança social. Esta orientação, que denota claramente a influência de Dewey, encontra-se bem visível na investigação, hoje considerada clássica, de William I. Thomas e Florian Znaniecki, *The Polish Peasant in Europe and America* (1984 [1918–1920]), assim como nos trabalhos de Robert E. Park (a solo ou com Ernest Burgess), que podem ser compreendidos como parte de um esforço conjunto para estruturar, organizar as novas cidades, erguidas por via de fluxos migratórios de grande magnitude e da industrialização maciça, e a vida cívica.

Perante um processo acelerado de «desorganização social», expressão de Thomas e Znaniecki, para caracterizar o declínio das relações de proximidade (grupos primários) e da perda de laços de solidariedade provocados pela deslocação das populações, desagregação da família e proliferação das relações de mercado, a comunicação passou a ser redefinida como um princípio para o restabelecimento da ordem e da coesão social, conceitos capitais da sociologia de Chicago, não só à escala das pequenas comunidades locais, mas também à escala da sociedade nacional. Para estes sociólogos, a «reorganização social», ou a organização social moderna, só podia ser alcançada por via de processos ativos de comunicação. A comunicação era um antídoto para a «desorganização social» (Thomas e Znaniecki, 1984 [1918–1920], pp. 218–219).

É neste sentido que apontam as referências de Thomas e Znaniecki ao papel da imprensa na sociedade moderna. Num excerto de *The Polish Peasant in Europe and America*, quando discutem as possibilidades de reorganização social das comunidades camponesas, que se tinham deparado com um processo de isolamento provocado pela multiplicação e intensificação de contactos com o mundo social exterior (espaços humanos mais vastos, complexos e interculturais), descrevem como a comunicação, através da imprensa, na impossibilidade de se forjar uma cooperação harmoniosa em larga escala, tomou o lugar do contacto direto e como a solidariedade moral abstrata deu lugar a uma solidariedade social concreta (*ibidem*, p. 218). Em Thomas e Znaniecki — e esta asserção vale para outros teóricos de Chicago —, encontra-se uma conceção difusa e muito característica do imaginário dos EUA — a esperança num certo papel redentor das técnicas de informação como parte desse fenómeno que Leo Marx apelidou de «sublime tecnológico» (2000 [1964], p. 195). David Depew e John D. Peters sintetizam de forma muito apropriada esse espírito:

> Cada novo meio de comunicação, do telégrafo à Internet, tem sido aclamado não só como um meio mais eficiente de envio de sinais, mas como rearranjo, para o bem e para o mal, das redes da ordem democrática. O problema da comunicação e da comunidade nos EUA é, assim, não só um tópico teórico fascinante; é um emaranhado numa longa e profunda história de ansiedades e desejos políticos. (2001, p. 6)

A sociologia da comunicação e dos **media** *de Robert E. Park*

O nexo entre mudança social, reconfiguração da cidade e a ação da comunicação foi também um dos temas persistentes do trabalho de Park. As obras deste autor, um dos sociólogos que mais próximo esteve do pensamento filosófico-comunicacional de Dewey, dispondo ainda de um amplo conhecimento da teoria social europeia, em particular a alemã, tornaram-se clássicos da sociologia urbana. Todavia, o seu pensamento e investigação têm na comunicação o conceito central a partir do qual ergueu a sua perspetiva sociológica. O reconhecimento do seu trabalho no âmbito comunicacional é bastante tardio, remontando apenas à década de 1980 (Frazier e Gaziano, 1979, pp. 1–47; Czitrom, 1982, pp. 91–121; Saperas, 1992, pp. 160–168; Rogers, 1994, pp. 172–190; Berganza Conde, 2000; Buxton, 2008, pp. 345–362; Muhlmann e Plenel, 2008), embora a sua tese de doutoramento, publicada em alemão em 1904 e só traduzida para a língua inglesa em 1972, se debruçasse sobre problemas teóricos que atravessam os estudos de comunicação e que são constantes em toda a sua reflexão — o comportamento coletivo (a massa e o público), os *media*, a natureza da sociologia e o laço social.

O seu interesse por este tópico remonta à última década do século XIX (entre 1891 e 1892), quando, ainda como jornalista, participou, a convite de Dewey, no empreendimento editorial *Thought News: A Journal of Inquiry and a Record of Fact.* Este projeto, que acabou por nunca se concretizar, tinha como intuito principal contribuir para esclarecer o público relativamente ao modo como as «leis sociais» produzem o que é convencionalmente definido como «problemas». De acordo com uma referência de Willinda Savage, em 1892, Dewey e o jornalista Franklin Ford, outro mentor desta iniciativa, descreveram-na do seguinte modo:

> Este será um jornal e terá como aspiração realizar a função do jornal [...] que não deverá discutir ideias filosóficas *per se*, mas usá-las como ferramentas para a interpretação dos movimentos/correntes de pensamento; que deverá tratar questões de ciência, de cartas, de Estado, de escola e de igreja como partes da vida movente do homem e por isso de interesse comum, e não relegar estas questões para departamentos de interesse meramente técnico; que deverá prestar atenção às novas contribuições do pensamento, quer dos livros ou das revistas, do ponto de vista das próprias notícias e não do ponto de vista do patrão ou do censor. (SAVAGE *apud* CZITROM, 1982, p. 107[(19)])

Ao propiciar um maior entendimento dos acontecimentos, este jornalismo de elevada qualidade iria fornecer o conhecimento que deve anteceder a ação efetiva (MATTHEWS, 1977, p. 27). O poder da imprensa estaria, assim, na habilidade de dar a conhecer o sentido das relações entre os factos e, mais genericamente, as suas próprias relações para o movimento da vida. Só desta forma se passaria da opinião para a inteligência, fornecendo um eixo científico à ação social. Uma feliz referência de Dewey sintetiza estas conceções: «um

(19) Este excerto citado por Czitrom encontra-se num artigo de 1950, publicado por Willinda Savage, «John Dewey and "Thought News" at University of Michigan», *Michigan Review* 56, pp. 204–205, que teve como base o *Michigan Daily*, 16 de março de 1892.

jornal diário digno desse nome seria a única ciência social possível» (DEWEY *apud* MATTHEWS, 1977, pp. 20–30)([20]).

O envolvimento de Park em *Thought News* marcou de forma indelével a sua conceção de investigação sociológica, bem como o seu pensamento sobre as notícias, o jornalismo e a influência da opinião pública. Park procurou estabelecer uma conexão estreita entre duas formas de conhecimento que considerava possuírem muitos pontos de contacto, o jornalismo e a sociologia, intenção que o une ao sociólogo e jornalista germânico Siegfried Kracauer, tendo assistido ambos às lições de Georg Simmel em Berlim. Numa nota autobiográfica, que ditou à sua secretária na Universidade de Fisk e encontrada nos seus documentos após ter falecido, deixou como palavras finais que sempre concebeu o sociólogo como uma espécie de «super-repórter», um repórter com um pouco mais de precisão e de desprendimento do que a média (PARK, 1950). Park considerava que as notícias eram a fonte principal do conhecimento que o público tem do meio envolvente. Na linha de Dewey, defendeu a existência de um vínculo entre informações indispensáveis, rigorosas e fecundas e uma democracia sustentada na conversação e na construção de um público que aquelas possibilitam. Daí a imensa responsabilidade que imputava à imprensa na constituição desse público democrático, bem como no reforço da qualidade da democracia. Segundo Park, existiam condições excecionais para este objetivo devido ao desenvolvimento tecnológico, que tinha permitido que os novos meios de comunicação superassem os obstáculos físicos e psicológicos entre as pessoas, dando-lhes a oportunidade de recriar as relações face a face em grande escala, ao mesmo tempo que possibilitavam a disseminação da verdade a um número crescente de indivíduos. A experiência naquele projeto e a sua atividade como jornalista consolidaram a sua convicção de que a comunicação é a principal força de coesão da sociedade moderna.

([20]) O excerto citado por Matthews encontra-se em Charles H. Cooley, *Notes on Lectures by John Dewey*, Michigan, University of Michigan Historical Collections. Sobre o projeto *Thought News*, ver também os contributos de CZITROM (1982, pp. 104–108), BERGANZA CONDE (2000, pp. 14–20) e MUHLMANN (2008, p. 26).

Em *Introduction to the Science of Sociology* (1970 [1921]), obra de Park e Ernest Burgess, deparamo-nos com um entendimento da comunicação como elemento central da sociologia. Nesse livro, considerado por muitos a obra sociológica mais influente nos EUA entre as duas Grandes Guerras Mundiais, a sociologia é concebida como «a ciência do comportamento coletivo», que estuda a mente em relação social, contrapondo-se à psicologia, a qual se centra nas mentes isoladas (PARK e BURGESS, 1970 [1921], p. 42). Uma centena de páginas mais adiante lê-se: «A sociologia, como psicologia coletiva, lida com a comunicação» (*ibidem*, p. 132). A comunicação é entendida como o processo através do qual se transmite uma experiência de um indivíduo ao outro e é ao mesmo tempo o meio através do qual os indivíduos logram uma experiência comum (*ibidem*, pp. 36–37). É esta experiência que cria as condições para uma existência comum e pública, para um consenso no qual o indivíduo, em maior ou menor grau, participa e do qual ele próprio é parte. A organização social dos seres humanos, os vários tipos de grupo social e as alterações que ocorrem neles em diferentes contextos e condições são determinados não apenas pelos instintos e pela competição, mas por uma herança social — composta por costumes, tradição, opinião pública e contrato — que é criada e transmitida pela comunicação, argumentam PARK e BURGESS (*ibidem*, pp. 80–81).

> A continuidade e a vida de uma sociedade dependem do seu sucesso de transmitir, de uma geração para a outra, as suas crenças e práticas partilhadas, costumes morais, técnicas e ideias. Do ponto de vista do comportamento coletivo, estes traços culturais podem todos ser reduzidos a um termo, «consenso». A sociedade vista abstratamente é uma organização de indivíduos; considerada concretamente é um complexo de hábitos, sentimentos e atitudes sociais organizadas — em suma, o consenso. (*Idem*, *ibidem*, p. 81)

Nessa realidade *sui generis* que é a comunicação, Park e Burgess perceberam, como bem nota PETERS, uma «nova possível fundação para as ciências sociais», em particular para o surgimento do novo oximoro disciplinar que dá pelo nome de psicologia social (1986, p. 533).

Num ensaio posterior, intitulado «Reflections on communication and culture» (Park, 1972b [1938], pp. 98–116), o elo entre comunicação e sociedade aparece ainda mais reforçado quando insiste que a comunicação desempenha um conjunto de funções essenciais para a manutenção da sociedade. Segundo Park, a comunicação ergue o consenso e o entendimento entre os indivíduos de um determinado grupo social, princípios fundamentais para constituir uma sociedade, mas também uma unidade cultural; forja, fomenta uma rede de costumes e expectativas recíprocas que unem as diversas entidades sociais (família, a organização do trabalho, etc.); auxilia na manutenção da ordem e da cooperação, essenciais para o funcionamento da sociedade; transmite a herança cultural, a história e a tradição dos grupos sociais, no sentido em que assegura não só a prossecução de empreendimentos comuns, mas também das instituições sociais no quotidiano e de geração em geração (*ibidem*, p. 102).

Esta dinâmica cultural do conjunto social através da comunicação permite decifrar o seu conceito de controlo social. A teoria social parkiana concede importância a duas ordens sociais. A ordem biótica ou ecológica, pautada por relações involuntárias e de interação simbiótica — como a competição, o conflito, a adaptação e a assimilação. Esta é a ordem do mundo exterior, do mundo comercial, e também em menor grau da política, na qual o indivíduo, livre de constrangimentos sociais e morais, prossegue os seus interesses individuais. E a ordem moral, em que a comunicação é o processo de interação predominante e donde resultam os significados conscientes que se afetam mutuamente. A ordem moral predomina no mundo mais próximo, na comunidade, na família. Nesta, os interesses, expectativas e reivindicações dos outros impõem-se ao indivíduo. Nos grupos primários, a comunicação e as influências pessoais são o princípio de equilíbrio. Park pretendeu sugerir que estas duas ordens sociais, regidas pela competição e pela comunicação, embora desempenhem funções sociais distintas, se acrescentam e complementam mutuamente.

Ao propor um modelo de sociedade regido simultaneamente por duas ordens sociais constitutivas da vida social, o mundo social, para Park, é sempre modelado pelo dinamismo próprio de uma estrutura — vista segundo o arquétipo da teoria naturalística da evolução social — em processo permanente de ajustamento às necessidades sociais dos indivíduos e grupos, em constante situação de «equilíbrio instável» ou «desequilíbrio dinâmico». Este compromisso móvel só é alcançado quando o consenso, construído por via da comunicação, ameniza as relações de competição e conflito. Enquanto a competição diferencia os indivíduos e os grupos, a comunicação integra-os. Nos seus trabalhos sobre a imprensa, esta perspetiva encontra-se também presente.

Em *The Immigrant Press and Its Control* (1922), avançou com a hipótese segundo a qual a imprensa em língua estrangeira era uma força cambiante e ambivalente que, se conduzia inevitavelmente à assimilação da cultura americana, preservava ao mesmo tempo a herança cultural do grupo([21]). A imprensa era o vínculo de união do imigrante com o seu grupo étnico, a comunidade em que vivia e o mundo que o rodeava, isto é, a nação que o acolhia. A obra aflorou ainda, e tal como o título sugere, a importância do conceito de controlo social, noção central na teoria parkiana. Consciente dos receios do governo norte-americano relativamente à possibilidade de a imprensa imigrante estar a ser veículo difusor de ideias propagandísticas ou correntes de opinião que fizessem perigar a segurança nacional (mais de metade dos jornais publicados nos EUA em língua estrangeira era em língua alemã), Park advogou uma colaboração próxima com as instituições das comunidades imigrantes, em particular com a imprensa, para favorecer a integração e a assimilação da cultura dos EUA. Para Park, a imprensa em língua estrangeira podia ser considerada um instrumento de «americanização». Neste livro, nota-se um esforço pioneiro no sentido de ultrapassar o viés do «nacionalismo metodológico» tão característico das ciências sociais no seu período clássico. A imprensa imigrante serviu, por um lado, como força de

([21]) O livro *The Immigrant Press and Its Control*, publicado em 1922, é um dos onze livros que resultaram de um projeto mais vasto intitulado «Americanization Studies: The Acculturation of Immigrant Groups into American Society». Esta série foi dedicada aos chamados «métodos de americanização». Este projeto, coordenado por Allen T. Burns, foi financiado pela Carnegie Corporation, de Nova Iorque, logo a seguir à Primeira Guerra Mundial, aquando do aumento exponencial da emigração para os EUA.

conexão, no sentido em que ajudou a preservar a língua e a cultura dos países de origem, ao mesmo tempo que promovia sentimentos nacionalistas que tinham estado até então adormecidos; e, por outro, facilitou o ajustamento das comunidades imigrantes ao contexto norte-americano.

No seu ensaio sobre a história natural do jornal, uma gesta das «espécies sobreviventes, [...] uma explicação das condições sob as quais os jornais existentes se têm desenvolvido e tomado forma» (PARK, 1923, p. 274), gizou o desenvolvimento histórico dos jornais em quatro momentos capitais — cartas (*newsletters*), jornais de opinião (*party papers*), imprensa independente (*independent papers*) e a *yellow press*. Conduzido pela conceção de que a imprensa é uma instituição modelada por um processo incessante de adaptação às necessidades dos sujeitos e dos grupos no quadro das mutações de cada período histórico, sustentou que na cidade moderna o jornal veio substituir os contactos pessoais e a coscuvilhice organizada (*organizing gossip*), da pequena comunidade (aldeia), como principal fonte de controlo social e de formação da opinião pública. Para Park, o jornal e as notícias constituem, na grande urbe, mecanismos de controlo social e de formação da opinião pública no sentido em que são um guia para a realidade, assinalando sistematicamente o que escapa à normalidade e fornecendo assuntos para a conversa, motes para discussão: «É pedido à imprensa que crie uma força mística chamada "opinião pública" que desafie a indolência nas instituições públicas» (*ibidem*, p. 278). Neste ensaio, enunciou também as expectativas que foram depositadas no possível papel desempenhado pelo jornal na construção do espírito comunitário nas sociedades urbanas do início do século XX, embora tenha assinalado as dificuldades de tal empreendimento:

> É evidente que o jornal não pode fazer por uma comunidade de um milhão de habitantes o que a aldeia fazia espontaneamente por si própria através da coscuvilhice e do contacto pessoal. Todavia, os esforços do jornal para alcançar este resultado impossível são um capítulo interessante na história quer da política quer do jornal. (*Ibidem*, pp. 278–279)

Foi a história destas dificuldades, que é também a história do jornal, que Park traçou ao longo deste ensaio, ficando implícito que os caminhos tomados não foram aqueles que mais se ajustavam aos anseios que depositava na imprensa. Park concluiu que, se a história não seguiu o caminho que se desejava, a culpa não é das instituições, mas das pessoas eleitas para as dirigir e da incorrigível natureza humana. Logo, não se pode esperar dos jornais da sua época mais do que aquilo que eles eram: «são tão bons quanto podem ser». Na sua perspetiva, uma imprensa melhor só poderia ser alcançada através da educação das pessoas e da organização da informação política e da inteligência (*ibidem*, p. 289).

Nos múltiplos textos que escreveu sobre imprensa, ao longo de duas décadas, deteta-se o seu crescente desconforto relativamente ao jornalismo, que ameaçava ser predominante na passagem para o século XX. Se começou por acreditar que as notícias e a sua circulação são fundamentais para o processo de difusão cultural, não deixou de ter consciência de que a fórmula escolhida para aumentar o público leitor de jornais foi dar às notícias um tom de literatura: escrever notícias de uma forma tal que apelasse às emoções. Perante este objetivo, a fórmula passou a ser amor e romance para as mulheres, desporto e política para os homens (*ibidem*, p. 287). Esta tinha sido, aliás, a grande aposta dos fundadores da denominada *yellow press*, Joseph Pulitzer e William Randolph Hearst, sendo que o principal contributo do primeiro foi o *muckraking*([22]) e o do segundo, o ruído. Se até Pulitzer e Hearst o jornal se tinha regido pelo princípio de que o seu negócio era instruir, a partir de então o apelo ao coração sobrepôs-se ao do intelecto. A partir desse momento, nem tudo o que é impresso no jornal pertence ao universo das notícias. É impresso como notícia, mas é lido como se de literatura de cordel se tratasse — é publicado porque incita às emoções e excita a imaginação, e não porque a mensagem é urgente e impele à ação. Enquanto as

([22]) A tradução literal de *muckraking* é «apanhando porcaria». O termo refere-se a um tipo de jornalismo, surgido no período do movimento progressista, que teve sobretudo expressão em revistas, denunciando escândalos, injustiças sociais e os grandes jornais por serem reféns do dinheiro da publicidade.

notícias encontram a sua essência no tempo e no espaço, já na arte e na literatura o tempo e o espaço não impõem limites à circulação, afirma Park (1927, pp. 806–813; 1972b [1938], pp. 115–116).

Na sua argumentação, as novas tendências da *penny press* e posteriormente da *yellow press* estavam a engendrar um jornalismo que, mais do que contribuir para a construção de um público democrático, promotor de uma opinião pública, entendida como unanimidade de juízo alcançada por via da discussão crítica e racional (do domínio referencial da comunicação, em que ideias e factos são comunicados), era de forma crescente um «mecanismo para o controlo coletivo da atenção» (1972a [1904], p. 46). A opinião que daí resultava era o juízo formado no exato momento em que a informação passava a ser recebida, e que só podia resultar em perceções imediatas e irrefletidas. Esta tendência faz Park recear que se opere uma regressão dos leitores modernos em direção à multidão emocional, uniforme e intolerante descrita por Gustave Le Bon. Na sua análise, as mudanças drásticas ocorridas no mundo moderno conduziram a que se possa perder a perspetiva histórica e o que se tende a viver é um eterno «presente ilusório». Na linha dos primeiros críticos do cinema, Park ataca ferozmente os passatempos modernos que se encontram organizados em redor dos *media*: «Esta insatisfação e ânsia de aventura é, para a maior parte, estéril e ilusória, porque não são criativas. [...] É no uso imprevidente do tempo de lazer que, suspeito, ocorre o maior lixo na vida da América» (1925, p. 675). Anos mais tarde, referiu-se às formas de comunicação simbólicas e expressivas — literatura, cinema e belas-artes — como «influências culturais subversivas» (1972b [1938], p. 115). Escreve:

> [...] a função da arte e do cinema é, no seu todo, e apesar do uso que tem sido feito para propósitos educativos, definitivamente simbólica, e como tal influencia profundamente sentimentos e atitudes, mesmo quando não deu contributo real para o conhecimento. (*Ibidem*, p. 116)

Pelo volume e diversidade da sua investigação empírica, bem como pela importância teórica dos seus *insights*, Park bem pode ser considerado o primeiro sociólogo da comunicação e dos *media*. Os outros teóricos de Chicago concederam à comunicação um papel primacial na constituição dos laços sociais, legando contribuições valiosas para a explicação sociológica neste tópico, mas foi a sociedade, a sua organização e as profundas transformações que estavam a ocorrer que concentraram a sua atenção. Ora, Park aliou esta preocupação e o seu projeto cívico ao estudo concreto de como a comunicação e os *media* se desenvolveram e operaram na realidade durante aquele período. Os trabalhos sobre cinema de dois dos seus alunos, Paul Cressey e Frederic Thrasher, realizados já na década de 1930, confirmam o seu apego ao estudo dos *media* (Buxton, 2008, pp. 345–352).

Conclusão

Foi sob o estímulo e o impacto do movimento reformista, decorrente dos desenvolvimentos da vida pública americana na sequência da Segunda Revolução Industrial, que os teóricos de Chicago (Small, Dewey, Mead, Cooley, Thomas e Znaniecki, Park e Burgess) desenvolveram uma reflexão que colocou a comunicação e a interação social no âmago da compreensão do ser humano e da explicação sociológica. A esta valorização da comunicação humana acrescentaram um aspeto normativo de acordo com o qual a comunicação é considerada fundamento moral da vida coletiva e condição da democracia como ideal social. Persuadidos por esta perspetiva, acreditaram nas possibilidades de democratização estimuladas pelos meios técnicos da comunicação.

Para os objetivos deste ensaio, foram enfatizados os elementos de ligação entre os teóricos identificados com a Escola de Chicago do Pensamento Social, embora estejamos bem conscientes da existência de diferenças mais ou menos acentuadas entre eles. No entanto, três aspetos principais podem ser destacados das suas reflexões sobre a comunicação e a sociedade.

Em primeiro lugar, o conceito de comunicação foi utilizado como sinónimo de conexão, de ligação humana. A socialização e o processo de formação do eu ocorrem por via da comunicação. Distanciando-se conceptualmente das interpretações instintivas do comportamento humano, fundaram um ponto de vista teórico que põe a comunicação interpessoal no cerne da formação e transformação da personalidade. Esta pista abriu o caminho para uma corrente de investigação que, como se sabe, Blumer cunhou com o termo «interacionismo simbólico». Este conceito de comunicação funda-se numa perspetiva trans-acional da atividade simbólica dos indivíduos que ocorre numa pluralidade de níveis articulados, da dimensão interior a um sujeito singular até às dimensões interpessoal, intergrupal, e que são coextensivas à sociedade global. Colocando a comunicação em profunda conexão com a esfera social, esta perspetiva ofereceu também à sociologia, por um lado, a sugestão de níveis de análise que foram prosseguidos criativamente pela tradição do interacionismo simbólico e, por outro, uma hipótese potente que contraria a lógica explicativa de um certo reducionismo da explicação sociológica à prioridade causal do grupo *qua* grupo, característica da tradição francesa que Durkheim sistematizou em termos metodológicos.

Em segundo lugar, a comunicação foi considerada a chave para a solução potencial dos problemas sociais das sociedades urbanas, cosmopolitas e industrializadas. Naquele período histórico, os conceitos de comunicação e comunidade foram utilizados como discurso de protesto e resolução das antinomias induzidas pela industrialização avançada e o crescimento enorme das cidades, mas também como a fórmula para que esses tomassem contornos mais humanos e mais consentâneos com um modo de vida democrático. Na tradição de Chicago, a possibilidade de uma racionalidade democrática radica no carácter comunicativo da racionalidade humana, que pode ser incorporada pela estrutura do poder e que se revela nas formas democráticas de organização política.

Em terceiro lugar, os autores de Chicago procuraram compreender o lugar dos *media* na política democrática. Foram, assim, precursores, nos EUA, do estudo dos jornais, da opinião pública, das infraestruturas e fluxos de transporte e comunicação, das redes e dos grupos de interação. Todavia, o seu compromisso com a reforma social tendeu frequentemente a sobrepor-se ao estudo concreto de como a comunicação e os *media* se estavam a desenvolver. Negligenciaram o influxo dos meios de comunicação modernos, com a sua capacidade de transmissão à distância, nas dinâmicas de expansão mercantil e de dominação cultural e política. Esta orientação contribuiu para perder de vista o lado mais sombrio da comunicação mediada tecnologicamente.

A partir da experiência dos EUA na formação da sociedade industrial avançada, a Escola de Chicago do Pensamento Social contribuiu poderosamente na teoria social para uma perspetiva comunicacional e cultural da subjetividade, das relações sociais e da vida pública. O núcleo duro das suas conceções é harmonioso com uma representação normativa do sujeito humano que não o restringe ao monismo do interesse egoísta e instrumental, à naturalidade do *Homo economicus*, orientação que se intersecta com outras geradas noutras latitudes, sensivelmente no mesmo período, como as do antropólogo Marcel Mauss e do economista político Karl Polanyi. A reflexão sobre o rumo das sociedades modernas através das articulações entre comunicação e cultura e de uma conceção ética da vida pública e democrática mantém-se como uma tarefa plenamente atual.

Bibliografia

Babo, Isabel, O acontecimento e os seus públicos, *Comunicação e Sociedade* 23, 2013: pp. 218–235.

Belman, Lary, John Dewey's concept of communication, *Journal of Communication* 27, inverno de 1977: pp. 29–37.

Berganza Conde, Maria Rosa, *Comunicación, Opinión Pública y Prensa en la Sociologia de Robert E. Park*, Madrid, CIS, 2000.

Berger, Christa e Marocco, Beatriz, *A Era Glacial do Jornalismo: Teorias Sociais da Imprensa*, vol. 2, Porto Alegre, Editora Sulina, 2008.

Bulmer, Martin, *The Chicago School of Sociology: Institutionalization, Diversity and the Rise of Sociological Research*, Chicago, Macmillan, 1984.

Buxton, William, From Park to Cressey: Chicago Sociology's engagement with media and mass culture, *in* Park, David e Pooley, Jefferson (org.), *The History of Media and Communication Research: Contested Memories*, Oxford, Nova Iorque e Viena, Peter Lang, 2008, pp. 345–362.

Carey, James T., *Sociology of Public Affairs*, Beverly Hills, Sage, 1975.

CAREY, James W., A cultural approach of communication, *in idem*, *Communication as Culture: Essays on Media and Society*, Londres, Routledge, 1992 [1975], pp. 13–36.

CAREY, James W., The Chicago School and the history of mass communication research, *in* MUNSON, Eve e WARREN, Catherine (org.), *James Carey: A Critical Reader*, Mineápolis e Londres, University of Minnesota Press, 1997 [1996], pp. 14–33.

CAREY, James W., Innis «in» Chicago. Hope as the sire of discovery, *in* ACLAND, Charles e BUXTON, William (org.), *Harold Innis in the New Century: Reflections and Refractions*, Monreal, Kingston, Londres e Ithaca, McGill-Queen's University Press, 1999, pp. 81–104.

COOLEY, Charles H., *The Theory of Transportation*, Baltimore, Publications of the American Economic Association, vol. IX, 1894, pp. 13–148.

COOLEY, Charles H., *Human Nature and the Social Order*, Nova Iorque, Charles Scribner's Sons, 1902.

COOLEY, Charles H., *Social Organization: A Study of the Larger Mind*, Nova Iorque, Charles Scribner's Sons, 1909.

COOLEY, Charles H., *Social Process*, Nova Iorque, Charles Scribner's Sons, 1918.

COOLEY, Charles H., Reflections upon the Sociology of Herbert Spencer, *American Journal of Sociology* 26, setembro de 1920: pp. 129–145.

COOLEY, Charles H., *On Self and Social Organization*, Chicago e Londres, The Chicago University Press, 1998 [1902].

COOLEY, Charles H., The Process of Social Change, *in* PETERS, John Durham e SIMONSON, Peter (org.), *Mass Communication and American Social Thought: Key Texts, 1919–1968*, Lanham, Boulder, Nova Iorque, Toronto e Oxford, Rowman & Littlefield Publishers, 2004 [1897], pp. 21–25.

COSER, Lewis, *Masters of Sociological Thought: Ideas in Historical and Social Context*, San Diego, Nova Iorque, Chicago, Austin, Londres, Sídnei e Toronto, Harcourt Brace Jovanovich Publishers, 1977 [1971].

CZITROM, Daniel, Toward a new community? Modern communication in the social thought of Charles Horton Cooley, John Dewey, and Robert Park, *in idem Media and the American Mind: From Morse to McLuhan*, Chapel Hill, University of North Carolina Press, 1982, pp. 91–121.

DEPEW, David e PETERS, John D., Community and communication: The conceptual background, *in* SHEPHERD, Gregory e ROTHENBUHLER, Eric (org.), *Communication and Community*, Nova Jérsia e Londres, Lawrence Erlbaum Associates Publishers, 2001, pp. 3–21.

DEWEY, John, *Democracy and Education*, Nova Iorque, Macmillan, 1916.

DEWEY, John, *Logic: The Theory of Inquiry*, Nova Iorque, Holt, Rinehart and Winston, 1938.

DEWEY, John, *The Public and its Problems*, Atenas, Swallow Press e Ohio University Press, 1981 [1927].

DEWEY, John, Nature, communication, and meaning, *in* PETERS, John D. e SIMONSON, Peter (org.), *Mass Communication and American Social Thought: Key Texts, 1919–1968*, Lanham, Boulder, Nova Iorque, Toronto e Oxford, Rowman & Littlefield Publishers, 2004 [1925], pp. 35–36.

FRAZIER, Jean e GAZIANO, Cecilie, Robert Ezra Park's theory of news, public opinion and social control, *Journalism Monographs* 64, novembro de 1979: pp. 1–47

FRANÇA, Vera e SIMÕES, Paula, A Escola de Chicago, *in* CITELLI, Adilson [*et al.*] (org.), *Dicionário de Comunicação: Escolas, Teorias e Autores*, São Paulo, Contexto, 2014, pp. 170–178.

GARCIA, José Luís, Introduction: Towards a critical philosophy of networks — Reflections on the perspective of Pierre Musso, *in* GARCIA, José Luís (org.), *Pierre Musso and the Network Society: From Saint-Simonianism to the Internet*, Cham, Springer, 2016, pp. 1–18.

HABERMAS, Jürgen, *The Theory of Communicative Action: Reason and Rationalization of Society*, volume I, Boston, Beacon Press, 2007a [1981].

HABERMAS, Jürgen, *The Theory of Communicative Action. Lifeworld and System: A Critique of Functionalist Reason*, volume II, Boston, Beacon Press, 2007b [1981].

HARDT, Hanno, *Social Theories of the Press: Constituents of Communication Research, 1840s to 1920s*, Nova Iorque e Oxford, Rowman & Littlefield Publishers, 2001.

HARDT, Hanno e SPLICHAL, Slavko (org.), *Ferdinand Tönnies on Public Opinion: Selections and Analyses*, Nova Iorque e Oxford, Rowman & Littlefield Publishers, 2000 [1922].

JOAS, Hans, *Pragmatism and Social Theory*, Chicago, Chicago University Press, 1993.

JOAS, Hans, *The Creativity of Action*, Cambridge, Polity Press, 1996.

KATZ, Elihu [*et al.*] (org.), *Canonic Texts in Media Research*, Cambridge, Oxford e Malden, Polity Press, 2003.

LANG, Kurt, Communications research: Origins and development, *in* BARNOUW, Eric e GERBNER, George, *International Encyclopedia of*

Communications, Nova Iorque e Oxford, Oxford University Press, 1989, pp. 369–374.

López-Escobar, Esteban, Cooley and his communicative theory of the social: The pioneer's inspirations, *in* McCombs, Maxwell e Martín Algarra, Manuel, *Communication and Social Life: Studies in Honor of Professor Esteban López-Escobar*, Pamplona, Eunsa, 2012, pp. 29–52.

Martín Algarra, Manuel, *Teoría de la Comunicación: Una Propuesta*, Madrid, Tecnos, 2003.

Marx, Leo, *The Machine in the Garden: Technology and the Pastoral Ideal in America*, Oxford, Oxford University Press, 2000 [1964].

Mattelart, Armand, *La communication-monde*, Paris, La Découverte, 1992.

Mattelart, Armand, *L'invention de la communication*, Paris, La Découverte, 1994.

Mattelart, Armand, *Histoire de l'utopie planétaire: De la cité prophétique à la société globale*, Paris, La Découverte, 1999.

Matthews, Fred, *Quest for an American Sociology: Robert E. Park and the Chicago School*, Monreal, McGrill-Queen's University Press, 1977.

Muhlmann, Géraldine, Presse et démocratie, *in* Muhlmann, Géraldine e Plenel, Edwy, *Le journaliste et le sociologue: Robert Ezra Park*, Paris, Seuil, 2008, pp.19–31.

Muhlmann, Géraldine e Plenel, Edwy, *Le journaliste et le sociologue: Robert Ezra Park*, Paris, Seuil, 2008.

Musso, Pierre, *Télécommunications et philosophie des réseaux: La posterité paradoxale de Saint-Simon*, Paris, Presses Universitaires de France, 1997.

Musso, Pierre, *Critique des réseaux*, Paris, Presses Universitaires de France, 2003.

Navarro Arroyo, Mariano, *Comunidad y Comunicación en el Pragmatismo Social: Charles Horton Cooley, George Herbert Mead y John Dewey*, tese de doutoramento, Faculdad de Comunicación, Departamento de Comunicación Pública, Universidad de Navarra, 2011.

Park, Robert E., The city: Suggestions for the investigation of human behaviour in the city environment, *American Journal of Sociology* XX, março de 1915: pp. 577–612.

Park, Robert E., *The Immigrant Press and its Control*, Nova Iorque e Londres, Harper & Brothers, 1922.

Park, Robert E., The natural history of the newspaper, *American Journal of Sociology* 29, novembro de 1923: pp. 273–289.

PARK, Robert E., Community organization and the romantic temper, *The Journal of Social Forces* 3, maio de 1925: pp. 673–677.

PARK, Robert E., Topic summaries of current literature: the American Newspaper, *American Journal of Sociology* 32, março de 1927: pp. 806–813.

PARK, Robert E., News and the power of the press, *American Journal of Sociology* 47, julho, 1941a: pp. 1–11.

PARK, Robert E., Morale and the news, *American Journal of Sociology* 47, novembro, 1941b: pp. 360–377.

PARK, Robert E., *Race and Culture: Collected Papers of R. E. Park*, vol. I, HUGHES, Everett [*et al.*] (org.), Nova Iorque, Glencoe e Free Press, 1950.

PARK, Robert E., *The Crowd and the Public and other Essays*, Chicago e Londres, The University of Chicago Press, 1972a [1904].

PARK, Robert E., Reflections on communication and culture, *in idem*, *The Crowd and the Public and other Essays*, Chicago e Londres, The University of Chicago Press, 1972b [1938], pp. 98–116.

PARK, Robert E., News as form of knowledge: A chapter in the sociology of knowledge, *American Journal of Sociology* 45, 2002 [1940]: pp. 669–686.

PARK, Robert E. e BURGESS, Ernest, *Introduction to the Science of Sociology*, Chicago e Londres, The University of Chicago Press, 1970 [1921].

PETERS, John D., Institutional sources of intellectual poverty in communication research, *Communication Research* 13, outubro de 1986: pp. 527–559.

PETERS, John D., Democracy and American communication theory: Dewey, Lippmann, Lazarsfeld, *Communication* 11, 1989a: pp. 199–220.

PETERS, John D., Satan and Savior: Mass communication in progressive thought, *Critical Studies in Mass Communication* 6, 1989b: pp. 247–263.

PETERS, John D., *Speaking into the Air: A History of the Idea of Communication*, Chicago e Londres, The University of Chicago Press, 2000 [1999].

PETERS, John D. e SIMONSON, Peter, From hope to disillusionment: Mass communication theory coalesces, 1919–1933, *in idem*, *Mass Communication and American Social Thought: Key Texts, 1919–1968*, Lanham, Boulder, Nova Iorque, Toronto e Oxford, Rowman & Littlefield Publishers, 2004, pp. 13–20.

PIETILÄ, Veikko, How does a discipline become institutionalized?, *in* PARK, David e POOLEY, Jefferson (org.), *The History of Media and Communication Research: Contested Memories*, Oxford, Nova Iorque e Viena, Peter Lang, 2008, pp. 205–223.

PLENEL, Edwy, Actualité de Park, *in* MUHLMANN, Géraldine e PLENEL, Edwy, *Le Journaliste et le Sociologue: Robert Ezra Park*, Paris, Seuil, 2008, pp. 7–18.

POLANYI, Karl, *The Great Transformation: The Political and Economic Origins of our Time*, Boston, Beacon Press, 1944.

QUANDT, Jean, *From the Small Town to the Great Community: The Social Thought of Progressive Intellectuals*, Nova Brunsvique e Nova Jérsia, Rutgers University Press, 1970.

ROGERS, Everett, *A History of Communication Study: A Biographical Approach*, Nova Iorque e Toronto, The Free Press, 1994.

ROSS, Edward, Moot points in sociology. II. Social laws, *American Journal of Sociology* 9, maio, 1904a: pp. 105–123.

ROSS, Edward, Moot points in sociology. III. The unit of investigation, *American Journal of Sociology* 9, julho, 1904b: pp. 189–207.

ROSS, Edward, Moot points in sociology. VII. The properties of group-units, *American Journal of Sociology* 9, setembro, 1904c: pp. 349–372.

ROSS, Edward, The suppression of important news, *Atlantic Monthly*, março de 1910: pp. 303–311.

ROSS, Edward, Social decadence, *American Journal of Sociology* 23, janeiro de 1917–1918: pp. 620–632.

SÁNCHEZ DE LA YNCERA, Ignacio, *La Mirada Reflexiva de G. H. Mead: Sobre la Sociedad y la Comunicacíon*, Madrid, CIS, 1994 [1990].

SAPERAS, Enric, *Introducció a les Teories de la Comunicació*, Barcelona, Editorial Pórtic, 1992.

SCHILLER, Dan, *Theorizing Communication: A History*, Nova Iorque, Oxford University Press, 1996.

SILVEIRINHA, Maria, *Identidades, «Media» e Política*, Lisboa, Livros Horizonte, 2004.

SIMONSON, Peter, Dream of democratic togetherness: communication hope from Cooley to Katz, *Critical Studies in Mass Communication* 13, dezembro de 1996: pp. 324–342.

SIMONSON, Peter, *Refiguring Mass Communication*, Urbana, Chicago e Springfield, University of Illinois Press, 2010.

SIMONSON, Peter e PETERS, John, Communication and media studies, history to 1968, *in* DONSBACH, Wolfgang (org.), *The International Encyclopedia of Communication*, Blackwell Publishing, 2008. Disponível em: http://www.communicationencyclopedia.com/subcriber/tocnode?id=g9781405131995_chunkg97814051319958_ss88-1 [consultado em 15 de junho de 2008].

Small, Albion, The bonds of nationality, *American Journal of Sociology* 20, janeiro de 1915: pp. 629–683.

Small, Albion e Vincent, George, *An Introduction to the Study of Society*, Nova Iorque, American Book, 1894.

Subtil, Filipa, A comunicação entre a utopia e a tecnocracia: para uma fundamentação teórica das tecnologias da informação, *Análise Social* xli, 2006a: pp. 1075–1093.

Subtil, Filipa, *Compreender os «Media»: As Extensões de Marshall McLuhan*, Coimbra, MinervaCoimbra, 2006b.

Subtil, Filipa, Comunicação, redes e capitalismo digital, *Trajectos. Revista de Comunicação, Cultura e Educação* 10, primavera de 2007: pp. 103–109.

Subtil, Filipa e Garcia, José Luís, Communication: An inheritance of the Chicago School of Social Thought, *in* Hardt, Christopher (org.), *The Legacy of Chicago School of Sociology*, Manchester, Midrash Publishing, 2010, pp. 216–243.

Subtil, Filipa e Garcia, José Luís, Comunicación: una herencia de la Escuela de Sociologia de Chicago, *in* McCombs, Maxwell e Martín Algarra, Manuel (org.), *Communication and Social Life: Studies in Honor of Professor Esteban López-Escobar*, Pamplona, Eunsa, 2012, pp. 295–320.

Thomas, William I. e Znaniecki, Florian, *The Polish Peasant in Europe and America*, Urbana e Chicago, University of Illinois Press, 1984 [1918–1920].

Torregosa, Marta, Serrano-Puche, Javier e Martín Algarra, Manuel, Comunicación como Integración. Ideas para una Teoría Comunicativa de lo Social, *in* McCombs, Maxwell e Martín Algarra, Manuel (org.), *Communication and Social Life: Studies in Honor of Professor Esteban López-Escobar*, Pamplona, Eunsa, 2012, pp. 321–337.

Turner, Frederick Jackson, *The Significance of the Frontier in American History*, Londres, Penguin Books, 2008 [1920].

Weber, Max, Towards a sociology of the press, *Journal of Communication* 26, verão de 1976: pp. 96–101.

Weber, Max, *A Política como Profissão*, Lisboa, Edições Universitárias Lusófonas, 2000 [1919].

LIÇÃO 12

G. H. Mead: ciência experimental, consciência social e democracia participativa

FILIPE CARREIRA DA SILVA

Instituto de Ciências Sociais da Universidade de Lisboa

Introdução

O objetivo deste ensaio é o de mostrar como George Herbert Mead (1863–1931), conhecido em sociologia sobretudo pela sua conceção intersubjetiva da consciência humana, sendo por isso mesmo a principal figura inspiradora do interacionismo simbólico de Herbert Blumer, Howard Becker e Erving Goffman, bem como pela sua pertença na galeria de clássicos pragmatistas filosóficos norte-americanos ao lado de nomes como Charles Sanders Peirce, William James ou John Dewey, produziu na realidade uma teoria social e política bem mais vasta e sofisticada do que esta imagem sugere(1). Para usar uma metáfora arquitetónica, é como se a sua obra constituísse um edifício intelectual assente sobre três pilares. O primeiro é o pilar da ciência. Este pilar estabelece o critério para uma comunidade democrática de comunicação, uma comunidade que reflete as implicações sociais do chamado «método da inteligência», ou seja, o método científico experimental. Em segundo lugar, temos o pilar da psicologia social, intimamente associado ao anterior, dado o carácter científico que Mead deseja ver associado a esta disciplina, e cujo objeto é o processo social de formação do indivíduo. Finalmente,

(1) Neste capítulo utilizo material já publicado em inglês (SILVA, 2007a e 2007b; veja-se igualmente BAERT e SILVA, 2014), embora a estrutura do argumento seja original.

uma teoria da democracia participativa e reforma social, cujas implicações éticas devem ser submetidas ao crivo da ciência, constitui o terceiro e último pilar de um «edifício ambiciosamente projetado mas nunca terminado», para usar as palavras de Horace THAYER (1968, p. 235). Estes pilares estão relacionados entre si de forma sistemática (ou seja, através de relações conceptuais interdependentes) e logicamente ordenada. No que se refere a esta última, a prioridade lógica do pilar da ciência no âmbito do sistema de pensamento de Mead exprime-se no facto de que os princípios do método científico são aplicados na resolução de problemas específicos nas outras duas áreas fundamentais, a psicologia social e a política democrática.

A minha tese é a de que os principais aspetos do trabalho de Mead estão compreendidos dentro destes três vastos tópicos. É certo que, dada a natureza sistemática do seu pensamento, alguns itens podem ser associados a mais de um só pilar, mas nenhum é excluído de pelo menos um deles. Daqui resulta uma unidade fundamental visível quer na coerência interna de cada pilar, quer na coerência sistémica do edifício na sua totalidade. Esta unidade decorre do facto acima referido de o pilar científico anteceder logicamente os restantes. Noutros termos, é assumindo a perspetiva de um cientista que Mead analisa o carácter social da subjetividade bem como a «ordem social e moral». De mais a mais, este sistema teórico deve ser entendido como um esforço sistemático para dar conta da mudança societal para a modernidade. Mead, ao contrário do que usualmente se pensa, propôs-se analisar os «tempos modernos» não apenas da perspetiva de um psicólogo social interessado na lógica de desenvolvimento da consciência humana, mas também enquanto um cientista político preocupado com as consequências económicas, políticas, sociais e morais dos processos de industrialização, urbanização e expansão das funções do Estado. Estes pilares podem ser vistos como respostas de Mead às «questões inescapáveis» suscitadas pela condição moderna a todos os pensadores que operam no horizonte da modernidade: a «ciência», o «eu moderno» e a «democracia» são alguns dos temas inescapáveis e definidores da modernidade nas suas múltiplas variantes([2]). Uma das

---

([2]) Tal como expus em SILVA (2008).

consequências desta tese é a ideia de que o valor relativo das respostas de Mead nos permite posicioná-lo por relação aos outros clássicos da sociologia e a nós próprios. Por conseguinte, procura-se chamar a atenção para a ordem sistemática que une os vários pilares do edifício intelectual de Mead. A existir coerência no seu pensamento, esta ver-se-á refletida na coerência interna de cada um destes três pilares, bem como nas relações conceptuais que os unem.

Esta interpretação do pensamento de Mead opera em três domínios analíticos diferentes. No domínio metateórico, argumenta-se que a história da teoria e a construção teórica devem ser vistas como diferentes faces de uma mesma moeda. Ao contrário do que defendem Robert MERTON (1967 [1949]) e muitos outros, este ensaio visa demonstrar que historicismo pode ser reconciliado com presentismo: a construção teórica pode e deve ser complementada pela história conceptual dos instrumentos analíticos com que opera. Ao fazê-lo, afasto-me das propostas fundacionalistas que acreditam na possibilidade de se construir conhecimento de forma «neutra», bastando para isso a aplicação competente de metodologias(3). A definição de fundações universais e a-históricas para o conhecimento científico é, na verdade, uma ilusão perigosa. Como Wittgenstein explicou há muito, o discurso científico, como toda a linguagem humana, não pode simplesmente «ir de férias» e separar-se dos contextos (disciplinares, nacionais, locais, etc.) em que foi criado. De uma perspetiva teórica, a história da receção das ideias de Mead em sociologia pode ser descrita como uma narrativa em que «Mead, o psicólogo social» é o ator principal, enquanto o «cientista» e o «cientista político e ativista» mal são referidos. Pretende-se mostrar que tal narrativa, ainda que enraizada na imagem que a sociologia tem de si própria, não corresponde à verdade. Por fim, no que diz respeito à estratégia metodológica, defende-se que uma reconstrução histórica (ou genealógica) deve ser complementada com uma reconstrução baseada em tópicos ou temas caso se almeje o entendimento não só das múltiplas facetas que compõem qualquer objeto de estudo, mas também do seu processo de desenvolvimento. Com efeito, grande

(3) Sobre o tema do antifundacionalismo, ver SILVA e VIEIRA (2009).

parte do carácter inovador do presente estudo das ideias de Mead deriva desta estratégia metodológica. Dito isto, devemos reconhecer que outros especialistas na obra de Mead mobilizaram estratégias algo semelhantes. Veja-se a análise pioneira de David L. MILLER (1973), o livro *G. H. Mead: A Contemporary Re-examination of His Thought* (1997 [1985]) de Hans JOAS, e os estudos mais recentes de Gary Alan Cook e Andrew Feffer (ver COOK, 1993; FEFFER, 1993). Em todo o caso, como este texto procura comprovar, a forma como se complementa uma reconstrução genética das ideias de Mead com uma reconstrução temática é claramente diferente de qualquer uma delas(4). E é sobretudo diferente da estratégia de construção teórica privilegiada por Jürgen Habermas. Como veremos, a crítica que este último dirige a Mead de que este teria menosprezado o processo de reprodução material das sociedades industriais mais avançadas é mais uma consequência da sua própria estratégia teórico-metodológica do que propriamente uma deficiência a apontar a Mead.

Ciência experimental

Nesta secção, o objetivo é o de analisar a conceção de ciência de Mead do ponto de vista da sua evolução ao longo do tempo, começando com os apontamentos de estudantes da cadeira Lógica das Ciências Sociais, que Mead ensinou em 1911 em Chicago, passando então para o período que medeia a publicação em 1917 do artigo «Scientific method and individual thinker» e o seu último texto, as Carus Lectures de 1930, publicadas a título póstumo em *The Philosophy of the Present* (2002 [1932]). Como se sugeriu acima, a sua conceção de ciência deve ser compreendida como sendo parte de um projeto teórico mais vasto. Em 1917, Mead desenvolve precisamente esta ideia quando argumenta que o sucesso do programa científico pragmatista depende de uma explicação consistente da origem da consciência humana capaz de dissolver a dicotomia que

(4) Para uma análise crítica ao trabalho destes especialistas em Mead, veja-se SILVA (2007c), em particular o capítulo 8.

separa o psíquico do físico (ver MEAD, 1917, p. 206). Com efeito, na década seguinte, sob a influência do filósofo britânico Alfred North Whitehead, Mead escreve uma série de artigos cujo propósito é analisar o processo de reconstrução que ele crê estar associado ao crescimento do conhecimento científico. É de notar que a análise de Mead a este processo reconstrutivo pode ser visto como uma variação num tema que já havia sido objeto da sua atenção em meados da década de 1890, quando aceitou o convite de John Dewey para trabalhar no Departamento de Filosofia da então recém-criada Universidade de Chicago. Os seus escritos tardios sobre filosofia da ciência, em torno dos quais se desenvolve o argumento nesta secção, são, deste ponto de vista, a última e mais bem articulada versão dos esforços de Mead para conseguir analisar a relação entre a reflexividade humana e a reconstrução de problemas experienciais.

Uma versão preliminar da análise de Mead a este problema pode ser encontrada no conjunto de apontamentos de estudantes de 1911 atrás referido. Nessa cadeira, Mead apresenta uma análise tridimensional à lógica das ciências sociais. Começa com o estatuto epistemológico destas últimas, passa depois para uma discussão da natureza social da racionalidade, para concluir com uma análise das implicações éticas e políticas da sua proposta. A existir uma ideia central nesta cadeira ministrada por Mead, trata-se certamente da ideia de diálogo, noção omnipresente ao longo da sua análise à consciência e pensamento humano. É na comunicação linguística que encontramos o elemento explicativo necessário para compreendermos a origem, processo de desenvolvimento e todas as implicações da racionalidade, isto é, da «inteligência», se quisermos usar a expressão utilizada pelo próprio Mead. Esta explicação é exemplificada, de forma sintomática, por diálogos entre crianças e os seus pais ou pela forma de raciocínio do cientista experimental. A natureza orientada para a resolução de problemas do pensamento racional é vista como a estrutura sociobiológica no âmbito da qual a ciência moderna deve ser entendida.

Para Mead, a ciência experimental opera sempre com uma mente que é social, já que o pensamento inferencial inclui a referência comum a símbolos, quer em diálogos ou discussões entre dois ou mais indivíduos, quer no pensamento de cada um de nós. Isto é, a racionalidade científica envolve comunicação connosco próprios e com outros sujeitos. Aquilo que Mead está aqui a introduzir é a noção de «socialidade da ciência», uma característica distintiva do seu pensamento nos anos de 1920. Tal como David L. Miller já teve oportunidade de sublinhar, a natureza sistemática do pensamento de Mead vem ao de cima quando se consideram as múltiplas aplicações do princípio de socialidade (ver MILLER, 1973, pp. 188–206). O que se deseja discutir aqui é a tentativa por parte de Mead de usar a sua perspetiva sociopsicológica da inteligência humana para explorar o processo reconstrutivo associado ao conhecimento científico, ou seja, a forma como quer o pensamento quer a atividade científica são explicados em termos do princípio de socialidade. Este princípio, ao contrário do que Miller sugere, não deve ser visto como a chave de interpretação do trabalho de Mead. Isto porque seria um anacronismo inaceitável interpretar o período de juventude de Mead à luz de uma categoria conceptual que ele criou e desenvolveu na fase final da sua carreira. A evolução do pensamento de Mead não deve, portanto, ser entendida por referência ao princípio de socialidade.

Em todo o caso, este princípio é muito útil na clarificação de como os diversos aspetos do seu edifício intelectual estão ligados uns aos outros. Por exemplo, a tentativa de Mead de ligar uma noção social do eu a uma conceção experimentalista de ciência percebe-se melhor por referência ao princípio de socialidade. Este último refere-se a um processo de ajustamento entre dois momentos distintos da realidade: por exemplo, «antes» e «depois» de conseguirmos explicar cientificamente determinados dados. Enquanto estes dados não forem explicados, encontram-se «entre o antigo sistema e o novo» (MEAD, 2002 [1932], p. 47) — neste período, os dados são ininteligíveis. Apenas quando o ajustamento se conclui é que tais eventos obtêm um passado e passam a pertencer a um novo sistema. Ainda por referência ao exemplo acima aduzido, o ajustamento ocorre quando uma nova teoria científica se torna capaz de explicar os dados: situações até aqui consideradas excecionais podem agora ser explicadas, a par de todas as coisas já explicadas pelas teorias anteriores. Neste sentido, Mead argumenta que a relação entre o antigo e o novo «é um processo de reconstrução lógica por intermédio do qual a nova lei emerge a partir das antigas exceções para substituir uma estrutura que se tornou inadequada». Sublinha ainda que, «em ambos os processos, [...] o indivíduo funciona na sua plena particularidade e, porém, numa relação orgânica com a sociedade que é responsável por ele» (Mead, 1917, pp. 226–227). Quer o mundo antigo quer o novo são mundos sociais em dois sentidos diferentes: não só o pensamento reflexivo e o método científico são atividades sociais, mas também «o indivíduo, em cuja experiência devem ocorrer o problema e a sua solução, pressupõe a comunidade da qual ele próprio emerge» (*idem*, 1938, p. 60).

Podemos ver aqui como Mead, de forma assaz original, associa a sua conceção social da consciência humana à sua conceção de ciência experimental. A mente é o exemplo acabado da aplicação do princípio de socialidade. De forma caracteristicamente pragmatista, o nosso autor identifica inteligência humana com a resolução de problemas de ação. Quando a nossa conduta é interrompida ou quando nos confrontamos com linhas de ação contraditórias, ocorre um problema. A sua resolução exige a reconstrução criativa da situação: várias linhas alternativas de ação devem ser consideradas pelo indivíduo antes de decidir qual a mais adequada para solucionar esse problema. O processo de ajustamento, que se supõe que o princípio de socialidade seja capaz de explicar, adquire neste caso uma forma particular. O indivíduo, à medida que reflete sobre as várias possibilidades de ação, vê-se entre dois mundos: o mundo antigo (que ele incorpora através do «me» e do «outro generalizado») e um novo, que emerge por intermédio do impulsivo e imprevisível «I». Mead, de forma claramente inovadora, está por conseguinte a sugerir a existência de uma ligação entre o pensamento reflexivo e o conhecimento científico. Percebe-se melhor a natureza processual da sua conceção do «eu social» assim que nos damos conta de que a ordem social estabelecida pelo «me» e a nova ordem inaugurada pelo «I» estão profundamente relacionadas entre si. O mundo antigo não dá simplesmente lugar ao novo mundo de um modo contínuo e linear. Pelo contrário, insiste Mead, o princípio de socialidade mostra como o novo «me» precisa de se ajustar ao velho «me», tal como este último precisa de se ajustar àquele. De forma semelhante, os dados explicados pela física newtoniana devem ajustar-se às (isto é, devem ser explicados pelas) teorias de Einstein, na medida em que estas são mais inclusivas do que as de Newton (donde, o progresso científico). Em suma, de acordo com Mead, o pensamento não é menos do que a «mais elevada expressão da socialidade, visto que é aquilo que permite ao organismo passar de uma atitude para outra através de uma fase que é uma parte de todas estas atitudes, mas é também capaz de refletir sobre si mesmo e responder a esta fase» (Mead, 2002 [1932], p. 86).

Psicologia social

Discuta-se agora, brevemente, o ponto de vista a partir do qual Mead «ataca o problema da consciência», para usar uma expressão sua. Postula-se que Mead se debruça sobre este problema assumindo a perspetiva de um cientista. A atitude científica, por seu turno, é muito semelhante à perspetiva de um «outro generalizado». Esta última é ela própria similar à atitude do agente moral capaz de fazer juízos críticos morais. Nesta secção, discutem-se todas as semelhanças entre estes diferentes pontos de vista. Como veremos, todos eles partilham de uma orientação para a abstração, impessoalidade e objetividade.

Mead introduz a noção de «outro generalizado» como a condição essencial do desenvolvimento da personalidade humana([5]). Este conceito refere-se a um conjunto de atitudes sociais que são interiorizadas pelo indivíduo. Qual a explicação dada por Mead para este processo de interiorização de normas sociais? Ao rejeitar o tradicional modelo cartesiano do sujeito enquanto recetáculo passivo de regras sociais exteriores (replicando assim, no plano sociopsicológico, a dicotomia entre um mundo subjetivo interior e uma realidade objetiva exterior), Mead abre caminho para um modelo alternativo de acordo com o qual os indivíduos são intérpretes criativos das atitudes e normas sociais. O conceito de «outro generalizado» permite-lhe explicar como, na

([5]) Uma das melhores análises recentes ao conceito de «outro generalizado» encontra-se em Dodds, Lawrence e Valsiner (1997).

chamada «fase dos jogos» durante o processo de desenvolvimento infantil, as crianças aprendem a monitorizar a sua conduta por referência à perspetiva dos demais jogadores. Quando jogam umas com as outras, as crianças assumem o papel não de uma qualquer outra criança em particular (como o fazem quando representam um papel específico, tal como acontece quando «brincam aos índios», para usar o famoso exemplo sugerido pelo próprio Mead), mas de todas e cada uma delas — o conjunto organizado dessas atitudes é o «outro generalizado». Não é difícil perceber que, para Mead, a fase dos jogos das crianças é o prelúdio para a sua vida social enquanto adultos. À medida que vão crescendo, vão adquirindo gradualmente a capacidade de interiorizar as atitudes dos grupos sociais que vão integrando nas suas próprias personalidades. Para Mead, o «eu» participa na vida social não através da representação de papéis sociais predefinidos, mas por intermédio da interpretação e reformulação na sua própria mente das atitudes partilhadas por cada grupo.

Como é que esta atitude do «outro generalizado» se relaciona com o mecanismo sociopsicológico de «assumir o papel (ou a atitude) do outro»? A melhor resposta a esta questão encontra-se num artigo publicado postumamente intitulado «Consciousness, Mind, the Self, and Scientific Objects» (Mead, 1982). Em primeiro lugar, Mead argumenta que a autoconsciência é alcançada quando o sujeito adquire a capacidade de se tornar num objeto para si próprio: «A mente é aquela parte da experiência em que o indivíduo se torna num objeto para si próprio quando se confronta com possíveis linhas de conduta» (Mead, 1982, p. 177). Associada a esta capacidade de auto-objetivação, Mead chama a nossa atenção para a presença de certas afinidades nos organismos dos indivíduos envolvidos no «ato social»: por exemplo, o estímulo social que é o gesto vocal tem de ser ouvido e entendido de forma semelhante por todos eles (*idem*, 1925, p. 270). Por fim, o nosso autor sublinha a existência de um conjunto de «atitudes comuns» à disposição dos indivíduos. Cada um de nós é capaz de assumir o papel de todos os outros — a vida em sociedade pode, pois, ser descrita como um «ambiente generalizado» habitado por «organismos generalizados». Mead conclui da seguinte forma: «O efeito de assumir o papel de todos os outros é o de eliminar a peculiaridade do ambiente de cada um de nós e de substituir cada indivíduo em concreto por uma abstração — um indivíduo generalizado, o pensador» (1982, p. 178).

Em suma, o «outro generalizado» fornece a Mead uma explicação sociopsicológica para: 1) o pensamento abstrato, 2) o controlo social enquanto autocrítica racional e 3) a autoconsciência. Quanto ao pensamento abstrato, Mead identifica-o com a comunicação connosco próprios quando falamos com a voz da comunidade a que pertencemos. Um exemplo pode ajudar-nos a perceber melhor o que Mead tem em mente. Considere-se uma situação em que fazemos uma oferta por um apartamento em segunda mão. Ao fazê-lo, assumimos todos os papéis envolvidos neste processo, do construtor ao vendedor passando pelos eventuais antigos proprietários. Dessa forma, podemos dizer que, por exemplo, o apartamento em questão é demasiado caro, porque nos podemos colocar em cada uma das fases de construção, comercialização e uso. Desta forma respondemos a toda a comunidade — esta resposta adquire assim um carácter universal. Ao referir-se à capacidade de encetarmos uma autocrítica racional por intermédio do «outro generalizado», Mead chama a nossa atenção para a incorporação das expectativas e normas sociais através do «me». Neste sentido, o controlo social é tanto fonte de regulação social do comportamento individual como fonte da individualidade (Mead, 1997 [1934], p. 255). Finalmente, a explicação intersubjetiva proposta por Mead para a emergência da autoconsciência está intimamente relacionada com a nossa capacidade de assumir a atitude do «outro generalizado». A vida em sociedade exige do indivíduo que este assuma uma pluralidade de papéis sociais e atitudes comuns. Quando o indivíduo se dirige a si próprio da perspetiva do grupo, torna-se num «outro generalizado». Na medida em que «os outros e o eu emergem juntos no ato social», o indivíduo torna-se num «eu definido por referência ao todo social a que pertence» (*idem*, 2002 [1932], pp. 81–80).

A forma como Mead concebe a psicologia social (enquanto atividade científica de pleno direito) decorre da sua conceção da relação entre as ciências naturais e as ciências sociais. Em ambas, dada a sua natureza experimental e orientação para a resolução de problemas (ver Mead, 1906, p. 391), os cientistas interessam-se pelo particular, uma vez que este emerge como uma exceção ao universal. A solução do problema traz consigo o desaparecimento de realidades particulares através da «universalidade da lei» (*idem*, 1938, p. 634). No caso das ciências físicas ou naturais, o cientista liberta as suas perceções das idiossincrasias e perspetivas de observadores particulares por intermédio da descoberta de «uniformidades válidas para todos os observadores e pensadores», argumenta Mead (*ibidem*, p. 22). De forma semelhante, numa psicologia social científica, o ponto de vista a ser adotado deve situar-se na intersecção de todas as diferentes perspetivas sobre o objeto, de modo que se possa identificar todas as uniformidades, essenciais para a experimentação científica, sem, no entanto, se perder a informação relativa ao seu carácter particular. Os eventos psíquicos só se tornam dados científicos quando correspondem a condições definitivas da experiência objetiva.

Esta tentativa de reconciliar o carácter universal dos dados da psicologia social e a natureza particular da mente humana revela-se ainda mais claramente quando Mead discute a relação entre a atitude de um «outro generalizado» e o controlo social. Se a ciência do eu (isto é, a psicologia social) pressupõe tal perspetiva abstrata, impessoal e objetiva — de tal modo que se consegue identificar as características típicas do ser humano —, significa isto que não há espaço para a individualidade na psicologia social científica proposta por Mead? Muito pelo contrário, ao identificar controlo social com a atitude autocrítica do sujeito que adota a perspetiva do «outro generalizado», MEAD sugere, nas suas aulas de 1928 de Psicologia Social, que o controlo social é, «na verdade, constitutivo da e intimamente relacionado com essa individualidade, dado que o indivíduo é o que é, enquanto personalidade consciente e individual, na medida em que é membro da sociedade» (1997 [1934], p. 255). Por outras palavras, não há nenhuma dicotomia entre autonomia individual e controlo social. Pelo contrário, a nossa individualidade encontra-se assegurada pelo carácter único de cada perspetiva individual, pelo contributo singular de cada um de nós para a definição dos valores comuns de que partilhamos — mas que incorporamos sempre de modo irrepetível.

Política democrática

Entre os primeiros textos em que se vê descrita a preferência de Mead por uma abordagem científica à solução de problemas políticos encontra-se o artigo de 1900, «Suggestions towards a theory of the philosophical disciplines». Neste importante artigo, Mead sugere que o pensamento reflexivo pode reconstruir uma situação problemática pelo menos de duas formas distintas. Podemos abordar um problema moral quer dedutivamente, reafirmando antigos significados que se apliquem ao problema em questão, quer indutivamente, procurando por novos significados. Por exemplo, a pobreza pode ser concebida quer como característica natural das sociedades humanas, quer como problema social que exige uma solução política. MEAD considera esta última opção superior, visto que trata os problemas morais como oportunidades para «crescermos moralmente», e não como conflitos «crónicos e destrutivos» (1900, p. 15). De mais a mais, tal método indutivo de reconstrução moral é muito parecido com o método experimental usado pelos cientistas: o agente moral tem de considerar todos os valores relevantes na situação problemática, tal como o cientista deve ter em conta todos os factos relevantes para produzir uma hipótese de trabalho. Alguns anos mais tarde, Mead reformula esta ideia em «The philosophical basis of ethics» (1908). Aqui, porém, já não fala em métodos indutivos e dedutivos, mas numa «avaliação externa abstrata» e numa «avaliação concreta» (1908, p. 322). Apesar desta mudança terminológica, Mead continua a rejeitar qualquer recurso a uma ordem moral rígida e transcendente e identifica esta última abordagem com a atitude do «púlpito», defendendo que devemos antes assumir a atitude do «investigador científico» (*ibidem*, p. 321). Enquanto as avaliações externas abstratas são produzidas por referência a um modelo fixo de ações preexistentes, as avaliações concretas têm a vantagem de confrontar o agente moral com um processo dialético de reconstrução moral, tal como acontece na ciência experimental. Ao comparar a tarefa de um engenheiro encarregado de construir uma linha de caminho de ferro com a necessidade de um agente moral de resolver um problema moral, Mead defende que o progresso moral só ocorrerá caso este último avalie experimentalmente e, em consequência desse facto, abandone ou transforme antigos valores morais (*ibidem*, p. 320). O crescimento moral, à semelhança do crescimento científico, é um processo intelectual eminentemente criativo.

Num artigo publicado em 1913, «The social self», Mead associa pela primeira vez esta reflexão sobre a moral às suas propostas sobre psicologia social. Tal associação é feita por intermédio da sua conceção de ciência como um procedimento de resolução de problemas. Comparando este texto com textos anteriores, a principal diferença reside no «carácter essencialmente social do fim ético» (1913, p. 378) e no processo pelo qual se supõe que os problemas morais sejam resolvidos. Voltando ao exemplo da pobreza, a resolução inteligente deste problema é identificada com o bem da comunidade enquanto um todo. Mead critica agora enquanto «egoísmo» aquilo que ele antes apelidava de métodos de reconstrução moral «dedutivos» e de «avaliação externa». Em todo o caso, a sua forma preferida de resolver problemas morais e assegurar o crescimento moral continua a ser uma abordagem que faça justiça a todos os valores em questão. Ao recorrer a uma análise reflexiva, Mead permite que a situação problemática moral possa ser reconstruída, de tal modo que novos eus possam emergir. Aquilo que a ciência nos ensina, diz-nos ele, é que um novo eu possa emergir da resolução de um problema moral, um eu cujos interesses estão muito mais de acordo com os atuais interesses da comunidade do que aqueles do antigo eu. Os problemas que envolvem conflitos entre valores morais devem, por conseguinte, ser vistos como exemplos de reconstrução e crescimento moral. Desta perspetiva, a lógica da reconstrução científica e da reconstrução moral é idêntica. Existe, todavia, uma diferença fundamental entre a resolução moral e a resolução científica de um problema. Enquanto os problemas científicos se referem a interesses que não afetam necessariamente o ser humano, os problemas morais estão relacionados com «interesses pessoais concretos em que todo o eu é reconstruído na sua relação com os outros eus, essenciais à sua estrutura psicológica» (1913, p. 379). O que «The social self» introduz é o tratamento psicológico de questões morais à luz do método da inteligência. Neste artigo, podemos ver como cada pilar contribui para o funcionamento do sistema de pensamento de Mead: a ciência contribui com o método, a psicologia social oferece a explicação objetiva da subjetividade humana, e a política e a moral fornecem a solução objetiva dos problemas da «ordem social e moral» das sociedades industriais modernas.

No artigo «Scientific method and the moral sciences» (1923), Mead desenvolve aquela que é certamente a sua mais bem articulada proposta para uma «psicologia da ética». O ponto de partida é a identificação do domínio da moral com a vida social, uma vez que a «moralidade tem que ver com as relações de sujeitos inteligentes uns com os outros e que esta ordem moral e social determinada é um mundo tal como deve vir a ser e será» (1923, p. 230). Existe, porém, uma dicotomia entre duas atitudes em relação à ordem social e moral em que os seres humanos vivem. Por um lado, temos a atitude religiosa ou teleológica assumida por aqueles cujos fins éticos são predefinidos e que regulam a sua conduta à luz deles. Por outro lado, existe a atitude científica ou mecânica assumida por aqueles que distinguem uma ordem moral de uma ordem natural conhecida *a posteriori* (*ibidem*, pp. 231–232). Mead sublinha o facto de que a humanidade tem sido muito bem-sucedida na aplicação do método científico à ordem natural, embora tenha deixado a ordem moral fora do campo da análise científica. Entre as consequências mais negativas desta situação, apresenta os exemplos da Primeira Guerra Mundial, um conflito desencadeado, em seu entender, pela natureza particularista e limitada dos fins em disputa, e da política local, em que as decisões raramente são cientificamente apoiadas. A posição de Mead é inequívoca: «Seria um erro assumir que o método científico se aplica apenas à definição e seleção dos meios de ação, e que não pode ser usado quando o problema envolve valores ou fins sociais conflituantes» (*ibidem*, p. 235).

Tal declaração categórica parece, à luz da filosofia moral contemporânea, bastante difícil de manter. Ao contrário da fé no progresso científico partilhada pela maioria dos contemporâneos de Mead, a reflexão atual sobre moral pretende na melhor das hipóteses produzir argumentos logicamente plausíveis, evitando quaisquer objetivos de se produzir leis ou máximas. Hoje em dia existem, é certo, tentativas de construção de teorias filosóficas morais científicas, ainda que este carácter científico deva ser cuidadosamente distinguido do conhecimento produzido pelas ciências naturais([6]). Gostaria, ainda assim, de enfatizar uma vez mais que a abordagem científica de Mead aos problemas morais e sociais corporiza um ideal ético, o ideal da resolução imparcial de problemas morais, uma imparcialidade inspirada na atitude do cientista.

O objetivo último de uma ciência da política e da moral é a resolução de problemas éticos concretos. A forma como esta ciência se relaciona com a teoria científica do psíquico foi explicada por Mead aos seus alunos de Psicologia Social. Com efeito, a base socioteórica do pensamento político e moral de Mead pode ser encontrada em passagens dispersas ao longo do famoso *Mind, Self and Society* (1997 [1934]). Neste livro, em que infelizmente Charles Morris deu largas à sua criatividade editorial, Mead fala de uma outra atitude em que o mecanismo sociopsicológico de «assumir o papel do outro» permite ao indivíduo «entrar nas atitudes do grupo e mediá-las tornando a sua própria experiência universal, de modo que os demais possam participar nesta forma de comunicação através dele» (1938, p. 257). Mead está aqui a referir-se ao político ou estadista, cuja posição ideal é tão universal como a comunidade em que vive. A política democrática, «esta grande comunidade cooperativa em movimento» (*ibidem*, p. 188), depende do nível de participação e da interação comunicativa entre os cidadãos. O estadista é capaz de levar a cabo reformas sociais porque é capaz de adotar a atitude do «outro generalizado»([7]). E esta capacidade de assumir as atitudes generalizadas dos círculos eleitorais pelos quais foi eleito proporciona ao nosso representante político um «universo de discurso», nos termos do qual ele pode abordar problemas políticos de forma imparcial (*ibidem*, pp. 89–90). Tal como um agente moral crítico é capaz de fazer uso do pensamento abstrato

([6]) Um exemplo é a «Ética da Discussão» de Jürgen Habermas, um programa de pesquisa desenvolvido em parceria com Karl-Otto Apel desde meados dos anos 70. Para uma análise crítica, veja-se Silva (2002, pp. 117–133).

([7]) Modelos contemporâneos de representação política têm vindo a desenvolver esta mesma noção, ainda que não se referindo ao trabalho de Mead. Veja-se, por exemplo, Saward (2006).

para formular uma hipótese sobre uma ordem moral alternativa, um político deve ser capaz de recorrer ao método da inteligência para reconstruir problemas sociais e políticos «inteligentemente». A reflexão crítica moral e política depende de um ponto de vista a partir do qual a «ordem social e moral» possa ser julgada. Esta é a perspetiva de abstração, impessoalidade e objetividade que distingue a ciência das demais atividades humanas.

O Mead de Habermas: o custo de se tornar num clássico

A descrição acima oferecida do sistema de pensamento de Mead, com três áreas fundamentais de investigação sistematicamente relacionadas entre si, está longe de ser uma interpretação consensual entre aqueles que têm mobilizado as ideias de Mead para construir as suas próprias teorias sociológicas. O caso mais óbvio é o de Jürgen Habermas, cuja *The Theory of Communicative Action* (1981) contribuiu decisivamente para que Mead passasse a integrar o cânone sociológico([8]). A apropriação que Habermas faz do pragmatismo americano é particularmente notável, dado que a primeira geração da Escola de Frankfurt, exilada nos Estados Unidos da América nos anos 30 e 40 do século XX, havia demonstrado uma enorme indiferença quanto às correntes de pensamento norte-americanas. Figuras centrais da «Teoria Crítica» como Theodor Adorno e Max Horkheimer nunca fizeram nenhuma referência digna de nota nem à *The Structure of Social Action* (1968 [1937]) de Talcott PARSONS, nem aos escritos políticos de Dewey (JOAS, 1993, p. 86). Ao contrário de Hannah Arendt ou Alfred Schütz, a relação entre a primeira geração da Escola de Frankfurt e os seus colegas contemporâneos norte-americanos foi muito pouco frutuosa. A esta luz, a tentativa encetada por Habermas de construir uma síntese entre as tradições americana e frankfurtiana assume importância excecional. Peirce, Dewey e

([8]) Sobre a importância da história da sociologia para a definição do que se estuda e de como se estuda nesta disciplina, veja-se, por exemplo, SILVA (2009, pp. 39–57), BAEHR e O'BRIEN (1994), CONNELL (1997).

Mead são, respetivamente, os autores pragmatistas escolhidos por Habermas para melhor debater com os positivistas nos anos de 1960 (Habermas, 1998 [1968]), para o ajudar a reconciliar o pensamento democrático marxista com a teoria radical democrática do pragmatismo americano (*idem*, 1986), e para o auxiliar a preparar a mudança paradigmática do modelo instrumental de ação e racionalidade para o modelo comunicativo (*idem*, 1984 e 1987 [1981]).

Há que reconhecer que o principal objetivo teórico de Habermas não é fazer história da ciência, nem sequer história das ideias, mas um tipo específico de ciência social interpretativa. O modelo habermasiano de ciência social situa-se entre uma abordagem positivista, que rejeita a singularidade metodológica das ciências sociais e humanas, e uma perspetiva hermenêutica, que questiona se será apropriado aplicarmos a noção de ciência e os seus procedimentos metodológicos às humanidades. Como Habermas explica em *On the Logic of the Social Sciences* (1996 [1967]), a melhor descrição desta abordagem é um «funcionalismo hermeneuticamente iluminado e historicamente orientado» (1996 [1967], p. 187). A ideia básica é a de permitir uma reconstrução normativa das etapas mais avançadas dos processos de aprendizagem das sociedades capitalistas modernas por referência às quais se possam identificar distúrbios sistémicos. Supõe-se que tal reconstrução normativa se apoie numa teoria da linguagem, cujas primeiras versões surgiram no início da década de 70 (veja-se, por exemplo, Habermas, 1970 e 1991 [1976]), que foi publicada na sua forma mais desenvolvida no seu *opus magnum*, *The Theory of Communicative Action*. Com a publicação desta obra em dois volumes, a imagem de Mead na sociologia muda radicalmente. Mead deixa de ser apenas o precursor dos interacionistas simbólicos; a partir deste momento, passa a ser considerado um dos pais fundadores da disciplina, a quem devemos a passagem do paradigma da consciência ao paradigma da ação comunicativa. Nesta secção, avalia-se a apropriação que Habermas faz das ideias de Mead, bem como as críticas que lhe dirige: em particular, interessa discutir o caso da alegada negligência de Mead quanto aos processos de «reprodução material da sociedade». Se existem ou não boas razões para que se critique Mead a este propósito, é o se tenciona analisar de seguida.

O passo crucial na argumentação de Habermas, na passagem do primeiro para o segundo volume desta obra, constitui um dos mais significativos episódios na história da receção das teorias de Mead em sociologia. No final do primeiro volume, Habermas discute aquilo que ele designa *aporias* da teoria crítica, cujo exemplo mais flagrante seria a *Negative Dialectics* (1973 [1966]) de ADORNO: tal como a sua origem em grego indica — aporia significa literalmente «sem passagem» —, Adorno havia perdido a fé na capacidade da teoria crítica para guiar a emancipação da humanidade, algo liminarmente rejeitado por Habermas. Para este último, tal desesperança resulta não de uma qualquer insuficiência da teoria crítica, mas da forma como Adorno e Horkheimer a concebem. Ainda assim, HABERMAS descobre algo de positivo nas dificuldades encontradas por esta tradição da crítica da racionalização([9]), nomeadamente quando observa que «existe algo que podemos aprender com estes problemas; com efeito, eles dão-nos um motivo para mudarmos de paradigma na teoria social», para concluir que, enquanto «a problemática da racionalização/reificação se desenvolve numa linha alemã de pensamento sociológico [...], a mudança paradigmática que me interessa foi preparada por George Herbert Mead e Émile Durkheim» (1984 [1981], pp. 366 e 399).

No segundo volume de *The Theory of Communicative Action*, Habermas começa a sua reconstrução da psicologia social de Mead analisando a perspetiva filogenética que este último terá usado para explicar o surgimento da linguagem. Como é sabido, Mead concebe o conceito de «conversa de gestos» como o ponto de partida evolucionário que leva primeiro à linguagem gestual e mais tarde ao discurso proposicionalmente diferenciado. A primeira fase da linguagem humana, a linguagem gestual, marca a transição da interação mediada por gestos para uma interação mediada por símbolos e constitui a base da ação normativamente regulada. Para Habermas, no entanto, o modelo proposto por Mead tem problemas. Em particular, a distinção entre interação simbolicamente mediada e interação linguisticamente

([9]) Uma tradição iniciada por Weber e desenvolvida por Lukács e pela Escola de Frankfurt.

mediada e normativamente guiada é rejeitada por Habermas. Para solucionar este problema, Habermas recorre a Wittgenstein e ao seu conceito de regra. A sua tese é que a transição da interação mediada por gestos para uma mediada por símbolos pressupõe a «constituição de comportamento regulado por regras, de comportamento que pode ser explicado em termos de uma orientação para convenções de significado» (1987 [1981], p. 16). De acordo com Habermas, Mead não terá dado a mesma importância às três raízes pré-linguísticas do poder ilocutório dos atos de fala. Mead compreendeu que a linguagem é o mecanismo primário de socialização (que está associada à emergência de normas e identidades) e de coordenação da ação (que está relacionada com o mundo de objetos percetíveis e manipuláveis), mas teria sido incapaz de analisar a função de solidariedade normativa desempenhada pela linguagem. Como Habermas explica, Mead «analisa a linguagem como um modo de coordenação da ação e de socialização, tendo-a deixado por analisar enquanto forma de alcançar o entendimento mútuo» (*ibidem*, p. 27).

O resultado desta interpretação, certamente uma das mais sofisticadas leituras da teoria ontogenética de Mead, é o comentário crítico de que Mead «está a andar às voltas» (Habermas, *ibidem*, p. 44). Em seu entender, Mead tenta explicar a transição filogenética de interações simbolicamente mediadas para interações normativamente guiadas recorrendo a um conceito que só figura na sua teoria ontogenética, o «outro generalizado». É para superar esta dificuldade que Habermas então recorre à teoria da religião de Durkheim. Acontece que esta opção teórica não parece muito convincente. Apesar de ser verdade que Mead não desenvolveu sistematicamente uma explicação filogenética do «outro generalizado», não é menos verdade que, se tivermos em conta a sua conceção de ciência e psicologia social, é perfeitamente possível identificar a origem de tal atitude sociopsicológica na história da espécie humana. De facto, Mead reconstrói a evolução da espécie humana enquanto aumento gradual e constante da racionalidade humana, baseada no uso de gestos vocais que durante o curso da evolução adquiriram significados simbólicos. Tal processo evolutivo teria levado, por um lado, a uma crescente universalidade, abstração e impessoalidade (as características kantianas, por assim dizer, do «outro generalizado», do cientista e do agente moral crítico) e, por outro, a uma tendência crescente para a individualidade, a autenticidade e a originalidade (a versão de Mead da dialética hegeliana do reconhecimento)([10]). Por outras palavras, a estrutura evolucionária no âmbito da qual Mead desenvolve aquilo a que Habermas chama «individuação social» contém as sementes para uma explicação filogenética do «outro generalizado».

Quando, cerca de 60 páginas mais tarde, Habermas regressa a Mead, o seu objetivo é avaliar em que medida a contribuição deste último realmente complementa as propostas de Durkheim. Se o autor de *As Formas Elementares da Vida Religiosa* (2002 [1912]) nos ajuda a compreender as origens filogenéticas daquilo que Habermas designa «linguistificação do sagrado», isto é, a transferência das funções societais de reprodução cultural, integração social e de socialização do domínio religioso para as estruturas da ação comunicativa, o contributo de Mead consiste em explicar estas tendências evolutivas da perspetiva de indivíduos socialmente individualizados. Por outras palavras, Mead é o primeiro autor a reconhecer a tendência societal a que Habermas chama «racionalização comunicativa do mundo da vida» (1987 [1981], p. 107). Em todo o caso, Habermas continua a ter algumas dúvidas quanto à abordagem proposta por Mead. A primeira tem que ver com o carácter formalista da análise de Mead aos processos societais relacionados com a racionalização do mundo da vida. A segunda e mais importante reserva relaciona-se com o alegado «idealismo» de Mead. Habermas sente a necessidade de recorrer à tradição funcionalista, de modo a evitar o negligenciar da «economia, da guerra e da luta pelo poder político» (*ibidem*, p. 110) em que Mead supostamente havia incorrido, em consequência do carácter «idealista» do seu modelo teórico([11]). Esta crítica de Habermas ao carácter idealista da teoria social de Mead decorre

([10]) Um estudo que também enfatiza a tentativa de Mead de reconciliar Hegel e Kant é de Aboulafia (1995).

([11]) Joas nota de forma semelhante que os escritos de Mead «cobrem todo o espectro, do diálogo através de gestos significantes até discussões científicas complexas ou debates políticos em público» (1991, p. 107).

da tese mais geral de que o único contributo deste último para a sociologia contemporânea seria uma teoria do eu que postula a natureza social da subjetividade humana. À luz desta reconstrução do sistema de pensamento de Mead, tal tese é difícil de sustentar. O preço do lugar de Mead no cânone sociológico foi o esquecimento generalizado a que foram votados os dois outros pilares do seu edifício teórico, o pilar da ciência e o pilar da política democrática. Uma das mais graves consequências deste facto é a perda da relação fundamental estabelecida por Mead entre ciência e democracia, uma variação original num tema central do pragmatismo filosófico americano.

A apropriação que Habermas faz das ideias de Mead, embora teoricamente sofisticada, deve ser ainda assim criticada por sublinhar apenas aqueles aspetos que são imediatamente relevantes para a estratégia teórica de Habermas. Em particular, a crítica deste último à natureza idealista das teorias de Mead é insensível ao real âmbito e relevância dos contributos de Mead para a teoria social e política contemporânea. Embora seja certamente verdade que Mead não usa a teoria funcionalista dos sistemas para analisar a política, a guerra e os aspetos económicos da modernização, creio que a crítica de Habermas ao «idealismo» de Mead não colhe por uma razão fundamental. Por detrás da tese de Habermas, encontramos uma opção teórica por proceder «reconstrutivamente, isto é, a-historicamente» (Habermas, 1987 [1981], p. 383). É por esta razão que Habermas procura na história das ideias, apenas e só, aqueles argumentos que apoiam as suas próprias ideias, em vez de ler os seus antepassados como verdadeiros parceiros num diálogo imaginário. Este anacronismo, surpreendentemente monológico para um proponente tão entusiasta do ideal do diálogo racional como Habermas, acarreta sérias consequências teóricas. Desde logo, é-nos retirada a possibilidade de pensar os aspetos dinâmicos e sistémicos da sociedade — aquilo que Habermas apelida de «reprodução material da sociedade» — de uma perspetiva analítica que transcenda a rígida e estéril dicotomia idealismo-materialismo. Uma tal perspetiva, aliás, pode ser encontrada (se procurarmos por ela, claro está) na história das ideias da América do Norte: criação dos pragmatistas clássicos, tem sido desenvolvida pelos seus herdeiros contemporâneos([12]), e sugere uma conceção unitária da ação fundada sobre um ideal radical democrático de comunicação que não é menos promissor do que a tentativa de Habermas de reconciliar uma teoria funcionalista dos sistemas com uma teoria da ação. Noutros termos, uma reconstrução histórica do pensamento de Mead, como aquela aqui ensaiada, mostra não apenas que acusá-lo de «idealismo» diz muito mais sobre a estratégia teórico-metodológica de quem o critica do que sobre o próprio Mead, mas também que Mead e outros pragmatistas do início do século XX desenvolveram os princípios fundamentais de uma teoria da ação humana tão adequada ao estudo de fenómenos económicos e sociais de grande escala como à análise de interações face a face.

Uma reconstrução historicamente sensível da obra de um clássico da sociologia pode complementar, e por vezes até corrigir, interpretações presentistas do passado, dado que estas impõem aos seus objetos a sua própria agenda e interesses. Isto não significa que Habermas deva ser criticado por não ter tido em linha de conta todos os textos de Mead, incluindo os numerosos artigos que Mead nunca publicou. Pelo contrário, argumentamos que a interpretação presentista de Habermas, ainda que lhe tenha permitido identificar algumas das contribuições de Mead a ponto de garantir a este último um lugar no cânone sociológico, o impediu de reconhecer o contributo de Mead na sua plenitude. *Pace* MERTON (1967 [1949]), a construção teórica e a história da teoria são faces diferentes de uma mesma moeda chamada sociologia.

Porquê ler Mead hoje?

É um facto que o tema da criatividade é tão antigo quanto a própria reflexão filosófica. Mas nunca terá alcançado uma posição tão preeminente quanto na tradição filosófica norte-americana (HARTSHORNE, 1984) e, em particular, no trabalho dos pragmatistas na

---

([12]) Estou a pensar em autores como Dmitri SHALIN (1992), Robert ANTONIO (1989) e Hans JOAS (1997).

passagem do século XIX para o século XX. A relação entre criatividade e modernidade enquanto tema sociológico de primeira importância foi recentemente redescoberta por várias figuras importantes da teoria social contemporânea([13]). Um dos motivos que explicam esta redescoberta prende-se com as semelhanças estruturais entre aquilo que Peter Wagner designa crises da modernidade ocidental: enquanto o final do século XIX coincide com uma época de crise do modelo liberal da modernidade, uma crise que viria a culminar na Grande Guerra de 1914–1918, o final do século XX é testemunha de uma segunda crise da modernidade, neste caso do modelo de modernidade organizada pelo Estado-nação que terá tido o seu apogeu nas duas décadas subsequentes ao fim da Segunda Guerra Mundial (WAGNER, 1994). Ao contrário do que sugerem aqueles que creem que as ciências sociais devem apostar na aplicação competente de metodologias de modo a imunizarem-se contra a historicidade do contexto de produção científica (uma falácia tão na moda quanto perigosa, dado esquecerem-se de que a verdadeira objetividade reside antes em levar a historicidade a sério), a agenda teórica e orientação metodológica de disciplinas como a sociologia, a economia ou a ciência política no último século e meio foram um retrato fiel destas tendências societais. A maré alta da fase modernista da sociologia ocorreu nos anos 60 do século XX (sob a influência quase hegemónica do funcional-estruturalismo, da teoria dos sistemas e das metodologias quantitativas que lhes estavam associadas), tendo começado a soçobrar com o pluralismo teórico da década seguinte e mais tarde com o «novo movimento teórico» da década de 1980, orientado para a construção de grandes sínteses teóricas (além da «Teoria Crítica» de Habermas, a teoria da prática de Pierre Bourdieu, a teoria da estruturação de Anthony Giddens e o neofuncionalismo de Jeffrey Alexander são outros casos que exemplificam esta tendência). Parece-me, por conseguinte, plausível sugerir que aquilo que liga a modernidade liberal em que Mead viveu à nossa modernidade plural e globalizada é uma exposição similar à contingência histórica, ao pluralismo e ao hibridismo. Esta será a

---

([13]) Ver, por exemplo, JOAS (1990 e 1996) e DOMINGUES (2000).

razão pela qual a relação entre criatividade e cognição é, hoje em dia, um tópico tão crucial quanto o foi no tempo de Mead.

A «era do progresso» marca, no contexto da variante norte-americana da modernidade, a passagem de uma formação social liberal, individualista e organizada de forma descentralizada para um período histórico em que as instituições e os atores coletivos assumiram o protagonismo. Como o trabalho de Mead é bem exemplo, a «questão social» assume uma crescente preponderância de meados do século XIX até às primeiras décadas do século XX: a institucionalização das ciências sociais e, em particular, a crítica pragmatista à epistemologia racionalista e ao individualismo metodológico são claros sinais deste processo. O modelo liberal de modernidade entra em crise assim que as práticas sociais e políticas, até então consideradas naturalmente autorreguladas, começam a exigir a intervenção das autoridades públicas. A solução da crise da modernidade liberal exigiu que o Estado mobilizasse conhecimento especializado. Só desta forma se podia reduzir a incerteza, ainda que isto significasse incorporá-la nos próprios instrumentos teórico-metodológicos construídos para a analisar. Em suma, a biografia intelectual de Mead espelha com rigor o período histórico em que a incerteza regressou para abalar as fundações do modelo liberal de modernidade. Tal como a história da cidade de Chicago do início do século XX mostra claramente, os processos de industrialização e urbanização aliados aos crescentes fluxos migratórios deram origem a um processo de mudança societal de enormes proporções — com ele desapareceu a fé numa tendência natural para a ordem, certeza e coerência. Teríamos de esperar pelo fim da Segunda Guerra Mundial e pela emergência do Estado-providência para assistirmos ao renascer destas ideias, agora na forma de uma ordem social naturalizada.

Alguns anos após a morte de Mead, Karl Mannheim defendeu uma tese que viria a mudar profundamente a imagem que a sociologia tem de si própria. Em *Ideology and Utopia* (1972 [1936]), Mannheim argumenta que existe uma relação entre a produção do conhecimento social e o contexto social em que esse conhecimento é produzido: «a sociologia emerge da investigação sobre a determinação social da história» (MANNHEIM, 1972 [1936], p. 222). A partir deste momento, sociologia e modernidade passam a ser concebidas como projetos intimamente relacionados, uma ideia que Parsons, Marcuse e muitos outros viriam mais tarde a reiterar (veja-se Parsons, 1968 [1937], e Marcuse, 1973 [1941]). Foi durante a época da modernidade organizada (isto é, entre o final dos anos 40 e o início dos anos 70) que a sociologia emergiu como a ciência social moderna *par excellence*, ou seja, uma disciplina científica orientada para o estudo do processo societal de modernização. As teorias da modernização, como viriam a ser conhecidas, analisam formações sociais de forma sistémica e evolucionária. A noção de sociedade, estruturada em torno de linhas inequívocas de identidade coletiva (cidadania nacional, classe social), o Estado-nação, um sistema político unitário cuja soberania sobre um território delimitado é incontestada, e a sociologia, criada e desenvolvida para prover dados empíricos seguros e teorias com cariz preditivo, eram de certo modo os três vértices do triângulo que constitui a modernidade organizada. No âmbito das fronteiras físicas definidas pelos Estados-nações soberanos, todo e qualquer indivíduo tinha uma clara posição social e um «conjunto de papéis» (Merton) associado. Tal como a difusão das características modernas era extensível aos países do chamado Terceiro Mundo, também no Primeiro Mundo os benefícios simbólicos e materiais da modernidade poderiam ser alargados a todos os cidadãos nacionais [donde a terceira geração de direitos constitucionais, os direitos sociais e económicos, identificada por T. H. Marshall (1964 [1950]) no final dos anos 40].

Este é, em traços muito gerais, o contexto societal em que o debate sociológico sobre «papéis sociais» teve lugar. Trata-se de um debate particularmente relevante para a nossa discussão, dado que nos permite elucidar a relação entre as ideias de Mead e a sociologia modernista dos anos 60. Refiro-me, claro está, a Talcott Parsons, que tentou complementar o trabalho de Mead com a antropologia determinista de Ralph Linton, de modo a ligar uma teoria da ação a uma teoria da ordem. Sucede que a proposta estrutural-funcionalista de Parsons não foi sensível à insistência de Mead em fazer relacionar intersubjetividade e ação. Em resultado disto, Parsons sugere uma conceção de experiência social excessivamente determinista: um papel social mais não é do que o significado funcional da ação individual da perspetiva do sistema social (PARSONS, 1951, p. 25). Tendo como pano de fundo esta sociologia modernista de recorte positivista e behaviorista, não é difícil ver por que razão teve de ser uma corrente teórica marginal como o interacionismo simbólico a redescobrir a relevância de Mead para a sociologia contemporânea. Em suma, o facto de Mead ter dedicado tanto do seu esforço intelectual à resolução de problemas resultantes da primeira crise da modernidade ajuda a explicar porque foi tão difícil aos sociólogos do apogeu da modernidade organizada encetarem com ele um diálogo profícuo.

No final dos anos 70, tornou-se visível uma crescente preocupação com novas formas de constituição das identidades individuais e coletivas (veja-se LYOTARD, 1979; BECK, GIDDENS e LASH, 1994). O pós-modernismo, um movimento cultural que pode ser descrito como a «consciência moderna a refletir sóbria, prolongada e atentamente sobre si mesma» (BAUMAN, 1991, p. 272), havia começado a conquistar adeptos nos departamentos de sociologia, antropologia, geografia e outras ciências sociais e humanas um pouco por todo o mundo ocidental. Era óbvio um tom distintamente crítico e pessimista nesta reflexão sobre as promessas da modernidade, assim como sobre as suas conquistas e os seus falhanços. De forma inesperada, um sentimento de ceticismo e desesperança tomou conta de uma geração inteira de intelectuais quanto às possibilidades de controlo, predição e gestão do projeto societal iniciado séculos antes. Os cientistas sociais pós-modernos procuravam distanciar-se o mais possível das «grandes narrativas» e dos «atores coletivos» que a geração anterior havia aprendido a conceber como corporizando a evolução histórica do projeto da modernidade. A partir dos anos 90, esta corrente começou a dar claros sinais de esgotamento tendo atualmente uma influência marginal em sociologia.

Nas três últimas décadas, assistiu-se a uma erosão crescente das categorias que caracterizaram a fase da modernidade ocidental organizada pelo Estado. O Estado-nação deixou de ser a fonte exclusiva de legitimidade política e soberania, as sociedades são crescentemente fluidas (as normas sociais são cada vez mais sujeitas a um processo de desnaturalização) e os indivíduos enfrentam hoje em dia um excesso de possibilidades de ação que dificulta sobremaneira a autorrealização. As sociedades contemporâneas caracterizam-se por uma diferenciação funcional sem precedentes, por uma enorme aceleração do tempo histórico e concomitante compressão das distâncias espaciais, intensos fluxos migratórios e surpreendentes avanços tecnológicos. A conceção radicalmente social do eu proposta por Mead parece ganhar a esta luz uma relevância renovada. A nossa era parece marcada pela incerteza e indeterminação. De certo modo, o mesmo pode ser dito da «era do progresso» em que Mead viveu. Em ambos os períodos, a modernidade foi percecionada como estando a enfrentar uma época de crise. E ao ler-se um autor cujo trabalho pode ser interpretado como uma tentativa para resolver os problemas políticos e epistemológicos colocados pela primeira crise da modernidade, é possível tirar lições valiosas para respondermos à segunda crise da modernidade, com que nos vemos confrontados neste momento.

Uma das questões mais importantes a explorar na teoria social de Mead hoje em dia refere-se à sua conceção intersubjetiva de criatividade, certamente um dos recursos teóricos mais promissores para lidarmos com os desafios colocados pela atual crise da modernidade organizada. Em Mead, a criatividade é concebida como algo simultaneamente cognitivo e democrático: expressa a capacidade humana para o pensamento reflexivo e orientado para a resolução de problemas e, enquanto tal, não está limitado a figuras singulares como o «artista» ou o «génio». Segundo ele, todos os indivíduos racionais possuem a capacidade de resolver, de modo criativo, problemas concretos de ação: em que medida a criatividade individual é desenvolvida e refinada é tanto uma questão de cultivo pessoal como depende da experiência social a que estamos expostos. Por outro lado, o grau de criatividade coletiva alcançado por um determinado grupo ou coletividade (patente, por exemplo, na qualidade das suas conquistas científicas ou expressões artísticas) depende, como Mead refere, do âmbito permitido à «individualidade — ao pensamento e comportamento original, único ou criativo por parte do indivíduo que lá vive» (Mead, 1997 [1934], p. 221). De acordo com o nosso autor, as criatividades individual e social não são mais do que diferentes fases de um mesmo processo através do qual soluções originais e inovadoras são imaginadas para solucionar os problemas com que indivíduos e grupos são confrontados no dia a dia. Enquanto expressão do pensamento reflexivo, a criatividade é tanto uma característica da espécie humana como um traço distintivo da modernidade, uma etapa evolucionária da história da humanidade em que os princípios da racionalidade e da individualidade alcançaram a sua máxima expressão.

Ao longo de uma carreira de quase 40 anos, Mead procurou produzir uma proposta socialmente sensível das origens, processo de desenvolvimento e estrutura interna da subjetividade humana. A solução que Mead nos propõe para este problema não faz concessões ao individualismo cartesiano — a sua teoria social é, sem margem para dúvidas, uma das versões mais coerentes de intersubjetivismo que o século XX nos legou. Não é, pois, de estranhar a recente tendência entre psicólogos sociais e sociólogos para redescobrir as ideias de Mead e as aplicar na resolução dos problemas dos nossos dias. Com efeito, verifica-se uma grande semelhança entre a agenda de Mead e as questões hoje consideradas centrais: a desnaturalização do processo de formação das identidades individual e coletiva, os problemas epistemológicos relacionados com a indeterminação, bem como a crescente consciência da contingência histórica são tópicos tão importantes no início do século XXI quanto o foram há 100 anos. A criação de uma teoria social em torno da categoria de criatividade, que ponha os sujeitos biossociais em relação dialética com coletividades culturais e sociais, parece ser tão urgente e promissora hoje em dia como o foi no tempo de Mead.

Bibliografia

ABOULAFIA, Mitchell, Habermas and Mead: on universality and individuality, *Constellations* 2, 1995: pp. 94–113.

ADORNO, Theodor W., *Negative Dialectics*, tradução de E. B. Ashton, Abingdon, Routledge, 1973 [1966].

ANTONIO, Robert, The normative foundations in emancipatory theory: evolutionary versus pragmatic perspectives, *American Journal of Sociology* 94, 1989: pp. 721–748.

BAEHR, Peter e O'BRIEN, Mike, Founders, classics and the concept of a canon, *Current Sociology* 42, 1994: pp. 1–148.

BAERT, Patrick e SILVA, Filipe Carreira, *Teoria Social Contemporânea*, Lisboa, Mundos Sociais, 2014.

BAUMAN, Zygmunt, *Modernity and Ambivalence*, Cambridge, Polity Press, 1991.

BECK, Ulrich; GIDDENS, Anthony e LASH, Scott, *Reflexive Modernization: Politics, Tradition and Aesthetics in the Modern Social Order*, Cambridge, Polity Press, 1994.

COOK, Gary A., *George Herbert Mead: The Making of a Social Pragmatist*, Urbana: Ilinóis, University of Illinois Press, 1993.

DODDS, Agnes; LAWRENCE, Jeanette e VALSINER, Jaan, The personal and the social: Mead's theory of the «Generalized Other», *Theory and Psychology* 7, 1997: pp. 483–503.

CONNELL, Raewyn, Why is classic theory classical?, *American Journal of Sociology* 102, 1997: pp. 1511–1557.

DOMINGUES, José Mauricio, *Social Creativity, Collective Subjectivity and Contemporary Modernity*, Basingstoke, Macmillan Press, 2000.

DURKHEIM, Émile, *As Formas Elementares da Vida Religiosa*, Oeiras, Celta, 2002 [1912].

FEFFER, Andrew, *The Chicago Pragmatists and American Progressivism*, Ithaca, Cornell University Press, 1993.

HABERMAS, Jürgen, Towards a theory of communicative competence, *Inquiry* 13, 1970: pp. 360–376.

HABERMAS, Jürgen, *The Theory of Communicative Action: Reason and the Rationalization of Society*, volume I, tradução de Thomas McCarthy, Cambridge, Polity Press, 1984 [1981].

HABERMAS, Jürgen, *Autonomy and Solidarity*, DEWS, Peter (org.), Londres, Verso, 1986.

HABERMAS, Jürgen, *The Theory of Communicative Action. Lifeworld and System: The Critique of Functionalist Reason*, volume II, tradução de Thomas McCarthy, Cambridge, Polity Press, 1987 [1981].

HABERMAS, Jürgen, *Communication and the Evolution of Society*, tradução de Thomas McCarthy, Cambridge, Polity Press, 1991 [1976].

HABERMAS, Jürgen, *On the Logic of the Social Sciences*, tradução de Shierry Weber Nicholsen e Jerry A. Stark, Cambridge, MIT Press, 1996 [1967].

HABERMAS, Jürgen, *Knowledge and Human Interests*, tradução de Jeremy Shapiro, Cambridge, Polity Press, 1998 [1968].

HARTSHORNE, Charles, *Creativity in American Philosophy*, Albany: Nova Iorque, SUNY Press, 1984.

JOAS, Hans, The democratization of differentiation: on the creativity of collective action, *in* ALEXANDER, Jeffrey C. e STOMPKA, Piotr (org.), *Rethinking Progress*, Boston, Unwin, 1990.

JOAS, Hans, The unhappy marriage of hermeneutics and functionalism, *in* HONNETH, Axel e JOAS, Hans (org.), *Communicative Action: Essays on Jürgen Habermas's Theory of Communicative Action*, Cambridge, Polity Press, 1991, pp. 97–118.

JOAS, Hans, *Pragmatism and Social Theory*, Chicago, Chicago University Press, 1993.

JOAS, Hans, *The Creativity of Action*, Cambridge, Polity Press, 1996.

JOAS, Hans, George Herbert Mead and the renaissance of American pragmatism in social theory, *in* CAMIC, Charles (org.), *Reclaiming the Sociological Classics*, Oxford, Blackwell, 1997, pp. 262–281.

JOAS, Hans, *G. H. Mead: A Contemporary Re-examination of His Thought*, Cambridge, MIT Press, 1997 [1985].

LYOTARD, Jean-François, *La condition postmoderne*, Paris, Les Éditions de Minuit, 1979.

MANNHEIM, Karl, *Ideology and Utopia: An Introduction to the Sociology of Knowledge*, Londres, Routledge, 1972 [1936].

MARCUSE, Herbert, *Reason and Revolution: Hegel and the Rise of Social Theory*, Londres, Routledge, 1973 [1941].

MARSHALL, Thomas Humphrey, *Class, Citizenship, and Social Development*, Garden City: Nova Iorque, Doubleday, 1964 [1950].

MEAD, George Herbert, Suggestions towards a theory of the philosophical disciplines, *Philosophical Review* 9, 1900: pp. 1–17.

MEAD, George Herbert, The teaching of science in college, *Science* 24, 1906: pp. 390–397.

MEAD, George Herbert, The philosophical basis of ethics, *International Journal of Ethics* 18, 1908: pp. 311–323.

MEAD, George Herbert, «Logic of the social sciences», unpublished typescript of student notes by Juliet Hammond. Box 8, folder 8, 94 pp. Mead Papers Archive, Department of Special Collections, Regenstein Library, University of Chicago, 1911.

MEAD, George Herbert, The social self, *Journal of Philosophy, Psychology and Scientific Methods* 10, 1913: pp. 374–380.

MEAD, George Herbert, «Social psychology», unpublished manuscript of student notes by Irene Tufts Mead, spring quarter. Addenda, box 4, folder 11, 59 pp., 1915.

MEAD, George Herbert, Scientific method and individual thinker, *in* DEWEY, John, [*et al.*] (org.), *Creative Intelligence: Essays in the Pragmatic Attitude*, Nova Iorque, Henry Holt, 1917.

MEAD, George Herbert, «On labor's interests in World War I» (unpublished paper written between 6 April 1917 and 11 November 1918), Addenda, box 2, folder 29, 16 pp., 1917–1918.

MEAD, George Herbert, Scientific method and the moral sciences, *International Journal of Ethics* 33, 1923: pp. 229–247.

MEAD, George Herbert, Review of *The Domain of Natural Science* by E. W. Hobson, *Journal of Religion* 4, 1924: pp. 324–347.

MEAD, George Herbert, The genesis of the self and social control, *International Journal of Ethics* 35, 1925: pp. 251–277.

MEAD, George Herbert, «Social psychology», unpublished manuscript (typescript of student notes by G. Shelburg, winter quarter). Box 3, folder 4, 105 pp., 1927a.

MEAD, George Herbert, «Elementary ethics», unpublished typescript of student notes on Mead's course, autumn quarter. Box 7, folder 3 (pp. 1––118) and folder 4 (pp. 119–244), 244 pp., 1927b.

MEAD, George Herbert, Philanthropy from the point of view of ethics, *in* FARIS, Ellsworth; LAUNE, Ferris e TODD, Arthur J. (org.), *Intelligent Philanthropy*, Chicago, University of Chicago Press, 1930.

MEAD, George Herbert, *The Philosophy of the Act*, MORRIS, Charles W. [*et al.*] (org.), Chicago, University of Chicago Press, 1938.

MEAD, George Herbert, *The Individual and the Social Self: Unpublished Work of George Herbert Mead*, MILLER, David L. (org.), Chicago, University of Chicago Press, 1982.

MEAD, George Herbert, *Mind, Self and Society from the Standpoint of a Social Behaviorist*, MORRIS, Charles W. (org.), Chicago, Chicago University Press, 1997 [1934].

MEAD, George Herbert, *The Philosophy of the Present*, MURPHY, Arthur E. (org.), Amherst: Nova Iorque, Prometheus Books, 2002 [1932].

MERTON, Robert, On the history and systematics of sociological theory, in *idem* (org.), *On Theoretical Sociology*, Nova Iorque, Free Press, 1967 [1949], pp. 1–37.

MILLER, David L., *George Herbert Mead: Self, Language and the World*, Chicago, Chicago University Press, 1973.

PARSONS, Talcott, *The Social System*, vol. III, Glencoe, Free Press, 1951.

PARSONS, Talcott, *The Structure of Social Action*, volumes I e II, Nova Iorque, Free Press, 1968 [1937].

SAWARD, Michael, The representative claim, *Contemporary Political Theory* 5, 2006: pp. 297–318.

SHALIN, Dmitri, Critical theory and the pragmatist challenge, *American Journal of Sociology* 96, 1992: pp. 237–279.

SILVA, Filipe Carreira, *Espaço Público em Habermas*, Lisboa, Imprensa de Ciências Sociais, 2002.

SILVA, Filipe Carreira, Re-examining Mead: G. H. Mead on the «material reproduction of society», *Journal of Classical Sociology* 7, 2007a: pp. 291–313.

SILVA, Filipe Carreira, G. H. Mead: a system in a state of flux, *History of the Human Sciences* 20, 2007b: pp. 45–65.

SILVA, Filipe Carreira, *G. H. Mead: A Critical Introduction*, Cambridge, Polity Press, 2007c.

SILVA, Filipe Carreira, *Mead and Modernity: Science, the Self, and Democratic Politics*, Lanham, Lexington Books, 2008.

SILVA, Filipe Carreira, *Em Diálogo com os Tempos Modernos: O Pensamento Social e Político de G. H. Mead*, Rio de Janeiro, Tempo Brasileiro, 2009.

SILVA, Filipe Carreira e VIEIRA, Mónica Brito, Plural modernity. Changing modern institutional forms: disciplines and nation-states, *Social Analysis* 53, 2009: pp. 60-79.

THAYER, Horace, *Meaning and Action: A Critical History of Pragmatism*, Indianápolis, Bobbs Merril Company, 1968.

WAGNER, Peter, *A Sociology of Modernity: Liberty and Discipline*, Abingdon, Routledge, 1994.

LIÇÃO 13

Werner Sombart: capitalismo e espírito de empresa

JOÃO CARLOS GRAÇA
Centro de Investigação em Sociologia Económica e das Organizações
Investigação em Ciências Sociais e Gestão
Instituto Superior de Economia e Gestão da Universidade de Lisboa

No segundo ensaio de *Economic Backwardness in Historical Perspective*, Alexander Gerschenkron alude às «discussões e controvérsias ulteriores, nas quais desempenhou um papel tão importante a tentativa algo grandiloquente mas tão cabalmente fracassada de Sombart, visando "decifrar o enigma da riqueza capitalista"» (GERSCHENKRON, 1979, pp. 33–34). Só podemos, hoje, compreender estas palavras de Gerschenkron se tivermos em conta que a popularidade e a reputação académica de Werner Sombart (1863–1941) conheceram um zénite em princípios do século XX, para depois da Segunda Guerra Mundial caírem numa zona cinzenta, que podemos definir de forma abreviada situando-a algures entre o olvido e a infâmia. As razões para isso são decerto múltiplas, reportando-se entre outros fatores à sua proclamada adesão ao nazismo. Mas é conveniente discutir este assunto com mais fôlego e sem nos precipitarmos em conclusões: o seu caso é interessante não apenas por si mesmo, mas também pelo que permite no confronto com outros autores.

Sombart foi um notável representante da chamada Escola Histórica Alemã, ou do que também é designado Historicismo Alemão, corrente doutrinária que, independentemente da sua maior ou menor coerência interna, teve inegáveis repercussões na tradição da teoria social, e em particular da sociologia, quer pela ênfase que colocou na importância da singularidade do acontecimento, quer pelo sublinhar da relevância dos fatores «culturais» ou «espirituais» na vida das sociedades humanas. Na sua trajetória pessoal, sendo discípulo, entre outros, de Adolph Wagner e de Gustav Schmoller, este último tendo aliás sido seu orientador de doutoramento(1), Sombart ficou desde cedo associado a uma preocupação com a erudição profunda e detalhada relativamente à multiplicidade e diversidade de aspetos das realidades sociais: quer os referentes às condições materiais (geográficas, tecnológicas, etc.), quer os atinentes aos traços de natureza cultural, em particular aqueles suscetíveis de serem referentes ao espírito (*Geist*) geral duma época ou sociedade. Quanto às relações com a teoria económica convencional, destaque-se desde já a proximidade com os pontos de vista de Schmoller, desconfiados ambos quanto à pretensa validade universal das categorias da já então *mainstream economics* e mais inclinados para a pesquisa indutiva e pacientemente descritiva do que para métodos predominantemente suportados pela dedução (lógica ou matemática) e aspirando, segundo Schmoller demasiado apressada e simplificadamente, à validade universal. Por contraste com o seu mestre, entretanto, Sombart teria sido segundo vários comentadores (Schumpeter, 1964 [1954]) um autor dotado de grande fôlego, menor tendência para se perder no detalhe, maior visão de conjunto e capacidade «artística» para captar o sentido geral das realidades estudadas. Quanto a vários destes temas, vale de resto a pena estabelecer um breve confronto com Max Weber.

Um outro aspeto a registar nesta apresentação introdutória é ainda o carácter cordial nas relações que procurou estabelecer entre a tradição da historiografia académica da Alemanha do Segundo Império e as correntes socialistas organizadas: em particular o SPD alemão, operando na altura frequentemente em condições de semiclandestinidade e sofrendo várias «leis de exceção», bem como o então ideário oficial daquele partido, o marxismo. De facto, o jovem Sombart não apenas terá sido lesado nos inícios da sua carreira académica pela notoriedade das suas inclinações socialistas (cf. Gioia e Nardis,

---

(1) Quanto às relações entre Schmoller e Sombart, em particular Backhaus (1989, pp. 600–602). Os mais famosos dos orientandos de Sombart foram Wassily Leontief e Richard Löwenthal.

2015), como se tornou também conhecido por ter sido objeto de um verdadeiro louvor de exceção endereçado por Engels, segundo o qual ele seria talvez o único representante da elite académica prussiana a referir-se ao pensamento de Marx com um razoável conhecimento de causa, não se limitando por isso aos habituais dislates estereotipados.

A subsequente trajetória política de Sombart foi entretanto marcada primeiro pela sua adesão ao entusiasmo da *Kriegsideologie*, a ideologia de guerra alemã na Primeira Guerra Mundial, vendo nesta a defesa da *Kultur* e de um modo de vida alegadamente orgânico e assente na comunidade e nos ideais, contra os valores associados à *Civilization* material, supostamente «mecânicos» e societários ou materialistas (Losurdo, 1998). A convergência subsequente com o nazismo, embora repleta de matizes que não cabe aqui analisar em pormenor, deve ser considerada como traduzindo o aprofundamento e a acentuação deste outro grupo de inclinações.

A ética aristocrática e o espírito do capitalismo

Um esquemático confronto tripartido dos pontos de vista de Marx, Weber e Sombart é decerto esclarecedor quanto aos fundamentos das linhas argumentativas de cada um destes autores. Além da importância comum da própria categoria de capitalismo (que foi aliás Sombart o primeiro a avançar sob este nome: em Marx há apenas referências ao «capital»), deve desde logo destacar-se também a presença na análise a que todos eles procedem dum elemento central: aquela categoria, o seu análogo (para Marx: o «capital»), ou o que ela designa, contém uma tendência para a reprodução em escala alargada, sendo que esta deve de alguma forma submeter à sua lógica o conjunto da existência social. Todavia, na origem deve ter havido algo de diferente, de não capitalista, a iniciar todo o processo. Para Marx, a questão estava quanto a isto na célebre acumulação primitiva do capital. Já para Weber, o elemento extraeconómico adicional consistia em algo não material, mas espiritual, religioso: o «capitalismo racional» seria uma consequência não prevista e não desejada, um efeito perverso da ética protestante. Assim, tudo aquilo que desde as Luzes se tinha vulgarmente considerado uma conquista do Terceiro Estado nos apresenta Weber como criação e resultado do génio não dos *laboratores*, mas dos *oratores*. A origem primeira da mentalidade burguesa e capitalista seria religiosa, ainda que se tratasse duma consequência não desejada e produtora a prazo duma secularização fundamentalmente negadora daquele passado.

Pode, pois, dizer-se que para Weber o ascendente histórico do Terceiro Estado não é obra deste, mas dum outro grupo social, cuja importância foi aliás ameaçada pela sua própria conduta. Os historiadores que ao longo do século XIX procuraram indagar as razões do ascendente progressivo do Terceiro e depois também do Quarto Estado, o proletariado, e de tudo o que a eles ficou normalmente associado (capitalismo, laicização, direitos civis e políticos, igualização progressiva das condições sociais ou o que lhes parecia ser isso, enfim também o socialismo), quando a sua atitude era avessa ao conjunto das transformações em causa, tenderam a atribuir as mesmas à conduta anterior dos grupos que foram afastados do poder, da riqueza e da influência social. O «rebelde aristocrático» que foi Nietzsche expressou esta ideia neoelitista de forma talvez inultrapassável:

> Quando [...] uma aristocracia como a da França, no início da Revolução, deita fora, com um nojo sublime, os privilégios, e se sacrifica aos excessos do seu sentimento moral, isto é corrupção: — foi, no fundo, apenas o acto final daqueles séculos de corrupção permanente, graças à qual ela tinha cedido, passo a passo, os seus direitos senhoriais e se tinha reduzido a *função* da realeza (por fim até somente a um falso aparato, a uma pompa exterior). O essencial de uma aristocracia boa e sã, porém, é ela *não* se sentir como função (quer seja da realeza, quer da comunidade), mas como *sentido* e suprema justificação destas, — é ela aceitar, por isso, e com a consciência tranquila, o sacrifício de inúmeros homens que, *por amor dela,* têm de ser oprimidos e reduzidos a homens incompletos, a escravos, a instrumentos. A sua fé básica deve, precisamente, ser a de que a sociedade *não* devia existir por amor da sociedade mas apenas como alicerces e andaimes sobre os quais um tipo de seres de «elite» se consiga erguer até à sua missão superior e, também, a uma *existência* superior, em geral. (NIETZSCHE, 1974 [1886], pp. 192–193)

Este distanciamento fortemente crítico relativamente à modernidade, herdeiro daquilo a que Parsons (1991 [1928], pp. 11–12) chamou «ala conservadora do romantismo literário», condicionou sem dúvida muito fortemente quer as conceções de Weber, quer as de Sombart. Deste ponto de vista podemos não só aproximá-los entre si, mas também opô-los a Marx, o qual intenta criticar o capitalismo duma perspetiva que de si mesma considera ser a da superação histórica deste, associada ao pretenso ascendente do proletariado, o grande protagonista da obra racionalizadora que se augura, através da qual seria enfim superada a «anarquia da produção».

De forma sucinta, o exato oposto deve ser dito dos outros dois autores. Todavia, se podemos afirmar que para Weber a força criadora do capitalismo moderno foi religiosa, então o essencial da análise de Sombart torna-se-nos por contraste compreensível, dizendo que para ele a origem do capitalismo foi aristocrática: guerreira e cortesã. Não terá sido por acaso que duas das suas mais importantes obras levaram os títulos de *Guerra e Capitalismo* e de *Luxo e Capitalismo*. Esta faceta do seu pensamento encontra tradução exata na sua conceção de «espírito do capitalismo», que podemos distinguir facilmente da weberiana sobretudo pela presença daquilo que Sombart designa «mentalidade de empresário».

Na verdade, para Sombart o «homem económico moderno», o *bourgeois*, comporta duas componentes distinguíveis e mesmo parcialmente opostas, embora ele também argumente que são complementares: a do cidadão, ou burguês propriamente dito (*Bürger*), e a do empresário. A «mentalidade de burguês» corresponde à «santa economicidade», que Sombart identifica na *masserizia* da Florença do século XV já com os mesmos traços da *industry and frugality* de Franklin, à moral dos negócios (gosto pela previsibilidade, respeito pela palavra dada) e à mentalidade calculadora que tudo quantifica, assim aniquilando as diferenças qualitativas. Já ao «espírito de empresa» pertence a esfera da pura cupidez, bem como o espírito inventivo, conquistador e organizador. É a este título que Sombart inclui factos como a campanha militar, a propriedade feudal e as atividades de corso nas pretensas fontes do «espírito capitalista». Este deve, na verdade, ser concebido como resultante de «empresa» em tudo o que diga respeito a espírito de rapina, sentido de oportunidade, engenho, inspiração, capacidade organizativa e inovadora, inclinação para a desobediência a quaisquer regras, ilimitado desejo de conhecimento (característico duma suposta «alma fáustica»), bem como à pura e simples «vontade de poder» (Sombart, 1931 [1916]). Uma verdadeira psicologia de predador, portanto. Tal como menciona Franklin a propósito da «mentalidade de burguês», também a este outro respeito refere explicitamente Goethe e Nietzsche(2).

Trata-se, assim, duma verdadeira caracterologia, da procura da identificação de tipos psicológicos. O temperamento de empresário é «agudo», «perspicaz», «engenhoso», «pletórico de *ideias* e de *alvitres*, dotado duma fantasia especial, a que Wundt chama combinatória» (por oposição à fantasia intuitiva do artista), não liga com «o artesão, o prestamista, o esteta, o erudito, o *bon vivant*, o moralista e similares» (Sombart, 1982 [1913], p. 209), antes com «conquistadores, organizadores e negociadores». Outras marcas suas estão presentes igualmente no jogador de xadrez e no médico genial: «A arte do diagnóstico capacita não só para curar doentes, mas também para ter êxitos nas especulações da Bolsa» (*ibidem*, *loc. cit.*). Quanto ao temperamento de burguês, corresponde, na antinomia de Bergson opondo o *homme ouvert* ao *homme clos*, a este último (*ibidem*, p. 210). Entre a *luxuria* e a *avaritia*, tende obviamente para esta. Recetivo, não expansivo, a natureza que mais perfeitamente se situa nos seus antípodas é o *Pater Seraphicus* do Fausto; e valorizando tudo não de forma subjetiva, mas objetiva, decerto nunca compreenderia Cícero

(2) Inúmeras passagens de Sombart têm um sabor inconfundivelmente nietzschiano, sobretudo as que se prendem ou com o tema da «morte do homem», que se seguiria inevitavelmente à «morte de Deus», ou com o advento algo misterioso de um possível futuro heroico, que resgataria a existência social da mediocridade que a excessiva racionalização teria trazido consigo: «A eliminação de Deus da conceção de natureza corresponde à eliminação do homem da técnica»; «Enquanto a ciência natural *pensa* o mundo como um mecanismo ou *quimismo*, a técnica moderna *cria* artificialmente um mundo que corre de acordo com as fórmulas elaboradas pela ciência natural» (Sombart *apud* Parsons, 1991 [1928], p. 15).

quando o romano afirmava que «o que importa não é a utilidade de cada um, mas aquilo que se é» (*ibidem*, *loc. cit.*).

Como podemos verificar, é à psicologia do empresário que se referem os traços do *bourgeois* que permitem mais facilmente aproximá-lo das aristocracias tradicionais europeias: guerreiros e cortesãos. Mas deve notar-se também que a definição proposta por Sombart oscila entre a simples caracterização psicológica, a busca de pretensos fundamentos étnicos ou biológicos dos tipos referidos (o que constitui decerto a parte menos aproveitável do seu trabalho) e a identificação dos grupos sociais correspondentes e das mentalidades dos mesmos.

Sombart e Weber

Quanto a forças morais e a circunstâncias sociais na génese do capitalismo moderno, e por contraste com o célebre estudo de Weber sobre a ética protestante, valorizando um acontecimento alegadamente excecional, no caso de Sombart estamos perante a conceção (implícita ou explícita) dum processo civilizacional enquanto crescente contenção das pulsões e racionalização das condutas. Este processo uniria a filosofia estoica da Antiguidade a várias correntes de cristianismo ou à *masserizia* da Florença renascentista, continuando em crescendo até à época de Sombart.

Nos escritores da Antiguidade, sobretudo Xenofonte e Séneca, encontra ele tanto «a ideia de racionalização da conduta vital», particularmente relacionada com as conceções de lei natural dos estoicos, como a legitimação do enriquecimento, ou a noção de que o tempo é escasso e deve ser devidamente aproveitado, ou ainda aquilo que pura e simplesmente qualifica como «virtudes *burguesas*, especialmente a aplicação e a poupança» (Sombart, 1982 [1913], p. 234). Já do cristianismo, particularmente do tomismo, Sombart sublinha a «racionalização da vida» (*ibidem*, p. 246), que associa à defesa da *liberalitas*, para os escolásticos a «virtude económica propriamente dita» (*ibidem*, p. 248), o justo meio a distinguir simultaneamente da *avaritia* e da *prodigalitas*, o ponto de equilíbrio que, na sua busca racionalizadora, deve sobretudo fugir da ociosidade. Bem assim, a riqueza é para o tomismo tendencialmente boa, tendo os escolásticos posteriores ao século XIII legitimado aliás o próprio enriquecimento individual. Até mesmo o conceito de capital (dinheiro fértil, que cresce) teria igualmente sido produzido pela escolástica dos séculos XIV–XV. Também a condenação a que os teólogos procederam da usura é interpretada por Sombart como um incentivo ao investimento produtivo, distinto da atitude preguiçosa do prestamista e, nesse sentido, um elemento propiciador do capitalismo (*ibidem*, pp. 243–260)([3]).

No protestantismo, vê Sombart uma continuação desta obra dos escolásticos, aprofundada em virtude da intensificação dos sentimentos religiosos. Quanto às subtilezas mencionadas por Max Weber a respeito do «ascetismo mundano», opta por deixar todo o aspeto propriamente teológico dos problemas completamente de lado, alegando em essência que se trata de detalhes que escaparam ao «homem da rua». Este ponto assinala uma importante discordância dos dois autores. Para o comum dos crentes, sustenta, a ética pós-luterana era essencialmente igual à que vinha de antes da Reforma, embora intensificada por exaltação religiosa: labor, ocupação com coisas úteis, temperança, poupança. Mas aqui, acrescenta Sombart, a intensificação da contenção e das restrições resulta numa perda da «sensibilidade artística» (*ibidem*, p. 269), a qual no catolicismo produzira a inclinação para a magnificência, o «desejo de fazer algo *grandioso* e *esplêndido*». Encontramo-nos, assim, perante uma verdadeira exaltação da mesquinhez, ou da *parvificência*. Deste ponto de vista, com tudo o que trouxe acarretando restrições voluntárias ao consumo, o protestantismo teria atrasado o desenvolvimento do capitalismo. Por outro lado, se libertou a usura de restrições, que poderemos, em função do que antes ficou dito, concluir? Nem tão-pouco exaltou a ética puritana o enriquecimento sem limite, mas apenas um

([3]) Esta última opinião foi diretamente contestada por Weber, que, em nota a *A Ética Protestante e o Espírito do Capitalismo*, a considera pura e simplesmente absurda (1983 [1904–1905], pp. 71 e ss.). Sombart tê-la-ia expressado sob a influência de Franz Keller, autor próximo dos pontos de vista da apologética católica.

outro, refreado pela noção de preço justo, de retribuição equilibrada dos esforços. Neste ponto, portanto, uma atitude coincidente com a do tomismo (*ibidem*, p. 271).

Em contrapartida, do judaísmo, é esse um dos traços postos em destaque. A moral judaica mantém, para o povo eleito, a regra do preço justo, mas, no concernente às relações com os gentios, opta por princípios a que hoje nos habituámos no dia a dia económico: o que é justo que o vendedor faça é que tente vender pelo mais alto preço que puder; e o comprador tentará exatamente o contrário. Esta ausência de regulamentação moral das práticas económicas diz igualmente respeito aos empréstimos: o Judeu deve emprestar sem juro a um dos seus, mas pode cobrar juros tratando-se de gentios. Quanto ao mais, os princípios básicos da ética judaica não se afastam significativamente do padrão antes identificado como mentalidade burguesa. Sombart sugere, todavia, que a própria noção duma divindade abstrata e sem mistérios bem como a variedade de julgamento moral que lhe está associada, a ideia de um cuidadoso pesar dos méritos e dos pecados referentes ao crente individual, teriam estimulado uma mentalidade quantificadora, ou mesmo «contabilística», e individualista (Sombart, 1913 [1911], pp. 206–211). Daí, precisamente, a associação explícita do judaísmo à invenção da contabilidade de dupla entrada, entre todas as teses sombartianas decerto a mais conhecida. Tudo no judaísmo parece, assim, suscitar uma racionalização capitalista das condutas.

A importância da ética judaica na génese da mentalidade capitalista, e em particular a do referido duplo padrão, só pode ser apreciada na sua verdadeira dimensão se tivermos em conta que os Judeus viveram quase sempre dispersos entre outros povos. Mas acresce quanto a este último aspeto que, segundo Sombart, a generalidade das minorias nacionais (ou étnicas) tende a desempenhar um papel económico relevante, uma vez que as restantes vias de promoção social estão frequentemente vedadas aos seus membros. Por outro lado, aos estrangeiros, quaisquer estrangeiros, a realidade social apresenta-se «desertificada», «vazia», «morta» — e pronta, portanto, para a quantificação e a manipulação. Esta afirmação é reputada válida também para várias outras minorias religiosas e étnicas (Sombart, 1982 [1913], pp. 303–318), mas para Sombart o judaísmo, ou pelo menos o judaísmo pós-exílico, enquanto mentalidade do «povo do deserto» por excelência, observou por isso uma afinidade eletiva perfeita com a ética capitalista na sua variante burguesa.

É também digno de destaque o facto de as fontes da ética capitalista, consideradas por Sombart, serem diretas e lógicas: a ética judaica propicia as práticas capitalistas porque abole a noção de preço justo, a escolástica tardia, porque autoriza o enriquecimento individual. O tom geral da análise é seco, diretamente compreensível, ao contrário do que sucede com Weber, para o qual a essência estaria nas consequências psicológicas (que não lógicas), sendo o capitalismo um resultado muito ínvio, e não desejado, do protestantismo. Se equivalente existe do que o protestantismo representa para Weber, esse é o judaísmo, que se argumenta estar em sintonia perfeita com as atividades capitalistas. Empreende mesmo (SOMBART, 1913 [1911], pp. 248–251) a deteção minuciosa de analogias entre a mentalidade dos puritanos do século XVII, na Grã-Bretanha, e a dos Judeus em geral: o protestantismo só terá contribuído para o capitalismo na medida em que, por vezes, se tenha assemelhado ao judaísmo. Mas a ênfase nisso é circunstancial, mantendo Sombart uma conceção multicausal da génese do capitalismo moderno.

Sublinhe-se que as formas de propiciação do capitalismo até agora analisadas se reportam à mentalidade burguesa e à racionalidade. Toda a ética que incentivar a contenção, o cálculo, o diferir dos objetivos e a previsibilidade alegadamente estimula a racionalidade e, nesse sentido, o capitalismo. Mas falta referir o elemento não burguês, esse mestre do caos que é o empresário. E falta também deixar, como crítica a Sombart, que ele não terá estado suficientemente atento ao problema posto pela existência de diversos tipos de racionalidade. Pode, portanto, ter confundido as coisas, julgando ver fontes da ética capitalista onde as haverá de racionalidade, sim, mas talvez de outras variedades de racionalidade([4]). Tomemos, por exemplo, a lei natural

([4]) No seu artigo de 1928, Parsons sublinha isto muito corretamente, referindo as pesquisas de Alfred Weber no sentido de identificar vários tipos diferentes de racionalidade, bem como as relações (de afinidade, oposição ou outras) entre eles (PARSONS, 1991 [1928], p. 34). Como se sabe, essa foi talvez a

dos estoicos. A libertação das paixões que esta promete aproxima-a plausivelmente duma moral de tipo «quietista»; mas não se trata, nesse caso, mais de fuga ao mundo do que de manipulação «capitalista» deste? E a própria consciência aguda do tempo que passa, de que Sombart faz o *time-is-money* da Antiguidade, terá ela um significado realmente comparável a este último? Não parece óbvio, pelo contrário, que o *carpe diem* tende a traduzir-se num hedonismo radical, nunca na *industry and frugality*? E não é verdade também, como de resto sublinha Max Weber (1983 [1904–1905], pp. 66–68) em resposta direta a Sombart, que tentar descobrir fontes do espírito capitalista na Antiguidade esbarra na total ausência, aí, duma exaltação da indústria, isto é, do trabalho? Enfim, não será de facto abusivo querer fazer da condenação da usura pelos escolásticos um estímulo ao investimento produtivo? Em todo o caso, registemo-lo, o vício de Sombart terá sido o de ir longe de mais na busca das origens da nossa época, nunca o de ficar obcecado com a especificidade da mesma.

Guerreiros, cortesãos e empresários: guerra, luxo e capitalismo

A importância que Sombart atribui ao elemento empresarial do «espírito capitalista» está inquestionavelmente relacionada com o que pensa ser a origem aristocrática (guerreira e cortesã) do capitalismo moderno. Esta origem aristocrática manifesta-se plenamente na relação de afinidade entre o capitalismo, a guerra e o luxo. De facto, segundo Sombart o esquema interpretativo que vê na proliferação das guerras uma consequência do capitalismo é algo que nem vale a pena questionar, de tal modo ele desconsidera as teses beatíficas que insistem em ver no *doux commerce* um pretenso fator de pacificação. A relação mais importante é, porém, a inversa daquela: para Sombart, trata-se de sublinhar que a própria guerra promove o capitalismo, pelo menos, tanto como é por ele promovida. As guerras terão, ao longo

---

principal preocupação norteadora dos estudos de um discípulo de Alfred Weber, Norbert Elias, relativos à «civilização dos costumes» e à «racionalidade cortês» (Elias, 1987, 1989, 1992 e 1996).

dos séculos, constituído uma causa voluntária ou apenas involuntária, lógica ou apenas psicológica de surtos de desenvolvimento capitalista, essencialmente por via: a) do aumento, através dos gastos públicos, da procura efetiva em sentido keynesiano, levando à utilização de recursos de outra forma desperdiçados; b) da educação e disciplina impostas pelos exércitos a largas massas de camponeses, o que terá sido um fator importantíssimo na formação dum proletariado industrial domesticado e taylorizado; c) de serem um estímulo ao espírito inventivo e inovador, reduzindo-se assim o caminho da invenção à inovação técnica simultaneamente na guerra e nos processos produtivos. Sublinhe-se como as formas diferenciadas de estímulo à mentalidade capitalista estão claramente associadas a uma conceção hierarquizada da sociedade. Na base, é duma racionalização *burguesa* que se trata: ordem, trabalho, método. No topo, por contraste, de dar livre curso a instintos *empresariais*: audácia, inovação, capacidade organizadora (SOMBART, 1943 [1913]).

Mais do que pensar a guerra enquanto consequência do capitalismo, por conseguinte, é assim crucial entendê-la como sua causa, seja voluntária ou involuntariamente, lógica ou apenas psicologicamente. Quanto a este tema, o propósito de Sombart é destacar nos exércitos europeus, e já desde o século XVI: a rigorosa unidade de comando e o impulso decidido visando a racionalização e a simplificação de procedimentos; a importância crescente de cálculos precisos e duma quantificação rigorosa; a escala indefinidamente ampliada dos processos e o *élan* genérico para crescimento ilimitado, correspondente quer à tendência de longo prazo dos exércitos quer à linha evolutiva implícita na lógica do capital; enfim, a necessidade dum proletariado «domesticado» e disciplinado, as atividades de guerra podendo assim ser consideradas o perfeito exercício propedêutico para a indústria racional que define os tempos modernos. Na verdade, para Sombart as típicas virtudes guerreiras (disciplina, diligência, paciência, persistência, estoicismo, bravura ante a adversidade, mas também capacidade de cálculo exato, visão global e agudo sentido de *timing*) são praticamente o mesmo que as virtudes económicas, expressando basicamente uma combinação de componentes burguesas e empresariais, na qual o primeiro elemento predomina nos níveis inferiores da hierarquia e o segundo, no topo. Por outro lado, a organização dos exércitos constitui, segundo Sombart, o primeiro sector importante da existência social em que a necessidade de rigorosa divisão e coordenação do trabalho foi imposta em massa e indiscutivelmente. As forças armadas foram rapidamente imitadas pelas indústrias civis produzindo diretamente para elas, as quais constituíram assim os sectores pioneiros da generalização à atividade económica civil das referidas normas de conduta racionalizadas. Da mesma forma, a existência e o crescimento dos aparatos militares desempenharam um papel fundamental na formação dum «consumidor-tipo», suficientemente padronizado e previsível e em número total consideravelmente elevado, o que foi crucial na produção duma quantidade global de «procura efetiva» suficiente para desencadear a utilização dos recursos produtivos, os quais de outra forma tenderiam a permanecer não utilizados. Esta atitude de Sombart perante a guerra, destacando a importância da procura no fomento dos processos económicos, pode ser apropriadamente designada «keynesianismo militar» *ante litteram*, dado que assume a perspetiva duma análise conscientemente *demand-side*, mas destacando os aspetos relativos a um *warfare state*, ao passo que a tradição keynesiana tem predominantemente estado associada aos progressos do chamado Estado de bem-estar social, ou *welfare state*; e também porque sublinha e elogia a componente agonística do consumo enquanto elemento inseparável da desigualdade social, ao passo que o keynesianismo oficial tem estado sobretudo ligado a preocupações com a redução das desigualdades sociais (Sombart, 1943 [1913]; Graça e Correia, 2015).

Quanto à abordagem sombartiana do tema do luxo, corresponde ao eixo da narrativa da história europeia na idade moderna que vê nela sobretudo a transformação das nobrezas de guerreiros em cortesãos. Este facto, ao qual Norbert Elias viria depois a referir o núcleo do processo civilizacional, fora já aliás considerado, entre outros, por Adam Smith, que no chamado sistema mercantil via, no fundo, uma expressão da aliança entre as realezas e grupos de mercadores, traduzindo-se no crescimento desmedido das cortes principescas e no surto de atividades orientadas para a satisfação e imitação das mesmas, o que implicava a hipertrofia também duma certa forma de cidades correspondentes a uma indústria manufatora protegida e regulamentada, bem como ao chamado terciário de antigo regime: criadagem, funcionários, vagabundos, prostitutas, etc. (SMITH, 1981 [1776], vol. II, pp. 589–596)([5]). Este processo, associado à génese do Estado moderno, traduzira-se no aumento da importância e do peso social das realezas e dos grupos burgueses a estas associados, bem como no declínio das nobrezas tradicionais — as quais ressentiram a perda da situação de nobrezas «livres» e «independentes», capazes de obter os seus rendimentos sem necessidade dos favores régios e ciosas dos seus privilégios tradicionais, pelos quais balizavam o seu distinto modo de vida —, acarretando assim a redução daquelas a simples «nobrezas de serviço», ou seja, a mera «função da realeza ou da comunidade» (ver atrás citação de Nietzsche)([6]). Deste modo,

---

([5]) Smith distingue este tipo de cidades, que na peugada dos fisiocratas toma como essencialmente consumidoras ou estipendiadas, das que considera mais prósperas, independentes da procura das cortes e sobretudo produtoras.

([6]) Deve entretanto notar-se que este processo, embora com inegáveis traços comuns às diversas sociedades europeias, segue ritmos e variedades significativamente diferenciados consoante os casos. Assim, por exemplo, se a França representa praticamente o tipo ideal consumado deste esquema, já o Reino Unido corresponde a uma situação em que o peso relativo da realeza é menor e a nobreza consegue permanecer em maior grau ligada às suas origens rústicas, embora modernizando-se e passando a dedicar-se de forma desinibida à prática dos negócios. Este virá aliás, em maior ou menor grau, a ser vulgarmente apresentado, desde o século XVIII (e seguindo a voga dos «anglómanos» franceses), como o caso modelar duma evolução social «equilibrada», por contraponto ao alegadamente excessivo peso do rei, da corte e da capital, consubstanciado no caso francês. Casos ainda mais diferentes são os da Alemanha, sem uma corte suscetível de se tornar num centro político unificador e capaz de ditar os padrões desejáveis de conduta — daí precisamente a importância de instituições de algum modo sucedâneas, como as ligas de estudantes, as universidades, os clubes de duelistas, o apego das nobrezas às chamadas «árvores genealógicas», etc. —, ou no limite o da Polónia, intransigentemente defensora dos privilégios nobres e, por isso, inclinada para uma forma radical de republicanismo aristocrático que, definitivamente, a tornou neste período incapaz duma ação política concertada, levando-a a sucumbir às potências vizinhas suas rivais. Não foi decerto por acaso que Friedrich Nietzsche, quando tratou de construir para si próprio uma genealogia mítica, foi buscar ascendentes precisamente àquele país: «os

o elemento de manutenção e salvaguarda das diferenças sociais ou, para ser mais exato, da hierarquia é claramente transferido para a preocupação com o consumo de bens refinados. É esse, repete-se, o elemento que ao mesmo tempo unifica mentalmente a sociedade — porque configura a existência duma hierarquia comummente reconhecida de valores estéticos e éticos — e a diferencia estratificando-a, permitindo a identificação fácil de um *mais* e um *menos* de poder e influência sociais. Note-se que isto corresponde à passagem dum luxo subjetivo, associado à comunicação pessoal de cada nobre com os seus séquitos, àquilo que Sombart designa luxo objetivado, no qual as relações sociais ocorrem através da mediação de bens, sendo o único nobre capaz de manter séquitos de dimensão significativa o próprio monarca e ficando assim a nobreza dependente deste: não apenas dos pontos de vista militar, jurídico e económico, mas assim também simbolicamente.

Se com esta ênfase na importância da guerra e do luxo se pode dizer que Sombart assinala uma trajetória herética relativamente às correntes predominantes da teoria social, as quais, na peugada de Adam Smith e do liberalismo clássico, privilegiaram em geral as afinidades do negócio com as tendências pacificadoras — daí precisamente os temas clássicos do *doux commerce*, da paixão pelo enriquecimento enquanto paixão civilizadora e dos interesses enquanto instância propiciadora do monitorizar das paixões — bem como a exaltação da poupança, do investimento e do trabalho profissional, deve igualmente sublinhar-se que aqueles dois elementos se unem no esquema analítico sombartiano sob a forma de elogio da hierarquia. Este traço deve ser destacado, dado que Sombart já foi explicitamente associado ao «modernismo reacionário» (Herf, 1984), categoria correspondente a um grupo de autores da Alemanha da República de Weimar que se, por um lado, se assumiram como defensores da *Kultur* e da comunidade popular (*Volksgemeinschaft*) — ou seja, das tendências supostamente orgânicas contra a *Civilization* meramente mecânica

meus antepassados eram fidalgos polacos: deles recebi um grande instinto de raça e, quem sabe talvez, em última análise, o *liberum veto*» (Nietzsche, [*s.d.*] [1908], pp. 50–51).

e traduzindo o predomínio de elementos materiais em relação à importância crucial do espírito para aquela —, por outro lado, representaram também uma forma de reconciliação do referido imaginário comunitário e exaltador da *Kultur* com as realidades da tecnologia moderna, a qual pretenderam de alguma forma reespiritualizar, isto é, libertar do suposto desencantamento que regra geral as tendências conservadoras lhe reprovavam.

Ora bem, se a reconciliação de Sombart com a modernidade se dá, é verdade, também através da esperança na tal reespiritualização da tecnologia, e nesse sentido é correta a sua classificação como modernista reacionário, ela procede igualmente, e isso não é menos importante, do sublinhar do elemento empresarial na ética dos negócios, com tudo o que àquele elemento já vimos estar associado, isto é, a guerra e o luxo, um e outro constituindo expressão dum aspeto mais essencial ainda na vida das sociedades: hierarquia. Desde logo, a hierarquia está presente na forma particular de consumo que Sombart destaca: um consumo preocupado com a posição social de cada um e em que o ímpeto verdadeiramente criador é o que está associado à busca da distinção. É certo que a esta busca da distinção por parte do monarca e da elite responde depois o conjunto da sociedade em movimento de imitação: a cidade «macaqueia» a corte, como notavam já os moralistas franceses de Seiscentos e depois sublinharam Werner Sombart e Norbert Elias, entre outros (e cada um à sua maneira). Todavia, trata-se aqui duma procura que segue o líder, pelo que a influência do grupo nobre, longe de diminuir, resulta desta forma ampliada por um verdadeiro «multiplicador sociológico»([7]). Ao surgimento de novos bens, resultantes do impulso para a preservação da identidade própria do grupo que a si mesmo concebe como elite, responde a maioria com outro movimento, agora de imitação, o qual

([7]) A expressão «multiplicador sociológico» é usada por Louis Salleron, em nota a um texto de Richard Cantillon: os habitantes das cidades, uma vez que tenham capacidade económica para isso, tendem a imitar o consumo dos grandes (Cantillon, 1952, p. 36). No mesmo sentido, ver referência de Norbert Elias a Saint-Cyr (Elias, 1987, p. 14), considerando a cidade um prolongamento e imitação da corte.

culmina num consumo de massa ampliando os efeitos do primeiro. Distinção e imitação são, pois, movimentos que um ao outro se complementam numa tensão infindável e geradora dum movimento permanente.

Ainda assim, notemo-lo igualmente, Sombart nunca deixou por completo de se preocupar com a eventualidade de a economia capitalista, alegadamente submetida a um processo de crescente objetivação e racionalização mecânica, vir a soçobrar numa situação de cessação de crescimento por insuficiência de consumo final. A sua análise remete, deste modo, para uma tradição de «subconsumismo» que, não tendo sido a prevalecente na história da teoria económica, em todo o caso nunca deixou de ensombrar esta última. Quanto a isto, registemos também que, se para alguns autores a insuficiência de consumo final resultaria duma distribuição demasiado desigual dos rendimentos, e nesse sentido qualquer solução para o problema imporia medidas de redistribuição de sentido igualitário (é esse o campo ao qual podem, *mutatis mutandis*, ser reportadas as análises de autores como Sismondi, Marx e Keynes), já para outros, numa linha de filiação teórica que une à distância, por exemplo, Malthus, Lauderdale e Sombart, o perigo reside pelo contrário na insuficiente desigualdade e na subsequente perda do ímpeto pela distinção.

A importância do tema do consumo e das necessidades no conceito sombartiano de capitalismo, e mesmo na sua tentativa de periodização histórica, pode ser expressa dizendo-se que, para ele, a própria essência do capitalismo é a inexistência de necessidades dadas de forma definitiva. Na verdade, o homem pré-capitalista ou natural é definido como «o homem tal como foi criado por Deus [...], que não corre enlouquecido pelo mundo como nós fazemos agora, que antes se desloca pausadamente, sem pressas nem precipitações» (Sombart, 1982 [1913], p. 20), pelo que a sua mentalidade económica, derivando «diretamente da natureza humana», se traduz em procurar obter apenas em função do que se tem de gastar. O capitalismo é, pois, concebido como artificialidade, pressa, desassossego e compulsão de mudança pela mudança. Todavia, esse está longe de ser o tema forte na denúncia sombartiana do capitalismo. A sua acusação corresponde muito mais caracteristicamente ao oposto, ou seja, ao lamento pela rotinização, objetivação, uniformização e predomínio da mediania, vindo o elemento burguês a sobrepor-se ao empresarial e devendo mesmo aquele tornar-se a prazo dispensável. Sujeita a um processo de crescente objetivação, a organização social parece dispensar e suprimir todos os elementos espirituais e subjetivos, devendo a «alma» acabar por ser expulsa do mundo e ficando os homens submetidos à tirania dos artefactos (a proximidade com temas célebres de Weber e Simmel é gritante). Como consequência deste processo, a evolução do capitalismo pode mesmo tornar-se democratizadora. Mas é a própria enumeração dos fatores de perda de dinâmica e a conclusão do raciocínio que importa aqui registar: aquele tenderá a amolecer, «rendido de cansaço», cedendo à pressão conjunta dos «prestamistas» e, sobretudo, da «crescente burocratização das empresas» e da queda da natalidade, evolução da qual «nenhum entusiasmo nacional ou religioso» poderá desviá-lo. O que leva SOMBART a rematar, nas últimas linhas de *Der Bourgeois*: «Talvez o gigante, já cego, seja condenado então a puxar pela carroça democrática da cultura. Mas talvez seja também a hora do ocaso dos deuses. Chegado esse momento, o ouro voltará às águas do Reno. Quem sabe?» (1982 [1913], p. 368).

Sombart, Veblen e Schumpeter

As considerações de Sombart relativas à dinâmica do capitalismo e à evolução económica em geral permitem um confronto com as ideias de Thorstein Veblen (1857–1929), autor americano «institucionalista» seu contemporâneo. A classificação dos «instintos» a que procede VEBLEN (1978 [1899]) — instintos parentais, de trabalho e predatórios — pode, de facto, ser pensada quase como o exato oposto do esquema de Sombart. Para Veblen, os instintos parentais, conduzindo a um agudo sentido do bem comum, e os de trabalho, suscitando o brio profissional e o sentimento de independência pessoal, são os verdadeiros responsáveis pelos avanços técnicos e pelo progresso social em geral. Os instintos predatórios, pelo contrário, representam agressão, desejo de competir e de subordinar: «Na sua forma venatória [*sporting*], o instinto predatório deu origem sobretudo às atividades militares e, na sua forma pecuniária, à competição económica e ao desejo de acumular riqueza e poder» (LOADER, WADDOUPS e TILMAN, 1991, p. 423). Notemos que, se os instintos primeiramente mencionados podem referir-se em parte à mentalidade burguesa de Sombart (embora lhes falte a componente quantificadora e Veblen acrescente outra, explicitamente altruísta), já os últimos configuram quase exatamente a mentalidade empresarial: também aqui a riqueza é afim do poder, da ostentação e da guerra. Todavia, e é isso o mais importante, para Veblen estes instintos parasitam o progresso, não são eles a suscitá-lo. As conceções veblenianas relativas à «classe ociosa» e ao «consumo ostentatório» (orientado por princípios não universalistas, exclusivistas) ilustram bem este ponto de vista.

Entretanto, e embora Veblen represente à sua maneira também um caso-limite, a verdade é que a tradição principal da *economics* tendera a sublimar ou desprezar esta faceta agressiva ou danosa das pulsões para o consumo, inclinando-se em geral, de forma mais ou menos piedosa, para o destacar das vantagens de todas as partes envolvidas nas transações e de como elas seriam alegadamente compatíveis e mesmo complementares (SMITH, 1981 [1776], vol. II, pp. 245 e ss.). A esta convicção de um ganho generalizado juntou o pensamento económico de Oitocentos a exaltação do trabalho, da poupança, do método, da previsibilidade. O modelo de virtudes burguesas foi deste modo erguido como fonte de toda a prosperidade e a atividade económica declarada compatível com uma ética universalista. Assim, e por oposição, é perfeitamente compreensível que o pensamento de Sombart tivesse encontrado a sua tradução em teses neomercantilistas e protecionistas. De facto, como corolário da sua obra de periodização do capitalismo — protocapitalismo, capitalismo nascente e alto capitalismo, a que correspondem os três volumes da sua maior obra, *O Capitalismo Moderno* — e ao perspetivar o seu futuro possível, Sombart conclui pela probabilidade ou mesmo necessidade de ressurgência de traços característicos de épocas anteriores. O livre-câmbio deverá refluir, sendo reforçadas as tendências protecionistas, aliás correspondentes à intrínseca natureza de «política de poder» das relações internacionais, nas quais a guerra é uma ameaça omnipresente. Quanto às estruturas económicas, deverão sofrer um processo de corporativização e reagrarização, de resto sob a ameaça simultânea e cruzada da acumulação excessiva de capitais (impossíveis de colocar em virtude da queda dos lucros, uma vez que o consumo de massa é insuficiente para animar a procura) e da escassez de recursos naturais (bloqueio ecológico). Passar-se-ia assim para uma economia neotradicional e mesmo neopatriarcal, com crescimento da parte da população ativa empregada no sector agrícola, conjugado com uma intervenção orientadora dos poderes públicos devendo fazer prevalecer os princípios de propriedade, autoridade e hierarquia, mas tendo sempre como principal critério norteador a prevalência absoluta das considerações de índole política (Sombart, 1946 [1916], vol. II, pp. 488 e ss.; 2014 [1916], vol. III, cap. 60; Chaloupek, 1995, p. 139). Independentemente dos seus aspetos hoje em dia mais *fashionable*, é difícil não ver também em Sombart um teorizador das economias correspondentes aos regimes fascistas ou aparentados, característicos do período entre guerras: corporativismo, *Führerprinzip*, inclinação de fundo neoagrarista, todavia, refreada pelas assunções belicistas em matéria de política internacional.

É também precisamente por isso que se torna interessante sublinhar um certo número de afinidades das ideias de Sombart com as de um dos economistas mais famosos de todo o século XX, talvez mesmo (depois da parcial queda em desgraça de Keynes) *o* economista de Novecentos por excelência, Joseph Schumpeter — e isso apesar das inegáveis diferenças de atitude para com a análise económica que os dois autores também evidenciaram, Schumpeter subscrevendo teses de validade universal das categorias daquela, enquanto Sombart se inclinou para a noção da sua validade apenas institucional ou cultural. Eis as principais:

1) Desde logo, o destacar do tema do empresário enquanto inovador. Deve quanto a isto notar-se que, independentemente da ocasional ocorrência anterior do termo em literatura económica, o surgimento do empresário enquanto categoria distinta acontece na obra de Jean-Baptiste Say, autor para o qual ele essencialmente combina fatores produtivos — terra, trabalho e capital, aos quais correspondem os três rendimentos que são as

rendas, os salários e os «lucros do capital» ou juros —, fazendo acrescer nessa ação de combinação ou de união um elemento distinto de valor, que Say coloca em correspondência com o «lucro do empresário», *profit de l'entrepreneur d'industrie* (SAY, 1815, pp. 93–94, cap. XXI; 1972 [1803], pp. 348–358, livro II, caps. IV e V). A tradição posterior de pensamento económico (Marshall e Schmoller, entre outros, cf. GRAÇA, 2008) fizera já notar que este fator de combinação, além de acrescentar união e moderação aos restantes elementos, introduz também algo de fundamentalmente vital, um princípio orientador e produtor de capacidade para conviver com a novidade e o imprevisto. À clássica conceção de divisão e equilíbrio de poderes — entre legislativo, executivo e judicial — Benjamin Constant juntara um quarto termo a que fizera corresponder o «poder moderador», referente ao rei e incumbindo-lhe precisamente o quebrar de impasses e a produção *ex nihilo* de novidade sempre que a «suprema lei da salvação pública» o demandasse. Por sua vez, Say inova em teoria económica fazendo importar da filosofia política um elemento de alguma forma decisionista e mesmo bonapartista. Excecional, agindo no imprevisto e graças ao imprevisto, um pouco como o príncipe de Maquiavel devia usar os caprichos da fortuna para, através da *virtù*, prosperar precisamente graças àquela, transformando o que de outro modo seria fator de destruição em fator de regeneração: eis a essência do empresário já na obra de Say. No caso de Sombart, tal como no de Schumpeter, e dado que o empresário agora fundamentalmente inova, estes traços de excecionalidade saem obviamente reforçados. Também resulta exposto um elemento da definição da condição empresarial que, na versão de Say, tende a permanecer recalcado ou inconsciente: o empresário tanto pode ser um *tertius iungens*, um terceiro que une, e nesse sentido contribui para o bem das demais partes intervenientes, como um verdadeiro *entre-preneur*, alguém que aproveita o facto de ser mediador para cobrar dos demais em proveito próprio, e nesse sentido constitui sobretudo um *tertius gaudens*, um terceiro que goza e tira proveito da posição de intermediário (Burt, 1992, pp. 26–34; 2000, pp. 11–12; Graça, 2008, p. 482).

2) Esta inovação refere-se a todos os aspetos da vida económica, antes de tudo aos padrões de consumo: novos produtos. A mudança destes está no cerne da alteração das estruturas produtivas, ficando a economia ameaçada de estagnação se, por democratização excessiva da sociedade ou outro qualquer motivo, deixarem de surgir permanentemente novas necessidades e novos produtos. O verdadeiro motor de tais mudanças releva aliás do desejo de autoafirmação, de reconhecimento social através do consumo, o qual comporta inevitavelmente uma dimensão de conflito. Trata-se da famosa «heterogonia de objetivos», a qual aponta simultaneamente para a primazia de *ágon* (a luta) relativamente a *nomos* (a regra), e para o desafio fixado por outros relativamente àquilo que é decidido pelo próprio: heterogonia, portanto, como exato antónimo de autonomia. Além das referências comuns à obra de Wundt, do qual Schumpeter (1984 [1942], p. 172) explicitamente recolhe a designação, deve notar-se aqui também a provável inspiração no modelo de conduta correspondente à «sociedade de duelistas», *satisfaktionsfähige Gesellschaft*, modelo ao qual Norbert Elias reporta os traços mais distintivos da versão alemã do processo civilizacional (Elias, 1996, pp. 51 e ss.). Trata-se, quanto a isso, de se assumir o imperativo de resposta a um desafio fixado por outrem, sob pena de se perder a face, a respeitabilidade social.

3) Coerentemente, a inovação é considerada resultante duma inspiração não racional. Embora Sombart faça notar que a fantasia característica do empresário é menos intuitiva do que combinatória, ao contrário do que sucede com a do artista (o qual é por isso genial em sentido estrito), a verdade é que para ambos os economistas a inovação é inicialmente não metódica e racional, mas inspirada e fantasiosa. De facto, a figura do empresário está nas suas obras bastante próxima do «líder carismático» de Weber, evocando de resto também inconfundivelmente o *Übermensch* nietzschiano, criador de valores novos e operando, pois, através duma dionisíaca

«destruição criadora». Trata-se, assim, duma fonte de inovação resultante dum elemento especificamente não racional da existência humana, elemento, todavia, necessário, visto que sem ele aquela perderia equilíbrio, ou porque ficaria cinzenta, medíocre e rotinizada, cessando as verdadeiras inovações, ou porque se tornaria freneticamente racionalizadora, havendo inovações a mais, ou mesmo por ambos os motivos simultaneamente: é uma verdadeira raridade, entre este grupo de autores, o receio de entrar em contradição consigo mesmo. Em paralelo, no entanto, concordam em reconhecer que a atividade empresarial está sujeita a um processo de burocratização, ou objetivação, de que se distanciam julgando-o excessivo e ameaçador da «alma» humana. Neste âmbito, Sombart, Schumpeter e Weber colocam-se no quadro que pode ser definido como correspondente ao ideal aristocrático duma vida plena, não raro identificada com o chamado «equilíbrio clássico».

4) Os argumentos que Sombart utiliza a propósito do capitalismo são muito semelhantes aos de Schumpeter relativamente ao socialismo. Na verdade, aquilo que é talvez mais característico destes últimos é que Schumpeter, ao mesmo tempo que considera ser o socialismo o representante num grau superior das tendências racionalizadoras do capitalismo, afeta um profundo ceticismo e distanciamento quanto à própria relevância do conjunto do problema, o que remete diretamente para os temas antes mencionados da perda da «alma» ou da racionalização excessiva. Esta atitude de Schumpeter permite distingui-lo das principais linhas de argumentação contrárias ao socialismo que foram, na sua geração, expressas por Ludwig von Mises, na sua famosa querela com Oskar Lange quanto à viabilidade duma economia socialista. Se Von Mises esgrime contra o socialismo com base na ideia de racionalidade económica (o socialismo seria inviável porque impediria a racionalidade das condutas que só o mercado propiciaria), já a retórica schumpeteriana quanto a isso é marcadamente extraeconómica, mesmo extrarracional (Schumpeter, 1984 [1942];

CHALOUPEK, 1995). Nesse ponto ele é, registemo-lo, muito menos «austríaco» do que «alemão», aproximando-se obviamente de Weber e de Sombart.

5) O discurso de Schumpeter acerca do socialismo, bem como o de Sombart a propósito do capitalismo podem ser facilmente colocados em paralelo com o de Tocqueville a respeito da democracia. Em termos gerais, trata-se de sustentar, acerca dum tipo de organização social cujo advento é tido como inevitável, mas não desejável, que ele, em primeiro lugar, produz tendencialmente efeitos contrários aos que são visados pelos seus promotores conscientes, sendo que a democracia, depois o socialismo, e mais amplamente as tendências racionalizadoras, em vez de melhorarem a existência humana, propendem a torná-la insuportável, retirando-lhe nobreza. Em segundo lugar, a realidade social que se crê adivinhar (embora não augurar) constitui mais facilmente uma ameaça aos direitos e conquistas já alcançados, em vez de contribuir para os consolidar: os direitos políticos viram-se assim contra os direitos civis, a democracia obstaculiza a liberdade, o aumento da importância económica do Estado ameaça por sua vez a democracia. Por último, e mais importante, *plutôt ça change, plutôt c'est la même chose*: a aparente novidade não o é de facto. Segundo Tocqueville, a democracia (e muito além da instabilidade crónica a que anda frequentemente associada) tende sobretudo a aprofundar as inclinações sociais anteriores, no caso francês as tendências centralizadoras observáveis na já monarquia do Antigo Regime, podendo mesmo dizer-se que os seus verdadeiros fundadores foram os monarcas. Já Sombart, pelo seu lado, pensa que o capitalismo é uma criação dos aristocratas; e Schumpeter, que o socialismo é um produto dos empresários e do correspondente acentuar da tendência racionalizadora([8]).

([8]) Quanto ao conjunto deste ponto e em matéria de análise detalhada destas três linhas argumentativas, cf. HIRSCHMAN (1991).

6) Se as considerações de Schumpeter acerca do carácter criativo e inovador do capitalismo, reportado à natureza ilimitada das necessidades humanas, são, pois, facilmente identificáveis na obra de SOMBART — elite inovando pela procura da distinção, maioria imitando-a —, este último ter-se-á entretanto persuadido de que, estando o capitalismo ameaçado pelas tendências democratizadoras, a busca da distinção deveria abrandar e, com ela, também o desejo de novidade (1946 [1916], vol. II, pp. 78–83 e 87 e ss.). O consumo de massa, sem um líder a quem seguir, seria insuficiente como estímulo à economia, pelo que esta tenderia para uma situação de excesso de capitais e insuficiência de procura efetiva, raciocínio que tem pontos de contacto inegáveis com o de Keynes, mas também zonas de oposição óbvia (dado que, repete-se, para Sombart a insuficiência do consumo traduz excessiva igualização das condições sociais, enquanto para Keynes, ao contrário, ela resulta do carácter demasiado desigual destas). Quanto a Schumpeter, embora pense que a dialética distinção-imitação continuará a funcionar, não estando, pois, a economia condenada a uma situação de saturação de capitais e cessação de crescimento, tal não o faz considerar o capitalismo a salvo. Na verdade, em sua opinião este poderá estar, a prazo, condenado não pela sua falta de vitalidade, mas pelos seus próprios sucessos (CHALOUPEK, 1995, p. 131). Neste ponto, a sua argumentação volta a ter analogias com a de Tocqueville, quando este afirmava que as revoluções se seguem não aos períodos de maior sofrimento da maioria da população, mas àqueles em que as condições de vida melhoram: a prosperidade não evita as revoluções, antes as induz por fazer aumentar o nível das expectativas criadas.

Sombart e a tradição sociológica

Talcott Parsons (1902–1979) é o protagonista na história de como Sombart foi, melhor ou pior, processado e integrado pela tradição sociológica. Quanto a isto, é particularmente digno de relevo o facto de o sociólogo norte-americano conferir uma posição de destaque ao alemão nos seus primeiros textos, colocando-o mesmo a par de Weber num famoso artigo de 1928, para entretanto, ao longo da década de 30, a estrela de Sombart se ter pouco a pouco apagado, figurando já em posição bastante sumida em *A Estrutura da Acção Social* e vindo depois disso a cair num quase completo esquecimento.

Que diz Parsons de Sombart? Em síntese, que é um representante do Historicismo Alemão da viragem de século e que os seus vícios teóricos fundamentais teriam sido o empirismo e o idealismo. Que quer Parsons dizer com isso? Quanto ao empirismo, refere-se à renitência de Sombart relativamente à validade das categorias da economia marginalista, a cujos métodos dedutivos teria preferido a pesquisa historiográfica, indutiva. A isto, e na sequência da sua própria subscrição dos pontos de vista de Schumpeter, condena Parsons por alegada insuficiência teórica (acusação de queda na *fallacy of misplaced concreteness*), um pouco à maneira dos juízos censórios emitidos a propósito dos institucionalistas norte-americanos (Veblen antes de todos), embora Sombart seja algo poupado às condenações mais severas. Quanto ao idealismo, duas teses, em boa verdade diversas, são por Parsons aqui condensadas: a de que Sombart teria exagerado na singularidade de cada realidade histórica estudada; e a de que teria desprezado as dimensões materiais, a favor da alegada supremacia analítica da cultura.

Esta última crítica é improcedente quanto a ambos os aspetos. Aliás, é a esse respeito interessante registar que Parsons resgata Max Weber — a quem Sombart censurara precisamente por uma excessiva concentração na pretensa *uniqueness* do «indivíduo histórico» que teria sido o fenómeno calvinista, contrapondo-lhe um modelo multicausal de análise reportando-se a várias épocas, sociedades e culturas — e escolhe reprovar Sombart, exibindo nesse aspeto uma completa incongruência teórica. Sombart tão-pouco é idealista quanto a pretensos exageros no sopesar dos fatores ideais, ou valores, face às condições ou fatores materiais. Na verdade, ele foi quanto a esse assunto explícito em rejeitar enquanto unilaterais certas variedades de marxismo já da sua época, obcecadas com a pretensa primazia da «infraestrutura» em relação à «superestrutura», mas esclareceu também que considerava a tomada de partido oposta (isto é, propriamente idealista) não menos deficiente, propondo como alternativa a ambas uma atitude de via média([9]).

A acusação de empirismo também não é sustentável. É de resto típico que Parsons censure por um lado Sombart pela alegada sobrevalorização do *Geist* («idealismo»), enquanto por outro o acusa contraditoriamente, bem como a Schmoller, de excessiva ênfase no estudo indutivo das condições, em particular as condições materiais: económicas, geográficas, etc. Na verdade, nem Schmoller nem Sombart negaram a importância da elaboração teórica nas suas múltiplas dimensões: pesquisa factual, indução, dedução, intuição, abdução, inspiração... Criticaram, isso sim, a tendência para generalizações demasiado apressadas que reputaram associada à, já no seu tempo, *mainstream economics*. Mas isso é tudo, estando obviamente muito longe de constituir fundamento suficiente para quaisquer acusações de empirismo.

As razões pelas quais Parsons opta por condenar Werner Sombart nestas matérias, enquanto ao mesmo tempo decide recuperar Max Weber, relevam sobretudo das estratégias de promoção pessoais do próprio Parsons no ambiente universitário norte-americano, em que efetivamente veio a vingar, não de qualquer genuíno problema teórico. São pois, digamos, mais assunto de sociologia da vida académica do que de história das ideias em sentido estrito. Ou pelo menos assim devia ser, dado que os mal-entendidos a que Parsons ficou associado marcaram realmente de forma indelével a subsequente consagração institucional da sociologia, bem como os pretensos fundamentos da sua separação relativamente à economia (Graça, 1995, 2005 e 2008).

Na obra de Raymond Boudon (1934–2013), podemos encontrar uma outra referência importante aos escritos de Sombart em literatura

(9) Na conclusão de *Der Bourgeois*, por exemplo, escreve Sombart que «o problema do espírito capitalista, da sua essência e da sua origem é extraordinariamente complexo, infinitamente mais do que se supôs até hoje e do que eu próprio tinha acreditado» (Sombart, 1982 [1913], pp. 363–364), argumentando serem vãos os esforços para identificar uma *causa causans* deste e sendo portanto «insustentáveis» quer o materialismo histórico quer «hipóteses tão engenhosas como a de Max Weber» (*ibidem*, p. 364).

assumidamente sociológica. Segundo defende (Boudon, 1979), poderia retirar-se de Sombart: a) um exemplo do método «generalizante», supostamente característico da sociologia por oposição à perspetiva «individualizante» típica da história; b) uma ilustração de «individualismo metodológico», isto é, uma tentativa de explicar as configurações sociais com base na suposição da existência de escolhas racionais feitas separadamente por cada indivíduo. Em concreto, na sua obra *Porque não Existe Socialismo nos Estados Unidos?* a realidade social norte-americana seria considerada por Sombart de forma tal, que, do ponto de vista de cada um dos agentes, seria geralmente mais racional proceder de acordo com uma estratégia individual do que em grupos. A tendência seria, pois, muito mais a da aposta na mobilidade social vertical individual do que o protesto político, assente na ação coletiva organizada dos grupos desfavorecidos. Em todo o caso, Boudon ressalva que existe ação coletiva nos EUA, sim, mas associada mais frequentemente a grupos étnicos do que a classes sociais. Tais factos corresponderiam à quase inexistência de ideário socialista, no que o diagnóstico de Boudon coincide plenamente com o de Sombart.

Quanto a estes temas, deverá registar-se antes de tudo que a adoção de perspetivas mais individualizantes ou mais generalizantes pode caracterizar em graus diversos quer pesquisas assumindo-se historiográficas, quer outras, representando-se como sociológicas. A separação disciplinar entre historiadores e sociólogos resulta muito mais da inércia de instituições académicas diversas do que de qualquer diferença processual essencial, lógica. É, pois, ela própria muito mais assunto para a sociologia, no sentido em que por vezes se argumenta estar esta assente no chamado princípio da desconfiança, do que para uma investigação que tome os factos e os argumentos pelo seu valor facial, não conseguindo com isso senão enganar-se a si própria e a quem nela confie (cf. Veyne, 1987 [1971]; Graça, 1995).

Quanto às alegadas tendências individualistas dos norte-americanos, Boudon escolhe na verdade um terreno mais alto de discussão, isto é, a pertinência ou não de considerar a lógica da ação humana suscetível de ser reduzida a um modelo de inspiração económica, o do célebre «agente racional», para sub-repticiamente vir a abandonar este terreno a favor duma tese bem mais limitada: a da pretensa aplicabilidade do mencionado modelo ao caso dos EUA, mas tomando isso como manifestação dum certo excecionalismo americano, o que é obviamente coisa bem diversa da tese inicialmente proposta. Ainda assim, e mesmo para os EUA, quer Sombart quer Boudon reconhecem a importância duma variedade específica de ação coletiva, embora assente mais em ligações de tipo étnico, nacional, religioso e outros do que em afinidades de natureza económica (sindical), as quais estariam na base do surgimento dum socialismo politicamente organizado.

A discussão das pretensas especificidades ou mesmo do excecionalismo da experiência norte-americana remonta evidentemente muito atrás, pelo menos a Tocqueville, prolongando-se para mais perto de nós, até ao célebre estudo de Seymour Lipset (1997) que leva precisamente esse título. As questões da proliferação dos grupos e das dimensões presidindo à lógica da sua organização, a diversidade das mesmas, a importância do ascenso económico individual, ou pelo menos da expectativa quanto a essa eventualidade([10]), face ao esforço de promoção conjugado — eis realmente fatores a ter em conta no estudo da sociedade norte-americana, sendo o trabalho de Sombart um marco indiscutível nesta pequena tradição académica, embora mesmo nela seja muitas vezes injustamente esquecido. Quanto a isso, pelo menos, a iniciativa de Raymond Boudon afigura-se merecedora de aplauso e elogio.

Em matéria de excecionalismos, algumas notas a propósito do tratamento a que Sombart procede da «questão judaica» e da «questão feminina». Como vimos atrás, a ética judaica é por ele destacada quanto ao predomínio das tendências quantificadoras e à emergência duma atitude de indiferença moral perante a realidade dos negócios. De facto, porém, essas assunções, independentemente do seu real

([10]) Coisas bem diferentes são, como é óbvio, a existência de expectativas elevadas quanto a esta mobilidade ascendente e a probabilidade real de consumação da mesma. Relativamente a isto, Walter Benñ Michaels (2008) expressa mesmo o ponto de vista segundo o qual, para o nascido em Chicago, sobretudo se masculino e afro-americano, Berlim constitui hoje em dia, por comparação, uma verdadeira «terra da oportunidade»...

valor factual ou interpretativo, foram depois progressivamente associadas por Sombart a tomadas de posição veiculando uma clara judeofobia. O contexto em que isso acontece é, aliás, marcado por atitudes judeófobas de larguíssimos sectores sociais([11]), mas o caso de Sombart deve ser considerado sobretudo quanto às relações entre capitalismo, protestantismo e judaísmo. Pode resumidamente dizer-se que Max Weber, ao postular uma relação de afinidade eletiva entre capitalismo e protestantismo, procedeu com isso à integração daquele na *Kultur*, conseguindo a sua reconciliação com o imaginário da «comunidade popular» e com o «orgânico». Assim, compreende-se que Weber refira o protestantismo ao capitalismo nascente e o associe ao mesmo tempo à ética do trabalho profissional, à «vocação» e a uma obra geral de «transfiguração de valores»: que lhe atribua, em suma, um sentido heroico. Por contraste, para Sombart, o Judeu é predominantemente exterior aos processos produtivos propriamente ditos (é tipicamente mercador ou financeiro) e, estando-lhe associado sobretudo um traço quantificador, tende deste modo a ficar do lado dos aspetos correlativos ao capitalismo tardio, com as mesmas características que Weber vê neste: desencantamento, «jaula de ferro», reificação, etc. Podemos portanto dizer que Sombart reconcilia o capitalismo com a *Kultur*, sim, mas de forma oposta, através da figura do empresário, inspirado, associado ao qualitativo e à transmutação dos valores (Loader, 2001).

([11]) A este respeito, e relativamente à judeofobia exibida, por exemplo, em finais de Oitocentos, por um autor como Oliveira Martins (1845–1894), bem mais acentuada do que a de Sombart e claramente associada a uma teoria das «raças», ver Graça (2012). Relativamente à judeofobia do jovem Nietzsche, consulte-se o magistral estudo de Domenico Losurdo (2002). O filósofo alemão passou duma fase inicial marcadamente judeófoba e teutómana para posições tardias nas quais, em nome da necessidade de compor uma elite propriamente «europeia», isto é, cosmopolita e transnacional, opta por recomendar um *melting pot* da nobreza *junker* com a aristocracia financeira judaica. Bem entendido, a figura do judeu errante e pária (o típico judeu «de Leste», predominantemente pobre), bem como a do correspondente intelectual «desenraizado», subversivo e desagregador continuaram até ao fim a merecer-lhe um veemente repúdio.

Entretanto, e não obstante a validade geral deste quadro, deve bem assim registar-se que a apreciação do burguês está muito longe de ser inequivocamente negativa na sua obra, até porque, como já vimos, Sombart uma e outra vez sublinha quanto as figuras daquele e do empresário procedem de formas diversas mas complementares, sendo a modernidade atribuível à ação conjunta de ambos os termos. O juízo global acerca das personagens do burguês e do judeu realmente degradou-se nas suas obras mais tardias, associando-se a tonalidades depreciativas e combinando-se com leituras «raciais», isto é, deslocando-se da judeofobia para o antissemitismo, mas tal deve ser considerado imputável mais a componentes políticas suscetíveis de apreciação restrita (e também a um certo oportunismo político do próprio, procurando cavalgar uma onda que terá assumido poder ser-lhe favorável), sem que isso deva necessariamente contaminar o potencial valor interpretativo e factual dos seus argumentos. Quanto a isto, de resto, as teses sombartianas sobre o judaísmo têm inclusive sido destacadas também pelo potencial sublinhar duma excecionalidade étnica e religiosa assumida pelo lado dos seus méritos: um judaísmo tomado como exceção, mas lido agora «pela positiva», seguindo-se nessa operação o fundamental do quadro analítico proposto pelo autor de *Der Bourgeois*. É o caso, por exemplo, de Werner Mosse e de Gary Abraham (GRUNDMANN e STEHR, 2001, pp. 270–271)([12]).

([12]) GRUNDMANN e STEHR (2001) referem os casos de Gary ABRAHAM (1988), Werner MOSSE (1987) e Bert Hoselitz como autores suscetíveis de serem caracterizados sumariamente como «pró-Sombart» e os de David LANDES (1974), Barth LANDHEER (1951) e Toni OELSNER (1962) como «anti-Sombart». Como é óbvio, estas tomadas de posição tornam-se relevantes desde que comportem informação factual suscetível de contestar ou confirmar as associações estereotipadas como, por exemplo, as que ligam os Judeus ao comércio ou à finança. Oelsner é particularmente interessante quanto a isso, dado reportar a Wilhelm Roscher a associação dos Judeus à legitimação do juro, à invenção da letra de câmbio e à proteção dos mercadores que involuntariamente tivessem sido recetadores de bens roubados. Tudo associações falsas em matéria de facto, segundo Oelsner. Este autor, entretanto, não desmente a ligação dos Judeus à *invenção da contabilidade de dupla entrada*, assunto a propósito do qual Sombart é hoje em dia bastamente referido. O mesmo autor sublinha também que a associação do judaísmo a um capitalismo de estrangeiro, ou «capitalismo

De qualquer forma, repete-se, quer o aspeto da judeofobia, quer mesmo a subsequente deriva «racializadora» e propriamente antissemita das mesmas posições devem ser ponderados enquanto assuntos distintos da questão que consiste em saber se é elevado ou escasso o potencial heurístico (historiográfico e/ou sociológico) das ideias de Sombart quanto à ligação entre capitalismo e judaísmo. De preferência, aliás, a apreciação académica deverá manter-se distinta de juízos estritamente políticos acerca destes temas, sendo naturalmente tão mais fácil o seu debate quão mais estes juízos de apreciação política se mantiverem eles próprios apartados da defesa dum qualquer excecionalismo, religioso, étnico, nacional ou outro, seja este pensado primordialmente como «pela positiva» ou «pela negativa».

Algo de análogo deve ser dito quanto à suposta relação do luxo com o capitalismo. Como é óbvio, um assunto de possível discussão é aqui o referente às relações de maior ou menor propiciação do capitalismo pela poupança e/ou pelo consumo. Em paralelo com esse problema, temos entretanto a muito maior atenção que, associada ao chamado *cultural turn*, foi tendencialmente conferida aos temas do consumo comparativamente aos relativos à produção; e aos elementos ditos culturais, por contraste com as investigações concernentes à factualidade económica. Todas essas são linhas de pesquisa legítimas, como é óbvio, mas pode dizer-se que o pendor culturalista dos estudos sociológicos tendeu mais recentemente a tornar Sombart num autor em voga. Enfim, a própria emergência dos estudos femininos contribuiu também para trazer o seu nome de novo à ribalta, e nem sempre por razões imediatamente percetíveis ou esperáveis. Recordemos que, na conjunção de *Luxo e Capitalismo*, o termo luxo vem para Sombart associado a um significado de excesso ou superabundância, mas também a um outro de vaidade e ostentação,

---

pária», não é monopólio de Sombart, encontrando-se em vários outros autores seus contemporâneos, nomeadamente Max Weber (Grundmann e Stehr, 2001, pp. 266 e ss). A diferença principal entre Weber e Sombart, quanto a este tema, é que para aquele a ação dos Judeus não foi de todo importante na emergência do moderno capitalismo racional, enquanto Sombart, bem ou mal, «pela positiva» ou «pela negativa», os valorizou.

e enfim ainda a um outro estritamente de luxúria ou lascívia. Pois bem, quanto a isto é pelo menos interessante notar que autoras de pendor feminista como Chandra Mukerji (1993) e Victoria de Grazia (1996) consideram a tese aparentemente misógina de Sombart mais válida, por exemplo — e também aqui num curioso contraste —, do que a de Veblen, associando este as mulheres de forma predominante à esfera do trabalho e ao instinto parental, isto é, heroificando-as pelo labor, enquanto Sombart, em nítido contraste, opta precisamente pelo destacar da importância das figuras da favorita e da *cocotte*. Algo cinicamente, dirão alguns. Mais realisticamente, concorrerão entretanto outros:

> É a sociedade de corte que molda os hábitos e as maneiras de toda a boa sociedade: «Paris macaqueia a corte», escreve La Bruyère. A sociedade de corte é, por seu turno, moldada por aquela que é reconhecida como favorita do príncipe, a qual coloca desta forma a sua marca em todos os estratos da sociedade. A favorita da corte é sobretudo o modelo que é copiado pela mulher ambiciosa da cidade, a *grande cocotte*. No término da evolução, a última emerge como rival da sua irmã da corte. (Sombart *apud* Grundmann e Stehr, 2001, p. 276)

Bibliografia

Abraham, Gary, Max Weber on «Jewish Rationalism» and the Jewish Question, *Politics, Culture and Society* 1, 1988: pp. 358–391.

Backhaus, Jürgen, Sombart's Modern Capitalism, *KYKLOS* 42, 1989: pp. 599–611.

Burt, Ronald, *Structural Holes: The Social Structure of Competition*, Cambridge, Harvard University Press, 1992.

Burt, Ronald, «The Network Structure of Social Capital», working-paper, University of Chicago e Institute Européen d'Administration d'Affaires, 2000. Disponível em: http://gsbwww.uchicago.edu/fac/ronald.burt/research/NSSC.pdf.

Boudon, Raymond, *La logique du social*, Paris, Hachette, 1979.

Cantillon, Richard, *Essai sur la nature du commerce en général*, Paris, Institut National d'Études Démographiques, 1952.

CHALOUPEK, Günther, Long-term economic perspectives compared: Joseph Schumpeter and Werner Sombart, *The European Journal of the History of Economic Thought* 2, primavera de 1995: pp. 127–149.

ELIAS, Norbert, *A Sociedade de Corte*, Lisboa, Estampa, 1987.

ELIAS, Norbert, *O Processo Civilizacional*, 2 volumes, Lisboa, Publicações Dom Quixote, 1989.

ELIAS, Norbert, *A Busca da Excitação*, Lisboa, Difel, 1992.

ELIAS, Norbert, *The Germans*, Cambridge, Polity Press, 1996.

GERSCHENKRON, Alexander, *Economic Backwardness in Historical Perspective: A Book of Essays*, Cambridge e Londres, The Belknap Press of Harvard University Press, 1979.

GIOIA, Vitantonio e NARDIS, Fabio de, Sombart's *Der Bourgeois*: economy and politics in the *Spätkapitalismus*, *DADA – Rivista di Antropologia Post-Globale* 1, 2015: pp. 95–116. Disponível em: http://www.dadarivista.com/Singoli-articoli/Dada-Speciale-2015/7.pdf.

GRAÇA, João Carlos, «Werner Sombart e o Homem Económico Moderno», working-paper do SOCIUS-ISEG, Universidade de Lisboa, 1995. Disponível em: https://www.repository.utl.pt/bitstream/10400.5/997/1/wp395.pdf.

GRAÇA, João Carlos, Werner Sombart e o Enigma do Capitalismo, *in* FERREIRA, José M. Carvalho [*et al.*] (org.), *Entre a Economia e a Sociologia*, Oeiras, Celta, 1996, pp. 28–55.

GRAÇA, João Carlos, Afinal, o que é mesmo a «Nova Sociologia Económica»?, *Revista Crítica de Ciências Sociais* 73, dezembro de 2005: pp. 111–129.

GRAÇA, João Carlos, The economics-sociology divide: the cost of Parsons as an academic «social entrepreneur», *Journal of Classical Sociology* 8, novembro de 2008: pp. 467–499.

GRAÇA, João Carlos, «Martins and Eça: transtextual interpretations, theories of history, social and economic theory», working-paper do SOCIUS-ISEG, Universidade de Lisboa, 2012. Disponível em: http://pascal.iseg.utl.pt/~socius/publicacoes/wp/WP_4_2012.pdf.

GRAÇA, João Carlos e CORREIA, Rita Gomes, War and capitalism: some important theories and a number of relevant facts, *Russian Sociological Review* 14, dezembro de 2015: pp. 92–114.

GRAZIA, Victoria de, Introduction, *in idem* (org.), *The Sex of Things: Gender and Consumption in Historical Perspective*, Berkeley, University of California Press, 1996, pp. 1–14.

GRUNDMANN, Reiner e STEHR, Nico, Why is Werner Sombart not part of the core of classical sociology?, *Journal of Classical Sociology* 1, setembro de 2001: pp. 257–287.

HERF, Jeffrey, *Reactionary Modernism: Technology, Culture, and Politics in Weimar and the Third Reich*, Cambridge, Cambridge University Press, 1984.

HIRSCHMAN, Albert, *Deux siècles de rhétorique réactionnaire*, Paris, Fayard, 1991.

LANDES, David, The Jewish Merchant: typology and stereotypology in Germany, *Leo Baeck Institute Year Book* 14, 1974: pp. 11–23.

LANDHEER, Barth, Review of Werner Sombart's: *The Jews and Modern Capitalism*, *American Sociological Review* 16, 1951: pp. 587–588.

LIPSET, Seymour Martin, *American Exceptionalism: A Double-Edged Sword*, Nova Iorque e Londres, W. W. Norton & Company, 1997.

LOADER, Collin, Puritans and Jews: Weber, Sombart and the transvaluators of modern society, *Canadian Journal of Sociology* 26, outono de 2001: pp. 635–653.

LOADER, Colin; WADDOUPS, Jeffrey e TILMAN, Rick, Thorstein Veblen, Werner Sombart and the periodization of history, *Journal of Economic Issues* 25, junho de 1991: pp. 421–429.

LOSURDO, Domenico, *Heidegger et l'idéologie de la guerre*, Paris, Presses Universitaires de France, 1998.

LOSURDO, Domenico, *Nietzsche, il ribelle aristocratico: Biografia intellettuale e bilancio critico*, Turim, Bollati Boringhieri, 2002.

MENDES-FLOHR, Paul, Werner Sombart's *The Jews and Modern Capitalism*: an analysis of its ideological premises, *Leo Baeck Institute Year Book* 21, 1976: pp. 87–107.

MICHAELS, Walter Benn, Against diversity, *New Left Review* 52, julho--agosto de 2008: pp. 33–36. Disponível em: http://www.newleftreview.org/?view=2731.

MOSSE, Werner, *Jews in the German Economy*, Oxford, Clarendon, 1987.

MUKERJI, Chandra, Reading and writing with nature: a materialist approach to French formal gardens, *in* Brewer, John e PORTER, Roy (org.), *Consumption and the World of Goods*, Londres, Routledge, 1993, pp. 439–461.

NIETZSCHE, Friedrich, *Para Além de Bem e Mal*, Lisboa, Guimarães Editores, 1974 [1886].

NIETZSCHE, Friedrich, *Ecce Homo*, Lisboa, Publicações Europa-América, [*s.d.*] [1908].

OELSNER, Toni, The place of the Jews in economic history as viewed by German scholars, *Leo Baeck Institute Year Book* 7, 1962: pp. 183–212.

PARSONS, Talcott, *La Estructura de la Acción Social*, 2 volumes, Madrid, Ediciones Guadarrama, 1968 [1937].

Parsons, Talcott, «Capitalism» in recent German literature: Sombart and Weber, *in* Camic, Charles (org.), *The Early Essays*, Chicago e Nova Iorque, University of Chicago Press e Free Press, 1991 [1928], pp. 3–37.

Say, Jean-Baptiste, *Catéchisme d'économie politique*, coleção «Les Classiques des Sciences Sociales», direção de Jean-Marie Tremblay, Université du Québec à Chicoutimi, 1815. Disponível em: http://classiques.uqac.ca/classiques/.

Say, Jean-Baptiste, *Traité d'économie politique*, Paris, Calmann-Lévy, 1972 [1803].

Schumpeter, Joseph, *História da Análise Económica*, 3 volumes, São Paulo, Fundo de Cultura, 1964 [1954].

Schumpeter, Joseph, *Capitalismo, Socialismo e Democracia*, Rio de Janeiro, Zahar Editores, 1984 [1942].

Smith, Adam, *Riqueza das Nacões*, 2 volumes, Lisboa, Fundação Calouste Gulbenkian, 1981 [1776].

Sombart, Werner, *The Jews and Modern Capitalism*, Londres, T. Fisher Unwin, 1913 [1911].

Sombart, Werner, *La Industria*, Barcelona e Buenos Aires, Editorial Labor, 1931 [1916].

Sombart, Werner, *Guerra y Capitalismo*, Madrid, Editora Galo Sáez, 1943 [1913].

Sombart, Werner, *El Apogeo del Capitalismo*, 2 volumes, México, Fondo de Cultura Económica, 1946 [1916].

Sombart, Werner, *El Burgués: Introducción a la História Espiritual del Hombre Económico Moderno*, Madrid, Alianza Editorial, 1982 [1913].

Sombart, Werner, *Amor, Luxo e Capitalismo*, Lisboa, Bertrand, 1990 [1913].

Sombart, Werner, *Pourquoi le socialisme n'existe-t-il pas aux États-Unis?*, Paris, Presses Universitaires de France, 1992 [1906].

Sombart, Werner, *«Il capitalismo moderno» a cura di Alessandro Cavalli*, Milão, Ledizioni, 2014 [1916].

Veblen, Thorstein, *Théorie de la classe de loisir*, Paris, Gallimard, 1978 [1899].

Veyne, Paul, *Como se Escreve a História*, Lisboa, Edições 70, 1987 [1971].

Weber, Max, *A Ética Protestante e o Espírito do Capitalismo*, Lisboa, Editorial Presença, 1983 [1904–1905].

LIÇÃO 14

Max Weber: racionalidade e modernidade

RAFAEL GOMES FILIPE
Universidade Lusófona de Humanidades e Tecnologias

Breves notas biográficas

Karl Emil Maximilian Weber nasceu em 21 de abril de 1864, em Erfurt, na Turíngia. Os pais — Helene Fallenstein e o doutor em Direito Max Weber — provinham de famílias com importantes tradições de cultura burguesa de raiz protestante e com ligações práticas à política, à administração e às atividades económicas. Em 1869, os Webers mudaram-se para Berlim, que dentro em pouco se tornaria na florescente capital do Reich de Bismarck. Weber sénior, que era um liberal de direita, tornou-se ali num político influente, repartindo a sua atividade pela dieta municipal, pela dieta prussiana e pelo novo Reichstag. A família residia em Charlottenburg, um subúrbio ocidental de Berlim, recebendo em sua casa grandes personalidades académicas e políticas, com destaque para Wilhelm Dilthey, Theodor Mommsen, Treitschke, Sybel e Friedrich Kapp. Não podia ser maior o contraste entre as personalidades dos pais de Weber: se Max Weber sénior era realista, mundano e autoritário, já Helene era extremamente sensível, culta e cheia de escrúpulos religiosos e de genuínas preocupações sociais.

Origens burguesas e liberais de Max Weber, portanto, que convirá enquadrar no que nos diz Norbert Elias na sua obra *Os Alemães* (1997), na qual desenvolve a sugestiva tese de que a unificação tardia da Alemanha se deu através de uma série de guerras sob a liderança dos sectores militaristas e autoritários que governavam o Estado prussiano. Processo esse que teve consequências: grandes parcelas das classes médias, no chamado Império Alemão de 1871–1918, abandonaram os valores humanistas que lhes eram próprios e adotaram os valores militaristas e autoritários da Prússia hegemónica. No segundo Império, se se reconhecia a necessidade de modernização e industrialização crescentes, diz Elias que

> Industriais burgueses e os donos do capital não formavam o estrato superior que governava o país. A posição da nobreza militar e burocrática, como o estrato mais elevado e mais poderoso da sociedade, foi não só preservada, mas também fortalecida pela vitória de 1871. Uma boa parte da classe média, mas não toda ela, adaptou-se com relativa rapidez a essas condições. Seus membros encaixaram-se na ordem social do Kaiserreich [Império Alemão] como representantes de uma classe de segunda categoria, como subordinados. A família de Max e Alfred Weber prova que a tradição de classe média liberal não tinha desaparecido, mas não se deve esquecer que, nos anos que antecederam 1914, era difícil imaginar que espécie de regime substituiria o imperial. (Elias, 1997, p. 26)

Estas posições de Elias estão, porém, longe de ser incontroversas, como o comprovam as investigações recentes de Joachim Radkau, na sua monumental e estimulantemente controversa biografia de Max Weber. Radkau põe em evidência que, no que respeita a Weber, oriundo de duas famílias burguesas materialmente poderosas, as relações familiares lhe conferiam, desde a infância, uma consciência pronunciada do seu estatuto social. Ele podia optar por várias carreiras que se lhe abriam e, se se empenhasse, não ficaria no anonimato. Weber sentia-se, justificadamente, diz Radkau, como membro de uma aristocracia burguesa que, em matéria de honra, não ficava atrás da nobreza (Radkau, 2005, p. 33).

Não admira, assim, que o processo de formação de Max Weber se caracterizasse, com a maior precocidade, pelo esforço de apropriação intenso e abrangente desse variado legado cultural, mas também pelo confronto crítico com as respetivas tradições. A religiosidade anti-institucional e de orientação ética da mãe fornece-lhe o ensejo para uma reflexão original e profunda sobre o sentido e o significado cultural do cristianismo no mundo moderno. Por outro lado, as ideias políticas do pai, mesmo aqueles traços que Weber aceita — a orientação nacionalista e imperialista —, são objeto de esforços sempre renovados de objetivação e clarificação.

Após estudos de jurisprudência, economia política, história, filosofia e teologia nas universidades de Heidelberga, Gotinga e Berlim, Weber obtém o doutoramento com a defesa de uma tese sobre *O Desenvolvimento das Sociedades Comerciais Abertas na Idade Média* (1889) e a *Habilitationsschrift*, em 1891, com um trabalho sobre *A História Agrária Romana no Seu Significado para os Direitos Político e Privado.* Após hesitar quanto ao rumo a seguir, Weber aceita lecionar Direito Comercial e Direito Alemão na Universidade de Berlim e, ainda no mesmo ano, o convite para lecionar Economia Política na Universidade de Friburgo, convite que se ficou a dever, em primeiro lugar, ao relatório sobre a situação dos trabalhadores rurais a leste do Elba, que lhe fora confiado pelo Verein für Socialpolitik. Os interesses político-sociais de Weber levam-no também a envolver-se no Evangelisch-Sozialen Kongress (1889), o que o põe em contacto com teólogos política e socialmente ativos, como Friedrich Naumann e Paul Göhre.

Em 1893, Weber casa-se com Marianne Schnitger, uma prima afastada, que se ocuparia da publicação póstuma de grande parte dos seus «escritos reunidos», além de escrever e publicar uma célebre e «clássica» biografia do marido e vários ensaios sobre o «problema da mulher».

Regressado a Heidelberga para lecionar Economia Política (1896), Weber suspende todas as suas atividades académicas desde 1898, na sequência de graves colapsos físicos e psíquicos, cuja etiologia é ainda hoje objeto de controvérsia([1]). Em 1903, apesar de a sua capacidade de trabalho ter começado a melhorar, é exonerado definitivamente do ensino, a seu pedido. Só em 1918 é que voltará a aceitar, a título de experiência, a regência de um curso na Universidade de Viena.

([1]) Excesso de trabalho, a não consumação do casamento e o envolvimento de Weber no conflito entre os pais, com a morte súbita do pai Weber pouco depois, são as razões mais geralmente avançadas. Para um tratamento especulativo-psicanalítico interessante do assunto, ver Mitzman (1970).

Superada a crise, aparece em público, aparentemente sem «preparação» visível, com trabalhos teóricos e empíricos reveladores de uma viragem e de um alargamento decisivos dos seus interesses científicos, até então concentrados em questões relativas à história do direito e à história social e económica. Com o ensaio «Roscher und Knies und die logischen Probleme der historischen Nationalökonomie» (1903), um ajuste de contas com os velhos mestres «emanatistas» da Escola Histórica, e sobretudo ao rubricar o célebre ensaio sobre a «Objetividade» (*Die Objektivität sozialwissenschaftlicher und sozialpolitischer Erkenntnis*), de 1904, começa a desenvolver conceções próprias sobre os problemas fundamentais das ciências sociais. Em relação com o segundo daqueles ensaios, avulta a definição plena do alcance e da validade do tipo ideal, enquanto procedimento heurístico essencial da sociologia compreensiva para o conhecimento da realidade cultural do homem. Por outro lado, estes trabalhos vão permitir a Weber libertar-se das questões metodológicas e, com a publicação de *A Ética Protestante e o Espírito do Capitalismo* (1904–1905), lançar a primeira pedra da sua grande obra no domínio da sociologia das religiões e, ao mesmo tempo, daquela «tipologia e sociologia do racionalismo» que ele designaria, mais tarde, como sendo a meta de toda a sua interpretação sociológica.

De então em diante, Weber envolve-se, com frequência e intensidade crescentes — através de conferências, artigos e escritos diversos —, nos acontecimentos políticos do seu tempo; os temas que aborda vão das questões de política do ensino secundário aos acontecimentos revolucionários da Rússia (1905 e 1917), até à Primeira Guerra Mundial e suas consequências. No imediato pós-guerra, Weber foi visto em vastos círculos da opinião pública alemã, bem além do campo liberal, como uma grande esperança política. No entanto, a tentativa de incluir o seu nome, em posição elegível, numa lista de deputados do Partido Democrático alemão, nas eleições para o Parlamento (1919), acabaria por se malograr.

Na sua casa de Heidelberga, Max e Marianne Weber mantiveram um relacionamento intenso com personalidades dos mundos da filosofia, da ciência, da arte e da política. Entre os jovens promissores que ali receberam incentivos para o seu próprio trajeto intelectual, refiram-se os nomes de Georg Lukács e Ernst Bloch.

Max Weber morreu em 14 de junho de 1920, em Munique, das consequências de uma infeção pulmonar que o surpreendeu no auge da sua atividade intelectual e, finalmente, erótica, graças à experiência amorosa e sexual gratificante com a pianista Mina Tobler e depois com a *femme fatale* Else von Richthofen. As conferências «A Ciência como Profissão» e «A Política como Profissão», que ele proferiu naquela cidade perante uma audiência estudantil, respetivamente em 7 de novembro de 1917 e 28 de janeiro de 1918, surgem, assim, em consequência do seu valor intrínseco e da morte prematura de Weber, como o seu testamento filosófico.

Um singular «programa de conhecimento»

O projeto da sociologia como ciência autónoma, se tem as suas raízes no extraordinário alargamento dos âmbitos antropológico e geográfico ocorrido ao longo dos séculos XVI e XVII, conhece uma aceleração decisiva com as grandes transformações sociais e económicas que se deram na Europa Ocidental e na América do Norte dos séculos XVIII e XIX. A missão da sociologia consistiu então em identificar as características mais relevantes da modernidade. Serge Moscovici exprimiu incisivamente o que estava em jogo, ao definir a sociologia como a *science du problème de la modernité* (Levine, 1997, p. 273).

Em relação com esta problemática da modernidade, ou com este *novum* que tão insistentemente interpelava os espíritos, os autores alemães vão dar atenção preferencial aos desenvolvimentos relativos à liberdade (autonomia) dos sujeitos e aos progressos da racionalidade. Sabemos como Kant, num opúsculo famoso, «Resposta à Pergunta: Que É o Iluminismo?» (1784), celebrou o «século de Frederico» como uma época em que os homens, até então culpados da sua menoridade, ou seja, da incapacidade de se servirem do entendimento sem a orientação de outrem, deixaram de estar sob tutela para ganharem um estatuto de autonomia moral e prática. Hegel, por sua vez, verá na vontade de não reconhecer o que não tenha sido justificado pela razão o traço maior dos tempos modernos. Max Weber insere-se, geracionalmente, no âmbito do legado pedagógico e cultural destas «grandes narrativas» que impregnavam o sistema de ensino alemão, mas caber-lhe-ia operar uma viragem decisiva, da qual resultaria a constituição autónoma da sociologia — e com ela a de todas as ciências sociais —, tanto em relação ao respetivo objeto como às metodologias que lhe são mais adequadas.

Desde logo, no mais célebre dos seus trabalhos microssociológicos, *A Ética Protestante e o Espírito do Capitalismo*, Weber vai dar expressão concreta ou corpo visível àquele «sujeito» da história (moderna) que os sistemas metafísicos relegavam para o céu das ideias. Para tanto, irá procurar ali identificar, rigorosamente, quais os estratos sociais que, ao assumirem e viverem uma «afinidade eletiva» (*Wahlverwandtschaft*) entre a ética puritana e o «espírito» do capitalismo empresarial, foram os verdadeiros «portadores» da modernidade, quando mais não seja no plano da racionalidade prática. Como bem viu Isabelle Kalinowski (2002, pp. 7–9), Weber não se limita a sublinhar uma conjunção entre capitalismo e protestantismo, mas procura circunscrever objetivamente a composição e o papel que coube então àquele «sujeito/portador». Desde logo, não relaciona o êxito capitalista dos protestantes com as perseguições religiosas e com qualquer efeito compensatório que levasse os que se viram excluídos de cargos públicos a investirem o seu talento nas profissões, marginais, do dinheiro e do lucro. Weber não nega que alguma forma de capitalismo tenha prosperado nas margens de uma sociedade que via com maus olhos a multiplicação do dinheiro, nem que os indivíduos afetados por interditos sociais e religiosos se tenham encontrado por vezes em posição de afinidade estrutural com as atividades do lucro. Simplesmente, esse capitalismo, que ele qualifica de «irracional», porque tributário de oportunidades contingentes (os empréstimos a que recorriam os príncipes em guerra, por exemplo) e por não assentar num verdadeiro método, não realiza, a seu ver, todas as potencialidades do capitalismo. Estas só verdadeiramente se manifestam no modelo capitalista cuja génese Weber se propõe estudar: o capitalismo racional, cujo desenvolvimento é sustentado por homens de fé, os puritanos calvinistas, que, em geral, não ocupavam posições marginais na sociedade. Um dos argumentos avançados por Weber contra a ideia de uma afinidade entre capitalismo e minorias diz respeito aos católicos alemães que, embora minoritários em boa parte da paisagem confessional alemã, nem por isso manifestaram predisposição para o capitalismo.

Se a tese de Weber não se esgota, assim, no estabelecimento de uma correlação entre um grupo religioso e uma forma de organização económica, é porque ela postula, tanto num como noutra e como fundamento de ambos, um terceiro princípio: a racionalidade ocidental na sua especificidade. Weber, com efeito, ao interrogar-se, na *Vorbemerkung* (Prólogo) que antecede a edição definitiva da *Ética Protestante* inserida no primeiro volume dos *Gesammelte Aufsätze zur Religionssoziologie* (1920), sobre o carácter singular da racionalidade ocidental no cotejo com as grandes áreas culturais e civilizacionais do mundo, vai pôr em evidência as racionalizações que só ali ocorreram. Assim, só no Ocidente «existe *ciência*, no estádio de desenvolvimento que reconhecemos hoje como "válido"; a experimentação racional [...] é, essencialmente [...], um produto do Renascimento» (WEBER, 1972 [1920], p. 1); só o Ocidente conheceu uma prática especializada, racional e sistemática da ciência, que deu nascimento a um tipo de homem especializado (*Fachmenschentum*); só o Ocidente conhece, nos tempos modernos, uma organização capitalista racional do trabalho (formalmente livre) (*ibidem*, p. 3); os conceitos de «burguesia» e de «proletariado» enquanto classe não se encontram fora do Ocidente moderno (*ibidem*, p. 7). Outras grandes civilizações, como a China ou a Índia, somente são trazidas à colação no âmbito de uma interrogação bem precisa: «Por que razão ali, de uma maneira geral, nem o desenvolvimento da ciência nem o da arte, nem o do Estado e o da economia, trilharam as vias da racionalização características do Ocidente?» (*ibidem*, p. 9). O que importa sobremaneira a Weber é, pois, identificar e explicar na sua génese a particularidade do racionalismo ocidental e, no interior deste, do racionalismo ocidental moderno. Para tanto, sem negar a importância primordial das condições económicas, Weber declara que irá privilegiar a relação causal inversa:

> Pois, se o surgimento do racionalismo económico depende de uma técnica racional e de um direito racional, também depende, finalmente, da capacidade e da disposição dos homens para adotarem determinadas formas de uma conduta de vida (*Lebensführung*) caracterizada por um racionalismo económico. Ali onde esta deparou com obstáculos de ordem psíquica, também o desenvolvimento de uma conduta de vida racional na esfera económica encontrou fortes resistências interiores. Ora, entre os mais importantes elementos modeladores da conduta de vida contavam-se no passado, por toda a parte, os poderes mágicos e religiosos, bem como as ideias éticas de dever, assentes na crença nesses poderes. É destes elementos que se irão ocupar os estudos reunidos e completados nas páginas que se seguem. (Weber, 1972 [1920], p. 12)

Estas palavras de Weber condensam na perfeição todo o «programa de conhecimento» micro, macrossociológico e reflexivo que, a partir da *Ética Protestante* e até ao fim da sua vida, irá constituir o imenso *chantier* da sociologia das religiões do sábio alemão. Resumindo o que até agora nos foi dado apurar sobre aquele «programa», diremos, no que respeita à *Ética Protestante*, que, ao relacionar o protestantismo e o capitalismo, o que interessa a Weber é o que em ambos se aparenta com uma demanda de racionalidade. O que implica, em primeiro lugar, a rejeição da ideia de um lucro sem restrições e a definição do capitalismo moderno como procura do lucro racional, legal e calculado. Em segundo lugar, o fenómeno religioso deixa de ser situado exclusivamente na esfera do irracional: ao privilegiar o estudo das condutas religiosas práticas dos crentes, que tantas vezes não mantêm uma relação unívoca com os dogmas das respetivas religiões, Weber procura sempre o que naquelas condutas envolve exigências de racionalidade. Finalmente, diga-se que os estudos comparativos das diferentes «religiões de civilização» (*Kulturreligionen*) não têm a pretensão de ser análises culturais exaustivas nem, muito menos, a de inserir essas religiões em qualquer esquema linear de progressiva manifestação da «essência» do religioso. Todas elas são «indivíduos históricos» da mais alta complexidade, ficando absolutamente fora de discussão o «problema do valor relativo das culturas aqui comparadas» (Weber, 1972 [1920], p. 14).

A investigação de Weber apresenta-se, assim, como um vasto «programa de conhecimento» que consubstancia um «projeto último» cuja caracterização tem constituído, ao longo das últimas décadas, uma das preocupações maiores e também uma importante fonte de polémicas, sobretudo no seio da chamada *Weber Forschung*, ou seja, da investigação sobre Max Weber predominantemente em língua alemã. Ao fazer a síntese destes debates, num artigo intitulado «Max Webers Begriff der Universalgeschichte» [O Conceito de História Universal segundo Max Weber], Wolfgang Mommsen (1986) procedeu à identificação por autores, numa linha diacrónica, das mais importantes definições daquele «projeto último». Assim, para Friedrich Tenbruck, ele consistiria na valorização do impacto inovador e criativo das ideias religiosas; para Wolfgang Schluchter, na descoberta da especificidade da racionalidade ocidental; para Wilhelm Hennis, finalmente, na preocupação filosófica, análoga às de Marx e de Nietzsche, com a definição do «tipo de homem» especificamente produzido pela civilização moderna. Seja como for, o processo de racionalização não deve, em caso algum, ser entendido como uma evolução linear, mas antes como uma «pluralidade de processos de racionalização» (*idem*, *ibidem*, p. 68).

Porque faz o ponto sobre esta importante problemática, leiam-se estas palavras de Helmut Spinner:

> A interrogação diretriz de Weber não é «o que significa racionalidade?», mas como ocorre, devido a que «encadeamento de circunstâncias», a formação da realidade específica do característico e singular «racionalismo ocidental», tanto teórico como prático. Por pormenorizada e convincente que seja a resposta que o conjunto da sua obra fornece, o certo é que ele nunca desenvolveu, para esclarecimento da primeira interrogação, uma ideia minimamente elaborada de racionalidade. A obra de Max Weber não contém nenhuma teoria da racionalidade «positiva», expressamente desenvolvida e tipicamente «weberiana»! [...] Os seus tipos de racionalidade [...] e variedades de racionalidade [...], bem como as respetivas formas de manifestação (na religião, na economia, no direito, na política, etc.), por ele expressamente descritas, não fornecem nenhum contributo conceptual para aquela teoria — a não ser um gigantesco material histórico e intelectual, assim como prescrições e cláusulas de carácter negativo, a serem escrupulosamente

> observadas na construção teórica, sob pena de se falhar o tema e de se deformar este nosso «racionalismo ocidental», tal como Weber o viu e confiou a outros a sua ulterior e mais acabada caracterização. (SPINNER, 1994, p. 117)

Logo no primeiro capítulo da *Ética Protestante*, Weber, em nota de rodapé inspirada em Lujo Brentano, confirma a apreciação de Spinner, ao prevenir contra qualquer determinação unívoca da racionalidade, com uma definição desta antecipadamente «perspetivista»:

> Para as pessoas sem religião, o modo de vida religioso é «irracional»; tal como, para o hedonista, o modo de vida ascético é «irracional» [...] Se este texto servir para alguma coisa, ao menos que contribua para revelar em toda a sua complexidade o conceito de «racionalidade», que só aparentemente não se presta a equívocos. (WEBER, 1990 [1904–1905], p. 66)

Da filosofia da história à sociologia como ciência

Preferindo o termo «racionalização» a outros que Weber emprega com sentido idêntico, iremos agora analisar como no seu «programa de conhecimento» estão indissociavelmente presentes, em proporções variáveis, elementos dos três «projetos últimos» acima referidos(2).

Vimos já como a noção de racionalização, introduzida pela filosofia moderna da história e presente nas teorias evolucionistas do século XIX, ocupa em Weber um lugar central na reflexão crítica sobre a modernidade ocidental; reflexão nele inseparável, diga-se desde já, de uma preocupação ética e política com o sentido da modernização, em face do contraste crescente entre o ideal moderno de emancipação e a realidade, burocrática e inquietante, da sociedade contemporânea. Se qualquer teoria da racionalização social pressupõe o estabelecimento de uma relação sistemática entre a razão, a história e

(2) Se, todavia, tivéssemos de optar por um desses projetos, por ser ele, a nosso ver, em última análise, o mais determinante, não hesitaríamos em secundar a proposta de Wilhelm Hennis (como fizemos em investigações anteriores).

a sociedade, o sistema de Hegel (1770–1831) terá representado, como perfazimento hiperbólico de sistematizações incompletas anteriores([3]), o mais grandioso projeto de ligação sistemática entre o devir histórico e a razão. Para Hegel, a historicidade desta comporta dois aspetos essenciais. O primeiro consiste em negar qualquer dualismo entre a razão e o devir — tal é o sentido da fórmula célebre: «tudo o que é racional é real, tudo o que é real é racional» — pelo recurso a uma dialética que integra a irracionalidade aparente no desdobramento da razão. O segundo consiste em recuperar uma ideia substancial ou objetiva de razão: o que efetivamente se realiza na história não é apenas uma melhoria da eficácia da ação humana (racionalidade formal), mas os «fins» da razão, ou seja, a reconciliação do sujeito finito e do «absoluto». Ora, pode dizer-se que toda a reflexão metodológica de Max Weber consuma a rutura definitiva com estes rasgos especulativos do sistema hegeliano([4]). O seu contributo maior para a fundação da teoria sociológica consistiu mesmo na dissociação deliberada daquilo que Hegel reunira: a racionalização da sociedade é por Weber considerada puramente formal, além de não abranger vastos domínios da história humana; por outro lado, a compreensão científica da sociedade pressupõe uma epistemologia rigorosamente antiespeculativa e comporta ainda a rejeição radical da ideia de razão «objetiva» ou «substancial» (a «escolha dos valores» não pode ser racionalmente fundada). Para Weber, a filosofia hegeliana representava a forma acabada de uma ilusão especulativa; ilusão que os epígonos académicos do grande filósofo de Berlim, alguns deles velhos mestres de Weber, prolongavam, sem o brilho do fundador do idealismo objetivo, para impedir ou retardar, pelo menos inconscientemente, o desenvolvimento na Alemanha de uma história, de uma economia política e de uma sociologia científicas.

Se o sistema de Hegel assenta na já referida tese da identidade do real e do racional, é porque tal é a condição necessária para reduzir o

---

([3]) Ver, para um tratamento mais completo de toda a presente secção, o artigo «Rationalisation», de Philippe Raynaud (2008, pp. 615–619).

([4]) Ver, para um tratamento aprofundado desta problemática, Filipe (2004, pp. 39–107).

hiatus irrationalis entre o conceito e a realidade. Atacando o hegelianismo no seu cerne, Weber põe em evidência as consequências últimas daquela tese: todo o conteúdo do saber é deduzido de princípios gerais, o que se traduz numa reificação dos conceitos científicos, que, desse modo, lhe apareciam como «realidades metafísicas por detrás do real» e não como construções do espírito destinadas a tornar a realidade inteligível (Weber, 1973 [1904], pp. 185 e 195). Todavia, bem mais do que contra Hegel, Weber, como vimos, visava sobretudo correntes das ciências sociais do seu tempo em que reapareciam as ilusões especulativas sob a forma de uma redução da realidade social a «leis» ou a um «fator monocausal» particular, considerado decisivo. Tal é, especialmente, a crítica que Weber faz a Marx, cujo contributo científico, no entanto, ele apreciava em alto grau(5).

A preocupação epistemológica de Weber traduz-se, liminarmente, na sua sociologia compreensiva, que não pretende ser uma ciência da sociedade (entendida como um todo). O seu objeto é, exclusivamente, a ação social individual, enquanto comportamento de atores humanos, como se pode ler na primeira página da sua obra póstuma *Wirtschaft und Gesellschaft* (*Economia e Sociedade*). Se substituirmos o termo abstrato «ação» por «conduta pessoal de vida», teremos dissipado a aparente complexidade daquele objeto, que será sempre a ação social individual ou a ação comunitária, entendida esta como um relacionamento de comportamentos individuais. Por outro lado, ao «situar» a razão nos atores humanos e nos seus móbeis, ao fazer, assim, do indivíduo «o único portador de um comportamento significativo», Weber opera aquilo a que Franco Bianco chama, com propriedade:

> [a] recondução da conceção «carismática» da razão — tal como a tradição metafísica do Ocidente a vinha desenvolvendo das suas origens até todo o idealismo alemão e, em especial, a Hegel — a uma visão mais limitada daquela, consciente do carácter humano e finito que é também inerente à razão. É por isso que Weber tem de levantar de novo — como, de resto, todo o pensamento pós-hegeliano — o problema antiquíssimo e sempre atual de explicar como da realidade se passa ao

---

(5) Para um aprofundamento desta crítica, leia-se Raynaud (1996, pp. 25–32).

> conceito e como a mente humana e finita, não a razão absoluta, possa lançar a sua rede sobre a experiência, recolhendo os traços essenciais desta. (Bianco, 1997, p. xi)

Tal não impede, lembra-o Franco Bianco, que esta racionalidade mais limitada não venha depois a revelar «um poder sobre as coisas, sobre os produtos históricos e, em última análise, sobre os homens não menor do que o que, no seu tempo, exerceu a razão metafísica» (*ibidem*, *loc. cit.*), como veremos mais desenvolvidamente. O objetivo último da epistemologia de Weber é, portanto, lembra-o bem Philippe Raynaud:

> permitir uma *desfetichização* das categorias científicas que, ao restituir ao pensamento o seu trabalho próprio (a construção dos conceitos e dos métodos, a investigação do sentido da atividade social, a seleção dos problemas pertinentes), evita, ao mesmo passo, a ilusão especulativa (se o conceito é uma construção ideal, seria vão pretender deduzir dele a realidade empírica). (Raynaud, 1996, pp. 37–38)

Weber, no entanto, ao identificar o devir racional da civilização ocidental, sustentava igualmente o seu alcance universal. O que, em relação com a categoria weberiana de racionalização, não pode deixar de levantar o problema de qual o sentido do racionalismo histórico, depois que a crítica pôs a nu as aporias a que ele conduzira na sua versão especulativa. Com propriedade, Jean-Pierre Grossein fala, a propósito, de um weberiano «europeocentrismo metodológico», para logo acrescentar:

> Toda a tensão que percorre a obra de Weber tem, talvez, que ver com isto: com a perspetiva universal (universalizável) do debate e a rejeição concomitante de respostas (teóricas e práticas) universais, na medida em que o racionalismo ocidental moderno continua a ser o ponto de partida e o ponto de chegada do confronto com as outras culturas. (Grossein *apud* Weber, 1996, pp. 113–114)

Nada melhor para surpreendermos o que está em jogo na teoria de Weber do que procedermos a uma breve análise da sua tipologia das formas de atividade social, que obedece a duas exigências: a da prioridade da compreensão e a da universalidade. Com efeito, a atividade social é um comportamento que põe em relação indivíduos que lhe conferem um sentido subjetivo; por outro lado, a inteligibilidade das diferentes culturas só é possível se certas formas de atividade forem universais. Se a história humana não apresentasse nenhuma unidade, os tipos fundamentais de atividade seriam perfeitamente heterogéneos; todavia, como existe uma certa continuidade entre as diferentes formas de atividade, e esta pode ser apresentada como um processo orientado, conserva-se aquele mínimo de unidade da história que a categoria de «racionalização» da história pressupõe. Tal é, precisamente, o caso daquela tipologia famosa.

Weber distingue quatro formas fundamentais de ação: a atividade «afetiva», a atividade «tradicional», a atividade «racional com referência a valores» e a atividade «racional com referência a fins» (Weber, 1922, p. 12). A ação afetiva é um comportamento quase instintivo, que por vezes não passa de uma reação descontrolada a um estímulo insólito. Nela imperam os sentimentos e as emoções, como quando alguém participa numa viagem com amigos para não se sentir excluído, ou quando alguém se muda para outra cidade a fim de estar junto da namorada([6]). A ação «tradicional» não é essencialmente diferente daquela, pois também se situa no limite e até aquém do que é orientado de maneira significativamente consciente. «Tradicional» será, então, o comportamento que decorre de uma conformidade quase mecânica aos usos antigos, e não de uma adesão refletida à tradição. Como exemplos, refira-se que não poucos estudantes frequentam a universidade simplesmente por ser essa a expectativa dos seus pares ou da comunidade em que vivem; também um filho pode assegurar a continuidade do negócio familiar, pois este sempre passou de pais para filhos. A ação «racional com referência a valores», por sua vez, ordena-se de acordo com a representação de valores que a determinam, quaisquer que possam ser as suas consequências; pode ser inspirada por sistemas de valores muito diversos (ética aristocrática da honra, moral universalista de inspiração religiosa ou laica, etc.), mas supõe sempre um mínimo de reflexão e de consciência.

([6]) Este e os exemplos seguintes foram recolhidos em Bishop (2007, p. 38).

Na linha dos exemplos anteriores, teríamos agora o caso de alguém que frequentasse a universidade por dar valor à atividade intelectual, ou o de quem procurasse a salvação seguindo os ensinamentos de um profeta. A ação «racional com referência a um fim», por último, visa a eficácia, ao determinar a procura metódica do acordo entre meios e fins e ao pressupor a consideração racional das condições exteriores nas quais ela se concretiza. Exemplo deste tipo de racionalidade será o da escolha de uma formação universitária como sendo a maneira mais eficaz de obter um bom emprego e, dessa maneira, alcançar sucesso e riqueza material.

Os limites reais entre as formas de atividade — que, em si mesmas, não são mais do que construções «ideal-típicas» ou, como diria Nietzsche, «ficções reguladoras» — são por vezes incertos, sendo o efetivo comportamento humano determinado por uma mistura dessas categorias de motivação. Por outro lado, a darmos uma significação histórica à tipologia de Weber, dificilmente se evitará que a passagem de uma a outra forma de atividade possa ser compreendida como um progresso — do inconsciente ao consciente, da reação mecânica à ação significativa. Assim, a passagem de um tipo de ação a outro aparecerá como um processo de racionalização progressiva, cuja lógica decorre de um constrangimento de racionalidade de alcance universal. A sociologia compreensiva acaba, assim, por admitir que a história humana apresenta um mínimo de unidade. Todavia, longe de consubstanciar qualquer regresso às formas anteriores do racionalismo histórico, o conceito weberiano de racionalização conhece limites muito rigorosos.

Desde logo, de forma aparentemente paradoxal, Weber situa no campo das religiões, e por uma necessidade intrínseca ao desenvolvimento destas, o início da lógica dos processos de racionalização, enquanto ramos divergentes de uma mesma «árvore genealógica», como bem viu Friedrich Tenbruck, melhor do que ninguém([7]). Neste particular, a *Ética Protestante* revela-se uma obra charneira, já que o conceito de desenvolvimento (*Entwicklung*) só se difundiu pela obra

(7) Ver «Apresentação» de Rafael Gomes Filipe *apud* WEBER (2006, pp. 9–38).

de Weber a partir do momento em que ele, após o conhecimento da dependência da ação económica capitalista racional do puritanismo, ganhou consciência do condicionamento de outras ordens culturais modernas pela história da religião. Preocupou-se, assim, em procurar o impacto da religião em áreas em que ele não é geralmente investigado. Esta surpreendente utilização das religiões como fonte de sentido visou, em última análise, ilustrar a forma como as ideias se tornam forças eficazes na história. Leia-se, a propósito, a célebre formulação de Weber, desmentido cabal dos que persistem em atribuir-lhe um fumoso «espiritualismo», tão unilateral, afinal, como o materialismo dogmático que ele combateu:

> São os interesses (materiais e ideais), e não as ideias, que governam diretamente a ação dos homens. Todavia, as «imagens do mundo», que foram criadas por meio de «ideias», determinam muitas vezes, como agulheiros, as vias no interior das quais a dinâmica dos interesses impulsionou a ação. (Weber, 1988 [1920], p. 252)

Os atores sociais, quer queiram quer não, estão regularmente inseridos em esferas de atividade que as religiões também reivindicam. Qual, então, o papel das ideias e dos interesses (da religião e da sociedade) ao longo de desenvolvimentos de longo prazo, e como se formam aquelas atitudes em relação ao mundo que, como o evidenciou *A Ética Protestante* num caso específico, determinam em profundidade a evolução das civilizações através das respetivas éticas económicas? Ou seja, como se produz e como atua a racionalidade, na combinação de ideias e interesses? A resposta, pelo menos inicial, parece encontrar-se na evolução das grandes religiões, de acordo com uma problemática própria decorrente do confronto inadiável com a irracionalidade do mundo. As transformações das religiões universais são, assim, dominadas por um imperativo de racionalidade resultante da necessidade de dar, cada uma a seu modo, uma resposta coerente e subjetivamente aceitável pelos crentes ao antiquíssimo «problema da teodiceia» (como conciliar a perfeição do divino com a presença do mal no mundo?). Combinada com a exigência de «eficácia» na organização das comunidades e na transmissão da crença, esta unidade do problema posto à religião explica que, até certo ponto, o desenvolvimento das representações e das comunidades religiosas se oriente numa idêntica direção «racionalizadora» (sistematização das crenças, burocratização do clero, administração racional das comunidades, etc.). Todavia, os processos de racionalização apresentam uma diversidade insuperável, já que o problema da teodiceia é suscetível de várias respostas (doutrina indiana do carma, dualismo persa, pecado original, predestinação e *deus absconditus*), que podem ser explicadas por causas sociais (dinâmica dos «interesses») não dependentes da lógica das representações. Não há, assim, nenhum risco de uniformização das religiões. Estas poderão, na melhor das hipóteses, ser ordenadas, de acordo com as suas escolhas fundamentais, numa combinatória que explique, em parte, a desigualdade dos respetivos «potenciais de racionalização».

Limites da racionalização e «destino» do Ocidente

Max Weber não se limitou, porém, a substituir a hegeliana «razão na história» por um conceito «positivo» de racionalização. A sua obra vai bem mais longe, ao incorporar uma crítica do racionalismo que ainda ocupa o centro das discussões contemporâneas. Desde logo, Weber opera uma dissociação entre a problemática da racionalização e a da autonomia (entendida como poder de transcender o dado ou a tradição). À primeira vista, a classificação sugere que as quatro formas de atividade sejam outros tantos patamares numa escala contínua que iria da passividade (a ação afetiva-reativa) ao máximo de atividade (a ação racional com referência a fins, que pressupõe a promoção de objetivos conscientes, a projeção no sentido do futuro e o domínio da natureza). Sugere mesmo uma ligação entre a razão e a autonomia: a heteronomia impera no mundo da ação tradicional, e a emancipação da subjetividade, favorecida pelas religiões da transcendência (assentes na racionalidade com referência a valores), acompanha-se indissociavelmente da crítica da tradição e da promoção da racionalidade. Acontece, porém, que esta evolução seria impossível sem a intervenção inicial de um elemento de criatividade irracional, cuja presença, aliás, condiciona também a sobrevivência da autonomia no termo do processo de racionalização. Por hipótese, este processo tem início num mundo dominado pela tradição, pressupondo a inovação a mobilização de afetos elementares que se exprimem no carisma de indivíduos excecionais. O carisma é, pois, para Weber, a grande força revolucionária das épocas ligadas à tradição. Inversamente, o próprio avanço da racionalidade acaba por se traduzir no crescimento do sistema burocrático e técnico e no predomínio progressivo dos meios sobre os fins, o que introduz um risco radical: o de uma perda de sentido e de liberdade.

Neste contexto, o indivíduo integrado na máquina burocrática moderna obedece a coações a que não se pode furtar, além de que nada prova que um indivíduo que atue de maneira estritamente racional em referência a fins seja mais autónomo do que aquele que atue em referência a valores. Agir de acordo com valores é uma condição da liberdade para Weber. Ganha, assim, o maior significado este juízo de Rogers Brubaker, parafraseado por Raynaud: «um sujeito que não conheça outra regulação a não ser os seus desejos ou os seus cálculos de utilidade estaria mais próximo do *mecanismo* do que da *autonomia*» (Brubaker, 1984, *apud* Raynaud, 2008, p. 618). Quer nos situemos na origem ou no termo dos processos de racionalização, a capacidade dos homens para se libertarem dos constrangimentos que tolhem o seu poder criador acha-se rigorosamente dissociada da «racionalidade», seja qual for o sentido desta. Daí a excecional importância de que se reveste o carisma no pensamento de Weber, que viabiliza a inovação nas sociedades arcaicas e permite limitar, no mundo moderno, o poder dos aparelhos burocráticos, ao lembrar às massas que a decisão política comporta elementos irredutíveis à simples racionalidade «técnica» (Raynaud, 2008, pp. 618–619).

Diremos, para concluir, que, se Weber nos oferece um lúcido e trágico diagnóstico da condição do homem moderno, consumado agora pela ciência o «desencantamento do mundo» que a racionalização religiosa iniciara, não nos legou nenhuma «terapia». Se «sucumbiu» ao encanto do *amor fati* proclamado por Nietzsche([8]),

([8]) Hoje, depois dos trabalhos pioneiros de Karl Löwith, Eugène Fleishman, Gabriel Cohn e Horst Baier, e, sobretudo, dos ensaios singularmente inovadores

nem por isso subscreveu o projeto «positivo» do «sobre-humano». Só as virtualidades do carisma, sempre ressurgentes([9]), pareciam

---

de Wilhelm Hennis, de meados dos anos 80, na esteira dos quais viriam a lume os trabalhos de Lawrence A. Scaff e de Edith Weiler, já não é possível passar em claro, como persiste em o fazer a *Weber Forschung* franco-alemã mais conservadora, os testemunhos da presença de Nietzsche na formação e na formulação do pensamento de Max Weber. Até mesmo quem pretende negar essa presença, como Laurent Fleury (que, aliás, a reconhecera anteriormente, no pequeno volume *Max Weber*, publicado na «Que-sais-je?» em 2001), admite, com honestidade digna de nota: «Fundando-se sobre a recensão de parentescos semânticos ou de semelhanças temáticas, vários comentadores [...] insistiram seja nas afinidades intelectuais entre Weber e Nietzsche [...], seja, pelo contrário, nas suas divergências [...]. Estes autores inventaram uma tradição, pois pôr a comparação é já fundá-la como legítima, ou pelo menos supor que ela o seja» (Fleury, 2005, p. 808). Entre os muitos mais que se poderiam aduzir, referiremos apenas dois trabalhos recentes que parecem confirmar a «vitória» da linha investigativa que reconhece a múltipla presença de Nietzsche em Weber sobre a linha mais acomodada ou timorata, ou muito simplesmente filosoficamente inculta, que nega ou pretende minimizar e trivializar aquela presença, linha esta maximamente representada por alguns trabalhos de Wolfgang Schluchter. Num ensaio publicado em 2007, na prestigiosa editora Walter de Gruyter, *Nietzsche and Early German and Austrian Sociology*, Franz Graf zu Solms-Laubach salienta que, para muitos dos fundadores da sociologia alemã e austríaca — Max Weber, Ferdinand Tönnies, Rosa Mayreder e Alfred Weber —, o envolvimento intelectual com o pensamento de Nietzsche representou uma experiência intelectual formativa e uma importante fonte de inspiração, tanto no que respeita às suas visões do mundo privadas como às suas realizações sociológicas públicas. Para o autor, o desenvolvimento da sociologia da cultura nos dois países de língua alemã foi, assim, moldado em profundidade pela receção crítica da crítica sociocultural de Nietzsche. O conhecido sociólogo Bryan S. Turner, num novo prefácio que escreveu para a recente reedição da justamente famosa antologia em língua inglesa, organizada, traduzida, prefaciada e publicada por H. H. Gerth e C. Wright Mills em 1946, dedica toda uma secção à relação entre Weber e Nietzsche. Sublinhando o grande contributo de Wilhelm Hennis, Bryan S. Turner põe em evidência a pertença de Weber a uma tradição de antropologia filosófica alemã com raízes em Nietzsche e na sua angustiada interrogação sobre a natureza da modernidade (Turner, 2009, pp. xvii–xxx).

([9]) Segundo Wilfried Nippel, a teoria weberiana do carisma é tributária de duas fontes principais: a doutrina neotestamentária sobre os dons carismáticos, na interpretação que recebeu no debate contemporâneo (de Weber) em torno da organização das primeiras comunidades cristãs; por outro lado, a categoria do cesarismo (incluindo as ligações com a figura do demagogo), corrente no jornalismo político do século XIX, depois do golpe de Estado de Louis Bonaparte (Napoleão III), em dezembro de 1851 (Nippel, 2000, p. 8). Quanto à primeira fonte, terá sido decisiva, para Weber, a conceção de Rudolph Sohm, tal como este a sustentou no seu *Kirchenrecht* (1892), no qual definia a primitiva Igreja cristã como uma organização não jurídica mas carismática e punha a tónica na obediência incondicional tributada àquele em que se reconhece carisma. O que Weber fez, então, foi desvincular a categoria de carisma do contexto do debate religioso, para a aplicar, como tipo ideal axiologicamente neutro, tanto a Cléon, protótipo do demagogo num sentido pejorativo, como a Péricles, a Napoleão ou a Jesus (Nippel, 2000, pp. 9–10). Convém, no entanto, acrescentar que, além do parentesco com o profetismo antigo, o «profetismo político» moderno tem sobretudo que ver, segundo Weber, com as potencialidades da individualidade na era burguesa, na sua contraposição polar, geralmente malograda, à servidão imposta pela rotina burocrática, como salienta um bom conhecedor francês da obra do autor alemão: «A grande personalidade política da época contemporânea não se limita a encarnar um grupo e a fidelidade que ele deve a si mesmo; transcende os condicionamentos do grupo para se abrir a novos horizontes. Ela utiliza a distância que existe entre a individualidade desenvolvida e a sua classe para explorar e propor novos campos de ação. Leva, sobretudo, o grupo social a que se dirige a ultrapassar as suas próprias fronteiras e a deslocar-se para outros lugares. Seria, portanto, falso ver nesta conceção weberiana um recurso ao irracional [...]» (Vincent, 2009, pp. 92–93).

No meio académico português, no qual ainda é muito escasso e superficial o interesse pela obra de Max Weber, merecem destaque as referências de Jorge Correia Jesuíno aos tipos ideais weberianos de autoridade, e sobretudo à autoridade carismática, na «Introdução» ao seu excelente manual sobre *Processos de Liderança* (Jesuíno, 2005). Mais recentemente, no louvável contexto de internacionalização da investigação portuguesa, refira-se a publicação em livro de uma coletânea de estudos monográficos: *Charisma and Fascism in Interwar Europe* (Pinto, Eatwell e Larsen, 2007). No Prefácio, rubricado por António Costa Pinto, este salienta que os trabalhos sobre as variantes nacionais do fascismo levaram a introduzir novos matizes na tipologia original de Weber e na sua «inspiração teórica» (*ibidem*, p. XVI). De facto, em relação com estes novos matizes, no capítulo final do volume («Conclusion: Fascism, Dictators and Charisma»), Pinto e Larsen apresentam uma tabela (136) sobre as Formas de Legitimação Política, na qual se acrescenta aos tipos ideais de Weber uma «autoridade ideológica» assente na «crença» e, sobretudo, se apresenta a autoridade carismática como baseada na «superstição», o que, na verdade, nos

mitigar-lhe a apreensão com o pesadelo (sem despertar) da «sociedade administrada» que ele vislumbrava, para usarmos a tremenda expressão dos frankfurtianos (Adorno e Horkheimer), a quem o seu pensamento não foi estranho.

Um percurso improvável: de *outsider* académico a «clássico» das ciências sociais

Em meados dos anos 50, parecia que Max Weber corria o risco de ser definitivamente esquecido, pelo menos no espaço de língua alemã. *Economia e Sociedade*, o *opus magnum* publicado postumamente (1922) por Marianne Weber, vendeu menos de 2000 exemplares entre aquela data e 1947 (Käsler, 2002, p. xi). Com o fim da Segunda Guerra Mundial, porém, dá-se uma viragem: a pouco e pouco, a sociologia ocidental já não pode ignorar ou dispensar os conceitos e a obra de Weber na constituição de uma proposta sociológica credível, a contrapor ao(s) modelo(s) de inspiração marxista. No clima da Guerra Fria, a ocasião responsável pelo «regresso» de Weber e pela fabricação subsequente do «clássico da sociologia Max Weber» foi o Heidelberger Soziologentag (Congresso Mundial de Sociologia em Heidelberga), em 1964, comemorativo do centésimo aniversário do nascimento do sociólogo. O evento revelou, para surpresa dos sociólogos alemães, a nova pujança da receção internacional de Weber, onde então se distinguiam os nomes de Talcott Parsons, Raymond Aron, Reinhard Bendix e Franco Rossi. Graças à hábil «estratégia» montada por Parsons, Weber saiu do congresso entronizado como clássico da sociologia internacional, a par de Marx e de Durkheim. Não mais seria apeado desse pedestal. Mas nem por isso deixaram de se ouvir, na altura, vozes discordantes, como as dos então jovens Jürgen Habermas e Wolfgang Mommsen, que denunciaram o que o conceito weberiano de «democracia caudilhista» (*plebiszitäre Führerdemokratie*) poderia

---

parece ter pouco ou mesmo nada que ver com a «inspiração teórica» de Weber. Teria sido conveniente que os autores definissem e caracterizassem essa sua tão singular ligação (exclusiva) entre carisma e superstição.

ter representado de fatídico para a República de Weimar, em termos que provocaram a indignação do velho Karl Loewenstein, que fora aluno de Weber em Munique (Käsler, 2002, p. xvi).

O certo é que Max Weber acabou por se sair bem da «prova do tempo». Hoje, mais de 90 anos depois da sua morte, os seus trabalhos são lidos e citados pelo mundo inteiro, são objeto de novas traduções, comentários, exegeses e ensaios, tantas vezes brilhantes, nas mais diversas línguas. Este erudito da Alemanha Guilhermina, condescendentemente batizado por alguns de «Marx da burguesia», vem sendo hoje reclamado pela *intelligentsia* planetária como um pioneiro teórico e um precioso auxiliar no estabelecimento do diagnóstico e no combate inadiável contra o maior e mais insidioso perigo que ameaça a presente humanidade e o inteiro mundo da vida: o neoliberalismo globalizado, em parceria com o «pensamento único» como sua ideologia legitimadora, mutação maligna do velho liberalismo, e as suas consequências devastadoras, já universalmente visíveis e, porventura, irrecuperáveis. Bem merece, pois, Max Weber ser um «clássico» entre os «clássicos», que lemos menos pelas soluções que deram aos problemas do que pelos problemas que levantaram. Deles vivem ainda as consciências que teimam em ser livres.

Bibliografia

Bianco, Franco, *Le basi teoriche dell'opera di Max Weber*, Roma, Laterza, 1997.

Bishop, Robert C., *The Philosophy of the Social Sciences*, Londres e Nova Iorque, Continuum, 2007.

Brubaker, Rogers, *The Limits of Rationality: An Essay on the Social and Moral Thought of Max Weber*, Londres, George Allen & Unwin, 1984.

Elias, Norbert, *Os Alemães: A Luta pelo Poder e a Evolução do Habitus nos Séculos XIX e XX*, Rio de Janeiro, Jorge Zahar Editor, 1997.

Filipe, Rafael Gomes, *De Nietzsche a Weber: Hermenêutica de Uma Afinidade Electiva*, Lisboa, Instituto Piaget, 2004.

Fleury, Laurent, Max Weber sur les traces de Nietzsche?, *Revue Française de Sociologie* 46, 2005: pp. 807–839.

JESUÍNO, Jorge Correia, *Processos de Liderança*, Lisboa, Livros Horizonte, 2005.

KALINOWSKI, Isabelle, Introduction, *in* WEBER, Max, *L'éthique protestante et l'esprit du capitalisme*, Paris, Flammarion, 2002.

KÄSLER, Dirk, Introdução, *in idem* (org.), *Max Weber: Schriften 1894–1922*, Estugarda, Alfred Kröner Verlag, 2002, pp. vii–xxxvi.

LEVINE, Donald, *Visões da Tradição Sociológica*, Rio de Janeiro, Jorge Zahar Editor, 1997.

MITZMAN, Arthur, *The Iron Cage: A Historical Interpretation of Max Weber*, Nova Iorque, Alfred A. Knopf, 1970.

MOMMSEN, Wolfgang, Max Webers Begriff der Universalgeschichte, *in* KOCKA, Jürgen (org.), *Max Weber, der Historiker*, Gotinga, Vandenhoeck & Ruprecht, 1986, pp. 51–72.

NIPPEL, Wilfried, Charisma und Herrschaft, *in idem* (org.), *Virtuosen der Macht: Herrschaft und Charisma von Perikles bis Mao*, Munique, C. H. Beck Verlag, 2000, pp. 7–22.

PINTO, António Costa; EATWELL, Roger e LARSEN, Stein Ugelvik (org.), *Charisma and Fascism in Interwar Europe*, Londres e Nova Iorque, Routledge, 2007.

RADKAU, Joachim, *Max Weber: Die Leidenschaft des Denkens*, Munique e Viena, Carl Hanser Verlag, 2005.

RAYNAUD, Philippe, *Max Weber et les dilemmes de la raison moderne*, Paris, Quadrige/Presses Universitaires de France, 1996.

RAYNAUD, Philippe, Rationalisation, *in* RAYNAUD, Philippe e RIALS, Stéphane, *Dictionnaire de philosophie politique*, Paris, Quadrige/Presses Universitaires de France, 2008, pp. 615–619.

SPINNER, Helmut, *Der Ganze Rationalismus einer Welt von Gegensätze*, Frankfurt, Shurkamp, 1994.

TURNER, Bryan S., Preface to the new edition, *in* WEBER, Max, *From Max Weber*, Londres e Nova Iorque, Routledge, 2009, pp. XVII–XXX.

VINCENT, Jean-Marie, *Max Weber ou la démocratie inachevée*, Paris, Le Félin Poche, 2009.

WEBER, Max, *Wirtschaft und Gesellschaft: Grundriss der Sozialökonomie*, Tubinga, J. C. B. Mohr, 1922.

WEBER, Max, Vorbemerkung, *in idem*, *Gesammelte Aufsätze zur Religionssoziologie*, Tubinga, J. C. B. Mohr, 1972 [1920].

WEBER, Max, Die Objectivität Sozialwissenschaftlicher und Sozialpolitischer Erkenntnis, *in idem*, *Gesammelte Aufsätze zur Wissenschaftslehre*, Tubinga, J. C. B. Mohr, 1973 [1904].

WEBER, Max, Einleitung, *in idem*, *Die Wirtschaftsethik der Weltreligionen (Gesammelte Aufsätze zur Religionssoziologie)*, Tubinga, J. C. B. Mohr, 1988 [1920].

WEBER, Max, *A Ética Protestante e o Espírito do Capitalismo*, Lisboa, Editorial Presença, 1990 [1904–1905].

WEBER, Max, *Sociologie des religions*, textos reunidos e traduzidos por Jean-Pierre Grossein, e introdução de Jean-Claude Passeron, Paris, Gallimard, 1996.

WEBER, Max, *Sociologia das Religiões*, seleção dos textos e apresentação de Rafael Gomes Filipe, Lisboa, Relógio D'Água Editores, 2006.

LIÇÃO 15

Célestin Bouglé e a «escola» durkheimiana: sociologia, democracia, socialismo([1])

HERMÍNIO MARTINS
Universidade de Oxford, Reino Unido
Instituto de Ciências Sociais da Universidade de Lisboa

I

O nome de Célestin Bouglé (1870–1940)([2]) pouco ou nada dirá, hoje, à grande maioria dos sociólogos, pelo menos fora de França, e certamente aos mais jovens. Pertencia à primeira geração de

---

([1]) Nota de José Luís Garcia: Como elucido na introdução a esta obra, este foi o último ensaio escrito por Hermínio Martins antes de falecer. Pediu-me que o editasse e trocámos indicações a este respeito na última conversa que tive com ele, por telefone entre Lisboa e Oxford, que ocorreu precisamente a propósito da edição deste texto e do seu estado de saúde, pois manifestou que se sentia em dificuldades. Todavia, já não houve possibilidade de ele ratificar as alterações que pensei deverem ser realizadas. Por isso, optei por mudar o menos possível o original, alterando-o apenas pontualmente: modifiquei ligeiramente o título, que era «Sociologia, democracia, socialismo: Bouglé e a sociologia durkheimiana»; atualizei a bibliografia com um texto da autoria de ambos, também este publicado postumamente na sua versão mais desenvolvida (Martins e Garcia, 2016); acrescentei um novo anexo, o Apêndice 2, com conteúdo retirado de uma longa nota que surgia no interior do texto sobre as origens de algum léxico político contemporâneo; e introduzi brevíssimas transições de introdução a novos assuntos tratados no ensaio. Martins revelou ainda nessa conversa a intenção de vir a escrever outro apêndice dedicado a Bouglé e Cournot. O texto foi depois objeto de revisão e adaptação às normas da editora.

([2]) O seu nome completo — Célestin Charles Alfred Bouglé — não aparece em nenhum dos seus livros publicados em França, mas figura numa tradução inglesa (Bouglé, 1971).

durkheimianos, os estudiosos que conheceram pessoalmente Émile Durkheim e trabalharam com ele no empreendimento da *Année Sociologique*, de sua iniciativa, cujo último número, aliás o mais voluminoso da série, foi publicado em 1913. Deixou de ser editada devido à eclosão da Primeira Guerra Mundial, em 1914, e às mortes de vários colaboradores ou potenciais colaboradores dessa grande revista nesse conflito em várias frentes([3]).

Constituíram um grupo relativamente pequeno, que aliás só se reuniu uma ou duas vezes, sendo os outros contactos mais individuais, encontros um a um, ou por carta, postal ou telefone, em parte devido à dispersão geográfica dos membros([4]), ensinando alguns fora de Paris, «na província», por uns bons anos, como Durkheim, como Bouglé em Toulouse, como Halbwachs (este da segunda geração de durkheimianos), que depois de ensinar em liceus de Paris foi escolhido para a nova Universidade de Estrasburgo, na Alsácia recuperada da Alemanha. Antes de ser chamado para lecionar na Sorbona, Durkheim foi professor no liceu e, depois, ensinou na Universidade de Bordéus. Este percurso, no qual ao ensino em liceus, alguns dos quais prestigiados, se sucedia uma passagem pela universidade de província, antes da seleção para a Sorbona (a única universidade de Estado em Paris na altura, e por muitas décadas depois), era típico dos intelectuais franceses mais bem-sucedidos([5]). Tratava-se de uma espécie de *cursus honorum* típico dos melhores nas humanidades, em filosofia mais notoriamente([6]), depois da sua formação na École Normale Supérieure (ENS) da rua d'Ulm em Paris, ou noutra das *grandes écoles*. Foi um padrão regular entre os anos 80 do século XIX e os anos 50 do século XX, a partir dos quais a expansão universitária

([3]) Recorde-se que este pai fundador da sociologia morreu em 1917, em plena guerra, e em parte devido ao choque da morte do seu filho único em 1916.

([4]) Mas, mesmo dentro de Paris, a correspondência chegava normalmente no mesmo dia em que tinha sido enviada. Não precisavam de *e-mails*.

([5]) Como aconteceu também, por exemplo, a Bergson, que foi professor do ensino secundário durante 17 anos, antes de obter um lugar como professor universitário.

([6]) Sobre o papel da *agrégation de philosophie*, ver SCHIFT (2008).

propiciou a entrada no professorado universitário a mais gente e de modo mais rápido.

No que diz respeito a Bouglé, este começou a sua carreira docente como professor de Filosofia no liceu da sua cidade natal Saint-Brieuc (Côtes-du-Nord, atualmente Côtes-d'Armor), antes de obter um lugar na Universidade de Montpellier e depois na Universidade de Toulouse (como professor de «filosofia social»), e, finalmente, ser escolhido para a Sorbona, onde veio a suceder a Durkheim como professor de «história e economia social»([7]). A macrocefalia académica francesa, com a concentração em Paris dos maiores talentos científicos([8]) e um lugar na Sorbona (com uma subseleção para o Collège de France) como consagração da carreira universitária, em parte um correlato da macrocefalia urbana do país, era excecional na Europa.

Entre a conclusão do curso na ENS com o título de *agrégé* e o início da carreira docente, no período entre 1880 e 1900 em particular, muitos desses jovens concorriam a bolsas de estudo na Alemanha, visitando vários centros universitários, e escutando as lições de grandes mestres, com a obrigação de relatar de algum modo o que tinham estudado nesse estágio peripatético. Durkheim relatou as suas observações e analisou o pensamento de algumas figuras maiores da

---

([7]) A quebra do padrão pode ser ilustrada pela carreira de Raymond Aron depois de 1945. Sem passar por liceus de província, foi nomeado para a Universidade de Toulouse, mas esperava ser escolhido pela Sorbona, e ao não ter acontecido no curto prazo, demitiu-se e exerceu jornalismo exclusivamente por alguns anos, até ir diretamente para a Sorbona em 1955. É um exemplo raro em França de transição num só salto da vida não académica para uma cátedra na universidade mais prestigiada: um encontro feliz entre a sua ambição notável e a nova estrutura de oportunidades. Aron continuou, no entanto, a escrever regularmente para a imprensa diária. Nos EUA, pode ser referido o caso mais ou menos semelhante, na mesma altura, de Daniel Bell, do jornalismo para uma prestigiada universidade em Nova Iorque, o que já tinha ocorrido anteriormente com Robert E. Park em Chicago.

([8]) Pelo menos dos reconhecidos pelos «patrões», porque havia também os injustamente mantidos fora de Paris, como o físico-historiador-filósofo Pierre Duhem na Universidade de Bordéus, ou o matemático Louis Bachelier, desterrado num liceu de província até à sua morte. Sobre o sistema universitário da época, ver CLARK (1973).

época nas ciências sociais do país numa série de artigos em revistas académicas; e Bouglé, no seu primeiro livro académico, publicado antes das suas teses de doutoramento([9]), relatou as investigações em curso nos centros que tinha visitado no seu estágio em terras germânicas (no qual conheceu Simmel, o cientista social alemão que mais tarde veio a citar, sobre o qual publicou um estudo, e com quem se manteve em contacto[[10]]), precisamente com o título *As Ciências Sociais na Alemanha*([11]).

Abro aqui um parêntese a respeito do «percurso tradicional» ou «rito iniciático» dos *normaliens* que, se não foi inteiramente renovado entre as duas guerras mundiais, proporcionou a realização de estágios académicos na Alemanha por parte de alguns deles. Quem talvez mais aproveitou a sua estada nesse país, onde esteve três anos, foi Raymond Aron, outro *normalien* e *agrégé de philosophie*, que se deu muito com Bouglé, como leitor na Universidade de Colónia e depois

---

([9]) Em França, até à Segunda Guerra Mundial, era obrigatório apresentar duas teses de doutoramento, a principal e a secundária. Até à Primeira Guerra Mundial, a tese menor tinha de ser escrita em latim, uma regra que Durkheim e Bouglé tiveram de cumprir, como tantos outros. Depois da Grande Guerra, as duas teses eram em francês, na grande maioria dos casos, e a tese menor nem sempre era assim tão menor. A tese em latim de Durkheim, sobre Montesquieu como cientista social, só foi traduzida e publicada em francês umas décadas depois, e em inglês ainda mais tarde. A grande maioria, como a de Bouglé, nunca foi traduzida para a língua francesa e representa um caso curioso de capital intelectual arquivado e esquecido.

([10]) A correspondência entre eles, depositada na Biblioteca Nacional de Paris, foi analisada num artigo de Gulich (1990). Além do seu livro «oficial» sobre as ciências sociais na Alemanha, Bouglé relatou as suas experiências na Alemanha numa obra que publicou com um pseudónimo, o de Jacques Breton (Bouglé era originário da Bretanha e sempre conservou o sotaque da sua terra natal) (Lepenies, 1988, p. 350).

([11]) Outro exemplo da mesma época foi o historiador Marc Bloch, que fez um estágio na Alemanha em 1908–1909, visitando três universidades (Berlim, Leipzig, Hala), embora tirando pouco proveito deste estágio. Foi amigo do durkheimiano Georges Davy, citado mais adiante neste texto, colega e amigo de Halbwachs, inspirado pela sociologia durkheimiana, tanto ou mais do que qualquer outro historiador francês, nas suas obras publicadas entre as duas grandes guerras (Touati, 2007).

no Instituto Francês em Berlim (que só tinha sido criado em 1930), os últimos anos da República de Weimar (1930–1933) (Baverez, 2006, pp. 87–109). Lá descobriu, entre outras coisas (como a fenomenologia husserliana, que ele próprio, por sua vez, revelou a Sartre[12], e as teorias do conhecimento histórico de vários pensadores alemães que marcaram muito a sua tese de doutoramento principal, publicada em 1938[13]), a obra de Max Weber, de quem se tornou grande admirador para o resto da vida([14]). Tal ficou bem patente no capítulo sobre este

---

([12]) No entanto, Husserl já tinha sido convidado para dar uma série de conferências na Sorbona, publicadas em tradução francesa pouco depois, em 1931, com o título *Meditações Cartesianas*. Mas só a partir dos anos de 1940 é que foram publicadas obras de inspiração husserliana por filósofos franceses, muitas vezes atacando a sociologia durkheimiana, como foi também o caso do jovem sociólogo norte-americano Edward Tiryakian (1929–) num livro publicado em 1962 numa perspetiva existencialista. Houve um certo momento em que ou a fenomenologia ou o existencialismo franceses foram combinados com o «ópio dos intelectuais» (Aron, 1955), o marxismo-leninismo, mas os resultados tiveram pouco êxito na sociologia académica, francesa ou estrangeira. Houve até leituras heideggerianas de Marx. A obra mais importante para o pensamento social, especialmente o de vocação construtivista, de inspiração existencialista, foi o celebérrimo livro de Simone de Beauvoir *O Segundo Sexo*, cuja escrita, impregnada de termos filosóficos, particularmente de origem fenomenológica e do existencialismo sartriano, através das suas centenas de páginas, se tem demonstrado, no entanto, intraduzível na língua inglesa (como se viu pela discussão muito acesa a propósito da última tradução nas páginas da *New York Review of Books*). Tal não impediu a sua receção muito favorável entre leitores anglófonos e a aquisição do estatuto de um dos textos mais marcantes do chamado «feminismo de segunda vaga», já com a primeira edição na língua inglesa em 1953. A frase lapidar «one is not born, but rather becomes, a woman» só aparece na página 273, mas foi suficiente. A *Crítica da Razão Dialética* de Sartre foi bastante lida e discutida na psiquiatria social.

([13]) No mesmo ano de 1938, o filósofo americano Maurice Mandelbaum publicou um livro basicamente sobre a mesma temática, discutindo um leque de pensadores alemães (Weber, Rickert, Simmel, Scheler, entre outros), que se recorta muito com o discutido por Aron na sua grande tese (Mandelbaum, 1967 [1938]).

([14]) Simplificando bastante, podíamos dizer que o estágio na Alemanha resultou para Durkheim principalmente na descoberta de Wundt, no caso de Bouglé, na descoberta de Simmel, e no caso de Aron, na descoberta de Max

autor no seu livro didático dos anos 30, *A Sociologia Alemã*([15]), sem falar do capítulo ainda mais encomiástico das suas lições sobre história da sociologia (lições essas que eram, aliás, um curso sobre os grandes teóricos clássicos da sociologia), dadas na Sorbona nos anos de 1960, publicadas com o título *As Etapas do Pensamento Sociológico.* Alguns estudiosos, fora de França, chegaram mesmo a vê-lo como uma espécie de Max Weber *redivivus* e, dentro de França, como um sucessor digno de Tocqueville([16]).

II

Quando faço referência aos durkheimianos, devemos lembrar que nem todos os escritos de Durkheim eram do conhecimento daqueles antes da sua morte. Vários manuscritos do seu espólio foram recuperados por eles, alguns bem importantes, como o curso sobre o pensamento socialista em França editado por Mauss, um curso essencialmente sobre Henri de Saint-Simon (cuja obra, como a dos seus discípulos imediatos, viria a ser coeditada por Bouglé, uma edição canónica por algumas décadas, até à nova edição de 2012 de Grange, Musso, Régnier e Yonnet), dado na Universidade de Bordéus, com algumas considerações conceptuais importantes sobre o «socialismo» e o «comunismo» na base dos usos correntes destes termos nessa época pré-leninista, curso que não chegou a desenvolver além de Saint-Simon; *A Educação Moral*, por Fauconnet (curso dado

---

Weber. Claro que nos três casos muitos outros pensadores alemães foram também apreciados. Sobre Durkheim e Max Weber, ver Apêndice 1.

([15]) Livro que foi sugerido a Aron por Bouglé para acompanhar o seu próprio volume sobre a sociologia francesa contemporânea (Bouglé, 1935). Este livro de Aron teve um destino muito feliz, com traduções em várias línguas, em inglês, e até em alemão, depois de 1945.

([16]) A antipatia visceral de Aron pelo pensamento de Durkheim, herdada talvez de Léon Brunschvicg, o filósofo a quem sempre chamou o seu «mestre», permaneceu toda a sua vida. Curiosamente, as famílias Durkheim, Mauss e Aron tinham muitos laços matrimoniais (ver a tábua genealógica em Baverez, 2006, pp. 675 e 677). Durkheim era tio de Mauss e este, tio de Aron (Sirinelli, 1988, p. 489).

na Sorbona em 1898–1899, sendo Durkheim na altura professor de Educação); *A Evolução Pedagógica em França*, por Halbwachs em 1938 (outro curso dado na Sorbona no ano letivo de 1904–1905); e as lições sobre vários tópicos sociológicos, inclusive a ética profissional, dadas entre 1898 e 1912, prefaciadas por outro discípulo de Durkheim, Georges Davy. Outros escritos, ou pelo menos as notas de estudantes das lições de Durkheim, só foram descobertos e transcritos depois da Segunda Guerra Mundial, alguns bem importantes, como as lições sobre o pragmatismo, movimento filosófico americano muito na moda, em França e noutros países europeus na época([17]), dadas no ano letivo de 1913–1914 na Sorbona, quando toda essa primeira geração já tinha desaparecido (e alguns manuscritos menores foram descobertos e publicados em anos recentes)([18]).

Formaram essencialmente um «colégio invisível», como se dizia da Royal Society de Londres no século XVII, colégio a que pertenciam estrangeiros residentes noutros países, mais do que um seminário presencial permanente ou uma escola de pensamento com reuniões periódicas (nem controlaram nenhuma associação de estudiosos nas ciências sociais). Entre estes, Mauss e Halbwachs serão hoje os nomes mais reconhecidos, de uma estatura sem par na sociologia clássica francesa, com exceção das figuras cimeiras, embora antagónicas, do

([17]) Um texto capital de Peirce já tinha sido publicado numa revista filosófica francesa décadas antes. E a leitura de Renouvier foi decisiva no itinerário intelectual de William James, como se pode ver pela biografia clássica do pensador da autoria de um colega de Harvard, o filósofo Ralph Barton Perry: há um nexo significativo entre o voluntarismo de Renouvier e o pragmatismo de James, especialmente com respeito à teoria filosófica da crença individual (STEBBING, 1914) e à refutação sistemática do determinismo metafísico e cientificista, em Spencer, por exemplo, um dos maiores expoentes desta visão do mundo na época (também um tema central do pensamento de Peirce).

([18]) Uma obra capital para as ciências humanas na segunda metade do século XX, e que é ainda hoje muito relevante, como o *Curso de Linguística Geral*, consiste exclusivamente em notas de estudantes que seguiram os cursos de Ferdinand de Saussure na Universidade de Genebra. Contudo, o livro é simplesmente atribuído a Saussure nas citações, e há quem se refira aos conceitos expostos nesse livro sem saber que Saussure não escreveu uma linha do mesmo, ou pelo menos sem o notar.

mestre e de Tarde, que este, sim, não fundou escola, nem teve propriamente discípulos, embora gozasse de grande prestígio. A oposição Durkheim-Tarde, tanto em termos sociológicos como em termos filosóficos — e talvez mais em termos filosóficos ou metafísicos do que em termos sociológicos —, foi objeto de muitas discussões por filósofos francófonos e mesmo ingleses, sem falar de outros estudiosos das ciências sociais e humanas, principalmente entre 1890 e 1914, mas mesmo depois, em vários países europeus, inclusive Portugal (Príncipe, 2012; Martins, 2012), e nas Américas([19]).

Possivelmente, quase todos os que concluíram algum curso de Sociologia em anos recentes poderão associar ambos a vários conceitos e temas, ainda hoje amplamente discutidos na sociologia e na antropologia, como a dádiva e a troca no caso de Mauss e a memória coletiva no caso de Halbwachs, mesmo que não saibam mais nada, e tenham apenas uma vaga ideia da multiplicidade e importância dos seus outros contributos.

No entanto, os trabalhos de Bouglé merecem ser recordados, pois abordaram com muito interesse temas da maior importância para as ciências sociais que, de uma maneira ou de outra, continuam a ser atuais. Os temas principais que ele tratou podem ser resumidos em dois:

(1) o dos fatores sociais ou socioculturais conducentes ao avanço da igualdade, especialmente nas sociedades modernas, ou os que explicariam a permanência de desigualdades extremas e enraizadas em termos socioculturais e não só económicos (estudando em profundidade o sistema — a que chamou o «regime» de castas na Índia), as condições ideacionais, mas

---

([19]) Curiosamente, a participação neste debate fundamental fora de França não parece ter sido objeto de um estudo analítico e comparativo, embora seguramente de interesse para a história das ideias, um exemplo importante de *Rezeptionsgeschichte*. Entre as figuras que debateram a oposição Durkheim-Tarde sem optar completamente pelas perspetivas sociológicas-filosóficas de um ou de outro, antes procurando encontrar um certo equilíbrio entre elas, podem contar-se Bernard Bosanquet, Ferdinand de Saussure, Jean Piaget, Eugène Dupréel. Não parece existir um estudo de conjunto sobre as discussões desta oposição fora de França.

socialmente efetivas da democracia, além das demográficas, ou de «morfologia social», especialmente do tipo de república democrática laica, tal como existia, pelo menos tendencialmente, em França;

(2) o dos ideários e imaginários, projetos e experiências socialistas, no sentido lato, especialmente em França, abrangendo muitas correntes não marxistas, inclusive o anarcossocialismo (mais duvidosamente, o anarcossindicalismo soreliano), tendo em conta neste universo os cooperativistas e solidaristas em geral, a quem dedicou vários livros de história das ideias e de comentários sobre as experiências associativistas na França do seu tempo. Além da edição das obras de Saint-Simon e do seu colaborador Enfantin, publicou ao longo dos anos variados estudos sobre o pensamento de Fourier e de Proudhon, enfim sobre os socialismos franceses no seu conjunto([20]), e um ensaio crítico sobre Marx (rejeitando o totalismo e o determinismo do materialismo histórico, muitas vezes citou vários contributos de Marx com apreço, e referiu-se a ele sempre com cortesia, que nunca foi retribuída pelos marxistas). Foi na sua época provavelmente o melhor conhecedor das obras dos socialistas franceses do século XIX, com quem dialogou durante toda a sua vida adulta, e escreveu muitos artigos e livros, e até deu conferências para engenheiros, assim como para membros de cooperativas e sindicatos.

([20]) De todos os estudiosos mais notáveis da sociologia clássica, Bouglé foi, salvo erro, o único que esteve em Portugal para fins académicos ou culturais. Deu três palestras no Instituto Francês de Lisboa, a convite da Universidade de Lisboa, sobre Saint-Simon, Fourier e Proudhon, em 1931 — que correspondem aos três capítulos principais do seu livro, publicado em França no ano seguinte, com o título *Socialismes français* —, semelhantes às que deu, a convite de universidades fora do seu país, na Europa, mas também na Turquia e na Argentina (Bouglé, 1932, p. vi). António Sérgio, que possivelmente estaria interessado em o ouvir, tanto mais porque o deveria conhecer de nome como uma das figuras mais salientes da Liga dos Direitos do Homem, e talvez também pela sua participação no movimento cooperativista em França, estava no exílio na altura, dado que estava instalada em Portugal a Ditadura Militar.

Bouglé, de facto, participou como cidadão ativo na vida política, nas universidades populares, criadas em França no princípio do século XX, e como conferencista em reuniões das associações cooperativistas; Mauss fez o mesmo, apesar das divergências políticas e outras (a convergência entre os dois autores tem sido muito pouco notada[21]). Apoiou os movimentos cooperativistas franceses e o solidarismo como corrente de pensamento político e de intervenção social, publicando vários textos sobre a doutrina solidarista, a qual teve alguma influência na política francesa, apoiada por elementos do Partido Radical da tendência radical-socialista (Bouglé, 1907 e 1915; Policar, 2009a e 2009b). Como vários autores já sugeriram, essa doutrina, na perspetiva de Bouglé, podia ser caracterizada como a de um «socialismo liberal», embora partilhando também de um «associativismo democrata», um modelo sociopolítico defendido pelo sociólogo britânico Hirst (1994)([22]).

Quase todos os membros da equipa da *Année Sociologique* eram socialistas por convicção (e pelo menos alguns deles tiveram em mente fundamentar o socialismo na sociologia). E foram filiados em vários partidos socialistas e, finalmente, no partido socialista unificado, a SFIO([23]), a partir de 1905, liderado por Jean Jaurès([24]) até ao seu assassinato em 1914, e escreveram para a imprensa socialista ou publicaram panfletos apoiando o socialismo([25]). A única exceção foi Bouglé, que pertencia ao Partido Radical, mais precisamente à

([21]) Aliás, faz falta uma biografia *coletiva* da primeira geração de durkheimianos. Hoje parece-me viável, dada a publicação de biografias e de estudos biográficos de alguns deles.

([22]) O solidarismo foi um movimento francês que conheceu os seus melhores momentos políticos no final do século XIX, que anunciava uma terceira via entre o individualismo liberal e o socialismo coletivista, procurando reconciliar as exigências da liberdade e da justiça social (Blais, 2007).

([23]) A sigla significava *Section Française de l'Internationale Ouvrière*, quer dizer, da Segunda Internacional (nenhum outro partido socialista europeu de qualquer importância assumiu este tipo de internacionalismo no seu nome). O nome foi mantido até aos anos de 1960.

([24]) Condiscípulo e amigo de Durkheim.

([25]) O texto mais curioso desta espécie foi a primeira publicação de Marcel Granet, em 1911, intitulada «Contra o alcoolismo: um programa socialista».

ala radical-socialista, chegando a ser candidato a deputado por esse partido cinco vezes, mas nunca foi eleito. Apesar destas divergências, tanto Mauss como Bouglé participaram ativamente nos movimentos cooperativistas ao longo dos anos, escreveram artigos em jornais mais ou menos socializantes ou socialistas sobre questões desses movimentos([26]), ambos simpatizando também com os ensinamentos do economista Charles Gide, o grande teórico francês do cooperativismo, reconhecido mundialmente([27]). Considerando os durkheimianos da primeira geração, Mauss e Bouglé foram os que mais escreveram para a imprensa([28]).

III

Defendeu a democracia dos ataques da extrema-direita «nacionalista» e do darwinismo social, especialmente virulento em França e no Reino Unido antes de 1914, combinado com antissemitismo, que teve muita importância em França nessa época, de tal modo que se tem defendido a tese de que foi o berço do antissemitismo político e racial, violento, na Europa Ocidental na segunda metade do século XIX (embora o antissemitismo tradicional, religioso, se tenha

---

Robert Hertz, que liderava o Grupo de Estudos Socialistas, próximo da SFIO, publicou um panfleto sobre a estagnação demográfica de França.

([26]) Vários artigos de jornais ou revistas de Mauss sobre estes assuntos foram coligidos no volume *Écrits politiques* (Mauss, 1997). Vários textos de Bouglé sobre cooperativismo foram reunidos nalguns dos seus livros (Bouglé, 1924 e 1931).

([27]) António Sérgio, como é sabido, também foi inspirado na sua doutrinação cooperativista por Charles Gide, que veio a assumir a cátedra de Cooperação na Sorbona.

([28]) Este último publicou uns 500 artigos para um jornal de província, *La Dépêche de Toulouse*, que apoiava o Partido Radical, artigos sobre política doméstica e internacional e críticas de livros (Sirinelli, 1988). Mauss escreveu cerca de 200 artigos para variados periódicos socialistas franceses ao longo dos anos, ajudou a fundar o órgão do partido de Jaurès, *L'Humanité*, e, depois da cisão do partido em que a fação comunista assumiu o controlo desse diário, escreveu para o novo jornal da SFIO, *Le Populaire* (Fournier, 1997; Gane, 1992).

conservado nos meios católicos). Essas tendências prefiguraram os movimentos, frentes, ligas, partidos de extrema-direita, fascistas ou parafascistas, que pulularam em França nos anos de 1920 e 1930, alguns deles dissidências dos partidos socialista e comunista (MILZA, 1987)([29]).

De facto, como muitos outros membros da intelectualidade francesa, inclusive investigadores das ciências exatas e naturais([30]), o que chocou particularmente muitos tradicionalistas, Bouglé despertou para a vida política devido ao Caso Dreyfus. O substantivo «intelectual» foi cunhado e/ou difundido em grande escala pela primeira vez em França e aplicado nessa conjuntura de modo muito explícito aos académicos que defenderam publicamente([31]) a causa do capitão inocente, assinando manifestos contra a injustiça da sua condenação, pelos adversários, tanto *gens de lettres* como *savants*([32]), acusados de defenderem o «individualismo»([33]). «O Caso», como também se lhe

---

([29]) A palavra «antissemitismo» foi cunhada por um propagandista alemão para distinguir os ataques aos Judeus e ao judaísmo que ele fazia das suas versões anteriores no cristianismo, frisando o carácter rácico da nova militância anti-hebraica. Heidegger rejeitava o antissemitismo biológico, racial, vulgar, mas, como se tornou patente com a publicação recente dos seus *Cadernos Negros*, professou uma variante «sofisticada» de antissemitismo desde jovem até ao fim da vida, sem nenhuma autocrítica, a que chamava «antissemitismo metafísico», um dos seus conceitos mais obscuros.

([30]) Este ponto não tem sido suficientemente salientado. Os cientistas britânicos que se queixaram tanto nas últimas décadas de não serem chamados de «intelectuais» deviam recordar-se de que, pelo menos na língua francesa, o vocábulo no seu uso original certamente incluía os cientistas das ciências duras, e não particularmente os cientistas sociais.

([31]) Havia os que concordavam que Dreyfus tinha sido condenado injustamente, mas não se manifestaram publicamente nesse sentido, tal como Tarde, e, portanto, não foram acusados de serem «intelectuais».

([32]) A palavra *scientifique* como substantivo para designar os cientistas apenas vinga em França depois da Segunda Guerra Mundial. A palavra *scientist*, cunhada por Whewell em 1833, só se difundiu no Reino Unido a partir do último quartel do século XIX.

([33]) Relativamente a esta categoria e a outras do léxico político contemporâneo, ver Apêndice 2.

chamava abreviadamente([34]), que se arrastou por uma década ou mais (de 1894 a 1906 na periodização mais aceite), gerou consideráveis tensões que marcaram as classes médias e altas francesas por várias décadas, e deixou feridas duradouras, que persistiram até meados do século XX. O antissemitismo não foi o único fator nas divisões e antagonismos fora e dentro de famílias francesas das classes médias que ocorreram na época, a propósito de «O Caso», mas certamente mobilizou todas as variedades de antissemitismo em França, da esquerda e da direita, dos católicos e dos ateus, dos tradicionalistas e dos modernistas.

De todos os durkheimianos, como aliás de todos os sociólogos franceses da época, foi o que mais se empenhou neste tipo de trabalho, publicando uns 15 artigos académicos de crítica aos ideários eugenistas e racistas (a contagem é de MUCCHIELLI, 1998), salientando a hereditariedade biológica como comandando a vida das sociedades, o «darwinismo social», inclusive a versão spenceriana, que salientava a importância da hereditariedade lamarckiana, a hereditariedade dos caracteres adquiridos, muito influente na época, em todos os países europeus, a França e a Alemanha em particular, onde fomentaram o racismo político (PICHOT, 2000; WEIKART, 2004). Essas correntes promoveram o potente «mito ariano» (POLIAKOV, 1971), que viria a conhecer o seu auge nos anos 30([35]), sem falar de mitos afins, menos nocivos, como o da identidade dos povos indo-europeus, ou indo--germânicos, como dizem os Alemães, correspondendo às afinidades

([34]) Outro exemplo posterior foi a prática de se referir à turbulência quase revolucionária de Maio de 1968 como simplesmente «os acontecimentos» (*les évènements*), sem data explicitada.

([35]) Recentemente, já em 2015, depois de trabalhos de dez anos, investigadores da genética das populações ficaram surpreendidos com a falta de convergência ou, melhor, com as grandes divergências dos genomas de várias populações «celtas» nas Ilhas Britânicas (Cornualha, País de Gales, Escócia, Irlanda do Norte). Não devem ter lido a literatura das ciências sociais e humanas sobre os «Celtas», que já indicava de forma abundante que eles partilhavam traços culturais, mas não necessariamente um substrato genético comum.

das línguas indo-europeias (Demole, 2014)([36]). A tese da superioridade e da afinidade eletiva dos Anglo-saxões, glosada pelo darwinismo racial (em que os Latinos eram contados entre os «inimigos raciais»), teve uma certa voga e alguma relevância prática (Anderson, 1981) ([37]). Este movimento de ideias definia a «antropologia», dominava a nova disciplina da criminologia, muito influente na época, em que um estudioso como Lombroso era figura de grande relevo em toda a Europa (a criminalidade em questão era quase sempre a criminalidade violenta das classes subordinadas), contava muito na psiquiatria, outra disciplina e prática extraordinariamente influente nos anos de 1880–1914. Todas essas correntes proclamavam, como corolário da sua doutrinação alegadamente científica, a impossibilidade da democracia efetiva, a sua não sustentabilidade, a falsidade, ou a vacuidade, e certamente a nocividade dos ideais democráticos([38]), sendo os artigos de Bouglé em revistas de ciências sociais e coletâneas de estudos académicos criticando esta doutrinação, coligidos no volume *A Democracia perante a Ciência: Estudos sobre a Hereditariedade, a Concorrência e a Diferenciação.* Aliás, essas correntes biologizantes proclamavam que, à luz das suas verdades científicas, se poderiam deduzir todos os imperativos da ética, todas as normas da estética, todos os princípios da política e, por vezes, sugeriam uma nova

([36]) Em Portugal, o darwinismo social e correntes afins tiveram também um grande impacto (Pereira, 2001). O contraste entre teorias biológicas darwinianas e spencerianas é um pouco simplificador, porque o próprio Darwin reconheceu um papel, embora bem menor, à hereditariedade dos caracteres adquiridos, ou «lamarckiana». Spencer, sim, era um defensor acérrimo do lamarckismo, chegando a debater com August Weissman, que tinha teorizado de maneira mais clara do que qualquer outro biólogo do seu tempo a independência do plasma germinal (diríamos hoje o genótipo) em relação ao soma (fenótipo) numa série de artigos.

([37]) O sociólogo americano Franklin H. Giddings (1855–1931), o primeiro catedrático de sociologia a tempo inteiro nos EUA, subscrevia esta tese em termos raciais.

([38]) Teses também defendidas independentemente e por outras razões, mais sociológicas, pelos doutrinários «elitistas» italianos, Gaetano Mosca, Vilfredo Pareto e Robert Michels.

religião civil, com novas obrigações, substituindo o cristianismo europeu, providenciando um pouco mais do que o mero ateísmo.

A este propósito, vale a pena inserir uma referência longa para salientar que uma faceta curiosa desse mesmo período, pouco notada nas histórias da sociologia, consiste, além do viés patologizante do discurso social darwiniano ou social spenceriano, amplamente difundido na época, na preocupação com a decadência, a degeneração, a morte, das elites, das classes subordinadas (o campesinato, o proletariado urbano, o lumpemproletariado, «as classes perigosas»), dos povos, das nações, das culturas, e das civilizações, iminente, talvez inevitável, e irreversível, decerto uma possibilidade objetiva, uma «tendência pesada» que teria de ser confrontada de forma urgente([39]). E com todos os meios, mesmo drásticos e inumanos, como os contemplados pela eugenia negativa, de controlo da reprodução e da segregação, isolamento, e mesmo a eliminação dos «inaptos» (Martins, 2011)([40]). Não só em países como a França, cujo sentimento de relativa inferiorização em relação à Alemanha era compreensível — até pela estagnação demográfica francesa —, mesmo se misturado com admiração (Digeon, 1959)([41]), mas mesmo na própria Alemanha, que com a sua pujança industrial e científica, e o seu *soft power*, de que o modelo daquilo a que hoje se chama *research university* não foi o menor fator, marcou tanto essa época([42]). Na Alemanha Guilhermina, um «nação tardia» (segundo a expressão de Helmuth Plessner) que incorporava a hibridez mais paradoxal do pré-moderno e do

---

([39]) E também se falava da degradação dos solos, devida à erosão ou outros fatores, por parte de geógrafos (alguns deles anticapitalistas, como o famoso geógrafo anarquista Élisée Reclus) e agrónomos, e outros comentadores, como Engels, e dos pioneiros do ambientalismo na América do Norte.

([40]) Hinos nacionais da época, ou de depois da Guerra, como os de Portugal ou da Polónia, refletem indiretamente este clima de opinião («nação valente e imortal»).

([41]) Sem falar de Espanha ou Portugal, dois países que tinham caído muito no *ranking* das nações europeias em termos de poder, riqueza e prestígio, e obcecados com temas de decadência.

([42]) Sobre a anglofilia ou, melhor, as anglofilias, em França, na época, ver Charle (2007).

ultramoderno na Europa (Veblen, 1915), as correntes de pessimismo cultural, de «desespero cultural» (Stern, 1963), estavam bem presentes, abrindo as portas, por sua vez, a «movimentos de revitalização» (Wallace, 1956) de massas, ou de regeneração palingenésica total([43]), que teriam de passar por momentos de violência redentora soreliana (prefigurando a violência fanoniana), de heroísmo nobilitante na luta contra os elementos de degeneração, nas ruas, nos assaltos e na guerra, com a queima de livros e de obras de arte decadente, no fim, com genocídio ou democídios.

Em todos os países europeus, os maçons, os jesuítas e os Judeus([44]) eram os mais frequentemente referidos como elementos de degeneração nacional, «racial», cultural, ou civilizacional (e por muitos católicos, os protestantes, vistos em geral como aliados aos maçons e aos judeus, ou mesmo recortando-se), até 1917, quando os bolcheviques entraram na lista dos maiores perigos: dessas quatro categorias, selecionavam-se três em especial para os ataques e perseguições segundo as ideologias e as conjunturas. Devemos recordar que relativamente a todas estas categorias existiam, ou no caso dos bolcheviques/comunistas vieram a existir, teorias conspiratórias, interpretações globais da história contemporânea, em que apareciam como agentes secretos de subversão niilista, ubíquos, acima de tudo no caso dos Judeus e dos bolcheviques, assim explicando cabalmente para os crédulos todos os grandes desastres económicos e financeiros,

---

([43]) O conceito de «palingenesia», como definindo os movimentos e regimes fascistas dos anos de 1920 e 1930, tem sido particularmente sustentado pelo historiador Roger Griffin. Mas o conceito de palingenesia com respeito à história política já tinha sido discutido por Kant com outro significado, embora o seu destino no século XIX tenha sido principalmente influenciado pela obra do «místico plebeu» Pierre-Simon Ballanche (1776–1847).

([44]) Para Maurras, além dos protestantes, maçons e Judeus, os «inimigos internos» da pátria abrangiam também os *métèques*, termo pejorativo para os estrangeiros residentes em França. Maurras foi um ideólogo extraordinariamente influente das direitas europeias (inclusive em Portugal, no Integralismo Lusitano, em particular, que foi talvez o primeiro grande movimento deste tipo fora de França — o que não quer dizer que se trate de um caso de imitação cega, longe disso).

todas as derrotas nacionais, todas as negatividades societais, quaisquer que fossem. Os Judeus, em especial, foram investidos como símbolo negativo, ao mesmo tempo do capitalismo predatório e do comunismo. Estes mitos conspiratórios e de inculpação totalizantes continuaram a ter uma certa importância, até mesmo depois da derrota da Alemanha nazi, nos países europeus, sem falar de outros, especialmente os relacionados com o antissemitismo([45]).

Basta uma consulta rápida a uma obra clássica de referência como o livro de Sorokin sobre as teorias sociológicas de finais do século XIX até quase ao termo da década de 20 do século passado para ver a importância e a extensão das doutrinas biologizantes, hereditarianas, racialistas, eugenistas (especialmente na versão da eugenia negativa) nos estudos sociais da época, a que o autor teve de dedicar umas dezenas de páginas de exposição e crítica (SOROKIN, 1928). No livro que lhe sucedeu, quase 40 anos depois, sobre as teorias sociológicas dos anos 50 e 60 (SOROKIN, 1966), esse tipo de doutrinação quase não aparece, porque obviamente não se tinha tornado tão saliente como nos anos entre 1880 e 1925, pelo menos no *mainstream* da sociologia universitária. A oposição de sociólogos como Bouglé contribuiu para marginalizar este tipo de doutrinação na sociologia académica em França, como aliás também aconteceu no Reino Unido, embora nesse país existisse uma maior vulnerabilidade à biologização das ciências sociais, com reflexos nas políticas públicas. Mesmo na Alemanha, floresceu especialmente nos departamentos de Antropologia e na nova disciplina de «higiene racial», bem instalada já nos anos 20, e não, em geral, entre os sociólogos, antes de 1933([46]).

Seja como for, é importante notar que a defesa da autonomia da sociologia como *corpus* de conhecimento neste período (1880–1914) dizia respeito não só à psicologia, mas também à doutrinação antropológica que promulgava a primazia das «leis da hereditariedade»

([45]) Bouglé publicou um artigo especificamente sobre o antissemitismo (1899b).

([46]) Mesmo se alguns já partilhassem o antissemitismo, bastante difundido na academia, como foi notório no caso de Werner Sombart, apoiante do nazismo.

na explicação da vida e da morte, do sucesso e do fracasso, das sociedades humanas em escalas variadas, de tribos a impérios, do processo histórico global, ou assimilava os processos societais aos processos da biologia das populações humanas, como, por exemplo, na chamada «lei de Amonn», que afirmava que a luta de classes era, de facto, no essencial, uma luta de raças disfarçada ou automistificada, como também se dizia sobre a luta entre as nações num tempo em que as tensões entre os grandes Estados/impérios europeus eram recorrentes. Para Durkheim e a sua escola, os factos sociais deviam ser explicados por outros factos sociais, ou *circumfusa* como insistiu Durkheim ou por *praeterita* segundo Davy, a tese mais pertinente e fundamental de *As Regras do Método Sociológico*, ou, numa formulação equivalente posterior, de um intérprete americano de Durkheim, «o social devia ser explicado pelo social» (ALPERT, 1939)([47]): um exemplo desta orientação foi a rejeição da explicação biorracial do regime de castas na Índia por Bouglé. Outras defesas da autonomia da sociologia e de rejeição do biologismo, da redução da sociologia à biologia evolucionista, ou de raças, foram feitas por Tarde e por Weber([48]), estas do ponto de vista daquilo a que chamaríamos hoje

([47]) Curioso é que nos livros de Durkheim e dos sociólogos durkheimianos até depois da Grande Guerra, a palavra «sociologia» não aparecia nos títulos, mas só nos subtítulos, como, por exemplo, em *O Suicídio: Estudo Sociológico* (1897), no livro de Bouglé *Les idées égalitaires: étude sociologique* (1899a), ou mesmo no livro de Fauconnet *La responsabilité: étude sociologique*, publicado depois da guerra, mas acabado antes (o mesmo acontecia com os livros de Tarde, por exemplo, com *Les lois de l'imitation: étude sociologique*, de 1890 — a palavra «sociologia» nunca apareceu nos seus títulos). Como adjetivo, a palavra «sociológico(a)» aparece no título das *Regras*, por uma só vez nos livros de Durkheim, e no já referido livro de Bouglé. Depois da Primeira Grande Guerra, a palavra «sociologia» apareceu em títulos de vários livros da escola durkheimiana, mas mais em títulos de obras didáticas, como *Manual de Sociologia* ou *Introdução à Sociologia*, do que noutras.

([48]) Paul Honigsheim escreveu um artigo, muito pouco citado, sobre «Weber as an applied anthropologist», no qual analisa os textos de Weber sobre raça, etnicidade e os nacionalismos moldados por alegadas filiações étnicas, e, em geral, a «etnopolítica» (HONIGSHEIM, 2003 [1968]).

o individualismo metodológico([49]) (SCHNAPPER, 1998[[50]]). Durkheim usou cada vez menos as metáforas e analogias orgânicas ao longo da sua obra, até desaparecerem por completo, sem serem substituídas por outras metáforas mecânicas, tecnomórficas ou de cristalografia (muito estimadas na Alemanha)([51]).

([49]) A expressão «individualismo metodológico» é geralmente atribuída a Schumpeter no seu livro de 1908, *Das Wesen und der Hauptinhalt der theoretischen Nationalökonomie*. Mas, já em 1904, Élie Halévy tinha distinguido o individualismo político do «individualismo do ponto de vista do método» na explicação dos factos sociais, numa comunicação ao Congresso Internacional de Filosofia de 1904.

([50]) Dado o volume e o relevo dos textos de Bouglé sobre esta temática, a omissão de qualquer referência a esses trabalhos no livro de Dominique Schnapper é verdadeiramente surpreendente e lamentável. Bouglé foi certamente um expoente notável daquilo a que esta autora chamou «sociologia republicana», o que torna ainda mais enigmática a omissão do seu nome.

([51]) Sobre as metáforas e analogias orgânicas do século XIX, a obra de Judith Schlanger é particularmente iluminante (SCHLANGER, 1971). Note-se que não se tratava simplesmente da transferência de noções biológicas (zoológicas em particular, mas também outras, taxonómicas, por exemplo) para a sociologia. Houve transferência de conceitos das ciências sociais para a biologia (como a divisão do trabalho aplicada à histologia), e sucessões de transferências das ciências sociais para a biologia, e dessas metáforas ou conceitos para as ciências sociais (GUILLO, 2003). Sobre as metáforas químicas em Durkheim, ver a lição suplementar da autoria de Teresa Sousa Fernandes neste volume. Uma metáfora cristalográfica, que chegou a ser adotada por Marx, foi a de pseudomorfismo (MARTINS, 2015). Houve até casos da ocorrência de metáforas fisionómicas e geográficas entre cientistas sociais distintos (HENNIS, 1988, p. 219, n.º 76), e, claro, o mesmo autor pode recorrer a ou inspirar-se em metáforas de domínios diversos. Weber recorreu à metáfora da «epigénese» para evitar falar de «evolução» (*idem*, *ibidem*), embora não pareça ter citado as observações sobre este conceito nos seus escritos de filosofia da história (algumas observações sobre esta metáfora em MARTINS, 2015). A metáfora suprema do nosso tempo talvez seja a da seleção natural (YOUNG, 1986), em termos da qual tudo se pensa pelos cientistas, do mundo subatómico (o «darwinismo quântico»), passando pelo cérebro (o «darwinismo neuronal») e a mente (o «darwinismo psicológico»), até ao universo total (o «darwinismo cosmológico»). A este respeito, merece ser citado um volume interessantíssimo sobre as metáforas e analogias nas ciências humanas, focando especialmente a analogia crucial do xadrez em Saussure, da autoria de um sociólogo português, João Bettencourt da CÂMARA (1995).

Em termos mais amplos, o combate pela democracia na obra de Bouglé foi dos mais notáveis do seu período histórico, antes da Primeira Grande Guerra em particular. Parece-me importante salientar este facto, porque as grandes correntes do pensamento político compreendiam numerosos e influentes críticos da democracia, não só das democracias existentes, necessariamente imperfeitas, mas dos ideais democráticos em geral, em França, no Reino Unido (LIPPINCOTT, 1938), na Alemanha (STRUVE, 1973), em Itália. Isto não quer dizer que os demais sociólogos durkheimianos da primeira geração não apoiassem a democracia, pois todos o fizeram, mas não a defenderam sistematicamente nos seus escritos, exceto durante a Primeira Grande Guerra, quando a defesa de França implicava também a defesa da democracia, e vice-versa, o que aliás aconteceu paralelamente no Reino Unido (especialmente com Leonard Hobhouse, o primeiro catedrático britânico de sociologia no Reino Unido) e na América. Como também depois da conquista do poder pelos nazis em 1933, que fez calar o eugenismo nas democracias europeias e americanas, tão difundido na época, mesmo entre os sociólogos norte-americanos, e suscitou uma nova valorização da democracia entre alguns, compensando a atração pelo leninismo, que afetou tantos sociólogos norte-americanos até aos anos 50 e mesmo depois([52]). Hoje em dia, o silêncio dos sociólogos europeus sobre a democracia tem sido perturbante([53]). No entanto, a sociologia não pode florescer, ou mesmo viver, senão precariamente, sem a democracia. Poderia continuar a haver sociólogos, mas não a sociologia.

([52]) Lipset, Selznick, Bellah, entre outros.

([53]) Existem honrosas exceções, como as de Habermas e a sua defesa do «patriotismo constitucional», e Salvador GINER (1998). Quem mais defende a democracia, em público e através dos seus escritos, sistematicamente, como Giner tem feito nas últimas décadas? Embora o parágrafo se refira a sociólogos europeus recentes, vale a pena lembrar o capítulo sobre G. H. Mead neste volume, cuja defesa da democracia foi exemplar (mas o clima era bem mais favorável a essa defesa nos EUA do que na Europa de 1900–1939). Podíamos citar os estudos sociológicos sobre os pré-requisitos históricos e estruturais da democracia da autoria de Raymond Aron, Zev Barbu, Barrington Moore Jr., Seymour Martin Lipset, Charles Tilly e Ralf DAHRENDORF (1968).

IV

Mas antes de discutir sucintamente o que parecem ser os contributos sociológicos mais relevantes de Bouglé, vale a pena recordar alguns dados da sua vida profissional. Foi um dos principais colaboradores, se não talvez o mais assíduo, da equipa do que referi como o grande empreendimento da *Année Sociologique* (BESNARD, 1979 e 1983), como se pode verificar pelas numerosíssimas referências a Bouglé na mais completa biografia de Durkheim, uma obra monumental, publicada há poucos anos por Marcel FOURNIER (2007)([54]). Um empreendimento artesanal([55]), inteiramente dependente da colaboração gratuita e voluntária de um pequeno número, exigindo tarefas de leitura e de recenseamento de um vasto número de publicações em várias línguas europeias, que os professores colaboradores tinham de fazer no tempo que lhes sobrava das suas atividades profissionais *stricto sensu*, de ensino e da vida académica em geral.

A expansão da sociologia durkheimiana, autodenominada «a escola sociológica francesa», ou mesmo da sociologia em geral, como disciplina ensinada nas Escolas Normais Primárias (escolas de formação de professores do ensino primário), nos liceus e nas universidades, pelo menos nos cursos de Pedagogia, foi limitada por

---

([54]) A quem devemos também uma biografia de Mauss, ainda mais monumental, publicada anteriormente (FOURNIER, 1994).

([55]) O modelo deste tipo de anuário nas humanidades já existia há décadas em França. O primeiro, entre os dedicados a um campo de estudos, terá sido talvez a *Année Philosophique*, fundado, dirigido e financiado por Renouvier até à sua morte, um pensador de cuja obra Durkheim era um profundo conhecedor (Renouvier, sem nenhum grau universitário, nunca foi professor, nem sequer liceal, mas um estudioso independente, que tinha meios próprios, e assim pôde financiar esta publicação, que, no entanto, teve de ser interrompida de vez em quando, como tinha financiado algumas outras revistas filosóficas anteriormente, durante a sua longa vida). Outro mais recente e importante no universo académico francês foi a *Année Psychologique*, fundado e dirigido por Alfred Binet, cujo nome ficou demasiado estreitamente ligado à questão dos testes de inteligência. Mas a *Année Sociologique*, dirigida por Durkheim, publicou resenhas de um mais vasto leque de publicações, dentro e fora de França. Todos eles marcaram a história do pensamento em França.

vários fatores institucionais do sistema universitário-político francês, sempre bastante rígido. No entanto, um fator exógeno importante, se não mesmo crucial, foi certamente a morte de dezenas e dezenas de simpatizantes da orientação durkheimiana já iniciados em várias áreas das ciências sociais e humanas na Primeira Guerra Mundial, na frente da Flandres e noutras, alguns dos quais já bem prometedores([56]). De certo modo, a sociologia francesa foi amputada por esta mortandade: e não só a durkheimiana, pois os jovens em questão teriam certamente seguido caminhos muito divergentes ao longo das suas carreiras académicas em variadas disciplinas das ciências humanas e sociais (Linguística, História, Arqueologia, Etnologia, Geografia).

Com a morte de Robert Hertz em combate na Flandres, perdeu-se um antropólogo/sociólogo brilhante, que poderia vir a ter a estatura de um Mauss ou de um Halbwachs([57]), tendo em conta a qualidade e riqueza analíticas dos trabalhos que já tinha publicado, especialmente sobre a ritualização da morte, em 1907, e sobre o privilégio simbólico e prático da mão direita em muitas culturas e religiões, em 1909, implicando uma polaridade religiosa (ou «oposição hierárquica») e uma demarcação categórica do puro e do impuro em todas as fases da vida social. A centralidade da classificação de puro ou impuro em termos religiosos e rituais (rituais obrigatórios) como globalmente estruturante de muitas culturas e civilizações foi notada como princípio organizador do regime de castas na Índia por Bouglé, já em 1900, além do estudo de Hertz sobre a representação coletiva da morte. A supervalorização da mão direita tem sido muito geral, sendo o Islão um grande exemplo, mas não universal: Granet mostrou que, pelo

---

([56]) A lista fúnebre publicada num volume do anuário sucessor ao primeiro e maior *Année Sociologique*, através de páginas e páginas, é verdadeiramente impressionante e comovente. Do modo que muitos deles morreram em combate, não se pode deixar de pensar no conceito durkheimiano de «suicídio altruísta» (em *O Suicídio*), ou de sacrifício religioso, ou pelo menos de religião civil, pela pátria, ou «mátria», como dizia Auguste Comte («morts pour la France»), a versão de sacrifício analisada por Halbwachs na sua discussão crítica da tipologia de suicídios de Durkheim (Halbwachs, 1930).

([57]) Para muitos antropólogos, os seus trabalhos continuam a ser pertinentes para o século XXI, tanto como os de Mauss e Durkheim.

contrário, na civilização chinesa clássica era a mão esquerda que era valorizada em muitos contextos, especialmente no protocolo estrito da vida diária (GRANET, 1953 [1933])([58]).

V

Nesta secção, vamos indicar sumariamente alguns contributos das principais obras de Bouglé publicadas depois do seu livro sobre as doutrinas biologizantes contra a democracia.

Les idées égalitaires (BOUGLÉ, 1899a). Neste volume, o autor reconheceu a dupla inspiração de Simmel e de Durkheim (esta conjugação foi caso raro na sociologia até depois da Segunda Guerra Mundial), mas também citou Tarde bastantes vezes, de modo simpático mas não acrítico, demonstrando o seu espírito moderado e conciliador em todo o livro([59]). Embora ofereça um esboço histórico muito sumário, não era esse o seu interesse, reconhecendo que, se a sociologia podia ser uma ciência abstrata da história, não seria uma ciência de causas suficientes e de leis imutáveis, mas uma ciência de tendências e influências (*ibidem*, p. 87). A tese focou os fatores contemporâneos que, sem essa intenção, promovem a igualdade de consideração entre cidadãos dentro da vida cívica (demonstrada pelo sufrágio universal,

---

([58]) E o desfavorecimento da mão esquerda, mesmo fora do contexto da poluição religiosa, como se pode ver pelo facto de o uso da mão esquerda na escrita ser punido, ou pelo menos considerado anormal, nas escolas primárias de muitos países ocidentais até anos recentes, quando esta sanção foi suprimida, sem falar de outras culturas em que a mão esquerda ficou associada à poluição ritual (nas nossas línguas a assimetria valorativa persiste, pelo menos inconscientemente). A polaridade esquerda-direita tem sido principalmente política/ /ideológica nos dois últimos séculos.

([59]) No caso de Simmel, a principal obra citada neste livro foi o texto sobre a diferenciação social de 1890, embora Bouglé se refira também no final do livro ao artigo «Sobre a psicologia da moda» de 1895, aliás o primeiro dos muitos textos que Simmel escreveu sobre a psicologia e a filosofia da moda (Simmel já tinha publicado uma recensão do livro de Tarde *As Leis da Imitação*, editado em 1890). No caso de Durkheim, a obra mais citada foi, como seria de esperar, dado o tema, *A Divisão do Trabalho Social*.

direto, secreto, igual, com a abolição do voto plural, ou do peso diferencial de categorias diferentes de eleitores, como existia na Prússia até 1918[60]), ou fora como, por exemplo, a igualdade de tratamento dos clientes anónimos no comércio. Paris foi não só «a capital do século XIX» europeu (segundo Walter Benjamin), mas também a capital do consumo como atividade de lazer e de sociabilidade, notoriamente de bens de luxo, sobretudo pelo *trickle down* de bens de luxo difundindo-se por camadas amplas da população citadina, um verdadeiro laboratório da «sedução da mercadoria», sem falar desta cidade como polo de atração para estrangeiros na sua qualidade de Cidade Luz (WILLIAMS, 1991 [1982]). Como observou Bouglé, bem antes de Sombart e de Braudel, o luxo, a aspiração ao luxo, tinha sido uma das grandes forças que favoreceram a receção dos ideais igualitários, contrariando as leis sumptuárias que as monarquias europeias promulgaram repetidamente, em vão, até ao século XIX.

Além das grandes tendências macro-históricas, Bouglé também focou aquilo a que poderíamos chamar a microssociologia ou a mesossociologia do igualitarismo, inspirada por Simmel, mas reforçada pelo seu interesse cívico e filosófico pelas associações, especialmente as associações voluntárias. Já se tinha constituído em finais do século XIX um *tópos* do pensamento político segundo o qual a formação de associações voluntárias, pequenas ou grandes, religiosas ou leigas, e a grande diversidade das «associações intermediárias» era condição necessária para a sustentabilidade da liberdade, religiosa e política, e para a manutenção das virtudes cívicas, contrariando a tradição jacobina de suspeita dos «corpos intermediários». O século XIX foi caracterizado por um grande florescimento de variadíssimos tipos de associação voluntária, como as cooperativas, sindicatos, associações

(60) A maioria da opinião pública em França, como noutros países da Europa Ocidental, equacionava o «sufrágio universal» como o sufrágio de todos os homens adultos. A inclusão das mulheres adultas no eleitorado em França só surgiu depois de 1944. Bouglé simpatizava com o feminismo, mas foi Mauss quem explicitou em 1931 que a sociologia — durkheimiana ou outra — tinha sido principalmente, se não quase de modo exclusivo, uma sociologia dos homens, e não uma sociologia das mulheres, ou uma sociologia de ambos os sexos (FOURNIER, 1994).

trabalhistas diversas, associações cívicas, científicas, políticas, religiosas e irreligiosas, comparável em certos aspetos ao surgimento de associações como as comunas, as guildas, as universidades, as sodalidades religiosas, as cidades do norte de Itália, etc., nos séculos XII e XIII, embora Bouglé não tenho citado este exemplo. Edmund Burke, Tocqueville, Proudhon salientaram estas teses em obras muito difundidas entre as elites europeias do século XIX, sem falar de outros pensadores menos famosos no período entre 1880 e os anos 20 do século XX (NICHOLLS, 1974). Mas, como Bouglé salientou, foram os sociólogos, mais do que outros cientistas sociais, quem se dedicou mais ao estudo destas associações, deixando de focar exclusivamente os Estados, do ponto de vista conceptual ou normativo, mesmo que Tocqueville tenha falado da «ciência da associação». Aliás, esta temática tem sido das mais persistentes na sociologia ocidental, antes e depois da Primeira Grande Guerra, intensificada depois com a preocupação com os fenómenos da «sociedade de massas» em que as associações eram consideradas enfraquecidas pelas grandes tendências societais (industrialização, urbanização, burocratização, secularização, profissionalização, mercadorização, revoluções de comunicação, mediatização) e pelas grandes crises económicas. Esta temática tem sido trabalhada por um grande conjunto de sociólogos: entre os anos 30 e 70, podem ser referidos Helmuth Plessner, Emil Lederer, Gino Germani, William Kornhauser, Charles Wright Mills, Robert Nisbet; nos anos 80, todos os que têm utilizado a expressão «sociedade civil» (objeto de muitos tratados); mais recentemente, Robert D. Putnam, com os seus trabalhos de comparação da Itália do Norte com a Itália do Sul do ponto de vista do florescimento ou da fraqueza das associações, e as suas consequências para o «capital social»; já no século XXI, este último autor diagnostica o declínio da celebérrima propensão americana para a vida associativa, numa obra com o título expressivo de *Bowling Alone: The Collapse and Revival of American Community*([61]).

([61]) Na era da Internet, a questão coloca-se de uma maneira um pouco diferente, como mostram inúmeras discussões de publicistas e cientistas sociais: o título do livro de uma notável estudiosa do admirável novo mundo tecnológico,

Além do grande número, variedade e diversidade das associações voluntárias, Bouglé salientou a importância daquilo a que chamou a «complicação social», quer dizer, o «entrecruzamento» ou «intersecção» (dois termos favoritos do autor neste contexto, que já tinham sido consagrados por Simmel[62]) dessas associações, devido à participação das mesmas pessoas em diversas associações do mesmo tipo ou de tipos diversos, participação efetiva, mesmo se por vezes as restrições legais tenham tido em vista proibi-la. O nosso autor citou o exemplo do Império Romano, em que sucessivos decretos imperiais foram proibindo a participação dos mesmos indivíduos em vários *collegia*, o que demonstrava a incapacidade das autoridades em eliminar este fenómeno.

No século XX, além dos regimes totalitários, que procuraram instituir associações exclusivas em todas as modalidades da vida social e cultural, também em regimes democráticos houve numerosos fenómenos de exclusivismo, e não só nas seitas e Igrejas. Por exemplo, partidos sociais-democratas e partidos cristãos-democratas, os «partidos de integração total», como lhes chamou o politólogo Sigmund Neumann, antes e depois da Segunda Guerra Mundial, procuraram integrar os seus membros em todas as suas associações, escolares, de juventude, de lazer, de desportos, de atividades culturais, os seus sindicatos, etc., de modo que, em princípio, se poderia passar uma vida inteira dentro desses mundos exclusivos. As sociedades «consociacionais» como a Holanda e a Bélgica noutros tempos eram divididas por etnicidade, língua ou religião, de tal modo que não se podia pertencer a uma associação de médicos, por exemplo, mas exclusivamente a uma associação profissional da etnicidade, língua ou religião dos membros. A tese de Bouglé de que a «complicação social», no sentido

---

Alone Together, pode resumir o debate (TURKLE, 2011). Os sociólogos mais otimistas proclamam uma nova era do «individualismo de rede» (*networked individualism*), como o equivalente funcional da proliferação de associações formais dos dois últimos séculos, cujo declínio tem sido percebido e lamentado. A este respeito, ver MARTINS e GARCIA (2016).

([62]) No entanto, os tradutores do ensaio de Simmel para a língua inglesa preferiram não usar estes termos na sua tradução, considerando-os demasiado geometrizantes.

em que ele entendeu o conceito, favorece o igualitarismo, como aliás também a liberdade, e a civilidade, continua válida([63]). Os *networks* do individualismo de redes poderão ser exclusivos ou fatores de «complicação social»([64]).

Essais sur le régime des castes (Bouglé, 1908). Bouglé começou a trabalhar neste tema quando estava a acabar o seu livro sobre o igualitarismo, pois já em 1900, apenas um ano depois da edição da sua tese sobre o igualitarismo, publicara um artigo substancial sobre o assunto na revista *Année Sociologique* (*idem*, 1900). Oito anos depois, deu à estampa os seus textos sobre o regime de castas na nova série de livros intitulada *Travaux de l'Année Sociologique*, baseados exclusivamente em leituras, como era o caso muitas vezes na época([65]) (Mauss também não chegou a fazer trabalho de campo, embora muitos dos seus alunos o tenham feito). Podemos ver estas duas obras, uma sobre o igualitarismo e a outra sobre o sistema de castas, como um díptico, tratando de duas formas radicalmente opostas de vida social, ou de como se pensa o social. Duas obras que se recortam temporalmente e se entrelaçam conceptualmente, de certo modo parte do mesmo projeto.

([63]) As «instituições totais» de Erving Goffman não são, tipicamente, associações voluntárias: muitas vezes a entrada é coerciva, a permanência também, e a saída pode não depender da escolha das pessoas. As «instituições vorazes» de Lewis Coser são instituições de entrada voluntária em que a pessoa que entra se compromete a dedicar-se totalmente à instituição (Coser, 1974). É verdade que associações exclusivistas como a Igreja Católica têm limitado os totalitarismos, como também seitas fundamentalistas. Durkheim também notou que, além do despotismo do Estado, podia haver um despotismo de associações, e que, portanto, o Estado deveria intervir nessas conjunturas: neste contexto chegou a utilizar uma metáfora mecânica (caso raro, se não único, nos seus escritos), de poderes e contrapoderes, *checks and balances* (Durkheim, 1950).

([64]) Algumas das implicações da «revolução das redes» foram analisadas em Martins e Garcia (2016).

([65]) Na maioria, de obras na língua inglesa: aliás, foi de longe a obra de Bouglé com mais referências bibliográficas.

Ao contrário das obras sobre o tópico que existiam na altura em língua inglesa([66]), eram essencialmente descritivas, o estudo era ao mesmo tempo sinóptico e de notável clareza analítica. Segundo este autor, o «regime» de castas na Índia consistia em grupos hereditários, distinguidos e relacionados de três modos: (1) pela divisão do trabalho e a interdependência que daí resulta, pois as castas/subcastas ficam restringidas a certas profissões, com poucas variações, permanentemente, de geração para geração; (2) pelas normas e regras de separação estrita entre elas, proibindo o conúbio e o comensalismo entre membros de castas diferentes, mesmo a mera propinquidade; (3) e pela graduação de estatuto, basicamente inflexível, dos grupos hereditários numa mono-hierarquia. Estas três características eram intimamente inter-relacionadas e poderiam ser vistas como um complexo, cuja unidade se podia explicar por um princípio mais fundamental, a oposição entre o puro e o impuro, que justifica a separação física e social das castas, e a divisão do trabalho, pois as profissões eram classificadas como puras ou impuras. Naturalmente, neste regime as violações, mesmo acidentais, são inevitáveis, o que exige continuamente ritos de purificação, assegurados pelos brâmanes, embora a impureza possa ser temporária, de dias ou meses. Os traços fundamentais que identificou continuam a ser pertinentes: de facto, a sua identificação dos sentimentos e rituais de purificação, consequentes da atribuição constante de poluição religiosa a práticas e contactos da vida quotidiana, como um dos traços fundamentais do sistema tem sido atribuída a outros autores posteriores, particularmente a Louis Dumont no seu tratado *Homo Hierarchicus*, de 1966. É verdade que este antropólogo tratou do assunto de maneira mais sistemática, com mais dados e prolongando a reflexão teórica de Bouglé.

Em 1916–1917, Max Weber estudou o sistema de castas hindu na sua sociologia das *Weltreligionen*, numa obra com o título *Hinduísmo e Budismo*, mais de 15 anos depois do texto inicial de Bouglé, e oito anos depois do seu livro (o trabalho de Weber foi publicado em 1920).

([66]) Até à publicação, mas em primeira instância em francês, da obra de Hocart, devido ao interesse de Mauss em apresentar uma visão alternativa do sistema de castas à de Bouglé (Fournier, 1994).

Recentemente, as duas abordagens, de Bouglé e de Weber, têm sido objeto de comparações (Kalinowski, 2008; Ladinois, 2009), embora seja de considerar que, ao contrário de Weber, Bouglé não tratou do budismo, ausente há séculos da Índia, nem das outras religiões com implantação significativa no país, o siquismo e o jainismo. Mas, qualquer que seja a avaliação global final, os estudos de Bouglé foram os primeiros na literatura mundial das ciências sociais, certamente na da sociologia, a apresentar uma análise de conjunto do sistema de castas da Índia, de uma extraordinária clareza, sem se perderem em descrições e narrativas.

Curiosamente, Louis Dumont, que, pela primeira vez, quase 50 anos depois, retomou atentamente a obra de Bouglé sobre o sistema de castas, que tinha sido pouco citada no intervalo pelos sociólogos, pelos antropólogos ou pelos indólogos([67]), fez o percurso contrário: começou com estudos sobre as castas, analisando o sistema num grande tratado, para depois se lançar numa série de estudos sobre o igualitarismo ou, melhor, a ideologia igualitarista, ou «individualista» (no sentido que este autor lhe dá), na Europa dos séculos XVII a XX, focando inicialmente o calvinismo dos séculos XVI e XVII (numa perspetiva de história das ideias, ou história conceptual, em vez da análise sociológica sincrónica de Bouglé). O contraste básico na sua teorização foi entre «individualismo» e «holismo», no sentido especial que deu a estes termos polissémicos. Se o individualismo poderá ser equacionado com o igualitarismo como tendências societais, o contraste básico na sociologia comparativa das civilizações para este autor não seria entre igualitarismo e inigualitarismo, mas entre igualitarismo e hierarquia, num sentido específico de oposição hierárquica análoga à identificada no sistema de castas hindu. O holismo dumontiano consiste na valorização primacial do todo, em que os indivíduos

([67]) Uma primeira tradução inglesa, só de um capítulo, foi publicada numa revista de sociologia da Índia em 1958. A primeira tradução na língua inglesa do livro completo, por um antropólogo-indólogo britânico, foi publicada em 1971, mais de 60 anos depois da publicação do texto original. O livro foi mais bem-sucedido em França, tendo conhecido uma quarta edição em 1935. Esta edição foi novamente publicada em 1969, com um prefácio de Louis Dumont.

contam, e se cultivam, afirmam a sua autenticidade, mas ao mesmo tempo reconhecem e sentem intensamente a sua pertença ao todo social em alto grau. As suas análises do holismo iluminaram facetas cruciais do pensamento de grandes autores, em especial alemães a partir de Herder, pois na sua obra estudou sobretudo o holismo nas elites intelectuais alemãs, e a sua importância para compreender o mundo conceptual e valorativo da direita radical alemã e o nazismo. O paradoxo concreto que manifesta este holismo é a combinação, tantas vezes notada entre muitos alemães, da valorização da auto-cultivação (*Bildung*) e a obediência estrita às autoridades. Se os durkheimianos puderam compreender a revolução leninista e os seus projetos, como se vê pelos artigos substanciais de Mauss sobre a Rússia dos anos de 1920, dadas as suas inclinações socialistas, estavam menos preparados para compreender o surgimento do fascismo, e especialmente do nazismo, e a sua relação complexa com o comunismo, enfim, a instalação dos totalitarismos. Dumont, com os seus estudos sobre o holismo no pensamento alemão, encontrou algumas pistas para a compreensão do carácter e do êxito do nacional-socialismo na Alemanha (Dumont, 1983 e 1991).

Leçons de sociologie sur l'évolution des valeurs (Bouglé, 1922). Uma das frases que se difundiram mais no pós-guerra francês foi a frase de Nietzsche «a transvalorização dos valores», refletindo sentimentos gerais sobre a necessidade de ultrapassar crenças e práticas em relação às quais a guerra supostamente tinha demonstrado a falsidade ou vacuidade. À União Sagrada do tempo de guerra tinha sucedido uma nova era de conflitos sociais e políticos, de efervescência intelectual e artística, em que tudo era questionado, e uma nova divisão, grave e duradoura, com a cisão pró-comunista no partido socialista em 1920, que só foi temporária e parcialmente superada no governo da Frente Popular, com o florescimento já notado de organizações da direita radical, sem falar da persistência da clivagem entre clericais e anticlericais. Neste livro, Bouglé procurou demonstrar como a análise sociológica podia iluminar os fatores potenciais que poderiam sustentar a república democrática laica, as «condições da liberdade».

Embora já reconhecido anteriormente na sociologia francesa, o tema dos valores fora tratado de maneira sistemática pela primeira vez por Durkheim, em 1911, num texto apresentado ao Congresso Internacional de Filosofia em Bolonha, apesar de não o ter desenvolvido nos seus escritos posteriores, e de os seus textos teóricos escritos entre 1912 e a sua morte dizerem respeito à «ciência da moral». O livro de Bouglé estuda o lugar dos valores na teoria social pelo prisma da análise sociológica na tradição durkheimiana, mas ao mesmo tempo apresenta reflexões filosóficas, como seria de esperar, dado que tinha sido introduzido e discutido por filósofos, o que justifica a caracterização do seu livro como uma obra de «sociologia filosófica», pelo filósofo canadiano Roy Wood Sellars (1880–1973) na sua introdução à tradução americana em 1926, comparando-o a outro expoente de sociologia filosófica, o norte-americano Charles H. Cooley (SELLARS *apud* BOUGLÉ, 1970 [1926], p. VI)([68]).

A diferenciação das profissões, das instituições, das funções sociais, dos ramos da cultura tinha sido um grande tema de Spencer, seguindo uma analogia organicista, analisado por um prisma microssociológico por SIMMEL (1890), prisma estudado por Durkheim no seu livro sobre *A Divisão do Trabalho Social* com o acento na maneira como a integração se conjuga ou não com a diferenciação estrutural, ou especialização funcional, nos todos sociais. Em tempos recentes, foi também um grande tema de Parsons, dentro e fora do sistema social, atingindo a sua versão máxima na obra de Niklas Luhmann, com a sua pluralidade de sistemas autónomos compreendendo a sociedade exterior aos indivíduos. Bouglé insiste no processo de «conjunção» dos «sistemas de valores», que Durkheim já tinha listado como os religiosos, morais, jurídicos, económicos e estéticos (por vezes Bouglé acrescenta os políticos, mas nunca os tecnológicos, como diríamos hoje, não obstante o seu interesse pelo estudo da

---

([68]) No entanto, Bouglé não participou em dois dos mais importantes programas de pesquisa sociológica de grande interesse filosófico, o programa de investigação comparativa das categorias do pensamento (Hubert sobre o tempo, Hertz, Czarnowski e Granet sobre o espaço, Mauss sobre as categorias de pessoa e de matéria, etc.) e o programa de pesquisa sobre as funções mentais (Durkheim e Mauss sobre a função de classificação, Halbwachs sobre a memória, Charles Blondel sobre a vontade). Nem um nem outro têm sido objeto de estudos sinópticos.

cultura material e pelos trabalhos de Louis Weber, um filósofo da tecnologia coevo)([69]).

O conceito-chave neste livro foi o do «politelismo» (*polytélisme*). Mesmo com todas as divergências ideológicas, todos os grandes antagonismos sociopolíticos que caracterizavam a Terceira República, antes e depois da Primeira Grande Guerra, Bouglé esperava que o «politelismo», o fenómeno de os mesmos meios (instituições, costumes, conceitos, juízos de valor) poderem servir fins diferentes ao mesmo tempo, permitisse apaziguar muitos conflitos sociais e ajudar a assegurar a paz civil e a coesão nacional. Em termos mais teóricos, o politelismo providenciaria a «conjunção de valores», compensando de certo modo o processo incessante de «diferenciação de valores», em que diversas tendências ideológicas, culturais, políticas poderiam colaborar. A palavra «politelismo» foi cunhada por analogia com o termo linguístico de «polissemia», mas o conceito é obviamente parente do conceito famoso da «heterogonia dos fins» de Wundt, que também cita, e também se assemelha ao conceito de «overlapping consensus» da filosofia política de John Rawls, pois, num certo nível, apesar das divergências de valores últimos, religiosos ou ideológicos, pode haver convergência de alguns princípios de justiça intermediários (uma nova formulação da temática da *concordia discors*). De certo modo, é possível dizer que a conjunção de valores através do politelismo representa o equivalente axiológico dos *axiomata media* na estrutura das teorias científicas (Karl Mannheim também chamou a atenção nos anos 40 para os paralelos dos *axiomata media* na resolução ou mitigação dos conflitos sociais nas sociedades democráticas)([70]).

([69]) A palavra *technologie* significava na altura, e até tempos recentes, na língua francesa, não o universo técnico de instrumentos, máquinas e dos sistemas em que se inseriam, mas o *estudo* desse universo, o sentido clássico da palavra.

([70]) Na filosofia moral, Charles Stevenson frisou a importância daquilo a que chamou *focal aims*, quer dizer, práticas, políticas, regras, que podem servir diversos fins, conduzir a muitos efeitos, ao mesmo tempo (STEVENSON, 1944, p. 179). Noutra passagem, o autor explica este conceito da seguinte maneira: «an end which is also such an exceptionally important means to so many

Socialismes français: Du «socialisme utopique» à la «démocratie industrielle» (BOUGLÉ, 1932). Durkheim, nos seus escritos sobre o socialismo apresentados nos cursos de Bordéus da década de 1890, tinha identificado Henri de Saint-Simon como o fundador da sociologia, do socialismo e do positivismo. Um estudioso cujas perspetivas teóricas foram radicalmente opostas, Friedrich Hayek, concordou, nos anos 50, com esta tripla imputação, embora lamentando estes três grandes males do mundo moderno([71]). Que estas origens tenham sido coevas não foi, no entanto, uma tese partilhada universalmente. Com respeito à sociologia, há estudiosos que traçam outras genealogias, ou outros «mitos fundadores», atribuindo a sua constituição ao Iluminismo Escocês, aos «moralistas escoceses» (SCHNEIDER, 1967) dos dois últimos quartéis do século XVIII (Adam Ferguson, Adam Smith, John Millar), que certamente chamaram a atenção para o paradoxo das consequências inesperadas da ação humana consciente; outros, a Auguste Comte (que cunhou a palavra infeliz), mesmo que ele tenha sido colaborador de Saint-Simon por

---

divergent ends that if anything else is not, in turn, a means to this, it will be without predominating value» (*idem*, *ibidem*, p. 203). O autor discute também o princípio da heterogonia dos fins e o princípio da autonomia funcional dos motivos de Gordon Allport.

([71]) Numa das suas incursões na sociologia do conhecimento, neste caso histórica, Hayek atribuiu as tendências socialistas, positivistas, *dirigistes* e autoritárias dos saint-simonianos às suas formações em Engenharia (quase todos formados na École Polytechnique, a escola básica de Engenharia em França na época), contrastando a «mentalidade de engenheiros» com a «mentalidade de comerciantes», esta bem mais conducente a uma sociedade pluralista e a uma ordem liberal. Com respeito à sua caracterização da mentalidade de engenheiros, houve uma certa convergência com a da Theodor Adorno. Já Comte e John Stuart Mill tinham criticado a «pedantocracia» (termo que inventaram) num sentido muito próximo daquilo a que se chamaria hoje «expertocracia», se não mesmo tecnocracia ou econocracia (o politicólogo britânico Peter Self inventou o termo «econocrata» já há décadas). Anteriormente, Comte tinha escrito um verdadeiro hino aos engenheiros como o elo principal entre os cientistas e os empresários na nova «sociedade científico-industrial» (no *Curso de Filosofia Positiva*). Que diria Hayek sobre os engenheiros tecnolibertários de Silicon Valley?

alguns anos; e um ou outro, ao astrónomo belga Adolphe Quételet, devido aos seus trabalhos sobre estatísticas sociais, aliás parte de um movimento de estudiosos de «estatísticas morais», por exemplo, as taxas de suicídios, de nascimentos, de nupcialidade, de vários tipos de crime, etc. (em todos os casos, diga-se de passagem, podemos notar um *background* teológico, que merecia ser explorado comparativamente[(72)]). A atribuição a Quételet, mais do que qualquer outra, marginaliza a história da sociologia convencional e todos, ou quase todos, os autores que têm sido considerados os grandes da sociologia clássica(73).

Seja como for, Bouglé restringiu o seu estudo aos socialistas franceses, deixando de fora a tradição alemã de Fichte a Hegel (que tinha sido objeto de estudos franceses anteriores como os de Jean Jaurès e de Xavier Léon), e também, sem o explicitar, a vertente inglesa de Owen a Ruskin, William Morris e os fabianos. No essencial, analisou os contributos ao pensamento social daquilo a que chamou a «trindade socialista francesa», de Saint-Simon, Fourier e Proudhon(74). Todavia, frisou que o estudo não era meramente de história das

(72) Vários teólogos luteranos do século XVIII, especialmente Süssmilch, citado por Durkheim em *O Suicídio*, desbravaram este campo de estudos (MARTINS, 2011). Kant mencionou algumas das regularidades estatísticas descobertas por estes autores.

(73) Quételet ou Guerry? O livro de André-Michel Guerry (1833) *Essai sur la statistique morale de la France* foi classificado pelos seus tradutores americanos como «o documento fundador da sociologia e da criminologia» (WHITT e REINKING, 2002). Quételet fez vingar a ideia da sua prioridade e da absoluta superioridade dos seus trabalhos, mas os tradutores americanos, especialmente o sociólogo Hugh P. Whitt, na sua substancial introdução, demonstram que se trata de uma apreciação errónea. Outros estudiosos classificam este livro como «um dos estudos fundadores das ciências sociais modernas» e como aquele que iniciou a investigação social empírica moderna (FRIENDLY, 2007). Jon Elster classificou Tocqueville como o primeiro cientista social, cujo primeiro grande livro (a primeira parte dele) foi publicado em 1835, não tendo em conta nem as pretensões de Quételet, nem a nova atribuição da fundação da sociologia ou da pesquisa empírica nas ciências sociais a Guerry.

(74) Bouglé dedicou um pequeno livro àquilo a que chamou *La sociologie de Proudhon* (1911). Poucos sociólogos académicos têm considerado Proudhon

ideias: pelo contrário, indicou neste livro, como noutros textos, a «fecundidade» das ideias destes pensadores. Com respeito a cada um deles, procurou mostrar as influências dos seus projetos e perspetivas sobre autores e militantes socialistas contemporâneos, e, além disso, como a experiência histórica, devido a coincidências ou convergências inesperadas, tinha sugerido, mesmo sem o conhecimento desses autores, programas ou realizações na linha do pensamento de um ou outro dos três, ou dos seus discípulos.

VI

Bouglé assumiu o cargo de diretor-adjunto da École Normale Supérieure em 1930, e de diretor da Escola em 1935, cargo que ocupou até à sua morte([75]). Foi a posição de mais alto estatuto institucional a ser ocupada por um sociólogo (enfim, um sociólogo-filósofo) em França na época, e especialmente por um durkheimiano.

Um facto particularmente relevante foi a sua criação, na ENS, ainda antes, em 1920, do Centre de Documentation Universitaire (CDU), destinado a estudantes de ciências sociais, cujo fundo foi em grande parte constituído por documentos da Organização Internacional do Trabalho e da Sociedade das Nações, doados por estas entidades. Essas eram organizações com as quais o nosso autor simpatizava, em termos do seu humanismo pacifista («pacifista» no sentido que considerava a guerra um grande mal, sem excluir o conceito de guerras justas, as de autodefesa), internacionalista (procurou ajudar a reatar as boas relações com os estudiosos alemães logo em 1924)([76]), socializante, simpatizando com o feminismo, e como crente

---

sociólogo: Robert Nisbet e Georges Gurvitch foram talvez os mais significativos sobre este assunto depois de 1945.

([75]) Um sociólogo americano, Earle Edward Eubank, fez um périplo de conversas com sociólogos europeus em novembro de 1934. Em França, conversou com Bouglé, Mauss, Fauconnet, Simiand, Halbwachs e Lucien Lévy-Bruhl, os primeiros cinco contando certamente como durkheimianos (Käsler, 1991).

([76]) Embora não tenha teorizado as relações internacionais e as civilizações como fenómenos transnacionais, como Durkheim e Mauss o fizeram (Mauss,

na ideia do progresso humano(77). Curiosamente, numa época em que a Fundação Rockfeller financiava numerosos centros de investigação na Alemanha, no Reino Unido e em França (bem menos neste último país), nos anos 30 até à guerra, foi um filantropo francês quem o financiou inicialmente.

Nesse Centro trabalharam sociólogos, entre os quais o jovem Raymond Aron, nomeado por Bouglé como secretário do Centro em 1934. Aron nunca passou por uma fase durkheimiana, embora tenha conhecido fases de pacifismo e socialismo quase marxizantes, superadas já no seu estágio na Alemanha em 1930–1933. Alguns refugiados da Alemanha nazi desde 1933 trabalharam lá, ou estiveram associados à ENS de algum modo, como o muito jovem Lewis Coser (1913–2003), que ouviu algumas conferências de Bouglé e Fauconnet na Sorbona, e Paul Honigsheim (1885–1963), que dirigiu a sucursal do Instituto de Investigação Social de Horkheimer, da «Escola de Frankfurt», no exílio, instalada na ENS com o consentimento do diretor. Honigsheim tinha pertencido ao *Weber-Kreis* em Heidelberga e conhecia profundamente a obra de Weber (HONIGSHEIM, 2003 [1968] e 2003 [2000]); no entanto, a sua presença não parece ter tido nenhum impacto, embora tenha estudado a bibliografia das ciências sociais em

---

1997; 2012, textos 4 e 9; 2014). No entanto, fez observações pertinentes sobre o assunto no seu livro sobre a evolução dos valores e no breve estudo sobre a sociologia francesa contemporânea de 1935. Uma coletânea recente apresentou vários estudos sobre as conceções relevantes destes dois autores, entre outros, com o título *Classical Sociology beyond Methodological Nationalism*, utilizando a expressão de «nacionalismo metodológico», que cunhei em 1974, como foi reconhecido na introdução da obra (PENDENZA, 2014).

(77) O progresso entendido nem como inevitável nem como impossível, mas como uma possibilidade desejável, pela qual devemos lutar. Tudo indica, ao que me parece, que o nosso autor subscreveria a interpretação do progresso de Renouvier, um antideterminista ferrenho, que assim o lia também em Condorcet e Kant, como o caminho para «o fim das lutas e das injustiças de que a humanidade tem sofrido por tanto tempo por sua própria culpa. [Mais precisamente, o alvo seria] a paz universal e definitiva entre os povos, a extensão a todas as relações humanas dos princípios do direito» (MICHEL, 1896, p. 63).

França e escrito dois textos sobre os durkheimianos([78]). Honigsheim elogiou o empenho de Bouglé em defender os perseguidos pelas suas convicções políticas dentro e fora de França, e conclui a sua evocação desse tempo na ENS dizendo: «orgulho-me de ter participado na vida do grupo durkheimiano e, em especial, de ter sido amigo de Bouglé» (Honigsheim, 1964b, p. 314)([79]).

Bouglé morreu em fevereiro de 1940, e assim não teve de assistir à desgraça de França, à sua derrota e ocupação parcial em junho, e à instalação da antirrepública do regime de Vichy, à negação de todos os ideais, todos os valores, todos os princípios pelos quais tinha lutado toda a vida. Halbwachs morreu no campo de concentração de Buchenwald em 1945, e Mauss, embora sobrevivendo fisicamente em Paris, não recuperou as suas faculdades mentais, morrendo em 1950.

([78]) Paul Honigsheim não é citado na biografia mais completa de Raymond Aron, no entanto, se se tivessem encontrado no CDU ou na ENS, teriam interesses intelectuais comuns, e custa a acreditar que Aron não o quisesse ouvir sobre o seu conhecimento pessoal, de muitos anos, de Max Weber (Honigsheim, 2003 [1968], 2003 [2000]). Aliás, tinham sido ambos docentes na Universidade de Colónia em 1930, onde Honigsheim ensinava Sociologia. Que eu saiba, Honigsheim foi a única pessoa que participou do *Weber-Kreis* em Heidelberga e se moveu mais tarde nos meios da sociologia durkheimiana e dos estudos mais ou menos sociológicos sobre a religião em França nos anos de 1920 (Honigsheim demitiu-se da sua universidade imediatamente depois da tomada do poder pelos nazis, e exilou-se em França, ficando em Paris de 1933 até 1936). Os seus escritos sobre Durkheim e os durkheimianos revelam um certo grau de simpatia pessoal e intelectual, ao contrário dos de Coser, por exemplo.

([79]) Bouglé era um grande descobridor de talentos. Foi ele quem convidou um aluno da ENS, o socialista Claude Lévi-Strauss, a participar na missão cultural francesa que iria apoiar a fase inicial da recém-criada Universidade de São Paulo. Além de Lévi-Strauss (1908–2009), o mais jovem do conjunto de estudiosos franceses que partiram para o Brasil no quadro desta missão, foram também historiadores como Fernand Braudel e geógrafos como Pierre Monbeig. Florestan Fernandes começou a sua carreira de investigador como assistente de Roger Bastide, que veio a concentrar-se no estudo daquilo a que chamou as religiões afro-brasileiras durante a sua longa estada no Brasil. Um dos grandes inspiradores brasileiros deste projeto foi o sociólogo brasileiro, muito durkheimiano, Fernando de Azevedo.

Georges Davy, «o último dos durkheimianos», o Nestor deste grupo, morreu em 1976 com 93 anos.

APÊNDICE 1 — Durkheim e Max Weber

Max Weber não foi reconhecido como figura importante das ciências sociais na revista *Année Sociologique*, sendo o seu nome referido só uma vez, numa recensão publicada no último volume, da autoria do próprio Durkheim: tratava-se das atas da Primeira Conferência da Sociedade Alemã de Sociologia, realizada em 1910, em que participaram Simmel, Sombart, Tönnies, Troeltsch, Michels e Martin Buber, além de Max Weber, e outros estudiosos menos famosos, tendo as atas sido publicadas em 1911. Os textos de Simmel, Sombart, Tönnies, Troeltsch e Max Weber foram traduzidos para inglês em 2005 num pequeno volume (Adair-Toteff, 2005). O texto de Weber consistia num relatório sobre a conferência, seguido de uma discussão do papel da imprensa hodierna e das associações, salientando a necessidade de uma «sociologia do jornalismo», além de umas páginas sobre o financiamento das investigações sociológicas (*idem*, *ibidem*, pp. 74–93): o tópico da imprensa era um assunto mais remissível a Tarde do que a Durkheim, embora o das associações voluntárias fosse sempre de grande interesse teórico e prático para os durkheimianos, especialmente o próprio Durkheim, Bouglé e Mauss. De qualquer modo, foi provavelmente o único texto de Max Weber que Durkheim leu, embora, ao que parece, Weber nunca tenha lido Durkheim, certamente nenhum dos seus livros, nem há provas de que tenha ouvido falar dele, certamente o nome dele não aparece nos seus escritos (Tiryakian, 1966).

O primeiro longo artigo sobre a obra sociológica de Max Weber em França foi publicado por Halbwachs nos anos 20, essencialmente descritivo e introdutório: aliás, parece-me que foi o primeiro estudo de qualquer espécie na língua francesa sobre este autor, embora seja provável que as suas obras de história económica fossem conhecidas de alguns estudiosos, tal como alguns estudos mais polémicos, de análise política (a língua alemã era indispensável nas ciências humanas e sociais na época, em França como noutros países europeus, para qualquer cultor ambicioso). O livro da mulher de Max Weber, Marianne Weber, sobre *A Questão da Mulher* na Alemanha foi objeto de recensão na revista. Possivelmente, um dos irmãos mais novos de Weber, Alfred Weber, seria mais conhecido em França devido à sua teoria inovadora da localização das indústrias (a maioria dos seus grandes estudos sociológicos é posterior, publicada nos anos 20 e 30). Deixo aqui uma referência a outros dois «Webers» que foram objeto de comentários na revista: Adna F. Weber, estudioso norte-americano, autor de um livro sobre o crescimento das grandes cidades no século XIX, ainda hoje uma referência importante, e Louis Weber, filósofo francês, que publicou estudos relevantes em filosofia da tecnologia, além de artigos nas duas principais revistas filosóficas francesas, ganhando a vida como funcionário do Ministério do Trabalho. Bouglé, de facto, citou várias vezes os trabalhos de Louis Weber sobre a técnica. Os livros de outros sociólogos, etnólogos e geógrafos alemães foram objeto de muitas recensões críticas, como seria de esperar, dada a sua importância quantitativa e qualitativa na época (houve também recensões de livros publicados nas línguas inglesa, italiana e espanhola).

APÊNDICE 2 — Sobre o léxico político contemporâneo

As primeiras três décadas do século XIX foram férteis na constituição do léxico político contemporâneo: os termos «liberal» (no sentido político), «conservador», «radical», «individualismo», «socialismo», «comunismo», entre outros, como «democracia», que anteriormente tinha só uma referência clássica, começaram a sua difusão em grande escala nesse período, sem falar de outros termos de conotação mais diretamente ética, como «altruísmo» (não foi inventado por Auguste Comte, mas foi ele quem mais fez pela sua difusão), «solidariedade» (no sentido normativo), «utilidade», «deontologia» (cunhado por Bentham, uma novidade na língua inglesa). A acusação de «individualismo» acompanhava muitas vezes a denominação hostil de «intelectual» nessa conjuntura. Durkheim publicou um artigo quando a questão era muito candente, com o título «L'individualisme et les intellectuels» (Durkheim, 1898). O termo «individualismo» teve originalmente uma carga negativa na língua francesa (parece ter sido inventado por Saint-Simon antes de 1820), nas primeiras décadas da difusão do termo, identificado com egoísmo [no caso de Tocqueville, quando falava de «individualismo coletivo» para se referir a interesses de grupo sem consciência do bem comum, equivalente portanto a «egoísmo coletivo» (Tocqueville, 1987 [1856], p. 176)]: só pouco a pouco adquiriu conotações mais positivas ou neutras na denominação de teorias ou práticas políticas (Benjamin Constant já tinha anunciado com júbilo «a idade dos indivíduos» em princípios do século XIX). O termo «socialismo» foi cunhado por Pierre Leroux, como simétrico do termo já existente de «individualismo», prezando a organização em vez da liberdade, enquanto o individualismo prezava a liberdade acima da organização. Leroux militava por um terceiro princípio, o da «associação» [um dos livros de Bertrand Russell teve precisamente o título *Freedom and Organization, 1814–1914* (Russell, 1934)]. A palavra «socialismo» foi rapidamente investida com um sentido negativo para muitos publicistas ao longo do século XIX. Durkheim, como se sabe, falou do «culto do indivíduo» como se fosse quase a religião civil, ou a única fé comum, das sociedades modernas secularizadas e altamente diferenciadas, nas quais, dado o seu conhecimento profundo da obra de Charles Renouvier, o termo «pessoa» teria sido mais apropriado, tanto que este pensador chamou ao seu sistema filosófico «personalismo», um dos neologismos duradouros que ele introduziu no vocabulário filosófico francês (Lalande, 2002 [1926]). Seguiu, de facto, a doutrina neokantiana de Renouvier, que modificou radicalmente a tábua das categorias de Kant, considerava a categoria de pessoa (humana) uma das categorias fundamentais do pensamento humano, no mesmo sentido que o espaço, o tempo, o número, a causalidade, a matéria, etc. Ficou isto patente no seu livro de 1912 sobre *As Formas Elementares da Vida Religiosa*, embora de forma muito breve, e Mauss escreveu um texto tardio, bastante esquemático, sobre a categoria sociológico-filosófica de pessoa (ou pessoalidade), preparado para uma conferência em Londres em 1938. Este texto foi discutido numa coletânea de estudos críticos por antropólogos e estudiosos das religiões (Carrithers, Collins e Lukes, 1986). No entanto, se para Renouvier (como para o seu discípulo mais brilhante, Octave Hamelin, amigo de Durkheim, que dialetizou a lista renouveriana de categorias do pensamento) a categoria de pessoa (humana) era a categoria suprema, nas *Formas Elementares*, Durkheim refere a categoria de *totalidade* como a categoria suprema, embora muito brevemente, e nunca, ao que parece, elaborou este tópico, nem qualquer dos durkheimianos. Este ponto não tem recebido muita atenção; a palavra «total» aparece repetidamente em Mauss, especialmente como parte da frase «fenómeno social total»: esta expressão foi talvez sugerida por Durkheim, que recordou o conceito de Renouvier da «função humana total». (Sobre o pensamento ético e político de Renouvier, ver Logue, 1993; Blais, 2000.) Já Renouvier foi o mestre do historiador das ideias e teórico liberal Henry Michel (1896), que, por sua vez, foi o orientador da tese de Bouglé.

Bibliografia

Adair-Toteff, Christopher (org.), *Sociological Beginnings: The First Conference of the German Society for Sociology*, Liverpool, Liverpool University Press, 2005.

Alpert, Harry, *Émile Durkheim and His Sociology*, Nova Iorque, Columbia University Press, 1939.

Anderson, Stuart, *Race and Rapprochement: Anglo-Saxonism and Anglo-American Relations, 1895–1904*, East Brunswick: Nova Jérsia, Fairleigh Dickinson University Press, 1981.

Arnatte, Michel, Les mathématiques sauraient-elles nous sortit de la crise économique? X-Crise au fondement de la technocratie, *in* Martin, Thierry (org.), *Mathématiques et action politique: Études d'histoire et de philosophie des mathématiques sociales*, Paris, INED, 2000, pp. 113–130.

Aron, Raymond, *La sociologie allemande*, Paris, Félix Alcan, 1935.

Aron, Raymond, *Introduction à la philosophie de l'histoire: Essai sur les limites de l'objectivité historique*, Paris, Gallimard, 1938.

Aron, Raymond, *L'opium des intellectuels*, Paris, Calman-Lévy, 1955.

ARON, Raymond, *Leçons sur l'histoire*, Paris, Fallois, 1989.

BAVEREZ, Nicolas, *Raymond Aron: Un moraliste au temps des idéologues*, Paris, Tempus, 2006.

BÉLANGER, André J., *The Ethics of Catholicism and the Consecration of the Intellectual*, Monreal, McGill-Queen's University Press, 1997.

BESNARD, Philippe, La formation de l'équipe de l'*Année Sociologique*, *Revue Française de Sociologie* XX, 1979: pp. 7–31.

BESNARD, Philippe (org.), *The Sociological Domain: The Durkheimians and the Founding of French Sociology*, Cambridge, Cambridge University Press, 1983.

BLAIS, Marie-Claude, *Au principe de la République: Le cas Renouvier*, Paris, Gallimard, 2000.

BLAIS, Marie-Claude, *La solidarité: Histoire d'une idée*, Paris, Gallimard, 2007.

BLOCH, Marc, *Les rois thaumaturges: Étude sur le caractère surnaturel attribué à la puissance royale, particulièrement en France et en Angleterre*, Estrasburgo e Paris, Librairie Istra, 1924.

BOUGLÉ, Célestin, Les sciences sociales en Allemagne, *Revue de Métaphysique et de Morale* 3, 1894: pp. 329–355.

BOUGLÉ, Célestin, *Les sciences sociales en Allemagne: Les méthodes actuelles*, Paris, Félix Alcan, 1896a.

BOUGLÉ, Célestin, Sociologie et démocracie, *Revue de Métaphysique et de Morale* 4, 1896b: pp. 118–128.

BOUGLÉ, Célestin, Anthropologie et démocracie, *Revue de Métaphysique et de Morale* 5, 1897: pp. 443–461.

BOUGLÉ, Célestin, *Les idées égalitaires: Étude sociologique*, Paris, Félix Alcan, 1899a.

BOUGLÉ, Célestin, Philosophie de l'ántisémitisme (l'idée de race), *La Grande Revue* XXXX, 1899b: pp. 143–158.

BOUGLÉ, Célestin, Remarques sur le régime des castes, *Année Sociologique* IV, 1900: pp. 1–64.

BOUGLÉ, Célestin, *La démocratie devant la science: Études sur l'hérédité, la concurrence et la différenciation*, Paris, Félix Alcan, 1904.

BOUGLÉ, Célestin, Les rapports de l'histoire et de la science sociale d'après Cournot, *Revue de Métaphysique et de Morale* 13, 1905: pp. 349–376 (reeditado em BOUGLÉ, 1907).

BOUGLÉ, Célestin, *Qu'est-ce que la sociologie?*, Paris, Félix Alcan, 1907.

BOUGLÉ, Célestin, *Essais sur le régime des castes*, Paris, Félix Alcan, 1908a.

Bouglé, Célestin, *Syndicalisme et démocratie: Impressions et réflexions*, Paris, Édouard Cornély et Cie., 1908b.

Bouglé, Célestin, *La sociologie de Proudhon*, Paris, Armand Colin, 1911.

Bouglé, Célestin, Remarques sur le polytélisme, *Revue de Métaphysique et de Morale* 22, 1914: pp. 595–611.

Bouglé, Célestin, *Solidarisme et libéralism: Réflexions sur le mouvement politique et l'éducation morale*, Paris, Édouard Cornély et Cie., 1915.

Bouglé, Célestin, *Chez les prophétes socialistes*, Paris, Félix Alcan, 1918.

Bouglé, Célestin, *Ce que la guerre exige de la démocratie française*, Paris, Éditions de Foi et Vie, 1918.

Bouglé, Célestin, *Leçons de sociologie sur l'évolution des valeurs*, Paris, Armand Colin, 1922.

Bouglé, Célestin, *Le solidarisme*, Paris, Giard, 1924.

Bouglé, Célestin, *De la sociologie à l'action sociale: Pacifisme, féminisme, coopération*, Paris, Félix Alcan, 1931.

Bouglé, Célestin, *Socialismes français: Du «socialisme utopique» à la «démocratie industrielle»*, Paris, Armand Colin, 1932.

Bouglé, Célestin, *Bilan de la sociologie française contemporaine*, Paris, Félix Alcan, 1935.

Bouglé, Célestin, *Humanisme, sociologie, philosophie: Remarques sur la conception française de la culture générale*, Paris, Maloine, 1938.

Bouglé, Célestin, The essence and reality of the caste system, *Contributions to Indian Sociology* 2, 1958: pp. 7–30.

Bouglé, Célestin, *The Evolution of Values: Studies in Sociology with Special Applications to Teaching* (prefácio de Roy Wood Sellars à 1.ª edição de 1926 e um outro mais breve do mesmo autor à edição de 1970), Nova Iorque, A. M. Kelley, 1970 [1926].

Bouglé, Célestin, *Essays on the Caste System* (introdução de David F. Pocock), Cambridge, Cambridge University Press, 1971.

Câmara, João Bettencourt da, *Saussure, Chess and Time: The Role of an Analogy in a Scientific Revolution*, Lisboa, Instituto Superior de Ciências Sociais e Políticas, Universidade Técnica de Lisboa, 1995.

Carrithers, Michael; Collins, Steven e Lukes, Steven (org.), *The Category of the Person: Anthropology, Philosophy, History*, Cambridge, Cambridge University Press, 1986.

Charle, Christophe, Science morale, sciences sociales, sciences politiques et le débat sur la «crise fin-de-siècle» en Europe, *Revue Germanique Internationale* 6, 2007: pp. 17–37.

Clark, Terry N., *Prophets and Patrons: The French University and the Emergence of the Social Sciences*, Cambridge: Massachusetts, Harvard University Press, 1973.

Clark, William, *Academic Charisma and the Origins of the Research University*, Chicago, University of Chicago Press, 2006.

Coser, Lewis A., *Greedy Institutions: Patterns of Unlimited Commitment*, Nova Iorque, Free Press, 1974.

Dahrendorf, Ralf, *Society and Democracy in Germany*, Nova Iorque e Londres, Doubleday, 1968.

Davy, Georges, *La foi jurée: Étude sociologique du probléme du contrat, la formation du lien contractuel*, Paris, Félix Alcan, 1922.

Demole, Jean-Paul, *Mais où sont passés les Indo-Européens? Le mythe d'origine de l'Occident*, Paris, Seuil, 2014.

Digeon, Claude, *La crise allemande de la pensée française (1870–1940)*, Paris, Presses Universitaires de France, 1959.

Dumont, Louis, *Homo Hierarchicus: Le système des castes et ses implications*, Paris, Gallimard, 1966.

Dumont, Louis, *Homo Aequalis I: Génèse et épanouissement de l'idéologie économique*, Paris, Gallimard, 1977.

Dumont, Louis, *Essais sur l'individualisme: Une perspective anthropologique sur l'idéologie moderne*, Paris, Seuil, 1983.

Dumont, Louis, *Homo Aequalis II. Idéologies nationales comparées: l'idéologie allemande*, Paris, Gallimard, 1991.

Durkheim, Émile, L'individualisme et les intellectuels, *Revue Bleue* 4, 1898: pp. 7–13.

Durkheim, Émile, *Les formes élémentaires de la vie religieuse: Le système totémique en Australie*, Paris, Félix Alan, 1912.

Durkheim, Émile, *Sociologie et philosophie* (introdução de Bouglé), Paris, Félix Alcan, 1924.

Durkheim, Émile, *Leçons de sociologie: Physique des moeurs et du droit*, Paris, Presses Universitaires de France, 1950.

Durkheim, Émile, *Pragmatisme et sociologie*, Paris, Vrin, 1955.

Durkheim, Émile, *La science sociale et l'action*, Paris, Presses Universitaires de France, 1987.

Fabiani, Jean-Louis, *Les philosophes de la république*, Paris, Les Éditions de Minuit, 1988.

Fauconnet, Paul, *La responsabilité: Étude sociologique*, Paris, Félix Alcan, 1920.

Fournier, Marcel, *Marcel Mauss*, Paris, Fayard, 1994.

FOURNIER, Marcel, Marcel Mauss, le savant et le citoyen, *in* MAUSS, Marcel, *Écrits politiques*, Paris, Fayard, 1997, pp. 7–59.

FOURNIER, Marcel, *Émile Durkheim*, Paris, Fayard, 2007.

FOURNIER, Marcel e BESNARD, Philippe (org.), *Lettres de Durkheim à Mauss*, Paris, Presses Universitaires de France, 1998.

FRIENDLY, Michael, A.-M. Guerry's *Moral Statistics of France*, *Statistical Science* 22, 2007: pp. 368–399.

GANE, Mike (org.), *The Radical Sociology of Durkheim and Mauss*, Londres, Routledge, 1992.

GINER, Salvador, *Carta sobre la Democracia*, Barcelona, Ariel, 1998.

GRANET, Marcel, La droite et la gauche en Chine, *in idem*, *Études sociologiques sur la Chine*, Paris, Presses Universitaires de France, 1953 [1933].

GUERRY, André-Michel, *Essai sur la statistique morale de la France*, Paris, Crochard, 1833.

GUILLO, Dominique, *Les figures de l'organisation: Sciences de la vie et sciences sociales au XIXe siécle*, Paris, Presses Universitaires de France, 2003.

GULICH, Christian, Célestin Bouglé et Georg Simmel: une correspondance franco-allemande en sociologie, *Mil Neuf Cent* 8, 1990: pp. 59–72.

HALBWACHS, Maurice, *Les causes du suicide*, Paris, Félix Alcan, 1930.

HENNIS, Wilhelm, *Max Weber: Essays in Reconstruction*, Londres, Allen & Unwin, 1988.

HERTZ, Robert, La prééminence de la main droite, *in idem*, *Mélanges de sociologie religieuse et folklore*, Paris, Félix Alcan, 1928 [1909].

HIRST, Paul, *Associative Democracy: New Forms of Economic and Social Governance*, Londres, Polity Press, 1994.

HONIGSHEIM, Paul, The influence of Durkheim and his school on the study of religion, *in* WOLFF, Kurt H. (org.), DURKHEIM, Émile [*et al.*], *Essays on Sociology and Philosophy with Appraisals of Durkheim's Life and Thought*, Nova Iorque, Harper & Row, 1964a [1960], pp. 233–247.

HONIGSHEIM, Paul, Reminiscences of the Durkheim school, *in* WOLFF, Kurt H. (org.), DURKHEIM, Émile [*et al.*], *Essays on Sociology and Philosophy with Appraisals of Durkheim's Life and Thought*, Nova Iorque, Harper & Row, 1964b [1960], pp. 309–314.

HONIGSHEIM, Paul, Weber as an applied anthropologist, *in idem*, *On Max Weber*, Nova Iorque, Free Press, 2003 [1968].

HONIGSHEIM, Paul, *On Max Weber* (introdução de Alan Sica), Nova Brunsvique e Nova Jérsia, Free Press, 2003 [2000].

KALINOWSKI, Isabelle, La sociologie des religions indiennes en France et en Allemagne au début du xxe siècle: *Essai sur le régime des castes* de Célestin Bouglé (1900–1908) et *Hindouisme et bouddhisme* de Max Weber (1916–1917), *Revue Germanique Internationale* 7, 2008: pp. 201–214.

KÄSLER, Dirk, *Sociological Adventures: Earle Edward Eubank's Visits with European Sociologists*, Nova Brunsvique e Nova Jérsia, Routledge, 1991.

KOLNAI, Aurel, The concept of hierarchy *in idem*, *Ethics, Value and Reality*, Londres e Nova Iorque, Routledge, 2008 [1978], pp. 165–186.

LADINOIS, Roland, The domination unthinkable: French sociology of India in the mirror of Max Weber, *in* MAZUMDAR, Sucheta; KAIWAR, Vasant e LABICA, Thierry (org.), *From Orientalism to Postcolonialism among Asia-Europe and Lineages of Difference*, Abingdon: Oxfordshire, Routledge, 2009, pp. 85–106.

LALANDE, André, *La dissolution opposée à l'évolution dans les sciences physiques et morales*, Paris, Félix Alcan, 1899.

LALANDE, André, *Les illusions évolutionnistes*, Paris, Félix Alcan, 1930.

LALANDE, André, *Vocabulaire technique et critique de la philosophie*, Paris, Presses Universitaires de France, 2002 [1926].

LEPENIES, Wolf, *Between Literature and Science: The Rise of Sociology*, Cambridge, Cambridge University Press, 1988.

LEROY, Maxime, *Histoire des idées sociales en France: De Babeuf à Tocqueville*, Paris, Gallimard, 1950.

LIPPINCOTT, Benjamin Evans, *The Victorian Critics of Democracy: Carlyle, Ruskin, Arnold, Stephen, Maine, Lecky*, Mineápolis: Minesota, University of Minnesota Press, 1938.

LOGUE, William, *Charles Renouvier, Philosopher of Liberty*, Baton Rouge: Luisiana, Louisiana University Press, 1993.

MANDELBAUM, Maurice, *The Problem of Historical Knowledge*, Nova Iorque, Liveright, 1967 [1938].

MARTINS, Hermínio, How a few social scientists came to hold top offices of State, *in* ROMÃO, António; SILVA, Joaquim Ramos e FERREIRA, Manuel Ennes, *Homenagem ao Professor Doutor Adelino Torres*, Coimbra, Almedina, 2010, pp. 281–312.

MARTINS, Hermínio, *Experimentum Humanum: Civilização Tecnológica e Condição Humana*, Lisboa, Relógio D'Água, 2011.

MARTINS, Hermínio, Postfácio, *in* PRÍNCIPE, João, *Quatro Estudos sobre António Sérgio*, Lisboa, Caleidoscópio, 2012.

MARTINS, Hermínio, Tempo e explicação: Pré-formação, epigénese e pseudomorfose nos estudos comparativos nas ciências sociais, *in* PRÍNCIPE, João (org.), *Évora Studies in the Philosophy and History of Science*, Casal de Cambra, Caleidoscópio, 2015, pp. 247–318.

MARTINS, Hermínio e GARCIA, José Luís, A hegemonia cibertecnológica em curso: uma perspectiva crítica, *in* MARTINHO, Teresa Duarte; LOPES, João Teixeira e GARCIA, José Luís (org.), *Cultura e Digital em Portugal*, Porto, Edições Afrontamento, 2016, pp. 19–37.

MAUSS, Marcel, *Écrits politiques: Textes réunis et présentés par Marcel Fournier*, Paris, Fayard, 1997.

MAUSS, Marcel, *Techniques, technologie et civilisation* (organização e apresentação de Nathan Schlanger), Paris, Presses Universitaires de France, 2012.

MAUSS, Marcel, *La nation: Eléments de politique moderne* (organização e apresentação de Marcel Fournier e Jean Terrier), Paris, Presses Universitaires de France, 2014.

MICHEL, Henry, *L'idée de l'État: Essai critique sur l'histoire des théories sociales et politics en France depuis la Révolution*, Paris, Librairie Hachette, 1896.

MILZA, Pierre, *Fascismes français: Passé et présent*, Paris, Flammarion, 1987.

MUCCHIELLI, Laurent, *La découverte du social: Naissance de la sociologie en France (1870–1914)*, Paris, La Découverte, 1998.

NICHOLLS, David, *New Varieties of Pluralism*, Londres, Macmillan Press, 1974.

PENDENZA, Massimo (org.), *Classical Sociology beyond Methodological Nationalism*, Leiden, Brill, 2014.

PEREIRA, Ana Leonor, *Darwin em Portugal: Filosofia, História, Engenharia Social (1865–1914)*, Coimbra, Almedina, 2001.

PICHOT, André, *La société pure: De Darwin à Hitler*, Paris, Flammarion, 2000.

PICKERING, W. S. F., *Durkheim's Sociology of Religion: Themes and Theories*, Boston, Routledge and Kegan Paul, 1984.

POLIAKOV, Léon, *Le mythe arien: Essai sur les sources du racisme et des nationalismes*, Paris, Calman-Lévy, 1971.

POLICAR, Alain, Célestin Bouglé et le modèle biologique en sociologie, *Cahiers de Psychologie Politique* 4, dezembro de 2003. Disponível em: http://lodel.irevues.inist.fr/cahierspsychologiepolitique/index.php?id=1374.

POLICAR, Alain, *Bouglé: Justice et solidarité*, Paris, Michalon, 2009a.

POLICAR, Alain, Solidarité, laïcité et république: l'actualité de la pensée de Célestin Bouglé, *in* BOUGLÉ, Célestin, *Solidarisme et libéralism: Réflexions sur le mouvement politique et l'éducation morale*, Paris, L'Harmattan, 2009b, pp. I–XX.

PRÍNCIPE, João, *Quatro Estudos sobre António Sérgio*, Lisboa, Caleidoscópio, 2012.

RUSSELL, Bertrand, *Freedom and Organization, 1814–1914*, Londres, Psychology Press, 1934.

SCHIFT, Alan D., The effects of the agrégation de philosophie on twentieth century French philosophy, *Journal of the History of Philosophy* 46, 2008: pp. 449–473.

SCHLANGER, Judith, *Les métaphores de l'organisme*, Paris, Vrin, 1971.

SCHNAPPER, Dominique, *La relation à l'autre: Au coeur de la pensée sociologique*, Paris, Gallimard, 1998.

SCHNEIDER, Louis, *The Scottish Moralists on Human Nature and Society*, [*s.l.*] Phoenix Books, 1967.

SIMMEL, Georg, *Über sociale Differenzierung*, Leipzig, Verlag von Duncker & Humblot, 1890.

SIRINELLI, Jean-François, *Générations intellectuelles: Khâgneux et normaliens dans l'entre-deux-guerres*, Paris, Fayard, 1988.

SOROKIN, Pitirim A., *Contemporary Sociological Theories*, Nova Iorque, Harper & Brothers, 1928.

SOROKIN, Pitirim A., *Sociological Theories of Today*, Nova Iorque, Joanna Cotler Books, 1966.

SPITS, Jean-Fabien, *Le moment républicain en France*, Paris, Gallimard, 2005.

STEBBING, L. Susan, *Pragmatism and French Voluntarism — with Special Reference to the Development of French Philosophy from Maine de Biran to Professor Bergson*, Cambridge, Cambridge University Press, 1914.

STERN, Fritz, *The Politics of Cultural Despair*, Nova Iorque, University of California Press, 1963.

STEVENSON, Charles L., *Ethics and Language*, New Haven, Yale University Press, 1944.

STRUVE, Walter, *Elites against Democracy: Leadership Ideals in Bourgeois Political Thought in Germany, 1890–1933*, Princeton, Princeton University Press, 1973.

TIRYAKIAN, Edward, *Sociologism and Existentialism*, Englewood Cliffs: Nova Jérsia, Spectrum, 1962.

TIRYAKIAN, Edward, Existential phenomenology and the sociological tradition, *American Sociological Review* 30, outubro de 1965: pp. 674–688.

TIRYAKIAN, Edward, A problem for sociology of knowledge the mutual unawaress of Émile Durkheim and Max Weber, *European Journal of Sociology* 7, 1966: pp. 330–336.

TOCQUEVILLE, Alexis de, *L'Ancien Régime et la Révolution*, Paris, 1987 [1856].

TORT, Patrick (org.), *Darwinisme et société*, Paris, Presses Universitaires de France, 1992.

TOUATI, François-Olivier, *Marc Bloch et l'Angleterre*, Paris, Boutique de l'Histoire, 2007.

TURKLE, Sherry, *Alone Together: Why we Expect more from Technology and less from Each Other*, Nova Iorque, Basic Books, 2011.

VEBLEN, Thorstein, *Imperial Germany and the Industrial Revolution*, Nova Iorque, The Macmillan Company, 1915.

WALLACE, Anthony F. C., Revitalization movements, *American Anthropologist* 58, 1956: pp. 264–281.

WEIKART, Richard, *From Darwin to Hitler: Evolutionary Ethics, Eugenics and Racism in Germany*, Nova Iorque, Palgrave Macmillan, 2004.

WHITT, Hugh P. e REINKING, Victor W., *A Translation of André-Michel «Essay on the Moral Statistics of France» (1833)*, Lewiston: Nova Iorque, The Edwin Mellen Press, 2002.

WILLIAMS, Rosalind H., *Dream Worlds: Mass Consumption in Nineteenth Century France*, Berkeley: Califórnia, University of California Press, 1991 [1982].

YOUNG, Robert, *Darwin's Metaphor: Nature's Place in Victorian Culture*, Cambridge, Cambridge University Press, 1986.

LIÇÃO 16

Marcel Mauss: prece e ritual([1])

JOÃO DE PINA-CABRAL
Universidade de Kent, Reino Unido

Há praticamente 100 anos, Marcel Mauss — já então figura conhecida dos meios eruditos parisienses e colaborador inseparável de Durkheim no lançamento da escola sociológica francesa — decidiu retirar o manuscrito da sua tese de doutoramento da editora. A primeira parte estava já pronta e impressa. A história não se ocupa das motivações interiores que o levaram a esse gesto, mas sabemos que a obra era penosa e que há muito se sentia perseguido por ela. Destruídos quase todos os exemplares pelo editor, restaram uns poucos que, com o passar dos anos e a sempre crescente reputação do autor, foram chamando a atenção dos especialistas.

Neste curto ensaio, tentamos compreender qual o desafio que assombrava Mauss. Passado um século, será que a definição de prece que nos é proposta lança ainda sugestões analíticas válidas? Seguindo essa pista, confrontamos o argumento de Mauss com a história das palavras que transmitem o conceito tanto na área das línguas indo-europeias como no caso dos caracteres chineses. Parece-nos, de facto, entrever sugestões que podem hoje ser traçadas com maior segurança do que nos seus dias. Para Mauss, a questão central era compreender a passagem da fala à imposição: isto é, porque respondem os deuses? Seguindo teses de autores contemporâneos, tanto na área da filosofia

([1]) Este texto foi escrito a pedido de Ramon Sarró e Clara Mafra, a quem agradeço a confiança. Uma versão anterior foi publicada em 2009 na revista *Religião e Sociedade* (Pina-Cabral, 2009c).

como da comunicação animal, é possível avançar um pouco mais na via aberta que o grande sociólogo nos deixou no dia em que desistiu do que todos esperavam ser sua obra-mestra.

A «tese» inacabada de Mauss

O autor escreve um tratado que exsuda grande erudição acumulada durante anos de estudo sistemático. Estamos perante uma obra completa, no sentido de se tratar de um texto perfeito e acabado, pronto a ser publicado, com o aparelho crítico terminado e o argumento redondamente desenvolvido, mas o leitor é abandonado no meio de uma frase do segundo capítulo do que se supunha um longo tratado. Essas coisas acontecem normalmente a autores cuja obra se encontra em estado terminal — por morte precoce, por abandono de carreira, por desilusão teórica. Neste caso, porém, estamos diante de um autor ainda jovem (35 anos) que teria uma carreira ativíssima durante ainda quase meio século e que não se afastaria, no essencial, das grandes linhas interpretativas aqui explicitadas.

Uma explicação possível é que o autor deixou o seu tratado assim inacabado porque não viu necessidade de o completar. Abandona a obra a meia frase como que a sugerir que ela poderia ser continuada até ao fim na mesma veia. Aliás, já no interior do próprio texto encontramos sinais do tédio que o viria a assaltar, quando sugere que era preciso fazer a obra em três partes, mas só iria desenvolver a primeira. Como diz o adágio inglês: *he bit off more than he could chew*. Confrontado com o seu próprio tédio — é essa a minha hipótese —, Mauss não teve coragem de admitir a si mesmo que não era homem para escrever grandes e intermináveis tratados *à la* Frazer, Tylor ou Durkheim, engordados por longas e complexas descrições. Esse era o modelo da monografia científica à época. Ora, isso não conseguia fazer — a sua vocação era demasiado teórica; o seu engajamento político, excessivamente vivo; o seu pensamento, essencialmente ensaístico.

Por muito que sua mãe assustada e seu tio prestimoso (Émile Durkheim) insistissem na necessidade de pôr fim à «tese de doutoramento» terminalmente emperrada (Pickering, 2003), o exercício monográfico que se lhe oferecia era por de mais maçador para que o conseguisse levar a termo e, ele próprio, demasiado erudito para se convencer de que o argumento estava completo e terminado. Mais adiante veremos que poderia ainda haver, para esse abandono, razões ligadas a uma certa insatisfação com o caminho teórico seguido ou com o sentimento de que lhe faltava material bruto — já que dependia das etnografias de outros que, à época, estavam a sair(2).

Desde o início, na forte insistência sobre a oralidade da prece — que chega a surpreender o leitor por ser tão enfática —, Mauss dá sinais de ter identificado a essência analítica do argumento. Nas suas palavras: «On cause: et l'on demande une faveur...» (Mauss, 1968 [1909], p. 78) — falando, pede-se um favor. Não há muito mais a dizer, de facto. Pouco depois resumiria a coisa: «os dois fenómenos essenciais da prece [são] (a) a eficácia da palavra e (b) os laços entre os homens e os seus deuses» (*ibidem*, p. 84).

Note-se que não diz «os deuses» mas «os seus deuses» — quer dizer, os deuses que são propriedade desses homens em particular ou que estão a eles de alguma forma vinculados. O desafio para Mauss é compreender a natureza social do sagrado (lido como fenómeno coletivo). Logo no início, rejeitara a noção individual e intimista da prece que o mundo moderno prefere e tinha chamado a atenção para o facto de que a origem do processo não é essa, mas encontra-se, sim, na experiência coletiva. Concordarão que ouvimos aqui ecos da grande obra do seu tio e mestre Émile Durkheim, *As Formas Elementares da Vida Religiosa*, que estava então em plena construção e sairia a público cinco anos mais tarde. Na verdade, na opinião de muitos, a segunda parte da tese que Mauss nunca iria publicar encontra-se inserida no interior da obra do tio, na escrita da qual ele se encontrava intimamente envolvido (Weber e Sembel, 2019).

Só em 1938 é que Mauss se distanciaria da obra do tio, propondo a sua própria formulação para esse nó teórico no brilhante ensaio sobre a noção de pessoa, escrito para ser lido em Oxford, 11 anos após a

---

(2) Se bem que vale a pena insistir que Howard Morphy (2003, pp. 149–153) explicita que a leitura dos ritos e cânticos arunta como prece, que Mauss propõe, veio confirmar-se no essencial em etnografias subsequentes.

morte de Durkheim. O desafio intelectual que o texto constitui — e que ainda está longe de se ter esgotado — prende-se à natureza da relação entre a pessoa humana e o coletivo. Ora, convenhamos que, em 1907, Mauss não consegue avançar além da noção de sagrado como elemento definidor da fronteira entre religião/coletivo e magia/ /individual, limite que separa a prece dos encantamentos mágicos, nas suas próprias palavras.

Mais ainda, Mauss identifica imediatamente o desafio intelectual central em que a prece se configura: a saber, a «questão da eficácia», «como é que as palavras podem afetar os deuses?» (*ibidem*, p. 54). Essa é a pergunta que há a responder se, como ele argumenta, o que qualifica o processo é o recurso à fala como meio de agir sobre o mundo. Se pensarmos bem sobre a situação, Mauss só vai abrir a porta que lhe permitirá antever uma resposta nova para esse desafio no ensaio sobre o dom, que sai a público na *Année Sociologique*, em 1923–1924. Aí, ele sustenta que o princípio da reciprocidade estrutura a vida social, situando-se na origem lógica dos processos coletivos. Os deuses são afetados pelas palavras dos homens porque fazem parte do universo partilhado por esses mesmos homens: são «os seus deuses», como ele diz.

Era isso que ele tinha retirado de sua análise das preces incipientes dos aborígenes australianos, condensada nas linhas finais do fragmento que aqui nos ocupa: (i) o fenómeno é «coletivo» e não individual; (ii) trata-se de «sugestões imperativas», quer dizer, há lugar para um sentimento de que os deuses têm mesmo de responder; (iii) as formulações sibilinas das preces apontam para uma origem mítica que postula um momento anterior de «existência comum» entre os deuses e os homens; (iv) trata-se de «encantamentos» — processos por meio dos quais as coisas são inspiradas a agir, tal como nos cantos eróticos os homens são inspirados à cópula (o exemplo é dele, chamo a atenção).

Levanta-se, pois, a questão de saber porque é que as pessoas consideram que vale a pena rezar para obter fins particulares. Uma recensão que publica na *Année Sociologique* uns anos depois de ter desistido do manuscrito da sua tese volta a confirmar a sua inspiração: «o que torna a prece eficaz é a sua ação íntima e profunda sobre a consciência» (MAUSS, 2003 [1913], pp. 137–138). Acontece que o enigma da eficácia não se limita à prece, aplica-se também à magia — categoria de análise muito corrente nesses anos do início do século XX. Qual a diferença, então, entre as duas? Aqui os ecos da obra de Frazer são ainda muito presentes no texto de Mauss. Sentimos que o autor se queria distanciar deles, como enfatiza Pickering (2003), mas a verdade é que não encontrava meios para o fazer. Essa aproximação entre a prece e o encantamento mágico (uma, supostamente sagrada e o outro, mecânico) parece-lhe difícil de sustentar e, ao mesmo tempo, impossível de rejeitar. Os ritos religiosos, diz-nos Mauss, «distinguem-se dos ritos mágicos na medida em que têm algo a mais; eles são eficazes, com essa mesma eficácia própria dos ritos, mas são-no simultaneamente por si mesmos e por intermédio dos seres religiosos aos quais se endereçam» (1968 [1909], pp. 44–45). Ora, o que qualifica o religioso para Durkheim é a referência ao sagrado e tal tem necessariamente de ser coletivo. Por isso, Mauss é conduzido a insistir na natureza coletiva da prece e na natureza individual da magia — nada disso muito fácil de comprovar à luz do material histórico e etnográfico que possuía.

Ao mesmo tempo, sente-se obrigado a negar que a prece individual moderna possa ser usada para caracterizar a prece em geral como categoria analítica([3]): «em vez de ver na prece individual o princípio da prece coletiva, nós fazemos da segunda o princípio da primeira» (*ibidem*, p. 26). Pergunta-se mesmo em que medida é que, no princípio, «cada um podia ou sabia rezar à sua maneira» (*ibidem*, *loc. cit.*). De um ponto de vista de construção do argumento, o desafio é semelhante ao com que se defronta no ensaio de 1938 sobre a pessoa: a forma mais refinada, em direção à qual as outras se movem — a pessoa ou a prece individualista e interiorizada —, não pode ser tomada como caracterizando essencialmente a categoria analítica, com o risco de tornar todos os comportamentos que não sejam «modernos» sociologicamente incompreensíveis.

Trata-se, pois, de sustentar as bases do sociocentrismo durkheimiano em relação ao desafio analítico que constitui a modernidade.

([3]) Que ele caracteriza sistematicamente por referência aos protestantes — como se essa fosse a forma mais moderna de religião por excelência.

Na sua própria linguagem evolucionista, as formas mais desenvolvidas e, portanto, mais perfeitas podem não ser as mais essenciais e, portanto, as que caracterizariam o fenómeno em geral. Para tal, torna-se necessário recorrer a um dispositivo temporalizante em que a natureza dos fenómenos sociais só se revela por referência a uma história que está neles imanente. Não necessariamente uma história específica, mas uma história que, por ser teoricamente válida para todas as instâncias, se aplica particularmente em todos os casos. É necessário, por isso, ir aos Australianos buscar as origens de toda a humanidade, já que eles seriam a forma de coletividade mais arcaica — não num qualquer sentido atualmente histórico, mas num sentido analítico. Aí se encontrariam «factos suficientemente primitivos para que possamos ficar assegurados de que não existem outros mais próximos do que podemos considerar terem sido as formas primitivas da instituição» (1968 [1909], p. 55). Assim, supostamente o sagrado separar-se-ia do mágico.

Infelizmente, a análise do material empírico realmente existente não se revela tão esclarecedora como seria desejável para Mauss: «não só existe toda uma gama de transição entre a magia e a religião, como as duas coisas frequentemente só se distinguem pelo seu local nos rituais, e não pela natureza da sua ação» (*ibidem*, p. 45). Simplificando para melhor nos entendermos: o coletivo assenta sobre o sagrado e o sagrado define-se por ser coletivo — tudo se torna turvo perante essa «contestable notion of the sacred», como lhe chamava Needham (1981, p. 89). Há algo de muito circular nessa relação definicional que vai sendo montada entre sagrado *versus* magia, coletivo *versus* indivíduo, religião com deuses *versus* encantamento de cunho mecânico.

Concluo, dessa forma, que se Mauss não termina o tratado sobre a prece é porque, enquanto saberia terminar bem de mais o que não lhe interessa, o que lhe interessa deveras ainda não conseguia terminar. O texto fica inacabado porque o fim que ele merece é a restante obra de Mauss, escrita durante esse quase meio século de vida ativa que ainda lhe restava([4]).

([4]) «La prière» é escrito em 1907, quando o autor tem 35 anos. Mauss iria morrer 43 anos depois, em 1950, com 78 anos de idade, depois de uma vida ativa, mas que lhe reservaria grandes tristezas e desilusões.

Etimologias

Examinemos agora como o conceito de «prece» que Mauss propõe se pode relacionar com os significados implícitos nas palavras que hoje usamos para referir a noção de prece. No português corrente, quando queremos falar do objeto sobre o qual Mauss tenta teorizar, dispomos de três palavras que se apresentam ao vulgo como sendo sinónimos: oração, prece e reza. As implicações de cada palavra e as suas histórias são diferentes e sabemos bem que os seus significados técnicos divergem. Contudo, na essência, um falante contemporâneo de português terá dificuldade em explicar a natureza dessa divergência e ninguém se surpreenderá com uma frase do género: «todos os dias rezo à Virgem Maria; a minha oração é uma prece de amor». Creio, pois, que para nossa própria educação valerá a pena realizar um pequeno exercício etimológico no sentido de ver se, na história dessas palavras tal como nós, Europeus, a contamos a nós próprios, existe um traço de significado que possa alertar para os aspetos definicionais mais centrais no que hoje vemos como um e não como três conceitos(5).

A palavra «oração», derivada do substantivo latino *oratio*, tem essencialmente três gamas de significado. O primeiro, e mais vulgar, é «súplica ou veneração religiosa pela qual o crente se dirige à divindade, aos santos ou a entidades sobrenaturais». Mas a palavra tem implicações especiais na retórica, em que assume o significado de «discurso elaborado, eloquente, que se destina a impressionar e persuadir», e na linguística, em que remete para «uma unidade sintáctica composta por um predicado e um sujeito [...] articulados entre si».

Como é de imaginar, *oratio* remete para o verbo *orare*, que significa «falar, dizer, contestar, advogar, suplicar». Note-se que se passa da articulação da fala à imposição, o que recorda a leitura que Mauss faz das preces aborígenes como «sugestões imperativas». O falar remete para o exigir — uma continuidade que emerge de

(5) Recorri à ajuda de dois dicionários de latim-português: o *Novíssimo Dicionário*, Paris, 1927, e o *Magnum Lexicon* de Frei Manuel de Pina Cabral, na edição de Paris de 1846.

todo esse nosso exame e que aponta claramente, como veremos mais adiante, para as mais recentes teorias sobre a origem da linguagem (TOMASELLO, 2008). Acontece que hoje sabemos que essa remissão não é exclusiva do caso aborígene que Mauss estuda, mas está implícita na estrutura das mais antigas preces indo-europeias que se conhecem. Na enciclopédia de MALLORY e ADAMS, o seguinte padrão formulaico é identificado: «(1) *evocação*, o endereçar da divindade cuja assistência se solicita; (2) *base*, a justificação de porque é que a divindade deve ser honrada ou estar interessada em assistir; e (3) *pedido*, a expressão da ação desejada, frequentemente dada no final na forma imperativa do verbo» (1997, p. 450).

Por sua vez, *orare* deriva da palavra latina *os, oris*, que remete para uma origem comum a todas as línguas indo-europeias e que, no proto-indo-europeu, significava «boca» ou «face». A expressão latina, porém, implica um deslize semântico que merece a nossa atenção, já que pode querer dizer «boca» ou «língua», mas acaba por significar «idioma» ou «linguagem».

Por seu turno, a palavra portuguesa «prece» é essencialmente latina. Ela deriva de *prex, precis*, aparentemente pouco usada no latim clássico, mas que, no plural, *preces*, significa «súplicas, pedidos, rogos, instâncias». Dizem os dicionários que, em Horácio, a expressão passa do significado «súplica» para o de «praga» ou até «maldição» e que, em Ovídio, assume por vezes o sentido de «imprecação». O vocábulo é de origem indo-europeia, com o sentido de «pedir, solicitar». Em sânscrito, *parsn-* queria dizer «pergunta». Assim, mais uma vez, nesse deslize histórico que leva a fala a remeter para a imposição, voltamos à questão central da eficácia, que tanto fascinava Mauss e a que parece não ter conseguido responder no seu texto: como é que passamos da súplica/pedido à imprecação/exigência? Como dizia ele, o que faz que os deuses respondam?

Finalmente, o verbo «rezar», segundo o *Dicionário da Academia de Ciências de Lisboa*, que temos vindo a usar, significa «comunicar com Deus pela oração». Curiosamente, porém, a palavra tem um segundo sentido quando usada para significar «está escrito», tal como na expressão comum «como reza a tradição». A implicação é interessante porque remete para a memória, o que não surpreende se pensarmos que a etimologia latina de «rezar» é *recitare*, cujo sentido, por sua vez, é «ler em voz alta» ou «dizer de memória».

O verbo original era *citare*, cujos significados têm algo de surpreendente, porque aludem a toda uma nova série de implicações semânticas. O dicionário dá-nos oito significados que se encadeiam da seguinte forma:

1. Mover, abanar, sacudir;
2. excitar, provocar;
3. brotar, dar, produzir;
4. incitar, agitar, apertar;
5. chamar, convocar, reunir, nomear;
6. citar para comparecer em juízo, acusar, dar testemunho, depor;
7. mencionar, aclamar, proclamar;
8. contar, recitar.

O que vemos neste processo semântico é que o ato de abanar, excitar — isto é, provocar à ação — dá ensejo ao sentido de convocar, de nomear e de citar para comparecer em juízo. O significado de chamar alguém à presença é derivado do de provocar à ação, de mobilizar através da nomeação. Adicionando a esse sentido de chamamento a noção de repetitividade, temos o conceito de rezar. Vemos, pois, que há uma *nuance* interessante entre reza e prece. No primeiro caso, o ónus do movimento está com quem realiza o ato, mobilizando essa força ou divindade; no segundo, é a divindade quem responde ao pedido. Finalmente, a palavra oração remete para a fala, o instrumento de comunicação. Como insistia Mauss, «a prece é evidentemente um rito oral» (1968 [1909], p. 48) e o que permite essa mobilização é «a virtude das palavras» (*ibidem*, p. 49). E aí, mais uma vez a pergunta enervante volta a levantar-se: «como é que as palavras podem ter uma virtude, comandar uma divindade?» (*ibidem*, p. 54).

Vejamos um caso distante que nos poderá talvez ajudar a des-etnocentrificar a análise, como gostava de dizer Julian Pitt-Rivers (1992)([6]). O chinês falado moderno (usarei aqui a transcrição *pinyin*

([6]) Agradeço a Mónica Chan a sua contrariada ajuda.

do mandarim oficial) recorre frequentemente a unidades semânticas bissilábicas. Quando queremos dizer que alguém está a rezar (no sentido de uma oração que inclui uma prece — o que os Ingleses traduziriam como *petitionary prayer*), é usada a expressão *qi-dao* 祈禱. Essa expressão é escrita por meio de dois caracteres e é na configuração semântica neles inscrita que poderemos procurar, em chinês, algo parecido com o tipo de encadeamento semântico que nas línguas indo-europeias encontramos com o exercício etimológico.

Ambos os caracteres são compósitos — *qi* 祈 e *dao* 禱 — e são constituídos através da qualificação de um radical comum a ambos (示), que significa algo como «sinais do céu» e que tem um derivado cujo sentido é «mostrar». Na sua origem, dizem os professores que ensinam a escrever, esse radical pode ser analisado como representando hieroglificamente o céu ou um ente superior, irradiando para baixo — isto é, revelando algo. Como sabemos, o valor histórico dessas explicações pode não ser grande, o que não lhes retira, porém, interesse para nós, pois elas revelam as disposições de quem usa os caracteres.

Segundo os dicionários, *qi* 祈 significa «pedir à divindade». O carácter é constituído pela conjugação do radical «sinais do céu» com um outro componente relativamente simples, cujo sentido foi evoluindo através dos tempos. Originalmente, este segundo elemento — 斤 — significava um tipo de machado arcaico feito de madeira e hoje adquiriu o significado de uma unidade de peso. Talvez possamos julgar melhor a forma como esse elemento qualifica o radical «sinais do céu» (示) dando vez ao carácter «pedir à divindade» (*qi* 祈), se compreendermos que ele é usado como radical nos caracteres que significam «cortar» (*to chop* em inglês) e «partir». Associando esses vários sentidos, podemos aperceber-nos da forma como *qi* 祈 conjuga a noção de que os sinais do céu são interpretáveis, sendo possível agir sobre eles, no mesmo sentido que está inscrito na etimologia de *recitare*: pôr em movimento algo novo.

A segunda sílaba da palavra bissilábica moderna *qi-dao* 祈禱 é escrita através da conjugação com o mesmo radical «sinais do céu» (示) de um outro elemento, desta vez muito complicado e, correspondentemente, misterioso. *Dao* 禱, dizem os dicionários, significa «rezar narrando»; isto é, implica uma narrativa no mesmo sentido em que as preces indo-europeias envolviam uma explicação (a «base») e um pedido. O elemento complementar, neste caso — 壽 —, remete para a qualidade do ancião, a longevidade. Aparentemente, é através desse sentido que se origina um sentido subsequente de oferta ritual comemorativa, de sacrifício. O conceito remete, pois, para uma relação de codependência ritual radicada no passado, tal como no caso das preces totémicas estudadas por Mauss ou da tal *base* das preces indo-europeias.

Podemos, portanto, concluir que a forma como o chinês moderno descreve a prece conjuga as duas principais implicações que o autor encontrava interligadas nesse conceito: o aspeto de conceitualização (ligado à crença) e o aspeto de ação (ligado ao rito) — o primeiro mais explícito nos ecos semânticos inscritos no carácter *qi* 祈 e o segundo nos do carácter *dao* 禱. Como dizia MAUSS:

> todo o rito corresponde necessariamente a uma noção mais ou menos vaga e toda a crença suscita movimentos, por ténues que sejam. Mas é sobretudo no caso da prece que a solidariedade das duas ordens de factos ressalta como evidência. Aqui, o lado ritual e o lado mítico não são rigorosamente senão as duas faces de um mesmo e único ato. [...] Sobretudo, não está em questão atribuir uma espécie de primazia a qualquer um deles. (1968 [1909], p. 8)

Em todos esses casos, verificamos que conceitualização e ação se combinam de tal forma, que um ato de comunicação de aspeto linguístico causa um evento desejável através da evocação de uma relação com uma entidade. Como qualificar essa entidade? No caso chinês, a noção de que se trata de um ente superior é explícita através do remeter para o céu. Mas nos casos estudados por Mauss na Austrália, estão em questão espécies animais totémicas de todos os tipos. Ora, se dermos à categoria prece o sentido analítico abrangente que Mauss desejava, vamos deparar-nos com uma longa lista de entidades que inclui demónios, espíritos dos mortos, espíritos do lugar e até entidades naturais como montanhas, rios ou estrelas. O problema com que nos defrontamos aqui era, em certo sentido, estranho a Mauss, porque para ele palavras como «religião», «sagrado» ou «magia» continham um poder explicativo que, para nós, hoje, deixaram de conter. A questão comparativa põe-se para nós de forma mais candente.

A usura do tempo

Passado um século, perdemos algumas das certezas que caracterizavam os primeiros modernistas sociológicos. Hoje, «religião», «sagrado» ou «magia» deixaram de ser categorias analíticas de abrangência universal e passaram a não ser mais do que vagas categorias heurísticas que remetem para a perceção de algo só tendencialmente comum entre toda a gama de coisas que, no passado, lhes foi dado qualificar (PINA-CABRAL e PINE, 2008). A categoria religião, por exemplo, tão central ao argumento de Mauss (como explica Needham no seu ensaio seminal sobre o assunto), perdeu os seus contornos analíticos e passa a apontar unicamente para uma «doubtful quality of troubled conscience» (NEEDHAM, 1981, p. 72 — «a duvidosa qualidade de ter a consciência inquieta»). Needham faz o luto das certezas analíticas modernistas, mas acaba por compreender que na base de tais incertezas se podem, afinal, construir edifícios. O conceito, explica ele, «possui algumas conotações *odd-job*(7) que o tornam mais ou menos útil para a classificação preliminar de factos sociais e para descrições genéricas» (*ibidem*, p. 73).

Chegamos, pois, ao momento de nos debruçarmos sobre um dos aspetos mais curiosos do texto de Mauss, a sua insistente preocupação metodológica, em particular no Livro I. Com efeito, ao especificar os processos analíticos a que recorre e as suas consequentes implicações metodológicas, abre o seu texto ao nosso olhar crítico. Normalmente, quando lemos os clássicos modernistas, somos levados por uma espécie de *withholding of disbelief* a empurrar para o lado esses aspetos do argumento que um século depois já não são aceitáveis. Neste caso, porém, até pela natureza fragmentária do texto, somos obrigados a focar-nos menos no que ele iria dizer sobre a prece e mais no que ele presume como contexto analítico indispensável para a entender.

(7) Remetendo aqui para o conceito wittgensteiniano de associação livre, de cariz politético.

Identificamos pelo menos três pressupostos fundamentais da argumentação de Mauss que se apresentam como tendo sofrido a usura do tempo e a passagem de um século de desconstrução analítica. Sintetizo-os aqui por meio de três chavões: o «fideísmo», o «primitivismo», o «utopismo».

Comecemos com o «fideísmo». Recorro aqui à expressão proposta por Sabbatucci (2000) para qualificar uma forma de pensar o próprio pensamento humano que atribui à crença um papel fundamental e que concebe essa crença à luz do conceito cristão de «fé». Já Needham, em *Belief, Language and Experience* (1972), nos tinha alertado de que «a tradição aristotélica de classificação, que subsume progressivamente os atributos em géneros mais e mais abrangentes» e presume a existência de «uma essência comum» para cada conceito, não pode constituir um pano de fundo universalizante para o estudo da religião. O mesmo autor avisa-nos dos pressupostos eurocêntricos modernos inscritos nas nossas abordagens da religião que nos levam a conceber a crença como um estado interior e a religião como respondendo a toda uma gama de noções de estética cerimonial (Needham, 1981, pp. 82 e 90). Essa forma de ver a crença não simplesmente como uma atitude proposicional (*belief that*), mas como envolvendo uma determinação identitária (*belief in* — Ruel, 2002 [1982], p. 110), está por trás de algum do estranhamento que experimentamos quando nos deparamos com frases de Mauss como a seguinte:

> a prece [...] endereça-se à divindade e influencia-a; ela consiste em movimentos materiais dos quais se esperam resultados. Mas, ao mesmo tempo, toda a prece é sempre, até certo ponto, um *Credo*. Mesmo aí, onde o uso a esvaziou de sentido, ela exprime sempre um mínimo de ideias e sentimentos religiosos. (1968 [1909], p. 7)

Afirmações desse tipo escondem todo um mundo de pressupostos eurocêntricos — não só sobre a natureza da sociedade como sobre a própria natureza do pensamento humano — que dificultam a tarefa analítica de Mauss. A antropologia contemporânea luta por se libertar deles e da forma como põem em causa a própria possibilidade de prosseguimento da tarefa antropológica (Pina-Cabral, 2009b).

O segundo aspeto com o qual nos defrontamos é o «primitivismo». Trata-se de uma disposição metodológica que não abandonou ainda a antropologia e que nos persegue hoje como uma espécie de «falácia-sombra» (na expressão de Ruel) mais do que como uma metodologia analítica explícita (Pina-Cabral, 2009a). Para Mauss e Durkheim, porém, tratava-se de uma importante descoberta analítica que eles estavam prontos a teorizar:

> Em vez de partirmos do género para chegar à espécie, partimos das formas mais rudimentares que o facto considerado tenha apresentado para seguir progressivamente para as mais desenvolvidas, vendo como é que as segundas emergiram das primeiras. [...] perguntamo-nos qual é a mais rudimentar de todas as formas conhecidas de prece para determinarmos em seguida a forma imediatamente superior que dela tenha emergido, a forma como ela foi derivada e assim por diante, até alcançarmos as mais recentes. (Mauss, 1968 [1909], p. 35)

Mauss chega mesmo a advogar o estudo das *formes frustes* como sendo mais interessante e urgente para a compreensão dos factos sociais do que o estudo dos seus imediatos antecedentes históricos (*ibidem*, p. 12). A natureza valorativa da expressão surpreende quando vemos que o antónimo que o *Petit Robert* nos dá para *fruste* é «afinado, cultivado, fino, refinado» e que a frase é usada sobretudo em medicina para referir «a expressão abortada, atenuada ou atípica de uma condição patológica».

Aqui, então, deparamo-nos com o terceiro pressuposto analítico — o «utopismo» —, possivelmente o mais abrangente. Trata-se do pressuposto de que existe uma direção lógica na evolução dos fenómenos sociais que os leva do mais simples e *fruste* ao mais complexo e refinado; e que esse processo evolutivo é essencialmente movido pela razão. Trata-se de um utopismo porque o que move esse pressuposto não é uma observação histórica, antes sim um devir estrutural. Estamos, assim, perante uma dinâmica que, mesmo quando não se atualiza, permanece imanente aos fenómenos estudados. O futuro vai numa direção identificável na qual a razão vence — não fica explícito o que pode ser considerado mais racional nem sob que princípios, pelo que o eurocentrismo entra à vontade por essa porta aberta. Esse futuro, porém, pode bem não ser atualizado pela história. O projeto é visto como intrínseco aos factos sociais, mesmo se não for confirmado pela história. Só assim podemos compreender essa noção de que a ordem lógica se sobrepõe à ordem histórica — de que as estruturas têm o seu devir. Por exemplo, as noções de «recuo», de «degeneração» ou de «regressão» remetem para essa temporalidade lógica (e, por conseguinte, utópica) e não fariam sentido sem ela.

Só assim se podem interpretar frases de Mauss como a seguinte:

> Mas a prece não teve só uma marcha ascendente. Teve também as suas regressões, que temos de ter em conta se quisermos traçar a vida dessa instituição. Muitas vezes, preces que eram completamente espirituais tornam-se no objeto de uma simples récita, excluída de toda a personalidade. Caem ao nível de um rito manual, mexem-se os lábios como noutros casos se mexem os membros. As preces continuamente repetidas, as preces em línguas que não se compreendem, as fórmulas que perderam todo o sentido, aquelas cujas palavras estão de tal forma gastas, que se tornaram irreconhecíveis — todos esses são exemplos claros de recuos. Mais ainda, vemos nalguns casos uma prece muito espiritual degenerar, a ponto de não ser mais do que um simples objeto material... (1968 [1909], p. 12)

Junta-se nessa frase a valorização de um conceito de crença fideísta perante outras formas de pensar com uma metodologia de análise primitivista, ambas enquadradas por uma noção utópica da razão que é, em última instância, uma manifestação do modernismo conceitual e político que guiava o pensamento de Mauss e que se torna tão explícito, por exemplo, nas últimas páginas do ensaio sobre o dom.

Os deuses respondem porque nos entendem

Voltemos à questão da eficácia, já que foi em torno dela que se desenvolveu a dinâmica central de toda esta discussão. As entidades às quais as pessoas historicamente dirigiram atos comunicacionais que, de uma forma ou de outra, poderíamos incluir na grande categoria de prece tal como ela é definida por Marcel Mauss são infinitamente variadas. Uma coisa as une: o de supostamente entenderem a natureza do que se lhes diz. Aí o nosso autor acertou em cheio: a comunicação linguística (num sentido muito geral e, portanto, nem por isso a oralidade propriamente dita) é definicional de todo o complexo da prece.

A pergunta, então, tal como Mauss a coloca é a seguinte: porque respondem os deuses? Acontece que os deuses muitas vezes não respondem — não é esse, afinal, o famoso «silêncio de Deus» da teologia cristã? Quando quero exigir que os deuses respondam, eles ficam calados. E contudo, posso esperar uma resposta, desde que não cometa o crime da húbris que os Gregos tanto deploravam. Exigir uma resposta é violar o meu interlocutor. Posso, pois, esperar resposta, não posso nunca é saber qual será. Os deuses são meus parceiros comunicacionais; não sei como responderão, mas sei que me entendem.

A resposta à pergunta de Mauss sobre a eficácia da prece encontra-se inscrita na própria natureza profunda da comunicação humana (tanto em processos propriamente linguísticos, como em processos paralinguísticos que não dependem diretamente do uso de palavras, como mostra Mauss). Os deuses respondem porque entendem. Para eu entender uma mensagem, tenho de atribuir à sua fonte a capacidade de me compreender e, para isso, essa entidade tem de me considerar como partilhando uma condição comum com ela. A compreensão linguística assenta numa incompletude essencial: numa indeterminação radical. O que nos permite ultrapassar essa indeterminação e entender o que nos dizem os outros é esse salto hipotético que nos leva a julgar que os outros são como nós. Assim, nunca nos entendemos integralmente — tal ideal jamais fará sentido. Se, apesar de tudo, nos entendemos, é porque estamos dispostos a presumir que o nosso interlocutor (a) é parecido connosco de uma forma muito essencial e (b) vive num mundo cujas características externas são essencialmente semelhantes às do mundo em que vivemos. Em suma, no fundo de toda a comunicação, encontramos a «caridade interpretativa» de que falam W. V. Quine e Donald Davidson; uma condição *sine qua non* para toda a compreensão (Davidson, 2001 [1984]).

Portanto, se vale a pena pedir seja o que for — mesmo numa situação de desespero terminal —, é porque pode ser que, entendendo-me, a entidade a quem eu peço seja possuída de caridade interpretativa. Ora, só uma entidade que partilhe essencialmente de um sentimento de corresponsabilidade para comigo é que pode ser possuída desse tipo básico de disposição sem o qual não pode ocorrer linguagem, nem pensamento, nem cultura — já que esses só podem ocorrer a criaturas que tenham anteriormente entrado no domínio da linguagem.

Sei bem que o termo «caridade» aqui usado desta forma causará estranheza a muitos, pois serão levados a atribuir-lhe sentidos mais abrangentes do que o estrito significado comunicacional que dá força ao conceito davidsoniano. No fundo, porém, o que se argumenta é que existe um substrato ético em todos os processos comunicacionais — um «paradigma afetivo», como diria Needham. A palavra «ético» é usada aqui num sentido que remete para a partilha de uma condição no mundo constituinte da autoconsciência de quem a partilha. Quer dizer, o conceito não se confunde com qualquer moral especificamente formulável por ser muito mais abrangente e porque presume sempre que a alteridade — o confronto com o Outro — é (a) anterior a qualquer conceção de identidade e (b) constitutiva.

Concluindo, pois, em linguagem um pouco mais metafórica: se os deuses respondem, é porque os deuses entendem e, se entendem, é porque sabem o que é a minha alegria e o meu sofrimento. Ora, se eles partilham desses paradigmas afetivos, é porque, em muitos aspetos, partilham da minha condição. Tal como Mauss observa por relação aos rituais australianos que examina, as preces são sugestões imperativas que assentam na perceção de uma existência anterior comum aos homens e aos deuses — a tal *base* das mais antigas orações indo-europeias que MALLORY e ADAMS (1997) identificam ou a codependência baseada no passado inscrita na história do carácter chinês *dao* 禱. As preces dos aborígenes australianos eram «ensaios [...] para exprimir por meio de uma fraseologia sumária que a divindade está à distância e que queremos fazê-la vir a nós» (MAUSS, 1968 [1909], p. 80).

O autor sintetiza o seu argumento da seguinte forma: «On cause: et l'on demande une faveur...» — falando, pede-se um favor. Até agora, focámos a nossa atenção sobre o falar, mas há que olhar para o segundo conceito presente nesta frase-sumário: «favor». Temos de nos perguntar que género de entidade pode estar sujeita a cometer um favor. A questão não se põe tanto no sentido de esperar sempre generosidade dos outros; nem no sentido de reciprocidade entre entidades separadas, como Mauss viria mais tarde a formular, em que eu ofereço algo na esperança de receber algo. Trata-se, sim, de mutualidade — no sentido de estar juntos e interativos face a uma condição comum.

Como demonstram os estudos recentes sobre comunicação animal e humana, o que diferencia a comunicação humana da dos outros grandes primatas, dando vez à linguagem, é os humanos esperarem que o outro considere que vale a pena informar-nos do que ele ou ela deseja. O processo, a partir desse ponto, é recursivo, dando lugar à constituição de um campo comum de ação (um mundo comum). Nas palavras de Michael Tomasello, os humanos «têm tendência a informar simplesmente os outros de coisas para os ajudar, mesmo fora de um qualquer contexto no qual eles próprios possam receber um benefício mútuo» (Tomasello, 2008, p. 171). Essas formas de «intencionalidade partilhada» estão inscritas na própria possibilidade da linguagem. Assim, podemos entender que a prece, como ato de linguagem por excelência, não escape ao pressuposto geral da ajuda mútua.

Aí talvez possamos entender num sentido menos sociocêntrico a insistência de Mauss de que o que está em causa são os «nossos deuses» — entidades poderosas com as quais partilhamos uma comunidade qualquer. O caso chinês, aliás, ajuda-nos a fugir um pouco às implicações fideísticas por trás desse uso sumariante da palavra «deuses», já que *qi-dao* pode ser usado também para uma comunicação escrita com o imperador ou com os nossos pais, quando a questão é mostrar extremo respeito; por outro lado, no caso dos aborígenes, tratava-se até frequentemente de espécies de insetos referidas como animais totémicos do grupo. Aquilo de que todas essas entidades partilham é a condição de nos entenderem e, por isso, sentirem por nós; estarem dispostas a responder sem para tal necessitarem de um interesse imediato. Só assim é possível conceber que o nosso pedido as possa levar à ação.

Bibliografia

DAVIDSON, Donald, *Inquiries into Truth and Interpretation*, Oxford, Clarendon Press, 2001 [1984].

MALLORY, James P. e ADAMS, Douglas Q., *Encyclopedia of Indo-European Culture*, Chicago, Fitzroy Dearborn, 1997.

MAUSS, Marcel, La prière, *in* KARADY, Victor (org.), *Oeuvres 1: Les fonctions sociales du sacré*, Paris, Les Éditions de Minuit, 1968 [1909]. Disponível em: http://classiques.uqac.ca/classiques/mauss_marcel/oeuvres_1/oeuvres_1_4/la_priere.html.

MAUSS, Marcel, Mauss's review of Sergond's book on Prayer, *in* PICKERING, W. S. F. (org.), *Marcel Mauss on Prayer*, Oxford, Berghahn, 2003 [1913].

MORPHY, Howard, Some concluding anthropological reflections, *in* PICKERING, W. S. F. (org.), *Marcel Mauss on Prayer*, Oxford, Berghahn, 2003, pp. 139–154.

NEEDHAM, Rodney, *Belief, Language and Experience*, Oxford, Blackwell, 1972.

NEEDHAM, Rodney, *Circumstantial Deliveries*, Berkeley, University of California Press, 1981.

PICKERING, W. S. F., Introduction to an unfinished work, *in idem* (org.), *Marcel Mauss on Prayer*, Oxford, Berghahn, 2003, pp. 1–15.

PINA-CABRAL, João, Larger truths and deeper understandings: debate with Jean Lydell, *Social Anthropology* 16, 2009a: pp. 346–354.

PINA-CABRAL, João, The door in the middle: six conditions for anthropology, *in* JAMES, Deborah; PLAICE, Evelyn e TOREN, Christina (org.), *Culture Wars: Context, Models and Anthropologists' Accounts*, Nova Iorque e Oxford, Berghahn, 2009b, pp. 264–290.

PINA-CABRAL, João, A prece revisitada: comemorando a obra inacabada de Marcel Mauss, *Religião e Sociedade* 29, 2009c: pp. 13–28.

PINA-CABRAL, João e PINE, Frances, On the margins: an introduction, *in* PINA-CABRAL, João e PINE, Frances (org.), *On the Margins of Religion*, Londres e Nova Iorque, Berghahn, 2008, pp. 1–10.

PITT-RIVERS, Julian, The personal factors in fieldwork, *in* PINA-CABRAL, João e CAMPBELL, John (org.), *Europe Observed*, Oxford, St. Antony's/ /Macmillan, 1992, pp. 133–147.

RUEL, Malcolm, Christians as believers, *in* LAMBEK, Michael (org.), *A Reader in the Anthropology of Religion*, Oxford, Blackwell, 2002 [1982], pp. 99–113.

SABBATUCCI, Dario, *La prospettiva storico-religiosa*, Roma, Seam, 2000.

TOMASELLO, Michael, *Origins of Human Communication*, Cambridge, MIT Press, 2008.

WEBER, Florence e SEMBEL, Nicolas (org.), Présentation: Une étape méconnue dans l'œuvre de Mauss, *in* MAUSS, Marcel, *La prière*, organização de WEBER, Florence e SEMBEL, Nicolas, Paris, Quadrige/ /Presses Universitaires de France, 2019, pp. 1–42.

LIÇÃO 17

Robert Michels: oligarquia e soberania popular

CONCEIÇÃO PEQUITO
Instituto Superior de Ciências Sociais e Políticas da Universidade de Lisboa

Robert Michels nasceu em 1876, em Colónia, e morreu em Roma, em 1936. Oriundo de uma família da alta-burguesia, conservadora e profundamente católica, viveu entre 1895 e 1896, por volta dos 20 anos, um breve parêntese militar em Weimar, Iena e Hanôver, no Regimento do Grão-Duque da Saxónia, antes de seguir o ensino universitário, iniciando, então, uma romaria pelas mais prestigiadas academias europeias.

A pertença ao patriarcado católico de Colónia determina a sua oposição à construção da unidade alemã sob o domínio prussiano e, enquanto jovem docente na Universidade de Marburgo, torna-se socialista. Durante este período, participa nos debates teóricos que animaram a Segunda Internacional, estabelece contactos pessoais e epistolares com os principais representantes do movimento operário europeu, colaborando com inúmeros jornais e revistas afetos ao socialismo, ao mesmo tempo que participa em vários congressos do Partido Social-Democrata Alemão (SPD) e da Segunda Internacional Socialista. Acabará, contudo, por abandonar o SPD, em 1907, e, alguns meses depois, renunciará também à sua qualidade de membro do Partido Socialista Italiano. A impossibilidade de seguir uma carreira académica na Alemanha, por razões estritamente políticas, obrigá-lo-á a mudar-se para Itália, onde, em 1907, obtém um lugar na Universidade de Turim e conhecerá Gaetano Mosca. Profundamente desencantado com a evolução do SPD, Michels abandona a vida política ativa para se dedicar exclusivamente ao estudo do fenómeno organizacional no seio dos partidos operários em sede científica.

A entrada no universo académico, mas também a sua amizade com Weber e outros sociólogos italianos (nomeadamente Mosca), permite-lhe transitar para um registo mais científico, supostamente imparcial e neutro, do qual resulta a publicação de escritos em revistas e, em 1911, de *Para Uma Sociologia dos Partidos Políticos na Democracia Moderna*, obra em que constrói um modelo interpretativo único do funcionamento interno e da evolução dos modernos partidos de massas, baseado na sua célebre «lei de ferro da oligarquia». Conclui aí, comprovando a sua associação aos elitistas clássicos (Gaetano Mosca e Vilfredo Pareto), que a organização é a fonte do domínio dos eleitos sobre os eleitores, dos mandatários sobre os mandantes, dos delegados sobre aqueles que delegam. «Quem diz organização diz oligarquia.» Toda a organização partidária representa um poder oligárquico que repousa sobre uma base democrática. Em toda a parte se encontram eleitores e eleitos. Mas também em qualquer lugar se encontra um poder quase ilimitado dos eleitos sobre as massas que elegem. A estrutura oligárquica do edifício acaba por reprimir o princípio democrático fundamental. Ou seja: aquilo que é oprime aquilo que deveria ser. Donde, a massa jamais será soberana, a não ser de forma puramente abstrata.

Mas se, enquanto académico, esta conclusão faz que, na história do pensamento sociológico e político, Michels apareça associado a Mosca e a Pareto, as obras destes três autores estão longe de ser convergentes. Ao contrário dos dois expoentes clássicos da teoria das elites, Michels não soube separar o valor científico da sua teoria do uso ideológico. Se o trabalho construtivo de Mosca e Pareto se faz acompanhar sempre de uma eficiente demolição das antigas e novas doutrinas políticas — edificadas não sobre o terreno sólido dos factos, mas sobre o campo inseguro dos desejos e das paixões —, Michels não soube subtrair-se a esta influência. Tanto assim é que a fase final da sua produção científica se traduz essencialmente na construção de uma «fórmula política» capaz de legitimar aos olhos dos cidadãos o regime fascista e a liderança carismática (e antidemocrática) de Benito Mussolini.

Robert Michels procurou, a partir de princípios extracientíficos, demonstrar que não só era cientificamente aceitável, como era também politicamente necessário o regime fascista, pois só este permitia o contacto direto com as massas e a tradução da sua vontade geral. A sua preocupação fundamental não é tanto a construção de uma ciência objetiva do político e do social, nem tão-pouco a destruição dos mitos e ideologias anteriores. É sobretudo a reformulação da teoria democrática, suscitada pelas profundas mudanças sociopolíticas que sacudiram a Europa no final do século XIX e início do século XX, e que estão na base do advento de um tipo de sociedade totalmente distinto: a sociedade de massas.

Neste sentido, Robert Michels foi simultaneamente espectador e ator de um tempo marcado pela passagem da democracia parlamentar para a democracia de massas, e pela transição dos tradicionais «partidos de quadros» para os modernos «partidos de massas». Se no parlamentarismo perduravam ainda os traços de um mundo aristocrático, na democracia de partidos são as massas que fazem a sua entrada em cena, sendo a relação *intuitu personae*, própria do período parlamentar, substituída pelo voto partidário, que reproduz com fidelidade a divisão da sociedade em classes.

Com a extensão do sufrágio universal, os partidos políticos transformam-se em elementos e forças fundamentais da estrutura política, apresentando-se o «partido de massas» como o único modelo organizativo capaz de responder à necessidade de cortejar e mobilizar novos grupos de eleitores e desenvolver uma direção mais unificada e uma disciplina mais rígida. No seu rasto, afirmam-se novos papéis políticos: a emergência dos profissionais da política, associada à burocratização e remuneração da atividade partidária. Questionam-se também as próprias condições de pensamento do universo democrático: as pressões ambíguas e contraditórias daquilo a que Sartori chamou a «democracia do grande número». É, pois, à luz destas profundas transformações que a vida e obra de Michels devem ser analisadas e interpretadas.

Quando, por ocasião da Primeira Guerra Mundial, Robert Michels deixa Turim para se fixar na Suíça, cortando com o mundo germânico, naturalizando-se italiano e tornando-se professor de Economia

Política na Universidade de Basileia, bem como numa espécie de embaixador das posições políticas do fascismo, o rumo da sua progressiva aproximação a Mussolini estava aparentemente traçado. O ano de 1911 é decisivo no seu percurso biográfico e intelectual, pois é a data da publicação de *Para Uma Sociologia dos Partidos Políticos na Democracia Moderna*, da controvérsia sobre a intervenção italiana na Líbia e da sua descoberta da Nação como instrumento da mudança política e social. Justamente, o «momento zero» da sua opção fascista.

Assim, se o exame do funcionamento interno dos partidos socialistas e revolucionários lhe permite concluir que estes jamais poderão representar autenticamente a vontade popular, já a guerra de Itália com a Turquia pela posse da Líbia obriga-o a rever e a abandonar o internacionalismo proletário, aproximando-se paulatinamente das teses filocolonialistas. Perante as crises de direção política dos partidos socialistas e a falência das utopias revolucionárias, Michels parece encontrar na Nação um veículo capaz de exprimir a vontade popular, promover a mobilização política e arrancar a sociedade do imobilismo. Doravante, a redenção da classe operária deveria ser procurada não já nos partidos socialistas-revolucionários, mas no nacionalismo emergente, o qual seria para as nações proletárias aquilo que o socialismo não fora para o proletariado.

Michels político: a chegada ao socialismo e a militância partidária

O que terá levado Robert Michels a aderir ao socialismo italiano (1902) e, logo depois, à social-democracia alemã (1903)? Quais as razões do fascínio de Michels pelo socialismo italiano e alemão no despontar do século XX?

Atendendo às suas origens familiares, facilmente se percebe que Robert Michels — já na qualidade de militante do Partido Socialista Italiano e do Partido Social-Democrata Alemão — insista nos seus primeiros textos quer no confronto entre a situação do operário socialista e a do burguês socialista (Michels, 1982 [1911], pp. 141–143), quer no papel essencial dos intelectuais burgueses desertores no seio do movimento operário organizado (MICHELS, 1908, *in* COURS-SALIES e VINCENT, 1992; MICHELS, 1982 [1911], pp. 185–193). Se é bastante fácil compreender e explicar a adesão do trabalhador assalariado (operariado) ao movimento socialista organizado, tal assim não é no caso dos filhos da burguesia. Segundo Michels, para as famílias proletárias o socialismo representa um fenómeno ambiental ou uma espécie de hábito mental que se transmite de pai para filho(1). Já a situação do socialista de origem burguesa é completamente distinta e até trágica do ponto de vista pessoal, uma vez que esta acarreta não só um duro ostracismo social, mas também o repúdio da própria família(2). Ao socialista burguês é permitido tão-somente professar um vago «humanitarismo»; ou, então, definir-se como um socialista apenas em conversa privada. Pois, no momento em que o desertor, como militante filiado no movimento operário, manifesta a intenção de exercer uma atividade pública no seio do movimento socialista organizado, «[...] imediatamente adquire junto da sua própria classe de origem a reputação de um louco ou de um *mauvais sujet*» (*idem*, *ibidem*, p. 186).

Michels insiste na defesa dos intelectuais burgueses no seio do movimento operário organizado contra todos aqueles que veem neles uma séria ameaça à sua integridade ideológica e política. Para ele, o «aburguesamento do partido» (nomeadamente no interior do SPD alemão) não se deve à presença dos intelectuais burgueses,

(1) Escreve o autor que «[...] os membros do proletário não precisam de evoluir gradualmente para o socialismo, violentando os seus instintos, rompendo os seus laços tradicionais: ele nasce, por assim dizer, socialista e até membro do partido [...]». E tal assim é porque se formara «[...] em certos meios operários [...] uma verdadeira tradição socialista. O filho herda o espírito de classe do pai, que, por sua vez, o herda do avô.» Numa ideia: os operários têm o «socialismo no sangue» (MICHELS, 1982 [1911], pp. 141–142).

(2) Escreve Michels a este propósito: «Quanto mais rica for a família à qual pertence o socialista burguês; quanto mais ligada esta estiver às suas tradições de casta; quanto mais elevada for a posição social que ocupa, mais difícil e dolorosa é a rutura [...]. Para o filho do grande burguês, do alto funcionário, do patrício e do nobre feudal, a adesão ao partido socialista pode acarretar uma verdadeira catástrofe na sua vida pessoal» (MICHELS, 1982 [1911], p. 143).

mas à necessidade e crescimento da organização, à metamorfose psicológica dos seus líderes de origem proletária, e ainda às características inerentes à conduta das massas no interior do partido. Sem os intelectuais oriundos da burguesia, que funcionavam como uma espécie de *éclaireurs* das massas proletárias, seria impossível a estas transpor a mera «consciência de classe» e chegar a uma verdadeira «consciência socialista» (MICHELS, 1908, *in* COURS-SALIES e VINCENT, 1992, pp. 21 e 87).

Sobre as razões da adesão do jovem Michels ao socialismo italiano e alemão no início do século XX existem diferentes entendimentos. De um lado, estão os que (MITZMAN, 1973, p. 288) consideram que se a força motriz que empurra o proletariado para o socialismo é a necessidade económica, já entre os burgueses desertores ou renegados essa força está no idealismo romântico e no *éthos* moral, sendo justamente aí que se devem procurar as motivações da adesão de Michels ao socialismo. De outro lado, estão aqueles que consideram que a aproximação de Michels ao socialismo europeu e, em particular, à social-democracia alemã é o resultado da sua formação intelectual fortemente positivista (FERRARIS, 1982, p. 288)([3]).

Importa agora saber em que se traduziu a sua militância partidária. Michels foi sobretudo um observador atento e um publicista incansável, sendo nesta qualidade que participa nos principais congressos do Partido Social-Democrata Alemão e do Partido Socialista Italiano, mas também nos congressos da Segunda Internacional Socialista. Uma leitura atenta de muitos dos artigos e ensaios que marcaram a militância no interior da social-democracia alemã permite-nos identificar três momentos distintos no plano da sua biografia política e partidária. Um primeiro momento, entre 1902 e 1903, em que Michels adere primeiro ao Partido Socialista Italiano (1902) e, logo depois,

([3]) Torna-se claro que a adesão de Michels ao socialismo resulta tanto de um forte idealismo humanista quanto de uma forte convicção positivista (FERRARIS, 1982, pp. 16–20). Que assim é demonstra-o a atenção e a simpatia que, logo na sua primeira viagem a Turim, Michels nutre pelo movimento socialista italiano, encontrando aí a síntese ideal e modelo vivo entre a componente intelectual e universitária e a componente rural, fraterna e humanitária, enfim, os valores que marcaram toda a sua vivência familiar.

ao Partido Social-Democrata Alemão (1903), caracterizado pelas suas posições moderadas e reformistas. Um segundo momento, que vai de 1903 a 1905, em que se assiste a uma nítida radicalização das suas posições políticas. Por fim, um terceiro momento, que decorre entre 1905 e 1907, marcado pelo forte criticismo de Robert Michels quanto à evolução da social-democracia alemã e à sua progressiva aproximação a alguns dos argumentos teóricos e práticos do sindicalismo revolucionário.

O Congresso de Dresden de 1903, o primeiro em que participa na qualidade de militante do Partido Social-Democrata Alemão (SPD), assinala a viragem do partido à esquerda, com a derrota da corrente revisionista de Bernstein e o triunfo da linha ortodoxa de Bebel e Kautsky. Este facto não deixou Michels indiferente, tendo-se refletido imediatamente numa clara inflexão das suas posições ideológicas e políticas (Mitzman, 1973, pp. 287–288). Nos artigos em que comenta os resultados do Congresso de Dresden, torna-se notória a sua identificação com a maioria Kautsky-Bebel e o seu distanciamento de Bernstein (Kolakowski, 1981, pp. 35–37). Deste, separam-no agora tanto questões de natureza ideológica como política. Em primeiro lugar, o papel atribuído por Bernstein a uma burguesia democrática e reformista na renovação da Alemanha. Para Michels, o declínio da burguesia alemã constituía uma convicção profunda, assente tanto na sua experiência pessoal e familiar (a prussianização da burguesia de Colónia), como na evidência histórica (o crescimento e a preeminência da aristocracia dinástico-militar); uma convicção que aliás se veio a traduzir na sua opção pela social-democracia alemã.

Depois de uma fase de atividade partidária mais intensa e entusiasta, em que Michels vê no Partido Social-Democrata Alemão sob a direção de Kautsky, na firmeza e intransigência dos princípios, na educação das massas, na luta de classes e na revolução política elementos distintivos e irrenunciáveis de toda a ação socialista, os congressos da Segunda Internacional Socialista, em agosto de 1904, e do Partido Social-Democrata, em outubro de 1904, suscitar-lhe-ão novas inquietações e incertezas. Para tal, muito terá contribuído o discurso de Jean Jaurès no Congresso da Segunda Internacional Socialista. O líder socialista francês chama a atenção para o surpreendente contraste entre a grandeza do movimento operário alemão, o valor dos seus quadros políticos e os grandes sacrifícios suportados pelos seus militantes, e a sua influência praticamente nula na vida política alemã.

Ora, é precisamente a esta impotência que Michels se refere quando, alguns meses depois, ao comentar os resultados do congresso do Partido Social-Democrata Alemão em Bremen, como que alude a uma eventual espada de Dâmocles que pende sobre a cabeça do proletariado organizado em partido de classe. E isto porque se tornava cada vez mais evidente o imobilismo político em que a social-democracia se achava mergulhada: ao proclamar a necessidade inadiável da revolução, a direção oficial do partido empurrava, contudo, o movimento operário para um imobilismo expectante, o qual excluía qualquer atitude mais radical, ao mesmo tempo que remetia para um futuro incerto as iniciativas que se impunham. E se esta atitude passiva era acompanhada de um forte radicalismo verbal, o facto é que afastava também qualquer medida contra o poder estabelecido, cuja intervenção repressiva colocaria em perigo as vantagens conquistadas.

O ano de 1905 viria a ser um ano absolutamente crucial na Europa, com a Revolução Russa, as greves políticas na Bélgica, na Holanda e na Suécia, a greve geral na Áustria em prol do sufrágio universal, as grandes lutas dos mineiros do Rur e as agitações na Prússia e na Saxónia contra o sistema eleitoral das três classes. Esta data torna-se para a Alemanha num período de tomada de consciência revolucionária e de constante agitação, assistindo-se dentro do SPD a uma acesa discussão teórica e política em torno do problema da greve geral como forma de luta a adotar pela classe operária. Michels não ficou imune a todos estes acontecimentos. Basta recordar que, por esta altura, se distancia progressivamente da linha oficial do partido. A singularidade da sua posição interior no SPD está bem patente na via que defende para ultrapassar o impasse e a impotência do movimento operário organizado na Alemanha, apelando ao que designa «revisionismo revolucionário construtivo». Este deveria, em seu entender, assentar em três princípios fundamentais: primeiro, na clareza e na firmeza intransigente dos princípios; segundo, na convergência entre a teoria e a prática, assegurada pela «luta lógica», ou seja, pela vontade de desenvolver uma ação corajosa e ofensiva; terceiro, na conquista de um ambiente livre e democrático, em que a revolução tivesse por base a educação e a mobilização das massas.

A crença de Michels na viabilidade e sucesso de um tal programa no interior do SPD desvanecer-se-ia diante das conclusões do movimento sindical no Congresso de Colónia (maio de 1905). A defesa enérgica por parte dos sindicatos da necessidade de paz social em detrimento dos apelos revolucionários à greve geral leva-o a acusar o movimento sindical alemão de burocrático, conservador e colaboracionista, ao revelar-se totalmente indiferente aos acontecimentos de 1905(4). O reconhecimento da autoridade paralela do partido e dos sindicatos — sobrepondo, assim, os interesses materiais da classe operária à sua missão revolucionária — e a cedência da social-democracia à moderação sindicalista, defendida pela nova maioria Bebel-Liegen saída do Congresso em Mannheim (1906), mais não fizeram do que acelerar a rutura de Michels com o SPD(5).

Em agosto de 1907, Robert Michels participa no Congresso do SPD em Estugarda e confirma aí os seus piores temores quanto ao futuro da social-democracia alemã: a perda de hegemonia do SPD dentro do movimento operário internacional e a vitória da ala direita do partido relativamente ao problema da guerra, vista como uma capitulação perante a política imperialista da Alemanha (MICHELS, 1907, *apud* FERRARIS, 1982, p. 154). Dito isto, não surpreende que corte definitivamente com o Partido Social-Democrata Alemão.

---

(4) O crescente ceticismo de Robert Michels quanto ao futuro da social-democracia alemã é igualmente evidente no Congresso de Iena (1905), marcado por uma atitude defensiva do partido perante os desafios dos sindicatos e por uma total indiferença em relação à ameaça de guerra que constituía a «crise marroquina»: em vez da defesa inflexível do internacionalismo e do antimilitarismo, os líderes do SPD sucumbiam agora às ideias de «guerra defensiva» e de «patriotismo socialista».

(5) Com efeito, este congresso terá sido, no seu entender, o passo decisivo na sujeição do SPD aos sindicatos: «[...] mesmo antes de iniciar a luta, o partido capitula, oferecendo a sua espada, os seus princípios e a sua *raison d'être* ao adversário: a Comissão Central dos Sindicatos reformistas e situacionistas» (MICHELS, 1907, *in* COURS-SALIES e VINCENT, 1992).

No debate académico sobre a importância e o significado da militância partidária de Michels, sobressaem duas interpretações. Para alguns autores, como Pino FERRARIS (1982) e Giordano SIVINI (1980), é possível falar de uma substancial continuidade na evolução política de Michels, que se explica pela centralidade da influência do pensamento de Karl Kautsky sobre as suas posições. Moderado e reformista, Michels faz a sua escolha política definitiva no Congresso de Dresden de 1903, declarando-se favorável à fração «maioritária ortodoxa» de Kautsky e Bebel. Daí em diante, em todos os congressos do SPD e nos encontros da Segunda Internacional Socialista, defenderá a validade das teses políticas saídas do congresso que assinalara a derrota do revisionismo teórico. Terá sido, pois, o progressivo isolamento destas posições no interior do movimento operário organizado a determinar a sua rutura definitiva com o partido e o seu abandono da vida política.

Para outros autores, como MITZMAN (1973), FURIOZZI (1984), ALBERTONI (1989) e, em certo sentido, BEETHAM (1981), existe uma descontinuidade entre o segundo e terceiro momentos da sua militância partidária, a qual assinala a passagem do «ortodoxo marxista» (1903–1905) para o «sindicalista-revolucionário» (1905–1907). Ter-se-ia assistido, a partir de 1905, à total convergência de Michels com o universo cultural e político do sindicalismo-revolucionário francês — um alinhamento que permite explicar mais tarde quer as conclusões pessimistas de *Para Uma Sociologia dos Partidos Políticos na Democracia Moderna* (1911), quer a sua posterior adesão ao fascismo italiano.

Mas o debate académico sobre se terá sido eventualmente um defensor incansável da ortodoxia marxista ou, em alternativa, um sindicalista-revolucionário convicto é em grande medida acessório e pouco profícuo. Mais do que reconstruir a par e passo a sua trajetória partidária, procurando situá-la no interior desta ou daquela corrente do movimento socialista europeu, interessa-nos procurar determinar o núcleo estável das suas ideias políticas. Como sugere TUCCARI (1993), é precisamente a este nível analítico e argumentativo que se torna possível compreender algumas questões essenciais que se prendem (a) com o próprio significado da militância de Michels e (b) com os intrincados equilíbrios que caracterizam a vida do Partido

Social-Democrata Alemão até à Primeira Guerra Mundial. Tal como TUCCARI (1993), não se defende que Robert Michels tenha sido apenas e tão-só um social-democrata fortemente influenciado pela cultura marxista da Segunda Internacional que viria mais tarde a encontrar no sindicalismo-revolucionário alguns dos argumentos teóricos e políticos que lhe permitiriam criticar aberta e duramente a evolução do Partido Social-Democrata Alemão, e que antecipariam também o seu futuro fascínio pelo fascismo italiano (TEIXEIRA, 2001).

O que se sustenta aqui é a continuidade substancial do pensamento político de Michels, assegurada pela sua conceção da natureza e funções do Partido Social-Democrata. Em todos os momentos da sua militância partidária, a ideia central que subsiste de forma constante e inviolável é a seguinte: ao movimento socialista organizado caberia não apenas o desígnio histórico e político de, através da revolução das massas operárias, derrubar as relações de poder existentes típicas da sociedade burguesa e capitalista — e assim instaurar uma verdadeira sociedade socialista, na qual a vontade soberana do povo fosse levada tão longe quanto possível —, mas também construir no seu interior o modelo dessa sociedade futura, na qual a distância entre líderes e massas fosse totalmente anulada, como abolido seria também todo e qualquer tipo de dominação do homem sobre o homem (FERRARIS, 1982; MICHELS, 1904, *in* COURS-SALIES e VINCENT, 1992, pp. 82–83). Quando descreve criticamente a degenerescência do Partido Social-Democrata Alemão, em particular, e dos partidos socialistas europeus, em geral, acusando-os de substituírem a ação política revolucionária por uma ação reformista e conservadora — em tudo semelhante à do sistema burguês contra o qual deveriam lutar —, Michels reafirma inúmeras vezes que «a soberania popular não é apenas um sonho, devendo constituir, isso sim, a base de toda a ação socialista» (MICHELS, 1907, *apud* FERRARIS, 1982, p. 85).

Sem surpresa, Robert Michels põe termo à sua militância partidária precisamente quando — em seu entender — a direção oficial do SPD passa a encarar a organização das massas operárias não como um fim em si mesmo mas apenas como um meio, preocupando-se sobretudo com a sua sobrevivência e o seu crescimento eleitoral, ditados ambos pelas exigências do formalismo do método democrático;

e, por conseguinte, acabando por funcionar mais como «oposição constitucional» e não já como o único instrumento capaz de levar a cabo a subversão radical da ordem vigente, nem tão-pouco como uma «contrassociedade» capaz de substituir o Estado burguês por uma sociedade totalmente igualitária e livre, transformando-se numa força concorrente do sistema político existente, em suma: materializando-se num «Estado dentro do Estado» (MICHELS, 1910, *in* ALBERTONI, 1989, pp. 515–517). É, pois, o reconhecimento da impraticabilidade da democracia direta nos e pelos partidos que explica a sua gradual e irremediável desilusão quanto aos rumos trilhados pela social-democracia alemã e o seu abandono da vida político-partidária. É na conceção rousseauniana da democracia que reside o essencial do seu fundamentalismo democrático, o qual sobreviverá aos ensinamentos realistas e ademocráticos dos autores do elitismo clássico (Mosca e Pareto), mas também às admoestações epistemológicas e metodológicas de Max Weber.

Michels sociólogo: a academia e o «encontro» com o elitismo mosco-paretiano

O ano de 1907 foi marcante na vida de Robert Michels não só porque assinala a sua saída do Partido Social-Democrata Alemão, à qual se sucederá alguns meses depois a sua rutura com o Partido Socialista Italiano, mas também porque é nessa mesma data que Michels lhe vê ser recusada a cátedra na Universidade de Marburgo (ALBERTONI, 1989, p. 422, nota 7). Que essa recusa foi motivada por razões políticas não há nenhuma dúvida. Tanto assim é que Max Weber denuncia pública e veementemente o facto numa carta ao *Frankfurter Zeitung*, em que ironiza sobre a suposta liberdade de cátedra: «A liberdade do intelectual existe na Alemanha apenas dentro dos limites da aceitabilidade política e eclesiástica»(6) (WEBER, 1982

(6) Que o jovem Michels lhe causava uma forte impressão pessoal e intelectual demonstra-o não apenas a duríssima crítica que Weber dirige ao ambiente académico alemão, que tanto deplorava, mas também o convite que então

[1918], p. 33). Entretanto, o termo da sua militância partidária e o impedimento de seguir uma carreira académica na Alemanha tornam cada vez mais atraente a possibilidade de prosseguir a atividade docente e a investigação científica em Itália, o que leva Michels a procurar e a obter em 1907 um lugar de livre-docente na Universidade de Turim.

Que continuidades e descontinuidades se estabelecem entre o «Michels político» e o «Michels académico»? Para obter uma resposta a esta pergunta, detenhamo-nos nos textos preparatórios de *Para Uma Sociologia dos Partidos Políticos na Democracia Moderna* (1911), nomeadamente «A oligarquia orgânica constitucional: Novos estudos sobre a classe política» (1907) e «A democracia e a lei férrea da oligarquia» 1989 [1910b]. A sua leitura permite-nos, desde logo, descortinar três aspetos fundamentais que assinalam claramente a transição do «Michels político» para o «Michels sociólogo». Em primeiro lugar, e usando aqui as categorias dicotómicas e antitéticas de Max Weber (2000 [1919]), o amor pela «política como vocação», que marcara o seu empenho político-partidário entre 1902 e 1907, sucede ao culto da «ciência como vocação» (Weber, 1991 [1917]). Michels apresenta-se agora não sob as vestes do «intelectual de partido» profundamente desiludido com os destinos da social-democracia alemã, mas como um «cientista social». Pode afirmar-se que aceita aparentemente a separação weberiana entre o universo da investigação científica e o universo da intervenção política, enterrando o modelo do «socialismo dos professores» (Michels, 1901 e 1902, *apud* Ferraris, 1982, pp. 16–20; Michels, 1908a e 1989 [1910a]).

Em segundo lugar, também não passa despercebida nos textos preparatórios a filiação de Robert Michels ao paradigma positivista e determinista então preponderante no meio académico italiano (Lentini, 1981, pp. 7–19; Bobbio, 1993, pp. 9–23). Daí a inclinação intelectual para raciocinar em termos de leis gerais e objetivas que regem os fenómenos do mundo social e político; uma atitude mental comum aos estudiosos que, por essa altura, se achavam empenhados

---

endereça a Michels para se juntar ao que, ironicamente, designava *Le Salon des Refusés* em Heidelberga.

em conferir às ciências sociais e humanas o grau de «cientificidade» das ciências físicas e naturais (Vallespín, 1995, pp. 415–437).

Por fim, e em terceiro lugar, há que referir o encontro de Michels com o realismo da escola elitista italiana. À argumentação teórica e às categorias conceptuais do militante socialista sobrepõem-se agora o raciocínio e o quadro teórico e conceptual do elitismo mosco-paretiano. Desde os primeiros ensaios sobre a oligarquia e a democracia (1907 e 1910), passando por *Para Uma Sociologia dos Partidos Políticos na Democracia Moderna* (1911) até ao *Curso de Sociologia Política* (1927), a doutrina da «classe política» de Gaetano Mosca e a «teoria das elites» de Vilfredo Pareto constituem uma referência constante da sua reflexão sociológica e da sua análise científica.

Terão estes novos elementos penetrado tão fundo na reflexão e análise sociológicas de Robert Michels, a ponto de sepultarem o núcleo estável das convicções políticas que haviam marcado a sua militância partidária, devendo, assim, ser vistos como um ponto de viragem nas posições intelectuais do autor, como defende Beetham (1977, pp. 3–24)? Ou, em sentido contrário, terão razão Sivini (1980, pp. 24–27) e Albertoni (1989, p. 41) quando afirmam que existe uma substancial continuidade entre a sua crítica militante da social-democracia alemã e a análise sociológica da natureza oligárquica do Partido? Segundo Beetham, existe uma descontinuidade entre o primeiro e segundo momentos da trajetória intelectual de Michels, pois a sua adesão ao elitismo mosco-paretiano representa uma manifesta rutura com o universo marxista e determinista do seu passado de militante (Beetham, 1977, pp. 3–24). A verdade é que no caso de Michels torna-se difícil estabelecer uma separação rígida entre estes dois universos teóricos, justamente porque o seu marxismo é muitíssimo eclético.

Apoiando-se mais no pensamento do «Marx político» dos anos da Primeira Internacional do que nos seus escritos filosóficos, Michels não foi alheio à importância do fator ideológico na história das sociedades humanas. Isso mesmo transparece na *História do Marxismo em Itália*, onde escreve: «a situação económica é base real da sociedade, mas as diversas partes da superestrutura [...] exercem igualmente a sua ação no curso das lutas históricas e determinam a sua forma, em muitos casos de modo preponderante» (Michels *apud* Furiozzi, 1984, pp. 31–32). Também inegável é a natureza desviante do «seu marxismo» no que toca à missão histórica do proletariado. Nos seus textos políticos, as classes trabalhadoras, longe de constituírem o sujeito principal da história, aparecem antes descritas como um «eterno gregário submetido e modesto», estando a sua ação indissociavelmente ligada à pedagogia dos «intelectuais de partido» (Michels, 1908, *in* Cours-Salies e Vincent, 1992, pp. 391–396).

Perante isto, pode concluir-se que os antecedentes da adesão de Michels ao paradigma elitista se encontram já no «seu marxismo». De facto, como bem anotam Albertoni (1989, pp. 24–27) e Sivini (1980, pp. 41 e ss.), a sua rutura com a social-democracia alemã não se traduziu numa renúncia ao marxismo. Subsistiu na sua análise científica do fenómeno partidário uma elaboração de tipo marxista. Só assim se explica que o «segundo Michels» continue a utilizar as categorias teóricas e conceptuais do período precedente, se bem que estas se tornem agora reféns do pessimismo mosco-paretiano.

É o que se torna completamente claro se tivermos em conta a relação que, nos ensaios de 1907 e 1910 — e, depois, em *Para Uma Sociologia dos Partidos Políticos na Democracia Moderna* —, Michels estabelece entre a doutrina marxista e a teoria das elites. Pode ler-se aí:

> A necessidade de um grupo social dominante é reconhecida [...] há muito mais tempo do que imaginamos. Se Gaetano Mosca é atualmente, com Vilfredo Pareto, o intérprete mais eminente e, ao mesmo tempo, mais autorizado desta doutrina [...] Não se pode ignorar, porém, o facto de a teoria de Mosca e de Pareto ter tido os seus primeiros e mais ilustres antepassados intelectuais na mesma escola contra a qual dirigem agora as suas flechas, ou seja, entre os pensadores socialistas e, muito em especial, entre os socialistas franceses. (Michels, 1907, *in* Albertoni, 1989, pp. 433–435)

Esta passagem mostra bem que, para Michels, a doutrina da «classe política» não era nova na história do pensamento político. Bem pelo contrário. Entre os seus predecessores, contavam-se não apenas os autores citados pelo próprio Mosca (Taine e Gumplowicz), mas também os representantes do socialismo utópico francês (Saint-Simon e Fourier) e do socialismo anárquico (Proudhon e Bakunine) (MICHELS, 1907, *in* ALBERTONI, 1989, p. 433). Mas não é tudo. No fecho do seu ensaio de 1907, Michels formula a seguinte interrogação:

> É certo que o marxismo pretende construir sobre as ruínas do velho Estado (o comité executivo da burguesia) uma sociedade coletivista sem classes. Mas, se esta nova sociedade precisa, também ela, de representantes eleitos — mesmo que revogáveis a todo o tempo — e de numerosos administradores da riqueza social, isso não significará a reprodução no seu seio de uma nova classe? (MICHELS, 1907, *in* ALBERTONI, 1989, p. 433)

A resposta a esta questão encontra-se em *Para Uma Sociologia dos Partidos Políticos na Democracia Moderna* (1911), no qual Michels não se limita a negar a possibilidade de um Estado sem classes, como enuncia também a eternidade da «classe política», ensaiando uma espécie de síntese entre a conceção marxista da luta de classes e a teoria da circulação das elites. Admitindo que existe uma clara continuidade entre o primeiro e segundo momentos da reflexão política e sociológica de Michels, avance-se uma hipótese um tanto ou quanto distinta, a qual é perentoriamente sustentada por Francesco TUCCARI (1993), sendo posteriormente validada por Conceição TEIXEIRA (2001), e que é a seguinte: se, nos ensaios de 1907 e 1910, bem como em *Para Uma Sociologia dos Partidos Políticos na Democracia Moderna* (1911), Robert Michels chega à formulação da célebre «lei de ferro da oligarquia» e à tese da impossibilidade da «verdadeira democracia» — em termos em tudo semelhantes àqueles que haviam ditado o rumo da sua militância partidária no seio do movimento operário organizado —, é porque se mantêm intactos os axiomas do seu «fundamentalismo democrático», a saber: i) a definição absoluta e dogmática da democracia; ii) a ideia do Partido Social-Democrata Alemão como o microcosmo por excelência da democracia autêntica; iii) a conceção revolucionária e antissistémica da vida política moderna. De facto, parecem ser estes axiomas — e não os conceitos de «classe política» ou «elite governante» — que constituem os alicerces da teoria da impossibilidade estrutural da democracia, dentro e fora dos partidos, a que conduzirá a sua pesquisa científica (TUCCARI, 1993, pp. 249–250). Tal leitura da trajetória intelectual de Robert Michels implica, pois, determinar qual o significado e alcance que os axiomas acima enunciados assumem nos estudos preparatórios de *Para Uma Sociologia dos Partidos Políticos na Democracia Moderna*, nomeadamente em «A oligarquia orgânica constitucional» (1907) e «A democracia e a lei férrea da oligarquia» (1910).

É significativo para os nossos fins constatar que a democracia a que Michels se refere é a «democracia clássica» de que nos fala, criticamente, Schumpeter na sua obra *Capitalismo, Socialismo e Democracia*: entendida como o governo do povo, como a realização plena da soberania popular, enfim, como um sistema político que não contempla a existência de governantes e governados (SCHUMPETER, 1943, pp. 250–268). De facto, é esta noção dogmática e absoluta da democracia que, associada à desapaixonada observação dos «factos fornecidos pela vida social», conduz Michels a duas conclusões tipicamente elitistas, a saber: 1) a democracia ideal, autêntica, é simplesmente irrealizável, encontrando-se por isso destinada a permanecer prisioneira no campo das boas intenções; 2) a democracia real, falsa, baseada no princípio da representação política e no mecanismo eleitoral, é estruturalmente oligárquica e, portanto, antidemocrática. Assim, em uníssono com Mosca e Pareto, que consideravam a teoria democrática uma teoria não científica ou pseudocientífica (ALBERTONI, 1990; BOBBIO, 1996, pp. 15–64, 65–94 e 159–181), também Michels atribui ao cientista social a tarefa de desmascarar a falsidade da «democracia real»([7]).

([7]) Tanto assim é que, no ensaio de 1910, Michels escreve: «O proletariado de hoje, sofrendo a influência [...] de uma oratória incansável, exercida por elementos eleitos pelo próprio proletariado [...], está convicto de que basta [...] depositar o seu voto na urna, ou seja, confiar a sua causa económica e social a um suposto advogado político, para se tornar ele próprio coparticipante no exercício do poder.» Acrescentando ainda o seguinte: «[...] em nome do amor à verdade histórica, a ciência tem o dever de arrancar a venda dos olhos das massas e revelar-lhes a mentira» (MICHELS, 1910, *in* ALBERTONI, 1989, pp. 514–515).

A função do cientista social consistiria para Michels em denunciar o carácter ilusório das «fórmulas políticas» (Mosca, 1939 [1896], pp. 52–55) ou das «derivações» (Pareto, 1968 [1917], pp. 787–789), ou seja, os meios através dos quais as ações sociais e políticas são explicadas e racionalizadas, e que têm como principal objetivo o de persuadir e não o de observar, descrever e explicar a realidade estudada de acordo com um raciocínio lógico experimental (Albertoni, 1990). Aparentemente, tal como para Mosca ou Pareto, também Michels terá reconhecido e interiorizado a distinção entre «o estudioso dos factos sociais» e o «propagandista ou apóstolo».

Porém, Robert Michels ressalta também os perigos inerentes à ação desmistificadora da ciência:

> A consequência lógica de uma tal convicção científica traduz-se na alteração do método a utilizar nas investigações sobre os limites do poder social e político (Estado, classes dominantes) em relação aos indivíduos. Daí que muitos cientistas [...] acreditem ser supérfluo ocuparem-se dos problemas da democracia ou preocuparem-se em conceber uma ordem sociopolítica que torne possível a realização plena da soberania popular. (Michels, 1933, p. 24)

Assim, se Michels enaltece a abordagem elitista graças ao realismo e à objetividade que imprime à análise dos fenómenos políticos, isso não significa que não encontre nela certos aspetos negativos, que importa acautelar. Em seu entender, este tipo de análise promove a defesa do *statu quo*, considerando-o imutável e, em certo sentido, até desejável; e favorece o desinteresse pela procura de uma organização social capaz de realizar a «verdadeira democracia».

Em *Para Uma Sociologia dos Partidos Políticos na Democracia Moderna*, depois de sugerir que a democracia ideal é simplesmente impossível e que a democracia representativa mais não é do que uma mera «fórmula política» destinada a legitimar o domínio antidemocrático de um grupo restrito de homens, Robert Michels — de modo inesperado e contraditório — recusa-se a aceitar as consequências lógicas de tais conclusões. Se é certo que a sua investigação científica aponta para a total ineficácia de todos os antídotos contra a oligarquia, é igualmente certo que isso não deve significar a renúncia em procurar novos caminhos, em lutar pela democracia ou, mais corretamente, em lutar por reduzir ao máximo as tendências autocráticas, que sempre subsistirão([8]). E no fecho de *Para Uma Sociologia dos Partidos Políticos na Democracia Moderna*, de forma igualmente ambígua e até contraditória, dificilmente aceita que a sua análise sociológica do fenómeno partidário e da democracia se traduza numa crítica resignada e estéril perante a incontestável realidade das tendências oligárquicas que sempre se impõem à realização da democracia (MICHELS, 1982 [1911], p. 243).

Deixando de lado, pelo menos por enquanto, a maneira ambígua e paradoxal com que Michels aceita e interpreta o imperativo metodológico da escola elitista — e também do seu principal «mentor» Max Weber, como refere MOMMSEN (1981) — de conferir ao estudo da política um fundamento estritamente científico, o facto é que se a experiência histórica e a observação rigorosa dos factos conduzem Mosca à lei constitutiva de todos os agregados humanos («doutrina da classe política»), e Pareto ao reconhecimento da natural heterogeneidade social e à necessária emergência de minorias dirigentes formadas por homens dotados de qualidades distintas das massas («teoria das elites»), certo é que encaminham Robert Michels até à «lei de ferro da oligarquia». Porém, não obstante a concordância essencial entre Michels e os dois principais expoentes do elitismo italiano, é possível constatar, já nos ensaios preparatórios a *Para Uma Sociologia dos Partidos Políticos na Democracia Moderna*, as muitas divergências que separam Robert Michels de Mosca e também de Pareto. Desde logo, o modo como aborda a composição e a transformação das minorias dirigentes. Se para Gaetano Mosca o que distingue a classe governante (ou «classe política»), que detém o poder político e as vantagens que daí advêm, é fundamentalmente a organização, nem

([8]) Escreve, a este propósito: «seria um erro retirar destas constatações e convicções científicas a conclusão de que é preciso renunciar a toda a investigação sobre os limites dos poderes oligárquicos [...] que se sobrepõem ao indivíduo. E seria cometer um erro ainda maior concluir que é preciso renunciar ao empreendimento desesperado para encontrar uma ordem social que torne possível a realização plena do conceito de soberania popular» (MICHELS, 1982 [1911], pp. 240–241).

por isso deixa de reconhecer como elemento distintivo a detenção de qualidades particulares entre aqueles que a integram; sendo, essas qualidades, mutáveis de sociedade para sociedade e de época para época, em função de um processo de valorização social. Daí que as qualidades típicas dos membros que integram a «classe política» não sejam as mesmas nas sociedades pré-modernas e nos Estados modernos e burocráticos (Mosca, 1939 [1896], pp. 53 e 65–69).

Do mesmo modo, também para Vilfredo Pareto não existem sociedades sem dominação política, nas quais grupos de indivíduos com qualidades particulares se apropriam do poder político. E se Pareto dá particular ênfase à superioridade natural e psicológica daqueles que integram a «elite governante», reconhece também que essa superioridade constitui um «facto social», devendo ser avaliada a partir de padrões sociais que variam segundo os grupos humanos e as épocas históricas (Pareto, 1978 [1902], p. 8; *idem*, 1968 [1917], p. 1295; Busino, 1966, p. 21).

Se, à semelhança das teses de Mosca e Pareto, também Michels sustenta a inevitabilidade histórica da existência de minorias dirigentes que tendem a manter o poder em detrimento de uma maioria inorgânica de indivíduos que constituem as massas, afasta-o de Mosca e Pareto a ideia segundo a qual as qualidades ou atributos particulares que concorrem para a formação das minorias dirigentes se mantêm inalteráveis no tempo e no espaço, apresentando sempre a mesma fisionomia, que em nada depende dos processos de valorização social. Daqui resulta o modo distinto com que Michels aborda a inevitável existência das minorias dirigentes, sendo visível mais uma vez a tensão entre juízos de facto e juízos de valor, a qual percorre toda a sua empresa científica, sendo assim extremamente frágil o compromisso que procura manter com o princípio da neutralidade axiológica — o que lhe valerá a veemente repreensão por parte de Max Weber (1908, *apud* Losito e Schiera, 1988, p. 203).

Impõe-se, então, saber se para Michels a «classe política» é uma realidade não só inevitável mas também necessária, funcional. Ou se, pelo contrário, muito embora reconheça o seu carácter inexorável, lhe atribui um sentido desviante, disfuncional. Sem esconder a sua propensão para acolher a solução elitista do problema, Michels considera que a formação da «classe política» pertence à inelutabilidade dos factos históricos. E é como um «facto social» que deve ser estudada e compreendida, razão pela qual se recusa a fazer uma apreciação valorativa ou ideológica.

Todavia, a sua pretensa neutralidade axiológica é tudo menos pacífica e consensual. Como sublinha Norberto Bobbio, a escolha do termo «oligarquia» está longe de ser uma opção neutra, denotando antes a avaliação negativa que Robert Michels faz da dinâmica política observada no interior dos partidos de massas. Com o termo «oligarquia», aquele não pretende descrever apenas, e tão-só, um estado de facto, procura antes evidenciar o seu carácter intrinsecamente degenerativo e corrupto (Bobbio, Matteucci e Pasquino, 1990, pp. 350–351). Só assim se compreende que, ante o que julga ser o predomínio das tendências oligárquicas no seio do SPD, Michels se empenhe de modo quase obsessivo na procura dos «antídotos» capazes de combater os vícios imanentes a qualquer forma de organização política.

Retomando o argumento que temos vindo a desenvolver, há que reconhecer que o afastamento de Michels do elitismo mosco-paretiano se torna bastante mais percetível no que se refere à evolução e transformação da minoria dirigente, já que ao abordar este assunto o autor introduz um significativo reparo crítico à «teoria da circulação das elites». De novo, comece-se por Gaetano Mosca. Para este, a «classe política» não é apenas um elemento natural, fisiológico, característico da estrutura de qualquer sociedade humana, mas é também uma realidade dinâmica (Mosca, 1939 [1896], pp. 413 e ss.), dado ser possível identificar na sua evolução duas tendências distintas e opostas: a «tendência aristocrática», que mostra como as «classes políticas» tendem a tornar-se hereditárias de facto, se não mesmo de direito, impedindo, assim, a mudança do pessoal político; e a «tendência democrática», que consiste na substituição dos indivíduos destacados da minoria — do seu núcleo duro — por elementos procedentes das classes inferiores. Donde, o estudo da história das sociedades humanas revela a existência de uma constante tensão entre os fatores de permanência (a herança e a cooptação) e os fatores de mudança, ou seja, a admissão na «classe política» de elementos oriundos das massas (*idem*, *ibidem*, pp. 417 e ss.).

Também a «elite governante» de Pareto é mutável. Vive no tempo, e tem uma duração mais ou menos longa. Como escreve em *Os Sistemas Socialistas*:

> Há um facto de extrema importância para a fisiologia social: as aristocracias não duram. Elas são atingidas por uma decadência mais ou menos rápida [...]. Não se trata apenas da extinção das aristocracias pelo excedente das mortes sobre os nascimentos, mas também da degeneração dos elementos que as compõem. As aristocracias não podem subsistir senão pela eliminação destes elementos e a chegada de novos. Há aí um processo semelhante àquele que se observa no ser vivo, o qual não subsiste senão eliminando certos elementos e substituindo-os por outros, que assimila. Se esta circulação é suprimida, o ser vivo morre, é destruído. O mesmo sucede com a elite social, e se a destruição pode ser mais lenta, nem por isso é menos certa. (Pareto, 1978 [1902], pp. 9–10)

Do que precede resulta a conclusão seguinte: se Pareto considera que o processo de «circulação das elites» em nada altera a estrutura do poder — é e continuará a ser minoritária —, tal processo implica, contudo, uma de duas coisas: ou a renovação da «elite governante» («circulação natural») ou a constituição de novas elites («através de revoluções») (Pareto, 1968 [1917], pp. 1294–1295, 1304–1305, 1317 e 1388). Para Michels — tal como Mosca ou Pareto —, a minoria dirigente é um elemento eterno da estrutura de qualquer grupo social. Porém, e ao contrário dos ensinamentos da escola elitista, ela não está em mudança contínua. À constante histórica segundo a qual «os poucos» comandam e «os muitos» obedecem, deve ser acrescentado que «os poucos» são sempre os mesmos — o que contraria o célebre aforismo paretiano de que «a história é um cemitério de aristocracias» (Michels, 1933, p. 156; Pareto, 1978 [1902], p. 9; Pareto, 1968 [1917], pp. 443–444). Isso mesmo se depreende da reformulação que Michels faz da «teoria da circulação das elites», a qual, sublinhe-se, tem consequências teóricas importantes. Após uma breve alusão aos *Sistemas Socialistas* de Pareto (1902), no ensaio de 1907 Michels apresenta já a sua conceção alternativa da mudança social, ou seja, a «teoria da fusão ou amálgama das elites» (Michels, 1907, *in* Albertoni, 1989, pp. 451–452), tornando-se, esta, inteiramente explícita em *Para Uma*

Sociologia dos Partidos Políticos na Democracia Moderna, onde escreve:

> É preciso dizer, todavia, que a *théorie de la circulation des élites* só se pode aceitar com algumas restrições, já que se trata, com muito menos frequência, de uma pura e simples substituição das elites do que de um contínuo processo de mistura e fusão, em que os velhos elementos atraem, absorvem e assimilam continuamente os novos. (MICHELS, 1982 [1911], pp. 226–227[(9)])

Importa notar aqui que esta redefinição da «teoria da circulação das elites» está longe de ser marginal ou inócua, visto que aponta para uma interpretação da mudança social e política bastante mais pessimista e determinista do que a sugerida por Pareto ou Mosca. É um facto que Michels concorda com aquela teoria no que respeita à integração na classe dominante de elementos provenientes dos estratos inferiores da sociedade. Pois, uma «classe política», mesmo a mais fechada ou intransigente, não constitui nunca uma casta impenetrável; ao contrário, a regra é a ininterrupta infiltração de novas forças no seu seio. Mais, a abertura da minoria dirigente a elementos exógenos não só não é específica desta ou daquela época, deste ou daquele país, como tão-pouco representa uma característica exclusiva do sistema democrático, como tantos pretendem fazer crer[(10)].

---

(9) Ou numa outra passagem, em que afirma: «Em primeiro lugar, a velha aristocracia não desaparece, não naufraga, não se proletariza, e tão-pouco empobrece (pelo menos em sentido absoluto); ela não cede o seu lugar a novos grupos dominadores, mantendo-se à frente das nações que conduziu ao longo dos séculos [...]. Em segundo lugar, a antiga aristocracia, envelhecida ou rejuvenescida, não exerce o poder sozinha, sendo forçada a dividi-lo com toda a espécie de novos dominadores» (MICHELS, 1982 [1911], pp. 226–227; ver também MICHELS, 1969 [1927], pp. 75–77).

(10) «[...] a história, cujos ensinamentos os demagogos ou os ignorantes insistem em subestimar, mostra que a monarquia absoluta fez [...] milagres para facilitar [...] a formação das elites [...], quer recrutando elementos cultos e inteligentes no seio das classes médias e inferiores, quer acolhendo-os no seio das classes dominantes, através da sua nobilitação ou enobrecimento» (MICHELS, 1969 [1927], p. 77).

Porém, Michels logo se apressa a acrescentar que esta integração na classe dominante de elementos oriundos das camadas inferiores da sociedade não implica a sua renovação, como sugerem Pareto ou Mosca, mas antes o seu contínuo alargamento. E isto porque a classe dominante, embora renuncie à pureza genealógica e ao orgulho de casta, jamais abandona o palco da história, limitando-se a partilhar o domínio das massas com os grupos recém-chegados, os quais, tendo conquistado o seu lugar ao sol, em pouco tempo assumem a essência moral e social daquela (MICHELS, 1907, *in* ALBERTONI, 1989, p. 451).

Resulta daqui que a acessibilidade e a mobilidade das elites não só não constituem um traço discriminante das diversas formas de organização social e política, como são também um dado absolutamente irrelevante. Aos olhos de Michels, o que interessa é o resultado do processo, e esse é claramente nulo. Se «as classes dominantes em concorrência acabam por se reconciliar e repartir entre si o domínio das massas» (MICHELS, 1907, *in* ALBERTONI, 1989, p. 451), se à ascensão da nova minoria dirigente não se segue o declínio da antiga mas sim a amálgama de ambas, que significado poderá ter o processo de substituição das elites? Um e fundamental: constante adaptação e equilíbrio do sistema político e social perante circunstâncias históricas em constante movimento. Um significado que Michels não pondera, porque o que pede à democracia é muito mais e diferente: trata-se do autogoverno, da soberania popular *à la* Rousseau. Assim sendo, é legítimo afirmar-se que, a partir de uma conceção totalmente imobilista e conservadora da história, o autor chega a uma noção fundamentalista da «classe política».

Por agora, importa retomar os ensaios preparatórios de *Para Uma Sociologia dos Partidos Políticos na Democracia Moderna*, para afirmar que nestes não só sobressaem as dissemelhanças entre a análise sociológica de Michels e a dos fundadores do elitismo clássico, como são igualmente retomados os axiomas do seu «silogismo antidemocrático», já presentes aquando da sua militância política e partidária. Na verdade, tanto no ensaio de 1907 como no de 1910, mantém-se intacta a sua conceção da democracia enquanto autogoverno popular. Se no primeiro a análise levada a cabo por Michels se desenvolve no plano do Estado, já no ensaio de 1910 esta tornar-se-á bem mais circunscrita, tendo como campo de observação privilegiado os partidos socialistas europeus, em geral, e a social-democracia alemã, em particular (Michels, 1907, *in* Albertoni, 1989, pp. 496–497).

Trata-se, pois, de uma opção que, longe de constituir um «erro de partida fundamental», como sublinham autores como Sartori (1988) ou Linz (1966), traduz antes uma opção consciente e inteiramente deliberada, que serve uma construção teórica bem definida. Como Michels escreve, no seu ensaio de 1910, o terreno mais adequado para observar e verificar empiricamente as tendências oligárquicas é inegavelmente oferecido pelos partidos democráticos, socialistas-revolucionários. Em seu entender, alargar a investigação a outros partidos, fossem eles conservadores, burgueses ou mesmo liberais, constituiria uma facilidade cientificamente inaceitável (Michels, 1910, *in* Albertoni, 1989, pp. 432–435). Porquê? Precisamente porque uma tal opção poria em causa o raciocínio lógico-dedutivo e os pressupostos fundamentais de que decorre a análise do «Michels sociólogo»: se a democracia ideal, autêntica, é estruturalmente impossível no interior dos partidos democráticos, socialistas-revolucionários — que atendendo à sua «constituição formal» deveriam constituir o último reduto da soberania popular —, sê-lo-á também em todos os outros partidos políticos.

Perante isto, há que concordar-se com Francesco Tuccari, para quem a delimitação do objeto de estudo, a ser considerada uma falha analítica grave, é-o apenas do ponto de vista da ciência política, mas não o é seguramente na perspetiva da teoria política, ou, mais especificamente, da teoria da democracia (Tuccari, 1993, p. 253). A este nível, a problemática e controversa generalização das suas conclusões sobre a organização e funcionamento dos partidos socialistas-revolucionários a todos os demais partidos, independentemente da ideologia professada, e destes a todas as formas de organização social, económica e política, resulta não do exercício de falsificação de uma qualquer hipótese sobre as possibilidades e os limites da democracia no interior das organizações partidárias, mas antes da total coerência revelada por Michels, ao manter-se fiel àquele que constitui o segundo axioma do seu silogismo antidemocrático: estando a conceção do que é e do que deverá ser a «verdadeira democracia» inscrita na «constituição formal» de todos os partidos democráticos, socialistas-revolucionários, o expectável é que estes funcionassem na prática como um microcosmo e uma antecipação de uma nova ordem sociopolítica (MICHELS, 1910, *in* ALBERTONI, 1989, p. 324).

Michels conclui, contudo, que, no plano dos factos, esta premissa se revela totalmente infundada, pois o Partido não só não é o arquétipo da «verdadeira democracia», como também está longe de ser a antecipação da «sociedade virtuosa». Por força da influência de diferentes fatores, o Partido acaba por abandonar a sua natureza e por renunciar às suas metas e finalidades originais, descaracterizando-se e adaptando-se às dinâmicas políticas das «democracias reais» (MICHELS, 1982 [1911], p. 224). E, assim sendo, não resta a Michels senão concluir que, de instrumento que visa destruir o Estado burguês e realizar a sociedade sem classes, o partido democrático, socialista-revolucionário, converte-se antes em mera «oposição constitucional», contribuindo para os equilíbrios do sistema dominante (*idem*, *ibidem*, p. 221).

Daí a razão de ser da pergunta formulada já no seu ensaio de 1910: sendo incapaz de realizar uma vivência democrática autêntica no seu interior, será o Partido igualmente incapaz de a realizar no sistema político? Michels responde negativamente a esta questão. Em seu entender, uma vez que os partidos democráticos, socialistas-revolucionários, atuam no contexto das «democracias reais» — totalmente imersas no mero formalismo do método da escolha eleitoral —, aqueles não ficam imunes às dinâmicas e procedimentos das mesmas, que acabam por copiar e mimetizar. Tudo terminando, enfim, na sua inevitável degenerescência e integração no *statu quo*. Será, pois, bom lembrar que a conversão do partido em «oposição constitucional» não é induzida apenas por motivos endógenos, nomeadamente pela transformação do Partido numa organização que tem como única finalidade a sua própria sobrevivência e crescimento eleitoral, mas também por razões exógenas, em especial pelos efeitos negativos que a vida política moderna, corrupta e degenerada, produz na sua organização e funcionamento internos (*idem*, *ibidem*, p. 224). E eis-nos assim perante o terceiro axioma do seu «silogismo antidemocrático»: o impacto da vida política moderna subverte irremediavelmente a natureza e as funções dos partidos socialistas-revolucionários, impedindo-os de realizar no seu interior a antecipação «em miniatura» de uma ordem autenticamente democrática.

Há que reconhecer que nos ensaios preparatórios de *Para Uma Sociologia dos Partidos Políticos na Democracia Moderna* se encontram já presentes os elementos que apontam para um entendimento da modernidade política dual e fortemente ideológico. O autor contrapõe dois modos radicalmente distintos de pensar a política democrática. De um lado, a imagem falsa, mas possível, da política entendida como a competição entre partidos políticos rivais, que lutam pelo consenso da maioria no mercado eleitoral. Do outro, a imagem verdadeira, mas impossível, da política concebida como a luta do partido socialista-revolucionário contra o Estado, de que resultaria o autogoverno das massas. Este entendimento da política democrática inscreve, quanto a nós, um terceiro, e último, fundamentalismo no raciocínio de Robert Michels: a política democrática ou é a luta do «Partido contra o Estado» ou não é. E porque não o é, Michels tende a encará-la como patológica, degenerada, decorrendo daqui todas as suas conclusões sobre a natureza oligárquica dos partidos políticos, mas também sobre a falsidade das «democracias reais».

O «Michels sociólogo» tende a ser apresentado como um autor *vir unis libri* (Winkler, 1973, p. 441), sendo o seu nome e obra recorrentemente associados a *Para Uma Sociologia dos Partidos Políticos na Democracia Moderna*, obra oportuna, mas que está longe de ser original. A sua oportunidade decorre da sua inscrição no debate que agitava os meios políticos e intelectuais europeus sobre: i) o marxismo ortodoxo e o revisionismo teórico; ii) o nexo entre reforma e revolução; iii) a natureza e as funções dos partidos e dos sindicatos no seio do movimento operário organizado; iv) o papel dos intelectuais na educação das massas proletárias, mas também o consequente aburguesamento partidário; v) a profissionalização da atividade política e os seus efeitos no interior dos partidos operários. Mas no que respeita às suas conclusões, estas já se encontravam plasmadas nos ensaios sobre a democracia e a oligarquia no interior dos partidos socialistas, publicados em 1907 e 1910. Neste sentido, e em nosso entender, não deixa de ter razão Pier Paolo Portinaro, ao afirmar que o período mais inovador da reflexão intelectual de Robert Michels coincide precisamente com a fase final da sua militância partidária e com a sua saída do Partido Social-Democrata Alemão (*apud* FURIOZZI, 1984, pp. 277–282). Mas também Sandro SEGRE, ao observar que nada de verdadeiramente novo existe na produção do «Michels sociólogo», sustentando, inclusive, que o ex-militante e ensaísta dos anos de 1907 e 1910 terá sido um melhor teórico do que o académico de 1911, entregue ao projeto demasiado ambicioso de construir uma sociologia geral dos partidos políticos (1989, pp. 347–372).

Aceitando o essencial destas posições, recupere-se uma interpretação que já vem de trás. Primeiro, que *Para Uma Sociologia dos Partidos Políticos na Democracia Moderna* dá inteira continuidade às teses centrais do «Michels político», limitando-se a consumar as elaborações teóricas e as conclusões já ensaiadas nos primeiros ensaios do «Michels sociólogo»; tornando-se, contudo, mais visível a sua tendência pessoal para resolver os conflitos que as suas «descobertas científicas» suscitam por via de uma síntese capaz de conciliar as posições mais extremadas e antagónicas (BEETHAM, 1977 e 1981). Segundo, e de forma mais significativa, que os axiomas do seu «silogismo antidemocrático» reaparecem agora «dissimulados», em função das exigências do método científico e da observação desapaixonada e em tudo isenta e imparcial dos factos da vida social, sendo agora sustentados e confirmados por uma ampla, embora seletiva, demonstração empírica (TEIXEIRA, 2001; TUCCARI, 1993).

Retomemos os principais argumentos que consubstanciam o essencial da análise desenvolvida por Michels em *Para Uma Sociologia dos Partidos Políticos na Democracia Moderna* (1911). Num primeiro momento, Michels procura demonstrar como, para alcançar os seus objetivos políticos e conduzir a luta social das massas, os partidos socialistas-revolucionários têm de se dotar de uma organização desenvolvida e complexa. Escreve, a este propósito: «A *organização*, baseando-se no princípio da economia de forças [...] é a arma de que dispõem os fracos no combate contra os fortes» (MICHELS, 1982 [1911], p. 18). Ora, sendo o proletariado o elo mais fraco da sociedade de massas, a organização torna-se no «princípio vital da condição operária, sem o qual quaisquer sucessos táticos ficam, *a priori*, excluídos». E tal assim é porque, na ausência da organização, é impossível conferir às classes trabalhadoras o peso político e social decorrente da sua superioridade numérica. É, pois, necessário encarar «o princípio da organização como uma *conditio sine qua non* da condução social das massas» (*idem*, *ibidem*, pp. 11–12).

Acontece que a impossibilidade mecânica e técnica do governo direto das massas, associada à rápida conversão dos partidos democráticos modernos em grandes e complexas organizações, faz que a divisão do trabalho político e a especialização de funções no seu interior tornem necessário o recurso ao sistema de representação:

> Nos partidos democráticos modernos, não há maneira de conseguir que a totalidade dos membros se possa pronunciar diretamente sobre as disputas emergentes no seu seio. Nasce assim a necessidade dos *delegados*, com a incumbência de representar as massas e de facilitar a execução da sua respetiva vontade. (*Idem*, *ibidem*, p. 18)

Mas se a democracia é forçada a funcionar com a ajuda do sistema representativo, tal não constitui em si mesmo um obstáculo. A prová-lo está o facto de, aquando do *statu nascendi* do movimento operário organizado, os delegados funcionarem apenas como leais e incansáveis servidores da vontade das massas (*idem*, *ibidem*, *loc. cit.*). A este propósito, Michels escreve:

> a organização fundava-se então na igualdade de todos os que nela participavam [...]. Todos eram eleitores e todos eram elegíveis. [Donde] os delegados do partido, enquanto órgãos executivos da vontade geral, desempenhavam um papel subordinado e dependente, sendo revogáveis e demissíveis *ad nutum*. (*Idem*, *ibidem*, *loc .cit.*)

Repare-se como, para Robert Michels, a única forma de a vida no interior dos partidos se afastar o menos possível da democracia direta — ou melhor, da edénica assembleia dos cidadãos — passa claramente por uma conceção da representação entendida como uma «relação de delegação». Enquanto o «delegado» do partido foi um mero porta-voz, um mensageiro, da vontade das massas, sendo o seu mandato vinculativo e revogável a todo o momento, o cordão umbilical que o unia aos restantes membros esteve assegurado. Contudo, esta «união indissociável» viria a ser posta em causa, quer pelo inevitável crescimento e complexidade da organização, quer pelo triunfo da representação entendida não já como um mandato imperativo revogável, mas representativo liberal, em que os dirigentes do partido (fiduciários ou curadores) deixam de ter a obrigação de responder pela sua ação junto das massas, tornando-se assim a sua vontade independente e autónoma das instruções destas (*idem*, *ibidem*, pp. 117 e 233–234).

Assim, à medida que a organização cresce e se torna mais complexa, a democracia tende a declinar em ordem inversamente proporcional. Isto porque os representantes se tornam numa casta de funcionários pagos e dedicados a tempo inteiro às tarefas políticas e organizativas do partido, cujos interesses e expectativas se identificam agora com a manutenção e o crescimento da própria organização enquanto tal. É assim que a organização deixa de ser um meio para passar a ser um fim, e que o amadorismo dá lugar ao profissionalismo político. Os dirigentes ocasionais são substituídos por políticos profissionais, que centralizam o poder e se autonomizam das massas partidariamente organizadas, contraindo-se progressivamente a esfera do controlo democrático a círculos cada vez mais restritos.

Donde, parecem não restar ilusões a Robert Michels: se é certo que o «princípio da organização, politicamente necessário, constitui precisamente a fonte que lança na planície da democracia as correntes oligárquicas e conservadoras que tornam essa mesma planície irreconhecível» (*idem*, *ibidem*, p. 23), certo é também que a «emergência de uma liderança profissional assinala para a democracia o princípio do fim» (*idem*, *ibidem*, *loc. cit.*). As exigências organizativas e a competência técnica dos dirigentes — aliadas à incompetência das massas — fazem que a perpetuidade da liderança seja um fenómeno irrevogável. Primeiro, porque os líderes eleitos para um cargo por um determinado período acabam por se manter no cargo durante toda a vida, constituindo-se numa espécie de «eleitos de Deus» — o que explica, aliás, que da «delegação de facto» nasça o «direito moral à delegação» (*idem*, *ibidem*, pp. 31 e 62–64). Segundo, porque a estabilidade do «círculo» de indivíduos que exercem a direção dos partidos democráticos não se deve apenas aos fatores organizativos, mas também — e sobretudo — à lealdade cega e ao seguidismo acrítico das massas em relação aos seus dirigentes, o que torna o mecanismo eletivo inoperante e o sistema de cooptação algo de normal e até desejável.

Outras razões concorrem para o domínio político dos líderes e para que se forme no interior do partido uma oligarquia. Referimo-nos ao processo da metamorfose psicológica dos líderes e às suas características pessoais, e às características psicológicas das bases do partido. Ensinamentos que Michels vai buscar não apenas ao laboratório da sua experiência política pessoal, mas também aos textos clássicos da psicologia das multidões — *As Leis da Imitação: Estudo Sociológico* (1895) de Gabriel Tarde; *A Inteligência da Multidão* (1903) de Scipio Sighele; e, muito em especial, *A Psicologia das Multidões* (1895) de Gustave Le Bon.

Se a familiarização com todos os aspetos burocráticos da condução dos assuntos políticos da «máquina partidária» contribui para a superioridade técnica dos dirigentes em relação à massa dos membros (Michels, 1982 [1911], pp. 54–55), já as possibilidades de carreira oferecidas pelo aparelho partidário conduzem a que os operários, na qualidade de funcionários ou dirigentes do partido (políticos profissionais), assumam condições de vida «pequeno-burguesas», distanciando-se não só teleologicamente mas socialmente da sua classe de origem. Como escreve Michels:

> Com uma satisfação banal por si mesmo, um sentimento de sociedade apodera-se facilmente do antigo operário. E a sua satisfação estende-se, inclusive, ao meio que o rodeia. Qualquer aspiração progressiva no sentido democrático encontra-o muitas vezes indiferente e até hostil. Ele acomoda-se à ordem de coisas existente, com a qual, por resignação, acaba por se reconciliar. Que interesse poderá ter para ele o dogma da revolução social? A sua própria revolução social já foi efetuada. (*Idem*, *ibidem*, p. 178)

Por sua vez, a metamorfose psicológica dos líderes é acompanhada e reforçada pelas características psicológicas das massas politicamente incompetentes, acríticas, passivas e misoneístas, mas também profundamente agradecidas e reverenciáveis em relação aos líderes do partido, sendo incapazes de se subtrair ao fascínio das suas qualidades acessórias, tais como a capacidade de oratória, a celebridade, o carisma (*idem*, *ibidem*, pp. 17, 33, 36, 39 e 43–44).

A incompetência das massas passa a ser utilizada para justificar no plano teórico o domínio efetivo dos chefes sobre as bases e, segundo Michels, a democracia acaba por sofrer necessariamente a pressão de uma espécie de «despotismo benévolo» (*idem*, *ibidem*, p. 124) ou, em alternativa, abre o caminho a um «regime de tipo bonapartista», em que os eleitos procuram disfarçar as suas atuações egoístas e arbitrárias como se estas fossem o resultado direto da vontade popular (*idem*, *ibidem*, pp. 123–128). Posto isto, e de uma forma só aparentemente paradoxal, Robert Michels reconhece que a democracia real acaba por se converter numa espécie de bonapartismo, ou seja, «numa ditadura pessoal conferida pelo povo, segundo as normas constitucionais», observando-se assim a síntese de dois conceitos antagónicos: democracia e autocracia (*idem*, *ibidem*, p. 124).

Em suma, estão criadas todas as condições para que os líderes do movimento operário organizado se considerem uma emanação da vontade coletiva e, como tal, reclamem uma obediência cega e uma submissão total à sua vontade pessoal. Não admira, portanto, que estes comecem a identificar como seus não apenas os mecanismos, mas também os interesses da organização que lideram. Donde a conclusão: o socialismo real não é igualitário nem tão-pouco revolucionário, mas sim minoritário e autoritário, visando, quando muito, que os oligarcas consigam manter a ilusão de estarem a cumprir a vontade do povo; até porque, tendo esta sido transferida espontaneamente aos oligarcas do partido, qualquer ato de desobediência constituiria um atentado ao princípio da democracia (*idem*, *ibidem*, p. 127).

É assim de admitir que esta conclusão — substituída depois pela teoria da aclamação plebiscitária do Duce e pela legitimação do fascismo — traduz uma convicção profunda de Robert Michels de que o socialismo tem uma vocação profundamente elitista e despótica, não podendo a sua conversão final ao regime de Mussolini ser vista como uma viragem intelectualmente incoerente e politicamente oportunista, mas antes como o corolário natural de um itinerário que tem também como premissa a assunção rousseauniana de que, «na sua acepção mais rigorosa, a democracia nunca existiu nem nunca existirá, porque é contra a natureza das coisas que o maior número governe e a minoria seja governada» (Rousseau, 1968 [1762], p. 81).

Note-se que se para o «Michels sociólogo» o bonapartismo é ainda concebido como mais uma entre as muitas «fórmulas políticas» com que o poder justifica o domínio sobre as massas, dando-lhes a ilusão de serem coparticipantes no exercício do poder, para o «Michels ideólogo» configura algo bastante distinto, convertendo-se na quintessência da democracia:

> Em todos os assuntos de Estado, sobretudo nas questões táticas e administrativas, em que são necessários especiais conhecimentos para a decisão e em que a execução requer autoridade, é necessário um certo grau de ditadura, portanto, um desvio dos princípios da democracia [...]. Se do ponto de vista da teoria democrática isso é um mal, trata-se, porém, de um mal politicamente necessário. (Michels, 1929, *in* Panella, 1991, pp. 64–65)

Esta passagem é bastante significativa. É a prova de que Michels radicaliza o discurso elitista. Não se limita a negar ou subestimar o mecanismo natural e espontâneo de substituição da «elite governante» ou «classe política», rejeitando também o mecanismo oposto, que é constituído pelas «revoluções» e que ocorre quando não se dá a «circulação natural» das minorias dirigentes. Relembre-se que se tanto Mosca como Pareto criticaram severamente as revoluções, denunciando-lhes as promessas utópicas e os inevitáveis fracassos, isso não significa que não tenham visto nelas um fenómeno recorrente na história da circulação das elites. Tal não sucede com Michels, que vai mais longe e põe em causa as suas metas e finalidades, considerando-as «fúteis» ou, pura e simplesmente, «inúteis» (Hirschman, 1997). Perguntar-se-á então o que ensina a história neste capítulo? Para Robert Michels, que «de nada valem os movimentos populares», uma vez que «são incapazes de instaurar uma ordem social mais democrática e igualitária» (Michels, 1933, pp. 25–27). Porquê?

> [Porque] não existe nenhum movimento popular, por mais enérgico e vigoroso, que seja capaz de provocar no organismo social do mundo civilizado transformações profundas e permanentes. Uma vez que os elementos preponderantes do movimento, nomeadamente os homens que o dirigem e alimentam, acabam por se afastar das massas e ser atraídos para a órbita da «classe política» dominante. (Michels, 1982 [1911], p. 236)

Todas as revoluções não conduzem senão à «aristocratização» dos novos grupos. Importa, pois, reconhecer que «a revolução política, tal como a revolução social, se reduz a uma operação que consiste, como diz o provérbio italiano, em trocar de maestro sem que a música se altere» (*idem*, *ibidem*, pp. 95–100).

A afirmação segundo a qual «os revolucionários de hoje serão os reacionários de amanhã» é significativa, porque reveladora não apenas do *leopardismo michelsiano* — ou seja, do seu entendimento da história como o cemitério de todas as tentativas de mudança, pois toda a mudança social e política é fútil, já que deixa sempre e irremediavelmente inalterada a essência das coisas —, mas também porque nela se reafirma o seu entendimento puramente maquiavélico do Poder, enquanto algo que é considerado pelos seus detentores um fim em si mesmo, e não um instrumento ao serviço de determinados ideais ou princípios políticos([11]).

Para Robert Michels, o mundo social, altamente estruturado, desenvolve-se de acordo com leis universais e imanentes, em relação às quais a ação humana é impotente, e uma dessas leis é nada mais nada menos do que a célebre «lei de ferro da oligarquia»:

> Reduzida à sua expressão mais simples, a lei sociológica fundamental que rege inelutavelmente os partidos políticos [...] pode ser formulada assim: a organização é a fonte donde nasce a dominação dos eleitos sobre os eleitores, dos mandatários sobre os mandantes, dos delegados sobre os que os delegam. Quem diz organização diz oligarquia. (*Idem*, *ibidem*, p. 21)

([11]) Que assim é confirma-o o próprio autor ao escrever: «Como sempre e como em toda a parte, o sucesso [leia-se: a conquista do Poder] significa na democracia a morte do idealismo» (Michels, 1982 [1911], p. 153).

É necessário reconhecer que a solução pessimista e imobilista da história e a assunção da impossibilidade da democracia, reiteradas em *Para Uma Sociologia dos Partidos Políticos na Democracia Moderna*, resultam menos de um suposto «contágio elitista» e mais do «fundamentalismo democrático» de Michels, o qual se mantém intacto na passagem da militância partidária para o universo estritamente académico. Assim sendo, é legítimo sustentar-se que a sua chegada ao universo conceptual mosco-paretiano é mais aparente do que real e serve sobretudo um propósito instrumental: o de demonstrar em sede científica as conclusões a que chegara na esfera política. É ainda legítimo afirmar-se que, deste ponto de vista, a única objeção passível de ser feita à principal obra de Michels é a de ter definido em termos substancialmente ambíguos a sua investigação sociológica. Primeiro, apresentando-a como uma análise estritamente objetiva e imparcial, baseada nos «dados fornecidos pela vida social», quando afinal o que nos oferece é uma obra eminentemente dedutiva. Uma obra, em certo sentido, até ideológica, na qual procura justificar um conjunto de convicções políticas e axiomas aprioristicamente definidos, sustentando-os agora mediante o recurso a uma imensa mole de material empírico. Segundo, definindo-a como uma sociologia geral dos partidos políticos, quando em boa verdade a sua obra mais importante se inscreve num universo disciplinar contíguo, mas ainda assim distinto: o da teoria da democracia.

Michels ideólogo: da aclamação plebiscitária do líder carismático à democracia totalitária

Quando em 1914 deflagra a Primeira Guerra Mundial, Robert Michels viverá o conflito na Suíça, onde ocupa o lugar de professor ordinário de Economia Política na Universidade de Basileia. Durante estes anos, tornar-se-á num fervoroso defensor do nacionalismo italiano, declarando-se favorável à intervenção de Itália e condenando a Alemanha como país agressor. É ainda em solo helvético que conhecerá um dos maiores vultos do elitismo clássico, Vilfredo Pareto, com quem estreita as suas relações pessoais, e o embaixador italiano, marquês Raniero de Calboli, por intermédio de quem virá a chegar à fala pessoal com Benito Mussolini (Michels, 1930, *in* Panella, 1991, pp. 112–117) no salão nobre do Palazzo Chigi, em Roma. Mais do que medir as posições de Michels em relação ao fascismo, interessa-nos compreender qual o significado desta opção no quadro da sua reflexão intelectual e análise sociológica. Dito de outro modo: procurar saber de que forma, à luz das conclusões de *Para Uma Sociologia dos Partidos Políticos na Democracia Moderna* (1911), o «mussolinismo» se converte na última esperança para a democracia rousseauniana, a qual, como temos vindo a insistir, condiciona do princípio ao fim a produção científica de Robert Michels.

Mais uma vez, não faltam autores que, como David Beetham (1977, pp. 163, 166 e 178), sustentam a hipótese de a etapa fascista do «último Michels» ter sido motivada pelo contágio das teses elitistas de Mosca e Pareto, que haviam já influenciado o núcleo forte das conclusões de *Para Uma Sociologia dos Partidos Políticos na Democracia Moderna*. Assumir-se uma tal hipótese como válida significaria que entre a adesão ao paradigma elitista e a opção fascista de Robert Michels existe uma relação natural e necessária, ou, nos termos de Francesco Tuccari, uma «relação quase genealógica». Se é verdade que, nos escritos em que Michels aborda a relação entre a «ciência elitista» e a «coisa fascista», há espaço para esta tese, certo é que não é inteiramente satisfatória, já que, sublinha Tuccari, nos textos do «último Michels» prevalece uma conceção diferente da sugerida por David Beetham, não «genealógica» mas sim «analógica». Examinem-se, pois, ambas as hipóteses para que melhor se compreenda a obra de Michels no seu conjunto (Tuccari, 1993, pp. 327–328).

Durante as décadas de 1920 e 1930, são muitos os lugares onde Michels reivindica a proximidade entre a escola mosco-paretiana e o regime fascista. É precisamente isso que sobressai no seu ensaio sobre a teoria política de Mosca, publicado na revista alemã *Schmollers Jahrbuch*, em 1929. Aqui, propondo-se esclarecer os seus ex-compatriotas quanto à orientação da ciência política italiana atual, da superação da democracia e abandono do sistema parlamentar, começa por apresentar aquele que é o seu argumento fundamental: «Frequentemente, observamos que a ciência das coisas costuma antecipar as próprias coisas.» É esse o caso da «teoria das elites» de Pareto e da doutrina da «classe política» de Mosca, na exata medida em que, ao denunciarem o mito democrático da soberania popular, contêm já o germe que dará corpo à experiência fascista, constituindo, por conseguinte, o realismo e o pessimismo da escola conservadora italiana um antecedente lógico e natural do fascismo (MICHELS, 1929, *in* PANELLA, 1991, pp. 56–81).

Pois bem, esta afirmação de Michels não poderia ser mais enganadora. Desde logo, a começar pelo modo como os teóricos elitistas se relacionaram com o fascismo. É sabido que as relações de Pareto com o fascismo foram ambíguas e complexas — e temporalmente breves, pois Pareto morre um ano antes da subida de Mussolini ao poder (PORTINARO, 1977, pp. 130–141). Se é verdade que o Mestre de Céligny não recusou as honrarias do novo regime([12]) e elogiou o restabelecimento da ordem política e social em Itália, o facto é que não deixou de repudiar em muitos aspetos o movimento do Duce (ARON [*et al.*] 1960, pp. 188–192; CIRILLO, 2006, pp. 235–246).

Ao contrário do que sustenta Michels, as advertências de Pareto relativamente ao regime fascista excedem em muito a mera atitude crítica, assumindo mesmo, e sem exagero, o tom de admoestação: isso mesmo resulta da leitura do seu artigo, sintomaticamente intitulado «Libertà», publicado na revista oficial do fascismo (*Gerarchia*), em julho de 1923. Neste, enumera os escolhos a evitar pelo novo regime, a saber: as aventuras guerreiras, a restrição da liberdade de imprensa, a submissão à Igreja e ao clericalismo, a limitação ao ensino, entre outros([13]).

([12]) Nomeadamente, um lugar de representante numa das comissões da Sociedade das Nações e o cargo de Senador do Reino.

([13]) Há, pois, que concordar com Raymond Aron quando, no seu ensaio sobre Vilfredo Pareto, nota que este não teria sido favorável nem ao corporativismo, nem aos Acordos de Latrão, nem à conquista da Etiópia, nem ao juramento de fidelidade imposto aos professores universitários, e seria muito provável que a sua verve e crítica se tivesse dirigido contra todas as derivas hegelianas e nacionalistas dos Gentile, Volpe, Rocco e Bottai (ARON, 1994, pp. 471–472, nota 16).

Mas se Pareto terá aceitado o regime de Mussolini, o mesmo não aconteceu com Gaetano Mosca, que desde cedo lhe é hostil. Num discurso no Senado, em novembro de 1922, e em resposta à apresentação feita por Mussolini do seu governo, define sem ambiguidade a sua posição perante o fascismo. Em seu entender, todos os remédios para a crise do Estado moderno, da ditadura do proletariado (segundo a fórmula soviética), passando pelo retorno do governo absoluto (sob o modelo do absolutismo burocrático) até inclusive à substituição da representação individual pela representação classista (sob o modelo do sindicalismo funcional), assinalariam o início de uma «decadência política» destinada a tornar-se na «causa e no efeito de uma decadência geral da civilização». Resulta daqui, e de forma só aparentemente paradoxal, o seu apelo às «forças políticas» que sustentam os «poderes legais» e lhes conferem consistência: a estas se impõe agora a restauração do tão odiado governo representativo (Mosca, 1922, *in* Albertoni, 1989, pp. 125–126).

A «doutrina carismática da coisa pública», expressão com que se refere à «nova teoria da elite» no *Curso de Sociologia Política* (1927), constitui um dos elementos realmente novos da reflexão sociológica e política de Michels nos anos de 1920 e 1930, suscitando algumas questões interessantes que importa trazer aqui. Uma delas é certamente a da influência de Weber no «último Michels» (Tuccari, 1993; Teixeira, 2001), já que a singularidade da «nova teoria da elite» reside precisamente na sua receção da tipologia weberiana das formas de dominação legítima e, em particular, da dominação carismática. Com as categorias conceptuais do carisma e do líder carismático, Michels procurará explicar o papel essencial da direção política (o ducismo) e a emergência de uma nova democracia (a democracia totalitária).

Três anos após a publicação de *Economia e Sociedade: Fundamentos de Uma Sociologia Compreensiva* de Max Weber, editado em 1922, Michels justifica a sua proximidade a Mussolini e ao fascismo italiano referindo-se explicitamente à noção weberiana do grande líder carismático, num artigo sintomaticamente intitulado «Mussolini und das "gefahrvolle Leben"» (1925). Ora, se até este momento as categorias conceptuais e o vocabulário da «sociologia da dominação» não encontram eco na obra de Michels, certo é que a partir daqui emergem no centro da sua análise sociológica. O que coloca imediatamente as seguintes questões: como se explica o completo silêncio de Michels em relação à teoria weberiana do líder carismático? Como se explica que, a partir de 1925, uma teoria até então totalmente ignorada se converta na trave-mestra do seu edifício teórico?

A primeira pergunta é particularmente relevante por duas ordens de razão: primeiro, porque é de admitir que Michels conhecesse, muito antes de 1925, a teoria weberiana da dominação carismática, tanto mais que, na sua primeira versão (1912–1914), esta poder-lhe-ia ter oferecido um instrumento válido para o estudo da liderança e da oligarquia no interior dos partidos socialistas — uma problemática que se encontrava no centro das suas preocupações teóricas, precisamente durante os anos em que manteve estreita colaboração com Weber (MOMMSEN, 1981; TUCCARI, 1991). Uma possível explicação para esse alheamento prende-se com o facto de a Michels não interessar (ainda) classificar os diferentes tipos de liderança atendendo à sua morfologia, nem tão-pouco explicar como surge nos dominados o dever de obediência consentida; e, menos ainda, determinar quais os tipos de fundamento em que os detentores do poder — neste caso, os líderes socialistas — baseiam os seus pedidos de obediência. Por esta altura, interessava-lhe, isso sim, demonstrar a existência de uma cisão eterna e inamovível entre a minoria que dirige e a maioria que é dirigida. Donde, entre as preocupações de Michels e a teoria weberiana da dominação carismática não existem senão pontos de contacto conceptualmente ténues e irrelevantes. Mesmo quando, em *Para Uma Sociologia dos Partidos Políticos na Democracia Moderna*, Michels analisa as qualidades acessórias dos líderes ou descreve o perfil de alguns dos dirigentes socialistas mais preeminentes — como Lassalle e Bebel —, não é possível entrever aí os elementos da definição weberiana da liderança carismática, já que não existe nenhuma referência concreta ao carisma. O que prevalece é uma argumentação inscrita nos universos teóricos do elitismo da escola italiana e da psicologia das multidões de Le Bon, Tarde ou Sighele.

Torna-se, assim, claro que se o problema crucial para Michels era a formação de uma oligarquia em qualquer agregado social e político, para Weber tal problema constituía algo sumamente trivial — pois, em seu entender, a política é, e será sempre, uma prerrogativa do pequeno número (WEBER, 1991 [1917], p. 112). O que interessava estudar a Weber eram as formas de dominação política que, embora sendo oligárquicas, gozavam do reconhecimento dos indivíduos e, como tal, subsistiam e eram efetivas.

Será, pois, a conjuntura histórica, que corresponde ao advento e à consolidação do fascismo italiano, a inscrever nas preocupações de Michels a sociologia weberiana das formas de dominação legítimas e, muito em especial, a categoria da dominação carismática — que o levará à construção de um edifício teórico radicalmente distinto. Ao contrário do que sustenta LINZ (1966), não se trata de uma pura e simples transposição da sociologia da dominação weberiana por parte de Michels, trata-se sim de um conhecimento essencialmente fragmentário da obra de Weber e de uma abordagem deliberadamente desviante. No seu *Curso de Sociologia Política* (1927), quando reproduz textualmente a conhecida passagem de *Economia e Sociedade* de Weber, Michels rapidamente se abstrai das duas primeiras formas de dominação política — tradicional e racional-legal — para se concentrar exclusivamente na dominação carismática. Nos termos de Michels: «uma legitimidade baseada na submissão espontânea e voluntária das massas ao governo de pessoas dotadas de qualidades extraordinárias inatas, por vezes consideradas sobrenaturais». Ao que acrescenta: «Em virtude de tais qualidades, essas pessoas são julgadas capazes (e amiúde são-no) de realizar grandes feitos, e até atos milagrosos. E por isso esses homens parecem mesmo ter sido designados por Deus. Exemplos: os profetas e o Duce» (MICHELS, 1969 [1927], p. 105, nota 495).

Tal como o líder carismático de Max Weber, também *Il Duce* é um «indivíduo dotado de qualidades extraordinárias»; alguém que possui uma «fé inabalável em si próprio e na sua missão»; alguém que, em virtude da sua «coragem e firmeza», do seu carácter «impetuoso e sincero» e da sua «vontade de consagrar a vida ao seu povo», está em condições de oferecer aos Italianos um governo efetivo: «A Itália ansiava politicamente por uma mão forte. Agora que os fascistas chegaram ao poder com Mussolini, ouve-se muita gente dizer com um suspiro profundo: "Finalmente um governo!"» (Michels, 1930, *in* Panella, 1991, pp. 50–52 e 112).

Para lá das afinidades entre o Duce carismático descrito por Robert Michels e o líder carismático próprio da sociologia weberiana da dominação, importa aqui reconhecer que o primeiro permanece substancialmente diverso do segundo. É particularmente significativo que a «qualificação carismática» do Duce proposta por Michels assuma sobretudo uma dimensão objetiva — que subsiste independentemente do «sentido subjetivo» que os dominados lhe atribuem, ou seja, numa perspetiva diversa daquela que caracteriza a sociologia compreensiva de Max Weber. Note-se, pois, que, em vez de possuir uma «qualidade considerada extraordinária» ou ser «considerado uma pessoa dotada de forças e propriedades excecionais não acessíveis a todos» — como se pode ler num dos capítulos de *Economia e Sociedade* —, o Duce é antes dotado de «qualidades extraordinárias inatas». Os atributos extraordinários do Duce são considerados *per se*, independentemente do reconhecimento daqueles que são dominados. Ao carisma inato do líder carismático — leia-se do Duce — acresce ainda a natureza da sua própria missão, descrita frequentemente como «sobrenatural» ou «transcendente» (Michels, 1969 [1927], pp. 120–123; Michels, 1930, *in* Panella, 1991, pp. 112–115).

Recorde-se que, na análise sociológica de Weber, os fenómenos carismáticos só adquirem tal significação no contexto de uma imagem mitológica, divina e metafísica do mundo; ou, para usar os seus próprios termos, na fase do «encantamento universal», no período anterior à «iluminação carismática da razão», em que o «extraordinário» ultrapassa e determina objetivamente as estruturas da vida quotidiana (Weber, 1993 [1922], p. 937). Por aqui se vê que Robert Michels se move no terreno próprio da «sociologia da religião», e não no da «sociologia da dominação». Acresce ainda o facto de muitas das qualidades atribuídas por Michels ao Duce «carismático» serem decalcadas diretamente do perfil de Mussolini, bem como da retórica do regime fascista, afastando-se como tal do tipo ideal weberiano. Ou seja, mantém-se indistinto o que para Weber é (e deve ser) considerado separadamente: o extraempírico e instrumental (tipo ideal) do empírico e substantivo (a realidade histórica) (WILNER, 1984, pp. 202–208).

Por fim, é ainda significativo observar que, em *Estudos sobre a Autoridade e a Democracia*, Robert Michels volte a citar as três formas de dominação política de Max Weber, mas agora para afirmar sintomaticamente o seguinte: «O carisma é anterior à aquisição do poder [...].» Mais: «O poder conquistado pelos líderes carismáticos não faz senão acrescentar à sua autoridade natural um outro tipo de autoridade, a convencional, limitando-se esta a legitimar a primeira» (MICHELS, 1933, pp. 69–70). Pois bem, em termos estritamente weberianos, o conteúdo desta afirmação não poderia ser mais revelador, já que o carisma e o tipo de dominação a que Michels se refere correspondem na *Herrschaftssoziologie* ao carisma genuíno (originário) e às formas de liderança especificamente pré-modernas: só aqui Weber considera que o carisma («autoridade natural») é anterior ao reconhecimento por parte dos dominados («autoridade convencional») (WEBER, 1993 [1922], pp. 193–194). Por outras palavras: Weber considera que o reconhecimento não é o fundamento da dominação carismática, mas antes a sua consequência: «Nenhum profeta considerou que a sua qualidade estava dependente da multidão; nenhum rei ou líder carismático tratou os seus opositores senão como traidores a um dever» (*idem*, *ibidem*, p. 194).

Não admira, assim, que o «carisma genuíno» e as formas de dominação que lhe subjazem sejam profundamente autoritárias e antidemocráticas: «Sem dúvida, a autoridade carismática é um dos grandes poderes revolucionários da história, porém, na sua forma mais pura, é inteiramente autoritária e dominadora» (*idem*, *ibidem*, p. 713). Seja como for, quando equacionada no âmbito da modernidade política, a «autoridade convencional» ganha um outro estatuto, tornando-se o reconhecimento (a obediência consentida) fundamento da legitimidade carismática. E isto porque, na sua versão antiautoritária, o dever de reconhecimento — anteriormente exigido pelo Duce aos dominados — se converte em livre escolha, o mesmo é dizer num direito: «O senhor legitimado em função do seu próprio carisma [...] transforma-se [...] em funcionário eleito pelos súbditos em conformidade com a sua livre vontade» (*idem*, *ibidem*, p. 214).

Com esta transformação, a *charismatische Herrschaft* assume contornos novos e distintos, dando lugar a uma forma de legitimidade adequada às exigências da política moderna: a «democracia plebiscitária» (*idem*, *ibidem*, pp. 215 e 1804). E a um tipo de homem político distante do pré-moderno *Vertrauensmann der Massen* (homem de confiança das massas). Ao recuperar na modernidade o mito pré-moderno do «carisma genuíno», que dispensa a eleição e se autoimpõe mediante o consentimento tácito dos dominados, Robert Michels revela a sua total indiferença pelos termos em que se processa a discussão weberiana. No novo sincretismo teórico do «último Michels», confluem a teoria da dominação carismática de Weber, a psicologia das multidões, o uso anacrónico da categoria weberiana do «carisma genuíno», a substituição da ideia da «política como vocação» pelo «culto da personalidade», a permuta da «ação racional» pela «emotividade e irracionalidade das massas», a eliminação da «livre escolha» pelo «consentimento tácito», enfim, tudo exigências da construção de um novo mito: o mito do Capitão Novo (leia-se Benito Mussolini).

Robert Michels encontrará, assim, no regime fascista a resposta para superar a crise do Estado liberal e parlamentar, em particular, e as limitações da democracia representativa, em geral. Precisamente porque no regime fascista encontra uma elite monolítica e autocrática, mas também enérgica e decidida, a qual permite restabelecer a eficácia governativa e a qualidade da direção dos negócios públicos, confiscadas pela fraqueza, impotência, esterilidade e corrupção inerentes ao sistema parlamentar. Já no Duce, encontrará uma forma de reequacionar a possibilidade da democracia ideal, dado que o estabelecimento de uma relação direta e sensível entre o chefe carismático e as massas populares permite não apenas a integração plena destas na vida pública, como também a conquista de novos graus de emancipação dos governados em relação aos governantes.

Convém, contudo, relembrar que se Michels aceitara o essencial dos ensinamentos da escola mosco-paretiana — «a existência de minorias é um fenómeno inerente a todas as formas de vida social e política» — nem por isso renunciara «ao empreendimento desesperado para encontrar uma ordem que tornasse possível a realização completa do conceito de soberania popular» (MICHELS, 1982 [1911], p. 240). Paradoxalmente, uma tal ordem política é encontrada por Michels no fascismo italiano, no qual graças à intervenção do «herói carismático» (*Il Duce*) as massas perdem o seu estatuto de passividade e acedem definitivamente à vida pública. Duce e massas são os sujeitos de uma ordem política radicalmente nova que, sendo antidemocrática, está, contudo, mais próxima do arquétipo da democracia *à la* Rousseau. É assim que, sem se afastar do conceito de vontade geral de Rousseau e sempre fiel aos axiomas do seu «silogismo antidemocrático», Michels procura fazer a sua atribulada travessia entre Cila («democracia oligárquica») e Caríbdis («democracia totalitária»), mas também entre a política e a sociologia política.

Bibliografia

AGUILA, Rafael e BELTRÁN, Miguel, El positivismo, *in* VALLESPÍN, Fernando (org.), *História de la Teoría Política, 4*, Madrid, Alianza Editorial, 1995, pp. 415–439.

ALBERTONI, Ettore A., *Mosca and the Theory of Elitism*, Oxford, Basil Blackwell, 1987.

ALBERTONI, Ettore A., *Potere ed oligarchie. Antologia 1900–1910*, Milão, Giuffrè Editore, 1989.

ALBERTONI, Ettore A. (org.), *Doutrina da Classe Política e Teoria das Elites*, Rio de Janeiro, Imago Editora, 1990.

ARON, Raymond, *As Etapas do Pensamento Sociológico*, Lisboa, Publicações Dom Quixote, 1994.

ARON, Raymond [*et al.*], *Colloques de Rheinfelden*, Paris, Calmann-Levy, 1960.

Atti del Convegno su Robert Michels nel 50.° Anniversario della Morte/ /Ergebnisse der Rober Michels — Tatung zun seinem 50. Todestag, *in Annali di Sociologia/Soziolozisches Jahrbuch* 2, Trento, Università di Trento, 30 de maio de 1986.

BARKER, Rodney e HOWARD-JOHNSTON, Xenia, The politics and political ideas of Mosei Ostrogorski, *Political Studies* 23, 1975: pp. 415–429.

BEETHAM, David, From socialism to fascism: the relation to theory and practice of the work of Robert Michels: I. From marxist revolutionary to political sociologist; II. The fascist ideologue, *Political Studies* XXV, 1977: pp. 3–24 e 161–181.

Beetham, David, Michels and his critics, *European Journal of Sociology* 22, 1981: pp. 80–99.

Bobbio, Norberto, La teoria della classe politica negli scrittori democratici in Italia, *in Les élites politiche: Atti del IV Congresso Mondiale di Sociologia*, Bari, Laterza, 1961, pp. 54–744.

Bobbio, Norberto, *Saggi sulla scienza politica in Italia*, Bari, Laterza, 1971.

Bobbio, Norberto, *Profilo ideologico del'900 italiano*, Itália, Garzanti Editore, 1990.

Bobbio, Norberto, *Igualdad y Libertad*, México, Ediciones Paidós Ibérica, 1993.

Bobbio, Norberto, *El Futuro de la Democracia*, México, Fondo de Cultura Económica, 1996.

Bobbio, Norberto; Matteucci, Nicola e Pasquino, Gianfranco, Teoria das elites, *in idem*, *Dicionário de Política*, Brasília, Universidade de Brasília, 1990, pp. 385–391.

Burnham, James, *Los Maquiavelistas, Defensores de la Libertad*, Buenos Aires, Emecé Editores, 1953.

Busino, Giovanni, *Vilfredo Pareto: Scritti sociologici*, Turim, Utet, 1966.

Busino, Giovanni, *Introduction à une historie de la sociologie de Pareto*, Genebra, Droz, 1967.

Busino, Giovanni, *Elites e Elitismo*, Porto, Rés-Editora, 2000.

Campbell, Stuart L., The four Paretos of Raymond Aron, *Journal of the History of Ideas* 47, 1986: pp. 287–298.

Cavalli, Luciano, *Il fascismo nell'analisi sociologica*, Bolonha, Il Mulino, 1975.

Cavalli, Luciano, *Governo del leader e regime dei partiti*, Bolonha, Il Mulino, 1992.

Cirillo, Renato, Was Vilfredo Pareto really a «precursor» of fascism?, *American Journal of Economics and Sociology* 42, 2006: pp. 235–246.

Cours-Salies, Pierre e Vincent, Jean-Marie, *Robert Michels. Critique du socialisme: Contribution aux débats au début du XXe siècle*, Paris, Editions Kimé, 1992.

Curcio, Carlo, L'Opera di Roberto Michels, *in Studi in Memoria di Robert Michels, Annali della Facoltà di Giurisprudenza della Università di Perugia* XLIX, Pádua, Cedam, 1937, pp. 15–35.

DE MAS, Enrico, *L'Italia tra Ottocento e Novecento e le origini della scienza politica (Mosca, Michels, Ferrero, Renci)*, Bari, Lecce, 1981.

DI NUCCI, Loreto, Robert Michels «ambasciatore» fascista, *Storia Contemporanea* XXIII, 1992: pp. 91–103.

FAUCCI, Ricardo (org.), *Robert Michels: Economia, sociologia, politica*, Turim, Giappichelli, 1989.

FEDELE, Marcello, La sociologia politica di Roberto Michels: moralismo e riformismo, *La Critica Sociologica* 21, 1972: pp. 152–178.

FERRARIS, Pino, Robert Michels politico (1901–1907), *Quaderni dell'Istituto di Studi Economici e Sociali della Facoltà di Giurisprudenza di Camerino* 1, 1982: pp. 51–162.

FERRARIS, Pino, L'influenza di Gaetano Mosca su Robert Michels, *Quaderni dell'Istituto di Studi Economici e Sociali della Facoltà di Giurisprudenza di Camerino* 1, 1983: pp. 31–57.

FINOCCHIARO, Maurice A., *Beyond Right and Left: Democratic Elitism in Mosca and Gramsci*, New Haven, Yale University Press, 1999.

FURIOZZI, Gian Biagio (org.), *Robert Michels tra politica e sociologia*, Florença, Centro Editoriale Toscano, 1984.

HEGEL, Georg W. Friedrich, *Leçons sur la philosophie de l'histoire*, Paris, Librairie Philosophique, 1970.

HIRSCHMAN, Albert, *O Pensamento Conservador: Perversidade, Futilidade e Risco*, Lisboa, Difel, 1997.

KAMPHAUSEN, Georg, Roberto Michels e la questione di una scienza della politica, *Atti del Convegno su Robert Michels nel 50.º anniversario della morte, Annali di Sociologia/Soziologisches Jahrbuch*, 1986.

KOLAKOWSKI, Leszek, *Main Currents of Marxism*, 2 volumes, Oxford, Oxford University Press, 1981.

KIRKPATRICK, Ivone, *Mussolini: Ensaio sobre a Demagogia*, Lisboa, Morais Editora, 1965.

LE BON, Gustave, *Psicologia das Multidões*, Mem Martins, Publicações Europa-América, [*s.d.*] [1895].

LENTINI, Orlando, *Introduzione a la sociologia italiana nell'etá del positivismo: Antologia di scritti sociologici*, Bolonha, Il Mulino, 1981.

LINZ, Juan J., Leadership, democrazia e oligarchia. In margine alla «Sociologia del partito politico» di Robert Michels, *Rassegna Italiana di Sociologia* 6, 1965: pp. 361–386.

LINZ, Juan J., Michels e il suo contributo alla sociologia politica, *in* MICHELS, Robert, *La sociologia del partito politico nella democrazia moderna*, Bolonha, Il Mulino, 1966, pp. viicxix.

LINZ, Juan J., Robert Michels, *in International Encyclopedia of the Social Sciences*, vol. 10, Nova Iorque, Macmillan and Free Press, 1968, pp. 265–271.

LIPSET, Seymour Martin, Introduction, *in* MICHELS, Robert, *Political Parties: A Sociological Study of the Oligarchical Tendencies of Modern Democracy*, Nova Iorque, Collier Books, 1962.

LORIA, Achille, Un intellettuale italo-tedesco: Robert Michels, *Nuova Antologia* XLV, 1910: pp. 131–136.

LOSITO, Marta e SCHIERA, Pierangelo (org.), *Max Weber e le scienze sociali del suo tiempo*, Bolonha, Il Mulino, 1988.

LOTTIERI, Carlo, Un élitisme technocratique et liberal: L'autorité et l'État selon Mosca, *L'Année Sociologique* 44, 1994: pp. 321–329.

MALANDRINO, Corrado, Note a margine di nuovi e vecchi studi su Michels, *Il Pensiero Politico* XXV, 1982: pp. 487–562.

MALANDRINO, Corrado, Lettere di Robert Michels e di Augustin Hamon (1902–1917), *Annali della Fondazione Luigi Einaudi* XXIII, 1989.

MAQUIAVEL, Nicolau, *O Príncipe: A Arte da Guerra*, Lisboa, Edições Amigos do Livro, 1977 [1532].

MICHELS, Robert, Violenza e legalitarismo come fattori della tattica socialista, *Il Divenire Sociale: Rivista di Socialismo Scientifico* 2, 16 de janeiro de 1905: pp. 25–27.

MICHELS, Robert, *Il proletariato e la borghesia nel movimento socialista italiano: Saggio di scienza sociografico-politica*, Turim, Fratelli Bocca, 1908a.

MICHELS, Robert, Le syndicalisme et le socialisme en Allemagne, *in* LAGARDELLE, Hubert (org.), *Syndicalisme et socialisme*, Paris, Marcel Rivière, 1908b, pp. 21–29.

MICHELS, Robert, La crisi psicologica del socialismo, *Rivista Italiana di Sociologia* XIV, 1910, pp. 365–376 [*in* Ettore A. Albertoni (ed.), *Roberto Michels: Potere ed oligarchie. Antologia 1900–1910*, Milão, Giuffré Editore, pp. 525–541].

MICHELS, Robert, Appunti sulla sociologia di Vilfredo Pareto, *Nuova Antologia*, fasc. 1102, 16 de dezembro de 1917: pp. 392–397.

MICHELS, Robert, Die Politik als Wissenschaft: Ein werk von Gaetano Mosca, *Neue Zürcher Zeitung* 1711, 9 de dezembro de 1923.

MICHELS, Robert, Un libro di politica (Mosca), *Stampa* 107, 5 de maio de 1924.

MICHELS, Robert, Mussolini und das «gefahrvolle Leben», *Basler Nachrichten* 323, 23 de novembro de 1925.

MICHELS, Robert, Gaetano Mosca and seine Staatsheorien, *Schmollers Jahrbuch*, a. 53, 5, 1929: pp. 111–130.

MICHELS, Robert, Eine syndikalistich gerichtete Unerströmung im deutschen Sozialismus (1903–1907), *in Festschrift für Carl Grünberg zum 70. Geburtstag*, Leipzig, Hirschfeld, 1932, pp. 343–364.

MICHELS, Robert, *Studi sulla democrazia e sull'autorità*, Florença, La Nuova Itália, 1933.

MICHELS, Robert, *Corso di sociologia politica*, Milão, Istituto Editoriale Scientifico (tradução castelhana: *Introducción a la Sociologia Política*, Buenos Aires, Editorial Paidós), 1969 [1927].

MICHELS, Robert, *Storia del marxismo in Italia: Compendio critico con annessa bibliografia*, Londres, Slienger, 1977 [1910].

MICHELS, Robert, *Zur Soziologie des Parteiwesens in der Modern Demokratie: Untersuchungen über die Oligarchischen Tendenzen des Gruppenlebens*, Leipzig, Wener Klinkhardt (tradução portuguesa: *Para Uma Sociologia dos Partidos Políticos na Democracia Moderna*, Lisboa, Antígona), 1982 [1911].

MICHELS, Robert, Die deutsche Sozialdemokratie, *in Archiv für Sozialwissenschaft und Sozialpolitik* XXIII, *in* ALBERTONI, Ettore A. (org.), *Roberto Michels: Potere e oligarchie. Antologia 1900–1910*, Milão, Giuffrè Editore, 1989 [1906], pp. 205–304.

MICHELS, Robert, L'oligarchia organica costituzionale: Nuovi studi sulla classe politica, *in La Riforma Sociale: Rassegna di Scienze Sociali e Politiche*, XIV, vol. XVIII, fasc. 12, *in* ALBERTONI, Ettore A. (org.), *Roberto Michels: Potere e oligarchie. Antologia 1900–1910*, Milão, Giuffrè Editore, 1989 [1907], pp. 429–459.

MICHELS, Robert, La crisi psicologica del socialismo, *in* ALBERTONI, Ettore A. (org.), *Roberto Michels: Potere e oligarchie. Antologia 1900–1910*, Milão, Giuffrè Editore, 1989 [1910a], pp. 525–541.

MICHELS, Robert, La democrazia e la ferrea legge dell'oligarchia, *in Rassegna Contemporanea*, ano III, fasc. V, *in* ALBERTONI, Ettore A. (org.), *Roberto Michels: Potere e oligarchie. Antologia 1900–1910*, Milão, Giuffrè Editore, 1989 [1910b], pp. 499–501.

MICHELS, Robert, Polémiques sur le socialisme allemand, *in Le Mouvement Socialiste* 176, *in* COURS-SALIES, Pierre e VINCENT, Jean-Marie (org.), *Robert Michels: Critique du socialisme*, Paris, Editions Kimé, 1991 [1906], pp. 228–237.

MICHELS, Robert, *Italien von Heute: Politische und Wirtschaftliche kulturgeschichte von 1860 bis 1930*, Leipzig, Orell Füssli Verlag, *in*

PANELLA, Giuseppe (org.), *Roberto Michels: Socialismo e fascismo (1925–1934),* Milão, Giuffrè Editora, 1991 [1930].

MICHELS, Robert, Les dangers du parti socialiste allemand, *in Le Mouvement Socialiste* 144, *in* COURS-SALIES, Pierre e VINCENT, Jean-Marie (org.), *Robert Michels: Critique du socialisme*, Paris, Editions Kimé, 1992 [1904], pp. 193–211.

MICHELS, Robert, A propos de la grève de la Ruhr, *in Le Mouvement Socialiste* 158, *in* COURS-SALIES, Pierre e VINCENT, Jean-Marie (org.), *Robert Michels: Critique du socialisme*, Paris, Editions Kimé, 1992 [1905a], pp. 341–344.

MICHELS, Robert, Le Congrès des socialistes de Prusse à Berlin, *in Le Mouvement Socialiste* 149, *in* COURS-SALIES, Pierre e VINCENT, Jean-Marie (org.), *Robert Michels: Critique du socialisme*, Paris, Editions Kimé, 1992 [1905b], pp. 213–251.

MICHELS, Robert, Les socialistes allemand et la guerre, *in Le Mouvement Socialiste* 171, *in* COURS-SALIES, Pierre e VINCENT, Jean-Marie (org.), *Robert Michels: Critique du socialisme*, Paris, Editions Kimé, 1992 [1906], pp. 129–139.

MICHELS, Robert, Controverse socialiste, *in Le Mouvement Socialiste* 184, *in* COURS-SALIES, Pierre e VINCENT, Jean-Marie (org.), *Robert Michels: Critique du socialisme*, Paris, Editions Kimé, 1992 [1907a], pp. 278–288.

MICHELS, Robert, Le socialisme allemand après Mannheim, *in Le Mouvement Socialiste* 181, *in* COURS-SALIES, Pierre e VINCENT, Jean-Marie (org.), *Robert Michels: Critique du socialisme*, Paris, Editions Kimé, 1992 [1907b], pp. 5–13.

MICHELS, Robert, Le patriotisme des socialistes allemands et le congrès d'Essen, *in Le Mouvement Socialist*e 194, *in* COURS-SALIES, Pierre e VINCENT, Jean-Marie (org.), *Robert Michels: Critique du socialisme*, Paris, Editions Kimé, 1992 [1908], pp. 5–13.

MICHELS, Robert, L'ancienne hégémonie du Socialisme allemand, *in Le Mouvement Socialiste* 225, *in* COURS-SALIES, Pierre e VINCENT, Jean-Marie (org.), *Robert Michels: Critique du socialisme*, Paris, Editions Kimé, 1992 [1910], pp. 241–251.

MITZMAN, Arthur, *Sociology and Estrangement: The Three Sociologists of Imperial Germany*, Nova Iorque, Knopf, 1973.

MOMMSEN, Wolfgang J., Max Weber and Robert Michels: an asymmetrical partnership, *Archives Européennes de Sociologie* XII, 1981: pp. 100–116.

MOMMSEN, Wolfgang J., Robert Michels and Max Weber: Moral Conviction versus the Politics of Responsibility, *in* MOMMSEN, Wolfgang J. e OSTERHAMMEL, Jurgen (org.), *Max Weber and His Contemporaries*, Londres, Allen & Unwin, 1987.

MOSCA, Gaetano, *The Ruling Class*, Nova Iorque, McGraw-Hill, 1939 [1896].

MOSCA, Gaetano, *Elementi di scienza politica*, 2 vols., Bari, Laterza, 1953.

OROFINO, Maria Antonella, *Continuità e discontinuità nel pensiero di Roberto Michels*, Perúgia, Universita Degli Studi di Perugia, 1992.

PANELLA, Giuseppe, *Robert Michels: Socialismo e fascismo (1925–1934)*, Milão, Giuffrè Editore, 1991.

PARETO, Vilfredo, *Traitè de sociologie génerale*, Genebra, Droz, 1968 [1917].

PARETO, Vilfredo, *Les systèmes socialistes*, Genebra, Droz, 1978 [1902].

PORTINARO, Pier Paolo, Robert Michels e Vilfredo Pareto: La formazione e la crisi della sociologia politica, *Annali della Fondazione Luigi Einaudi* XI, 1977: pp. 99–141.

RIPEPE, Eugenio, *Gli elitisti italiani: Mosca, Pareto, Michels*, vol. 1, Pisa, Paccini, 1974.

ROTH, Gunther, *I socialdemocratici nella Germania imperiale*, Bolonha, Il Mulino, 1971.

ROUSSEAU, Jean-Jacques, *Do Contrato Social: Discurso sobre a Origem da Desigualdade entre os Homens*, Lisboa, Portugália Editora, 1968 [1762].

SARTORI, Giovanni, *Democrazia e definizioni*, Bolonha, ll Mulino, 1969.

SARTORI, Giovanni, *Teoria de la Democracia. 1: El Debate Contemporáneo*, Madrid, Alianza Universidad, 1988.

SEGRE, Sandro, La sociologia dell'organizzazione del partito da Weber a Michels, *Rassegna Italiana di Sociologia* XXX, 1989: pp. 347–372.

SEGRE, Sandro, Concezioni alternative di democrazia: Weber e Schumpeter, *Rassegna Italiana di Sociologia* XXXII, 1991: pp. 313–333.

SCAGLIA, Antonio, La dimensione europea di Robert Michels, Atti del Convegno su Robert Michels nel 50.º Anniversario della Morte, *Annali di Sociologia/Soziologisches Jahrbuch*, Trento, Università di Trento, 2 volumes, 1986.

SCHUMPETER, Joseph A., *Capitalism, Socialism and Democracy*, Londres, George Allen & Unwin, 1943.

SIVINI, Giordano (org.), *Robert Michels: Scritti sociologici*, Bolonha, Il Mulino, 1980.

SOLA, Giorgio, *Organizzazione, partito, classe politica e legge ferrea dell'oligarchia in Robert Michels*, Génova, E.C.I.G., 1972.

SOLA, Giorgio, Leadership e oligarchia nel pensiero di Robert Michels, Atti del Convegno su Robert Michels nel 50.º Anniversario della Morte, *Annali di Sociologia/Soziologisches Jahrbuch*, Trento, Università di Trento, 2 volumes, 1986.

SOREL, Georges, *Reflexões sobre a Violência*, Petrópolis, Vozes, 1993 [1908].

TALMON, Jacob L., *The Origins of Totalitarian Democracy*, Londres, Martin Secker & Warburg, 1952.

TALMON, Jacob L., *Political Messianism*, Londres, Martin Secker & Warburg, 1960.

TEIXEIRA, Conceição Pequito, *Robert Michels: Teoria e Prática da Democracia*, Lisboa, ISCSP, 2001.

TROCINI, Federico, Robert Michels: un marxista eterodosso al tempo della Seconda Internazionale (1900–1910), *in* POGGIO, Pier (org.), *L'altronovecento: Comunismo eretico e pensiero critico*, vol. 1, Milão, Jaca Book, 2010, pp. 305–319.

TUCCARI, Francesco, *Carisma e leadership nel pensiero di Max Weber*, Milão, Franco Angeli, 1991.

TUCCARI, Francesco, *I dilemi della democrazia moderna: Max Weber e Robert Michels*, Roma e Bari, Laterza, 1993.

VALLESPÍN, Fernando, *História de la Teoria Política*, Madrid, Alianza Editorial, 1995.

WEBER, Max, *O Político e o Cientista*, Lisboa, Editorial Presença, 1973.

WEBER, Max, *Ensaios de Sociologia*, Rio de Janeiro, Zahar Editores, 1982 [1918].

WEBER, Max, *Escritos Políticos*, Madrid, Alianza Editorial, 1991 [1917].

WEBER, Max, *Economía y Sociedad: Esbozo de Sociologia Comprensiva*, Madrid, Fondo de Cultura Económica, 1993 [1922].

WEBER, Max, *A Política como Profissão*, Lisboa, Edições Universitárias Lusófonas, 2000 [1919].

WILNER, A. R., *The Spellbinders: Charismatic Political Leadership*, New Haven, Yale University Press, 1984.

WINKLER, Heinrich A., Robert Michels, *in* WEHLER, Hans-Ulrich (org.), *Deustche Historiker*, Gotinga, Vandenhoeck und Ruprecht, 1973, p. 441.

LIÇÃO SUPLEMENTAR

Metáforas químicas no discurso sociológico: de Rousseau a Durkheim

TERESA SOUSA FERNANDES
Instituto Superior de Ciências do Trabalho
e da Empresa do Instituto Universitário de Lisboa

> *[...] os sentimentos privados tornam-se sociais apenas quando se combinam sob a ação das forças* sui generis *desenvolvidas pela associação: na sequência de tais combinações e das alterações recíprocas que daí advêm, eles convertem-se* numa outra realidade. *Produz-se uma síntese química que concentra e unifica os elementos sintetizados, transformando-os deste modo.* (Durkheim, 2004a, p. 36[1])

Química e ciências humanas

Entre finais do século xviii e o início do século xx, as metáforas inspiradas pela química são recorrentes. Schlegel, por exemplo, descreve a França como uma «nação química»(2). A relação, postulada pelo autor, entre química e poética (Chaouli, 2002) deixa surpreender-se também na obra de Goethe: o título do seu romance *Die Wahlverwandtschaften* (*As Afinidades Electivas*) alude ao tratado de Torbern Bergman — *Disquisitio de Attractionibus Electivis* (*Dissertação sobre Atrações Eletivas*). Movidas por secretas afinidades, as personagens parecem combinar-se e fundir-se através de

(1) Salvo menção, a tradução das citações é da minha responsabilidade.

(2) «É natural que os Franceses tendam a dominar [esta] época. [A França é] uma nação química [...]. Do mesmo modo, a época revela também uma natureza química. As revoluções são movimentos químicos, não orgânicos» (Schlegel, 1991, p. 87).

processos de ação recíproca(3). O recurso à linguagem da química (ainda próxima da alquimia) permitiu descrever fenómenos marcados pelo carácter instantâneo e imprevisível das suas transformações — fenómenos subtis, impermanentes ou ambíguos. O duplo sentido (material e espiritual) de termos como «afinidade», «ação recíproca» ou «união» era, deste ponto de vista, particularmente apropriado.

Também no domínio da filosofia, problemas da mesma natureza tenderam a ser resolvidos através de metáforas químicas. Elas assumiram um papel de relevo, por exemplo, nas obras de Kant (SANTOS, 1994; LEQUAN, 2000) e Hegel (BURBIDGE, 1996). Pressupondo a equivalência entre categorias da razão e elementos da matéria, Kant, autor de uma verdadeira «química do espírito» (SANTOS, 1994), funda o conhecimento na afinidade e na síntese entre entendimento e sensibilidade:

> O termo «afinidade» evoca aqui uma noção derivada da química [...]: é a acção recíproca de duas substâncias físicas de espécie diferente, agindo intimamente uma sobre a outra e tendendo para a unidade; esta união faz emergir uma terceira entidade cujas propriedades nascem apenas da combinação de duas substâncias heterogéneas. Apesar da sua dissemelhança, entendimento e sensibilidade ligam-se fraternalmente de modo espontâneo para constituir o nosso conhecimento, como se cada uma destas categorias tivesse a sua origem na outra, ou ambas proviessem de uma mesma raiz. (*Idem*, *ibidem*, p. 54)

O filósofo reconhece, porém, o carácter inacessível da «causa superior» que determina a transformação de realidades heterogéneas num todo homogéneo. Por outras palavras, a afinidade «química» é uma solução ilusória do problema do conhecimento. Ela exprime negativamente, como sublinha Mai LEQUAN, «a impotência das nossas faculdades cognitivas face às condições de possibilidade da sua síntese» (2000, p. 112).

---

(3) A afinidade das personagens de GOETHE evoca, na expressão do autor, a relação entre substâncias alcalinas e ácidas que, «embora se oponham, ou talvez precisamente porque se opõem, se apropriam e modificam reciprocamente [...] para formarem [...] uma nova substância» (1999, p. 32).

Rousseau confrontara-se com uma dificuldade análoga e, a partir da sua obra, a sociologia durkheimiana reencontrá-la-á.

*

* *

O valor das metáforas mecânicas e orgânicas na obra de Durkheim é ainda matéria de debate(4); o das imagens químicas, pelo contrário, é hoje ignorado ou sumariamente discutido. Não fora assim, porém, entre os mais próximos colaboradores da *Année Sociologique*. Em 1924, Célestin Bouglé não hesitara mesmo em afirmar que a conceção fundamental de Durkheim — *l'idée maîtresse, l'idée modèle* — era a da «síntese química», capaz de produzir fenómenos «que as propriedades dos elementos isolados não faziam prever» (2004, p. LXVII). A ideia parece apoiar-se, em particular, na versão preliminar de *O Contrato Social* de Rousseau (*Manuscrit de Genève*), recuperada por Georges Streckeisen-Moulton e publicada em 1896. É neste mesmo ano que Durkheim dedica um curso ao *Contrato Social*, utilizando abundantemente o *Manuscrit*, cujos *fac-símiles* examina e apresenta como ilustração (Bernardi, 1997, pp. 56–57)(5).

A sociedade ideal é descrita no *Manuscrit de Genève* como um composto químico, «ser moral com qualidades separadas e distintas das que definem os seres particulares que o constituem» (Rousseau, 1964b, p. 284). Ora, a descoberta desta formulação parece assinalar um ponto de viragem: Rousseau, que Durkheim definira até então como um «individualista radical», é visto a partir desse momento como o verdadeiro fundador da sociologia(6). Ele teria compreendido que

(4) Ver, entre outros, o estudo de François Vatin «À quoi rêvent les polypes? Individuation et sociation d'Abraham Trembley à Émile Durkheim» (2005, pp. 123–217).

(5) Estas lições foram publicadas postumamente por Xavier Léon na *Revue de Métaphysique et de Morale* (vol. XXV, 1918, pp. 1–23 e 129–161) e reeditadas em *Montesquieu et Rousseau: Précurseurs de la sociologie*, 1966.

(6) Reconhecendo também uma viragem no pensamento durkheimiano, Robert Alun Jones observa que uma reavaliação positiva de Rousseau por Durkheim parece datar de 1896 (1999, pp. 271–272).

os fenómenos sociais, claramente distintos dos factos individuais, são dotados de especificidade própria: «É um mundo novo que se sobrepõe ao mundo puramente psíquico» (Durkheim, 1966, p. 136). Tal afirmação exige, evidentemente, uma reorientação de perspetiva.

É certo que Durkheim sustentara, desde muito cedo, a natureza *sui generis* da sociedade, vista como um todo que transcende a soma das partes, mas tal característica havia sido justificada, num primeiro momento, pela teoria da solidariedade social (mecânica/orgânica). A justificação será reformulada mais tarde nos termos de uma «síntese química», inspirada pela leitura do *Manuscrit de Genève.*

A química filosófica de Rousseau

É através de uma metáfora mecânica que Rousseau começa por evocar, no *Contrato Social*, a génese da ordem social e política: «dado que os homens não podem engendrar novas forças», resta-lhes proceder à agregação daquelas de que já dispõem (1964c, p. 360). É evidente a influência de Hobbes nesta passagem: a sociedade apresenta-se como mera «soma de forças». Mas «a força é um poder físico» e dos seus efeitos, sublinhava Rousseau, não resulta «nenhuma espécie de moralidade»: «Submeter-se à força é um ato de necessidade, não de vontade» (*ibidem*, p. 354). É para converter a sociedade numa entidade moral que o autor faz intervir um argumento químico. Concebida como síntese de vontades e identidades particulares, ela será mais do que uma «agregação», um somatório de forças; ela transformar-se-á numa *associação*, alicerçada na vontade geral e no «eu» comum.

Hobbes e Rousseau postulavam um estado de natureza hipotético, precondição lógica da sociedade; mas o primeiro destes autores, na opinião do segundo, confundira natureza e artifício, traços originais e qualidades adquiridas. Não pudera identificar, por consequência, «as primeiras e mais simples operações da alma humana», a autopreservação e a piedade (Rousseau, 1964a, pp. 125–126). Para o autor do *Discurso sobre a Origem e os Fundamentos da Desigualdade entre os Homens*, é a relação destes dois princípios que define o estado de natureza; mas é a sua transformação, através de uma espécie de processo químico, que explica a emergência da sociabilidade.

Transportando para a filosofia um conjunto de operações químicas — decomposição, combinação, recomposição —, Rousseau não abandona, todavia, a referência à física mecânica; a originalidade da sua reflexão consiste, pelo contrário, na forma como explorou a oposição entre metáforas provenientes das duas ciências. Como veremos, esta oposição está na origem de inúmeros problemas.

Agregação «física» e associação «química»

Nas *Institutions chimiques* de Rousseau(7), como na *Encyclopédie* de Diderot e d'Alembert, a química investiga as «qualidades interiores» dos compostos, deixando à física a descrição das «qualidades exteriores» dos agregados(8). O contraste subjaz à definição do objeto químico: «duas substâncias [...] intimamente misturadas e combinadas compõem uma terceira [...] de diferente natureza» (Rousseau, 1999, p. 305).

(7) Embora ignorado até muito recentemente, o interesse de Rousseau pela química acompanhou a gestação de grande parte da sua obra filosófica e literária. *Institutions chimiques*, um tratado inacabado, é o testemunho mais significativo do seu profundo conhecimento das linguagens e dos métodos da nova ciência. Publicado originalmente em *Annales de la Société: Jean-Jacques Rousseau*, volumes xii e xiii, Genebra (1918–1919 e 1920–1921, respetivamente), o texto será apenas reeditado em 1999 por Bernadette Bensaude-Vincent e Bruno Bernardi. Estes dois autores têm contribuído decisivamente para a compreensão das conexões íntimas entre química e filosofia na obra de Rousseau. Assinalo, em particular, o estudo pioneiro de Bernardi (1997) sobre o papel das metáforas químicas no *Contrato Social*.

(8) Encontramos, com efeito, uma formulação idêntica à de Rousseau (1999, pp. 9–10) na entrada «Chimie» da *Encyclopédie*, assinada por Gabriel François Venel. A distinção exterior/interior, indissociável da oposição entre agregado e misto (ou composto), revelou-se decisiva para a afirmação das identidades relativas da física e da química no período iluminista. Para uma contextualização histórica destas conceções, ver, entre outros, Bensaude-Vincent e Stengers (1995).

Química e física permitiam abordagens complementares ao estudo da realidade. Na verdade, percecionado à superfície como «agregado», qualquer objeto pode reduzir-se a «compostos», «mistos», «princípios». Mas os processos implicados na união química requereram particular atenção. Rousseau, que recusara a utilização química do conceito newtoniano de atração, adotou a noção de afinidade herdada da alquimia: substâncias heterogéneas unem-se em função da similitude, ou da analogia, entre os seus elementos constituintes (Fogo, Água, Terra e Ar).

No contexto da filosofia social, a oposição — mais do que a complementaridade — entre a física e a química decifra-se na própria emergência da sociabilidade, pensada como transição de um universo mecânico — no qual os indivíduos, comparáveis a átomos, coexistem «sem ligações» — para um universo estruturado pela lógica das afinidades. É assim que o amor de si (*amour de soi*) se transforma em amor-próprio (*amour-propre*). E é assim também que o indivíduo socializado, «eu» relativo, adquire uma identidade inteiramente construída pela comparação: cada sujeito revela preferência por um outro sujeito ou por um grupo específico. Esta inclinação exclusiva — origem da vida moral — conduz, no entanto, à desigualdade e à rivalidade. Como assegurar, pois, a unidade coletiva?

A resposta é tanto mais problemática quanto é certo que Rousseau, radicalizando a oposição entre noções herdadas da física e da química, postula a dupla natureza do corpo social: do ponto de vista externo (material), constitui um objeto mecânico, dotado de extensão, volume e densidade, como estabelecera Montesquieu; do ponto de vista interno (moral), é uma associação, análoga ao composto químico([9]).

Da sociedade histórica à sociedade ideal

Situada, de modo ambivalente, entre o agregado e a associação, a sociedade histórica do *Discurso sobre a Origem e os Fundamentos da*

([9]) Segundo Rousseau, a sociedade política é também a réplica do corpo humano, sujeita, como ele, ao envelhecimento e à morte. No entanto, o filósofo considerou a analogia orgânica «comum e pouco exata» (1964d, p. 244).

Desigualdade entre os Homens supõe um poder comum, mas carece da vontade e da identidade coletivas que asseguram a coesão moral. Ela assemelha-se, segundo a terminologia da época, a um «corpo confuso», mistura de substâncias «que não se submetem à união química» (cf. «Confusion», *in Encyclopédie*). Não dispõe, por isso, da «ligação entre as partes», característica dos «mistos perfeitos». Esta fragilidade condena-a à dissolução num novo estado de natureza.

«Há milhares de formas de congregar [*rassembler*] os homens» — escreve ROUSSEAU —, «mas apenas uma de os unir [*unir*]» (1964b, p. 297). *Rassembler* e *unir* são operações distintas que conduzem, respetivamente, à agregação e à associação. Fundada em íntimos laços morais, a verdadeira coesão social corresponde sem dúvida a um ideal «químico». A sociedade assim constituída será obra de um legislador que, simbolicamente assimilado a Licurgo e Moisés, encarna também a figura moderna do cientista.

Autor de «Projet de constitution pour la Corse» e de «Considérations sur le gouvernement de Pologne», Rousseau corporiza esta personagem híbrida. Ele crê transmutar a natureza humana, separando, combinando e recompondo os seus elementos num laboratório imaginário. O ser natural transformar-se-ia, deste modo, num puro ser social, despojado das suas forças inatas, mutilado na sua constituição humana (*ibidem*, p. 313). É esta «purificação», indispensável à síntese «química», que permite a súbita emergência da sociedade ideal: «Instantaneamente, em lugar da pessoa privada de cada parte contratante, o ato de associação produz um corpo moral e coletivo [...] [fazendo emergir] a sua unidade, o seu "eu" comum, a sua vida e a sua vontade» (1964c, p. 361). Este novo corpo social exibe qualidades únicas. Ele funda-se na vontade geral — inalienável, indivisível e indestrutível — e as suas leis «são como o ouro puro»; nada poderá desnaturalizá-las (1964b, p. 315).

A «grande obra» de Rousseau exprime, assim, a «razão sublime» que «[dá] voz aos deuses». Criador da sociedade política mas exterior à sua constituição, o legislador exerce «uma atividade [...] que nada tem em comum com o domínio dos homens»; «a [sua] grande alma é o verdadeiro milagre que comprovará a sua missão». O essencial deste trabalho, «quase divino», subsistiria através das vicissitudes da história e perpetuar-se-ia graças à religião civil que imprime à «ligação moral uma força interior que penetra na alma» (*ibidem*, pp. 317–318). Rousseau não se limita, pois, a transportar para a filosofia social a linguagem da química; ele incorpora nos novos conceitos (talvez de modo involuntário) uma dimensão transcendente herdada da alquimia.

As virtudes excecionais do legislador permitiram-lhe criar uma verdadeira associação. Mas as qualidades «químicas» do corpo social conciliam-se dificilmente com os atributos «físicos» que lhe são inerentes.

Consideremos a distinção entre a vontade geral (unidade sintética) e a vontade de todos (unidade agregativa). Inconfundíveis em teoria, elas tendem, contudo, a aproximar-se na prática política. Decomposta num determinado número de votos, a vontade geral parece recompor-se — «não sei por que ficção», escreveu Bernard Groethuysen (1949, p. 85) — numa unidade qualitativa. Na verdade, não são claras as fronteiras entre agregação e associação. Socorrendo-se da síntese «química», o legislador limita-se, afinal, a simular a inatingível união das vontades.

A noção de soberania é também problemática. Ela exige que a força (de natureza física) se subordine à «química» das vontades (o espírito coletivo) e, deste modo, participa dos paradoxos cartesianos inerentes à relação entre o corpo e a alma. «Tal como a ação da alma sobre o corpo [...] é insondável para a filosofia», admite Rousseau, «assim também a ação da vontade geral sobre a força pública [...] é insondável para a política» (1964b, p. 296). Em suma, o próprio autor do *Contrato* reconhece, aqui como noutros textos, o carácter «absolutamente incompreensível» do problema que formula([10]).

Mas nem todas as dificuldades têm origem no conflito entre metáforas físicas e químicas. Em si mesma, a linguagem química é fonte de problemas. O conceito de associação foi aplicado por

---

([10]) «O homem não é um ser simples; ele é composto de duas substâncias», escreveu Rousseau (1969b, p. 936) admitindo, todavia, num outro texto: «o meio de união das duas substâncias parece-me absolutamente incompreensível» (1969a, p. 576).

Rousseau a diferentes dimensões da sociedade política — Estado e Governo, em particular (BERNARDI, 1999). Dotados de identidade, vontade e esfera de ação próprias, estes órgãos políticos — todo e parte em simultâneo — ameaçam-se mutuamente, fazendo reaparecer as contradições (entre particular e universal, entre «eu» e «outro»...) que a síntese pretendera resolver. Como a sociedade histórica, a associação idealizada dissolver-se-á também.

A linguagem química na sociologia de Durkheim

A questão da consciência é o cerne da reflexão de Rousseau. Ela constitui ainda o tema fundamental do pensamento de Durkheim. Ambos reconheceram os limites de filosofias mecanicistas e julgaram encontrar uma linguagem mais adequada na química — ciência do mundo interior, invisível e impermanente.

Em *A Divisão do Trabalho Social*, DURKHEIM estabelecera uma articulação entre consciência e solidariedade social. À solidariedade mecânica (a das sociedades segmentadas, compostas por unidades semelhantes), corresponderia uma consciência coletiva uniforme, «o conjunto das crenças e sentimentos comuns à *média* dos membros de uma sociedade» (1986, p. 46; itálico nosso). A consciência individual, essa, encontrar-se-ia associada às sociedades de solidariedade orgânica (constituídas por órgãos distintos, funcionalmente interdependentes). A especificidade de um estado de consciência é assim determinada pelas particularidades da morfologia social([11]). Estas conceções foram reformuladas em *As Regras do Método Sociológico* (1895). A consciência coletiva emerge, aqui, da «fusão» das consciências particulares: «Ao agregarem-se, ao penetrarem-se, ao fundirem-se, as almas individuais dão origem a [...] uma individualidade psíquica de um novo género» (DURKHEIM, 2007, p. 129).

([11]) É notória a persistência da formulação de Montesquieu: dotada de extensão, volume e densidade, a sociedade apresenta as propriedades do objeto físico. Rousseau, como vimos, reproduz esta formulação para representar uma das dimensões do «corpo moral»; Durkheim retoma-a nos mesmos termos.

Na verdade, sublinhava Durkheim, se aceitarmos que o todo não é idêntico à soma das partes, reconheceremos mais facilmente que, do mineral ao ser humano, a associação está na «origem de todas as novidades que se foram produzindo sucessivamente no decorrer da evolução [...]» (*ibidem*). Esta afirmação parece antecipar o Prefácio à segunda edição de *As Regras do Método Sociológico* (1901), onde se torna explícito o recurso à noção química de síntese *sui generis*. Ela produz fenómenos novos, irredutíveis às propriedades dos elementos que lhes deram origem:

> A célula viva não contém senão partículas minerais [...]; e, todavia, é evidentemente impossível que os fenómenos característicos da vida residam nos átomos de hidrogénio, de oxigénio, de carbono e de azoto. Pois como poderiam os movimentos vitais produzir-se no seio de elementos não vivos? (*Ibidem*, p. 25)

Tudo se passa como se os mesmos princípios estivessem na origem da vida orgânica e da vida social. Tratar-se-ia de um processo essencialmente «criativo»: produto de afinidades e combinações entre as consciências particulares, as representações coletivas constituiriam uma «outra» realidade. Esta perspetiva é, de resto, o fundamento da teoria das representações que Durkheim formulara, de modo sistemático, em 1898 («Représentations individuelles et représentations collectives»).

É certo que Durkheim havia já evocado princípios antirreducionistas que desaconselham a explicação do complexo pelo simples, do superior pelo inferior, do todo pela parte. Os fenómenos sociais não poderiam por isso ser abstraídos de modo imediato das realidades física, biológica ou psíquica. Existe, no entanto, tensão entre estes princípios e a determinação morfológica dos fenómenos da consciência. Foi aparentemente com o objetivo de a resolver que o autor dirigiu particular atenção ao problema das representações.

Esta «viragem» implica uma nova epistemologia. Cada nível de realidade (físico-química, orgânica, psíquica, social) resulta da síntese *sui generis* de elementos situados num plano inferior — o seu substrato. As representações são o produto da combinação de elementos neuronais, na esfera individual, e de elementos psíquicos, na esfera coletiva. Um conjunto de sucessivas transformações garante a continuidade de diferentes ordens de realidade — da mais simples (a mineral) à mais complexa (a social). Nesta versão do transformismo do século XIX, a «cadeia dos seres» reveste-se de um significado químico.

Não é possível dissociar estas conceções de um novo «naturalismo sociológico». As representações coletivas não são construções abstratas mas factos naturais, na medida em que — do mundo físico-químico ao mundo social — todos os objetos resultam de sucessivos processos combinatórios: «Os elementos [de que se compõe o mundo das representações] são abstraídos da realidade mas combinam-se de uma nova forma. É a novidade da combinação que faz a novidade do resultado» (Durkheim, 2004c, p. 136). A teoria das representações sistematiza esta perspetiva. Mas, como no pensamento de Rousseau, a coexistência das linguagens de diferentes ciências engendra contradições.

A síntese *sui generis* na teoria das representações

Dois anos após a publicação do *Manuscrit de Genève*, Durkheim aborda, pela primeira vez de modo sistemático, o problema das representações na perspetiva da nova epistemologia. No seu texto «Représentations individuelles et représentations collectives», o autor opõe-se aos argumentos reducionistas de certas correntes da psicologia da época. De inspiração mecanicista, as teorias epifenomenalistas concebiam a atividade psíquica como mero reflexo da vida orgânica. Elas localizavam as sensações, as imagens e as ideias em zonas específicas do cérebro. A contiguidade espacial de algumas destas zonas explicaria a similitude das representações que se lhes encontravam associadas. Durkheim rejeitava liminarmente esta «geografia cerebral» que, no seu entender, «releva do romance, mais do que da ciência» (2004a, p. 17). Ele recusava comparar as representações a átomos, a simples fragmentos heteróclitos. A realidade psíquica aparecia-lhe, pelo contrário, como um fluxo de representações que se interpenetram em função de afinidades particulares: «É a relação *sui generis* que se estabelece entre elas, a combinação especial que produzem em virtude desta semelhança [...] que nos deixam uma impressão de similitude» (*ibidem*, p. 19). Sínteses de «estados celulares», as ideias são relativamente independentes do seu substrato material.

A analogia química foi utilizada para obviar às explicações exclusivamente mecânicas da psicologia, mas os conceitos químicos preservavam ainda conotações alquímicas que o sociólogo repudiou com veemência. A noção de afinidade, por exemplo, não deveria evocar, como no passado, a «atração misteriosa» do semelhante pelo semelhante. A sociologia pretendia utilizá-la sem nenhuma referência a «virtudes ocultas» ou «entidades escolásticas» (*ibidem*, p. 22). Durkheim procurava, deste modo, conformar-se às posições dominantes da época. Hesitava, por consequência, entre perspetivas inconciliáveis. Tendo associado, nomeadamente, a ideia mecânica de movimento às expressões mais rudimentares da vida mental, desvalorizou-a nas formas superiores: «quanto maior for a distância entre a representação e a sensação pura, menor será a importância do elemento motor» (*ibidem*, pp. 23–24)([12]).

Importa reconhecer o carácter circular deste procedimento: para se afastar de conceções mecanicistas, Durkheim dirige-se à química; para se afastar da química, regressa a conceções mecanicistas. O mesmo movimento de vaivém pode reconhecer-se na crítica à localização dos fenómenos mentais. Depois de declarar que a vida psíquica *não é* um simples reflexo de conexões orgânicas, afirma: «É evidente que o estado do cérebro afeta todos os fenómenos intelectuais»; ele é mesmo «a causa imediata de alguns deles» (*ibidem*, p. 33). E, numa outra passagem: «Pode [...] dizer-se que todos os nossos pensamentos se encontram no cérebro [*sont dans le cerveau*].» O autor limitava-se, desta vez, a recusar a correlação rigorosa entre

([12]) Existiria, segundo Durkheim, uma conexão entre a imagem memorizada de um determinado objeto e os movimentos que lhe estão associados. Ora, «dado que esses movimentos são semelhantes aos que acompanham a sensação atual do mesmo objeto, estabelece-se, através deles, uma ligação entre a minha perceção presente e a minha perceção passada» (2004a, p. 23).

uma ideia e um «ponto preciso» do seu substrato biológico (*ibidem*, p. 39).

A reflexão sobre a natureza dos fenómenos psicológicos tinha por objetivo a passagem à vida social: as ações e reações entre os «elementos nervosos» fazem emergir as representações nas «consciências elementares», tal como as ações e reações entre as consciências elementares dão lugar às representações coletivas (cf. *ibidem*, p. 34). É aqui inequívoca a afirmação da origem psíquica da vida social. Produto de uma síntese *sui generis*, as representações coletivas apresentam, todavia, propriedades distintas das que caracterizam os elementos que entram na sua composição([13]).

Esta aproximação entre representações individuais e coletivas «não faz» da sociologia «um corolário da psicologia individual»; ela sublinha, pelo contrário, «a independência relativa [...] das duas ciências» (*ibidem*, p. 2). Ora, a própria ideia de síntese parece contradizer estas afirmações. Por um lado, a referência às consciências elementares evoca um estado de natureza em que os indivíduos existiriam dispersos, «sem ligações». Esta leitura contratualista foi adotada por Anthony GIDDENS: «A aproximação dos atores humanos não ocorre *ex nihilo*, para formarem uma nova entidade pela sua fusão ou associação. Durkheim [...] confunde uma conceção hipotética de indivíduos num estado de natureza com processos reais de reprodução social» (1984, pp. 171–172). Por outro lado, as ações e reações entre as consciências não são fenómenos sociológicos, mas uma das suas precondições.

A passagem em que DURKHEIM postula a origem psíquica da vida social introduz ainda uma outra ideia que a contraria: «A relação que [...] une o substrato *social* à vida *social* é rigorosamente análoga à que devemos admitir entre o substrato *fisiológico* e a vida *psíquica* dos indivíduos» (2004a, p. 34; itálico nosso). Como sustentar, neste contexto, que o substrato das representações coletivas seja, ele próprio, de natureza social? Consideremos a seguinte passagem:

([13]) Robert Keith SAWYER (2005) compara esta formulação às teorias contemporâneas sobre «sistemas emergentes».

> A sociedade tem por substrato o conjunto dos indivíduos associados. O sistema formado pela sua união, variável de acordo com a disposição à superfície do território e com a natureza e número das vias de comunicação, constitui a base da vida social. As representações [...] emergem das relações entre os indivíduos assim combinados ou entre os grupos secundários que se interpõem entre o indivíduo e a sociedade. (*Ibidem*)

Estamos perante duas origens simultâneas das representações coletivas. A primeira reporta-se às consciências elementares e é congruente com a analogia química que estrutura a diferenciação e a autonomia de diversas ordens de realidade: as representações coletivas resultam da síntese *sui generis* dos elementos do «substrato psíquico». A segunda refere-se à morfologia social e é indissociável da analogia física; ela alude à determinação dos fenómenos da consciência pelo «substrato material», tese que a teoria das representações procurara contrariar(14).

As últimas páginas de «Représentations individuelles et représentations collectives» radicalizam as contradições, fazendo implodir a própria fundamentação «química» da teoria. O autor estabelece uma distinção entre «níveis» de representações coletivas. Sustenta agora que um primeiro nível de representações depende das particularidades da morfologia social, omitindo desta vez a origem psíquica, sobre a qual se detivera longamente. Uma vez constituídas, as primeiras representações coletivas autonomizam-se e adquirem «o poder de [...] formar entre elas sínteses de toda a espécie, [...] determinadas pelas suas afinidades naturais, não pelo estado do meio em que evoluem» (*ibidem*, p. 43). As representações coletivas constituem, deste ponto de vista, o substrato de novas representações coletivas. Deveremos agora admitir, ao arrepio da própria ideia de síntese *sui generis*, que o todo é afinal da mesma natureza dos elementos que o compõem?

---

(14) Como sublinha Dénes Némedi, Durkheim nunca abordou de forma explícita as contradições entre o princípio do determinismo morfológico e a teoria das representações: «o princípio do determinismo morfológico enfraqueceu progressivamente, embora não tenha sido completamente abandonado» (2000, p. 88).

Da natureza dual da sociedade a um novo «espiritualismo»

DURKHEIM afirmava em 1901: «Apesar de termos dito expressamente e repetido de todas as maneiras que a vida social era inteiramente feita de representações, acusaram-nos de eliminar o elemento mental da sociologia» (2007, p. 19). Dez anos mais tarde, observa:

> É verdade que expusemos no passado uma teoria sociológica dos valores de que mostrámos a insuficiência; é que ela repousava numa conceção que desconhecia a verdadeira natureza da vida social. A sociedade era então apresentada como um sistema de órgãos e de funções [...]. Ora, [...] ela é também a sede de uma vida moral interna cujo poder e originalidade nem sempre foram reconhecidos. (2004c, p. 132)

O sociólogo admite deste modo que não eram infundadas as críticas dirigidas às ideias que apresentara, pela primeira vez, em *A Divisão do Trabalho Social.* Mas reaproxima-se delas quando sustenta que as representações coletivas, longe de caracterizarem *toda* a vida social, se referem unicamente à sua dimensão moral. O recurso à química tem implícita a oposição entre configuração exterior e vida interior: «Diminui-se a sociedade quando nela se vê apenas um corpo organizado com o propósito de assegurar certas funções vitais. Neste corpo habita uma alma: é o conjunto dos ideais coletivos» (*ibidem*, p. 136).

Nos últimos escritos de Durkheim, a natureza dual da sociedade — o «corpo moral», segundo o oximoro de Rousseau — articula-se com a reinvenção do *Homo duplex*([15]). É introduzida, neste contexto,

---

([15]) «Le dualisme de la nature humaine et ses conditions sociales» (1914) pretendia esclarecer a importância do *Homo duplex* para a compreensão de *As Formas Elementares da Vida Religiosa*: «Procurando estudar sociologicamente os fenómenos religiosos, fomos levados a antever uma maneira de explicar cientificamente uma das particularidades mais características da nossa natureza. [...] para surpresa nossa, o princípio no qual assenta esta explicação não parece ter sido percebido pelos críticos [...].» DURKHEIM traduz a dualidade cartesiana nos seguintes termos: «Esta dualidade corresponde, em suma, à dupla existência

a ideia de «representação inconsciente». DURKHEIM havia-a sugerido já em «Représentations individuelles et représentations collectives», quando admitira que a consciência pode existir independentemente da sua apreensão por um sujeito determinado (2004a, p. 31). Mas o que é *une conscience sans moi*? Irresolúvel em termos psicológicos, a questão foi reformulada no âmbito da sociologia: é a sociedade que oferece o referente subjetivo das representações individuais inconscientes. Como nota Bruno KARSENTI, o inconsciente transforma-se na «expressão individual de uma outra consciência» (2004, p. LVII) — de uma força exterior, de carácter social — que determina a atividade psíquica. O *Homo duplex* impõe-se, com efeito, enquanto figura dominante de uma subjetividade fragmentada. As representações coletivas — luminosas como a razão cartesiana — são obscurecidas quando interiorizadas pelos indivíduos no processo de socialização. E, no entanto, esta «consciência obscura» é a própria essência da vida psíquica.

A inversão é surpreendente. DURKHEIM, que defendera inicialmente a autonomia dos fenómenos psíquicos (em relação à biologia), acabou por salientar a sua estreita dependência da vida social, reproduzindo uma fórmula de Rousseau: «retire-se ao homem tudo o que a sociedade lhe deu, e ei-lo reduzido às suas sensações. Ele converter-se-á num ser mais ou menos indistinto do animal» (2004b, p. 79).

Através desta reinterpretação do dualismo cartesiano, Durkheim pretendia, na opinião de BOUGLÉ, «fundar e justificar em novos termos as tendências espiritualistas» (2004, p. LXXI). Atribuindo novo significado à «espiritualidade» enquanto traço distintivo da representação individual, o sociólogo dotou as representações coletivas de «hiperespiritualidade»: «Apesar da sua aparência metafísica, o termo designa apenas um conjunto de factos naturais que devem ser explicados através de causas naturais. Ele ensina-nos, contudo, que o novo mundo, aberto deste modo à ciência, ultrapassa em complexidade todos os outros» (DURKHEIM, 2004a, p. 48).

---

que levamos simultaneamente: uma puramente individual, que tem as suas raízes no nosso organismo, a outra social, que não é mais do que o prolongamento da sociedade» (1975, pp. 290 e 302).

Simples «aparência metafísica»? Síntese superior de atributos psíquicos, de acordo com uma das versões da teoria, as representações coletivas assinalam o último elo da «cadeia dos seres». A natureza transcende-se a si mesma na ideia de sociedade, na qual convergem «todas as forças do Universo»: «elas sintetizam-se aí, dando origem a um produto que ultrapassa em riqueza, em complexidade e em poder de ação tudo o que contribuiu para a sua formação» (*idem*, 2004c, p. 141). A sacralização da vida coletiva — que dessacraliza a ideia de humanidade — exprime-se, aqui, com singular clareza. Reduzido a um sistema de células (no plano físico) e a um sistema de representações (no plano mental), o ser humano, vimo-lo já, «só em grau difere do animal» (*idem*, 1968, p. 325). É a sociedade «moderna» — epítome de Deus — que confere «espiritualidade» ao indivíduo, dotando-o de uma natureza *sui generis*. A sociologia reinventa, pois, a religião civil de Rousseau, radicalizando-a: «Entre Deus e a sociedade, é necessário escolher» (*idem*, 2004b, pp. 74–75).

A orientação reformista deste novo «espiritualismo» é explícita nas lições sobre educação moral (1902/3) que atribuem à ciência o poder de transmutar — por uma espécie de ficção alquímica — o próprio espírito de França. Uma educação laica e republicana, inspirada nos princípios da sociologia, poderá incutir no cidadão francês, «um cartesiano consciente ou inconsciente» (*idem*, 2002a, p. 155), os princípios de um novo tipo de racionalismo.

Segundo Durkheim, confundir o inteligível com o simples (partindo do princípio de que tudo pode ser decomposto em partículas elementares) é negar realidade aos fenómenos complexos. Trata-se do principal pressuposto do atomismo social: enquanto «elemento simples da sociedade», só o indivíduo é real; o termo «sociedade», esse, limitar-se-ia a designar «um conjunto de indivíduos [...] justapostos» (*idem*, *ibidem*, p. 157), isto é, uma agregação. A recusa da complexidade seria, assim, o maior obstáculo aos sentimentos de sociabilidade.

Só a química parecia capaz de contrariar o espírito cartesiano. A interiorização dos seus princípios é o desígnio moral do ensino das ciências — o das ciências da vida, em particular. Durkheim acreditava que o estudo do mundo celular evidenciaria as mistificações do atomismo social, familiarizando os jovens com a natureza *sui generis* da sociedade:

> Essa ínfima massa viva [a célula] é, evidentemente, composta de elementos inorgânicos — átomos de hidrogénio, oxigénio, nitrogénio e carbono. Estamos perante elementos inorgânicos que, em combinação e associação, manifestam de súbito as propriedades completamente novas que caracterizam a vida. Eis o que permitirá à criança compreender — e a criança pode compreender tudo isto — que, em certo sentido, o todo não é idêntico à soma das suas partes. (*Ibidem*, p. 161)

É a educação científica que conduz à descoberta da «verdadeira» natureza da vida social. Uma vez apreendida a ideia de que a sociedade é irredutível aos indivíduos que a compõem, os jovens franceses reconhecer-se-iam plenamente como seres sociais e veriam na sociologia um meio privilegiado de autoconhecimento.

*

* *

Rousseau adotara, perto do fim da vida, uma perspetiva crítica perante a química do seu tempo. Como escreveu, até um químico de débeis recursos se julgaria capaz de perscrutar os fenómenos da natureza «pela simples razão de se ter familiarizado com alguns dos pequenos expedientes da sua arte» (Rousseau, 1959, p. 1067). As referências explícitas à química tinham desaparecido, como vimos, da última versão do *Contrato Social.* O facto manifesta ambivalência moral e ceticismo quanto à capacidade de apreender as causas últimas de fenómenos até então inexplicados([16]). Utilizadas para iluminar as

---

([16]) É também essa a opinião de Marco Beretta quando sublinha que a crítica de Rousseau à química aborda, no essencial, questões de natureza moral e filosófica: «em 1778, as ambições que motivavam os químicos a penetrar os mistérios da matéria pareciam a Rousseau uma flagrante manifestação do orgulho humano. A dissensão e, mais tarde, a rutura com o filósofo levaram-no a travar a sua própria batalha fora do contexto científico e naturalista» (1999, p. 120).

formas mais subtis da realidade, as categorias químicas do século XVIII referiam-se a processos ainda «misteriosos»: «embora saibamos muito bem que diferentes substâncias têm por vezes a capacidade de se combinar, somos totalmente ignorantes quanto ao modo como se produz esta união e quanto ao seu verdadeiro princípio» (*idem*, 1999, p. 274).

A este propósito, a semelhança entre Rousseau, Kant e Durkheim é digna de registo. Como os seus predecessores, Durkheim socorreu-se da química para tentar compreender um fenómeno cuja solução ficaria, afinal, por determinar: «Ignoramos, sem dúvida, de que modo [os processos implicados na síntese *sui generis*] podem dar origem à representação.» E acrescentava: «Cabe à metafísica encontrar os conceitos» capazes de exprimir de modo apropriado a relação entre «um efeito e as suas causas» (2004a, pp. 37–38). A metafísica — qualquer que seja o conteúdo que o autor lhe atribui neste contexto — é o artifício sob o qual se ocultam as vulnerabilidades da reflexão durkheimiana.

Bibliografia

Bensaude-Vincent, Bernadette e Stengers, Isabelle, *Histoire de la chimie*, Paris, Éditions la Découverte, 1995.

Beretta, Marco, Sensiblerie vs. Mécanisme: Jean-Jacques Rousseau et la chimie, *Corpus: Revue de Philosophie* 36, 1999: pp. 103–120.

Bernardi, Bruno, J.-J. Rousseau: une chimie du politique? (pour une relecture de *Contrat social*, I, 5), *Philosophie* 56, 1997: pp. 49–65.

Bernardi, Bruno, Constitution et gouvernement mixte — notes sur le livre III du *Contrat social*, *Corpus: Revue de Philosophie* 36, 1999: pp. 163–194.

Bouglé, Célestin, Préface, *in* Durkheim, Émile, *Sociologie et philosophie*, Paris, Quadrige/Presses Universitaires de France, 2004, pp. LXI–LXXI.

Burbidge, John W., *Real Process: How Logic and Chemistry Combine in Hegel's Philosophy of Nature*, Toronto, University of Toronto Press, 1996.

Chaouli, Michel, *The Laboratory of Poetry: Chemistry and Poetics in the Work of Friedrich Schlegel*, Baltimore e Londres, The Johns Hopkins University Press, 2002.

DURKHEIM, Émile, *Montesquieu et Rousseau: Précurseurs de la sociologie*, Paris, Librairie Marcel Rivière et Cie, 1966.

DURKHEIM, Émile, *Les formes élémentaires de la vie religieuse*, Paris, Presses Universitaires de France, 1968 [1912].

DURKHEIM, Émile, *Les règles de la méthode sociologique*, Paris, Quadrige/ /Presses Universitaires de France, 1981 [1895] (*As Regras do Método Sociológico*, tradução de Eduardo Lúcio Nogueira, Lisboa, Editorial Presença, 2007).

DURKHEIM, Émile, *De la division du travail social*, Paris, Quadrige/Presses Universitaires de France, 1986 [1893].

DURKHEIM, Émile, *L'éducation morale*, 2002a [1925]. Disponível em: http:// classiques.uqac.ca/classiques/Durkheim_emile/education_morale/ education_morale.html.

DURKHEIM, Émile, Le dualisme de la nature humaine et ses conditions sociales, *in idem*, *La science sociale et l'action*, 2002b. Disponível em: http://classiques.uqac.ca/classiques/Durkheim_emile/sc_soc_et_action/ texte_4_15/dualisme_nature_hum.html. (O dualismo da natureza humana e as suas condições sociais, *in A Ciência Social e a Acção*, tradução de Inês Duarte Ferreira, Lisboa, Livraria Bertrand, 1975.)

DURKHEIM, Émile, Représentations individuelles et représentations collectives, *in idem*, *Sociologie et philosophie*, Paris, Quadrige/Presses Universitaires de France, 2004a, pp. 1–48.

DURKHEIM, Émile, Détermination du fait moral, *in idem*, *Sociologie et philosophie*, Paris, Quadrige/Presses Universitaires de France, 2004b, pp. 49–90.

DURKHEIM, Émile, Jugements de valeur et jugements de réalité, *in idem*, *Sociologie et philosophie*, Paris, Quadrige/Presses Universitaires de France, 2004c, pp. 117–141.

Encyclopédie ou Dictionnaire raisonné des sciences, des arts et des métiers (1751–1772), The ARTFL Project, Chicago University. Disponível em: http://humanities.uchicago.edu/orgs.

GIDDENS, Anthony, *The Constitution of Society*, Cambridge, Polity Press, 1984.

GOETHE, Johann Wolfgang von, *Elective Affinities*, tradução de David Constantine, Oxford, Oxford University Press, 1999.

GROETHUYSEN, Bernard, *J.-J. Rousseau*, Paris, Gallimard, 1949.

JONES, Robert Alun, *The Development of Durkheim's Social Realism*, Cambridge, Cambridge University Press, 1999.

KANT, Immanuel, *Anthropologie du point de vue pragmatique*, tradução de Michel Foucault, Paris, Librairie Philosophique J. Vrin, 1994.

KARSENTI, Bruno, Présentation, *in* DURKHEIM, Émile, *Sociologie et philosophie*, Paris, Quadrige/Presses Universitaires de France, 2004, pp. V–LIX.

LEQUAN, Mai, *La chimie selon Kant*, Paris, Presses Universitaires de France, 2000.

NÉMEDI, Dénes, A Change in Ideas: Collective Consciousness, Morphology, and Collective Representations, *in* PICKERING, William S. Frederick (org.), *Durkheim and Representations*, Londres, Routledge, 2000, pp. 83–97.

ROUSSEAU, Jean-Jacques, Les rêveries du promeneur solitaire, *in idem*, *Œuvres complètes* I, Paris, Gallimard, Bibliothèque de la Pléiade, 1959, pp. 993–1099.

ROUSSEAU, Jean-Jacques, Discours sur l'origine et les fondements de l'inégalité parmi les hommes, *in idem*, *Œuvres complètes* III, Paris, Gallimard, Bibliothèque de la Pléiade, 1964a [1755], pp. 109–223.

ROUSSEAU, Jean-Jacques, Du Contrat Social (première version), *in idem*, *Œuvres complètes* III, Paris, Gallimard, Bibliothèque de la Pléiade, 1964b, pp. 279–346.

ROUSSEAU, Jean-Jacques, Du Contrat Social, *in idem*, *Œuvres complètes* III, Paris, Gallimard, Bibliothèque de la Pléiade, 1964c [1762], pp. 347–470.

ROUSSEAU, Jean-Jacques, Discours sur l'économie politique, *in idem*, *Œuvres complètes* III, Paris, Gallimard, Bibliothèque de la Pléiade, 1964d [1758], pp. 239–278.

ROUSSEAU, Jean-Jacques, Émile, *in idem*, *Œuvres complètes* IV, Paris, Gallimard, Bibliothèque de la Pléiade, 1969a [1762], pp. 239–868.

ROUSSEAU, Jean-Jacques, Lettre à Christophe de Beaumont, *in idem*, *Œuvres complètes* IV, Paris, Gallimard, Bibliothèque de la Pléiade, 1969b [1763], pp. 239–868.

ROUSSEAU, Jean-Jacques, *Institutions chimiques* (texto revisto por Bruno Bernardi e Bernadette Bensaude-Vincent), Corpus des Œuvres de Philosophie en Langue Française, Paris, Fayard, 1999 [1747].

SANTOS, Leonel Ribeiro dos, *Metáforas da Razão ou Economia Poética do Pensar Kantiano*, Lisboa, Fundação Calouste Gulbenkian, 1994.

SAWYER, Robert Keith, *Social Emergence: Societies as Complex Systems*, Cambridge, Cambridge University Press, 2005.

SCHLEGEL, Friedrich, *Philosophical Fragments* («Athenaeum Fragments», 1797–1806. Traduzido por Peter Firchow), Mineápolis e Oxford, University of Minnesota Press, 1991.

VATIN, François, *Trois essais sur la genèse de la pensée sociologique*, Paris, La Découverte/M.A.U.S.S., 2005.

Índice

LIÇÃO SUPLEMENTAR